$$E[R_i^e]=\alpha_i+\beta_i'\lambda$$

因子投资

方法与实践

石 川 刘洋溢 连祥斌 著

電子工業出版社
Publishing House of Electronics Industry
北京·BEIJING

内 容 简 介

本书在统一视角下，体系化地介绍了因子投资中的重要研究方法，并针对中国 A 股市场给出了独立的、可复制的、高质量的因子实证分析结果，是一本真正可操作、可上手的因子投资手册。本书主要内容包括：因子投资基础、因子投资方法论、主流因子解读、多因子模型、异象研究、因子研究现状和因子投资实践。书中还以附录的形式对理解资产价格的研究脉络进行了梳理。本书的写作既注重学术文献的严谨，也注重读者的阅读体验。书中虽然涉及必要的数学公式，但是会深入浅出、抽丝剥茧地解释统计方法，并把重点放在实证分析上，同时也会对因子投资的实务进行解读。

本书适合与因子投资相关的从业人员、与实证资产定价相关的学生和老师，以及对因子投资理念感兴趣的读者。

图书在版编目（CIP）数据
因子投资：方法与实践 / 石川，刘洋溢，连祥斌著.—北京：电子工业出版社，2020.9
ISBN 978-7-121-39428-7
Ⅰ.①因… Ⅱ.①石… ②刘… ③连… Ⅲ.①因子—投资—研究 Ⅳ.①F830.59
中国版本图书馆 CIP 数据核字（2020）第 154949 号

责任编辑：陈　林
印　　刷：三河市良远印务有限公司
装　　订：三河市良远印务有限公司
出版发行：电子工业出版社
　　　　　北京市海淀区万寿路 173 信箱　　邮编：100036
开　　本：787×980　1/16　　印张：27.5　　字数：616 千字
版　　次：2020 年 9 月第 1 版
印　　次：2022 年 11 月第 5 次印刷
定　　价：108.00 元
凡所购买电子工业出版社图书有缺损问题，请向购买书店调换。若书店售缺，请与本社发行部联系，联系及邮购电话：（010）88254888，88258888。
质量投诉请发邮件至 zlts@phei.com.cn，盗版侵权举报请发邮件至 dbqq@phei.com.cn。
本书咨询联系方式：（010）51260888-819，faq@phei.com.cn。

前　　言

自从 20 世纪 60 年代资本资产定价模型被提出以来，实证资产定价经过学术界 50 多年的发展，形成了完善的研究体系，并获得了丰富的实证结果，而从中演化出来的因子投资如今也早已成为海外资产管理人必备的重要工具，其在资产配置和获取超额收益方面均大有作为。在因子投资领域，海外的学术界和业界出版了很多经典专著，系统化地介绍因子投资的研究方法和投资实务。遗憾的是，虽然因子投资已经在国内的股票和债券市场上得到广泛的应用，但在相应的中文版书籍方面仍然是一片空白。本书是为了填补这个空白而做的一点努力。

本书的目标是在统一视角下成体系地介绍因子投资中重要的研究方法，并针对中国 A 股市场给出独立、可复制、高质量的因子实证分析结果，从而成为一本因子投资的专业工具书。本书的写作将不失学术文献的严谨，但作者也会时刻考虑读者的阅读体验，使其成为真正可操作、可上手的因子投资手册。书中虽然会不可避免地涉及必要的数学公式，但作者无意将本书写成一本纯理论性书籍，行文中将会深入浅出、抽丝剥茧地解释统计方法，并把重点放在实证分析上，同时会对因子投资的实务进行解读。本书适合与因子投资相关的从业人员、与实证资产定价相关的学生和老师，以及对因子投资理念感兴趣的读者。

本书内容共七章，可以被分成三个部分。第一部分包括第 1 章和第 2 章。第 1 章抛出研究因子投资的统一视角，它是全书的灵魂，后续所有内容都将围绕它展开。在此基础之上，第 1 章将从学术界、管理人和投资者三个维度综述因子投资基础，让读者在接触具体细节之前首先掌握因子投资的全貌。第 2 章介绍学术界在分析因子时最常用的统计学方法，例如投资组合排序法、Fama–MacBeth 回归法、Newey–West 调整以及广义矩估计等，它们都是实证资产定价研究中耳熟能详的名字。本章的内容是全书的核心，可以为读者进行系统性的因子研究奠定基础。

第 3 章～第 5 章可被视为本书的第二部分。它们将以 A 股市场为对象，使用第 2 章介绍的方法，从因子、多因子模型以及异象三个角度进行详尽的实证分析。这三章的内容主要起到两个作用：（1）通过剖析过去 20 年 A 股市场中不同风格因子和异象的表现，加深读者对市场的理解；（2）通过理论和实际的结合，帮助读者掌握各种分析方法在研究异象、因子以及多因子模型方面的应用。

第 6 章和第 7 章可被视作本书的第三部分。它们均属于进阶课题，使全书既丰满又紧贴因子投资实务。其中，第 6 章介绍学术界因子研究的现状，涉及的内容包括多重假设检验对于挖掘因子和异象的危害、行为金融学的研究框架以及机器学习与因子投资等，它们都是近年来学术界的热门话题。第 7 章将阐述因子投资实践中的方方面面，包括以多因子模型为数量化工具进行的主动投资，以及时下流行的 Smart Beta 投资实践等内容，为读者娓娓道来因子投资中会遇到的各种“坑”。

因子投资所涵盖的内容博大精深。本书三位作者在写作过程中经常就某个课题进行深入探讨、对实证的代码和数据进行反复检查，只求做到书中每个文字、每个数字都是严谨而正确的。在这个过程中，我们也充分感受到，在践行因子投资这条充满荆棘的道路上，有一些志同道合的挚友是多么幸福。愿本书也能成为各位读者在实践因子投资时的挚友。由于作者所学知识有限，书中难免有不当之处，烦请读者指正。另外，市场有风险，入市需谨慎。本书内容不可视为投资人最终的投资意见。书中配套网站见 factorwar.com。

在本书的写作过程中，我们得到了很多来自学者、同行、朋友和家人的大力支持和热情帮助，在此向他们表示最真挚的感谢。特别感谢芝加哥大学布斯商学院修大成教授、清华大学五道口金融学院余剑峰教授、中国人民大学商学院张然教授，以及荷宝投资（Robeco）量化股票研究团队主管周维礼女士、易方达基金管理有限公司指数增强投资部总经理林飞先生、嘉实基金管理有限公司量化投资部总监刘斌先生对本书内容的指正和推荐。此外，石川先生还感谢王洪岐先生、王飞先生、吴俊文先生的信任和帮助，以及合伙人任重先生和高嵩先生的支持。本书的出版自然也离不开电子工业出版社的认可与支持。本着打磨精品这样一个共同的目标，三位作者和电子工业出版社的编辑在本书的创作全过程中进行了深入和高效的合作。特别感谢陈林编辑的持续帮助和鼓励。感谢电子工业出版社各位老师在本书校订过程中的辛勤付出。感谢李玲为本书设计了精美的封面。相信本书不会让读者失望。

希望本书能够带你走入古老与创新并存、理论和实践并重的因子投资，掌握因子投资方法，体验因子投资魅力，更重要的是使用因子投资在市场中获得更高的风险调整后收益。

这是本书作者由衷的期望。

这是写给你的因子投资。

目　　录

第 1 章　因子投资基础

因子投资涵盖的内容包罗万象。有人用因子来获取收益，也有人用因子来控制风险；有人用因子进行被动的资产配置，也有人用因子博取主动的套利收益；有人用因子研究预期收益率，也有人用因子研究收益率的波动……这些差异性的使用方式足以把刚接触因子投资的人搞得晕头转向。而如果将“什么是因子投资”这个问题抛给从事因子投资的人，一千个人也可能给出一千种答案。因子投资涉及的内容虽然看似纷繁，但它们其实非常协调地构成了一个有机的整体。本书将围绕一个公式，站在一个统一的视角下探讨因子投资的方方面面。

1.1　统一视角下的因子投资

1.1.1　一个公式

20 世纪 60 年代，资本资产定价模型（Capital Asset Pricing Model，CAPM[1]）问世。在 CAPM 被提出之前，人们对于风险如何影响一个公司的资本成本（cost of capital），进而如何影响预期收益率并没有清晰的认识。1958 年，Modigliani and Miller (1958) 提出了著名的资本结构无关原理（也被称为 MM 定理）。该定理认为在不考虑税收、破产成本、信息不对称，且市场有效的假设下，企业价值不会因为企业融资方式改变而改变。然而，MM 定理使得如何刻画风险和预期收益率之间的关系变得更加扑朔迷离。直到 CAPM 的诞生，才首次清晰地描绘出风险和收益率之间的关系。

根据 CAPM 理论，资产的预期超额收益由下面这个一元线性模型决定：

$$E[R_i] - R_f = \beta_i(E[R_M] - R_f) \tag{1.1}$$

其中 $E[.]$ 是期望符号，R_i 为某资产 i 的收益率，R_f 为无风险收益率，R_M 为市场组合的收益率。式中 $\beta_i = \text{cov}(R_i, R_M)/\text{var}(R_M)$ 刻画了该资产收益对市场收益的敏感程度，它也被称为资产 i 对市场风险的暴露程度。CAPM 正是最简单的线性因子模型，它指出资产的预期超额收益率由市场组合的预期超额收益率和资产对市场风险的暴露大小决定，而市场组合也被称为市场因子。

1 CAPM 由 Treynor (1961, 1962)，Sharpe (1964)，Lintner (1965a, 1965b) 以及 Mossin (1966) 分别独立提出。公众号“川总写量化”的文章《CAPM 的一小段历史》对其进行了介绍。

式 (1.1) 这个简单的关系为后续大量线性多因子定价模型的研究拉开了序幕。人们发现不同资产的收益率并非由单一的市场因子决定，而是同时受到其他因子的影响。以此为契机，Ross (1976) 提出了著名的套利定价理论（Arbitrage Pricing Theory，APT），在 CAPM 的基础上做了进一步延伸，构建了线性多因子定价模型（简称多因子模型）。多因子模型假设资产 i 的预期超额收益由以下多元线性模型决定：

$$E[R_i^e] = \boldsymbol{\beta}_i'\boldsymbol{\lambda} \tag{1.2}$$

其中 $E[R_i^e]$ 表示资产 i 的预期超额收益，$\boldsymbol{\beta}_i$ 是资产 i 的因子暴露（factor exposure）或称因子载荷（factor loading），$\boldsymbol{\lambda}$ 是因子预期收益（factor expected return），也常被称为因子溢价（factor risk premium）[2]。式 (1.2) 中引入符号 $E[R_i^e]$ 代表预期超额收益而舍弃了 $E[R_i] - R_f$，原因如下。对于个股或者由若干支股票组成的纯多头投资组合这类资产，它的预期超额收益是 $E[R_i]$ 和无风险收益率 R_f 之差，即 $E[R_i] - R_f$。在实证资产定价中，另一类常见的资产是通过多空对冲构建的资金中性投资组合，例如做多一定金额的股票，同时做空同样金额的股票。依照定义，这类资产的预期超额收益率就是多头和空头预期收益之差，无须额外减去无风险收益率。因此，使用 $E[R_i^e]$ 代表资产的预期超额收益更具一般性。此外，在资产定价研究中，由于学术界默认的研究对象始终是资产的预期超额收益，因此约定俗成在称呼上舍去“超额”二字而仅用预期收益率。为了表达的便利性，本书将遵循这种惯例，后续统一称 $E[R_i^e]$ 为预期收益率。

和 CAPM 类似，多因子模型假设资产的预期收益率 $E[R_i^e]$ 由公式 (1.2) 右侧的一系列因子的预期收益率和资产在这些因子上的暴露决定。它表明多因子模型研究的是不同资产预期收益率之间的差异，而非单一资产收益率在时间序列（又叫时序，书中为了不同对应关系，两种叫法会混用）上的变化。在多因子模型研究的术语中，不同资产预期收益率的差异通常被称为（横）截面（cross-sectional）差异，给定因子的预期收益率，资产预期收益率的高低由它在这些因子上的暴露 $\boldsymbol{\beta}_i$ 大小决定。多因子模型在数学上简单、优雅，它允许人们在式 (1.2) 的右侧加上任何可能影响资产预期收益率的因子。然而，实际的金融市场十分复杂，影响资产收益率的原因层出不穷又千变万化。因此，虽然式 (1.2) 给出了市场均衡状态下资产的预期收益率，但在实际中式 (1.2) 左、右两侧往往并不相等，而是存在一个定价误差（pricing error）：

$$E[R_i^e] = \alpha_i + \boldsymbol{\beta}_i'\boldsymbol{\lambda} \tag{1.3}$$

2 预期收益可用来描述各类资产提供给投资者的期望回报，包括但不限于股票、债券、大宗商品、房地产等。而对于本书关注的因子，学术界往往更习惯将因子的预期收益称为因子溢价。本书中会交替使用“因子预期收益”和“因子溢价”这两种称谓来指代因子的预期收益。

上式中 α_i 就是资产 i 的实际预期收益率和多因子模型隐含的预期收益率之间的定价误差。该误差产生的原因可以从以下两方面来考虑：

(1) 模型设定偏误，即式 (1.2) 右侧遗漏了重要的因子。当被遗漏的因子被加入后，即可消除误差。

(2) 模型本身没有问题，但由于资产收益率的实际数据仅仅是总体的一个样本，因此误差总是存在的。这时需要通过统计方法检验误差 α_i 是否显著不为零：
   - 如果 α_i 并非显著的偏离零，那么可以认为它的出现仅仅是因为运气的原因；
   - 如果 α_i 显著偏离零，它则代表了某个可以通过套利而获得超额收益的机会[3]；它也同时说明由于某些原因，市场对该资产出现错误定价（mispricing），从而导致其实际预期收益率和多因子模型下的预期收益率出现了偏离。

如何选择因子来构建多因子模型，如何计算资产在因子上的暴露以及因子的收益率，如何使用统计学的方法对定价误差 α_i 进行正式检验就成了使用多因子模型研究资产定价时必须回答的问题。而多因子模型一经提出，用来回答上述问题的相关理论也得到了迅速的发展。如今多因子模型早已成为实证资产定价（empirical asset pricing）研究的最主要方法，也由此在投资实务中催生了一个全新的类别 —— 因子投资（factor investing）。

作为当今一个重要的投资类别，因子投资中涉及的内容非常丰富，但所有的方面都可以围绕式 (1.3) 来展开和讨论，形成一个关于因子投资的统一视角。为了更好地解释因子投资包含的内容，以下先对式 (1.3) 的三个成分加以说明，它们是因子、多因子模型以及异象。

1.1.2　因子、多因子模型和异象

图 1.1 展示了式 (1.3) 中的三个成分。在多因子模型中，$\boldsymbol{\beta}_i'\boldsymbol{\lambda}$ 中包含了多个影响式 (1.3) 左侧资产收益率的解释变量，每个解释变量代表了一个因子。多个因子的预期收益率以及资产在它们上的暴露放在一起构成的 $\boldsymbol{\beta}_i'\boldsymbol{\lambda}$ 就是多因子模型。对于某个给定的资产 i，如果它的实际预期收益率和多因子模型隐含的预期收益率之间的误差 α_i 显著不为零，则称这个资产为一个异象（anomaly）。

因子投资中最重要的自然是因子。那么，因子到底是什么？如何选择因子？由式 (1.3) 可知，它左侧不同资产的收益率均可以归结到有限个因子的收益率上，而不同资产预期收益率的高低由它们对因子的暴露大小决定。由此可以得出因子的定义：

3 金融市场中通常使用 α 代表资产相对于某基准的超额收益。

> **一个因子描述了众多资产共同暴露的某种系统性风险，该风险是资产收益率背后的驱动力；因子收益率正是这种系统性风险的风险溢价或风险补偿，它是这些资产的共性收益。**

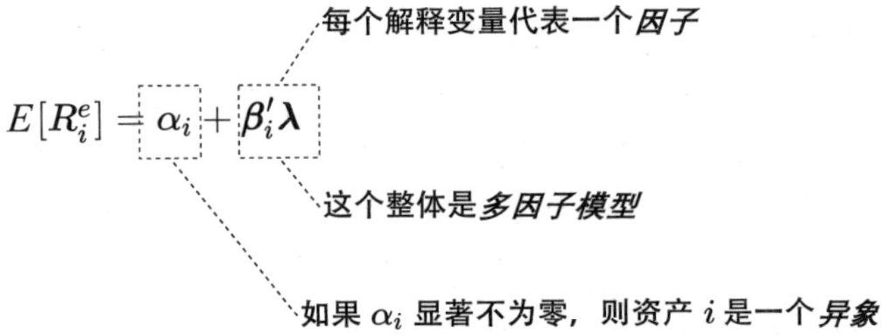

图 1.1　式 (1.3) 的三个成分

下面通过一个来自 Ang (2014) 的类比加深对上述定义的理解。Ang (2014) 将因子之于资产类比于营养之于食物。人们的日常生活离不开摄入各种食物，比如米饭、谷物、肉类和乳制品等。这些食物之所以对人体重要是因为它们所包含的营养成分，例如水、碳水化合物、蛋白质、纤维和脂肪等。这些营养成分就是食物的“因子”。每种食物对人体的价值体现在两方面：（1）它包含哪些营养成分以及包含了多少（类比多因子模型中的 $\boldsymbol{\beta}_i$）；（2）该食品包含的每种营养成分对人体健康的重要性（类比多因子模型中的 $\boldsymbol{\lambda}$）。因此，虽然食物种类五花八门，但归根结底它们都可以归结为不同营养成分的组合；同理，虽然股票资产的组合形式成百上千，但归根结底它们都可以归结为不同因子的组合。这就是因子的作用和多因子模型的价值。

从上述定义可以总结出因子需要满足的两个必要条件：（1）因子驱动了资产收益率的共同运动（co-movement），因此因子一定和资产收益率的协方差矩阵有关；（2）从长期来看因子是可以获得正收益的，这意味着因子必须是被定价的。明确了因子的定义，下面再来看看什么是多因子模型。

把若干个因子放在一起使用就构成了一个多因子模型，它们对应着式 (1.3) 中的 $\boldsymbol{\beta}_i'\boldsymbol{\lambda}$ 部分。通常来说，人们总可以找到非常多的能够解释资产预期收益率截面差异的因子，但无论是学术理论还是投资实践都表明并不应该把所有的因子都放到一个多因子模型里。如何确定一个多因子模型中到底有几个以及哪些因子，可以从以下两点考虑。首先，很多因子之间都存在一定的相关性，高度相关的因子代表的是资产收益率所暴露的同一类风险。在选择模型包括的因子时，必须要考虑相关性的影响，人们希望加入模型的因子是相互独立的、每个因子都能对解释资产预期收益率截面差异有显著的增量贡献。其次要考虑简约法则（The Law of Parsimony）。从定义出发，每个因子代表的是资产暴露的某种共性风险。

因此从常识来说，多因子模型中因子的个数一定是有限的[4]。学术界的主流多因子模型通常包括 3 ～ 5 个因子，本书的第 4 章将对这些模型进行系统的阐述。

最后来看异象。在选定了多因子模型后，如果按照某个特征构建的多空组合的预期收益率中存在一部分无法被多因子模型解释，且这部分显著大于零，那么该资产就是一个异象。举个例子，在股票市场中，人们经常根据某个公司财务指标或者量价指标来把股票排序，并按照排序高低构建一个多、空对冲投资组合。将该投资组合作为一个资产放在多因子模型中，如果其 α_i 显著大于零，那么就称该投资组合为一个异象，而构建该组合的指标就被称为异象变量（anomaly variable）。

1.1.3　再论异象和因子

1.1.2 节从式 (1.3) 出发探讨了因子投资中的三个部分：因子、多因子模型和异象。下文将围绕这三部分，从学术界和业界各自的立场来讲述因子投资的内容。不过在那之前，本节想花一点笔墨说明一下学术界和业界对异象和因子看法上的差异，这将有助于下文介绍因子投资的内容。

在因子投资的术语中，无论是式 (1.3) 中 α_i 代表的异象还是 $\boldsymbol{\beta}_i'\boldsymbol{\lambda}$ 代表的因子往往都被称为因子。为了区分它们，只需要记住 $\boldsymbol{\beta}_i'\boldsymbol{\lambda}$ 是一个定价模型，因此它包含的因子又被称为定价因子（pricing factors）；而 α_i 代表的是按某种方法构建出的能够获得多因子模型无法解释的超额收益的资产，因此它又被称为异象因子（anomaly factors）。在本书中，如无特殊说明，当谈及异象时，指的就是 α_i 代表的部分；当谈及因子时，指的则是定价因子 $\boldsymbol{\beta}_i'\boldsymbol{\lambda}$ 的部分。

在因子投资中，学术界往往更加严谨地区分异象因子和定价因子。由因子的定义可知，它必须能够解释资产预期收益率截面上的差异。经过几十年的发展，学术界已经从上市公司财务指标和股票交易中的量价指标中找到了上百个满足上述要求的因子。然而，从 1.1.2 节的论述可知，一个多因子定价模型应满足简约法则，这意味着定价因子个数是有限的。为此，学术界往往从经济学和金融学的原理出发，从大量相关的因子中找到有限个相对独立的因子构成多因子模型，而把其他没有被加入模型中的、能获得模型无法解释的超额收益的因子都视为异象。反观业界，无论是管理人还是投资者，他们往往不严格区分异象因子和定价因子，而把它们统称为因子。业界往往更关心因子能否获取定价模型无法解释的超额收益，因为这代表着构建因子的变量可以区分高收益股票和低收益股票，因此人们可通过买入高收益股票而“战胜市场”。理解了学术界和业界对定价因子和异象因子看法的差异

4 如果一共有 N 个资产，那么总可以使用这 N 个资产作为“因子”来完美地解释它们预期收益率的差异。但这么做毫无意义。

后，接下来就来看看因子投资包含哪些内容。

1.1.4 因子投资包含的内容

因子投资的内容可以因研究的对象是式 (1.3) 右侧的 $\boldsymbol{\beta}_i'\boldsymbol{\lambda}$ 或 α_i 而分成两大类。每一大类下又可以因站在学术界和业界的不同立场再进一步划分。按照重要性的先后顺序，首先来看 $\boldsymbol{\beta}_i'\boldsymbol{\lambda}$ 这部分。

1. 关注于 $\boldsymbol{\beta}_i'\boldsymbol{\lambda}$ 的研究

对于 $\boldsymbol{\beta}_i'\boldsymbol{\lambda}$，学术界关注的是找到“最好”的多因子模型——“最好”通常意味着在该模型下资产的 α_i 尽可能接近零，即该模型无法解释的异象越少越好。以此为目标，学术界在过去 30 年针对股票市场推出了很多经典的多因子模型。在提出每个多因子模型的同时，学术界也格外关注每个因子背后的原因。即便到了今天，因子背后的原因也仍然是研究的热点之一。经过几十年的发展，学术界也发明出很多计量经济学的方法，它们可以计算因子暴露、因子收益率并对多因子模型进行假设检验。除此之外，学术界研究 $\boldsymbol{\beta}_i'\boldsymbol{\lambda}$ 的另一个重点是对主动基金管理人的业绩进行归因。大量的实证数据研究表明，在选择了适当的多因子模型后，绝大多数主动基金管理人并不能获得超额收益。

与学术界不同，业界进行因子投资最重要的目标是使用因子来获取超过基准的收益[5]。因此业界从资产配置的角度聚焦于找到从长期来看有风险溢价的因子（即 $\boldsymbol{\lambda}$ 大），并以尽可能高的暴露（即 $\boldsymbol{\beta}_i$ 高）配置在这些因子上。仍然以 Ang (2014) 中食物和营养的类比做解释。人们每天摄入不同的食品，其本质是为了吸收食品背后的营养成分，这些食品只是获得营养的渠道。人们想要保持健康则需要这些营养成分均衡的搭配。回到因子投资中，业界关心如何以资产为媒介配置在不同的因子上，并在分散化的前提下最大化在不同因子上的暴露，从而获得稳健的（超额）收益。除此之外，随着因子投资的发展，很多 Smart Beta ETF 金融产品相继问世，极大地丰富了资产配置的工具。

2. 关注于 α_i 的研究

再来看 α_i 部分。α_i 代表了可以通过套利获得的超额收益。出于截然不同的原因，学术界和业界都对它非常感兴趣。先说学术界，从有效市场假说（Efficient-Market Hypothesis，出自 Fama 1970）的观点出发，如果多因子模型不存在模型设定偏误，那么市场中不应该存在太多异象。因此，一旦一个异象被发现，就会被拿来评判市场并非有效，或用来描述市场均衡状态的因子模型有误，这是学术界研究异象的主要动机。另外，解释异象的能力是评价多因子模型优劣的重要标准之一。比如两个多因子模型 A 和 B，如果使用模型 A 时

5 以股票市场为例，市场指数就是基准，而因子投资的目标是使用不同的因子获得比市场收益率更高的收益。

异象的个数少于使用模型 B 时异象的个数，就会认为模型 A 比模型 B 更好。模型之间的对比也从侧面推动了对异象的研究。

相比之下，业界对异象的研究动机则“单纯”得多。正如 1.1.3 节所描述的那样，业界并不严格区分定价因子和异象因子。在业界看来，一个因子是否被纳入某个定价模型（从而从异象因子转变为定价因子）并不重要，而更关心在考虑了交易成本之后，使用该因子是否仍然能够获得超额收益。

3. 截面角度 vs 时序角度

目前，在关于因子投资内容的介绍中，无论研究的关注点是 $\boldsymbol{\beta}_i'\boldsymbol{\lambda}$ 还是 α_i，它们都是在给定的因子模型下研究资产的预期收益和 $\boldsymbol{\beta}_i$ 之间的关系，即资产预期收益率在截面上的差异，因此多因子模型是关于均值的模型（model of the mean）。从数学定义可知，预期收益率是收益率在时间序列上的平均，因此均值的模型仅关心不同资产的收益率均值为什么会有差异，而非每个资产的收益率如何随时间变化。把式 (1.3) 沿时间轴展开，资产超额收益和因子收益率在时序上满足如下多元线性回归模型：

$$R_{it}^e = \alpha_i + \boldsymbol{\beta}_i'\boldsymbol{\lambda}_t + \varepsilon_{it} \tag{1.4}$$

其中 R_{it}^e 表示 t 时刻资产 i 的超额收益，$\boldsymbol{\lambda}_t$ 表示 t 时刻因子收益率，ε_{it} 表示 t 时刻的随机扰动。这就是研究多因子模型的时序角度。图 1.2 展示了截面角度和时序角度之间的切换。

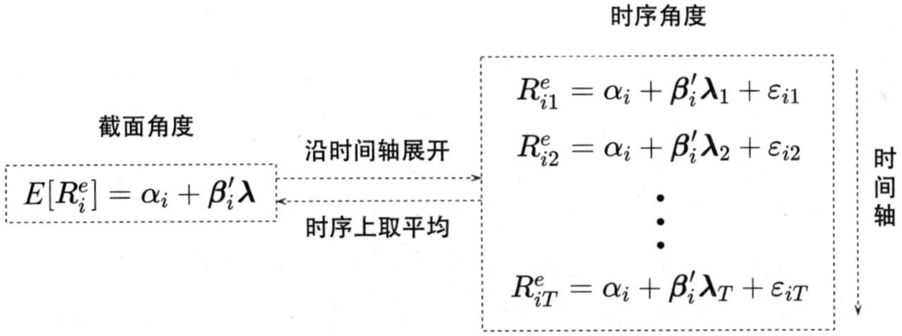

图 1.2　截面角度 vs 时序角度

在时序角度下，因子投资中的两个重要问题是方差模型（model of the variance）和因子择时。为了解释前者，把 N 个资产的时序多元回归模型放在一起表达：

$$\boldsymbol{R}_t^e = \boldsymbol{\alpha} + \boldsymbol{\beta}\boldsymbol{\lambda}_t + \boldsymbol{\varepsilon}_t \tag{1.5}$$

其中 $\boldsymbol{R}_t^e = [R_{1t}^e, R_{2t}^e, \cdots, R_{Nt}^e]'$ 是 N 维超额收益向量；$\boldsymbol{\alpha} = [\alpha_1, \alpha_2, \cdots, \alpha_N]'$ 是 N 维定价误差向量；$\boldsymbol{\beta} = [\boldsymbol{\beta}_1, \boldsymbol{\beta}_2, \cdots, \boldsymbol{\beta}_N]'$ 是 $N \times K$ 因子暴露矩阵；$\boldsymbol{\varepsilon}_t = [\varepsilon_{1t}, \varepsilon_{2t}, \cdots, \varepsilon_{Nt}]'$ 是 N 维

随机扰动向量，满足 $E[\boldsymbol{\varepsilon}_t]=\mathbf{0}$ 以及 $\text{cov}(\boldsymbol{\lambda}_t,\boldsymbol{\varepsilon}_t)=\mathbf{0}$。对式 (1.5) 两侧求协方差矩阵并利用 $\text{cov}(\boldsymbol{\lambda}_t,\boldsymbol{\varepsilon}_t)=\mathbf{0}$ 可得：

$$\boldsymbol{\Sigma}=\boldsymbol{\beta}\boldsymbol{\Sigma}_\lambda\boldsymbol{\beta}'+\boldsymbol{\Sigma}_\varepsilon \tag{1.6}$$

其中 $\boldsymbol{\Sigma}$（N 阶矩阵）、$\boldsymbol{\Sigma}_\lambda$（$K$ 阶矩阵）以及 $\boldsymbol{\Sigma}_\varepsilon$（$N$ 阶矩阵）分别为 N 个资产的协方差矩阵、K 个因子的协方差矩阵以及 N 个随机扰动的协方差矩阵。由于 ε_{it} 相互独立，因此 $\boldsymbol{\Sigma}_\varepsilon$ 是一个对角阵。式 (1.6) 就是关于方差的模型。

从学术界的立场来看，式 (1.6) 意味着因子必须和资产的协方差矩阵有关，而这也正是 1.1.2 节中关于因子需满足的两个必要条件中第一个条件的出处。值得一提的是，当下学术界流行的所有主流多因子模型（本书第 4 章会详细介绍）要么来源于金融学或经济学原理，要么来源于自行为金融学的启发，但它们都没有直接从式 (1.6) 传达的因子协方差矩阵和资产协方差矩阵的关系入手。一个多因子模型代表着资产超额收益的某种结构，因此一个好的模型应该尽可能解释不同资产收益率间的共性运动。这反映到式 (1.6) 上就是模型中因子的选择应使得 $\boldsymbol{\beta}\boldsymbol{\Sigma}_\lambda\boldsymbol{\beta}'$ 尽可能接近资产协方差矩阵 $\boldsymbol{\Sigma}$ 的非对角线元素。但无论是经典的 Fama–French 三因子模型（Fama and French 1993）还是当下热门的 Hou–Xue–Zhang 四因子模型（Hou et al. 2015）等，均没有对此给予充分的考量。在最新的研究中，Pukthuanthong et al. (2019) 指出了这种关联的重要性，并以此为依据提出了一个甄别真正因子的框架。可以预期，从式 (1.6) 出发找到真正的因子、构建多因子模型将会是学术界未来的一个研究重点。

再来看看业界。业界对于式 (1.6) 的关注和学术界有所不同，而是基于风险控制这个非常现实的考量。在投资中，一个很重要的风险指标是投资组合的波动率。投资组合的波动率由其包含的资产在组合中的权重、资产收益率的方差以及资产收益率之间的协方差决定。因此，计算投资组合的波动率就必须知道资产之间的协方差矩阵。从数学上说，如果使用历史收益率序列计算样本协方差矩阵，那么历史数据的期数 T 需满足 $T\geqslant N$，否则用历史数据估算出的样本协方差矩阵就是不可逆的[6]。当资产个数 N 很大时，要求 $T\geqslant N$ 是不切实际的。然而，如果把资产的收益率通过多因子模型转化为因子的收益率，则可以大大简化上述问题。

在多因子模型中，因子的个数 K 往往远小于资产的个数，因此使用多因子模型分析资产收益率相当于一种降维处理。式 (1.6) 通过多因子模型把求解 N 阶的协方差矩阵巧妙地

6 协方差矩阵应是可逆的。在投资组合优化中，协方差的逆矩阵经常出现在资产最优权重的表达式中。因此，当使用样本协方差矩阵作为协方差矩阵的估计时，如果因 $T<N$ 造成样本协方差不可逆，就会使得投资组合优化不可解。除此之外，即便 $T\geqslant N$ 成立，仍需考虑使用样本协方差矩阵作为协方差矩阵的估计的准确性的问题。Ledoit and Wolf (2003) 指出，通常 T 需要比 N 高一个数量级才能保证估计的准确性。在实际的资产配置中，T 比 N 高一个数量级几乎是不可能的。

转化为求解 K 阶因子收益率的协方差矩阵。有了因子协方差矩阵，利用资产和因子收益率之间的线性关系就可以反推出资产收益率的协方差矩阵并进行风险控制，这种做法在投资实务中有巨大的价值。在海外的大机构中，使用多因子模型计算资产协方差矩阵并进行风险控制的有很多，但其中最著名的大概要数 Barra 多因子模型[7]。以 Barra 最新一代的中国股票多因子模型 CNE6 为例，它使用 1 个国家因子、9 个风格因子以及一系列行业因子来刻画 A 股市场上超过 3000 支股票的收益率，极大简化了股票协方差矩阵的求解。在过去好几代多因子模型中，Barra 开发了一系列统计学方法，逐步提高了协方差矩阵估计的准确性。

时序角度的另一个研究重点是因子择时。与截面角度只关心因子的预期收益率不同，在时序角度，人们关心的是因子收益率如何随时间波动。由因子的定义可知，因子代表了资产共同暴露的某种系统性风险，而长期大于零的因子溢价正是对该系统性风险的补偿。这说明每个因子的收益率在时间序列上是有波动的，有时收益高，有时则面临亏损；且不同因子的收益率在不同宏观经济周期对应的市场环境中表现也是不同的。在这方面，学术界通常关心的是不同因子和宏观经济以及投资者情绪之间的关系。而反观业界，由于业界使用因子的目的是进行资产配置和获取超额收益，因此自然会对因子收益率在时序上的变化产生极大的兴趣。这是因为如果能够通过择时来挑出某个因子“好使”的时候配置、在它“不好使”的时候规避，那么无疑会提高使用因子的风险收益水平。正是在这个动机的驱使下，因子择时始终是业界的研究热点之一。

4. 统一视角

以上从式 (1.3) 出发，从 $\boldsymbol{\beta}_i'\boldsymbol{\lambda}$、$\alpha_i$ 以及“截面角度 vs 时序角度”三个维度梳理了因子投资中所涉及的内容。这也正是本书希望传递出来的统一视角下的因子投资。图 1.3 对这三个维度进行了总结，它可以被视作全书的思维导图。

1.1.5 实证资产定价与因子投资

严格地说，在 1.1.4 节涉及的内容中，学术界视角下因子投资的内容属于实证资产定价研究的范畴；而一般当人们谈论因子投资的时候，通常指的是业界的视角。然而，出于以下两个原因，本书提倡把学术界和业界关注的不同内容放入统一的视角，学习和实践因子投资。

首先，投资学大概是学术界和业界结合的最紧密的学科之一，而因子投资则是这种紧密结合的代表。经过了几十年的努力，学术界在实证资产定价方面提出了丰富的金融理论模型和计量经济学统计手段，并发现了诸如价值、盈利、动量、低波动等如今已被广泛认

7 Barra 如今已经被 MSCI 收购，但依照惯例业界仍然使用 Barra 多因子模型这个叫法。

可和接受的因子。这些发现自问世以来就持续地指导着因子投资实践。毫不夸张地说，因子投资的兴起深深地植根于学术界关于资产定价的研究中。另外，业界的因子投资活动也为已有理论的反复检验和新理论的提出提供了充足的数据，促使学术界不断提出新的研究成果。

$E[R_i^e]=\alpha_i+\boldsymbol{\beta}_i'\boldsymbol{\lambda}$			学术界	业界
因子投资	截面角度	$\boldsymbol{\beta}_i'\boldsymbol{\lambda}$	. “最好的”模型 . 管理人业绩归因	. 配置因子、获取超过基准的收益
		α_i	. 市场有效性检验 . 模型比较	. 通过异象获得收益
	时序角度		. 因子和资产协方差矩阵有关 . 因子和宏观经济以及投资者情绪的关系	. 风险控制 . 因子择时

图 1.3　统一视角下的因子投资

其次，作为一个理论指导实践的细分学科，虽然历经了几十年的发展，但因子投资依然在不断地完善和创新。最初，多因子模型仅是在人们拒绝了 CAPM 之后的代替之选，其后它逐渐发展成为股票投资的有效手段之一。时至今日，多因子模型早已渗透到不同大类资产的投资中，人们在股票、债券、商品期货甚至是加密币领域都可以看到它大展身手。在当下最新的趋势中，人们更是从因子的角度对不同类资产收益率的底层驱动因素和逻辑进行分析，使用因子进行跨类别的大类资产配置。对因子投资的实践者来说，只有了解已有的各种研究方法，才能更好地迎接和拥抱因子投资未来的发展和变革。

基于上述两个原因，本书作者认为掌握学术界的研究成果对于培养正确的因子投资科学观至关重要。而将学术界的方法论和业界的实践相结合，依照图 1.3 勾勒出的统一视角系统地解读因子投资则是本书最重要的特色。在后面的第 2 章到第 7 章将会对这个框架下的不同部分进行探讨。在那之前，接下来的 1.2 节和 1.3 节先从学术界和业界的角度梳理一下因子投资的起源和发展，1.4 节介绍本书的结构和写作目标。

最后需要指出的是，虽然因子投资如今已被应用于各类资产，但相比于其他类别的资产，它在股票市场上的应用无疑是压倒性的。当人们谈到因子投资时，也往往默认是股票市场。这背后的原因是股票是最重要的一类资产，而因子投资的发展也源自学术界对股票市场的研究。为此，本书将完全针对股票市场阐述因子投资的方方面面。感兴趣的读者也可以尝试将本书介绍的方法论应用于其他资产。

1.2　因子投资的学术起源

学术界对于因子的研究可以追溯到 20 世纪 30 年代。Graham and Dodd (1934) 提出了价值溢价，而这本 *Security Analysis*（证券分析）也早已成为业界的圣经。之后的 60 年代和 70 年代，CAPM 和 APT 相继被提出，它们为研究因子提供了定量的分析工具。自 20 世纪 70 年代以来，学者们逐渐发现按照某种风格“打包”的股票能够战胜市场。这其中最值得一提的是 Basu (1977) 发现的便宜股效应和 Banz (1981) 发现的小市值效应。由于它们和当时主流的有效市场假说相违背，因此被称为异象。也正是从那个时期开始，学术界开始了轰轰烈烈的因子研究大潮。

1.2.1　实证资产定价

对于学术界而言，研究因子的最主要目标是提出更好的资产定价模型。在这方面的研究中，2013 年的诺贝尔经济学奖获得者 Eugene Fama、Lars Peter Hansen 以及 Robert Shiller 三位教授功不可没。

对于 Eugene Fama，各位读者可能并不陌生，他被誉为有效市场假说之父。他对市场有效性的最大贡献出自 Fama (1970) 这篇文章。该文提出了联合假说（joint hypothesis）问题，即要想检验市场的有效性就必须先有一个合理的资产定价模型。只有知道了定价模型给出的均衡状态下股票的预期收益率，才有可能正确地检验市场是否有效。毫不夸张地说，自 20 世纪 70 年代以来，学术界在实证资产定价方面的研究都是在联合假说的框架下进行的。

在多因子模型方面，Eugene Fama 也是当仁不让的代表人物。首先来看看多因子模型的特例 CAPM。在 CAPM 被提出之后，学术界进行了大量的工作来检验它。其中颇具代表性的一篇文章是 Fama and MacBeth (1973)。该文章中的方法在检验 CAPM 时，巧妙地规避了收益率随机扰动项截面相关性的影响，得到了更加令人信服的结果并拒绝了 CAPM 模型。值得一提的是，Fama and MacBeth (1973) 虽然是为了检验 CAPM，但提出的回归方法却得到了更广泛的传播，成了因子投资中的一个重要统计手段[8]。

除了检验 CAPM 之外，Fama 的另一个贡献是在 Fama and French (1992) 一文中整合了学术界后来陆续发现的便宜股效应和小市值效应，它们均是 CAPM 无法解释的异象。面对诸多异象，人们再也无法无视不能被单一市场因子解释的系统性风险了，学术界也亟待一个新的定价模型的出现。这时 Fama and French (1993) 横空出世。该文在市场因子的基础上加入了代表便宜股和小市值效应的 HML 和 SMB 两个因子，构成了一个三因子模型。时至今日，Fama–French 三因子模型早已成为全球各国股票市场上实证资产定价研究

8 该方法被学术界称作 Fama–MacBeth 回归法。

的首选，而学术界后来推出的主流多因子模型也都建立在该三因子模型之上[9]。

Lars Peter Hansen 对实证资产定价的贡献主要体现在计量经济学理论的突破。除多因子定价模型之外，其他最重要的资产定价模型大概要数基于消费的定价模型（Consumption-based CAPM，CCAPM）。Hansen (1982) 提出的广义矩估计（Generalized Method of Moments Estimator，GMM）在检验 CCAPM 模型时起到了巨大的作用。由于 GMM 非常强大，因此也常被用来检验多因子模型。关于这点，Cochrane (2005) 有过详细的介绍。

与 Eugene Fama 认为市场是有效的截然不同，Robert Shiller 则是行为金融学的代表性人物之一。Robert Shiller 在其代表性论文 Shiller (1984) 中提出了著名的噪音交易者模型。这篇论文成了日后日益增长的行为金融学文献的起点。在 Shiller (1984) 的模型中，聪明投资者依股票的内在价值进行投资；而噪音交易者的存在造成了价格和内在价值出现了偏离；价格的过度波动来源于人们非理性行为造成的对基本面信息的过度反应。反观聪明交易者，虽然能对预期回报做出理性反映，但这种反映因受到自身财富的限制而并不充分。与传统金融学不同，行为金融学认为人并非完全理性的、会犯各种认知偏差，并从这个角度研究人的行为如何影响资产的预期收益率。如今，行为金融学也已经被广泛接受，不少学者从投资者行为的角度提出了错误定价因子（mispricing factors），构建了多因子模型。

自 20 世纪 70 年代以来到今天，学术界在实证资产定价方面的研究已经走过了近半个世纪。除了上述三位代表性的研究之外，更有大量的学者持续地在这个领域做出杰出的贡献，这些非凡的学术成果为因子投资打下了坚实的基础。这些发现可以归结为理论方面和实证方面两大类。理论方面包括各种统计学方法，用来检验异象和因子，或者比较多的因子模型。以后者为例，主流的统计手段包括 Gibbons et al. (1989) 检验（简称 GRS 检验）、Huberman and Kandel (1987) 的均值—方差张成（mean-variance spanning）检验以及 Barillas and Shanken (2018) 的贝叶斯方法。此外，随着近几年机器学习的迅猛发展，也有越来越多的学者将其应用到因子模型检验上。本书的第 2 章将系统而严谨地介绍研究因子投资时用到的各种常见统计手段。在实证方面，学术成果则主要指的是各种因子以及多因子模型。本书的第 3 章和第 4 章将分别介绍这些因子和多因子模型，并针对 A 股市场进行实证分析。和理论推进的按部就班不同，学术界在实证方面挖因子的努力是十分激进和狂热的。正如一枚硬币有正、反两面一样，这些实证结果一方面的确丰富了人们对股票收益率背后真实驱动的理解，但另一方面很多所谓的发现却仅仅是样本内过拟合的产物，对

9 除了有效市场假说和多因子模型外，Eugene Fama 对实证资产定价的另一个贡献是事件分析（Fama et al. 1969）。此外，Eugene Fama 在金融学的其他方面 —— 比如公司金融 —— 也有很多广为流传的成果。为了记录 Fama 对金融领域的贡献，John Cochrane 和 Tobias Moskowitz 挑选了 Fama 最具代表性的论文编制了一本论文集，题为 *The Fama Portfolio*（Cochrane and Moskowitz 2017）。

因子投资并无实质的帮助。

1.2.2 研究现状

如今，学术界已经挖出了超过 400 个因子（包括定价因子和异象因子）。在发表偏差和多重假设检验（multiple hypothesis testing）的不良影响下，绝大多数因子仅仅是数据窥探（data snooping）的产物。数据窥探是统计学术语，指的是学者们在查看数据之后才去提出假设，进行统计检验，以此达到找到能够获得显著超额收益因子的目的。学术界对于挖因子的狂热和浮躁的态度已经引起很多学者的警惕。2011 年 John Cochrane 在美国金融协会主席演讲时用“因子动物园”（factor zoo）一词来描述当前学术界因子研究的现状（Cochrane 2011），并提出了三个至关重要的问题：（1）哪些因子是独立的？（2）哪些因子是重要的？（3）因子驱动资产价格的原因是什么？

Cochrane (2011) 的提问引发了学术界的深刻反思。最近几年，越来越多发表于顶级期刊上的文章致力于回答这些问题。Harvey et al. (2016) 研究了 316 个因子，提出了一种能够利用不同因子之间相关性的全新分析框架，把代表因子显著性的 t-值（t-statistic）的阈值从 2.0 提高到了 3.0。Chordia et al. (2020) 则对标了前文，认为 Harvey et al. (2016) 考虑的 316 个因子仅仅是被发表的，因而仅仅是所有被研究过的因子的子集，所以基于它们的分析会低估多重假设检验的影响。该文使用模拟定量刻画了学术界挖因子的过程，并进一步将代表因子显著性的 t-值的阈值提升到了 3.4 以上[10]。除此之外，Green et al. (2017) 使用 Fama–MacBeth 回归同时分析了近 100 个因子，发现真正独立的因子少之又少。Harvey and Liu (2018) 以“幸运因子”为题提出了一个基于正交化和自助法的分析框架，从一揽子因子中逐一识别对解释资产预期收益率截面差异有增量贡献的因子。

一个新因子被提出后，随着越来越多人使用，它在发表后样本外的效果就会变差。在这方面，McLean and Pontiff (2016) 研究了 97 个因子在被发表之后的表现，发现因子的收益率比论文中的表现降低了 50% 以上。类似的，Linnainmaa and Roberts (2018) 研究了 36 个财务因子在样本外的表现，绝大多数因子在样本外的表现令人失望。另外，在学术研究中通常没有对交易费用给予充分的考虑，造成对因子收益率的高估。由于因子投资组合一般都是多、空对冲的组合，因此如果不合理考虑做空限制，也会高估因子的收益。当然可喜的是，学者们意识到了交易费用对因子效果的冲击，并开始在论文中对其加以必要的惩罚。

学术界对因子研究的另一个关注点是使用多变量构建复合异象或因子，用它来选股并获取超额收益。在这方面的代表作包括 Piotroski (2000) 提出的 F-Score 以及 Mohanram

10 Chordia et al. (2020) 考虑了两种常见的检验方法，它们的 t-值阈值分别为 3.4 和 3.8。

(2005) 提出的 G-Score。使用多指标选股构建的多、空对冲投资组合能够获得主流多因子模型无法解释的、显著大于零的 α 收益率。本书的第 5 章将会解读包括上述 F-Score、G-Score 在内的一些非常有意思的异象。它们可以极大地丰富读者进行因子投资的思路。此外，美国著名的对冲基金 AQR Capital Management（以下简称 AQR）提出的质量因子也是很好的例子（Asness et al. 2019）。就构建符合异象或因子问题，Novy-Marx (2015a) 指出，虽然这么做无可厚非，但由于变量数量增多导致过拟合风险加大，因此需要谨慎考虑每个变量对于提升收益率的增量贡献。

从式 (1.3) 可知，异象的超额收益说明资产的定价中存在错误。近年来，行为金融学得到了长足的发展。与传统金融学不同，它假设人是有限理性的，因此在不确定性下做决策是会出现预期中的偏差以及风险偏好中的偏差。这些偏差对错误定价产生的原因提供了有效的解释，并可以解释很多市场中观察到的异象以及因子。基于这些新的发现，学术界和业界都逐渐同意风险补偿并非因子背后的唯一原因，而人的各种偏差则也是因子成因的必要补充。近年来，越来越多的研究着眼于理解这些偏差以及投资者情绪和收益率之间的关系。这些研究不仅涉及市场整体收益率在时序上的可预测性，也包括不同资产预期收益率在截面上的差异性。

学术界的最后一个关注点可以归结为因子收益率和宏观经济的关系。在不同的经济环境中，不同因子的表现大相径庭。研究经济环境和因子收益率的关系对于因子择时也很有帮助。在这方面，Claessens and Kose (2018) 调研了学术界的大量相关文献，是一篇很好的综述。虽然理想很丰满，但是现实却很骨感，宏观经济和因子收益率之间的关系并没有人们预期的那么强，在这方面还有大量的研究要做。

1.3　因子投资的业界发展

本节梳理因子投资在业界的发展脉络，以下行文又细分为基金管理人和普通投资者两个维度[11]；而本书的第 7 章将会详细论述业界在实践因子投资时需要解决的各种问题。

对于主动型管理人来说，因子投资早已成为投资工具箱中的重要选择。一个因子在学术论文中的超额收益可能非常诱人，但是对于管理人来说，如何在现实中实现它是必须要解决的问题。在实际围绕某个因子构建投资组合时，必须要考虑可投资性的约束，成功的因子投资需要注重从理论到实践的每一个细节。对于普通投资者来说，了解每个因子背后的原因，选择适合自己风险偏好的因子，以及使用合适的金融工具（例如 Smart Beta ETF）交易这些因子就成为重中之重。

11 Cerniglia and Fabozzi (2018) 一文从学术界、管理人和投资者三个视角探讨了因子投资，非常值得一读。本小节的部分内容参考了该文。

1.3.1　因子投资和管理人

当管理人实施因子投资时，往往可以从以下几个角度考虑：（1）收益预测 vs 风险管理；（2）资金流入削弱因子收益率；（3）因子择时；（4）各类因子大行其道，如何鉴别能够获得超额收益的管理人；（5）创新的价值。

1. 收益预测 vs 风险管理

不同的管理人使用多因子模型的角度可能截然不同；有的管理人从截面的角度使用因子获取超额收益；而有的管理人从时序的角度使用多因子模型计算投资组合中股票之间的协方差矩阵，即风险管理；还有管理人使用多因子模型来同时进行收益预测和风险管理，并在这个基础上进行投资组合的优化。

2. 资金流入削弱因子收益率

当越来越多的资金涌入因子投资时就会造成因子拥挤（factor crowding）。而使用相似的指标排序、接近的调仓频率的因子投资则加剧了这种负面影响。任何投资策略想要持续赚钱都是利用了市场在某方面的非有效性。当使用的人越来越多，市场在这方面就会变得更有效，从而降低了该因子的预期收益率。

因子拥挤也会造成流动性冲击。一旦市场中发生冲击风格因子的事件后，持有相似头寸的管理人会竞相卖出手中的股票，由此产生的流动性危机会造成很大的亏损。2007 年 8 月，很多美股量化基金经理在短时间内清理了相似的头寸，巨大的抛压对流动性造成了巨大的打击，使得这些股票的价格在短时间内大幅下降，导致市场上一些非常优秀的量化对冲基金在短时间内录得了巨大的亏损。如何定量计算因子拥挤度，并规避因子拥挤带来的负面影响就是管理人必须面对和解决的问题。

3. 因子择时

因子择时是个大课题，其背后的动机简单而清晰：因子的表现都有周期性，有时能够获得超额收益，有时却持续亏损。因此如果能成功择时，将会极大提升因子投资的收益率。关于这个话题，Bender et al. (2018) 客观地综述了使用不同预测指标在不同时间尺度下对不同风格因子择时的效果。这些预测指标包括因子估值、因子动量、投资者情绪以及各类宏观经济指标。

在因子择时的众多方法中，最重要的两类方法是按因子估值（factor valuation）和按因子动量（factor momentum）择时两大立场。这两个立场来自美国两个著名且风格鲜明的对冲基金。前者的拥趸是来自美国西海岸的 Research Affiliates，而后者的支持者是来自美国东海岸的 AQR。他们两家均认为自己的方法更好，认为对方的存在逻辑缺陷，并相互发论文，用实证分析证明对方的错误，颇为精彩。

4. 区分 α 和 β 收益

随着因子投资的盛行，一个新的挑战油然而生：主动管理人获取的超额收益到底来自异象，还是因为配置了某些因子？从多因子模型的定义以及式 (1.3) 中的数学符号可知，某个资产的高收益既可能来自高 α 也可能来自选择了收益率高的因子并且以高暴露（即高 β）配置在这些因子上，因此业界（和学术界）通常把这两部分收益称为 α 和 β 收益。Bender et al. (2014) 指出，管理人获得的超额收益中，80% 的部分可以由因子暴露解释，只有剩下 20% 才取决于获得 α 的能力。

由于不同风格因子的表现受到宏观经济的影响，主动配置因子 β（涉及因子择时和风险控制）从而获得超额收益也彰显管理人的能力。在一项最新的研究中，Duanmu et al. (2018) 比较了主动 β 和主动 α 管理人，并指出从长期来看，最顶尖的主动 β 型管理人能够获得比顶尖的主动 α 型管理人更优异的收益。

5. 创新的价值

对于任何研究领域，创新的作用都至关重要。对因子投资来说，创新意味着使用新的数据或者算法。随着大数据的普及，越来越多的管理人开始搜寻新的能够成为收益源的数据（比如舆情数据、专利数据、新闻数据等）。此外，机器学习算法也被广泛地应用于因子投资实践中，包括使用机器学习算法预测基本面财务指标，或挖掘因子和收益率之间的非线性关系。

考虑到数据和技术的革新对金融领域的影响，2019 年 *Institutional Portfolio Research Journals* (*IPR Journals*) 为旗下的期刊系列增加了一位最新成员 —— *Journal of Financial Data Science*，旨在指导金融领域的实践者正确使用与日俱增的数据和日新月异的技术。当然，创新的机遇总是伴随着巨大的挑战。虽然机器学习在金融领域以及因子投资领域拥有乐观的前景，但由于金融数据信噪比很低，因此需要时刻保持冷静。Lopez de Prado (2018) 详细论述了在投资领域实践机器学习算法时可能遇到的各种坑，填补了理论和实践之间的空白。

1.3.2　因子投资和投资者

再来看看投资者视角下的因子投资。自 20 世纪 80 年代末以来，业界开始把学术界的研究成果很好地落地，形成了许多风格因子指数。举例来说，1987 年罗素（Russell Investments）推出了最早的两个风格指数，分别对标价值和成长因子。在这之后，标准普尔指数公司（S&P）[12]、明晟（MSCI）等机构也推出了它们各自的风格指数。最初，推出这些指

12 在 2012 年 7 月，标准普尔指数公司与道琼斯指数公司合并，成为标普道琼斯指数有限公司（S&P Dow Jones Indices LLC）。在本书后文介绍相关因子指数的提供商时，将使用标普道琼斯指数公司。

数的目的是评估主动基金经理人的业绩。然而不久之后，复制这些指数的基金便应运而生，而这其中的代表则是大名鼎鼎的先锋集团（Vanguard）。1992 年，先锋推出了第一支价值指数基金和第一支成长指数基金。这些指数基金一经推出便受到了追捧。人们把它们视作主动型价值投资的低成本替代品。鉴于价值因子取得的巨大成功，业界也开始把关注的重点转移到学术界发现的其他因子，并构造出了一系列 Smart Beta ETF 产品[13]，造福了普通投资者。

2018 年，《经济学人》估算因子 ETFs[14] 的总规模超过 6500 亿美元。大量低成本的 ETFs 产品让普通投资者也能享受风格因子带来的收益——前提是能够选择适当的 ETFs。然而，这并不容易。在一项针对大学本科生和研究生的实验中，Choi et al. (2009) 让参与者从众多追踪标准普尔 500 指数（简称标普 500 指数，英文 S&P 500）[15]的被动型 ETFs 中挑出他们认为最好的。实验中为参与者提供了 ETFs 的费率以及它们在不同时期的收益表现情况。作为具备金融知识的理性投资者来说，鉴于这些 ETFs 均是被动地追踪标普 500 指数，因此应该把费用的高低作为唯一的标准来选择。然而，参与者被它们在不同时期的收益率差异所迷惑，绝大多数投资者完全忽视了费用的差异，而选择了收益率最高的 ETF。另外，就算是排除了投资者本身的非理性行为，琳琅满目的 ETF 产品也足以让人迷失。以价值因子为例，表 1.1 总结了美股上主流的价值因子 ETFs。

针对某个因子的不同 ETFs，一般可以从因子敞口、费用、流动性等角度进行比较。即便表 1.1 中所列出 ETFs 都是为了捕捉价值因子的超额收益，但它们的风格差异却十分鲜明。这无疑对投资者的选择带来了巨大的挑战。进一步从表 1.1 列举的 ETFs 中挑选那些以标准普尔 500 指数成分股为标的构建的价值因子 ETFs，表 1.2 统计了它们自 2013/04/30 至 2020/03/31 的表现。由于最近几年价值投资不太好使，这些因子均跑输标普 500 指数（SPX）本身，且它们之间也有明显的差异。从夏普比率的角度来说，最好的要数 VTV，而垫底的则是 RPV。不幸的是，对于投资者来说，事前就从琳琅满目的 ETFs 中挑出最好的并不容易。

Smart Beta ETFs 的流行给投资者提供了越来越丰富的工具，也对投资者提出了更高的要求。在投资 ETFs 时，投资者需要首先明确自己的目标，比如是分散化风险还是获得

---

13 ETF 是 Exchange Traded Fund 的首字母缩写，它的中文含义是“交易型开放式指数证券投资基金”，简称“交易型开放式指数基金”。ETF 是一种跟踪标的指数变化，且在证券交易所上市交易的基金。投资人可以如买卖股票那么简单地买卖标的指数的 ETF，获得与该指数基本相同的回报率。

14 ETFs 是 ETF 的复数形式。文中的表述遵循了英文语法惯例。当使用 ETFs 时，其含义为多个交易型开放式指数基金产品。

15 标普 500 指数由标普道琼斯指数有限公司开发并维护。该指数包含了美股市场中市值最大的 500 支股票，被广泛认为是衡量美国大盘股市场的最好指标。

相对于市场的超额收益。在明确目标之后，需要理解每个风格因子背后的逻辑和它代表的风险。唯有这样，才有可能享受这些标的带来的更高性价比的风险收益。

表 1.1　美股上主流价值因子 ETFs

代码	名称	成立日期	总规模（亿美元）	持仓数量	管理费（%）
VTV	先锋价值①	2004/01/26	497	330	0.04
VBR	先锋小盘价值	2004/01/26	131	854	0.07
VOE	先锋中盘价值	2006/08/17	92	199	0.07
MGV	先锋超大盘价值	2007/12/17	25	154	0.07
IWD	iShares 罗素 1000 价值②	2000/05/22	319.3	766	0.19
IVE	iShares 标普 500 价值	2000/05/22	145.6	395	0.18
IWS	iShares 罗素中盘价值	2001/07/17	83.7	632	0.24
IWN	iShares 罗素 2000 价值	2000/07/24	64.7	1393	0.24
IUSV	iShares 核心标普美国价值	2000/07/24	54.4	692	0.04
VLUE	iShares Edge MSCI 美国价值	2013/04/16	30.7	148	0.15
PRF	景顺 FTSE RAFI 美国 1000③	2005/12/19	35.7	1010	0.29
RPV	景顺标普 500 纯价值	2006/03/01	4.5	108	0.35
SCHV	嘉信美国大盘价值④	2009/12/11	54.8	415	0.04

①所有先锋 ETFs 的总规模和持仓数量为截至 2020/02/29 的数据。
②所有贝莱德（BlackRock）旗下的 iShares ETFs 的总规模为截至 2020/04/06 的数据，持仓数量为截至 2020/04/03 的数据。
③所有景顺 ETFs 的总规模为截至 2020/04/06 的数据，持仓数量为截至 2020/04/03 的数据。
④总规模和持仓数量为截至 2020/04/06 的数据。

表 1.2　不同价值因子 ETFs 的风险收益特征

	SPX	VLUE	VTV	IVE	VOE	SCHV	RPV
年化收益率（%）	7.35	3.16	4.30	3.77	2.71	3.03	0.41
夏普比率（年化）	0.61	0.28	0.38	0.33	0.25	0.29	0.13
月度最大回撤（%）	−22.28	−30.37	−26.37	−26.70	−33.01	−27.20	−42.41

数据来源：Wind。表现区间 2013/04/30 至 2020/03/31。

1.4　本书的结构

本书共七章，结构如图 1.4 所示，第 2 章到第 6 章均可完美地被囊括在本章提出的因子投资的统一视角这个框架内。具体按内容和结构编排来说，全书内容可被归类为三大部分。

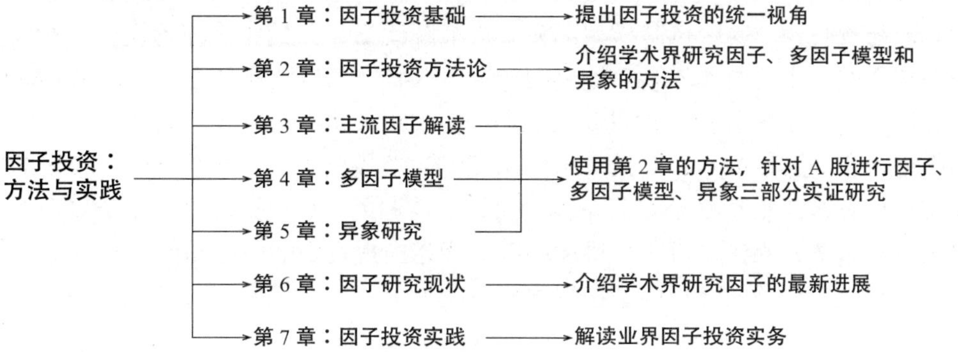

图 1.4　全书结构

第一部分包括本章（因子投资的基础）和第 2 章因子投资方法论。本章阐释了本书讨论因子投资时所遵循的统一视角，并从学术界、管理人和投资者三个维度介绍了因子投资基础。第 2 章介绍学术界在分析因子时最常用的统计学和计量经济学方法，包括投资组合排序检验、Fama–MacBeth 回归以及广义矩估计等非常流行的方法。此外，本章也会涉及检验异象和比较多因子模型的不同方法。所涵盖的方法论将按照精巧的逻辑紧密地串联在一起，像堆积木一样为读者循序渐进地构建知识体系，为今后进行系统性的因子研究打下坚实的基础。

本书的第 3 章～第 5 章可视为第二部分。它们分别以主流因子解读、多因子模型和异象研究为题对应式 (1.3) 的三部分，并使用第 2 章介绍的方法在 A 股上进行全面、详尽、清晰的实证分析。其中，第 3 章将依次介绍被学术界和业界广泛认可和使用的因子，包括市场、规模、价值、动量、盈利、投资以及换手率因子。第 4 章首先深度解析七个主流多因子模型，然后通过实证分析和模型比较，提出适合于 A 股市场的多因子模型。第 5 章则会介绍三个有趣的异象，包括投资中的预期差、基本面锚定反转以及特质性波动率。通过这三章的内容，读者将能够自如地使用本书介绍的方法开展因子研究。

本书的第三部分包括第 6 章和第 7 章，它们均属于进阶课题，使全书更加丰满又紧贴因子投资实务。第 6 章以因子研究现状为题，介绍学术界因子研究的现状，其中无论是“因子动物园”还是“因子大战”，抑或是基本面量化投资以及与机器学习相关的内容，都是当下因子投资领域最热门的话题。此外，本章也会花相当大的篇幅介绍近年来越来越被人们接受的行为金融学的研究框架，它为人们理解异象和因子提供了全新的角度。本章的内容会使读者了解学术研究中的最新动态。

当然，一切的研究最终都是为了投资实务，第 7 章将以因子投资实践为题，阐述从理论到实践的必经之路，为读者娓娓道来因子投资中需要面对的各种“坑”。这一章的前半部分首先从收益模型、风险模型、投资组合优化三个步骤阐述如何利用多因子模型进行主动投资，获取超额收益。其中风险模型部分将详细解读 Barra 的中国市场模型，而投资组合优化部分将介绍一个国内业界涉及较少的专题——收益和风险模型之间的错位。除此之外，本章还会涉及与因子投资指数化以及 Smart Beta 相关的丰富内容。通过对它们的学习和理解，投资者将能够低成本、高效率地利用 ETFs 等投资工具，享受到因子带来的更优异的风险调整后收益。第 7 章的最后三部分将以风格归因、风险归因以及因子投资的前沿课题为对象进行阐述，为读者进一步讲述多因子模型在投资中的应用和前景。

接下来就让我们一起开启因子投资之旅。

第 2 章　因子投资方法论

本章介绍学术界在进行实证资产定价研究时最常用的方法。熟悉并掌握它们有两个作用。首先，在金融学、经济学、会计学的顶级期刊，以及投资业界的最高水平期刊上，大量关于实证资产定价和因子投资的文章均会使用这些方法[1]。掌握它们有助于读懂最新的论文，获得研究因子的新思路。其次，很多方法（例如投资组合排序法和 Fama–MacBeth 回归）在业界的因子研究中得到了广泛的应用。

本章内容共分为 8 节，把因子投资方法论中的各知识点按照严谨的先后顺序有机地串联在一起。为了帮助读者更好地学习本章内容，以下首先简要说明本章的结构，每节的开头则会进一步解释上下文的关联。本章的 2.1 节首先介绍如何使用排序法构建因子模拟组合并进行检验，它是一切的基础。无论是研究多因子模型还是异象，都需要用到它。接下来的 2.2 节是本章的核心，说明如何使用不同的回归方法对多因子模型进行检验。2.3 节将进一步对因子暴露和因子收益率检验进行解读。因子投资中的一个重要内容是通过异象获取多因子模型无法解释的超额收益，本章的 2.4 节就来讨论这个问题。2.5 节解读比较不同多因子模型的方法，它一直是学术界研究的热点。本章的 2.6 和 2.7 两节内容相对独立。2.6 节说明因子正交化的重要性。在业界进行因子投资时，因子正交化是十分常见的处理方式。2.7 节介绍广义矩估计。掌握这个非常强大的计量经济学工具将为今后持续展开因子投研工作打下坚实的基础。最后，2.8 节对全章内容进行总结，给出因子投资中使用这些方法的建议。

在正式介绍不同的方法之前，先来说说本章的写作风格。本章的内容将不可避免地涉及大量的数学公式。然而，本书的目标并不是成为纯理论的“数学”书，因此行文不会变成定理或者证明的罗列。美国金融协会前主席、实证资产定价领域的顶尖学者 John Cochrane 教授曾说“在现实和学术中，金融中的数学其实并不难。难的是理解如何使用这些方程，以

---

1 金融学领域公认的三大顶级期刊为 *Journal of Finance*、*Journal of Financial Economics* 以及 *Review of Financial Studies*；经济学领域的顶级期刊包括 *American Economic Review*、*Journal of Economic Perspectives*、*Journal of Political Economy* 以及 *The Quarterly Journal of Economics* 等；会计学领域的顶级期刊包括 *Journal of Accounting and Economics*、*Journal of Accounting Research* 以及 *The Accounting Review* 等；投资业界的代表性期刊则要数 *The Journal of Portfolio Management*。

及它们对这个世界的真正意义。”[2]本书作者十分认可上述观点，因此本书在介绍数学公式和推导时会遵循以下两个目标：（1）尽量阐述数学背后的直观含义，帮助读者理解公式所传递的内容；（2）把公式的表达和推演的逻辑说清楚，帮助读者在实际因子研究中应用这些方法。对于第一点，行文中会加入必要的图示，通过可视化解释公式的含义；对于第二点，行文中会抠一些看似不那么重要的细节，比如矩阵和向量的阶数。希望本章的内容既能够让读者暂时跳出细节，直观上理解公式的全貌，又能为读者提供足够的细节，从而在研究和实践因子投资中运用它们。本着这两个目标，文中涉及的数学会力争严谨，但也会做到“点到为止”。对某个方法感兴趣的读者，可以进一步学习相关章节给出的参考文献。

2.1　投资组合排序法

由 1.1.2 节因子的定义可知，一个因子代表了不同资产收益率的某种驱动力，而该因子的收益率就是这些资产的共性收益。然而在上述定义中，因子是十分抽象的。因子收益率是什么呢？它又如何计算呢？举例来说，股票市场的整体估值水平和股票的收益率密切相关，估值的高低能够影响股票收益率的共同涨跌。又比如，股票市场作为经济的晴雨表，股票收益率的高低又都受到宏观经济好坏（如 GDP 的高低）的影响。这些例子说明，像估值、GDP 这些都可以作为因子来解释股票的收益率，但是如何定量计算它们的收益率呢？为了回答问题，就要用到实证资产定价和因子投资中的一个非常重要的概念 —— 因子模拟投资组合（factor mimicking portfolio）。如果说因子是抽象的，那么因子模拟投资组合就是这个抽象概念的实际载体，它是定量研究和使用因子的出发点。

2.1.1　因子模拟投资组合

因子模拟投资组合是使用股票资产、围绕某目标因子构建的投资组合；该投资组合需满足以下两个条件：

- 条件一：该投资组合仅在目标因子上有大于零的暴露、在其他因子上的暴露为零；
- 条件二：在所有满足条件一的投资组合中，该投资组合的特质性风险（idiosyncratic risk）最小。

以下通过一个假想的例子逐条解读这两个条件。假设有两个因子 A 和 B 以及四支股票。表 2.1 给出了这些股票在这两个因子上的暴露以及它们的特质性风险。接下来按上述两个条件来构建因子 A 的因子模拟组合。

首先来看一个错误的做法，即按同等资金权重配置股票一和股票二。它们在因子 A 上

2 Cochrane 教授的原话是 *“The math in real, academic, finance is not actually that hard. Understanding how to use the equations, and see what they really mean about the world· · · that's hard.”*。

的因子暴露都很高，似乎能够反映出因子 A 的收益率。然而，这种做法之所以错误，是因为这两支股票在因子 B 上的因子暴露也非常高。因此，由它们二者构成的投资组合的收益率将受到因子 A 和 B 的共同影响。这个问题就体现出满足上述定义中第一个条件的重要性：因子模拟投资组合的收益率应该仅由目标因子驱动，而不受其他因子的影响（意味着投资组合对于其他因子的因子暴露为零），这才能纯粹反映出该目标因子的收益。按照这个条件，可以选择按同等资金权重配置股票一和股票三。由于它们在因子 B 上的暴露取值相反，因此这二者构成的投资组合仅在因子 A 上有暴露，满足第一个条件。

表 2.1　股票和因子暴露及特异风险示意

股票	因子 A 暴露	因子 B 暴露	特质性风险
股票一	0.8	0.4	1%
股票二	1.3	0.6	2%
股票三	0.6	−0.4	5%
股票四	1.2	−0.4	1%

上面第一条虽然很关键，但是在它的限制下，得到的投资组合并不一定是唯一的。比如同等权重配置股票一和股票三满足第一个条件；类似的，同等权重配置股票一和股票四也满足第一个条件。那么，它们是否都可以作为因子 A 的因子模拟组合？还是需要进一步取舍呢？这时就要给出第二个条件 —— 因子模拟投资组合的特质性风险最小。该组合的特质性风险由构成它的个股的特质性风险决定。对于多因子模型来说，个股的特质性风险源自个股收益率在时序上的随机扰动，即式 (1.5) 中的 $\boldsymbol{\varepsilon}_t$。对于一个满足条件一的投资组合，它的收益率由两部分驱动，分别为目标因子和构成该组合的个股的特质性风险。

如果该组合中特质性风险很高，那么特质性风险的影响就会压过目标因子而占主导地位，这会给因子收益率的计算带来较大的误差。换句话说，只有尽可能地排除特质性风险的影响、使得该投资组合的收益中的绝大部分都由目标因子驱动，才能够准确地计算因子的收益率。这正是第二个条件背后的动机。因子模拟投资组合是所有满足条件一的投资组合中，特质性风险最低的。回到上面的例子，在股票一和股票三、股票一和股票四这两个组合中，由表中数据可知，后者的特质性风险要低于前者，因而满足条件二。因此，根据因子模拟组合需满足的两个条件，最终可通过等权重配置股票一和股票四构建了因子 A 的因子模拟投资组合。

有了因子模拟投资组合，就可以计算因子收益率了。从定义出发，因子模拟投资组合就是针对某目标因子构建的投资组合；在条件一和条件二的约束下，该投资组合的收益率应尽可能地仅由目标因子驱动，因此该投资组合的收益率就是因子收益率。从上面的例子也不难看出，为了构建因子模拟组合，首先需要知道资产在不同因子上的暴露。在因子暴露已知的前提下，人们可以通过不同的方法来构建因子模拟投资组合。在众多方法中，有一个简化的方法在学术界的实证资产定价研究和业界的因子投资中均得到了广泛的应用，它就是投资组合排序法（portfolio sort），简称排序法。

2.1.2　排序法及其检验

大量研究发现，股票的收益率受很多因子的影响。因性质不同，因子又可以被分为不同的种类。以 2.1 节开篇举的两个例子来说，围绕诸如估值这类股票的财务信息或者量价数据构建的因子代表了最主流的一类因子，它们被称为股票的风格因子（style factor），典型的风格因子还包括市值、盈利、低波动等；而像围绕 GDP 这类经济数据构建的因子则被称为宏观经济因子。因子的种类远不止风格因子和宏观经济因子两类，上面的例子只是为了说明数据的属性决定了因子的类别。有必要指出的是，本节介绍的排序法是针对风格因子构建因子模拟投资组合的一种简化方法。对于其他类型因子，比如宏观经济因子，该方法并不适用（2.2 节会说明如何处理其他类型的因子）。话虽如此，由于风格因子在股票多因子模型中的地位无人能及，这种方法得到了广泛的使用。

前文 2.1.1 节的例子说明，构建因子模拟组合的前提是知道所有股票在该因子上的暴露。由式 (1.3) 可知，股票在某因子 i 上的暴露 β_i 反映的是在控制了其他因子后，该目标因子的收益率变化对股票超额收益变化的影响程度。这意味着首先需要知道因子收益率才能计算因子暴露。而从前文可知，首先需要有因子模拟组合才能计算因子收益率，而因子暴露又是构建因子模拟组合的前提条件。这种矛盾似乎让人们陷入“先有鸡还是先有蛋”的怪圈。排序法最大的优势则在于它舍弃了“因子暴露已知”这个条件，从而绕过了上述“怪圈”。

下面以账面市值比（book-to-market ratio，BM，即市净率的倒数）这个经典的估值指标为例介绍排序法。虽然 BM 是一个估值指标，但依照学术界的惯例，将通过它构建的因子称为价值因子而非估值因子。本书遵循上述惯例。在排序法中，将股票排序的变量（比如 BM）被称为排序变量（sort variable，简称变量）。排序法中最核心的思想是使用个股在该变量上取值的大小来代替个股在该因子上暴露的高低。需要强调的是，该方法并没有假设变量的取值等于因子暴露，也没有假设这二者之间满足某种特定的数学关系。该方法仅假设变量和因子暴露是相关联的。以 BM 为例，该方法认为高 BM 的股票在围绕 BM 构建的价值因子上的暴露更高，低 BM 的股票在围绕 BM 构建的价值因子上的暴露更低，仅此而已。在这个核心思想下，人们虽然不知道个股在该因子上的暴露，但是却可以通过变量的高低来代替它，并以此为依据构建因子模拟投资组合。这正是排序法的方便之处。同时，这也解释了排序法为什么仅适用于风格因子。对于其他类型的因子（比如宏观经济因子），由于难以从个股本身的数据出发找到和因子暴露相关的变量，自然也就无法使用这种方法。

前面说完了排序法的核心思想，下面马上来介绍它的具体方法。排序法的英文名字是 portfolio sort，它的背后包含了“按变量将股票排序”“把股票依排序分组构建投资组合”以及“定期更新投资组合”三个步骤。

(1) 排序：首先确定股票池，并将股票池中的全部股票在截面上按照排序变量（本例中的 BM）的取值高低从大到小（或从小到大[3]）排序。

(2) 分组：按排名高低将全部股票分为 L 组（依照惯例，一般根据变量取值分布的十分位数将全部股票分成 10 组，即 $L = 10$）。做多排名最高的第一组内的股票，并同时做空排名最低的最后一组内的股票而构建一个多、空对冲的投资组合，该投资组合又被称为价差组合（spread portfolio）。由构建方式可知，价差组合中多、空两头的收益率分别为变量取值最高的 $1/L$ 股票的收益和变量取值最低的 $1/L$ 股票的收益，它们的差异就反映了围绕该变量构建的因子的收益率。因此，价差组合正是使用排序法构建的因子模拟投资组合，而价差组合的收益率正是该因子的收益率。需要指出的是，在构建价差组合时，通常要求多、空两个组合的金额相同，即整个因子模拟投资组合是资金中性的[4]。此外，由于多、空两个投资组合都包含多支股票，因此需要为它们选择个股加权方式，其中最常见的是市值加权和等权重。

(3) 定期更新：由于个股在变量上的取值并非一成不变的（即代表它们在该因子上的暴露也是随时间变化的），因此需要定期进行上述两步，完成对因子模拟投资组合的更新。学术界通常称上述更新为再平衡（rebalance），且再平衡的频率多为每月或每年。在每期构建了新的因子模拟投资组合之后，计算该组合在当前时刻和下一个再平衡时刻之间的收益率。在时序上如此往复，就得到因子收益率的时间序列。

通过排序法，人们可以方便地构建因子模拟投资组合，计算因子收益率以及由排序法得到的 L 个投资组合的收益率。一旦有了这些数据，检验因子预期收益率，以及考察 L 个投资组合收益率的单调性就构成了检验的内容。学术界将上述检验称为投资组合排序检验（portfolio sort test）。下面依次说明这两个检验内容。

投资组合排序检验最重要的目的是检验因子预期收益率。在关于因子的研究中，原假设通常为因子预期收益为零。由第 1 章的定义可知，因子的预期收益率应该大于零。因此，

3 排序法的第二步将会通过做多排名靠前的股票、做空排名靠后的股票构建因子模拟投资组合。一般认为因子的风险溢价为正。这意味着在排序时通常从金融学和经济学原理考虑变量和收益率之间的相关性。如果变量和收益率呈现负相关，则往往按变量取值从小到大将股票排序。低波动因子就是这样一个例子。

4 在针对以美元计价的美股研究中，将其称为 dollar neutral。

检验关注的是依据样本数据计算出的因子收益率，能否在给定的显著性水平下拒绝原假设。令 $\{\lambda_t\}$ $(t=1,2,\cdots,T)$ 代表因子收益率时间序列，则因子预期收益率的估计 $\hat{\lambda}$ 以及其标准误（standard error）s.e.$(\hat{\lambda})$ 分别为：

$$\hat{\lambda}=\frac{1}{T}\sum_{t=1}^{T}\lambda_t \tag{2.1}$$

$$\text{s.e.}(\hat{\lambda})=\frac{\text{std}(\lambda_t)}{\sqrt{T}} \tag{2.2}$$

其中 $\text{std}(\lambda_t)$ 表示 λ_t 的标准差。上式说明将 $\{\lambda_t\}$ 在时序上取平均值就得到预期收益率的估计。有了 $\hat{\lambda}$ 和 s.e.$(\hat{\lambda})$，便可在原假设下（即 $\lambda=0$）计算 t-值（t-statistic），进行 t-检验：

$$t\text{-值}=\frac{\hat{\lambda}}{\text{s.e.}(\hat{\lambda})} \tag{2.3}$$

它满足自由度为 $T-1$ 的 t 分布。根据 t-值和 t 分布可计算出（双尾）p-值，通过 t-值或 p-值就能够判定在给定的显著性水平下接受或拒绝原假设。依照学术界的惯例，通常使用 0.05 和 0.01 的显著性水平，在大样本下它们对应的 t-值阈值分别约为 2.0 和 2.6。因此，一旦样本数据计算出的收益率的 t-值高于 2.0，就认为该结果在原假设下是显著的[5]。如果原假设（因子预期收益率为零）无法被拒绝，那么被研究的因子就不满足预期收益率大于零的要求，因此 t-值是否高于 2.0 就是一个重要的判定依据[6]。本书第 3 章到第 5 章的实证分析中将汇报检验结果的 t-值。

除此之外，由于一个好的因子应能够解释个股超额收益的截面差异，因此排序法关注的第二个问题就是依照排序变量高低得到的 L 个投资组合的收益率是否有很好的单调性，这可以通过计算收益率和排序变量分组的秩相关系数（rank correlation coefficient）来检验。秩相关系数和相关系数类似，不同的是计算时将观测值转换为观测值的排位（rank），因此它考察的是两个随机变量之间的单调相关性。统计学中有多种计算秩相关系数的方法，其中最流行的要数 Spearman 秩相关系数（以 Charles Spearman 命名）。将 L 个投资组合的收益率的高低排位记为 X_r、将它们依排序变量的分组的高低排位记为 X_g，这二者的相关系数即为收益率和排序变量分组的秩相关系数 ρ_s：

$$\rho_s=\frac{\text{cov}(X_r,X_g)}{\sigma_{X_r}\sigma_{X_g}} \tag{2.4}$$

从式 (2.4) 中不难发现，当 L 个投资组合的收益率随变量分组完美单调递增时，二者的秩相关系数为 1；而当这些收益率随变量分组完美递减时，这二者的秩相关系数为 -1。

5 由 t 分布的对称性可知，如果 t-值小于 -2.0 也可以认为结果在原假设下是显著的。

6 本书 6.1 节将介绍学术界的最新研究成果，它们将单个因子检验的 t-值阈值提升到 3.0 以上。

下面仍以 BM 为例对上述检验进行说明。通过排序法将 A 股市场中的股票按照 BM 高低分为 $L = 10$ 组（记为 Low，2，$\cdots$，9，High，其中 Low 代表 BM 最低的一组、High 代表 BM 最高的一组），每组内股票按总市值加权配置，每月再平衡[7]。此外，通过做多 BM 最高的一组（即 High 组）、做空 BM 最低的一组（即 Low 组）构建价值因子投资组合。表 2.2 给出了对价值因子预期收益率的检验结果，以及这 10 个投资组合预期收益率的检验结果（这是学术界的常见做法）。从检验结果可知，因子月均收益率为 0.88%，标准误为 0.47%，t-值为 1.85，p-值为 0.07，因此可以在 0.1 的显著性水平下拒绝原假设。

表 2.2　BM 排序检验结果

	Low	1	2	3	4	5	6	7	8	High	High−Low
均值（%）	0.57	0.53	0.57	0.72	0.94	0.90	1.08	1.32	1.21	1.44	0.88
标准误（%）	0.57	0.56	0.55	0.58	0.56	0.53	0.57	0.58	0.56	0.58	0.47
t-值	1.00	0.95	1.03	1.24	1.69	1.69	1.90	2.27	2.15	2.48	1.85
p-值	0.32	0.35	0.30	0.22	0.09	0.09	0.06	0.02	0.03	0.01	0.07

接下来，为了从视觉上更好地呈现单调性，图 2.1 展示了利用 BM 排序得到的 10 个投资组合的月均收益率，它们基本随 BM 的增加而变大。利用式 (2.4) 计算可知，这 10 个投资组合的收益率和 BM 分组的秩相关系数高达 0.94 (p-值为 5.48×10^{-5})，表现出显著的单调性，且收益率和 BM 取值之间呈正相关。

由于简单易用，排序法在学术界和业界关于风格因子的研究中得到了广泛的应用。值得一提的是，在前文介绍排序法的时候默认的都是使用单一变量对股票排序，因此它也被称为单变量排序（univariate sorting）。但不要忘记，排序法仅仅是构建因子模拟投资组合的一个相对“粗暴”的方法。根据定义，因子模拟投资组合应该在非目标因子上没有暴露，然而排序法却难以控制其他因子的影响，这是它最大的缺点。举个假想的例子，如果高 BM 的股票全都是大市值股票、低 BM 的股票全都是小市值股票，那么当使用 BM 这个单一变量排序的时候，构建的价差组合在无形之中也同时做多了大市值股票、做空了小市值股票。因此，这个价差组合虽然是围绕 BM 构建的，但其收益率却受到 BM 和市值的共同影响，因而难以客观评估 BM 的贡献。为了尽可能排除其他因子的干扰，常见的做法是使用多个变量进行双重排序或三重排序，这些方法统称为多重排序法。

7 本书的第 3 章将会详细说明实证分析中的数据处理方式。

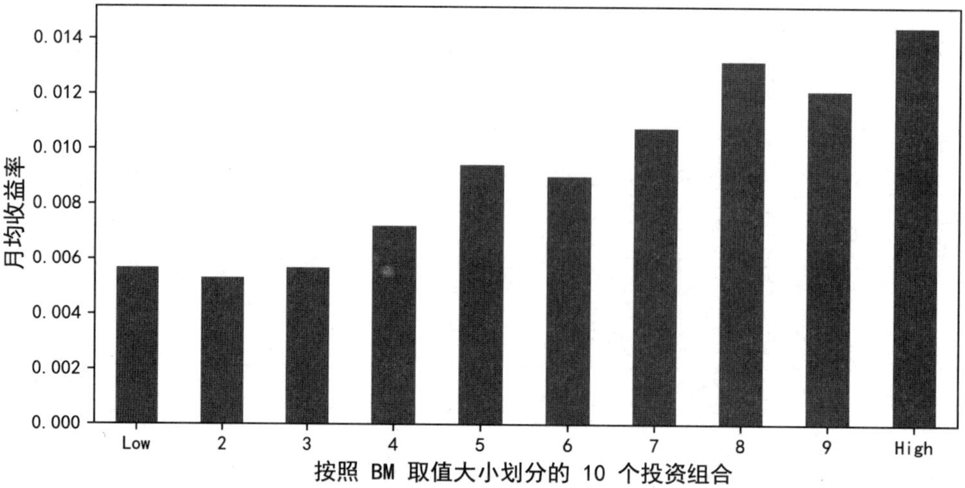

图 2.1　按 BM 排序得到的 10 个投资组合的月均收益率

2.1.3　多重排序法

1. 双重排序

在多重排序法中，最重要的是双重排序（double sorting 或 bivariate sorting）。所谓双重排序，即按照两个变量排序并构建因子模拟投资组合。考虑两个排序变量 X_1 和 X_2，将股票按照这两个变量分别划分为 L_1 和 L_2 组，一共得到 $L_1 \times L_2$ 个组合。在双重排序时，一处非常关键的细节是使用这两个变量分别独立对股票排序，还是这两个变量在排序时存在先后的依存关系。前者被称为独立双重排序（independent double sorting 或 unconditional double sorting），后者被称为条件双重排序（dependent double sorting 或 conditional double sorting）。

首先来看独立双重排序的情况。假设使用两个排序变量分别独立地把股票划分成 5 组，即 $L_1 = L_2 = 5$，它们两两取交集一共得到 25 个投资组合，如图 2.2 中的 P_{11} 到 P_{55} 所示。在划分时，最常见的做法是取这两个变量各自的五分位数。这 25 个投资组合中股票的权重可以采用等权重或市值加权。接下来，通过这 25 个组合就可以围绕给定的变量构建因子模拟投资组合了。以 X_1 为例，构建的思路和单变量排序一样，仍然是做多在该变量上排名高的股票、做空在该变量上排名低的股票，并满足资金中性。由于采用了双重排序，因此对于变量 X_2 的每一档，都存在一个在变量 X_1 上排名高的投资组合。换句话说，一共有 $L_2(=5)$ 个这样的组合，它们是 P_{51}、P_{52}、P_{53}、P_{54} 以及 P_{55}。类似的，一共有 $L_2(=5)$ 个在变量 X_1 上排名低的组合，它们是 P_{11}、P_{12}、P_{13}、P_{14} 以及 P_{15}。最后，等权重做多 $L_2(=5)$ 个高排名组合、做空 $L_2(=5)$ 个低排名组合，就得到了围绕 X_1 构建的因子投资组合。令 $R_{ij,t}$ 代表投资组合 P_{ij} 第 t 期的收益率，则该因子第 t 期的收益率 λ_{X_1t} 为：

$$\lambda_{X_1t} = \frac{1}{L_2}\sum_{i=1}^{L_2} R_{L_1i,t} - \frac{1}{L_2}\sum_{i=1}^{L_2} R_{1i,t} \tag{2.5}$$

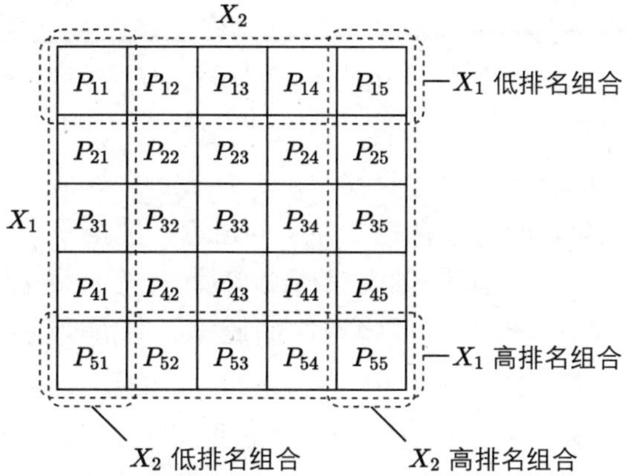

图 2.2　独立双重排序法示例

在独立双重排序中，两个变量的地位是完全对称的，因此很容易就可以得到围绕 X_2 变量构建的因子投资组合，它通过做多 $L_1(=5)$ 个在变量 X_2 上高排名组合（P_{15}、P_{25}、P_{35}、P_{45} 以及 P_{55}）、做空 $L_1(=5)$ 个在变量 X_2 上低排名组合（P_{11}、P_{21}、P_{31}、P_{41} 以及 P_{51}）而构成，并满足资金中性。该因子第 t 期的收益率 λ_{X_2t} 为：

$$\lambda_{X_2t} = \frac{1}{L_1}\sum_{i=1}^{L_1} R_{iL_2,t} - \frac{1}{L_1}\sum_{i=1}^{L_1} R_{i1,t} \tag{2.6}$$

有了因子收益率 λ_{X_1t} 和 λ_{X_2t} 的时间序列，就可以像 2.1.2 节一样如法炮制，计算 t-值并检验因子预期收益率。值得一提的是，如果把式 (2.5) 和式 (2.6) 中的投资组合收益率重新排列一下，就可以得到另一种等价的形式：

$$\lambda_{X_1t} = \frac{1}{L_2}\sum_{i=1}^{L_2} (R_{L_1i,t} - R_{1i,t}) \tag{2.7}$$

$$\lambda_{X_2t} = \frac{1}{L_1}\sum_{i=1}^{L_1} (R_{iL_2,t} - R_{i1,t}) \tag{2.8}$$

下面以式 (2.7) 为例进行解读。它表示从每一个 X_2 变量分组 i 内挑出 X_1 变量排名最高和最低的两组，即 R_{L_1i} 和 R_{1i}，并计算它们的差 $R_{L_1i} - R_{1i}$。然后把一共 L_2（本例中是 5）个 $R_{L_1i}-R_{1i}$ 取平均，就得到 λ_{X_1t}。式 (2.7) 和式 (2.5) 的区别是，式 (2.5) 是对这 5 个高排位和 5 个低排位投资组合"先分别取平均、再做差"，而式 (2.7) 则是将它们两两"先做差、再取平均"。在数学上，这两种方式完全是等价的，而式 (2.5) 的方式也确实是常见的计算因子收益率的方法[8]。但是，之所以介绍式 (2.7) 和式 (2.8) 这种表达式，是因为它们经常被用于对异象的研究中。

在学术界针对美股市场异象的研究中，双重排序法经常被使用。为了检验一个新的异象变量可以获得超额收益，学者们往往用它和已有的因子变量进行双重排序，从而排除已有因子的影响。在进行分析时，学者们除了关心异象收益率之外，还关心在已有因子变量的每组内，该异象变量是否能区分股票收益率的截面差异。回到上面 X_1 和 X_2 的例子，为检验能否通过 X_1 构建异象，应考察在每个 X_2 分组内，根据 X_1 划分的 L_1 个分组中最高和最低的组的收益率差异是否显著[9]。在这种情况下就会关心每个 $R_{L_1i}-R_{1i}$ 的取值。以上就是式 (2.7) 和式 (2.8) 这两种表达式也存在的原因。但再次强调的是，当使用独立双重排序法时，无论使用哪种表达式都不影响 λ_{X_1t} 和 λ_{X_2t} 的计算结果。

独立双重排序虽然简单，但它也有一个缺点，即独立排序可能导致某些组合包含的股票数目过少。举个例子，假设共有 1000 支股票，按照 X_1 和 X_2 两变量各分为 5 组，得到 25 个组合，平均下来每个组合包含 40 支股票。当 X_1 和 X_2 的截面相关性很高时，那么当一支股票在 X_1 变量取值较高时，它在 X_2 上的取值也会较高。这就会造成这两个变量相同的分组中 —— 图 2.2 中对角线上的组 —— 的股票个数较多，而其他组内（特别是高 X_1、低 X_2 组以及低 X_1、高 X_2 组）的股票个数较少。这种分组内股票数量的不平衡将使得最终的因子收益受异常值影响的可能性更高，造成因子收益率的不稳定并且也会影响在实践中的实施[10]。在实际研究因子时，上述缺点虽然存在，但通常不会带来太大的问题。这是因为人们通常不会使用截面相关性高的变量做双重排序。当对参与排序的两个变量的相关性不确定时，可以计算每组内股票的数量。如果全部 $L_1 \times L_2$ 个投资组合均包含足够多的股票，那么就没有太大的问题。

接下来介绍条件双重排序。它与独立双重排序最大的区别是按照给定的顺序先后使用两个变量对股票进行排序。仍然以 X_1 和 X_2 两个变量为例。假设先用 X_1 排序将全部股票划分成 L_1 组。接下来，在以上每个组内，再用 X_2 排序把属于该组内的股票进一步划分为 L_2 个组，最终得到 $L_1 \times L_2$ 个分组。从这个例子中不难看出，条件双重排序是考察当 X_1 控制之后，变量 X_2 对股票收益率的影响。反之，如果按照先用 X_2 排序、再用 X_1 排

8 比如经典的 Fama and French (1993) 三因子模型就使用了这种表达式。本书第 4 章会详细说明。

9 除此之外，研究人员也会关心每个给定的 X_2 分组下，以 X_1 排序划分的 L_1 个投资组合的收益率是否呈现出很好的单调性。

10 在某些极端情况下，X_1 和 X_2 的某种分组组合的交集甚至可能为空，即没有任何股票。

序，那就是在考察控制了 X_2 之后，变量 X_1 对股票收益率的影响。

条件双重分组关心的是当第一个变量被控制之后，第二个变量是否对解释收益率有增量信息。在这种方法中，两个排序变量的地位是不对称的：第一个排序变量仅仅作为控制变量，人们关心的是第二个排序变量和收益率之间的关系，因此只需（也只应）围绕第二个排序变量构建因子并计算因子收益率[11]。

在条件双重排序方法中，学术界通常使用以下两种方法为第二排序变量计算因子收益率。第一种方法和独立双重排序法中的收益率公式并无不同。假设 X_1 和 X_2 分别为第一、第二排序变量，则围绕 X_2 构建的因子收益率就如式 (2.6) 或式 (2.8) 所示（如果需要计算 X_1 的因子收益率，只需将两个排序变量的先后顺序调换）。除此之外，还有另外一种方法。仍以 X_1 和 X_2 分别为第一、第二排序变量为例。在这种方法中，将全部 L_1 个 X_2 排名最高的组，即 P_{iL_2} $(i=1,2,\cdots,L_1)$，以及 L_1 个 X_2 排名最低的组，即 P_{i1} $(i=1,2,\cdots,L_1)$，分别取并集：

$$P_{L_2}^{\text{top}} = P_{1L_2} \cup P_{2L_2} \cup \cdots \cup P_{L_1L_2} \tag{2.9}$$

$$P_{L_2}^{\text{bottom}} = P_{11} \cup P_{21} \cup \cdots \cup P_{L_11} \tag{2.10}$$

将 $P_{L_2}^{\text{top}}$ 中的全部股票按照市值加权或等权重配置，构成变量 X_2 的多头；将 $P_{L_2}^{\text{bottom}}$ 中的全部股票按同样的加权方式配置，构成变量 X_2 的空头。在每一期 t，多头组合收益率（记为 $R_{L_2}^{\text{top}}$）减去空头组合收益率（记为 $R_{L_2}^{\text{bottom}}$），就是在这种方法下围绕变量 X_2 构建的因子的收益率：

$$\lambda_{X_2t} = R_{L_2}^{\text{top}} - R_{L_2}^{\text{bottom}} \tag{2.11}$$

这两种计算 X_2（即第二排序变量）因子收益率的方法虽略有不同，但仔细比较它们不难发现，当每个投资组合中的股票都按照等权重配置时，式 (2.6) 和式 (2.11) 则是完全等价的。只有当每个投资组合采用非等权重（比如市值加权）时，这两种方法才略有差异。假设每个投资组合内股票按市值加权配置，当使用式 (2.6) 时，它多、空两头各自的 L_1 个投资组合仍然按照等权重配置；而当使用式 (2.11) 时，它首先把所有属于多头和空头的股票都挑出来，然后再按照市值加权配置。

最后值得一提的是，条件双重排序的规则保证了每组内都有足够多的股票。在本节的例子中 $L_1 = L_2 = 5$，如果假设这 5 组是按照排序变量的五分位数划分的，那么条件双重排序得到的 25 个投资组合中有相同数量的股票。在更一般的情况中，两个变量划分的组数可以不同，且每个变量用来划分的分位数也可能有差异，在这时不同组内的个股数量会有差异，但仍然能够保证有足够多的股票。

11 Bali et al. (2016) 指出在条件双重排序法中为第一排序变量构建因子并计算因子收益率有很大的不确定性。

2. 两点说明

关于双重排序，还有两点补充说明。第一点说明，使用双重排序的目的是排除两个变量之间的相互影响，从而更准确地计算围绕每个变量构建的因子模拟投资组合的收益率。在这方面，条件双重排序比独立双重排序是更好的选择，因为它是在控制了第一个分类变量后、考察第二个分类变量和股票收益率的条件关系。然而，学术界在研究因子时，往往更习惯使用独立双重排序。这可能与最初经典的 Fama and French (1993) 三因子模型使用了独立排序有关。另外，当研究异象时，为了排除小市值的影响，使用市值和异象变量进行条件双重排序、构建异象投资组合并计算其超额收益也并不罕见。而在这些研究中，两种计算收益率的方法均有使用。举例来说，Bali et al. (2014) 在研究尾部风险异象时采用式 (2.6) 计算异象收益率；而 Liu, Stambaugh and Yuan (2019) 则使用式 (2.11) 研究并计算了一系列异象投资组合的收益率。

第二点说明是关于双重排序时两个变量划分的分组数。当学术界研究异象时，当股票池中的股票数量很大时，5×5 或 10×10 都是常见的分组方式。但是当学术界研究因子时，往往采用 2×3 的划分，且变量之一是股票的市值。这种处理方法也和 Fama and French (1993) 三因子模型不无关系。由于该文是多因子模型的开山鼻祖，它的很多处理方法对学术界都有着非常深远的影响。Fama and French (1993) 在构建规模（SMB）和价值（HML）两个因子[12]时，采用市值和 BM 进行独立双重排序。在排序时，该文按市值把股票分成了大、小市值两组，按 BM 把股票分成高、中、低三组，最后两两交集构建了 $2 \times 3 = 6$ 个投资组合。这种使用市值和另外一个变量进行 2×3 划分的独立双重排序在 Fama and French (1993) 之后得到了广泛的应用，本书第 4 章会详细介绍。

3. 三重排序

除前面介绍的双重排序之外，近年也有部分研究采用了三重排序（triple sorting）。一个典型例子是 Hou et al. (2015) 提出的四因子模型。该文从实体投资经济学理论出发推导出预期收益率和投资以及盈利之间的条件关系。此外，考虑到盈利能力和投资效应在小盘股中都更强，为了排除市值的影响，Hou et al. (2015) 在构建因子时，使用规模、投资和盈利三个维度的变量进行了三重排序。

排序法及其检验是因子研究中最常见的方法之一。它最大的好处是绕过因子暴露，构建因子模拟投资组合、计算因子收益率。它是通过时间序列回归检验股票多因子模型的基础。在结束 2.1 节之前，最后再来讨论一个问题：因子命名。

12 本书第 4 章会详细介绍包括 Fama and French (1993) 三因子模型在内的主流多因子模型。

2.1.4　因子命名约定

因子命名本身并无严格的要求。但之所以需要约定一个命名方式，是因为无论是在学术界的研究还是业界的实践中，对同一个因子往往有很多不同的称呼。仍以 BM 为例。在 Fama and French (1993) 三因子模型中，两位作者使用 BM 和市值双重排序构建了一个 HML 因子。HML 是 High-Minus-Low 的首字母缩写，而其中 High 代表 BM 高的股票，Low 代表 BM 低的股票，Minus 代表做多前者、做空后者。显然，人们也可以把它称作 BM 因子 —— 这个名字以构建因子的变量为出发点；又或者把它称为价值[13]因子 —— 这个名字以该变量代表的股票风格（style）为出发点。无论是叫 HML 因子、BM 因子还是价值因子，它们指代的都是同一个因子模拟投资组合、同一个因子。为了本书前后一致性，本小节对书中使用的因子命名方法进行说明。在因子命名时，考虑的因素是命名的方便程度以及名字是否能清晰地传达因子的含义。

首先，本书不采用 Fama and French (1993) 的命名方法，原因如下。任何一个变量排序都可以把股票分成高、中、低不同的分组，并构建一个 High-Minus-Low 组合。如果大家都叫 HML 因子，则无法加以区分。举例来说，在 Fama and French (2015) 五因子模型中包括使用 BM 构建的 HML 因子和使用 ROE 构建的盈利因子。Fama and French (2015) 将 ROE 和市值一起进行双重排序，并通过做多高 ROE 的组同时做空低 ROE 的组构建了该盈利因子。由于 High 和 Low 两个词已经被 HML 因子占用了，Fama and French (2015) 则想出了使用稳健（Robust）和疲软（Weak）来代表高、低两个 ROE 组合，并以 Robust-Minus-Weak 即 RMW 为该因子命名。这种做法的优点是，它能体现变量和收益率之间是正相关还是负相关。比如无论是 HML 还是 RMW，都代表变量高取值组和变量低取值组的差异，这意味着 BM 或 ROE 和股票收益率呈现正相关。而在 Fama and French (1993) 中，代表规模的 SMB 因子是 Small-Minus-Big 的缩写，它则表示市值和收益率呈现负相关，即小市值股票的预期收益率高于大市值股票。尽管有这一优点，然而一旦人们真正理解了因子背后的原因，就不再需要依靠其命名来暗示变量和收益率的关系。且考虑到这种做法在因子数量越来越多的时候将会对因子命名造成不便，因此本书放弃这种方法。

使用变量本身和使用其代表的风格命名在方便程度上并无太大差异，但由于以下两个原因，本书作者认为后者更合理。首先，如前所述，风格因子在股票市场中占主宰地位。学术界和业界的绝大多数研究都是关于风格因子。因此，风格比变量本身能更清晰地传达出因子所代表的含义。其次，在业界的因子投资实践中，出于稳健性的考虑，往往使用多个指标构建某种风格的因子。比如，业界会同时使用 BM 和盈利市值比（earnings-to-price

13 BM 本身是一个估值指标。但因为它常被用在价值投资（value investing）中衡量公司估值是否过高，因此无论是学术界还是业界，通常把它称为价值因子。

ratio，即 EP）等多个估值指标构建价值因子。在这种情况下，选择某个指标对因子命名就会以偏概全。

出于上述考量，本书选择以变量代表的风格为出发点对因子进行命名。举例来说，按照本书的约定，将会称使用 BM 构建的因子为价值因子，使用 ROE 构建的因子为盈利因子。

2.2　多因子模型的回归检验

使用 2.1 节介绍的排序法，人们可以很容易地针对股票风格因子构建因子投资组合并计算其收益率。然而，多因子模型中最核心的问题是检验一系列因子解释异象的能力。本节就来说明如何使用回归的方法检验多因子模型，其中涉及的不同方法包括时序回归检验、截面回归检验以及 Fama and MacBeth (1973) 回归检验[14]。

在下文的介绍中，令 N 和 K 分别代表资产和因子的个数。回顾一下本书第 1 章中的式 (1.3)，它指出资产预期（超额）收益和因子预期收益率之间满足如下关系：

$$E[R_i^e] = \alpha_i + \boldsymbol{\beta}_i'\boldsymbol{\lambda} \tag{2.12}$$

其中 R_i^e 代表资产[15] i 的超额收益，$\boldsymbol{\beta}_i$ 为资产 i 的 K 维因子暴露向量；$\boldsymbol{\lambda}$ 为 K 维因子预期收益率向量。多因子模型研究的核心问题是资产预期收益率在截面上 —— 即不同的资产之间 —— 为什么会有差异。根据模型 (2.12)，如果一个资产在因子上的暴露 $\boldsymbol{\beta}_i$ 高，则它的预期收益 $E[R_i^e]$ 也应该更高。

再来仔细品一品这句话，即多因子模型 (2.12) 研究的是资产预期收益率在截面上的差异。站在本书提出的统一视角下，这是从截面角度来研究多因子模型的。在检验模型 (2.12) 时，不关心资产的收益率 R_i^e 在时间序列上是如何随着每期因子收益率来波动的，只关心 R_i^e 的期望 $E[R_i^e]$ 在截面上和对应的 β_i 之间的关系，因为模型 (2.12) 是关于均值的模型。多因子模型中所包含的因子代表了收益率的一种结构。一旦结构给定后，个股或者任何一个投资组合的预期收益率就完全由它在这些因子上的暴露决定了 —— 暴露高，预期收益率就高；预期收益率是因子暴露的线性函数。怎样找到最好的因子结构，即哪些因子使得个股在截面上的预期收益率区分度高，并让不能被该模型解释的定价误差 α_i 部分尽可能低，就是多因子模型研究的问题。

仍然晦涩？用图 2.3 解释一下（因为要做图，所以假设单因子模型）。图中横坐标为 β_i，纵坐标为 $E[R_i^e]$，每个点代表一个资产。图中这条直线就代表 $E[R_i] = \beta_i\lambda$，它的斜率 λ 就

14 本节的介绍专注于对核心概念的解释，数学部分仅在最低限度包括必要的内容。对不同回归检验方法的数学背景感兴趣的读者可参考 Cochrane (2005)。

15 一个资产可以是一支股票也可以是由一揽子股票构成的一个投资组合。

是因子的预期收益率。当模型不能被完美地满足时，资产的预期收益率 $E[R_i]$ 和模型算出的 $\beta_i\lambda$ 之间就会存在误差，它就是图中的 α_i。

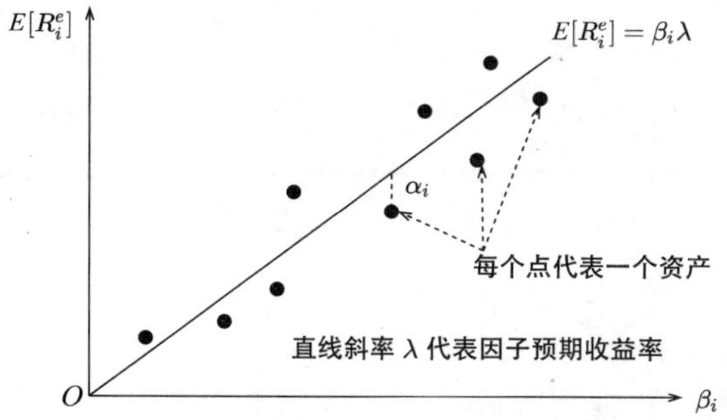

图 2.3　截面上股票预期收益率和风险暴露的关系

正如前文反复强调的，多因子模型反映的是预期收益率和因子暴露在截面上的关系。在多因子模型被提出之前，人们最熟悉的因子模型无疑是 CAPM。它因为只有一个市场因子，所以是多因子模型的一个特例。人们最早的猜测是市场因子的收益率和个股在该因子上的 β 就可以解释截面上不同股票收益率之间的区别。但大量的实证结果显示如果把个股的 $E[R_i^e]$ 和它们针对市场因子的 β_i 画出来，二者之间的关系并不能很好地满足该模型，说明仅仅用单一市场因子无法很好地解释 $E[R_i^e]$ 在截面上的差别。为了反映这一现象，Black et al. (1972) 在 CAPM 的基础上又加入了一个 zero-beta 因子，该两因子模型能够更好地解释 $E[R_i^e]$ 在截面上的差别[16]。再后来，Fama and French (1993) 提出了大名鼎鼎的三因子模型，它在市场因子的基础上加入价值（HML）和规模（SMB）两个因子。这些努力都是为了能够更好地解释人们在股票收益率数据中观察到的 $E[R_i^e]$ 在截面上的差别。

之所以回顾上面这一小段历史，是为了说明学术界在多因子模型上的各种努力都是为了更好地解释 $E[R_i^e]$ 为什么会因资产而异。那么，拿来一个多因子模型，如何定量地评估它是否是一个好的模型呢？为了回答这个问题，首先来看检验中的三个部分：估计值（estimate）、标准误（standard errors）以及检验（test），见表 2.3。

表 2.3　多因子模型检验的三个部分

任务	说明
估计值	$\hat{\alpha}_i$, $\hat{\boldsymbol{\beta}}_i$, $\hat{\boldsymbol{\lambda}}$
标准误	$\sigma(\hat{\alpha}_i)$, $\sigma(\hat{\boldsymbol{\beta}}_i)$, $\sigma(\hat{\boldsymbol{\lambda}})$
检验	联合检验所有 N 个资产的定价误差；检验每个因子的预期收益率

16 为了纪念 Fischer Black，后人将该模型称为 Black CAPM 模型。

对于截面关系式 $E[R_i^e] = \alpha_i + \boldsymbol{\beta}_i'\boldsymbol{\lambda}$，下文将采用回归分析（regression analysis）来确定 $\hat{\alpha}_i$、$\hat{\boldsymbol{\beta}}_i$、$\hat{\boldsymbol{\lambda}}$ 和 $\sigma(\hat{\alpha}_i)$、$\sigma(\hat{\boldsymbol{\beta}}_i)$、$\sigma(\hat{\boldsymbol{\lambda}})$。一旦有了估计值和标准误，就可以用它们检验多因子模型。由式 (2.12) 可知，α_i 代表了资产 i 的定价误差。如果能够在统计上证明所有 α_i 都很接近零，则可以说该多因子模型就是很好的模型，即它能够解释资产预期收益率的截面差异。由此可见，多因子模型的回归检验中最重要的就是检验所有 α_i 联合起来是否在统计上足够接近零。除此之外，使用 $\boldsymbol{\lambda}$ 的估计值和标准误，同样可以检验每个因子的预期收益率[17]。根据上述说明，多因子模型的回归检验可以简单总结为以下三步：

(1) 计算每个资产在所有因子上的暴露 $\boldsymbol{\beta}_i$；

(2) 通过回归分析对多因子模型进行估计；

(3) 联合检验资产定价误差 α_i 以及每个因子的预期收益率 λ_k。

无论选择哪些因子（诸如风格因子或宏观经济因子），也无论在确定截面关系时采用时序回归还是截面回归，对多因子模型的检验最终都可以按照上述三步完成。下面先来看看时间序列回归检验。

2.2.1 时间序列回归

时间序列回归（time-series regression）简单直接，Black et al. (1972) 最早使用它来检验 CAPM。这种方法在回归时使用因子收益率作为自变量（independent variable）或解释变量（explanatory variable），以资产的超额收益率作为因变量（dependent variable）或被解释变量（explained variable）。

此方法更适合分析由风格因子构成的多因子模型，这是因为人们可以使用 2.1 节介绍的排序法构建风格因子的因子模拟投资组合，并计算其收益率作为解释变量。对于其他类别的因子，比如 GDP 等宏观经济因子，由于难以应用排序法构建它的因子模拟投资组合以及计算收益率，所以这种方法就无法使用，举例来说，Fama and French (1993) 中的价值（HML）和规模（SMB）因子均是风格因子。该文使用独立双重排序构建了这两个因子的投资组合，并计算了它们的收益率时间序列，使用它们就可以方便地进行时间序列回归检验。

令 $\boldsymbol{\lambda}_t$ 表示 t 期因子收益率向量，R_{it}^e 为资产 i 在 t 期的超额收益率，这二者在时序上满足如下线性关系：

$$R_{it}^e = \alpha_i + \boldsymbol{\beta}_i'\boldsymbol{\lambda}_t + \varepsilon_{it}, \quad t = 1, 2, \cdots, T \tag{2.13}$$

17 根据 2.1.2 节的说明，在因子研究中原假设通常为因子预期收益为零。因此，检验时关注的是能否在给定的显著性水平下拒绝原假设。

对每个资产 $i=1,2,\cdots,N$，使用简单最小二乘（Ordinary Least Squares，OLS）对模型 (2.13) 进行参数估计。在时间序列回归中，回归方程右侧自变量是因子收益率 $\boldsymbol{\lambda}_t$，左侧的因变量是 R_{it}^e，回归得到资产 i 在因子上的暴露 $\hat{\boldsymbol{\beta}}_i$ 向量，截距 $\hat{\alpha}_i$，以及残差 $\hat{\varepsilon}_{it}$。一旦有了 $\hat{\alpha}_i$ 和 $\hat{\boldsymbol{\beta}}_i$，将 R_{it}^e 和 $\boldsymbol{\lambda}_t$ 在时序上取均值就可得：

$$E_T[R_i^e]=\hat{\alpha}_i+\hat{\boldsymbol{\beta}}_i'\hat{\boldsymbol{\lambda}},\quad i=1,2,\cdots,N \tag{2.14}$$

式中 $E_T[.]\equiv\frac{1}{T}\sum(.)$ 表示对样本数据在时序上取均值，因而有 $\hat{\boldsymbol{\lambda}}=E_T[\hat{\boldsymbol{\lambda}}_t]$。公式 (2.14) 是资产预期收益率和因子暴露在截面上的关系式。时间序列回归中的截距 $\hat{\alpha}_i$ 正是资产 i 的定价误差的估计。由 (2.14) 可知，时间序列回归的好处是可以方便地估计每个因子的预期收益率。对于任意因子 k，其收益率序列 λ_{kt} 在时序上的均值就是因子 k 预期收益率的估计：

$$\hat{\lambda}_k=E_T[\lambda_{kt}],\quad k=1,2,\cdots,K \tag{2.15}$$

下面仍然以单因子这种最简单的情况来画图，说明上述时间序列回归得到的 $E[R_i^e]$ 和 β_i 的截面关系长什么样子。图 2.4 中的直线为 $E[R_i^e]=\beta_i\lambda$：当 $\beta_i=0$ 时，$E[R_i^e]=0$; 此外，如果用该模型解释因子投资组合本身（即将因子投资组合视作一个资产放在截面关系式的左侧），且根据定义因子投资组合在自身上的暴露为 1（即 $\beta_i=1$），因而有 $\lambda=0+1\times\lambda$。以上论述说明，时间序列回归得到的 $E[R_i^e]=\beta_i\lambda$ 这条直线一定会经过 (0,0) 和 $(1,\lambda)$ 两点。

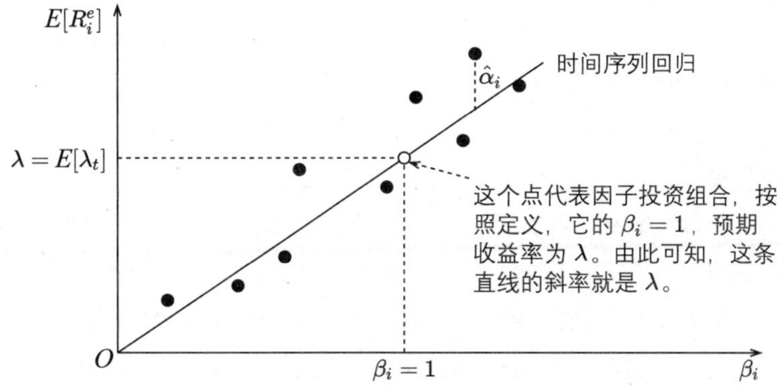

图 2.4　时序回归示意图

图 2.4 中所有黑色的实心圆点代表着资产，空心的点代表着因子投资组合。时间序列回归得到的多因子模型 $E[R_i^e]=\beta_i\lambda$ 就是经过原点和空心点的那条直线。所有资产到这条直线的距离就是资产的 $\hat{\alpha}_i$。需要特别强调的是，在使用时间序列回归时，需对每个资产 i

分别独立用多因子模型进行时序回归。因此图 2.4 中的这条直线并不是以最小化 $\hat{\alpha}_i$ 的平方和为目的求出的，这是时序回归和本书 2.2.2 节介绍的截面回归的最大差别（截面回归是以最小化所有 $\hat{\alpha}_i$ 的平方和为目标的）。

有了时序回归模型，下一步就是计算各种参数的标准误，并进行检验。当随机扰动 ε_{it} 不存在自相关（autocorrelation）或异方差（heteroskedasticity）时，时序回归参数的标准误可以由 OLS 的标准公式给出。进一步的，假设 ε_{it} 满足 IID 正态分布[18]，Michael Gibbons、Stephen Ross 以及 Jay Shanken 在 Gibbons et al. (1989) 一文中给出了检验 α_i 是否联合为零的方法。即便到了今天，该方法仍然是学术界检验和比较因子模型时的首选方法，由于影响深远，所以该方法也由三位教授姓氏的首字母命名为 GRS 检验。

在 GRS 检验中，原假设所有 α_i 均为零。定义向量 $\hat{\boldsymbol{\alpha}} = [\hat{\alpha}_1, \hat{\alpha}_2, \cdots, \hat{\alpha}_N]'$ 以及 $\hat{\boldsymbol{\varepsilon}}_t = [\hat{\varepsilon}_{1t}, \hat{\varepsilon}_{2t}, \cdots, \hat{\varepsilon}_{Nt}]'$。GRS 检验构建了如下满足自由度为 $T-N-K$ 和 N 的 F 分布的检验统计量（称为 GRS test statistic）：

$$
\begin{aligned}
&\frac{T-N-K}{N}\left(1+E[\boldsymbol{\lambda}_t]'\hat{\boldsymbol{\Sigma}}_{\lambda}^{-1}E[\boldsymbol{\lambda}_t]\right)^{-1}\hat{\boldsymbol{\alpha}}'\hat{\boldsymbol{\Sigma}}^{-1}\hat{\boldsymbol{\alpha}} \sim F_{N,T-N-K} \\
\text{其中}\quad &\hat{\boldsymbol{\Sigma}}_{\lambda} = \frac{1}{T}\sum_{t=1}^{T}[\boldsymbol{\lambda}_t - E[\boldsymbol{\lambda}_t]][\boldsymbol{\lambda}_t - E[\boldsymbol{\lambda}_t]]' \\
&\hat{\boldsymbol{\Sigma}} = \frac{1}{T}\sum_{t=1}^{T}\hat{\boldsymbol{\varepsilon}}_t\hat{\boldsymbol{\varepsilon}}_t'
\end{aligned}
\tag{2.16}
$$

有了检验统计量，只需要利用 F 分布计算出它的 p-值就可以判断是接受还是拒绝原假设。需要说明的是，一旦 ε_{it} 之间存在相关性或者异方差，传统 OLS 的标准误公式就是错误的，且上述检验统计量也是有问题的。在这种情况下，可以采用更强大的计量经济学工具——比如广义矩估计（2.7 节会介绍）——来进行检验。尽管如此，GRS 检验仍然是非常普及的一种方法。

除了检验 α_i 是否联合为零外，另一个目标是考察每个因子的预期收益率。由于时序回归假设因子收益率的时间序列已知，因此只需要参照 2.1.2 节的介绍对每个因子的收益率进行 t-检验即可，此处不再赘述。最后对时间序列回归检验简要总结如下。

(1) 因子收益率时序需已知。使用因子收益率作为解释变量，分别对每个资产进行时序回归，得到该资产在这些因子上的暴露的估计 $\hat{\boldsymbol{\beta}}_i$；时序回归中的 $\hat{\alpha}_i$（截距项）就是截面关系上资产的定价误差。

(2) 将时序回归结果在时间上取均值，就得到资产预期收益率和因子暴露在截面上的关

18 IID 是独立同分布之意，其英文全称为 independent and identically distributed。

系。由于时序回归是对每个资产单独进行的，因此该关系的确定不以最小化所有 $\hat{\alpha}_i$ 的平方和为目标。

(3) 若 (2.13) 中的 ε_{it} 满足 IID 正态分布，则可以通过 GRS 方法构建 F-统计量来检验 α_i 联合是否在统计上为零，否则可以通过广义矩估计等更高级的方法；对于因子预期收益率，可使用 t-检验来分析。

2.2.2 截面回归

时间序列回归虽然很方便，但它以因子收益率时序已知为前提。这意味着它更适合处理股票的风格因子，而对诸如 GDP、CPI 以及利率这样的宏观经济因子无能为力。这时可以选择截面回归（cross-sectional regression）来检验多因子模型，它能够方便地处理因子收益率时序未知的情况。截面回归检验的最终目的自然还是考察 $E[R_i^e]$ 和 $\boldsymbol{\beta}_i$ 在截面上的关系，但此方法的第一步仍然是利用时序回归确定资产的因子暴露。

假设 t 期一组因子的取值为 $\boldsymbol{f}_t = [f_{1t}, f_{2t}, \cdots, f_{Kt}]'$（$K$ 阶向量）。首先通过如下时序线性回归模型确定因子暴露：

$$R_{it}^e = a_i + \boldsymbol{\beta}_i'\boldsymbol{f}_t + \varepsilon_{it}, \quad t = 1, 2, \cdots, T, \forall i \tag{2.17}$$

需要说明的是，在模型 (2.17) 中，截距项用了符号 a_i，而非像式 (2.13) 中的 α_i。这是因为如果模型 (2.17) 中的解释变量不是因子收益率，则它的截距项就不是定价误差。采用 OLS 对模型 (2.17) 进行估计，在得到资产的因子暴露 $\hat{\boldsymbol{\beta}}_i$ 以及残差 $\hat{\varepsilon}_{it}$。之后，进入本方法的第二步：截面回归。在这一步中，使用第一步得到的因子暴露的估计 $\hat{\boldsymbol{\beta}}_i$ 作为解释变量，以资产收益 R_{it}^e 在全部 T 期上的时序平均（记为 $E_T[R_{it}^e]$）作为被解释变量，$E_T[R_i^e]$ 和 $\hat{\boldsymbol{\beta}}_i$ 在截面上满足的线性回归模型为：

$$E_T[R_i^e] = \hat{\boldsymbol{\beta}}_i'\boldsymbol{\lambda} + \alpha_i, \quad i = 1, 2, \cdots, N \tag{2.18}$$

使用 OLS 求解模型 (2.18) 就可以得到因子预期收益率的估计 $\hat{\boldsymbol{\lambda}}$，以及每个资产的定价误差的估计 $\hat{\alpha}_i$。细心的读者可能发现，在模型 (2.18) 中并没有出现截距项，而是使用回归的残差直接作为定价误差 $\hat{\alpha}_i$。这背后的原因是多因子模型假定当不存在模型设定偏误时，资产的预期收益率应该仅由因子暴露和因子预期收益率决定。当然，公式是“死的”，应用是“活的”，Cochrane (2005) 指出在进行模型 (2.18) 截面回归时，也可以考虑包含截距项。加入截距项后，模型 (2.18) 变为：

$$E_T[R_i^e] = \gamma + \hat{\boldsymbol{\beta}}_i'\boldsymbol{\lambda} + \alpha_i, \quad i = 1, 2, \cdots, N \tag{2.19}$$

仍以单因子为例，图 2.5 展示了通过截面回归得到的资产预期收益率和因子暴露的截面关系。如果使用 OLS 对模型 (2.18) 进行估计，则图 2.5 中截面回归得到的关系将通过原点并最小化所有残差的平方和。

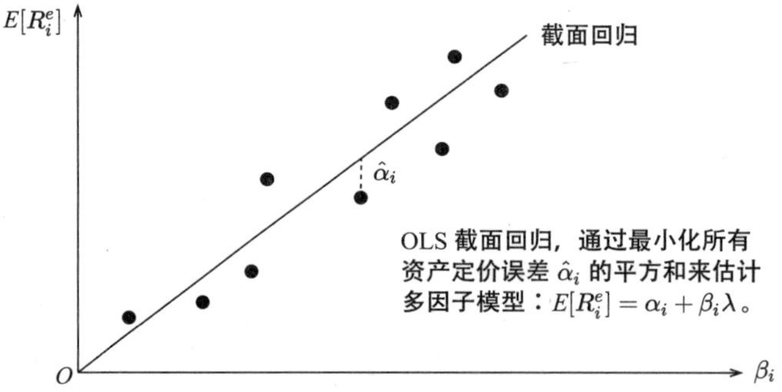

图 2.5　截面回归示意图

为了更方便地给出数学公式，定义全部 N 个资产在这 K 个因子上的因子暴露矩阵 $\hat{\boldsymbol{\beta}} \equiv \left[\hat{\boldsymbol{\beta}}_1, \hat{\boldsymbol{\beta}}_2, \cdots, \hat{\boldsymbol{\beta}}_N\right]'$，它是 $N \times K$ 矩阵；定义 N 维向量 $\hat{\boldsymbol{\alpha}} \equiv [\hat{\alpha}_1, \hat{\alpha}_2, \cdots, \hat{\alpha}_N]'$，和 N 维向量 $E_T[\boldsymbol{R}^e] \equiv [E_T[R_1^e], E_T[R_2^e], \cdots, E_T[R_N^e]]'$。利用上述数学符号，截面回归模型 (2.18) 的 OLS 估计量为：

$$\hat{\boldsymbol{\lambda}} = \left(\hat{\boldsymbol{\beta}}'\hat{\boldsymbol{\beta}}\right)^{-1}\hat{\boldsymbol{\beta}}' E_T[\boldsymbol{R}^e] \tag{2.20}$$

$$\hat{\boldsymbol{\alpha}} = E_T[\boldsymbol{R}^e] - \hat{\boldsymbol{\beta}}\hat{\boldsymbol{\lambda}} \tag{2.21}$$

为了联合检验所有定价误以及每个因子的预期收益率，仅知道 $\hat{\boldsymbol{\lambda}}$ 和 $\hat{\boldsymbol{\alpha}}$ 是不够的，还需要求出它们各自的标准误。令 $\boldsymbol{\varepsilon}_t = [\varepsilon_{1t}, \varepsilon_{2t}, \cdots, \varepsilon_{Nt}]'$（$\varepsilon_{it}$ 是时序线性模型 (2.17) 中的随机扰动，且定义 $\boldsymbol{\Sigma}_f \equiv \text{cov}(\boldsymbol{f}_t)$ 以及 $\boldsymbol{\Sigma} \equiv \text{cov}(\boldsymbol{\varepsilon}_t)$，利用它们并假设 $\boldsymbol{f_t}$ 和 $\boldsymbol{\varepsilon}_t$ 之间相互独立，且它们各自在时序上满足独立同分布，Cochrane (2005) 给出了 $\hat{\boldsymbol{\lambda}}$ 和 $\hat{\boldsymbol{\alpha}}$ 的协方差矩阵：

$$\text{cov}(\hat{\boldsymbol{\lambda}}) = \frac{1}{T}\left[\left(\hat{\boldsymbol{\beta}}'\hat{\boldsymbol{\beta}}\right)^{-1}\hat{\boldsymbol{\beta}}'\boldsymbol{\Sigma}\hat{\boldsymbol{\beta}}\left(\hat{\boldsymbol{\beta}}'\hat{\boldsymbol{\beta}}\right)^{-1} + \boldsymbol{\Sigma}_f\right] \tag{2.22}$$

$$\text{cov}(\hat{\boldsymbol{\alpha}}) = \frac{1}{T}\left[\boldsymbol{I} - \hat{\boldsymbol{\beta}}\left(\hat{\boldsymbol{\beta}}'\hat{\boldsymbol{\beta}}\right)^{-1}\hat{\boldsymbol{\beta}}'\right]\boldsymbol{\Sigma}\left[\boldsymbol{I} - \hat{\boldsymbol{\beta}}\left(\hat{\boldsymbol{\beta}}'\hat{\boldsymbol{\beta}}\right)^{-1}\hat{\boldsymbol{\beta}}'\right]' \tag{2.23}$$

在实际中，由于真实的 $\boldsymbol{\Sigma}$ 和 $\boldsymbol{\Sigma}_f$ 未知，故可采用残差向量 $\hat{\boldsymbol{\varepsilon}}_t = [\hat{\varepsilon}_{1t}, \hat{\varepsilon}_{2t}, \cdots, \hat{\varepsilon}_{Nt}]'$ 代替 $\boldsymbol{\varepsilon}_t$，计算样本 $\hat{\boldsymbol{\Sigma}}$ 代替 $\boldsymbol{\Sigma}$，并使用样本协方差矩阵 $\hat{\boldsymbol{\Sigma}}_f$ 代替 $\boldsymbol{\Sigma}_f$。将 $\hat{\boldsymbol{\Sigma}}$ 和 $\hat{\boldsymbol{\Sigma}}_f$ 代入式 (2.22) 和式 (2.23) 就得到协方差矩阵的估计。进一步利用它们计算标准误即可进行检验。

尽管上述表达式看上去已经足够复杂了，但仍有两点需要简单说明。第一，在截面回归模型 (2.18) 中，作为解释变量的因子暴露 $\hat{\boldsymbol{\beta}}$ 是从第一步时序回归中得来的，它们是估计值而非真实值。对于模型 (2.18) 来说，$\hat{\boldsymbol{\beta}}$ 被称为生成的回归变量（generated regressors）。因此在计算标准误时，应该对生成回归变量造成的误差进行修正。对于此，Shanken (1992) 给出了解决该问题的修正方法（被称为 Shanken 修正），即在 $\text{cov}(\hat{\boldsymbol{\lambda}})$ 和 $\text{cov}(\hat{\boldsymbol{\alpha}})$ 的表达式中添加系数 $(1+\boldsymbol{\lambda}'\boldsymbol{\Sigma}_f^{-1}\boldsymbol{\lambda})$：

$$\text{cov}(\hat{\boldsymbol{\lambda}}) = \frac{1}{T}\left[\left(\hat{\boldsymbol{\beta}}'\hat{\boldsymbol{\beta}}\right)^{-1}\hat{\boldsymbol{\beta}}'\boldsymbol{\Sigma}\hat{\boldsymbol{\beta}}\left(\hat{\boldsymbol{\beta}}'\hat{\boldsymbol{\beta}}\right)^{-1}(1+\boldsymbol{\lambda}'\boldsymbol{\Sigma}_f^{-1}\boldsymbol{\lambda})+\boldsymbol{\Sigma}_f\right] \tag{2.24}$$

$$\text{cov}(\hat{\boldsymbol{\alpha}}) = \frac{1}{T}\left[\boldsymbol{I}-\hat{\boldsymbol{\beta}}\left(\hat{\boldsymbol{\beta}}'\hat{\boldsymbol{\beta}}\right)^{-1}\hat{\boldsymbol{\beta}}'\right]\boldsymbol{\Sigma}\left[\boldsymbol{I}-\hat{\boldsymbol{\beta}}\left(\hat{\boldsymbol{\beta}}'\hat{\boldsymbol{\beta}}\right)^{-1}\hat{\boldsymbol{\beta}}'\right]'(1+\boldsymbol{\lambda}'\boldsymbol{\Sigma}_f^{-1}\boldsymbol{\lambda}) \tag{2.25}$$

在实际应用中，使用 $\hat{\boldsymbol{\lambda}}$ 代替 $\boldsymbol{\lambda}$，$\hat{\boldsymbol{\Sigma}}_f$ 代替 $\boldsymbol{\Sigma}_f$。第二，除 Shanken 修正外，截面 OLS 回归中存在的另外一个问题是，在截面上 α_i 存在相关性。这种相关性虽然不会影响 OLS 估计的性质，但是会使 OLS 计算的标准误存在巨大的误差，造成对标准误的低估。为解决这个问题，可以使用广义最小二乘（Generalized Least Squares，即 GLS）代替 OLS。

当使用 GLS 求解截面回归时，估计量 $\hat{\boldsymbol{\lambda}}$ 和 $\hat{\boldsymbol{\alpha}}$ 的表达式为（以下数学符号中加入了下标 GLS 以便和 OLS 表达式进行区分）：

$$\hat{\boldsymbol{\lambda}}_{\text{GLS}} = \left(\hat{\boldsymbol{\beta}}'\boldsymbol{\Sigma}^{-1}\hat{\boldsymbol{\beta}}\right)^{-1}\hat{\boldsymbol{\beta}}'\boldsymbol{\Sigma}^{-1}E_T[\boldsymbol{R}^e] \tag{2.26}$$

$$\hat{\boldsymbol{\alpha}}_{\text{GLS}} = E_T[\boldsymbol{R}^e]-\hat{\boldsymbol{\beta}}\hat{\boldsymbol{\lambda}}_{\text{GLS}} \tag{2.27}$$

当使用 GLS 并考虑 Shanken 修正后，$\text{cov}(\hat{\boldsymbol{\lambda}}_{\text{GLS}})$ 和 $\text{cov}(\hat{\boldsymbol{\alpha}}_{\text{GLS}})$ 为：

$$\text{cov}(\hat{\boldsymbol{\lambda}}_{\text{GLS}}) = \frac{1}{T}\left[\left(\hat{\boldsymbol{\beta}}'\boldsymbol{\Sigma}^{-1}\hat{\boldsymbol{\beta}}\right)^{-1}(1+\boldsymbol{\lambda}_{\text{GLS}}'\boldsymbol{\Sigma}_f^{-1}\boldsymbol{\lambda}_{\text{GLS}})+\boldsymbol{\Sigma}_f\right] \tag{2.28}$$

$$\text{cov}(\hat{\boldsymbol{\alpha}}_{\text{GLS}}) = \frac{1}{T}\left(\boldsymbol{\Sigma}-\hat{\boldsymbol{\beta}}\left(\hat{\boldsymbol{\beta}}'\boldsymbol{\Sigma}^{-1}\hat{\boldsymbol{\beta}}\right)^{-1}\hat{\boldsymbol{\beta}}'\right)(1+\boldsymbol{\lambda}_{\text{GLS}}'\boldsymbol{\Sigma}_f^{-1}\boldsymbol{\lambda}_{\text{GLS}}) \tag{2.29}$$

在实际中，使用 $\hat{\boldsymbol{\Sigma}}$、$\hat{\boldsymbol{\Sigma}}_f$ 以及 $\hat{\boldsymbol{\lambda}}_{\text{GLS}}$ 分别代替 $\boldsymbol{\Sigma}$、$\boldsymbol{\Sigma}_f$ 以及 $\boldsymbol{\lambda}_{\text{GLS}}$ 就得到 $\text{cov}(\hat{\boldsymbol{\lambda}}_{\text{GLS}})$ 和 $\text{cov}(\hat{\boldsymbol{\alpha}}_{\text{GLS}})$ 的估计。利用 OLS 或 GLS 得到的标准误，构建如下自由度为 $N-K$ 的 χ^2–检验统计量，检验全部 N 个定价误差是否联合为零：

$$\text{OLS}:\hat{\boldsymbol{\alpha}}'\text{cov}(\hat{\boldsymbol{\alpha}})^{-1}\hat{\boldsymbol{\alpha}} \sim \chi^2_{N-K} \tag{2.30}$$

$$\text{GLS}:\hat{\boldsymbol{\alpha}}_{\text{GLS}}'\text{cov}(\hat{\boldsymbol{\alpha}}_{\text{GLS}})^{-1}\hat{\boldsymbol{\alpha}}_{\text{GLS}} \sim \chi^2_{N-K} \tag{2.31}$$

为了检验因子预期收益率，只需从 $\text{cov}(\hat{\boldsymbol{\lambda}})$ 或 $\text{cov}(\hat{\boldsymbol{\lambda}}_{\text{GLS}})$ 取出对角线上的元素并开方即可，它们就是 K 个因子收益率的标准误。对于每个因子，利用其预期收益率 $\hat{\lambda}_i$ 和其标准误，计算出相应的 t-统计量（自由度 $T-1$）即可进行检验。以上就完成了截面回归检验。接下来简要总结一下。

(1) 截面回归不要求因子的收益率时间序列已知，因此应用更加广泛。截面回归的第一步是通过时间序列回归得到每个资产 i 在因子上的暴露 $\hat{\boldsymbol{\beta}}_i$；第二步才是进行截面回归。因此这种方法又被称作两步回归估计（two-pass regression estimate）。
(2) 在得到 $\hat{\boldsymbol{\beta}}_i$ 后，使用资产的时序平均收益率 $E_T[R_i^e]$ 和 $\hat{\boldsymbol{\beta}}_i$ 进行截面 OLS 或 GLS 回归，估计出因子的期望收益率 $\hat{\boldsymbol{\lambda}}$ 和资产的定价误差 $\hat{\boldsymbol{\alpha}}$。
(3) 由于 $\hat{\boldsymbol{\beta}}_i$ 是估计值，因此在计算 $\hat{\boldsymbol{\lambda}}$ 和 $\hat{\boldsymbol{\alpha}}$ 的标准误时可以进行 Shanken 修正。有了估计值和标准误，构建相应的 χ^2- 统计量和 t-统计量来进行检验。

最后值得一提的是，截面回归既可以检验由风格因子构成的模型，也可以检验同时包括风格和宏观经济等不同类型的因子的模型。接下来的 2.2.3 节将比较时序回归和截面回归在分析风格因子上的异同。除此之外，本节使用的 OLS 和 GLS 估计中都假设了因子 $\boldsymbol{f_t}$ 和随机扰动 $\boldsymbol{\varepsilon}_t$ 之间相互独立，且各自在时序上满足独立同分布这个假设。当该假设不成立时，仍然可以使用广义矩估计来进行分析。此外，广义矩估计也可以方便地修正因因子暴露为估计值造成的误差。考虑到本书的侧重，以下不再对此进行展开介绍，感兴趣的读者请参考 Cochrane (2005)。在学术界对因子模型的研究中，本节介绍的截面回归方法并不常见，但理解它可以更好地体会不同方法之间的差异，做到融会贯通。

2.2.3　时序回归 vs 截面回归

2.2.1 和 2.2.2 两节分别介绍了时序回归和截面回归。有意思的是，对于风格因子这种可以通过排序法构建因子模拟投资组合并计算因子收益率时序的情况，既可以使用时序回归又可以使用截面回归来检验多因子模型。那么它们二者的区别是什么呢？

图 2.6 以单因子为例，直观地比较了二者的区别。时序回归仅在时序上对每个资产进行回归，然后通过在时序上取均值来得到隐含的截面关系。这意味着图 2.6 中时序回归得到的 $E[R_i^e]=\beta_i\lambda$ 必然经过 $(0,0)$ 和 $(1,\lambda)$ 两点（其中 λ 是因子收益率的时序均值）。反观截面回归，它的第一步和时序回归完全一样，也是使用已有的因子收益率作为解释变量，得到资产的因子暴露的估计 $\hat{\beta}_i$。然而在第二步，它没有采用“时序上取平均”，而是以 $\hat{\beta}_i$ 为解释变量，以 $E_T[R_i^e]$ 为被解释变量进行截面回归。以 OLS 为例，它以最小化所有资产定价误差 $\hat{\alpha}_i$ 的平方和为目的。

在时序回归中，每个资产的定价误差的估计 $\hat{\alpha}_i$ 来自独立的回归，即每个资产进行一次回归，一共进行 N 次，得到全部 N 个 $\hat{\alpha}_i$；而在截面回归中，它第二步的截面回归以最小化所有 N 个 $\hat{\alpha}_i$ 的平方和为目标，因此它同时利用了所有资产的数据。从某种意义上来说，这使得截面回归更加合理。对于时序回归，因子的平均收益率就是该因子模拟投资组合收益率在全部 T 期的均值；而对于截面回归来说，因子收益率通过 OLS 或 GLS 确定，它的取值将会和时序回归得到的因子收益率不同。这是二者最大的区别。

看到这里，有的读者朋友也许会问一个问题。对于风格因子，它们的因子模拟投资组合明明已经有了，因子收益率时间序列也有了，只需要通过在时序上取平均就可以得到因子预期收益率，而截面回归却进行了第二步，通过 OLS 或 GLS 得到因子预期收益率。这两种方法得到的因子收益率是不同的，那么它们之间有什么差异？到底哪个是更准确的呢？接下来从数学上回答这个问题。

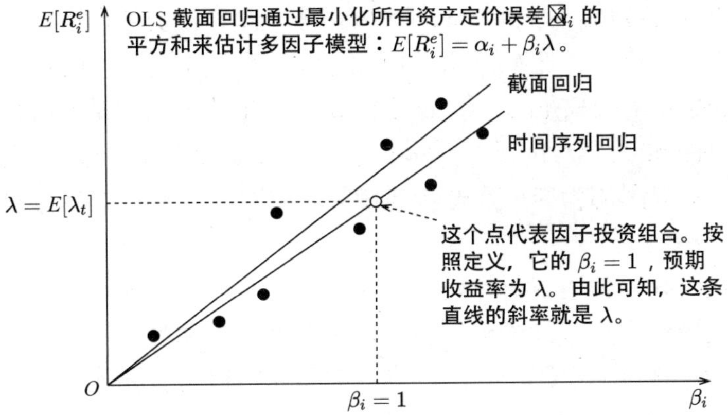

图 2.6 时序回归 vs 截面回归

以 OLS 为例，由 2.2.2 节的叙述可知，因子预期收益率的估计量为：

$$\hat{\boldsymbol{\lambda}} = \left(\hat{\boldsymbol{\beta}}'\hat{\boldsymbol{\beta}}\right)^{-1}\hat{\boldsymbol{\beta}}' E_T[\boldsymbol{R}^e] \tag{2.32}$$

考察式 (2.32) 等号右侧 $(\hat{\boldsymbol{\beta}}'\hat{\boldsymbol{\beta}})^{-1}\hat{\boldsymbol{\beta}}'$ 这部分的含义。由于 $\hat{\boldsymbol{\beta}}$ 是 $N \times K$ 因子暴露矩阵，因此前面这个表达式得到一个 $K \times N$ 矩阵，它的每一行对应一个因子，每一列对应一个资产。它的第 k 行可以被视作因子 k 的一个投资组合，第 k 行、第 i 列的数值即为资产 i 在该投资组合中的权重。因此，这个 $K \times N$ 矩阵 $(\hat{\boldsymbol{\beta}}'\hat{\boldsymbol{\beta}})^{-1}\hat{\boldsymbol{\beta}}'$ 恰好构成了多因子模型中全部因子的 K 个投资组合。接下来，将矩阵 $(\hat{\boldsymbol{\beta}}'\hat{\boldsymbol{\beta}})^{-1}\hat{\boldsymbol{\beta}}'$ 和因子暴露矩阵 $\hat{\boldsymbol{\beta}}$ 相乘，并经过简单的代数运算可得：

$$\left[\left(\hat{\boldsymbol{\beta}}'\hat{\boldsymbol{\beta}}\right)^{-1}\hat{\boldsymbol{\beta}}'\right]\hat{\boldsymbol{\beta}} = \left(\hat{\boldsymbol{\beta}}'\hat{\boldsymbol{\beta}}\right)^{-1}\left(\hat{\boldsymbol{\beta}}'\hat{\boldsymbol{\beta}}\right) = \boldsymbol{I} \tag{2.33}$$

为了便于解释，令 $\boldsymbol{\Omega} \equiv (\hat{\boldsymbol{\beta}}'\hat{\boldsymbol{\beta}})^{-1}\hat{\boldsymbol{\beta}}'$。式 (2.33) 展示出了矩阵 $\boldsymbol{\Omega}$ 代表的因子投资组合的非常好的性质。对于任意一个因子 k，它的投资组合中资产的权重是 $\boldsymbol{\Omega}$ 的第 k 行。由于式 (2.33) 的结果等于单位矩阵 $\boldsymbol{I}$，它说明 $\boldsymbol{\Omega}$ 的第 k 行和因子暴露矩阵 $\hat{\boldsymbol{\beta}}$ 的每一列相乘时，和任何 $j \neq k$ 列的内积都是 0，而和第 k 列的内积为 1。令 ω_{ki} 表示 $\boldsymbol{\Omega}$ 矩阵第 k 行、第 i 列

的元素，$\hat{\beta}_{ij}$ 表示矩阵 $\hat{\boldsymbol{\beta}}$ 第 i 行、第 j 列的元素，则上述结果在数学上可以表达为：

$$\boldsymbol{\Omega}\text{ 的第 }k\text{ 行和 }\hat{\boldsymbol{\beta}}\text{ 的第 }j\text{ 列（}j\neq k\text{）内积：}\sum_{i=1}^{N}\omega_{ki}\hat{\beta}_{ij}=0 \tag{2.34}$$

$$\boldsymbol{\Omega}\text{ 的第 }k\text{ 行和 }\hat{\boldsymbol{\beta}}\text{ 的第 }k\text{ 列内积：}\sum_{i=1}^{N}\omega_{ki}\hat{\beta}_{ik}=1 \tag{2.35}$$

由 $\boldsymbol{\Omega}$ 和 $\hat{\boldsymbol{\beta}}$ 的定义可知，前者中的 ω_{ki} 表示因子 k 的投资组合中资产 i 的权重，后者中的 $\hat{\beta}_{ij}$ 表示资产 i 在因子 j 上的暴露。由此可知，$\sum_{i=1}^{N}\omega_{ki}\hat{\beta}_{ij}$ 则表示 N 个资产按权重 ω_{ki} 在因子 j 上的暴露的加权平均，因为资产权重来自因子 k 的投资组合，因此这个加权平均也是因子 k 的投资组合对因子 j 的暴露。式 (2.34) 说明因子 k 的投资组合对任何其他因子 j（$j\neq k$）的暴露均为零；而式 (2.35) 则表明因子 k 的投资组合对它自己的暴露是 1。以上就是式 (2.33) 的含义。

从上面的论述可知，使用截面回归不仅求出了每个因子的预期收益率，而且还同时得到了每个因子的投资组合。该投资组合满足只对该因子有暴露，而对其他因子没有暴露这个优秀的性质。对于任意一个因子 k，很显然截面回归得到的因子投资组合和排序法得到的因子投资组合是不同的，因此截面回归得到的因子预期收益率和时序回归的因子预期收益率[19]也自然不同。由于截面回归得到的 $\boldsymbol{\Omega}$ 投资组合控制了在其他因子上的暴露，因此比起时序回归结果，通常认为截面回归得到的因子收益率能够更加客观地评价因子的风险溢价。这就是两种方法的差异。

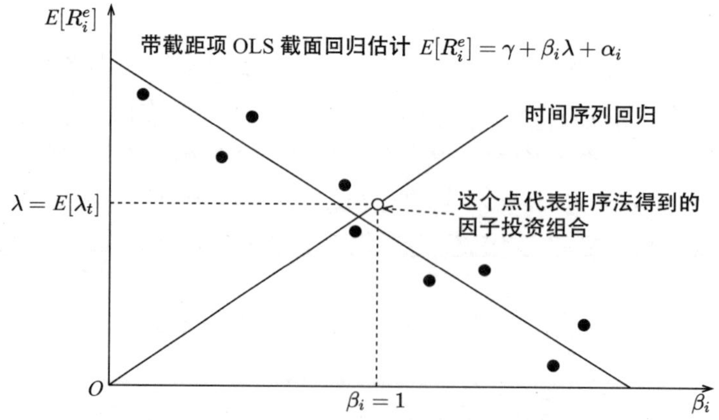

图 2.7　同时用时序回归和截面回归检验模型

最后，时序回归和截面回归有时也被同时使用，以检验模型选择的因子是否有意义。考

19 它是排序法得到的因子模拟投资组合的收益率的时序平均。

虑图 2.7 中假想的例子。假设对于某个因子，$E[R_i^e]$ 和 β_i 在截面上的关系如图 2.7 中黑色圆点表示，由时序回归定义可知，它的结果经过图中原点和代表因子投资组合的白色空心圆点。由于该直线的斜率为正，因此时序回归求出的因子预期收益率大于零。反观通过截面回归估计 $E[R_i^e] = \gamma + \beta_i\lambda + \alpha_i$，由于这条直线会最小化所有 $\hat{\alpha}_i$ 的平方和，因此会得到完全不同的结果：它的斜率为负，表明因子预期收益率小于零。两个模型的背离就反映出挑选的因子可能有问题，需要进一步分析。

2.2.4　Fama–MacBeth 回归

1973 年，Eugene Fama 和 James MacBeth 在 Fama and MacBeth (1973) 一文中提出了一个两步回归方法（被称为 Fama–MacBeth 回归），该文的目的是检验 CAPM。该方法非常巧妙地排除了随机扰动在截面上的相关性对标准误的影响，在业界被广泛使用。这篇文章也是计量经济学领域被引用最频繁的文章之一。

与 2.2.2 节类似，Fama–MacBeth 回归的第一步也是通过 N 个时间序列回归得到每个资产 i 在全部因子上的暴露 $\hat{\boldsymbol{\beta}}_i$，这和截面回归的第一步相同。Fama–MacBeth 回归和截面回归检验最大的差异体现在第二步截面回归上。截面回归检验使用 $\hat{\boldsymbol{\beta}}_i$ 和 $E_T[R_i^e]$ 在截面上进行一次截面回归。Fama–MacBeth 回归在每个时间点 t，以 t 期的收益率 R_{it}^e 为因变量（注意：是 t 期的收益率，而非全部 T 期收益率的均值），以 $\hat{\boldsymbol{\beta}}_i$ 为自变量进行截面回归，因而一共进行了 T 次截面回归。这是 Fama–MacBeth 回归检验和截面回归检验最大的不同。在 t 期，资产超额收益和因子收益率在截面上的线性回归模型为：

$$R_{it}^e = \hat{\boldsymbol{\beta}}_i{}'\boldsymbol{\lambda}_t + \alpha_{it}, \quad i = 1, 2, \cdots, N \tag{2.36}$$

如果考虑截距项，则有：

$$R_{it}^e = \gamma_t + \hat{\boldsymbol{\beta}}_i{}'\boldsymbol{\lambda}_t + \alpha_{it}, \quad i = 1, 2, \cdots, N \tag{2.37}$$

比较模型 (2.36) 和模型 (2.18) 可知，在截面回归检验中，首先在时序上对 R_{it}^e $(t = 1, 2, \cdots, T)$ 取均值，得到资产 i 的平均收益率 $E_T[R_i^e]$；之后用 $E_T[R_i^e]$ 和 $\hat{\boldsymbol{\beta}}_i$ $(i = 1, 2, \cdots, N)$ 在截面上做回归，因此只做了一次截面回归。反观 Fama–MacBeth 回归，它在每个 t 对模型 (2.36) 进行一次 OLS 估计（如果有 $T = 100$ 期数据，就意味着进行 100 次截面回归），得到因子收益率和残差的估计 $\hat{\boldsymbol{\lambda}}_t$ 和 $\hat{\alpha}_{it}$。接下来，Fama–MacBeth 把 T 次截面回归得到的 T 个估计再取平均，最终得到因子预期收益率和每个资产 i 定价误差的估计：

$$\hat{\boldsymbol{\lambda}} = \frac{1}{T}\sum_{t=1}^{T}\hat{\boldsymbol{\lambda}}_t \tag{2.38}$$

$$\hat{\alpha}_i = \frac{1}{T}\sum_{t=1}^{T}\hat{\alpha}_{it} \tag{2.39}$$

Fama–MacBeth 回归的巧妙之处在于它把 T 期的回归结果当作 T 个独立的样本。传统的截面回归检验只进行一次回归，得到因子收益率和定价误差的一个样本估计。而在 Fama–MacBeth 截面回归得到了每个因子收益率的时间序列 $\{\hat{\lambda}_{kt}\}$ 以及每个资产定价误差的时间序列 $\{\hat{\alpha}_{it}\}$，因此可以方便地求出每个因子预期收益率 $\hat{\lambda}_k$ 的标准误和每个资产定价误差 $\hat{\alpha}_i$ 的标准误：

$$\sigma(\hat{\lambda}_k) = \left[\frac{1}{T^2}\sum_{t=1}^{T}\left(\hat{\lambda}_{kt} - \hat{\lambda}_k\right)^2\right]^{1/2} \tag{2.40}$$

$$\sigma(\hat{\alpha}_i) = \left[\frac{1}{T^2}\sum_{t=1}^{T}\left(\hat{\alpha}_{it} - \hat{\alpha}_i\right)^2\right]^{1/2} \tag{2.41}$$

将 N 个资产的 $\hat{\alpha}_{it}$ 写成向量的形式 $\hat{\boldsymbol{\alpha}}_t = [\hat{\alpha}_{1t}, \hat{\alpha}_{1t}, \cdots, \hat{\alpha}_{Nt}]'$，以下给出了全部 N 个资产定价误差 $\hat{\boldsymbol{\alpha}}$ 的协方差矩阵：

$$\hat{\boldsymbol{\alpha}} = \frac{1}{T}\sum_{t=1}^{T}\hat{\boldsymbol{\alpha}}_t \tag{2.42}$$

$$\mathrm{cov}(\hat{\boldsymbol{\alpha}}) = \frac{1}{T^2}\sum_{t=1}^{T}\left(\hat{\boldsymbol{\alpha}}_t - \hat{\boldsymbol{\alpha}}\right)\left(\hat{\boldsymbol{\alpha}}_t - \hat{\boldsymbol{\alpha}}\right)' \tag{2.43}$$

有了每个因子的预期收益率 $\hat{\lambda}_k$ 和它的标准误 $\sigma(\hat{\lambda}_k)$，如法炮制便可计算 t-统计量，并以此来检验因子预期收益率。此外，在有了 $\mathrm{cov}(\hat{\boldsymbol{\alpha}})$ 矩阵之后，使用 χ^2- 统计量检验全部 N 个定价误差是否联合为零：

$$\hat{\boldsymbol{\alpha}}'\mathrm{cov}(\hat{\boldsymbol{\alpha}})^{-1}\hat{\boldsymbol{\alpha}} \sim \chi^2_{N-K} \tag{2.44}$$

从上面的描述不难看出，Fama–MacBeth 回归中的截面回归和传统截面回归的区别是：

- Fama–MacBeth 截面回归检验先在不同的 t 上使用 OLS（或 GLS，下同）对 R^e_{it} 和 $\hat{\boldsymbol{\beta}}_i$ 的截面回归模型进行估计，再把估计 $\hat{\boldsymbol{\lambda}}_t$ 和 $\hat{\alpha}_{it}$ 在时序上取均值得到 $\hat{\boldsymbol{\lambda}} = E_T[\hat{\boldsymbol{\lambda}}_t]$ 和 $\hat{\alpha}_i = E_T[\hat{\alpha}_{it}]$；
- 传统截面回归检验是先把 R^e_{it} 在时序上取均值得到 $E_T[R^e_i]$，然后用 OLS 对均值之间的截面回归关系进行一次估计，直接得到 $\hat{\boldsymbol{\lambda}}$ 和 $\hat{\alpha}_i$。

简单来说，Fama–MacBeth 截面回归是“先估计、再均值”，而传统截面回归是“先均值，再估计”，因此，Fama–MacBeth 回归可以被理解为一种特殊的截面回归。较 2.2.2 节的方法而言，Fama–MacBeth 回归的优势是可以排除 α_{it} 的相关性对标准误的影响。有必要指出的是，当截面回归中的解释变量 $\hat{\boldsymbol{\beta}}_i$ 在全部 T 期上不变时，以上两种方法得到的估计是相同的，但 Fama–MacBeth 在应对 α_{it} 的截面相关性上仍然有优势。

在实际应用中，由于 Fama–MacBeth 方法具有灵活性，不必限制全部 T 期截面回归中因子暴露 $\boldsymbol{\beta}_i$ 保持不变。事实上，在 Fama and MacBeth (1973) 中，两位作者在时序回归估计 $\boldsymbol{\beta}_i$ 时便采用了滚动窗口，因此因子暴露向量在不同的时刻 t 会发生变化[20]。具体来说，对于 t 期，使用截至 $t-1$ 期的一段给定窗口的历史数据进行时序回归估计因子暴露 $\boldsymbol{\beta}_{it-1}$。由于它是使用截至 $t-1$ 期的数据估计的，因此因子暴露向量的时间下标是 $t-1$。使用估计值 $\hat{\boldsymbol{\beta}}_{it-1}$ 作为 t 期截面回归的解释变量，得到如下的截面回归模型：

$$R_{it}^e = \hat{\boldsymbol{\beta}}'_{it-1}\boldsymbol{\lambda}_t + \alpha_{it},\quad i = 1, 2, \cdots, N \tag{2.45}$$

或考虑截距项的情况：

$$R_{it}^e = \gamma_t + \hat{\boldsymbol{\beta}}'_{it-1}\boldsymbol{\lambda}_t + \alpha_{it},\quad i = 1, 2, \cdots, N \tag{2.46}$$

在每个时刻 t 对模型 (2.45) 或模型 (2.46) 进行 OLS 估计就是时变因子暴露的 Fama–MacBeth 回归。比起全局都用同样的因子暴露，这种方法在实际的研究和投资实践中的应用更加广泛。

下面来说一说 Fama–MacBeth 回归的不足。首先，它对于 α_{it} 在时序上的相关性无能为力[21]。其次，由于截面回归中用到的 $\hat{\boldsymbol{\beta}}_i$ 并不是真实的，而是通过时间序列得到的估计值，因此存在误差。Fama–MacBeth 回归对此也无能为力，仍然需要 Shanken 修正。话虽如此，Fama–MacBeth 回归通过在截面回归时“先回归，再均值”的思路巧妙地排除了 α_{it} 截面相关性的影响，得到了学术界的广泛认可，影响深远。时至今日，在计量经济学做面板分析的文章中，仍有约 1/3 的文章采用 Fama–MacBeth 回归（Petersen 2009），且几乎在每篇研究资产定价的论文中都可以见到它的身影。Fama–MacBeth 回归的要点总结如下。

(1) Fama–MacBeth 回归是一种截面回归。和普通截面回归一样，它的第一步也是通过时间序列回归得到资产在因子上的暴露 $\hat{\boldsymbol{\beta}}_i$。

(2) 在得到 $\hat{\boldsymbol{\beta}}_i$ 后，在每个 t（共 T 期）使用 OLS 对资产超额收益率 R_{it}^e 和 $\hat{\boldsymbol{\beta}}_i$ 的截面线性回归模型进行估计，得到 t 期因子的收益率的估计 $\hat{\boldsymbol{\lambda}}_t$ 和残差的估计 $\hat{\alpha}_{it}$。在通过 T 次截面回归，得到 T 个估计后，将它们在时序上取均值得到因子预期收益率 $\hat{\boldsymbol{\lambda}}$ 和残

20 对时变因子暴露的研究也是当下实证资产定价研究的前沿课题之一。

21 一般认为，股票收益率的时序相关性很微弱、截面相关性很高，因此使用 Fama–MacBeth 回归并不会遇到太大的问题。Petersen (2009) 分析了不同的回归方法在分析面板数据（panel data）时由于忽略随机扰动的时序或截面相关性而导致不准确的标准误（低估了其真实值）。

差均值 $\hat{\alpha}_i$。此外，利用 $\{\hat{\alpha}_{it}\}$ 和 $\{\hat{\boldsymbol{\lambda}}_t\}$ 序列便可计算 $\text{cov}(\hat{\boldsymbol{\alpha}})$ 和 $\sigma(\hat{\lambda}_k)$，以检验资产定价误差和因子预期收益率。

(3) Fama–MacBeth 回归排除了 α_{it} 的截面相关性对标准误的影响，但是对时序相关性无能为力。

和其他回归模型一样，Fama–MacBeth 截面回归的主要目的是检验多因子模型解释资产超额收益的能力，即 α_i 联合起来在统计上是否为零。但在学术界的实证资产定价研究中，学者们更多的时候是用它来检验因子预期收益率 λ_k。由于可以方便地得到因子收益率序列从而求出其均值和标准误，因此它可以轻松地胜任这个任务。在使用 Fama–MacBeth 回归检验因子预期收益率时，学术界通常采用带截距项的模型 (2.46)，其目的是排除模型设定偏误的影响。2.3 节会对因子预期收益率检验做更深入的探讨。

2.2.5　不同回归方法比较

前文 2.2.1 节、2.2.2 节以及 2.2.4 节分别介绍了时序回归、截面回归和 Fama–MacBeth 回归三种检验多因子模型的回归方法。对于这些方法，在本书作者平日阅读学术论文和自身研究因子时有两点体会，在此分享给读者。

首先，所有模型都是“不完美”的。这句话的意思是，当把足够多的资产放在回归模型的左侧时，任何一个多因子模型都会被拒绝（即若资产定价误差联合起来为零，则被拒绝）。人们研究多因子模型的动机不应追求它们在统计上多么“完美”，而应该关注每个因子背后到底有多少逻辑。在实证资产定价的研究中，往往不会使用个股作为资产去检验模型（否则模型一定会被拒绝），而是依据一些规则把股票“打包”构成投资组合，然后使用这些投资组合作为资产去检验多因子模型。这是学术界最常见的做法。

其次，在检验多因子模型时，不同的方法在很大程度上可以说都是“殊途同归”，它们之间的差异也许都没有它们名字的差异大；在特定的假设下，不同的方法往往是等价的。比如，当因子暴露 $\hat{\boldsymbol{\beta}}_i$ 在时序上不变时，那么传统截面回归和 Fama–MacBeth 截面回归的结果是一致的。在应用中，可以通过比较不同检验方法的结果来加深对多因子模型的认知，这才是学习不同方法最大的价值。

2.3　因子暴露和因子收益率

自从 Fama and French (1993) 提出第一个多因子模型以来，使用排序法构建因子投资组合、计算因子收益率，并通过时序回归确定资产在因子上的暴露便成为学术界的研究范式，本书第 4 章介绍的七个主流多因子模型均采用此方法。然而，由 2.2.3 节的介绍可知，通过截面回归可获得因子的纯因子组合，从而得到和排序法不同的因子的收益率。相较于使用排序法构建的因子投资组合，由于纯因子组合在其他因子上没有暴露，因此从理论上能够更准确地体现因子收益率。

在此基础上，近年来出现的新研究趋势是使用时变因子暴露的 Fama–MacBeth 截面回归计算因子收益率，并以此代替排序法的收益率。在诸多研究成果中，最具代表性的两篇文章要数 Jegadeesh et al. (2019) 和 Fama and French (2020)。这两篇文章都是研究因子收益率的，但侧重点却有所不同。前者关注的是如何更准确地估计因子暴露，进而计算因子收益率；而后者则考察了排序法和回归法之中，哪种方法计算的因子收益率能够更好地解释股票预期收益率的截面差异。这些发现将人们对于因子暴露和因子收益率的理解带上了更高的台阶，也为未来实证资产定价和因子投资指明了方向。本节接下来的内容将综合梳理这些新方法和新发现。

下面回顾一下 Fama–MacBeth 截面回归，它是一个两步回归方法：

- 第一步时序回归：估计时刻 t 资产 i 在所有因子上的暴露 $\hat{\boldsymbol{\beta}}_i$。（为了简化符号表达，$\hat{\boldsymbol{\beta}}_i$ 中没有引入代表时间的下标。在本节的讨论中均假设 $\hat{\boldsymbol{\beta}}_i$ 代表时变的因子暴露。）
- 第二步截面回归：使用 $\hat{\boldsymbol{\beta}}_i$ 作为解释变量，资产的超额收益率 R_{it}^e 作为被解释变量，用 OLS 对截面回归模型 (2.46) 进行估计，得到 t 期每个因子的收益率 $\hat{\lambda}_{kt}$；在得到整个因子收益率时序后，对因子预期收益率进行检验。

显然，如果没有 $\hat{\boldsymbol{\beta}}_i$ 就无法进行截面回归，因此上述过程的第一步是为了第二步服务。一旦有了 $\hat{\boldsymbol{\beta}}_i$，第二步的截面回归就是“例行操作”。由此可知，Fama–MacBeth 回归中值得深入讨论的是如何确定因子暴露。由 2.2.4 的介绍可知，时序回归仅仅得到 $\boldsymbol{\beta}_i$ 的估计，它属于生成的回归变量，而非真实（但未知）的 $\boldsymbol{\beta}_i$。因此，这种做法存在误差。将 $\hat{\boldsymbol{\beta}}_i$ 作为第二步截面回归中的解释变量就引入了计量经济学中的变量误差（errors-in-variables，EIV）问题。

Fama and MacBeth (1973) 自然意识到了这个问题。为此，他们给出的解决办法是使用个股组成的投资组合代替个股作为资产。以检验 CAPM 为例，该文将个股按照其历史 β_i 的大小构成了不同的投资组合，然后将这些投资组合作为资产。该文指出，当使用投资组合时，个股 β_i 的估计误差会相互抵消，因此投资组合 β 值（个股 β_i 的加权平均）的估计会更准确，从而在一定程度上降低 EIV 的影响。

自此以后，在进行 Fama–MacBeth 回归检验因子时，使用投资组合而非个股作为资产就成了主流做法。但有大佬对此颇有微词，这其中就包括 Eugene Fama 的学生 Richard Roll。Roll 和他的合作者在 Jegadeesh et al. (2019) 一文中指出，将个股按照某种属性分组、构建投资组合作为资产实际上是一种降维处理，投资组合会丢掉很多个股截面上的特征。如果待检验的因子和这些投资组合恰好正交，那么用它们作为资产进行 Fama–MacBeth 回归是无法发现这些因子的风险溢价的。因此，Jegadeesh et al. (2019) 建议仍然使用个股作为资产检验因子，并提出通过引入工具变量（instrumental variables，IV）的方法应对 EIV 问题。

除此之外，应对 EIV 问题的另一种方法则显得更加“颠覆”，它干脆舍去了第一步的时序回归，而是直接采用公司特征（firm characteristic）的取值（经必要标准化处理后）作为因子暴露的估计 $\hat{\boldsymbol{\beta}}_i$。举个例子，假设考虑围绕账面市值比（BM）构建的价值因子，按照 Fama–MacBeth 回归的传统做法，应该把个股和该因子收益率做时序回归求出因子暴露；而另一种处理方式是直接使用 BM 取值，将其进行必要的标准化处理之后作为股票在该因子上的暴露。

这两种选择因子暴露的方法大相径庭。它们之间孰优孰劣呢？它们又如何影响因子收益率的计算呢？这些问题的答案就是本节的内容。接下来先看一看引入工具变量的做法。

2.3.1　引入工具变量

在 t 时刻，资产超额收益率和因子暴露满足如下截面线性回归模型：

$$R_{it}^e = \gamma_t + \hat{\boldsymbol{\beta}}_i'\boldsymbol{\lambda}_t + \alpha_{it}, \quad i = 1, 2, \cdots, N \tag{2.47}$$

为便于讨论，引入如下数学符号。令 $\boldsymbol{R}_t^e = [R_{1t}^e, R_{2t}^e, \cdots, R_{Nt}^e]'$，$\hat{\boldsymbol{\beta}}_E = [\hat{\boldsymbol{\beta}}_1, \hat{\boldsymbol{\beta}}_2, \cdots, \hat{\boldsymbol{\beta}}_N]'$ 以及 $\boldsymbol{\alpha}_t = [\alpha_{1t}, \alpha_{2t}, \cdots, \alpha_{Nt}]'$；定义 $N \times (K+1)$ 矩阵 $\hat{\boldsymbol{B}}_E \equiv [\mathbf{1}_N, \hat{\boldsymbol{\beta}}_E]$；定义 $(K+1)$ 维向量 $\boldsymbol{\zeta}_t \equiv [\gamma_t, \lambda_{1t}, \cdots, \lambda_{kt}]'$。由定义可知，$\boldsymbol{\zeta}_t$ 中的第一项是模型 (2.47) 中的截距项，而后面 K 项则是这 K 个因子 t 期的收益率。使用上述定义，并将全部 N 个资产放在一起表达，(2.47) 变为：

$$\boldsymbol{R}_t^e = \hat{\boldsymbol{B}}_E\boldsymbol{\zeta}_t + \boldsymbol{\alpha}_t \tag{2.48}$$

为减少 EIV 问题的影响，Jegadeesh et al. (2019) 在估计模型 (2.48) 的参数中引入了工具变量，得到 $\boldsymbol{\zeta}_t$ 的 IV 估计量：

$$\hat{\boldsymbol{\zeta}}_{\mathrm{IV},t} = \left(\hat{\boldsymbol{B}}_I'\hat{\boldsymbol{B}}_E\right)^{-1}\left(\hat{\boldsymbol{B}}_I'\boldsymbol{R}_t^e\right) \tag{2.49}$$

式中 $\hat{\boldsymbol{B}}_I \equiv [\mathbf{1}_N, \hat{\boldsymbol{\beta}}_I]$ 是 $\hat{\boldsymbol{B}}_E$ 的工具变量。Jegadeesh et al. (2019) 使用互不重叠的历史数据分别进行时序回归计算 $\hat{\boldsymbol{B}}_E$ 和 $\hat{\boldsymbol{B}}_I$ 中的 $\hat{\boldsymbol{\beta}}_E$ 和 $\hat{\boldsymbol{\beta}}_I$，并指出它们是不相关的，因而能够减少 EIV 问题。在具体操作中，在每个月末使用过去三年个股的日频收益率和多因子模型的日频收益率进行时序多元回归：

（1）　如果当前月是偶数月（比如二月、四月、六月等），则使用过去三年窗口内所有的偶数月之中个股和多因子的收益率进行回归，得到的回归系数就是 $\hat{\boldsymbol{\beta}}_E$；使用这三年窗口内所有奇数月之中个股和多因子的收益率进行回归，得到的回归系数作为 $\hat{\boldsymbol{\beta}}_I$。

（2）如果当前月是奇数月（比如一月、三月、五月等），则使用过去三年窗口内所有的奇数月之中个股和多因子的收益率进行回归，得到的回归系数就是 $\hat{\boldsymbol{\beta}}_E$；使用这三年窗口内所有偶数月之中个股和多因子的收益率进行回归，得到的回归系数作为 $\hat{\boldsymbol{\beta}}_I$。

由于模型 (2.48) 存在 EIV 问题，所以 OLS 估计量往往是有偏的（biased）。此外，由于多个解释变量同时存在，因此人们无法确定每个因子的收益率是被高估还是被低估，而式 (2.49) 所示的 IV 估计量则是因子收益率的无偏估计。

2.3.2　使用公司特征

虽然使用 IV 估计量消除了 EIV 问题，但 Jegadeesh et al. (2019) 的研究同时指出，通过 IV 估计量得到的显著的因子收益率也可能源自被忽视的变量偏差，即在截面回归时没有使用构建因子投资组合时使用的公司特征作为控制变量。以规模和价值因子为例，排除变量偏差意味着在使用经回归得到的因子暴露 $\hat{\boldsymbol{\beta}}_i$ 的基础上，同时加入了构建这两个因子的公司变量（即对数市值[22]和 BM）共同作为解释变量，进行 Fama–MacBeth 截面回归。实证结果显示，当排除变量偏差后，仅有公司特征作为因子暴露的因子被定价了，而以时序回归 β 作为因子暴露的因子并没有被定价。无论采用传统 OLS 估计量还是新提出的 IV 估计量，上述结论均成立。

表 2.4 给出了 Jegadeesh et al. (2019) 的实证结果[23]。对于 IV 估计量和 OLS 估计量，表中分别汇报了三组实验结果。以 IV 估计量为例，在实验（1）和（2）中，分别仅使用时序回归得到的 $\hat{\beta}$ 和公司特征作为因子暴露，计算相应因子的平均收益。结果显示，在这两组实验中，规模和价值因子的月均收益率均显著不为零（实验（2）中规模因子月均收益率为负的原因是当使用 ln(市值) 作为因子暴露时，小市值的暴露更低）。然而，在实验（3）中，当时序 $\hat{\beta}$ 和公司特征被同时选为解释变量后，结果显示以时序回归 $\hat{\beta}$ 为暴露的因子的月均收益不再显著。在实验（3）中，以 $\hat{\beta}_{i,\text{SMB}}$ 为因子暴露的规模因子的月均收益率 t-值仅为 -0.42，以 $\hat{\beta}_{i,\text{HML}}$ 为因子暴露的价值因子的月均收益率 t-值则是 1.88（小于 0.05 显著性水平下 t-值的阈值）。而另一方面，在实验（3）中，以 ln(市值) 和 BM 分别作为暴露的规模和价值因子的月均收益率，其 t-值分别为 -3.93 和 4.40，在统计上均十分显著。对于 OLS 估计量，也可以观察到同样的结果，在此不再赘述[24]。

上述结果似乎在向人们传递这样的信息：比起时序回归的 $\hat{\beta}$，公司特征似乎才是更好

22 在使用个股的数据进行截面回归时，市值通常会被对数市值代替，以此降低极值的影响。

23 在原文中，Jegadeesh et al. (2019) 在进行 Fama–MacBeth 回归时还加入了市场因子暴露以及截距项作为解释变量。但由于它们不是此处关注的重点，因而没有被纳入表 2.4 中。

24 公众号“川总写量化”的文章《Which Beta?》以中证 500 的成分股为基准验证了 Jegadeesh et al. (2019) 的方法，并在 A 股上观察到了类似的现象。

的因子暴露。下面将对此进行探讨。

表 2.4　Jegadeesh et al. (2019) 针对美股的研究结果

	(1)	(2)	(3)	(4)	(5)	(6)
	IV 估计量			OLS 估计量		
$\hat{\beta}_{i,\text{SMB}}$	0.30		−0.04	0.21		−0.07
	(2.20)		(−0.42)	(2.16)		(−1.01)
$\hat{\beta}_{i,\text{HML}}$	0.34		0.24	0.23		0.14
	(2.55)		(1.88)	(2.79)		(1.73)
ln(市值)		−0.12	−0.12		−0.14	−0.16
		(−3.49)	(−3.93)		(−3.84)	(−4.93)
BM		0.20	0.18		0.19	0.14
		(4.40)	(4.50)		(4.25)	(3.60)

注意：本表格汇报了使用不同因子暴露时，相应因子的月均收益率（%），括号内为该预期收益率的 t-值。

2.3.3　两类模型

最初，Fama and French (1996) 这篇著名的解读 Fama and French (1993) 三因子模型的文章指出，解释一支股票的收益应关注它和因子之间的时序回归系数，而非公司特征。举例来说，某个 BM 很低的公司的收益率如果和价值因子的相关系数很高，那么该公司应该被当作价值股，而非成长股。毫无疑问，使用时序回归 $\hat{\beta}$ 作为因子暴露则是符合人们认知的，然而实证数据显示的却又是另一个故事。当使用个股作为测试资产时，以公司特征作为因子暴露则“完胜”时序回归得到的 $\hat{\beta}$：前者能获得显著风险溢价，但后者却不行。

以下从两个不同的角度思考时序回归 $\hat{\beta}$ 和公司特征之间的差异：（1）日频收益率噪声较高，使用它进行时序回归得到的因子暴露存在较高误差，使得个股的因子暴露取值在时序上并不稳定。一旦因子暴露在时序上不稳定，就会导致在不同期进行截面回归时，该因子的表现就像随机因子一样，因而难以获得显著的溢价。（2）真实的因子暴露是未知的，而相比时序回归系数，公司特征是未知因子暴露更好的代理变量。基于 A 股的实证结果[25]显示，当期的公司特征比最新时序回归 $\hat{\beta}$ 更能预测下一期股票的收益率。这个结果可以从一定程度上解释为什么仅有公司特征为暴露的因子被定价，而使用时序回归 $\hat{\beta}$ 为暴露的因子没有被定价。在某种意义上，它似乎说明公司特征是更好的因子暴露变量，但其背后的原因仍然值得继续深入探索。

25 参考公众号“川总写量化”的文章《Which beta?》。

既然公司特征相比时序回归 $\hat{\beta}$ 是更好的因子暴露，且只有以公司特征作为因子暴露代理变量的因子被定价，那么一个很自然的想法是使用截面回归计算因子收益率并以公司特征作为个股在因子上的暴露，从而也得到一种多因子模型。学术界管这种方法得到的模型叫作“截面多因子模型”。与之相对应的是自 Fama and French (1993) 沿袭而来的使用排序法计算因子收益率，并通过时序回归计算股票的因子暴露。这种模型被称为“时序多因子模型”。那么，在这两类模型中，谁能更好地解释股票预期收益率的截面差异呢？

Fama and French (2020) 回答了这个问题[26]，其核心结论为，比起传统的“时序回归多因子模型”，“截面回归多因子模型”更能解释资产收益率的预期差异，即资产的定价误差更接近零。此外，当使用“截面回归多因子模型”时，因子暴露应使用时变的公司特征，而非恒定的公司特征（比如对于某公司，把它的某个特征在时序上取均值，但这种方法效果并不好）。除此之外，Fama and French (2020) 还研究了另一种“四不像”的模型，即使用截面回归计算因子收益率，得到因子收益率序列后再使用股票和因子收益率时序回归计算因子暴露，以取代公司特征。这个“四不像”模型对资产预期收益率的解释能力和“时序回归多因子模型”相似，但却不如“截面回归多因子模型”。这个结果说明，“截面回归多因子模型”优于“时序回归多因子模型”，原因可能源于两点：（1）截面回归的因子收益率优于排序法的因子收益率；（2）时变公司特征相比时序回归 $\hat{\beta}$ 是更好的因子暴露代理变量。二者缺一不可。

自 Fama and French (1993) 三因子模型问世以来，学术界便采用了“时序回归多因子模型”这一传统。而在 27 年后，如今，Eugene Fama 和 Kenneth French 又通过 Fama and French (2020) 一文打破了这一传统，引领了今后实证资产定价模型的研究方向。虽然其结果更多地建立在纯粹的实证分析之上，但该文还是清晰地回答了学术界和业界都非常关心的两个问题：到底如何计算因子收益率以及用什么作为因子暴露。从上述结果来看，基于截面回归得到的纯因子组合作为因子投资组合、使用公司特征作为因子暴露在未来或大有可为。此外，“截面多因子模型”也更符合业界的做法（例如 Barra 多因子模型）。本书第 3 章将遵循学术界惯例，采用投资组合排序法检验因子，而第 4 章将使用公司特征作为因子暴露，通过 Fama–MacBeth 回归检验因子，以帮助读者理解不同方法的差异。

2.4 异象检验

学术界对于异象的研究是十分狂热的。在过去 30 年的时间里，学者们在美股市场中“挖”出了数百个异象。Hou et al. (2020) 一文花了非常大的精力复制了 452 个异象，是一篇很好的总结。不幸的是，他们发现绝大多数被发表的异象并不能获得多因子模型无法解

26 公众号“川总写量化”的文章《Which Beta(II)?》对 Fama and French (2020) 进行了详细解读。

释的显著 α 收益率，这意味着很多学术研究并没有带来真正科学、正确的结果。本书第 6 章会对学术界的这种风气进行介绍，本节先来看看如何检验异象。

2.4.1　时序回归检验异象

通过第 1 章的介绍可知，如果某个资产能够获得多因子模型无法解释的显著超额收益，那么就称该资产为一个异象。在股票多因子研究的范畴内，上述异象资产通常是按照如下几个步骤构造投资组合的：

(1) 选择一个潜在的财务指标或者量价指标，以它作为异象变量（anomaly variable）。

(2) 根据异象变量取值的高低，将股票在截面上排序，使用排序法构建异象投资组合，并获得异象收益率的时间序列。

(3) 检验该异象收益率能否被多因子模型解释。

在给出具体的检验之前，有一点关于异象研究的重要趋势值得一提。在过去，最常见的做法是使用单一异象变量来构建异象。然而，在近些年的研究中，一个主流的趋势是使用多个（即复合）变量来构造异象。当然，这种做法有利也有弊。好的一方面是这些使用多指标构建的异象往往有更强的金融学含义，因此更能够帮助人们理解上市公司基本面和技术面信息与未来预期收益率之间的关系。比如 Asness et al. (2019) 一文以 *Quality minus junk* 为题提出的质量异象。该文三个维度使用了众多指标，最终得出了一个总分对股票排序，构造了异象投资组合。又如 Piotroski and So (2012) 的研究，它使用两个变量的独立双重排序构建了一个预期差异象，而其中一个排序变量本身就是一个应用了多个财务指标的复合变量。不好的一方面则是使用复合变量更容易出现过拟合。从某种意义上说，研究异象（和因子）其实是对着历史数据进行数据挖掘。一旦使用的变量过多，就容易出现过度挖掘，使得发现的所谓异象仅仅是样本内过拟合的结果。尽管如此，从本书的目标来看，复合变量构成的异象仍然比单一变量构成的异象更加值得探讨。为此，在本书第 5 章研究异象时，会针对学术界一些非常经典的复合变量异象在 A 股进行实证。

回到本节的重点，异象检验的第一种方法非常直接，即时间序列回归。令 R_t^e $(t = 1, 2, \cdots, T)$ 代表 t 时刻异象收益率，$\boldsymbol{\lambda}_t$ $(t = 1, 2, \cdots, T)$ 代表 t 时刻因子收益率向量（假设共有 K 个因子）。在检验异象时，原假设是异象收益率中不存在因子无法解释的部分，即 $\alpha = 0$。为检验它，用 $\boldsymbol{\lambda}_t$ 作为解释变量、R_t^e 作为被解释变量进行时序回归 OLS 估计：

$$R_t^e = \hat{\alpha} + \hat{\boldsymbol{\beta}}_a' \boldsymbol{\lambda}_t + \hat{\varepsilon}_t, \; t = 1, 2, \cdots, T \tag{2.50}$$

式中，$\hat{\alpha}$ 是截距项，它是 α 的估计值，代表异象收益率中无法被多因子模型解释的部分；$\hat{\boldsymbol{\beta}}_a$ 为该异象在 K 个因子上的暴露向量的估计，它的取值告诉人们哪些因子对解释异象收益率起了作用；$\hat{\varepsilon}_t$ 是残差。OLS 除了给出上述参数的估计外，还会计算出它们的标准误。由于目标是检验异象能否获得显著超额收益，因此使用 $\hat{\alpha}$ 和它的标准误 s.e.$(\hat{\alpha})$ 计算 t-值：

$$t\text{-值} = \frac{\hat{\alpha}}{\text{s.e.}(\hat{\alpha})} \tag{2.51}$$

在时序回归中，总的期数为 T。另外，解释变量包括一个截距项以及 K 个因子，故而一共有 $K+1$ 个解释变量。因此，式 (2.51) 中 t-值满足的 t 分布的自由度为 $T-K-1$。最后，根据 t-值和 t-分布就可以计算出 p-值，从而决定是否在给定的显著性水平下拒绝原假设。如果原假设 $\alpha=0$ 被拒绝，那么就称 R_t^e 背后的资产为异象。

其实，对于异象的检验到这里就告一段落了。然而，在时间序列回归中有一个必须面对的计量经济学问题。当时间序列的随机扰动有自相关性或者异方差时，OLS 的标准误就是不准确的，这就造成计算出的 t-值也是失真的。下面 2.4.2 节首先说明这个计量经济学问题，然后 2.4.3 节给出解决办法。

2.4.2 计量经济学问题

接下来暂时跳出多因子模型，讨论回归分析中普遍存在的计量经济学问题。考虑总体（population）的广义线性回归模型（generalized linear regression model）公式如下：

$$\begin{aligned} \boldsymbol{y} &= \boldsymbol{X}\boldsymbol{b} + \boldsymbol{\varepsilon} \\ E[\boldsymbol{\varepsilon}|\boldsymbol{X}] &= \boldsymbol{0} \\ E[\boldsymbol{\varepsilon}\boldsymbol{\varepsilon}'|\boldsymbol{X}] &= \sigma^2\boldsymbol{\Upsilon} = \boldsymbol{\Sigma} \end{aligned} \tag{2.52}$$

其中 $\boldsymbol{y}$ 是 T 维向量；$\boldsymbol{X}$ 是 $T\times(K+1)$ 解释变量矩阵（其中 K 是解释变量的个数，外加一个截距项）；$\boldsymbol{b}$ 是 $(K+1)$ 维回归系数向量；$\boldsymbol{\varepsilon}$ 是 T 维随机扰动向量；$\boldsymbol{\Sigma}$（T 阶）是 $\boldsymbol{\varepsilon}$ 的协方差矩阵。上述模型和经典线性回归模型最大的区别是正定矩阵 $\boldsymbol{\Upsilon}$ 的引入。在经典模型中假设给定解释变量 $\boldsymbol{X}$ 下，$\boldsymbol{\varepsilon}$ 满足独立且同方差，因此 $\boldsymbol{\Upsilon}$ 是单位阵 $\boldsymbol{I}$。

在广义线性回归中，$\boldsymbol{\varepsilon}$ 独立、同方差这两个假设均可被打破，从而得到两个常见的特性：异方差（heteroscedasticity）和自相关（autocorrelation）。在广义线性回归模型中引入 $\boldsymbol{\Upsilon}$ 正是为了反映 $\boldsymbol{\varepsilon}$ 的上述特性。当仅出现异方差但没有自相关时，$\sigma^2\boldsymbol{\Upsilon}$ 满足：

$$\sigma^2\boldsymbol{\Upsilon} = \sigma^2\begin{bmatrix} \upsilon_{11} & 0 & \cdots & 0 \\ 0 & \upsilon_{22} & \cdots & 0 \\ \vdots & \vdots & \ddots & \vdots \\ 0 & 0 & \cdots & \upsilon_{TT} \end{bmatrix} = \begin{bmatrix} \sigma_1^2 & 0 & \cdots & 0 \\ 0 & \sigma_2^2 & \cdots & 0 \\ \vdots & \vdots & \ddots & \vdots \\ 0 & 0 & \cdots & \sigma_T^2 \end{bmatrix} \tag{2.53}$$

反之，当仅出现自相关但没有异方差时，$\sigma^2\boldsymbol{\Upsilon}$ 满足：

$$\sigma^2\boldsymbol{\Upsilon}=\sigma^2\begin{bmatrix}1 & \rho_1 & \cdots & \rho_{T-1}\\ \rho_1 & 1 & \cdots & \rho_{T-2}\\ \vdots & \vdots & \ddots & \vdots\\ \rho_{T-1} & \rho_{T-2} & \cdots & 1\end{bmatrix} \tag{2.54}$$

式 (2.53) 和式 (2.54) 只是给了 $\boldsymbol{\Upsilon}$ 的两个典型例子。在一般的情况下，自相关和异方差同时存在，$\boldsymbol{\Upsilon}$ 矩阵中第 i 行、第 j 列的元素则由 υ_{ij} 表示。如果矩阵 $\boldsymbol{\Upsilon}$ 已知，则通常使用广义最小二乘（GLS）对回归系数 $\boldsymbol{b}$ 进行参数估计。但当 $\boldsymbol{\Upsilon}$ 未知时，OLS 往往是首选。对模型 (2.52) 使用 OLS 得到 $\boldsymbol{b}$ 的估计 $\hat{\boldsymbol{b}}$ 为：

$$\hat{\boldsymbol{b}}=(\boldsymbol{X}'\boldsymbol{X})^{-1}\boldsymbol{X}'\boldsymbol{y}=\boldsymbol{b}+(\boldsymbol{X}'\boldsymbol{X})^{-1}\boldsymbol{X}'\boldsymbol{\varepsilon} \tag{2.55}$$

对式 (2.55) 两边取期望，如果 $E[\boldsymbol{\varepsilon}|\boldsymbol{X}]=\boldsymbol{0}$ 成立，则有 $E[\hat{\boldsymbol{b}}]=\boldsymbol{b}$。利用 $E[\hat{\boldsymbol{b}}]=\boldsymbol{b}$ 可以推导出 $\hat{\boldsymbol{b}}$ 的协方差矩阵，记为 $\boldsymbol{V}_{\text{OLS}}$（下标 OLS 表示使用 OLS 估计）：

$$\begin{aligned}\boldsymbol{V}_{\text{OLS}}&=E\left[(\hat{\boldsymbol{b}}-\boldsymbol{b})(\hat{\boldsymbol{b}}-\boldsymbol{b})'|\boldsymbol{X}\right]\\&=E\left[(\boldsymbol{X}'\boldsymbol{X})^{-1}\boldsymbol{X}'\boldsymbol{\varepsilon}\boldsymbol{\varepsilon}'\boldsymbol{X}(\boldsymbol{X}'\boldsymbol{X})^{-1}|\boldsymbol{X}\right]\\&=(\boldsymbol{X}'\boldsymbol{X})^{-1}\boldsymbol{X}'(\sigma^2\boldsymbol{\Upsilon})\boldsymbol{X}(\boldsymbol{X}'\boldsymbol{X})^{-1}\\&=\frac{1}{T}\left(\frac{1}{T}\boldsymbol{X}'\boldsymbol{X}\right)^{-1}\left(\frac{1}{T}\boldsymbol{X}'[\sigma^2\boldsymbol{\Upsilon}]\boldsymbol{X}\right)\left(\frac{1}{T}\boldsymbol{X}'\boldsymbol{X}\right)^{-1}\end{aligned} \tag{2.56}$$

当 $\boldsymbol{\varepsilon}$ 不存在异方差以及自相关性时，$\boldsymbol{\Upsilon}=\boldsymbol{I}$。将其代入式 (2.56) 并进行简单的代数运算就可以得到经典 OLS 中 $\boldsymbol{V}_{\text{OLS}}$ 的表达式：

$$\boldsymbol{V}_{\text{OLS}}=\sigma^2\left(\boldsymbol{X}'\boldsymbol{X}\right)^{-1} \tag{2.57}$$

在实际中用样本残差的方差 s^2 代替总体的 σ^2 代入式 (2.57)，从而得到 $\boldsymbol{V}_{\text{OLS}}$ 的估计 $\hat{\boldsymbol{V}}_{\text{OLS}}$，其对角线元素的平方根就是这 $K+1$ 个回归系数（包括截距项）的标准误，通过它们就可以进行 t-检验。然而，当 $\boldsymbol{\varepsilon}$ 存在异方差或者自相关时，上述 $\hat{\boldsymbol{V}}_{\text{OLS}}$ 就不是一个好的估计量。

式 (2.56) 右侧表达式中除第一项 $1/T$ 之外，剩余部分可以看成是三个矩阵相乘的形式，其中第一个和第三个仅和解释变量 $\boldsymbol{X}$ 有关，因此修正自相关和异方差的核心就是正确地估计式 (2.56) 中的中间矩阵。为了方便讨论，令 $\boldsymbol{Q}$ 代表中间的矩阵：

$$\boldsymbol{Q}\equiv\frac{1}{T}\boldsymbol{X}'[\sigma^2\boldsymbol{\Upsilon}]\boldsymbol{X}=\frac{1}{T}\sum_{i=1}^{T}\sum_{j=1}^{T}\sigma_{ij}\boldsymbol{x}_i\boldsymbol{x}_j' \tag{2.58}$$

式中 $\boldsymbol{x}_i = [x_{i1}, x_{i2}, \cdots, x_{iK+1}]'$，即 $\boldsymbol{X}$ 的第 i 行的转置（注意它不等于 $\boldsymbol{X}$ 的第 i 列）。一旦能找到在考虑了自相关和/或异方差之后的矩阵 $\boldsymbol{Q}$ 的估计量，便可通过它进而求出 $\hat{\boldsymbol{b}}$ 的协方差矩阵的估计量 $\hat{\boldsymbol{V}}_{\text{OLS}}$。在这方面，最著名的两个估计量当属 White (1980) 估计量（仅考虑异方差）以及 Newey and West (1987) 估计量（同时考虑异方差及自相关）。

2.4.3　White 估计量和 Newey–West 估计量

为了估计 $\boldsymbol{Q}$，需要用到的"武器"恰恰就是解释变量矩阵 $\boldsymbol{X}$，以及回归的样本残差向量 $\hat{\boldsymbol{\varepsilon}} = [\hat{\varepsilon}_1, \hat{\varepsilon}_2, \cdots, \hat{\varepsilon}_T]'$。当 $\boldsymbol{\varepsilon}$ 仅有异方差但没有自相关时，$\boldsymbol{Q}$ 则简化为仅考虑对角线上的元素：

$$\boldsymbol{Q} = \frac{1}{T}\sum_{i=1}^{T} \sigma_i^2 \boldsymbol{x}_i \boldsymbol{x}_i' \tag{2.59}$$

White (1980) 指出使用 $\boldsymbol{X}$ 以及 $\hat{\boldsymbol{\varepsilon}}$ 便可求出 $\boldsymbol{Q}$ 的渐进估计（记为 $\boldsymbol{S}_0$）：

$$\boldsymbol{S}_0 = \frac{1}{T}\sum_{i=1}^{T} \hat{\varepsilon}_i^2 \boldsymbol{x}_i \boldsymbol{x}_i' \tag{2.60}$$

将 $\boldsymbol{S}_0$ 代入式 (2.56) 便得到 $\hat{\boldsymbol{b}}$ 的协方差矩阵的估计量：

$$\begin{aligned}\hat{\boldsymbol{V}}_{\text{OLS}} &= \frac{1}{T}\left(\frac{1}{T}\boldsymbol{X}'\boldsymbol{X}\right)^{-1}\left(\frac{1}{T}\sum_{i=1}^{T} \hat{\varepsilon}_i^2 \boldsymbol{x}_i \boldsymbol{x}_i'\right)\left(\frac{1}{T}\boldsymbol{X}'\boldsymbol{X}\right)^{-1} \\ &= T(\boldsymbol{X}'\boldsymbol{X})^{-1}\boldsymbol{S}_0(\boldsymbol{X}'\boldsymbol{X})^{-1}\end{aligned} \tag{2.61}$$

式 (2.61) 被称为 White 异方差相合估计量。该结果的优势在于，哪怕人们对异方差的取值或结构一无所知，仍然可以根据 OLS 的结果进行适当的推断。考虑到实际问题，在资产收益率中无法被多因子模型解释的随机扰动部分的异方差性质未知，上述性质就显得格外重要。在检验异象时，除了异方差外，通常仍需考虑 $\boldsymbol{\varepsilon}$ 的自相关性。为此，一个自然的想法是将上述 $\boldsymbol{Q}$ 的估计延伸到对角线之外的元素，即：

$$\boldsymbol{S} = \frac{1}{T}\sum_{i=1}^{T}\sum_{j=1}^{T} \hat{\varepsilon}_i \hat{\varepsilon}_j \boldsymbol{x}_i \boldsymbol{x}_j' \tag{2.62}$$

式 (2.62) 看似合理，但因其存在两个问题，所以并不正确：（1）该表达式中一共有 T^2 项求和，而求和项之前的比例系数仅仅是 $1/T$，因此 $\boldsymbol{S}$ 可能不收敛；（2）即便 $\boldsymbol{S}$ 收敛，它也很可能不是正定的，从而使得 $\hat{\boldsymbol{b}}$ 的协方差矩阵非正定，这显然有违常理。

为了解决上述问题，Newey and West (1987) 给出了在同时考虑 $\boldsymbol{\varepsilon}$ 的自相关和异方差时，中间矩阵 $\boldsymbol{Q}$ 的相合估计量：

$$\boldsymbol{S}=\frac{1}{T}\sum_{t=1}^{T}\hat{\varepsilon}_t^2\boldsymbol{x}_t\boldsymbol{x}_t'+\frac{1}{T}\sum_{j=1}^{J}\sum_{t=j+1}^{T}w_j\hat{\varepsilon}_t\hat{\varepsilon}_{t-j}(\boldsymbol{x}_t\boldsymbol{x}_{t-j}'+\boldsymbol{x}_{t-j}\boldsymbol{x}_t') \tag{2.63}$$

$$\text{其中}\quad w_j=1-\frac{j}{1+J}$$

比较式 (2.60) 和式 (2.63) 不难发现，后者中的第一项正好对应仅有异方差的情况，而第二项则是针对自相关性的修正。其中 J 是计算自相关性影响的最大滞后阶数（Newey and West 1994 给出了自动计算 J 取值的自适应算法），w_j 是滞后期 j 的权重系数，由其表达式不难看出自相关性的影响随着滞后期 j 的增大而减小。将式 (2.63) 中的 $\boldsymbol{S}$ 代入式 (2.56)，得到协方差矩阵的 Newey–West 异方差自相关相合估计量：

$$\hat{\boldsymbol{V}}_{\text{OLS}}=T(\boldsymbol{X}'\boldsymbol{X})^{-1}\boldsymbol{S}(\boldsymbol{X}'\boldsymbol{X})^{-1} \tag{2.64}$$

将式 (2.64) 的协方差矩阵对角线上的元素求平方根，就得到回归系数的标准误[27]。该估计量在实证资产定价研究中应用非常广泛，几乎任何一篇分析因子或者异象的论文，在检验收益率显著性时，都会提到诸如“经 Newey–West 调整后的 t-值（Newey–West adjusted t-statistic）”或者“经 Newey–West 调整后的标准误（Newey–West adjusted standard error）”。这些描述的含义是使用式 (2.64) 计算回归系数的标准误以及 t-值[28]。

再回到本节异象检验的问题中，按照如下步骤即可在 OLS 回归时对回归系数的标准误进行 Newey–West 调整：

(1) 使用异象收益率作为被解释变量、多因子中 K 个因子的收益率以及一个截距项（一共 $K+1$ 项）作为解释变量，进行时序回归 OLS 估计，得到残差 $\hat{\boldsymbol{\varepsilon}}$。

(2) 使用 $K+1$ 个解释变量 $\boldsymbol{X}$ 和残差 $\hat{\boldsymbol{\varepsilon}}$，根据式 (2.63) 和式 (2.64) 计算出经 Newey–West 调整后的 $\hat{\boldsymbol{V}}_{\text{OLS}}$，计算时依照 Newey and West (1994) 给出的公式确定最大滞后期数 J：

$$J=\left\lfloor 4\times\left(\frac{T}{100}\right)^{2/9}\right\rfloor \tag{2.65}$$

上式中 $\lfloor\rfloor$ 表示向下取整。

(3) 将 $\hat{\boldsymbol{V}}_{\text{OLS}}$ 的对角线元素开平方，其平方根就是回归系数 $\hat{\boldsymbol{b}}$ 的标准误（一共 $K+1$ 个）。

27 严格地说，是标准误的估计。

28 White (1980) 估计量也常被用来计算回归系数的标准误。但由于 Newey and West (1987) 估计量既考虑异方差又考虑自相关，比 White (1980) 估计量适用性更高，因而得到了更广泛的使用。

(4) 找到截距项的标准误，它对应的就是式 (2.50) 中的 $\hat{\alpha}$ 的经 Newey–West 调整后的标准误 s.e.($\hat{\alpha}$)。用 $\hat{\alpha}$ 和 s.e.($\hat{\alpha}$) 按照式 (2.51) 计算 t-值，进行 t-检验。

本书在第 5 章针对 A 股市场进行异象实证研究时，将采用上述步骤检验异象的显著性。

2.4.4 截面回归检验异象

除了通过时序回归方法检验异象外，Fama–MacBeth 截面回归也常被用于检验异象。其背后的逻辑是，异象能获得超额收益则意味着异象变量能够预测资产未来的收益率；而 Fama–MacBeth 截面回归可以在控制其他因子的同时，检验异象对收益率的预测性。在回归时，使用异象变量以及多因子模型中构造因子的变量同时作为解释变量，以资产（个股或投资组合，通常为个股）超额收益作为被解释变量，在每个时刻 t 进行截面回归，得到异象变量 t 期的超额收益，记为 $\{\hat{\lambda}_t^\alpha\}$（上标 α 代表异象）。利用该序列，计算异象收益率的均值和均值的标准误（分别记为 $\hat{\lambda}^\alpha$ 和 s.e.($\hat{\lambda}^\alpha$)），然后进行 t-检验。如果在控制了因子变量后，该异象的预期收益依然显著，那么就认为它可以获得多因子模型无法解释的超额收益。

由于异象收益率在时序上可能存在异方差和自相关性，因此也可以通过 Newey–West 调整得到准确的 s.e.($\hat{\lambda}^\alpha$) 的估计。如何对单个收益率序列进行 Newey–West 调整呢？正确做法是使用 $\hat{\lambda}_t^\alpha$ $(t=1,2,\cdots,T)$ 作为被解释变量，$X_t=1$ $(t=1,2,\cdots,T)$ 作为解释变量，通过 OLS 求出残差序列 $\{\hat{\varepsilon}_t\}$。上述 OLS 的回归系数实际上就等于 $\hat{\lambda}_t^\alpha$ 在时序上的均值 $\hat{\lambda}^\alpha$，而残差则是收益率和其时序均值之差，它反映了异象收益率的自相关和异方差性。把残差 $\hat{\varepsilon}_t$ 和 $X_t=1$ 代入式 (2.63) 即可得到经 Newey–West 调整的中间矩阵。在针对单一时间序列进行的计算中，中间矩阵为标量（记为 Q），因此它的估计 S（也是标量）为：

$$
\begin{aligned}
S &= \frac{1}{T}\left\{\sum_{t=1}^{T}\hat{\varepsilon}_t^2 + 2\sum_{j=1}^{J}\sum_{t=j+1}^{T} w_j\hat{\varepsilon}_t\hat{\varepsilon}_{t-j}\right\} \\
\text{其中}\quad \hat{\varepsilon}_t &= \hat{\lambda}_t^\alpha - E_T[\hat{\lambda}_t^\alpha] \\
w_j &= 1-\frac{j}{1+J}
\end{aligned} \tag{2.66}
$$

由 $X_t=1$ 易知 $\boldsymbol{X}'\boldsymbol{X}=T$。将式 (2.66) 中的 S 和 $\boldsymbol{X}'\boldsymbol{X}=T$ 代入 Newey–West 估计量式 (2.64)，通过简单运算可得 $\hat{\lambda}^\alpha$ 的方差的估计：

$$
\hat{\sigma}_{\hat{\lambda}^\alpha}^2 = T(\boldsymbol{X}'\boldsymbol{X})^{-1}S(\boldsymbol{X}'\boldsymbol{X})^{-1} = T(T)^{-1}S(T)^{-1} = S/T \tag{2.67}
$$

将式 (2.67) 开方就得到经 Newey–West 调整后的 $\hat{\lambda}^\alpha$ 的标准误 s.e.($\hat{\lambda}^\alpha$) = $\sqrt{S/T}$。最终，使用均值 $\hat{\lambda}^\alpha$ 和 s.e.($\hat{\lambda}^\alpha$) 计算 t-统计量并检验异象预期收益率的显著性。

有必要说明的是，上述检验单一收益率在时序中的 Newey–West 调整对回归右侧的所有解释变量都成立。如果解释变量是异象变量，那么它检验的就是异象预期收益率是否显著；如果解释变量是因子变量，那么它检验的就是因子预期收益率是否显著。根据 2.3 节的说明，虽然使用排序法构建因子投资组合并检验其收益率一直以来是学术界的惯例，但是近年来越来越多的研究使用公司特征作为因子暴露，并使用 Fama–MacBeth 回归检验因子收益率。一旦得到因子收益率的时间序列 $\{\hat{\lambda}_{kt}\}$，就可以使用本节介绍的方法计算因子预期收益率的标准误，并对其检验。除此之外，上述 Newey–West 调整也可以被应用于排序法中。这意味着首先通过投资组合排序法获得因子的收益率序列 $\{\hat{\lambda}_{kt}\}$，然后计算其均值的标准误时应用式 (2.66) 和式 (2.67)，这样便可得到正确的 s.e.($\hat{\lambda}_k$)。在本书第 3 章关于主流因子的实证研究中，将使用排序法构建因子收益率序列，并按照本节的方法计算标准误，检验因子预期收益率。

2.5　多因子模型比较

2.2.5 节提到，所有的多因子模型都是“不完美”的。而这句话的后半句是有些多因子模型是“有用”的。如果一个模型中的因子都有可靠的经济学或金融学依据，代表了某种风险[29]，且该多因子模型能够解释大量资产的预期收益，那么该模型就是有用的。然而从不同的逻辑出发，人们总能提出不同的因子，并用它们组合出不同的多因子模型。对于不同的多因子模型，应该如何进行比较呢？有哪些统计学方法能帮人们做出科学的判断呢？介绍比较多因子模型的方法就是本节的内容。

要比较多因子模型，可以本着“两个目标、两个切入点、多种方法”这条逻辑主线进行。先看两个目标。Barillas and Shanken (2017) 指出，评价一个多因子模型要看它能否解释用来检验该模型的资产（英文为 test assets，本书将其译为测试资产）以及该模型能否解释其他模型的因子。因此，比较不同多因子模型对同一组测试资产的解释程度就是第一个目标；而不同多因子模型两两相互检验能否解释他人的因子就是第二个目标。再来看两个切入点。无论是解释测试资产还是其他因子，被解释的资产往往都是多个。当评价一个多因子模型时，联合检验多个资产定价误差是否为零就是第一种切入点；而单独考察这些资产的定价误差是否为零则是另一种切入点。无论采取哪种切入点，都有具体的方法进行检验。如果目标是联合检验定价误差，则可以使用 GRS 检验以及均值–方差张成（mean–variance

29 随着行为金融学的发展，越来越多的学者开始从这个角度提出新的因子，这些因子背后的逻辑往往不是风险补偿，而是错误定价（mispricing）。本书的第 6 章在介绍因子研究现状的时候会涉及大量行为金融学方面的内容。

spanning）检验；如果目标是把定价误差独立看待，则可以使用 α 检验。

比较多因子模型的核心是从某个切入点出发，选择适当的统计方法。一旦有了方法，它就既可以被用来检验测试资产，也可以被用来进行不同模型包含的因子的相互检验。换句话说，不管是用测试资产还是用其他模型的因子当被解释变量，对于统计方法本身是没有太大差异的。因此，下文将以不同切入点介绍不同的检验方法。在实证资产定价的研究中，来自这两个切入点的不同方法经常被同时使用，其目的是让模型之间孰优孰劣的结论更加可靠。接下来的 2.5.1 节和 2.5.2 节两节首先分别介绍 GRS 和均值–方差张成检验，它们都是联合检验定价误差的方法。这两种方法的检验统计量（test statistic）的表达式差异并不大，而且背后也有着千丝万缕的联系，2.5.3 节将从几何的角度解释它们的差异。2.5.4 节将会介绍 α 检验，它也是非常流行的一种检验方法，但与前面两种方法不同，它并不是把所有定价误差联合看待，而是独立看待。最后，2.5.5 节简要介绍贝叶斯方法。

2.5.1　GRS 检验

GRS 检验由 Michael Gibbons、Stephen Ross 以及 Jay Shanken 提出，并由此得名。在 2.2.1节介绍多因子模型的时序回归检验时已经对该方法进行了介绍，并给出了检验统计量。假设有 N 个用于检验的资产，并假设待检验的多因子模型中有 K 个因子。令 $\hat{\boldsymbol{\alpha}} = [\hat{\alpha}_1, \hat{\alpha}_2, \cdots, \hat{\alpha}_N]'$ 表示全部 N 个资产的定价误差向量，$\hat{\boldsymbol{\varepsilon}}_t = [\hat{\varepsilon}_{1t}, \hat{\varepsilon}_{2t}, \cdots, \hat{\varepsilon}_{Nt}]'$ 表示 t 期 N 个资产无法被该多因子模型解释的残差向量，$\hat{\boldsymbol{\lambda}}_t = [\hat{\lambda}_{1t}, \hat{\lambda}_{2t}, \cdots, \hat{\lambda}_{Kt}]'$ 表示 t 期 K 个因子的收益率向量，则根据 (2.16) 可知 GRS 统计量为：

$$\frac{T-N-K}{N}\left(1+E[\boldsymbol{\lambda}_t]'\hat{\boldsymbol{\Sigma}}_{\lambda}^{-1}E[\boldsymbol{\lambda}_t]\right)^{-1}\hat{\boldsymbol{\alpha}}'\hat{\boldsymbol{\Sigma}}^{-1}\hat{\boldsymbol{\alpha}} \sim F_{N,T-N-K}$$

其中
$$\hat{\boldsymbol{\Sigma}}_{\lambda} = \frac{1}{T}\sum_{t=1}^{T}[\boldsymbol{\lambda}_t - E[\boldsymbol{\lambda}_t]][\boldsymbol{\lambda}_t - E[\boldsymbol{\lambda}_t]]'$$

$$\hat{\boldsymbol{\Sigma}} = \frac{1}{T}\sum_{t=1}^{T}\hat{\boldsymbol{\varepsilon}}_t\hat{\boldsymbol{\varepsilon}}_t'$$

GRS 检验有两个吸引人的优点。首先，它的 F-统计量是有限样本（finite sample）下的统计量，即 GRS 检验给出了给定样本大小 T 下这些定价误差应满足的联合分布，该检验是高度精确的。当样本量趋于无穷的时候，$\hat{\alpha}_i$ 的联合分布渐进趋于 χ^2 分布，但在有限样本下使用 χ^2 分布并不可靠，这就凸显了 GRS 检验的价值。其次，GRS 检验有非常高的检验效力。当然，任何事物都有两面。GRS 统计量的精确性高度依赖正态分布假设。在现实中，该假设可能过于严格而无法满足，这会降低 GRS 检验在实践中的吸引力。另外，GRS 检验要求样本数 T 大于资产个数 N。这意味着当用来检验的资产个数很大时，需要使用更长窗口的历史数据来计算 GRS 统计量。

尽管以上种种，时至今日，GRS 检验仍被学术界广泛使用。比如 Liu, Stambaugh and Yuan (2019) 使用 GRS 检验比较了他们提出的中国版三因子模型和 Fama and French (1993) 三因子模型在 A 股市场上的效果。在 GRS 检验中，将这两个模型之间的因子互为解释和被解释变量。结果显示，中国版三因子模型能够解释 Fama and French (1993) 中的因子，而 Fama and French (1993) 三因子模型无法解释中国版三因子，因此中国版三因子模型更适用于 A 股市场[30]。

借助计算机的运算能力，人们可以根据式 (2.16) 式很容易地求出 GRS 统计量。但是这个看上去复杂的数学公式对理解该检验背后的本质似乎没有太大帮助。好消息是，GRS 统计量还有另外一种形式：

$$\frac{T-N-K}{N}\left(\left[\frac{\sqrt{1+\hat{\theta}_{N+K}^2}}{\sqrt{1+\hat{\theta}_K^2}}\right]^2-1\right)\sim F_{N,T-N-K} \tag{2.68}$$

式中，$\hat{\theta}_{N+K}$ 表示由全部 N 个资产和 K 个因子构成的某个事后（ex post）最大夏普比率投资组合的夏普比率；$\hat{\theta}_K$ 表示由全部 K 个因子构成的某个事后最大夏普比率投资组合的夏普比率。因此，GRS 统计量可以直观地理解为：在 K 个因子之外加入 N 个资产之后，能够获得的最大夏普比率是否显著高于仅由 K 个因子实现的最大夏普比率，如果夏普比率显著提高，那么该因子模型就不能解释这 N 个资产。注意，即便原假设被拒绝，也仅能说这 N 个资产作为一个整体无法被该多因子模型解释，但却无法知道具体哪个或哪几个资产发挥了作用，这是因为 GRS 检验是联合检验。2.5.3 节将从式 (2.68) 引出 GRS 统计量的几何解释。

2.5.2　均值–方差张成检验

Huberman and Kandel (1987) 提出的均值–方差张成（mean–variance spanning）检验是另一种常见的联合检验手段。从名字就不难看出来，这种方法和 Markowitz (1952) 提出的现代投资组合理论（Modern Portfolio Theory）以及均值–方差分析有着紧密的联系。Kan and Zhou (2012) 对均值–方差张成检验进行了系统而全面的介绍。

这种方法的核心无疑是“张成（spanning）”两个字。假如市场中有 K 个因子投资组合；通过按各种不同的权重配置它们又能得到许多新的组合。对于每个给定的预期收益率 $\hat{\mu}$，都能找到这 K 个资产的唯一一种配置权重，使得该组合是所有预期收益率等于 $\hat{\mu}$ 的组合中方差最低的，这个特殊的投资组合就是预期收益率为 $\hat{\mu}$ 的最小方差组合。把不同 $\hat{\mu}$ 的

30 第 4 章会就 Liu, Stambaugh and Yuan (2019) 提出的中国版三因子模型进行具体的实证分析和探讨。

最小方差组合都绘制在横坐标为标准差、纵坐标为预期收益的二维平面内，就得到了最小方差前沿（minimum–variance frontier），它的形状是一个抛物线，如图 2.8 所示。

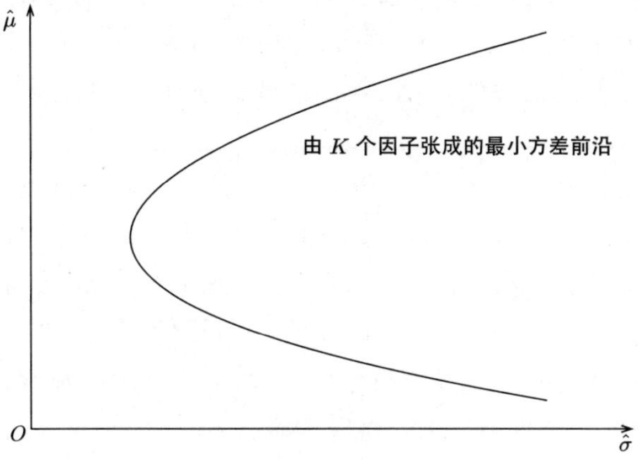

图 2.8　最小方差前沿

图 2.8 中的最小方差前沿就是由这 K 个因子张成的（spanned），这就是这种方法得名的原因。而这种检验所关注的问题是，加入 N 个新的（来检验该模型的）资产后，这全部 $N+K$ 个资产张成的新的最小方差前沿能否“优于”仅由 K 个因子张成的最小方差前沿。这里，“优于”意味着对于每一个给定的 $\hat{\mu}$，$N+K$ 个资产张成的前沿上的点都比 K 个因子张成的前沿上的点有更低的方差，这就是均值–方差张成检验的直观解释。

下面来看看数学上的这种检验的原假设是什么。令 $\boldsymbol{R}_t=[\boldsymbol{R}_{1t}',\boldsymbol{R}_{2t}']'$ 代表 t 期 $N+K$ 个资产的收益率向量，其中 $\boldsymbol{R}_{1t}$ 和 $\boldsymbol{R}_{2t}$ 分别为 K 个因子和 N 个资产的收益率向量。接下来，定义这 $N+K$ 个资产的预期收益率和收益率的协方差矩阵：

$$\boldsymbol{\mu}=E[\boldsymbol{R}_t]\equiv\begin{bmatrix}\boldsymbol{\mu}_1\\ \boldsymbol{\mu}_2\end{bmatrix},\quad \boldsymbol{V}=\text{cov}(\boldsymbol{R}_t)\equiv\begin{bmatrix}\boldsymbol{V}_{11} & \boldsymbol{V}_{12}\\ \boldsymbol{V}_{21} & \boldsymbol{V}_{22}\end{bmatrix} \tag{2.69}$$

由多因子模型可知：

$$\boldsymbol{R}_{2t}=\boldsymbol{\alpha}+\boldsymbol{\beta}\boldsymbol{R}_{1t}+\boldsymbol{\varepsilon}_t \tag{2.70}$$

利用 $\boldsymbol{\mu}$ 和 $\boldsymbol{V}$ 可以求出 $\boldsymbol{\alpha}=\boldsymbol{\mu}_2-\boldsymbol{\beta}\boldsymbol{\mu}_1$ 以及 $\boldsymbol{\beta}=\boldsymbol{V}_{21}\boldsymbol{V}_{11}^{-1}$。接下来，定义 $\boldsymbol{\delta}=\mathbf{1}_N-\boldsymbol{\beta}\mathbf{1}_K$（其中 $\mathbf{1}_N$ 和 $\mathbf{1}_K$ 分别为 N 和 K 阶元素全是 1 的向量）。由此，Huberman and Kandel (1987) 给出了均值–方差张成检验的原假设的充要条件：

$$H_0\ :\ \boldsymbol{\alpha}=\mathbf{0}_N,\ \boldsymbol{\delta}=\mathbf{0}_N \tag{2.71}$$

式中，$\mathbf{0}_N$ 表示 N 维零向量。当原假设式 (2.71) 成立时，对于任何一个用来检验的资产（或这些资产的组合），总能使用原始的 K 个因子来构建一个投资组合，并使得该投资组合的预期收益率和测试资产的预期收益率相同，但方差更低。其中前者由 $\boldsymbol{\alpha} = \mathbf{0}_N$ 和 $\boldsymbol{\delta} = \mathbf{0}_N$（即 $\boldsymbol{\beta}\mathbf{1}_K = \mathbf{1}_N$）保证；而后者由式 (2.70) 中 $\boldsymbol{R}_{1t}$ 和 $\boldsymbol{\varepsilon}_t$ 不相关，且 $\text{var}(\boldsymbol{\varepsilon}_t) > 0$ 保证。这两条关于预期收益率和方差的性质说明，这 N 个资产无法在 K 的基础上张成更优的最小方差前沿，因此可以接受原假设。

除了上述数学含义外，从由全部 $N + K$ 个资产张成的最小方差前沿上也能够找到上述原假设的直观解释。Kan and Zhou (2012) 指出，在这个最小方差前沿上存在两个特殊的投资组合。其一是全局最小方差组合（global minimum–variance portfolio），其二是从均值–方差二维平面的原点 ($\hat{\mu} = 0, \hat{\sigma} = 0$) 向最小方差前沿做切线的切点。如果原假设成立，则条件 $\boldsymbol{\delta} = \mathbf{0}_N$ 意味着全局最小方差投资组合中，N 个资产的权重都是零，即该组合完全由 K 个因子构成。类似的，条件 $\boldsymbol{\alpha} = \mathbf{0}_N$ 意味着切点投资组合中 N 个资产的权重都是零，因此该组合同样完全由 K 个因子构成。换句话说，这两个特殊的投资组合均仅仅由 K 个因子构成，而 N 个资产对它们没有任何贡献。另外，在投资组合理论中，有一个重要的定理叫作“两基金分离定理”（two-fund separation theorem）。它的含义是，使用最小方差前沿上的任意两个组合就能构造出整个前沿，即前沿上的其他组合都可以由这两个投资组合的某种线性组合得到（Merton 1972）。根据“两基金分离定理”，如果这两个投资组合中均不包含 N 个测试资产，那么整个由 $N + K$ 个资产构成的最小方差前沿上的所有投资组合都不包含这 N 个资产，这便解释了为什么 $\boldsymbol{\alpha} = \mathbf{0}_N$ 和 $\boldsymbol{\delta} = \mathbf{0}_N$ 是原假设成立的充要条件。

虽然以上直观地解释了均值–方差张成检验要干什么以及它的原假设是什么，但为了进行检验，还是要用到具体的统计检验量的。在这方面，Huberman and Kandel (1987) 一文最早提出了似然比（likelihood ratio）检验统计量。而 Kan and Zhou (2012) 又通过 Wald 检验和拉格朗日乘数（Lagrange multiplier）检验构建了两个检验统计量。这三个检验统计量在大样本下都渐进满足自由度为 $2N$ 的 χ^2 分布。

这三个统计量的表达式十分接近，且均和两个重要参数 s_1 和 s_2 有关。关于这两个参数，Kan and Zhou (2012) 给出了一个非常直观的经济学解释。为了介绍它，首先需要一些铺垫。考虑图 2.9 所示的均值–方差平面中由 K 个因子张成的最小方差前沿。在纵轴上取 $(0, r)$ 点并从它向最小方差前沿做切线，找到切点组合 $(\hat{\mu}_{tp}, \hat{\sigma}_{tp})$。定义：

$$\hat{\theta}_K(r) = \frac{\hat{\mu}_{tp} - r}{\hat{\sigma}_{tp}} \tag{2.72}$$

它表示这条切线的斜率。由于不同的 $(0, r)$ 点会产生不同的切线，因此 $\hat{\theta}_K(r)$ 是 r 的函数。当 r 等于无风险利率 R_f 时，$\hat{\theta}_K(R_f)$ 恰恰就是从 $(0, R_f)$ 出发得到的切点组合的夏普比率

（Sharpe 1966a）。

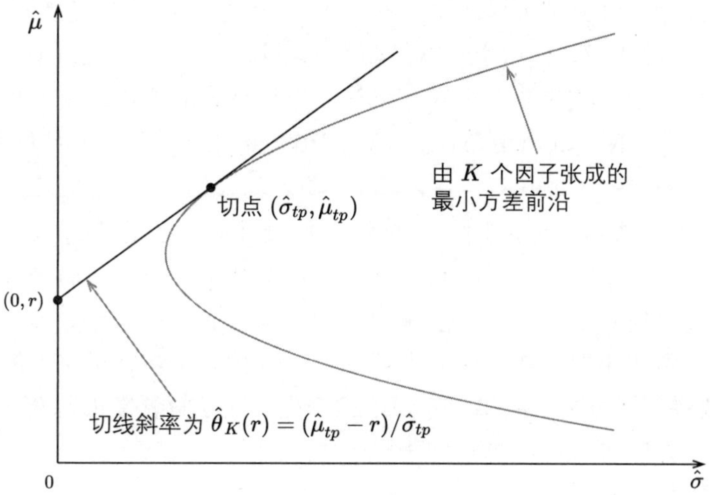

图 2.9 $\hat{\theta}_K(r)$ 的定义

当把 N 个资产加入后，使用全部 $N+K$ 个资产张成最小方差前沿并按类似式 (2.72) 的方式定义 $\hat{\theta}_{N+K}(r)$。利用 $\hat{\theta}_K(r)$ 和 $\hat{\theta}_{N+K}(r)$ 便可得到 s_1 和 s_2 的表达式：

$$s_1 = \max_r \frac{1+\hat{\theta}^2_{N+K}(r)}{1+\hat{\theta}^2_K(r)} - 1 \tag{2.73}$$

$$s_2 = \min_r \frac{1+\hat{\theta}^2_{N+K}(r)}{1+\hat{\theta}^2_K(r)} - 1 \tag{2.74}$$

最后，通过 s_1 和 s_2 求出似然比检验、Wald 检验以及拉格朗日乘数检验的统计量（分别记为 LR、W 和 LM）：

$$LR = T\left(\ln(1+s_1) + \ln(1+s_2)\right) \overset{A}{\sim} \chi^2_{2N} \tag{2.75}$$

$$W = T\left(s_1 + s_2\right) \overset{A}{\sim} \chi^2_{2N} \tag{2.76}$$

$$LM = T\left(\frac{s_1}{1+s_1} + \frac{s_2}{1+s_2}\right) \overset{A}{\sim} \chi^2_{2N} \tag{2.77}$$

这三种检验的统计量虽然略有差异，但它们都是以某种形式将 s_1 和 s_2“加”起来作为一个综合的分数来检验原假设的。由 s_1 和 s_2 的定义可知，人们实际上是在均值–方差平面的纵轴上搜寻两个特殊的 r。对于第一个 r，由 K 和 $N+K$ 个资产张成的最小方差前沿上的相应的两个切点的 $\hat{\theta}(r)$ 值差异最大；对于第二个 r，由 K 和 $N+K$ 个资产张成的最小方差前沿上的相应的两个切点的 $\hat{\theta}(r)$ 值差异最小。这三种统计量以这两个特殊 r

下两个前沿的综合差异来检验它们是否在统计上有所不同，一旦结果显示统计上并无显著不同，就接受原假设。以上是大样本下三种均值–方差张成检验的统计量。当样本量 T 较资产数 $N+K$ 不足够大时，使用上述统计量并不准确，更好的方法是像 GRS 检验一样计算有限样本下的统计量。从数学上推导有限样本下统计量的表达式十分烦琐，且超出了本书的范畴。好消息是，Kan and Zhou (2012) 给出了这些统计量的几何解释，2.5.3 节将对其进行介绍。

关于均值–方差张成检验的应用，一个很有代表性的例子是 Han et al. (2016)。三位作者针对美股提出了一个趋势因子，它不同于传统的动量或反转，而是将不同时间尺度下收益率的动量和反转现象综合到一起，构建了一个综合的趋势因子。该文使用新的趋势因子作为测试资产，用传统的短期反转、中期动量以及长期反转因子作为解释变量，通过均值–方差张成检验进行了分析。结果显示，这三个因子无法解释新的趋势因子，即加入新的趋势因子后，最小方差前沿将会得到显著提升。

2.5.3　从几何角度比较 GRS 和均值–方差张成

对比式 (2.75) ~ 式 (2.77) 中的统计量（并代入 s_1 和 s_2 的定义）和式 (2.68) 中 GRS 检验的统计量，能够发现这些表达式中都有 $\hat{\theta}$。只不过 GRS 检验中的 $\hat{\theta}$ 默认的是用无风险收益率 R_f 计算的夏普比率，而均值–方差张成检验中的 $\hat{\theta}$ 使用一般的 r 计算，这意味着它们之间注定有一些关联。

不严格地说，无论是 GRS 检验还是均值–方差张成检验都是为了检验新增加的 N 个资产能否在原始的 K 个因子上提高投资组合的风险收益的特征的。如果答案是肯定的，那么就拒绝原假设，即这 N 个资产联合起来无法被 K 个因子解释。既然是为了同一个目标，那么它们之间又有什么差异呢？最直观的说明无异于使用几何方法解释它们的含义，这就是本节的重点。从现代投资组合理论中的有效前沿（efficient frontier）说起。

首先假设市场中存在无风险收益率 R_f，且人们能够没有任何限制地按照 R_f 来借贷。在这种情况下，现代投资组合理论指出有效前沿是图中经过 $(0, R_f)$ 和切点组合 $(\hat{\mu}_{tp}, \hat{\sigma}_{tp})$ 的直线（图 2.10(a)）。无论一个人能容忍的最大风险（即 $\hat{\sigma}$）是什么，都应该通过无风险资产和切点组合（tangency portfolio）的某种线性组合实现最优选择，因为这条线的斜率最高，意味着有效前沿上任何点的夏普比率都最高。

GRS 检验假设市场中存在无风险收益率 R_f，且可以无约束借贷。回顾一下式 (2.68) 不难发现，GRS 检验关注的核心是在加入 N 个资产之后，使用全部 $N+K$ 个资产得到的切点组合能否比仅仅使用 K 个因子得到的切点组合有更高的夏普比率。除切点组合外，GRS 检验不关心最小方差前沿上的其他点。图 2.11 进一步说明了这一点。

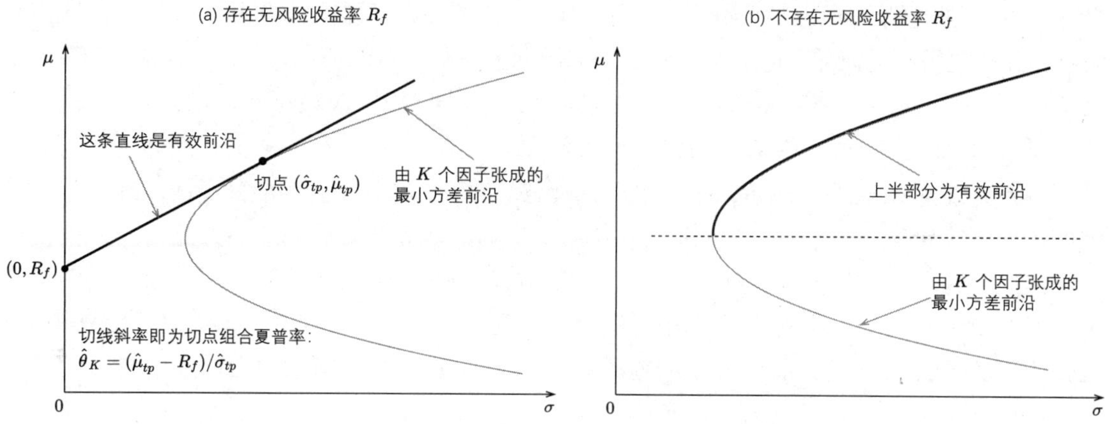

图 2.10　有效前沿

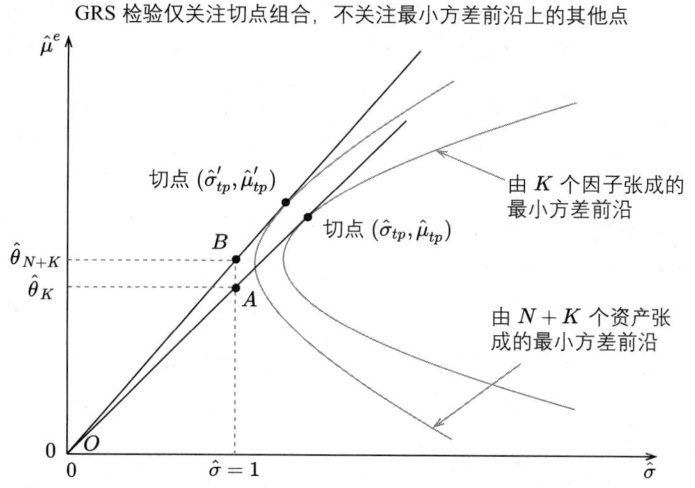

图 2.11　GRS 检验的几何解释

为了方便解释，图 2.11 中的纵坐标采取了相对 R_f 的超额收益。如果被检验的多因子模型无法解释 N 个资产，那么在加入 N 个资产后能够显著提升切点组合的夏普比率。在图 2.11 中，从横坐标上的 $(\hat{\sigma}=1,0)$ 点出发做一条竖直线，它和两条切线分别相交于 A、B 两点。由夏普比率定义可知，A、B 两点的纵坐标恰恰就分别等于 $\hat{\theta}_K$ 和 $\hat{\theta}_{N+K}$。由此可知，$\sqrt{1+\hat{\theta}_K^2}$ 和 $\sqrt{1+\hat{\theta}_{N+K}^2}$ 分别为线段 OA 和 OB 的长度。回顾一下 GRS 统计量式 (2.68)，它正是由 $\sqrt{1+\hat{\theta}_{N+K}^2}$ 和 $\sqrt{1+\hat{\theta}_K^2}$ 之比计算的。因此 GRS 检验的几何意义就是考察线段 OB 的长度是否显著大于线段 OA 的长度。

接下来看看均值–方差张成检验的几何含义。作为回顾，前面 2.5.2 节介绍了三种统计量，并指出这些统计量是大样本下的渐进性质。本节的几何解释则给出了这些统计量在有限样本中的含义。前面的介绍已经指出，GRS 检验假设市场中存在无风险收益率 R_f，以及可以按 R_f 无约束借贷，因此它仅关注切点组合。与 GRS 检验不同，均值–方差张成检验并不假设 R_f 的存在，因此适应更广泛的情况。

当不存在无风险收益率 R_f 时，有效前沿由最小方差前沿的上半部分组成（图 2.10(b)）。因此，为了比较 K 个因子张成的前沿和全部 $N+K$ 个资产张成的最小方差前沿，仅仅比较切点组合是不够的 —— 事实上，因为不存在 R_f，因此也没有传统意义上的切点组合。这种情况的解决之道是，从两个最小方差前沿上找到两个特殊的点进行比较，这正是均值–方差张成检验的几何含义。而三种不同检验统计量之间的差异仅仅因为它们各自选择的特殊点不尽相同。

图 2.12 展示了不同检验统计量用到的关键点。图中 g_K 和 g_{N+K} 分别为由 K 个因子和全部 $N+K$ 个资产张成的事后最小方差投资组合，这两个点代表的投资组合的标准差的大小由线段 OD 和 OC 的长度表示。接下来，以这两个点向纵轴做垂线，找到点 A 和点 B。从点 A 出发向 K 个因子的最小方差前沿做切线，切线和直线 $\hat{\sigma}=1$ 相交于点 G，同样从点 A 出发做 $N+K$ 个资产的最小方差前沿的渐进线，渐进线和直线 $\hat{\sigma}=1$ 相交于点 H。类似的，以点 B 为起点，做 $N+K$ 个资产的最小方差前沿的切线，做 K 个因子的最小方差前沿的渐进线，它们分别与直线 $\hat{\sigma}=1$ 相交于点 E 和 F。除此之外，图中利用 (2.72) 的定义给出了线段 AG、AH、BE 以及 BF 的长度。使用上述六个线段就可以解释三种检验统计量的几何意义。

先说似然比检验。在有限样本下，其检验统计量[31]满足 $F_{2N,2(T-K-N)}$ 分布。按照图 2.12 的几何解释，似然比检验的统计量为：

$$LR=\left(\frac{T-K-N}{N}\right)\left[\left(\frac{OD}{OC}\right)\left(\frac{AH}{BF}\right)-1\right] \tag{2.78}$$

上式说明 LR 的大小和两个比值有关。第一个比值是 OD/OC，比较两个全局最小方差组合的标准差。由于 $OD \geqslant OC$（K 个资产构成的最小方差组合的标准差一定不小于 $N+K$ 个资产构成的最小方差组合的标准差），因此 $OD/OC \geqslant 1$。第二个比值是 AH/BF，由于 $N+K$ 个资产张成的事后最小方差前沿一定“优于”仅由 K 个因子张成的事后最小方差前沿，因此 $AH/BF \geqslant 1$。如果原假设成立，即事前（ex ante）两个前沿一样，那么可以期待 OD/OC 和 AH/BF 都不会显著地偏离 1。如果它们其中之一或者二者全部显著大于 1，那么原假设就会被拒绝。

31 假设用来检验多因子模型的资产数满足 $N \geqslant 2$。当 $N=1$ 时，统计量的表达式与 $N \geqslant 2$ 时不同。

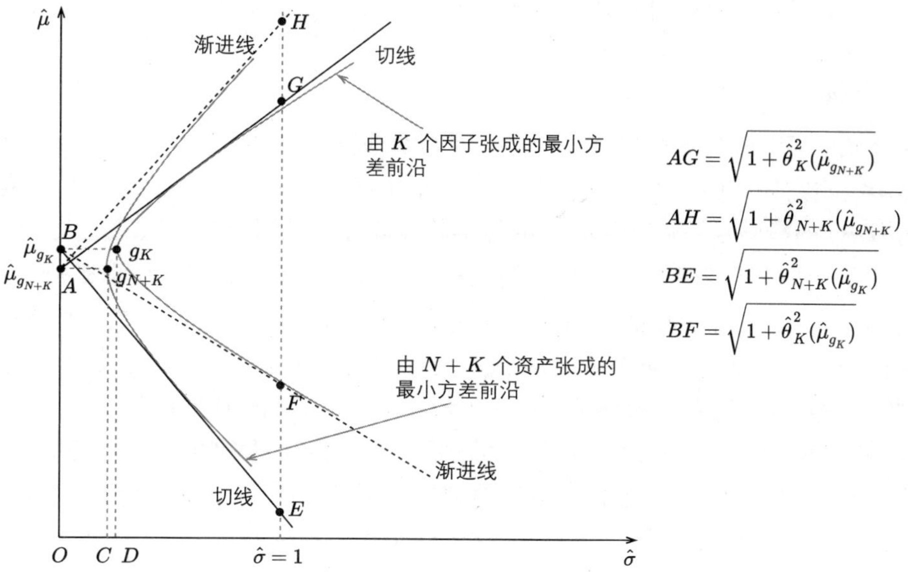

图 2.12　均值–方差张成检验的几何解释

对于 Wald 检验和拉格朗日乘数检验，在有限样本下，它们的统计量并不满足 F 分布，而是十分复杂的分布。不过，参考式 (2.76) 和式 (2.77)，仍然可以写出它们的几何含义：

$$W: s_1+s_2=\left(\frac{OD}{OC}\right)^2-1+\left(\frac{BE}{BF}\right)^2-1 \tag{2.79}$$

$$LM: \frac{s_1}{1+s_1}+\frac{s_2}{1+s_2}=1-\left(\frac{OC}{OD}\right)^2+1-\left(\frac{AG}{AH}\right)^2 \tag{2.80}$$

观察式 (2.79) 和式 (2.80) 不难发现，W 和 LM 这两个统计量的表达式可以说是“完美对称”的。W 中的第一项是 $(OD/OC)^2-1$，它反映的仍然是两个全局最小方差组合的标准差偏离程度，由于 $OD \geqslant OC$，因此该项中用 $(OD/OC)^2$ 减去 1；再看 LM，它的第一项是 $1-(OC/OD)^2$，它和 $(OD/OC)^2-1$ 如出一辙，只不过因为分子、分母互换了位置导致 $(OC/OD)^2 \leqslant 1$，因此该项中是用 1 减去 $(OC/OD)^2$。再看两个统计量中的第二项。W 的第二项涉及 BE 和 BF，它们都从点 B 出发，BE 是点 B 到全部 $N+K$ 个资产的最小方差前沿的切线，BF 是点 B 到 K 个因子的最小方差前沿的渐进线。$(BE/BF)^2-1$ 则衡量了在 K 个因子的基础上加入 N 个资产导致切线斜率平方的提升。反观 LM 的第二项，它包括 AG 和 AH，它们都从点 A 出发，AG 是点 A 到 K 个因子的最小方差前沿的切线、AH 是点 A 到全部 $N+K$ 个资产的最小方差前沿的渐进线。$1-(AG/AH)^2$ 则衡量了从 $N+K$ 个资产中去除 N 个资产（从而仅剩下 K 个因子）导致切线斜率平方的降低。这种“对称”彰显了几何解释之美、数学之美。

2.5.4 α 检验

前文介绍的 GRS 检验和均值–方差张成检验均是联合检验 N 个资产的定价误差是否显著偏离零。与它们不同，本节的 α 检验把每个资产 i 的 α_i 独立看待，检验其是否为零。在得到所有 α_i 的检验结果后，将它们取平均并以此评价多因子模型。

α 检验实操起来非常简单。对每个用来检验多因子模型的资产（可以是测试资产或其他模型的因子），将其超额收益作为被解释变量，使用待检验的多因子模型作为解释变量，进行时序回归，估计其定价误差 $\hat{\alpha}_i$ 以及 $\hat{\alpha}_i$ 的标准误（计算标准误时通常会采用 Newey–West 调整）。有了 $\hat{\alpha}_i$ 和它的标准误，计算 t-值 $= \hat{\alpha}_i/\text{s.e.}(\hat{\alpha}_i)$。在原假设下，多因子模型可以解释这些资产，因此 $\alpha_i = 0$。在得到全部 N 个资产的 $\hat{\alpha}_i$ 和 t-值之后，将它们的绝对值取平均作为评价多因子模型的依据。取绝对值的原因是，此处只关心定价误差相对于 0 的偏离程度，而非其方向。因此，α 检验关注的两个评价指标就是 $|\hat{\alpha}_i|$ 的均值以及 $|t\text{-值}|$ 的均值。

α 检验在多因子模型的比较中应用非常广泛。最常见的做法是使用同一组测试资产来检验不同的多因子模型，并以上述指标偏离零的程度来评价多因子模型的“好”与“差”。这两个指标越低，说明一个多因子模型越能够解释这些资产，因而是“更好”的模型。在实证资产定价研究中，应用 α 检验来比较模型的例子数不胜数，Hou et al. (2015) 和 Fama and French (2020) 就是其中的代表。最后值得一提的是，α 检验经常和 GRS 检验同时使用。在本书第 4 章介绍多因子模型时，也将同时使用这两种检验方法进行实证分析。

2.5.5 贝叶斯方法

由 Barillas and Shanken (2018) 提出的贝叶斯方法[32]也常被用于多因子模型的比较。该文作者是计量经济学大佬，且又发表于金融学顶刊 *Journal of Finance*，因而备受关注。考察多因子模型：

$$\boldsymbol{R}_t^e = \boldsymbol{\alpha} + \boldsymbol{\beta}\boldsymbol{\lambda}_t + \boldsymbol{\varepsilon}_t$$

令 $\boldsymbol{\Sigma} = \text{cov}(\boldsymbol{\varepsilon}_t)$，如果原假设 $\boldsymbol{\alpha} = \boldsymbol{0}$ 成立，那么预期收益率就满足 $E[\boldsymbol{R}^e] = \boldsymbol{\beta}\boldsymbol{\lambda}$。Barillas and Shanken (2018) 提出的贝叶斯方法假设多因子模型的参数 $\boldsymbol{\beta}$ 和 $\boldsymbol{\Sigma}$ 满足特定的非正常

32 该方法最早的版本是一篇 2015 年的研究手稿（working paper），在学术界得到了广泛的传播。不过，该论文的正式版最终于 2018 年发表于金融学顶刊 *Journal of Finance*。一些使用该方法的论文引用了其早期的版本，并发表于 2018 年之前。本书在引用参考文献时首选正式发表的版本，故而引用了 Barillas and Shanken (2018) 这个版本。如果行文中引用了一篇先于该文发表的、却使用了贝叶斯方法的论文，请勿感到诧异。

先验分布（improper prior）[33]。而对于参数 $\boldsymbol{\alpha}$，它在原假设下为零，在备择假设下满足多元正态条件分布 $f(\boldsymbol{\alpha}|\boldsymbol{\beta},\boldsymbol{\Sigma})=\mathcal{N}(\mathbf{0},\tau\boldsymbol{\Sigma})$（$\tau>0$ 是一个参数）。在该方法中，因子收益率和资产收益率为观测到的数据。有了参数和数据，Barillas and Shanken (2018) 通过计算边际似然度（marginal likelihood）来比较不同的多因子模型。令 $\boldsymbol{D}$ 代表数据、$\mathcal{M}_i$ 代表第 i 个模型，则边际似然函数为：

$$\mathbf{prob}(\boldsymbol{D}|\mathcal{M}_i)=\iint f(\boldsymbol{D}|\mathcal{M}_i,\boldsymbol{\alpha},\boldsymbol{\beta},\boldsymbol{\Sigma})f(\boldsymbol{\alpha}|\boldsymbol{\beta},\boldsymbol{\Sigma})f(\boldsymbol{\beta},\boldsymbol{\Sigma})d\boldsymbol{\alpha}d\boldsymbol{\beta}d\boldsymbol{\Sigma} \tag{2.81}$$

由定义可知，边际似然度是在给定模型 $\mathcal{M}_i$ 下，观察到数据 $\boldsymbol{D}$ 的条件概率。在贝叶斯模型比较中，不同模型的后验概率比与它密切相关。假设两个多因子模型 $\mathcal{M}_i$ 和 $\mathcal{M}_j$，则它们的后验概率之比满足：

$$\frac{\mathbf{prob}(\mathcal{M}_i|\boldsymbol{D})}{\mathbf{prob}(\mathcal{M}_j|\boldsymbol{D})}=\frac{\mathbf{prob}(\mathcal{M}_i)}{\mathbf{prob}(\mathcal{M}_j)}\frac{\mathbf{prob}(\boldsymbol{D}|\mathcal{M}_i)}{\mathbf{prob}(\boldsymbol{D}|\mathcal{M}_j)} \tag{2.82}$$

式中，等号右侧第一项是两个模型先验概率之比；而第二项就是它们的边际似然度之比，它又被称为贝叶斯因子（Bayes factor）。在多因子模型比较中，通常假设两个模型的先验概率一样，因此边际似然度的高低就会最终主宰模型的选择。

上述描述虽然简要，但它就是 Barillas and Shanken (2018) 一文的核心。利用该方法，Stambaugh and Yuan (2017) 比较了他们提出的四因子模型和 Fama and French (2015) 五因子模型以及 Hou et al. (2015) 四因子模型。该文是将贝叶斯方法用于多因子模型比较的代表性研究之一。相较于 GRS 检验或均值–方差张成检验来说，贝叶斯方法在学术界的使用要少一些。这一方面和它被发表的时间较短有关[34]，另一方面该方法也存在一些被质疑的地方。

2020 年，贝叶斯统计学的大佬 Siddhartha Chib 同样在 *Journal of Finance* 发文对 Barillas and Shanken (2018) 的方法提出了挑战（Chib et al. 2020）[35]。该文直截了当地认为 Barillas and Shanken (2018) 的方法有误，并给出了改进方法。

Chib et al. (2020) 指出上述贝叶斯方法中参数的先验设定存在问题。简单地说，在具体使用时，在参数 $\boldsymbol{\beta}$ 和 $\boldsymbol{\Sigma}$ 所满足的非正常先验分布中需要确定一个常数的取值。而只有

33 非正常分布指的是在其参数空间上的积分是无穷大的分布。在贝叶斯统计中，如果后验概率是正常的，那么仍然可以使用非正常先验分布。

34 将贝叶斯方法应用于资产定价的研究早在 20 世纪 80 年代就出现了，见 Shanken (1987)，Harvey and Zhou (1990) 以及 McCulloch and Rossi (1991)。

35 这两篇文章都发表于金融学顶刊 *Journal of Finance*。Barillas and Shanken (2018) 一文的题目是 *Comparing asset pricing models*，而 Chib et al. (2020) 则直接在前文题目之前加了一个 *On* 表示评价，即 *On comparing asset pricing models*，可谓“火药味十足”。

当所有待比较的多因子模型满足以下三个性质时，采用边际似然度来挑选模型才是合理的。这三个条件是：（1）不同模型的参数 $\boldsymbol{\beta}_i$ 和 $\boldsymbol{\Sigma}_i$（下标 i 代表模型 i）满足同样的非正常先验分布；（2）该分布中的常数对所有模型相同；（3）不同模型的参数空间一样。Chib et al. (2020) 进一步指出 Barillas and Shanken (2018) 的模型并不满足上述三个条件，因此使用 (2.82) 来比较模型是不正确的。针对上述问题，他们对不同模型的参数 $\boldsymbol{\beta}_i$ 和 $\boldsymbol{\Sigma}_i$ 需满足的先验分布进行了修正，并提出了改进的贝叶斯方法。由于贝叶斯方法尚存疑问，因此本书不再对其做进一步的讨论，感兴趣的读者可参考相关文献。

2.6　因子正交化

在因子投资中常会出现“因子正交化”这一概念。举例来说，在学术界实证资产定价研究中使用两个变量进行双重排序（特别是条件双重排序）就是一种正交化处理；业界在构建因子的时候更是会使用回归手段构建相互正交的因子。从经济学含义上说，“正交”意味着两个因子代表的资产收益的驱动力是不同的，即它们贡献了资产超额收益中不同的部分。不严格地说，一组相互正交的因子往往能更好地解释资产预期收益率的截面差异。

举个极端的例子，使用市盈率和市净率指标分别构造两个价值因子。通常来说，如果一支股票的市盈率很高（低），那么它的市净率也会较高（低），所以使用上述指标构造的两个多头组合高度相似，两个空头组合也高度相似，造成代表因子的价差组合也高度相似。由于这个原因，虽然该模型有两个因子，但它们仅是解释资产收益率中价值驱动的那部分。这个例子说明，两个因子是否相似体现在资产对它们的暴露在截面上相关性的高低。因子正交化的目的就是降低这种截面上的相关性。

上面说了从经济学角度追求因子正交化的动机，接下来再说一说数学上的影响。用一句话概括就是，当使用 Fama–MacBeth 截面回归求解因子收益率时，因子暴露在截面上的高相关会增大因子收益率的标准误，从而影响对因子收益率的检验。为了解释这一点，考虑一般的线性回归模型：

$$\boldsymbol{y} = \boldsymbol{X}\boldsymbol{b} + \boldsymbol{\varepsilon} \tag{2.83}$$

对于多因子模型来说，模型 (2.83) 中的 $\boldsymbol{y}$ 代表某时刻 N 个资产的超额收益向量；$\boldsymbol{X}$ 是一个 $N \times (K+1)$ 矩阵，第一列的元素全部是 1，代表截距项，后面 K 列为因子暴露；$\boldsymbol{b}$ 为因子收益率向量；最后 $\boldsymbol{\varepsilon}$ 为随机扰动。本节的论述使用诸如 $\boldsymbol{y}$、$\boldsymbol{X}$ 这些数学符号，而非 $\boldsymbol{R}^e$、$\boldsymbol{\beta}$ 等符号，是为了在讨论中不失一般性。本节讨论的问题是线性回归中常见的问题，而非仅仅针对多因子线性回归模型。模型 (2.83) 的 OLS 估计量为：

$$\hat{\boldsymbol{b}} = \left(\boldsymbol{X}'\boldsymbol{X}\right)^{-1}\boldsymbol{X}'\boldsymbol{y} \tag{2.84}$$

从 $\hat{\boldsymbol{b}}$ 的表达式来看，它和 $\boldsymbol{X}'\boldsymbol{X}$ 有关。当 $\boldsymbol{X}$ 的各列（即多因子模型中的不同因子的因子暴露向量）之间不正交时，$\boldsymbol{X}$ 不同列之间的相关性就会影响 $\boldsymbol{X}'\boldsymbol{X}$ 以及 $\hat{\boldsymbol{b}}$ 的计算，而这种影响不是什么好事儿。以下从简单一元回归说起。

2.6.1 简单一元回归

假设有一元回归模型 $\boldsymbol{y} = b\boldsymbol{x} + \boldsymbol{\varepsilon}$（模型只有一个解释变量，没有截距项）。该一元回归模型的 OLS 估计为：

$$\hat{b} = \frac{\langle \boldsymbol{x}, \boldsymbol{y} \rangle}{\langle \boldsymbol{x}, \boldsymbol{x} \rangle} \tag{2.85}$$

上式中，$\langle \boldsymbol{x}, \boldsymbol{y} \rangle$ 表示向量 $\boldsymbol{x}$ 和 $\boldsymbol{y}$ 的内积，即 $\langle \boldsymbol{x}, \boldsymbol{y} \rangle = \sum_{i=1}^{N} x_i y_i$。式 (2.85) 这个结果非常简单，但是它十分重要。比较式 (2.85) 和式 (2.84) 的表达式可以发现，如果多元回归模型中所有的解释变量两两正交，即 $\langle \boldsymbol{x}_i, \boldsymbol{x}_j \rangle = 0, i \neq j$，则向量 $\hat{\boldsymbol{b}}$ 中的每一个系数 $\hat{b}_i$ 恰恰等于：

$$\hat{b}_i = \frac{\langle \boldsymbol{x}_i, \boldsymbol{y} \rangle}{\langle \boldsymbol{x}_i, \boldsymbol{x}_i \rangle} \tag{2.86}$$

上式成立是因为 $\langle \boldsymbol{x}_i, \boldsymbol{x}_j \rangle = 0$ 保证了矩阵 $\boldsymbol{X}'\boldsymbol{X}$ 的所有非对角元素都是 0，因而它是一个对角阵。对角阵的逆矩阵就是把该对角阵对角线上的元素都取倒数，所以逆矩阵仍然是对角阵。因此，式 (2.84) 中 $\boldsymbol{X}'\boldsymbol{X}$ 的第 i 个对角元素为 $1/\langle \boldsymbol{x}_i, \boldsymbol{x}_i \rangle$。另外，$\boldsymbol{X}'\boldsymbol{y}$ 的第 i 个元素是 $\boldsymbol{x}_i$ 和 $\boldsymbol{y}$ 的内积，即 $\langle \boldsymbol{x}_i, \boldsymbol{y} \rangle$。因此，$\hat{b}_i$ 恰好等于 $\langle \boldsymbol{x}_i, \boldsymbol{y} \rangle / \langle \boldsymbol{x}_i, \boldsymbol{x}_i \rangle$。

多元回归的 OLS 估计量 $\hat{b}_i$ 和一元回归的 OLS 估计量 $\hat{b}$ 的表达式一模一样，说明当所有解释变量相互正交时，不同的因子暴露对彼此的因子收益率没有影响，这正是因子相互正交的好处。那么，当因子之间不正交时又会怎样呢？为了回答这个问题，先来看看回归的几何意义。

2.6.2 回归的几何意义

将式 (2.84) 中 $\hat{\boldsymbol{b}}$ 的表达式代入模型 (2.83) 得到样本残差 $\hat{\boldsymbol{\varepsilon}}$。计算 $\boldsymbol{X}$ 和 $\hat{\boldsymbol{\varepsilon}}$ 的内积有：

$$\begin{aligned}
\boldsymbol{X}'\hat{\boldsymbol{\varepsilon}} &= \boldsymbol{X}'(\boldsymbol{y} - \boldsymbol{X}\hat{\boldsymbol{b}}) \\
&= \boldsymbol{X}'(\boldsymbol{y} - \boldsymbol{X}(\boldsymbol{X}'\boldsymbol{X})^{-1}\boldsymbol{X}'\boldsymbol{y}) \\
&= \boldsymbol{X}'\boldsymbol{y} - (\boldsymbol{X}'\boldsymbol{X})(\boldsymbol{X}'\boldsymbol{X})^{-1}\boldsymbol{X}'\boldsymbol{y} \\
&= \boldsymbol{X}'\boldsymbol{y} - \boldsymbol{X}'\boldsymbol{y} \\
&= \boldsymbol{0}
\end{aligned} \tag{2.87}$$

上式说明，OLS 的残差 $\hat{\boldsymbol{\varepsilon}}$ 和解释变量 $\boldsymbol{X}$ 正交。来看看这在几何上意味着什么。先考虑最简单的一元回归的情况。如图 2.13 所示，一元回归 OLS 的几何含义是将 $\boldsymbol{y}$ 垂直投影到 $\boldsymbol{x}$ 之上，使得 $\boldsymbol{y}$ 和其在 $\boldsymbol{x}$ 上的投影之间的距离（$\hat{\boldsymbol{\varepsilon}}$ 的长度）最短。

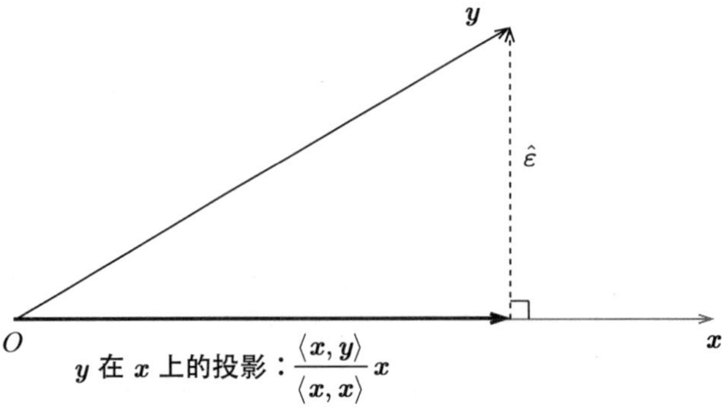

图 2.13　一元回归几何意义

为了加深对回归的几何意义的理解，下面再看看二元回归 $\boldsymbol{y} = b_1\boldsymbol{x}_1 + b_2\boldsymbol{x}_2 + \boldsymbol{\varepsilon}$。假设 $\boldsymbol{x}_1$ 和 $\boldsymbol{x}_2$ 之间是正交的。它的几何意义（图 2.14）是将 $\boldsymbol{y}$ 垂直投影到由 $\boldsymbol{x}_1$ 和 $\boldsymbol{x}_2$ 生成的平面内，记为 $\hat{\boldsymbol{y}}$。此外，将 $\boldsymbol{y}$ 分别单独投影到向量 $\boldsymbol{x}_1$ 和 $\boldsymbol{x}_2$ 上。由于 $\boldsymbol{x}_1$ 和 $\boldsymbol{x}_2$ 相互正交（即垂直），因此向量 $\hat{\boldsymbol{y}}$ 恰好等于上述两个向量之和。因此，当 $\boldsymbol{x}_1$ 和 $\boldsymbol{x}_2$ 正交时，OLS 估计 $\hat{b}_i$ 仅由 $\boldsymbol{x}_i$ 和 $\boldsymbol{y}$ 决定，其他任何解释变量 $\boldsymbol{x}_j(j \neq i)$ 对 $\hat{b}_i$ 均没有影响。

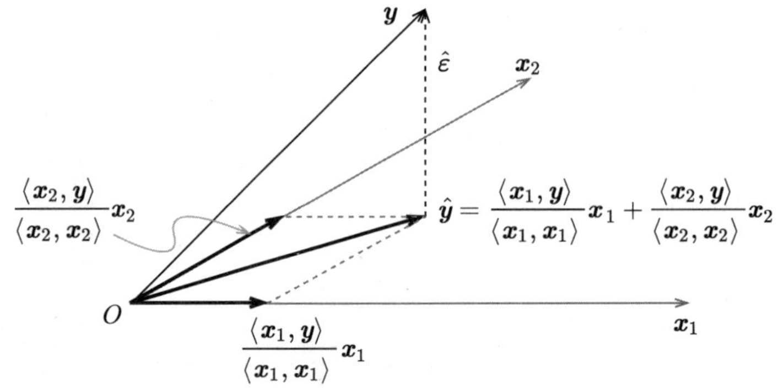

图 2.14　二元回归几何意义（$\boldsymbol{x}_1$ 和 $\boldsymbol{x}_2$ 正交）

当 $\boldsymbol{x}_1$ 和 $\boldsymbol{x}_2$ 非正交时会怎样呢？在这种情况下，二元回归的几何意义如图 2.15 所示。它和图 2.14 最大的区别是，$\boldsymbol{y}$ 在由 $\boldsymbol{x}_1$ 和 $\boldsymbol{x}_2$ 生成的平面内的投影不等于 $\boldsymbol{y}$ 分别在 $\boldsymbol{x}_1$ 和 $\boldsymbol{x}_2$ 上的投影之和。在这种情况下，解释变量之间对各自回归系数的 OLS 估计有不同的作用，$\hat{b}_i$ 不再等于 $\langle \boldsymbol{x}_i, \boldsymbol{y}\rangle / \langle \boldsymbol{x}_i, \boldsymbol{x}_i\rangle$。非正交 $\boldsymbol{x}_i$ 之间的相互作用如何影响回归系数 $\hat{b}_i$ 呢？通过连续正交化来求解多元线性回归可以回答这个问题。

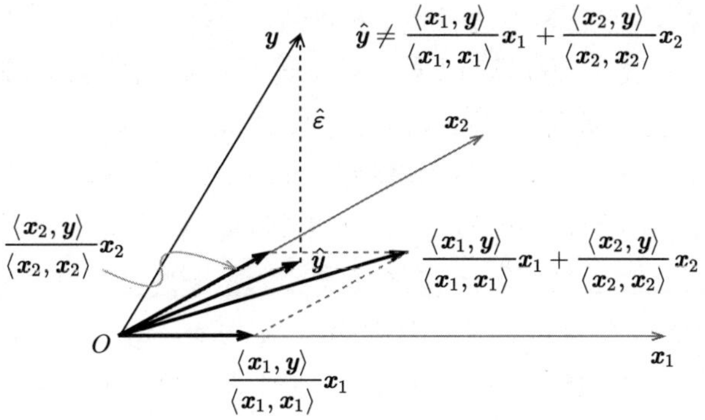

图 2.15 二元回归几何意义（$\boldsymbol{x}_1$ 和 $\boldsymbol{x}_2$ 非正交）

2.6.3 用正交化过程求解多元回归

考虑如下线性回归模型，其中 $\boldsymbol{x}_0 = [1, 1, \cdots, 1]'$ 和 $\boldsymbol{x}_1 = [x_1, x_2, \cdots, x_n]'$，假设 $\boldsymbol{x}_0$ 和 $\boldsymbol{x}_1$ 非正交：

$$\boldsymbol{y} = a\boldsymbol{x}_0 + b\boldsymbol{x}_1 + \boldsymbol{\varepsilon} \tag{2.88}$$

模型 (2.88) 的 OLS 估计量为：

$$\hat{a} = \frac{1}{n}\sum_{i=1}^{n} y_i - \hat{b}\left(\frac{1}{n}\sum_{i=1}^{n} x_i\right), \qquad \hat{b} = \frac{\sum_{i=1}^{n} x_i y_i - \frac{1}{n}\sum_{i=1}^{n} x_i \sum_{i=1}^{n} y_i}{\sum_{i=1}^{n} x_i^2 - \frac{1}{n}\left(\sum_{i=1}^{n} x_i\right)^2} \tag{2.89}$$

接下来说明如何通过正交化求解 $\hat{a}$ 和 $\hat{b}$。由于 $\boldsymbol{x}_0$ 和 $\boldsymbol{x}_1$ 非正交，首先需要构造出一组正交向量。令 $\boldsymbol{z}_0 = \boldsymbol{x}_0 = \boldsymbol{1}$ 为其中的一个向量；将 $\boldsymbol{x}_1$ 作为被解释变量、$\boldsymbol{z}_0$ 作为解释变量进行一元 OLS 回归（不带截距）得到的残差就是和 $\boldsymbol{z}_0$ 互相正交的向量，记为 $\boldsymbol{z}_1$。由式 (2.85) 以及回归的性质可知：

$$\boldsymbol{z}_1 = \boldsymbol{x}_1 - \frac{\langle \boldsymbol{z}_0, \boldsymbol{x}_1\rangle}{\langle \boldsymbol{z}_0, \boldsymbol{z}_0\rangle}\boldsymbol{z}_0 = \boldsymbol{x}_1 - \bar{x}\boldsymbol{1} \tag{2.90}$$

上式中 $\bar{x}$ 表示 $x_1, x_2, \cdots, x_n$ 的均值。接下来，将 $\boldsymbol{z}_1$ 和 $\boldsymbol{y}$ 代入式 (2.85) 恰恰就得到式 (2.89) 的 OLS 估计量 $\hat{b}$：

$$\begin{aligned}
\frac{\langle \boldsymbol{z}_1, \boldsymbol{y}\rangle}{\langle \boldsymbol{z}_1, \boldsymbol{z}_1\rangle} &= \frac{\langle \boldsymbol{x}_1 - \bar{x}\boldsymbol{1}, \boldsymbol{y}\rangle}{\langle \boldsymbol{x}_1 - \bar{x}\boldsymbol{1}, \boldsymbol{x}_1 - \bar{x}\boldsymbol{1}\rangle} \\
&= \frac{\sum_{i=1}^{n} x_i y_i - \bar{x}\sum_{i=1}^{n} y_i}{\sum_{i=1}^{n}(x_i - \bar{x})^2} = \frac{\sum_{i=1}^{n} x_i y_i - \frac{1}{n}\sum_{i=1}^{n} x_i \sum_{i=1}^{n} y_i}{\sum_{i=1}^{n} x_i^2 - 2n\bar{x}^2 + n\bar{x}^2} \\
&= \frac{\sum_{i=1}^{n} x_i y_i - \frac{1}{n}\sum_{i=1}^{n} x_i \sum_{i=1}^{n} y_i}{\sum_{i=1}^{n} x_i^2 - n\bar{x}^2} = \frac{\sum_{i=1}^{n} x_i y_i - \frac{1}{n}\sum_{i=1}^{n} x_i \sum_{i=1}^{n} y_i}{\sum_{i=1}^{n} x_i^2 - \frac{1}{n}\left(\sum_{i=1}^{n} x_i\right)^2} \\
&= \hat{b}
\end{aligned} \tag{2.91}$$

以上并没有直接对模型 (2.88) 进行 OLS 回归，而是通过正交化的方式求出 $\hat{b}$。对于多元回归的情况，上述求解 $\hat{b}$ 的方法可以通过以下过程扩展（Hastie et al. 2016）。该过程的核心是通过连续的正交化计算把一组非两两正交的向量 $\boldsymbol{x}_i$ 转换成一组两两正交的向量 $\boldsymbol{z}_i$，并以此方便地求出最后一个被正交化的解释变量的多元回归系数。该过程共有三步：

(1) 第一步是初始化。在所有解释变量中（如果线性回归模型包括截距项，则它也是一个解释变量）任意挑选一个当作 $\boldsymbol{x}_0$ 进行初始化 $\boldsymbol{z}_0 = \boldsymbol{x}_0$。

(2) 第二步是将其他解释变量按任意顺序排序，记为 $\boldsymbol{x}_1, \boldsymbol{x}_2, \cdots, \boldsymbol{x}_K$（假设一共有 $K+1$ 个解释变量）。按上述顺序从 $\boldsymbol{x}_1$ 开始依次进行正交化。具体来说，对 $\boldsymbol{x}_k$ 的正交化公式如下：

$$\boldsymbol{z}_k = \boldsymbol{x}_k - \sum_{j=1}^{k-1} \frac{\langle \boldsymbol{z}_j, \boldsymbol{x}_k \rangle}{\langle \boldsymbol{z}_j, \boldsymbol{z}_j \rangle} \boldsymbol{z}_j \tag{2.92}$$

其中 $\boldsymbol{z}_0, \boldsymbol{z}_1, \cdots, \boldsymbol{z}_{k-1}$ 是已经被处理过后的正交向量。

(3) 得到 $\boldsymbol{z}_K$ 之后，计算 $\langle \boldsymbol{z}_K, \boldsymbol{y} \rangle / \langle \boldsymbol{z}_K, \boldsymbol{z}_K \rangle$，它正是多元回归模型 (2.83) 中解释变量 $\boldsymbol{x}_K$ 的回归系数的 OLS 估计量 $\hat{b}_K$：

$$\hat{b}_K = \frac{\langle \boldsymbol{z}_K, \boldsymbol{y} \rangle}{\langle \boldsymbol{z}_K, \boldsymbol{z}_K \rangle} \tag{2.93}$$

需要强调的是，这一结论仅对最后一个被正交化后的解释变量成立。对于其他解释变量 $k < K$，$\langle \boldsymbol{z}_k, \boldsymbol{y} \rangle / \langle \boldsymbol{z}_k, \boldsymbol{z}_k \rangle$ 并不等于多元回归的 OLS 估计量 $\hat{b}_k$。也许有的读者会有疑惑：这个算法确实不错，但是费了半天劲算出了一大堆相互正交的向量 $\boldsymbol{z}_k$，而求解回归系数的结论却仅对最后一个被正交化的解释变量成立，这不是坑人吗？答案是否定的。上述过程中的关键在于正交化这些解释变量的顺序是任意的，因而可以选任何一个变量进行初始化，也可以选任何一个变量作为最后一个被正交化的解释变量。无论怎么选，上述过程保证了最后一个被正交化的解释变量的回归系数满足 $\hat{b}_K = \langle \boldsymbol{z}_K, \boldsymbol{y} \rangle / \langle \boldsymbol{z}_K, \boldsymbol{z}_K \rangle$。只需依次挑选这些解释变量作为最后一个被正交化的，就可以通过上述步骤求出这些解释变量的回归系数的 OLS 估计。而上述过程所反映出来的本质是，在对多元线性回归模型 (2.83) 进行 OLS 估计时，解释变量 $\boldsymbol{x}_k$ 的回归系数的估计量 $\hat{b}_k$ 等于 $\boldsymbol{x}_k$ 在被其他解释变量 $\boldsymbol{x}_0, \boldsymbol{x}_1, \cdots, \boldsymbol{x}_{k-1}, \boldsymbol{x}_{k+1}, \cdots, \boldsymbol{x}_K$ 正交化之后（从而排除其他 $\boldsymbol{x}_j$ 对 $\boldsymbol{x}_k$ 的影响）仍能够对解释 $\boldsymbol{y}$ 产生的增量贡献。

上述过程称作多元回归的格拉姆–施密特（Gram–Schmidt）正交化过程。式 (2.93) 表明 $\boldsymbol{x}_K$ 的回归系数 $\hat{b}_K$ 和正交化后的 $\boldsymbol{z}_K$ 的范数大小（$\boldsymbol{z}_K$ 自己的内积为分母）有关。如果 $\boldsymbol{x}_K$ 和其他解释变量高度相关，那么 $\boldsymbol{x}_K$ 被其他 $\boldsymbol{x}_j, j \neq K$ 解释之后的残差 $\boldsymbol{z}_K$ 就会很小。当 y_i 满足独立同分布时，可以证明 $\hat{b}_K$ 的方差和 $\boldsymbol{z}_K$ 的范数大小成反比：

$$\mathrm{var}(\hat{b}_K) = \frac{\mathrm{var}(y_i)}{\langle \boldsymbol{z}_K, \boldsymbol{z}_K \rangle} = \frac{\mathrm{var}(y_i)}{\|\boldsymbol{z}_K\|^2} \tag{2.94}$$

当 $\|\boldsymbol{z}_K\|^2$ 很小时，$\mathrm{var}(\hat{b}_K)$ 就会很大，导致 $\hat{b}_K$ 非常不稳定，即样本数据的细微变化会导致 $\hat{b}_K$ 大幅变化。回到本书关注的问题，当使用 Fama–MacBeth 截面回归求解因子收益率时，$\hat{b}_K$ 就是因子 K 的收益率。为了因子收益率的估计更稳定，所以要求不同的因子之间尽量满足正交化。举例来说，在 Barra 的中国市场多因子模型中，非线性市值因子和市值因子之间进行了正交化处理。

在本节的最后再介绍一个有意思、也有用的特性。在格拉姆–施密特正交化过程中，任何一个解释变量均可以被选为最后一个，然后根据连续正交化方便地求出它的回归系数。这意味着如果有 20 个解释变量，需要进行 20 次上述操作。是否有什么办法仅通过进行一次连续正交化就求出所有的回归系数 $\hat{b}_k$ $(k = 0, 1, \cdots, K)$ 呢？答案是肯定的。

假设按照某给定顺序 $\boldsymbol{x}_0, \boldsymbol{x}_1, \cdots, \boldsymbol{x}_K$ 依照 (2.92) 进行连续正交化过程，得到 $\boldsymbol{z}_0, \boldsymbol{z}_1, \cdots, \boldsymbol{z}_K$。对于排在最后一位的解释变量如下关系 $\hat{b}_K = \langle \boldsymbol{z}_K, \boldsymbol{y} \rangle / \langle \boldsymbol{z}_K, \boldsymbol{z}_K \rangle$ 成立。由于 $\hat{b}_K$ 是解释变量 $\boldsymbol{x}_K$ 的回归系数，因此 $\hat{b}_K \boldsymbol{x}_K$ 就是 $\boldsymbol{x}_K$ 所解释的 $\boldsymbol{y}$ 的部分。如果从 $\boldsymbol{y}$ 中剔除 $\hat{b}_K \boldsymbol{x}_K$，并把得到的 $\boldsymbol{y} - \hat{b}_K \boldsymbol{x}_K$ 作为被解释变量，用剩下的 $\boldsymbol{x}_0, \boldsymbol{x}_1, \cdots, \boldsymbol{x}_{K-1}$ 作为解释变量，则回归结果就和 $\boldsymbol{x}_K$ 无关了。在这个新的回归中，$\boldsymbol{x}_{K-1}$ 就变成了最后一个被正交化的解释变量，其对应的正交向量为 $\boldsymbol{z}_{K-1}$。因此，$\boldsymbol{x}_{K-1}$ 的回归系数就用 $\boldsymbol{y} - \hat{b}_K \boldsymbol{x}_K$ 和 $\boldsymbol{z}_{K-1}$ 依照式 (2.86) 计算：

$$\hat{b}_{K-1} = \frac{\langle \boldsymbol{z}_{K-1}, \boldsymbol{y} - \hat{b}_K \boldsymbol{x}_K \rangle}{\langle \boldsymbol{z}_{K-1}, \boldsymbol{z}_{K-1} \rangle} \tag{2.95}$$

以此类推，便可以按照 $\hat{b}_K, \hat{b}_{K-1}, \cdots, \hat{b}_0$ 的倒序求解出多元回归中所有解释变量的回归系数的 OLS 估计 $\hat{b}_j$（Drygas 2011）：

$$\hat{b}_K = \frac{\langle \boldsymbol{z}_K, \boldsymbol{y} \rangle}{\langle \mathbf{z}_p, \mathbf{z}_p \rangle} \tag{2.96}$$

$$\hat{b}_j = \frac{\langle \boldsymbol{z}_j, \boldsymbol{y} - \sum_{i=j+1}^{K} \hat{b}_i \boldsymbol{x}_i \rangle}{\langle \boldsymbol{z}_j, \boldsymbol{z}_j \rangle}, \quad j = K-1, K-2, \cdots, 0 \tag{2.97}$$

最后用本节开始的包含两个解释变量 $\boldsymbol{x}_0$ 和 $\boldsymbol{x}_1$ 的回归模型 (2.88) 验证一下，即通过式 (2.96) 和式 (2.97) 求解 $\boldsymbol{x}_0$ 的 OLS 回归系数 $\hat{a}$。令 $\boldsymbol{z}_0 = \mathbf{1}$ 并假设 $\hat{b}$ 的表达式已经求出。根据式 (2.97) 可得 $\hat{a}$：

$$\hat{a} = \frac{\langle \mathbf{1}, \boldsymbol{y} - \hat{b}\boldsymbol{x} \rangle}{\langle \mathbf{1}, \mathbf{1} \rangle} = \frac{\sum_{i=1}^n y_i - \hat{b} \sum_{i=1}^n x_i}{n} = \frac{1}{n} \sum_{i=1}^n y_i - \hat{b} \left(\frac{1}{n} \sum_{i=1}^n x_i \right) \tag{2.98}$$

它正是式 (2.89) 中 $\hat{a}$ 的表达式。

2.7 广义矩估计

在实证资产定价研究中，除了多因子模型外，还有很多其他的模型。其中一个重要的模型是由 Lucas (1978) 和 Breeden (1979) 提出的基于消费的资产定价模型（Consumption-based CAPM，CCAPM）。CCAPM 的理论虽然优雅，但是模型中消费和资产收益率之间的关系是非线性的，传统的统计学方法在检验该模型时无能为力。在学术界为如何检验 CCAPM 绞尽脑汁的时候，Hansen (1982) 提出了广义矩估计（Generalized Method of Moments，GMM）[36]。

GMM 是一个非常强大的计量经济学方法，在实证资产定价研究的历史上起到了举足轻重的作用。而如今无论是在经济学领域还是金融学领域，GMM 因其数学上的优雅和特性上的强大而被广泛运用，Hansen (1982) 也早已成为计量经济学领域被引用量最高的文章之一。虽然 GMM 最初是被用来检验 CCAPM 的，但其强大的性能和“标准化”的使用流程使得它可以被方便地应用于检验线性多因子模型（Cochrane 2005 的第 13 章对此有精彩的论述）。为此，作为因子投资方法论章节中的进阶内容，本节对 GMM 进行介绍。本书作者相信，掌握 GMM 将会帮助读者在未来进行更深入的因子投资研究。

本节的目标是从直观出发揭示 GMM 蕴含的数学之美。以下行文中试图把公式掰开揉碎讲清楚，从而帮助感兴趣的读者理解复杂公式背后的本质。Cochrane (2005) 指出，学习 GMM 时最大的障碍就是涉及的数学符号繁多。只要搞清楚这些符号，GMM 背后的数学精髓其实是非常简单的，因为 GMM 的核心最终能够归结为计算样本均值的方差（the variance of the sample mean）。希望本节的论述能带给你这种恍然大悟之感。接下来就从样本均值的方差说起。

2.7.1 样本均值的方差

考虑某随机变量 u_t。假设它在某个样本内的取值为 0、−1、3、3、−3。式 (2.99) 计算出了 u_t 的样本均值 $\bar{u}$：

$$\bar{u} = E_T[u_t] = 0.4 \tag{2.99}$$

由于 u_t 是一个随机变量，因此其样本均值 $\bar{u}$ 也是一个随机变量。虽然它在上述样本中的取值为 0.4，但假如能够乘坐时光机回到过去“重写历史”，得到不同的样本，那么在不同的样本中，样本均值的取值也会有所变化。假设除样本一（就是上面这个样本）之外，还有三个样本。每个样本中的 u_t 和它们的样本均值 $\bar{u}$ 如表 2.5 所示。

36 Lars Peter Hansen 在提出 GMM 之后又对其进行了一系列必要的扩展，包括工具变量选择（Hansen 1985）、连续时间模型（Hansen and Scheinkman 1995）、其他 GMM 估计量（Hansen et al. 1996）以及非最优权重矩阵下的 GMM（Hansen and Jagannathan 1997）等。Hansen 也因为这一系列突出贡献，于 2013 年和 Eugene Fama 和 Robert Shiller 一起分享诺贝尔经济学奖。

表 2.5　多个样本

	样本一	样本二	样本三	样本四
u_t	0	−2	0	3
	−1	2	5	−2
	3	2	−1	1
	3	−3	1	2
	−3	−3	−2	4
$E_T[u_t]$	0.4	−0.8	0.6	1.6

既然样本均值本身也是一个随机变量，那么一个很自然的问题就是样本均值在不同的样本中是如何变化的，即求解样本均值的方差。从方差的定义出发有：

$$\mathrm{var}(\bar{u}) = \mathrm{var}\left(\frac{1}{T}\sum_{t=1}^{T} u_t\right) = \frac{1}{T^2}\mathrm{var}\left(\sum_{t=1}^{T} u_t\right) \tag{2.100}$$

式中 T 为样本量。在最简单的情况中，假设 u_t 序列满足独立同分布，则式 (2.100) 可以简化成：

$$\mathrm{var}(\bar{u}) = \frac{1}{T^2}\mathrm{var}\left(\sum_{t=1}^{T} u_t\right) = \frac{\sigma^2(u_t)}{T} \tag{2.101}$$

将式 (2.101) 两边开方就得到样本均值的标准误：

$$\mathrm{s.e.}(\bar{u}) = \frac{\sigma(u_t)}{\sqrt{T}} \tag{2.102}$$

式 (2.102) 的结果大概是各位读者在统计课中学到的印象最深的一个式子 —— 当 u_t 满足独立同分布时，样本均值的标准误。对于金融数据（比如收益率）来说，u_t 序列有非零的自相关性（即 $\mathrm{cov}(u_t, u_{t-j}) \neq 0$），难以满足独立同分布，因此需要得到更一般情况下样本均值 $\bar{u}$ 的方差：

$$\mathrm{var}(\bar{u}) = \frac{1}{T}\left[\mathrm{var}(u_t) + \sum_{j=1}^{T}\frac{T-j}{T}\left(\mathrm{cov}(u_t, u_{t-j}) + \mathrm{cov}(u_t, u_{t+j})\right)\right] \tag{2.103}$$

当 T 趋于无穷大时，$(T-j)/T$ 趋于 1，可以求出 $\mathrm{var}(\bar{u})$ 的渐进形式：

$$\mathrm{var}(\bar{u}) \to \frac{1}{T}\sum_{j=-\infty}^{\infty}\mathrm{cov}(u_t, u_{t-j}) \tag{2.104}$$

下面再假设一个特殊的情况，即随机变量 u_t 的总体均值 $E[u_t]=0$，并利用方差运算的性质 $\text{cov}(X,Y)=E[XY]-E[X]E[Y]$ 可得：

$$\text{var}(\bar{u}) \to \frac{1}{T}\sum_{j=-\infty}^{\infty} E[u_t u_{t-j}] \equiv \frac{1}{T}S \tag{2.105}$$

上式最后一项中使用 S 代表了中间项中的求和项。在 GMM 的术语中，S 被称作 u_t 的谱密度矩阵。以上从人们熟悉的样本均值出发指出样本均值本身也是一个随机变量，并推导出当样本量 T 趋于无穷，且假设 $E[u_t]=0$ 时，样本均值的方差渐进趋于 S/T，其中 S 是无穷级数求和 $\sum E[u_t u_{t-j}]$。千万不要小看 $\text{var}(\bar{u}) \to S/T$ 这个式子，它在下文中介绍 GMM 的数学推导中起着至关重要的作用。

2.7.2　分析框架

回顾了样本均值的方差之后，本节就来解释 GMM 到底是怎么回事儿。GMM 的作用是为了检验模型，比如模型到底对不对？模型的参数如何估计？误差是来自运气还是因为模型有误？GMM 提供了一个优雅而强大的计量经济学框架来回答这些问题。一般来说，GMM 框架分为以下三个部分。

- 第一部分：把关注的问题表达成一系列总体矩条件，即提出模型。
- 第二部分：使用样本数据得到对应的样本矩条件，从而对参数进行估计，即把模型和数据联系起来。
- 第三部分：计算参数的标准误（方差），并进行统计检验，即检验模型。

1. GMM 第一部分

在接下来的讨论中，令 $\boldsymbol{x}_t$ 代表数据，$\boldsymbol{b}$ 代表参数（它们都是向量）。在使用 GMM 时，将猜想的模型描述成一组关于 $\boldsymbol{x}_t$ 和 $\boldsymbol{b}$ 的函数 $\boldsymbol{f}(\boldsymbol{x}_t,\boldsymbol{b})$，且当 $\boldsymbol{b}=\boldsymbol{b}_0$ 时如下的矩条件成立：

$$E[\boldsymbol{f}(\boldsymbol{x}_t,\boldsymbol{b}_0)]=\boldsymbol{0} \tag{2.106}$$

式 (2.106) 左侧的 $E[\boldsymbol{f}(\boldsymbol{x}_t,\boldsymbol{b}_0)]$ 是总体矩（population moments），而约束 (2.106) 就是总体矩条件（population moment conditions）。它们表示当猜测的模型正确时，参数和数据应该满足的关系，因此它们就是待检验的原假设。需要说明的是，期望符号 E 表示对总体求均值；而前面使用的（接下来也将会继续使用的）期望符号 E_T 表示对样本求均值。GMM 的第一部分是把研究的问题转化成数据和参数的一组矩条件 $E[\boldsymbol{f}(\boldsymbol{x}_t,\boldsymbol{b}_0)]=\boldsymbol{0}$。

为了加深理解，来看资产定价中的例子。Cochrane (2005) 指出资产定价理论都可以归结到一个最基础的式子[37]：

$$p_t = E[m_{t+1}x_{t+1}] \tag{2.107}$$

其中 m 是随机折现因子（stochastic discount factor，由参数 $\boldsymbol{b}_0$ 决定），x_{t+1} 是某个投资未来的回报，p_t 是该投资现在的价格。因此这个式子说明某个投资未来的回报的现值等于今天的价格。举例来说，令 R_f^g 代表无风险资产的总回报，即 t 期投入 $p_t=1$，$t+1$ 期得到 $x_{t+1}=R_f^g$。将它们代入式 (2.107) 就得到一个矩条件：

$$E[m(\boldsymbol{b}_0)R_f^g]=1 \quad \text{或} \quad E[m(\boldsymbol{b}_0)R_f^g-1]=0 \tag{2.108}$$

又比如，对于某个通过多空对冲构成的资金中性投资组合（如某个因子或者异象的投资组合），其理论上是靠卖空的资产获得的资金来买入做多的资产，因此该组合的成本是零，即 $p_t=0$。令 R^e 代表该组合的超额收益，即 $x_{t+1}=R^e$。将它们代入式 (2.107) 就得到另一个矩条件：

$$E[m(\boldsymbol{b}_0)R^e]=0 \tag{2.109}$$

式 (2.108) 和式 (2.109) 都是资产定价中常见的总体矩条件。将它们放在一起就得到向量的形式：

$$\begin{bmatrix} E[m(\boldsymbol{b}_0)R_f^g-1] \\ E[m(\boldsymbol{b}_0)R^e] \end{bmatrix} = \begin{bmatrix} 0 \\ 0 \end{bmatrix} \tag{2.110}$$

2. GMM 第二部分

GMM 的第一部分通过总体矩条件描述了关注的问题，但这些矩条件仅仅是人们对于真实模型的猜想，而人们手里有的只是样本数据。因此，GMM 的第二部分就是用样本矩（sample moments）代替总体矩，从而建立起模型和数据之间的联系，以此进行参数估计和检验。根据定义，样本矩可以写成：

$$E_T[\boldsymbol{f}(\boldsymbol{x}_t,\boldsymbol{b}_0)] = \frac{1}{T}\sum_{t=1}^{T}\boldsymbol{f}(\boldsymbol{x}_t,\boldsymbol{b}_0) \equiv \boldsymbol{g}_T(\boldsymbol{b}_0) \tag{2.111}$$

上式最后一项中引入符号 $\boldsymbol{g}_T$ 仅仅是为了在下文中简化公式。怎么样？看着式 (2.111) 有没有什么感想？无论研究的具体问题是什么（比如本书中的实证资产定价，而别人也可以研究经济学或金融学中其他的问题），不管一系列函数 $\boldsymbol{f}$ 的具体形式长什么样，式 (2.111) 中的样本矩在数学上的定义都是 $\boldsymbol{f}$ 在样本内取均值而已，因此它也是一种样本均值。

37 关于这个式子的论述，详见公众号“川总写量化”的文章《理解资产价格》以及本书附录 A。

从样本矩出发就可以进行参数估计。GMM 的第一步提出模型时假设总体矩满足矩条件 $E[\boldsymbol{f}(\boldsymbol{x}_t,\boldsymbol{b}_0)]=\mathbf{0}$（原假设）。如果原假设成立，那么样本矩在统计上不应显著偏离零。使用样本数据，GMM 的核心是找到参数 $\boldsymbol{b}_0$ 的估计 $\hat{\boldsymbol{b}}_0$，以使所有样本矩都尽可能地等于零：

$$E_T[\boldsymbol{f}(\boldsymbol{x}_t,\hat{\boldsymbol{b}}_0)]\simeq\mathbf{0} \tag{2.112}$$

式 (2.112) 中之所以用了约等于而非等于，是因为在实际问题中，样本矩的个数往往超过参数的个数（这也被称为过度识别，overidentification）。假设问题中一共有 n 个矩（即 $\boldsymbol{g}_T$ 是 n 维向量），p 个参数（即 $\boldsymbol{b}_0$ 是 p 维向量）。当 $n>p$ 时，显然无法让所有的样本矩都等于零，因而选择让这其中的 p 个样本矩或者所有样本矩的 p 个线性组合等于 0。这就是 GMM 估计量：

$$\hat{\boldsymbol{b}}_0:\text{令 }\boldsymbol{a}\boldsymbol{g}_T(\hat{\boldsymbol{b}}_0)=\mathbf{0} \tag{2.113}$$

上式中 $\boldsymbol{a}$ 是一个 $p\times n$ 阶矩阵，每一行都代表一个样本矩的线性组合。为了便于理解，仍然用资产定价来举例子。假设 CCAPM 是正确的资产定价模型。在 CCAPM 下，随机折现因子 m 由两个参数 b_1 和 b_2 决定，即 $\boldsymbol{b}_0=[b_1,b_2]'$。接下来，假设使用以下四个资产构造四个矩条件来检验 CCAPM。这些资产是市场组合、无风险资产，以及 Fama and French (1993) 中的价值（HML）和规模（SMB）两个因子的投资组合。用 R_f^g 表示无风险资产的总回报，用 R_m^e、R_{HML}^e、R_{SMB}^e 代表其他三个资产的超额收益。在这个例子中，$n=4$ 而 $p=2$，因此 $\boldsymbol{a}$ 是一个 2×4 矩阵，而 GMM 估计可以写成：

$$\begin{bmatrix}a_{11} & a_{12} & a_{13} & a_{14}\\ a_{21} & a_{22} & a_{23} & a_{24}\end{bmatrix}\begin{bmatrix}E_T[m(\hat{b}_1,\hat{b}_2)R_m^e]\\ E_T[m(\hat{b}_1,\hat{b}_2)R_f^g-1]\\ E_T[m(\hat{b}_1,\hat{b}_2)R_{\mathrm{HML}}^e]\\ E_T[m(\hat{b}_2,\hat{b}_2)R_{\mathrm{SMB}}^e]\end{bmatrix}=\begin{bmatrix}0\\0\end{bmatrix} \tag{2.114}$$

根据式 (2.114) 就可以使用样本矩求出参数估计 $\hat{\boldsymbol{b}}_0$。不过有的读者会有疑惑，因为式 (2.114) 中并没有说明矩条件的线性组合矩阵 $\boldsymbol{a}$ 是什么。不同的 $\boldsymbol{a}$ 显然会得到不同的参数估计。GMM 的框架下允许人们任意选择 $\boldsymbol{a}$，然而从计量经济学的角度，有一个特殊的矩阵 $\boldsymbol{a}$ 会让 GMM 估计量成为有效估计量（efficient estimator）。

3. GMM 第三部分

使用 GMM 估计得到的 $\hat{\boldsymbol{b}}_0$ 仅仅是真实但未知参数 $\boldsymbol{b}$ 的一个估计。从统计学的角度看，人们同样关心估计的误差，即 $\mathrm{var}(\hat{\boldsymbol{b}}_0)$。对于给定的样本矩 $\boldsymbol{g}_T$，从计量经济学的角度看有一个特殊的矩阵 $\boldsymbol{a}$ 使得 $\mathrm{var}(\hat{\boldsymbol{b}}_0)$ 最小，这就是有效（efficient）的含义。Hansen (1982) 给出了这个 $\boldsymbol{a}$ 的形式，2.7.4 节将对它的含义以及 GMM 估计的有效性做进一步探讨。

$\mathrm{var}(\hat{\boldsymbol{b}}_0)$ 的大小仅仅说明参数估计是否准确，而对于研究的问题来说，人们更加关注的是当给定 $\hat{\boldsymbol{b}}_0$ 时，样本矩的方差 $\mathrm{var}(\boldsymbol{g}_T(\hat{\boldsymbol{b}}_0))$ 的大小。在一般的过度识别问题下（即矩个数多于参数个数），样本矩无法全都满足等于零的矩条件[38]，因此需要回答的问题是样本矩联合起来相对于零的偏离的大小，并搞清楚样本矩 $\boldsymbol{g}_T(\hat{\boldsymbol{b}}_0)$ 联合起来相对于零的偏离是因为运气成分还是因为选择的总体矩条件（即原假设）是错的。如果仅仅因为运气（即偏离很小），那么可以接受原假设——比如接受一个资产定价模型；如果不是因为运气（即偏离很大），就只能拒绝原假设。唯有有了 $\mathrm{var}(\boldsymbol{g}_T(\hat{\boldsymbol{b}}_0))$，才能够进行统计检验并决定接受或拒绝原假设。计算 $\mathrm{var}(\boldsymbol{g}_T(\hat{\boldsymbol{b}}_0))$ 并进行统计检验就是 GMM 的第三部分。

值得一提的是，由于 $\hat{\boldsymbol{b}}_0$ 和 $\boldsymbol{g}_T(\hat{\boldsymbol{b}}_0)$ 都是向量，因此 $\mathrm{var}(\hat{\boldsymbol{b}}_0)$ 和 $\mathrm{var}(\boldsymbol{g}_T(\hat{\boldsymbol{b}}_0))$ 事实上都是方差–协方差矩阵。其中 $\mathrm{var}(\hat{\boldsymbol{b}}_0)$ 是 p 阶矩阵，而 $\mathrm{var}(\boldsymbol{g}_T(\hat{\boldsymbol{b}}_0))$ 是 n 阶矩阵。有了 $\mathrm{var}(\hat{\boldsymbol{b}}_0)$ 和 $\mathrm{var}(\boldsymbol{g}_T(\hat{\boldsymbol{b}}_0))$，就可以写出 $\hat{\boldsymbol{b}}_0$ 和 $\boldsymbol{g}_T(\hat{\boldsymbol{b}}_0)$ 的分布。

Hansen (1982) 中的定理 3.1 指出，当样本量 T 趋于无穷大时，$\hat{\boldsymbol{b}}_0$ 满足以下渐进正态性：

$$\sqrt{T}(\hat{\boldsymbol{b}}_0 - \boldsymbol{b}_0) \xrightarrow{d} \mathcal{N}\left(\boldsymbol{0}, (\boldsymbol{ad})^{-1}\boldsymbol{aSa}'(\boldsymbol{ad})^{-1\prime}\right) \tag{2.115}$$

式中 -1 表示求逆，$\prime$ 表示转置，所以 $(\boldsymbol{ad})^{-1\prime}$ 表示先求 $\boldsymbol{ad}$ 的逆矩阵，再转置。Hansen (1982) 给出了渐进分布成立需要满足的一系列假设。在实际应用中，应牢记的是数据 $\boldsymbol{x}_t$ 需要满足弱平稳性，这是因为 GMM 的基础是随着 T 的增大，样本均值向总体均值收敛。

此外，Hansen (1982) 中的引理 4.1 指出 $\boldsymbol{g}_T(\hat{\boldsymbol{b}}_0)$ 满足如下渐进正态性：

$$\sqrt{T}\boldsymbol{g}_T(\hat{\boldsymbol{b}}_0) \xrightarrow{d} \mathcal{N}\left(\boldsymbol{0}, (\boldsymbol{I} - \boldsymbol{d}(\boldsymbol{ad})^{-1}\boldsymbol{a})\boldsymbol{S}(\boldsymbol{I} - \boldsymbol{d}(\boldsymbol{ad})^{-1}\boldsymbol{a})'\right) \tag{2.116}$$

式中 $\boldsymbol{I}$ 是 n 阶单位阵。式 (2.115) 和式 (2.116) 中的 $\boldsymbol{a}$ 就是样本矩的线性组合权重矩阵，但以上还未说明 $\boldsymbol{d}$ 和 $\boldsymbol{S}$ 是什么。接下来 2.7.3 节会把它们的含义说清楚。式 (2.115) 和式 (2.116) 中正态分布的方差 $\mathrm{var}(\hat{\boldsymbol{b}}_0)$ 和 $\mathrm{var}(\boldsymbol{g}_T(\hat{\boldsymbol{b}}_0))$ 的表达式看似无比复杂，但它们本质上也都离不开 2.7.1 节介绍的样本均值的方差。

一旦有了 $\boldsymbol{g}_T(\hat{\boldsymbol{b}}_0)$ 的分布，便可以对 GMM 第一部分中提出的模型进行检验，从而决定是接受还是拒绝它。以资产定价为例，矩条件代表了给定定价模型下不同资产或投资组合的定价误差 $\boldsymbol{\alpha}$，人们关心这些定价误差联合起来是否为零。有了样本矩 $\boldsymbol{g}_T(\hat{\boldsymbol{b}}_0)$ 的分布，可以构建相应的检验统计量。如果检验统计量超过给定显著性水平的阈值，就可以拒绝该资产定价模型。

总结一下，本节介绍了 GMM 的三个部分，其中：

38 如果样本矩的个数 n 等于参数个数 p，则不存在过度识别问题，可以令所有矩都等于零从而求出全部 p 个参数。

- 第一部分把关心的问题表述成一组总体矩条件；
- 第二部分用样本矩代替总体矩从而把样本数据和模型联系起来，并进行参数估计；
- 第三部分计算 $\mathrm{var}(\hat{\boldsymbol{b}}_0)$ 和 $\mathrm{var}(\boldsymbol{g}_T(\hat{\boldsymbol{b}}_0))$，并进行统计检验，决定是否接受第一部分提出的模型。

2.7.3 数学基础

本节的目标是解释如何计算 $\mathrm{var}(\hat{\boldsymbol{b}}_0)$ 和 $\mathrm{var}(\boldsymbol{g}_T(\hat{\boldsymbol{b}}_0))$。了解本节的内容可以更好地理解 GMM 背后的数学之美。先说式 (2.115) 和式 (2.116) 中的 $\boldsymbol{S}$，这是核心。首先回顾一下 $\boldsymbol{g}_T$ 的定义（式 (2.111)）：

$$\boldsymbol{g}_T(\boldsymbol{b}_0) \equiv \frac{1}{T}\sum_{t=1}^{T}\boldsymbol{f}(\boldsymbol{x}_t,\boldsymbol{b}_0)$$

对 $\boldsymbol{g}_T$ 求方差就得到 $\mathrm{var}(\boldsymbol{g}_T)$。由 $\boldsymbol{g}_T$ 的定义可知，无论函数 $\boldsymbol{f}$ 长什么样子，样本矩 $\boldsymbol{g}_T$ 的数学形式都仅仅取平均，即 $\boldsymbol{g}_T$ 其实就是 $\boldsymbol{f}(\boldsymbol{x}_t,\boldsymbol{b}_0)$ 的样本均值，因此 $\mathrm{var}(\boldsymbol{g}_T(\boldsymbol{b}_0))$ 就是对一个样本均值求方差，即样本均值的方差。利用 2.7.1 节的式 (2.105) 可以很容易推导出，当 T 趋于无穷时的 $\mathrm{var}(\boldsymbol{g}_T)$：

$$\mathrm{var}(\boldsymbol{g}_T(\boldsymbol{b}_0)) \to \frac{1}{T}\sum_{j=-\infty}^{\infty}E[\boldsymbol{f}(\boldsymbol{x}_t,\boldsymbol{b}_0)\boldsymbol{f}(\boldsymbol{x}_{t-j},\boldsymbol{b}_0)'] \tag{2.117}$$

利用式 (2.117)，定义 $\boldsymbol{S}$ 如下：

$$\boldsymbol{S} \equiv \sum_{j=-\infty}^{\infty}E[\boldsymbol{f}(\boldsymbol{x}_t,\boldsymbol{b}_0)\boldsymbol{f}(\boldsymbol{x}_{t-j},\boldsymbol{b}_0)'] \tag{2.118}$$

它是一个 n 阶矩阵（在实际情况中，它可以用样本数据来估计）。式 (2.117) 的计算中之所以能把方差和协方差写成 $E[XY]$ 的形式，是因为原假设下的总体矩条件约束 $E[\boldsymbol{f}(\boldsymbol{x}_t,\boldsymbol{b}_0)]=\boldsymbol{0}$ 这里预期符号 E 没有下标 T，表示总体期望。

需要强调的是，式 (2.117) 给出的是 $\mathrm{var}(\boldsymbol{g}_T(\boldsymbol{b}_0))$，即样本矩 $\boldsymbol{g}_T$ 在真实参数 $\boldsymbol{b}_0$ 下的方差。而为了检验模型，人们关心的是 $\boldsymbol{g}_T$ 在估计 $\hat{\boldsymbol{b}}_0$ 下的方差，即 $\mathrm{var}(\boldsymbol{g}_T(\hat{\boldsymbol{b}}_0))$。然而，一旦有了 $\mathrm{var}(\boldsymbol{g}_T(\boldsymbol{b}_0))=\boldsymbol{S}/T$，计算 $\mathrm{var}(\boldsymbol{g}_T(\hat{\boldsymbol{b}}_0))$（以及 $\mathrm{var}(\hat{\boldsymbol{b}}_0)$）就变得容易了。首先看看 $\mathrm{var}(\hat{\boldsymbol{b}}_0)$ 如何计算。将 $\boldsymbol{a}\boldsymbol{g}_T(\hat{\boldsymbol{b}}_0)=\boldsymbol{0}$ 在 $\boldsymbol{b}=\boldsymbol{b}_0$ 中进行一阶泰勒展开：

$$\boldsymbol{a}\boldsymbol{g}_T(\boldsymbol{b}_0)+\boldsymbol{a}\frac{\partial \boldsymbol{g}_T(\boldsymbol{b}_0)}{\partial \boldsymbol{b}'}(\hat{\boldsymbol{b}}_0-\boldsymbol{b}_0)=\boldsymbol{0} \tag{2.119}$$

式中一阶偏导数 $\partial \boldsymbol{g}_T(\boldsymbol{b}_0)/\partial \boldsymbol{b}'$ 的分母中 $\partial \boldsymbol{b}$ 右上角有一个转置符号。在计算偏导数时，$\boldsymbol{g}_T$ 是一个 n 维向量（n 个矩），而 $\boldsymbol{b}$ 是一个 p 维向量（p 个参数），因此偏导数运算将会得到一个

矩阵，这类运算属于矩阵微积分（matrix calculus）。当转置符号出现在分母时，得到的偏导数矩阵是 $n \times p$ 矩阵，即每一行代表一个矩，这种排列方式被称作分子布局（numerator layout）或雅可比布局（Jacobian formulation）。

接下来，定义矩阵 $\boldsymbol{d}$ 如下：

$$\boldsymbol{d} \equiv E\left[\frac{\partial \boldsymbol{f}(\boldsymbol{x}_t, \boldsymbol{b}_0)}{\partial \boldsymbol{b}'}\right] = \frac{\partial \boldsymbol{g}_T(\hat{\boldsymbol{b}}_0)}{\partial \boldsymbol{b}'} \tag{2.120}$$

式中第一个等价符号是 $\boldsymbol{d}$ 的定义，而第二个等式意味着在实际应用中用样本矩和 $\hat{\boldsymbol{b}}_0$ 来计算 $\boldsymbol{d}$（Cochrane 2005）。Hansen (1982) 指出，当 T 趋于无穷大时，$\partial \boldsymbol{g}_T(\hat{\boldsymbol{b}}_0)/\partial \boldsymbol{b}'$ 依概率收敛于 $E[\partial \boldsymbol{f}(\boldsymbol{x}_t, \boldsymbol{b}_0)/\partial \boldsymbol{b}']$。这个一阶偏导数矩阵正是式 (2.115) 和式 (2.116) 中的 $\boldsymbol{d}$。用 $\boldsymbol{d}$ 代替 $\partial \boldsymbol{g}_T(\boldsymbol{b}_0)/\partial \boldsymbol{b}'$ 代入式 (2.119) 并进行简单的代数运算：

$$\begin{aligned} &\boldsymbol{a}\boldsymbol{g}_T(\boldsymbol{b}_0) + \boldsymbol{a}\boldsymbol{d}(\hat{\boldsymbol{b}}_0 - \boldsymbol{b}_0) = \boldsymbol{0} \\ \Rightarrow \quad &\hat{\boldsymbol{b}}_0 - \boldsymbol{b}_0 = -(\boldsymbol{a}\boldsymbol{d})^{-1}\boldsymbol{a}\boldsymbol{g}_T(\boldsymbol{b}_0) \end{aligned} \tag{2.121}$$

对上式的两边直接求方差就可以得到 $\mathrm{var}(\hat{\boldsymbol{b}}_0)$。值得一提的是，式 (2.121) 右侧的 $(\boldsymbol{a}\boldsymbol{d})^{-1}\boldsymbol{a}$ 是系数矩阵，而 $\boldsymbol{g}_T(\boldsymbol{b}_0)$ 的方差已由式 (2.117) 给出了 —— 正是 $\boldsymbol{S}/T$。因此有：

$$\mathrm{var}(\hat{\boldsymbol{b}}_0) = \frac{1}{T}(\boldsymbol{a}\boldsymbol{d})^{-1}\boldsymbol{a}\boldsymbol{S}\boldsymbol{a}'(\boldsymbol{a}\boldsymbol{d})^{-1\prime} \tag{2.122}$$

下面如法炮制，通过一阶泰勒展开，利用 $\mathrm{var}(\boldsymbol{g}_T(\boldsymbol{b}_0))$ 求解 $\mathrm{var}(\boldsymbol{g}_T(\hat{\boldsymbol{b}}_0))$：

$$\boldsymbol{g}_T(\hat{\boldsymbol{b}}_0) = \boldsymbol{g}_T(\boldsymbol{b}_0) + \frac{\partial \boldsymbol{g}_T(\boldsymbol{b}_0)}{\partial \boldsymbol{b}'}(\hat{\boldsymbol{b}}_0 - \boldsymbol{b}_0) \tag{2.123}$$

由于 $\hat{\boldsymbol{b}}_0 - \boldsymbol{b}_0$ 已经在式 (2.121) 中求出，因此只需把它代入式 (2.123) 就可得到：

$$\boldsymbol{g}_T(\hat{\boldsymbol{b}}_0) = \boldsymbol{g}_T(\boldsymbol{b}_0) - \boldsymbol{d}(\boldsymbol{a}\boldsymbol{d})^{-1}\boldsymbol{a}\boldsymbol{g}_T(\boldsymbol{b}_0) = \left[\boldsymbol{I} - \boldsymbol{d}(\boldsymbol{a}\boldsymbol{d})^{-1}\boldsymbol{a}\right]\boldsymbol{g}_T(\boldsymbol{b}_0) \tag{2.124}$$

两边同时求方差得到 $\mathrm{var}(\boldsymbol{g}_T(\hat{\boldsymbol{b}}_0))$：

$$\begin{aligned} \mathrm{var}(\boldsymbol{g}_T(\hat{\boldsymbol{b}}_0)) &= \left[\boldsymbol{I} - \boldsymbol{d}(\boldsymbol{a}\boldsymbol{d})^{-1}\boldsymbol{a}\right]\mathrm{var}(\boldsymbol{g}_T(\boldsymbol{b}_0))\left[\boldsymbol{I} - \boldsymbol{d}(\boldsymbol{a}\boldsymbol{d})^{-1}\boldsymbol{a}\right]' \\ &= \frac{1}{T}\left[\boldsymbol{I} - \boldsymbol{d}(\boldsymbol{a}\boldsymbol{d})^{-1}\boldsymbol{a}\right]\boldsymbol{S}\left[\boldsymbol{I} - \boldsymbol{d}(\boldsymbol{a}\boldsymbol{d})^{-1}\boldsymbol{a}\right]' \end{aligned} \tag{2.125}$$

上式中的第二个等式仍然利用了 $\mathrm{var}(\boldsymbol{g}_T(\boldsymbol{b}_0)) = \boldsymbol{S}/T$ 这一结果。式 (2.125) 表明，$\mathrm{var}(\boldsymbol{g}_T(\hat{\boldsymbol{b}}_0))$ 其实是 $\mathrm{var}(\boldsymbol{g}_T(\boldsymbol{b}_0))$ 乘以某个系数矩阵得到的，这个系数矩阵是单位阵 $\boldsymbol{I}$ 减去 $\boldsymbol{d}(\boldsymbol{a}\boldsymbol{d})^{-1}\boldsymbol{a}$。从直觉上说，$\boldsymbol{g}_T$ 在 $\boldsymbol{b} = \hat{\boldsymbol{b}}_0$ 时的方差 $\mathrm{var}(\boldsymbol{g}_T(\hat{\boldsymbol{b}}_0))$ 比 $\boldsymbol{g}_T$ 在 $\boldsymbol{b} = \boldsymbol{b}_0$ 时的方差 $\mathrm{var}(\boldsymbol{g}_T(\boldsymbol{b}_0))$ 要小。这

是因为在 GMM 估计时用到了样本矩 $\boldsymbol{g}_T$ 的 p 个线性组合，并令它们等于零——$\boldsymbol{a}\boldsymbol{g}_T(\hat{\boldsymbol{b}}_0)=\boldsymbol{0}$——从而求出的 $\hat{\boldsymbol{b}}_0$。在求解 $\hat{\boldsymbol{b}}_0$ 的过程中，这些约束条件“消耗”掉了样本矩的一些变化，导致 $\text{var}(\boldsymbol{g}_T(\hat{\boldsymbol{b}}_0)) < \text{var}(\boldsymbol{g}_T(\boldsymbol{b}_0))$。

无论是求解 $\text{var}(\hat{\boldsymbol{b}}_0)$ 还是 $\text{var}(\boldsymbol{g}_T(\hat{\boldsymbol{b}}))$，式 (2.119) 和式 (2.123) 中的一阶泰勒展开操作虽然非常“热闹”，但它们其实都仅用了统计学中的 delta 方法（delta method）。因此，虽然公式看似复杂，但是它们实质上只是利用了样本均值的方差（$\boldsymbol{S}/T$）和 delta 方法而已！就是这么简单。有了 $\text{var}(\boldsymbol{g}_T(\hat{\boldsymbol{b}}_0))$，就可以得到样本矩 $\boldsymbol{g}_T(\hat{\boldsymbol{b}})$ 的渐近分布式 (2.116)。

下面回到 GMM 关注的问题：检验模型。如果原假设成立，那么样本矩联合起来不应该显著地偏离零。这可以通过构建如下的 χ^2- 统计量进行检验：

$$\boldsymbol{g}_T(\hat{\boldsymbol{b}}_0)'\text{var}(\boldsymbol{g}_T(\hat{\boldsymbol{b}}_0))^{-1}\boldsymbol{g}_T(\hat{\boldsymbol{b}}_0) \sim \chi^2_{n-p} \tag{2.126}$$

将式 (2.125) 中 $\text{var}(\boldsymbol{g}_T(\hat{\boldsymbol{b}}))$ 的表达式代入式 (2.126) 最终得到：

$$T\boldsymbol{g}_T(\hat{\boldsymbol{b}}_0)'\left[\left(\boldsymbol{I}-\boldsymbol{d}(\boldsymbol{a}\boldsymbol{d})^{-1}\boldsymbol{a}\right)\boldsymbol{S}\left(\boldsymbol{I}-\boldsymbol{d}(\boldsymbol{a}\boldsymbol{d})^{-1}\boldsymbol{a}\right)'\right]^{-1}\boldsymbol{g}_T(\hat{\boldsymbol{b}}_0) \sim \chi^2_{n-p} \tag{2.127}$$

其中 χ^2- 统计量的自由度是用矩的个数减去参数的个数，即 $n-p$，这是因为在计算 $\hat{\boldsymbol{b}}_0$ 的时候用掉了 p 个自由度。同时，这也意味着 $\text{var}(\boldsymbol{g}_T(\hat{\boldsymbol{b}}_0))$ 不是满秩的，因此式 (2.127) 中对其求逆实际上是在计算它的伪逆矩阵（pseudo-inverse）。

总结一下本节。以上用了大量的文字和推导把 $\text{var}(\hat{\boldsymbol{b}}_0)$ 和 $\text{var}(\boldsymbol{g}_T(\hat{\boldsymbol{b}}_0))$ 背后的数学含义呈现给读者，是希望这个过程能帮助各位加深对 GMM 的理解。站在数学符号的角度来说，虽然这些公式看上去很复杂（又是转置、又是求逆），但当使用 GMM 时，只需提供它需要的矩阵 $\boldsymbol{a}$、样本矩条件 $\boldsymbol{g}_T$ 及矩阵 $\boldsymbol{d}$ 和 $\boldsymbol{S}$，剩下的“无脑”交给 GMM 就可以计算出各种想要的统计量并进行检验，非常方便。如今，各种编程语言的统计包更是能够方面地实施 GMM。

2.7.4　有效性

2.7.2 节曾给出了 GMM 估计量如下：

$$\hat{\boldsymbol{b}}_0 : \text{令 } \boldsymbol{a}\boldsymbol{g}_T(\hat{\boldsymbol{b}}_0)=\boldsymbol{0}$$

其中 $\boldsymbol{a}$ 是 $p\times n$ 矩阵，每一行都代表样本矩的某个线性组合。本节关心的问题是，如何选取矩阵 $\boldsymbol{a}$？回答这个问题应从业务和统计两方面思考。从金融学原理出发，尤其是针对资产定价问题，可以选择一些业务含义最重要的矩，让它们或它们的线性组合等于零。另外，单从统计上说，Hansen (1982) 给出了一个特殊的 $\boldsymbol{a}$，它能确保得到的 GMM 估计量是有效的（efficient GMM estimator），即在给定的样本矩 $\boldsymbol{g}_T$ 下，该特殊的 $\boldsymbol{a}$ 使得 $\text{var}(\hat{\boldsymbol{b}}_0)$ 最小。这个特殊的 $\boldsymbol{a}$ 为：

$$\boldsymbol{a} = \boldsymbol{d}'\boldsymbol{S}^{-1} \tag{2.128}$$

这个 $\boldsymbol{a}$ 到底有没有什么更直观的含义？别急，先来验证一下 $\boldsymbol{a}$ 的阶数。由 $\boldsymbol{d}$ 的定义式 (2.120) 可知，它是一阶偏导数矩阵，且在计算时遵循分子布局。由此可知，$\boldsymbol{d}$ 的阶数是 $n \times p$，而 $\boldsymbol{d}$ 的转置 $\boldsymbol{d}'$ 就是 $p \times n$ 矩阵。事实上，$\boldsymbol{d}'$ 同样也是一阶偏导数矩阵，只不过这次转置运算出现在分子上，即 $\partial \boldsymbol{g}'_T(\boldsymbol{b}_0)/\partial \boldsymbol{b}$。它的运算则遵循的是分母布局（denominator layout）或黑塞布局（Hessian formulation），通常表示求梯度（gradient）。此外，由 $\boldsymbol{S}$ 的定义式 (2.118) 可知它是 n 阶矩阵。因此由 $\boldsymbol{a} = \boldsymbol{d}'\boldsymbol{S}^{-1}$ 可知 $\boldsymbol{a}$ 的阶数确实是 $p \times n$。

下面就来看看 $\boldsymbol{a} = \boldsymbol{d}'\boldsymbol{S}^{-1}$ 的含义。为了解释它，就不得不提 GMM 估计量的另一个表达式：

$$\hat{\boldsymbol{b}}_0 = \arg\min \boldsymbol{g}_T(\boldsymbol{b})'\boldsymbol{W}\boldsymbol{g}_T(\boldsymbol{b}) \tag{2.129}$$

式中 $\boldsymbol{W}$ 是半正定权重矩阵（weighting matrix）。式 (2.129) 的含义是，在过度识别问题中，既然无法让所有的样本矩 $\boldsymbol{g}_T$ 都等于零，那么就让这 n 个 $\boldsymbol{g}_T$ 的范数的加权之和尽可能地接近零，以此来确定 $\hat{\boldsymbol{b}}_0$。正如可以在式 (2.113) 中随意选择矩阵 $\boldsymbol{a}$ 一样，在式 (2.129) 中可以随意选择权重矩阵 $\boldsymbol{W}$。然而，从估计量的有效性来说，最优的权重矩阵满足 $\boldsymbol{W} = \boldsymbol{S}^{-1}$。这从统计上非常好理解：对于一组矩 $\boldsymbol{g}_T$，人们希望它们（非负）加权之和最接近零。使用 $\boldsymbol{W} = \boldsymbol{S}^{-1}$ 即 $\boldsymbol{S}$ 的逆矩阵（别忘了 $\boldsymbol{S}/T$ 是 $\text{var}(\boldsymbol{g}_T(\boldsymbol{b}_0))$）相当于给误差大的矩更低的权重、给误差小的矩更高的权重。换句话说，人们更愿意相信那些误差小的矩并使用它们来得到尽可能准确的参数估计 $\hat{\boldsymbol{b}}_0$，从而使 $\text{var}(\hat{\boldsymbol{b}}_0)$ 最低，这也就是“有效”的含义。将 $\boldsymbol{W} = \boldsymbol{S}^{-1}$ 代入式 (2.129) 并求其一阶条件有：

$$\left(\frac{\partial \boldsymbol{g}'_T(\hat{\boldsymbol{b}}_0)}{\partial \boldsymbol{b}}\boldsymbol{S}^{-1}\right) g_T(\hat{\boldsymbol{b}}) = \boldsymbol{0} \tag{2.130}$$

怎么样，看着眼熟不？式 (2.130) 中括号里的第一项正是 $\boldsymbol{d}$ 的转置 $\boldsymbol{d}'$，第二项是 $\boldsymbol{S}^{-1}$。这两项放一起 $\boldsymbol{d}'\boldsymbol{S}^{-1}$ 正是特殊的 $\boldsymbol{a}$ 的表达式 (2.128)。由此也可以推导出式 (2.113) 和式 (2.129) 这两种 GMM 估计量表达式的关系：

$$\text{GMM 估计量式 (2.129)，令 } \boldsymbol{W} = \boldsymbol{S}^{-1}: \hat{\boldsymbol{b}}_0 = \arg\min \boldsymbol{g}_T(\boldsymbol{b})'\boldsymbol{S}^{-1}\boldsymbol{g}_T(\boldsymbol{b}) \tag{2.131}$$

$$\Rightarrow \quad \text{一阶条件}: \left(\frac{\partial \boldsymbol{g}'_T(\hat{\boldsymbol{b}}_0)}{\partial \boldsymbol{b}}\boldsymbol{S}^{-1}\right) \boldsymbol{g}_T(\hat{\boldsymbol{b}}_0) = \boldsymbol{0} \tag{2.132}$$

$$\Rightarrow \quad \left(\left[\frac{\partial \boldsymbol{g}_T(\hat{\boldsymbol{b}}_0)}{\partial \boldsymbol{b}'}\right]' \boldsymbol{S}^{-1}\right) \boldsymbol{g}_T(\hat{\boldsymbol{b}}_0) = \boldsymbol{0} \tag{2.133}$$

$$\Rightarrow \quad \left(\boldsymbol{d}'\boldsymbol{S}^{-1}\right) \boldsymbol{g}_T(\hat{\boldsymbol{b}}_0) = \boldsymbol{0} \tag{2.134}$$

$$\Rightarrow \quad \text{GMM 估计量式 (2.113)，令}\boldsymbol{a} = \boldsymbol{d}'\boldsymbol{S}^{-1} : \boldsymbol{a}\boldsymbol{g}_T(\hat{\boldsymbol{b}}_0) = \boldsymbol{0} \tag{2.135}$$

上述推导说明这两种 GMM 估计量表达式是等价的。无论如何选取权重矩阵 $\boldsymbol{W}$，都有一个与之对应的 $\boldsymbol{a} = \boldsymbol{d}'\boldsymbol{W}$ 矩阵。当矩阵 $\boldsymbol{a}$ 或权重矩阵 $\boldsymbol{W}$ 取统计上最优时，$\mathrm{var}(\hat{\boldsymbol{b}}_0)$、$\mathrm{var}(\boldsymbol{g}_T(\hat{\boldsymbol{b}}))$ 以及 χ^2- 统计量的表达式均可以大大化简。Hansen (1982) 给出了它们的形式：

$$\mathrm{var}(\hat{\boldsymbol{b}}_0) = \frac{1}{T}\left(\boldsymbol{d}'\boldsymbol{S}^{-1}\boldsymbol{d}\right)^{-1} \tag{2.136}$$

$$\mathrm{var}(\boldsymbol{g}_T(\hat{\boldsymbol{b}}_0)) = \frac{1}{T}\left(\boldsymbol{S} - \boldsymbol{d}(\boldsymbol{d}'\boldsymbol{S}^{-1}\boldsymbol{d})^{-1}\boldsymbol{d}'\right) \tag{2.137}$$

$$T\boldsymbol{g}_T(\hat{\boldsymbol{b}}_0)'\boldsymbol{S}^{-1}\boldsymbol{g}_T(\hat{\boldsymbol{b}}_0) \sim \chi^2_{n-p} \tag{2.138}$$

需要强调的是，上述简化后的表达式只有当 $\boldsymbol{a} = \boldsymbol{d}'\boldsymbol{S}^{-1}$ 或 $\boldsymbol{W} = \boldsymbol{S}^{-1}$ 时才成立。如果 $\boldsymbol{a}$ 或 $\boldsymbol{W}$ 取别的值，则需使用 2.7.3 节中相应的公式。很多关于 GMM 的资料中默认 $\boldsymbol{W} = \boldsymbol{S}^{-1}$，并给出了这些统计量的简化形式，在使用时应搞清楚前提条件。

在实际估计中，一方面必须先有 $\hat{\boldsymbol{b}}_0$ 才能估计 $\boldsymbol{S}$，并计算 $\boldsymbol{W} = \boldsymbol{S}^{-1}$（或最优的 $\boldsymbol{a}$）；但另一方面只有使用 $\boldsymbol{S}^{-1}$ 才能得到有效估计 $\hat{\boldsymbol{b}}_0$。这似乎又是一个“鸡生蛋、蛋生鸡”的问题，在实际中往往采用两阶段法：（1）第一阶段取 $\boldsymbol{W} = \boldsymbol{I}$ 单位阵，估计出 $\hat{\boldsymbol{b}}_0$；（2）第二阶段使用上述 $\hat{\boldsymbol{b}}_0$ 估计 $\boldsymbol{S}$，令 $\boldsymbol{W} = \boldsymbol{S}^{-1}$ 进行再一次估计得到新的 $\hat{\boldsymbol{b}}_0$。当然，如果愿意，使用者也可以把上面的第二阶段迭代多次，得到最终的 $\hat{\boldsymbol{b}}$。以上就完成了关于 GMM 的全部介绍。

2.7.5　不应成为黑箱

GMM 如此强大，再加上现在各种编程语言（R、Stata 等）都能方便地计算，这种便捷性似乎把人们都惯坏了。人们习惯于把问题描述成矩条件后一股脑塞进 GMM 并仅从统计的角度选择 $\boldsymbol{W} = \boldsymbol{S}^{-1}$ 得到有效估计。这么做十分危险。GMM 的强大之处在于它不仅仅是一个计量经济学工具能用来做检验，更重要的是它足够灵活从而可以让人们研究真正关心的经济学或金融学问题。这种灵活性体现为可以从先验出发去定义最适合待研究问题的矩阵 $\boldsymbol{a}$（或 $\boldsymbol{W}$），而不是无条件地选择 $\boldsymbol{W} = \boldsymbol{S}^{-1}$。

以 2.7.2 节中资产定价的例子来说，它有 4 个矩和 2 个参数，待检验的模型是 CCAPM。从经济学业务出发可以选择如下的 $\boldsymbol{a}\boldsymbol{g}_T(\hat{\boldsymbol{b}}) = \boldsymbol{0}$：

$$\begin{bmatrix} 1 & 0 & 0 & 0 \\ 0 & 1 & 1 & 1 \end{bmatrix} \begin{bmatrix} E_T[m(\hat{b}_1, \hat{b}_2)R_m^e] \\ E_T[m(\hat{b}_1, \hat{b}_2)R_f^g - 1] \\ E_T[m(\hat{b}_1, \hat{b}_2)R_{\text{HML}}^e] \\ E_T[m(\hat{b}_2, \hat{b}_2)R_{\text{SMB}}^e] \end{bmatrix} = \begin{bmatrix} 0 \\ 0 \end{bmatrix} \tag{2.139}$$

在选择矩阵 $\boldsymbol{a}$ 时，令市场超额收益和无风险资产完美满足两个样本矩条件，并由此进行 CCAPM 的参数估计，求出两个参数 $\hat{b}_1$ 和 $\hat{b}_2$。同时，使用另外两个资产的超额收益来检验 CCAPM。由 GMM 框架可知，最终的 χ^2- 统计量的自由度为 2（因为一共 4 个资产，2 个被用来估计参数），因此实际上的检验正是 HML 和 SMB 两个因子在 CCAPM 下的定价误差联合起来是否显著偏离零，从而判断接受或拒绝 CCAPM。这个例子说明，从金融学原理出发选择合适的 $\boldsymbol{a}$ 或 $\boldsymbol{W}$ 能够回答最重要的问题。GMM 的强大之处正在于此。

纯从统计学的角度来说，选择 $\boldsymbol{W} = \boldsymbol{S}^{-1}$ 确实能够得到有效估计量。但不要忘记，这个有效性是以给定的样本矩为前提的——如果换了或者添加了更多的矩，则参数的有效估计量也会发生变化。在金融市场中，有无数的资产，包括股票、债券、外汇、商品等，还有无数的投资组合，这些资产可以构成无数的矩。如果一味地追求有效性，则应把这成千上万资产的矩都塞进 GMM。但显然，从业务的角度来说这么做毫无意义。在研究资产定价的时候，应该使用业务含义最重要的资产，并用它们去检验定价模型。毫无疑问，GMM 非常强大，但在资产定价的研究中不应追求使用 GMM 进行一个仅在统计上正式但模型却缺乏含义的统计检验。GMM 的强大在于它让人们从经济学和金融学原理出发，去找寻最合理的模型。不要让 GMM 成为计量经济学的黑箱。

2.8　研究方法建议

作为本书的核心内容，本章系统梳理了学术界过去近 50 年在实证资产定价研究中提出的最常见的方法。这些方法使得人们在检验多因子模型、检验因子及检验异象时有法可循。针对研究的具体问题，读者们可以灵活地选择相应的方法。经过几十年的发展及论文之间的相互影响和传承，学术界在研究异象、因子及多因子模型时，在使用的方法上形成了一些惯例，下面就对它们进行说明。

首先来说异象，研究中关注的重点是通过异象变量能否获得多因子模型无法解释的超额收益。通常的做法是首先通过排序法（2.1 节）构造异象投资组合并检验其收益率。在这个过程中，往往先使用异象变量进行单变量排序。有时，为了控制市值的影响，也经常将异象变量和市值进行双重排序再次构建异象组合并检验。无论是单变量排序还是多重排序，排序法仅能检验异象的绝对收益。为了检验异象的超额收益，需依照 2.4.1 节介绍的方法，以某个多因子模型中的因子收益率为解释变量，以异象收益率为被解释变量，通过时序回归检验新异象能否获得多因子模型无法解释的显著超额收益。如果答案是肯定的，就认为发现了一个异象。

异象能获得超额收益意味着异象变量能够预测资产未来的收益率，而排序法难以控制其他变量对该异象变量对收益率的预测性的影响。为此，Fama–MacBeth 回归常被用来检验当考虑了常见控制变量后，该异象变量是否仍然可以获得显著的超额收益（2.4.4 节）。将异象变量和常见控制变量选为解释变量，将个股超额收益选为被解释变量，在每期通过截面回归得到异象收益率（异象变量的回归系数）序列。如果其均值显著不为零，则认为在控制了其他变量后，它依然能够预测资产的收益率，因而是一个异象。以上就是研究异象的常规做法。

再来说因子和多因子模型。由于这二者是密不可分的，因此放在一起讨论。关于它们的研究主要包括两个方面：（1）一个多因子模型中应该包含哪些因子，以及该模型能否解释资产预期收益的截面差异；（2）如何比较不同的多因子模型。对于前者，虽然学术界已经在期刊论文中发表了不下 400 个异象（算上没有发表的就更多了），但是在挑选定价因子这件事上还是相当克制的。首先，被选为定价因子并进入定价模型中通常需要有明确的金融学依据。例如 Fama and French (2015) 和 Hou et al. (2015) 提出盈利和投资因子均是受金融学原理的启发。而近年来，随着行为金融学的发展，也有不少学者从投资者非理性行为导致的错误定价角度提出了新的因子[39]。因此，有明确的金融学依据是成为定价因子的必要条件。由于因子是资产收益率的驱动力，因此它自身必须是被定价的，即能够获得显著超额收益。为此，可使用因子变量并通过排序法构造因子投资组合，并检验其收益率是否显著。此外，Fama–MacBeth 回归（2.3 节）也是检验因子收益率是否显著的常见方法。

一旦确定了多因子模型，学术界往往选择已经发表的异象作为测试资产[40]，通过 GRS 检验（2.5.1 节）来考察多因子模型能否解释它们的预期收益。此外，每当一个新的多因子模型被提出，它的提出者往往少不了用新模型和已有模型进行一番全方位的对比。这就是上面提到的第二方面。为比较不同的模型，可以使用同一组测试资产，或不同模型的因子互为测试资产来进行检验。对于前者，最常见的做法是 GRS 检验和 α 检验（2.5.4 节）。它们的目标都是考察在哪个模型下，这组测试资产的超额收益更接近零。对于第二点，即两个模型的因子互为测试资产，常见的方法是 GRS 检验和均值–方差张成检验（2.5.2 节）。

接下来的第 3 章～第 5 章就将使用上面介绍的方法，从因子、多因子模型和异象的角度，针对中国 A 股市场进行详尽的实证研究。

39 本书第 3 章将会介绍被纳入多因子模型的常见因子；第 4 章将介绍学术界的七个主流多因子模型。

40 Hou et al. (2020) 花费了大量的精力复现了 452 个异象，几乎涵盖了所有曾被用来检验多因子模型的异象。

第 3 章　主流因子解读

除介绍因子投资的方法论之外，本书的另一个特色是针对 A 股进行严谨的、可复制的实证分析。这些实证分析分布于本章、第 4 章及第 5 章，分别以因子、多因子模型和异象为研究对象，使用第 2 章介绍的相关方法进行深度实证分析。

然而，巧妇难为无米之炊，要做好实证分析，离不开高质量的原始数据，也离不开严谨的数据处理流程。在因子投资中，数据处理方面存在着很多坑。无论是未来数据的迷雾，还是不切实际的设定[1]，都可能让人在兴高采烈后落入无尽的空虚。因此在针对 A 股进行实证研究之前，首先要把数据和计算因子的流程说清楚。本章的 3.1 节会系统地介绍这部分内容，包括数据来源、财务数据处理、量价数据处理和历史回溯的基本约定等。全书中所有的实证的数据处理都将遵循 3.1 节介绍的方法。

在介绍完数据处理方法后，3.2 节到 3.8 节将以 A 股为研究对象，深度解读学术界认可的主流因子，包括市场因子、规模因子、价值因子、动量因子、盈利因子、投资因子和换手率因子。除换手率因子外，其余因子均被包含在海外学术界最重要的多因子模型中，并得到了业界的广泛认可。把每个因子背后的来龙去脉讲清楚将有助于读者理解本书第 4 章介绍的这些多因子模型。虽然换手率因子尚未被纳入海外的模型中，但由于其在 A 股市场的显著性和认可度，本章也将其加入讨论之列。

在以下针对每个因子的论述中会同时关注因子的起源和成因。知前者能了解因子的发展演进，知后者则可以明白每个因子为什么会有显著的超额收益。长久以来，风险补偿都是解释因子溢价的最重要原因。然而，随着行为金融学的发展，越来越多的学者将投资者行为偏差作为解释因子溢价的另一个思路。因此在讨论因子成因时，会涉及部分行为金融学的内容。为了行文的紧凑，本章暂时不会对行为金融学进行展开论述，但 6.3 节将系统地阐述行为金融学和资产预期收益率之间的关系，供读者参考。在介绍完起源和成因之后，本书将对因子进行基于 A 股市场的深度实证。

3.1　数据和流程

3.1.1　数据来源

基于数据质量和可得性的考虑，本书中使用的数据主要来自 Wind[2] 和 Tushare[3]。其

1 例如假设能够买入一字涨停股票。

中基本信息、行情数据、指数成分和宏观数据来自 Wind，财务数据来自 Tushare。

3.1.2　量价数据处理

本书的全部实证研究均属于日线级别，因此数据频率也以交易日为单位，不涉及对高频数据的处理。量价数据主要指的是与行情相关的数据，包括开盘价、最高价、最低价、收盘价、成交量、换手率、交易状态和涨跌停状态等信息。量价数据比较纯粹、简单，各个数据商提供的服务都差不多，在存储和处理上也比较简单。下面介绍几个常见的问题。

1. 前复权和后复权

由于股票存在配股、分拆、合并和发放股息等事件，会导致股价出现较大的缺口。若使用不复权的价格处理数据、计算各种指标，将会导致它们失去连续性，且使用不复权价格计算收益也会出现错误。为了保证数据连贯性，常通过前复权和后复权对价格序列进行调整，示意图见图 3.1。图中股价在 t 时刻发生跳变，实线 a 和 b 两段表示变化前后的实际价格。

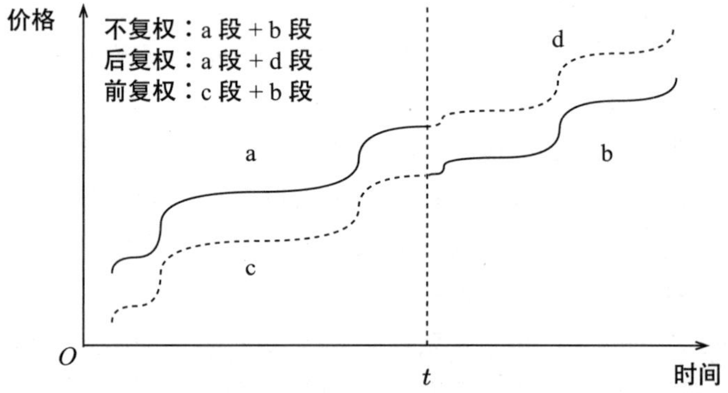

图 3.1　股票价格复权示意图

前复权保持当前价格不变，将历史价格进行增减，从而使股价连续。前复权用来看盘非常方便，能一眼看出股价的历史走势，叠加各种技术指标也比较顺畅，是各种行情软件默认的复权方式。这种方法虽然很常见，但也有两个缺陷需要注意。首先，为了保证当前价格不变，每次股票除权除息，均需要重新调整历史价格，因此其历史价格是时变的。这会导致在不同时点看到的历史前复权价可能出现差异。其次，对于有持续分红的公司来说，前复权价可能出现负值。

2 万得信息技术股份有限公司（Wind）是中国大陆领先的金融数据提供商、信息和软件服务企业。研究报告、学术论文等经常引用 Wind 数据。

3 Tushare 是一个免费、开源的 Python 财经数据接口包。主要实现对股票等金融数据从数据采集、清洗加工到数据存储的过程，能够为金融分析人员提供快速、整洁和多样的数据。

和前复权价相反，后复权价保证历史价格不变，在每次股票权益事件发生后，调整当前的股票价格。后复权价格和真实股票价格可能差别较大，不适合用来看盘。其优点在于，可以被看作投资者的长期财富增长曲线，反映投资者的真实收益率情况。在本书中，无论是计算收益率，还是回溯历史表现，均采用后复权价格。

2. 长期停牌股复牌

由于重大重组和暂停上市后恢复等原因，部分停牌股复牌后没有涨跌停限制，导致该日的收益率异常大或异常小。例如曾经深陷连续亏损、超日债违约等漩涡而濒临破产的 ⋆ST 超日（002506.SZ），2014 年 4 月 29 日开始停牌；重组之后更名为协鑫集成，于 2015 年 8 月 12 日复牌上市，由于不受限于 10% 的涨跌停限制，当日涨幅高达 593.72%（见表 3.1）。

表 3.1　复牌首日大涨示例

交易日	收益率（%）
2015/08/10	停牌
2015/08/11	停牌
2015/08/12	593.72
2015/08/13	10.04
2015/08/14	10.01

考虑到我国证券市场现行的涨跌停板制度于 1996 年 12 月 13 日发布并于 1996 年 12 月 16 日开始实施，因此针对 1996 年 12 月 15 日后的数据中出现的异常值做压缩处理。在具体操作中，将日收益率大于 10% 的数据用 10% 代替，将日收益率小于 −10% 的数据用 −10% 代替[4]。

3. 填充值

A 股市场存在停牌制度，而停牌日没有交易数据。这时面临一个问题，到底应该采用上一个非停牌日数据填充还是直接设为缺失值，这需要根据应用场景，具体问题具体分析。

例如，在计算个股动量时，用填充法是没有问题的。将动量定义为当前价格相对于 T 个交易日前（基期）的涨跌幅，如果基期是停牌日，那么用上一个非停牌日价格作为当时的价格水平，从逻辑上是通顺的。又比如，希望计算收益率的历史波动率。这时填充法将

4 此处 10% 与 −10% 是涨跌幅限制的理论值。在实际操作中，当日交易价格的上下限的计算公式为：上一交易日收盘价 $\times(1 \pm 10\%)$，然后将计算结果四舍五入至 0.01 元。举例来说，假设某支股票前一个交易日的收盘价为 17.85 元，那么涨停板价格理论值为 $17.85 \times 1.1 = 19.635$，实际值为四舍五入至 19.64 元；其跌停板价格理论值为 $17.85 \times 0.9 = 16.065$，实际值为四舍五入至 16.07 元。由于四舍五入的原因，会最终导致实际的涨跌幅上下限细微的偏离 10% 和 −10% 的理论值。在上面的例子中，涨跌幅实际值分别为 10.03% 和 −9.97%。在处理异常值时，需考虑四舍五入的影响。此外，10% 的涨跌停限制不适用于首日上市的证券；且“被 ST”的股票的涨跌幅限制为 5% 和 −5%。

导致停牌日的收益率为零。由于收益率为零相当于没有波动，因此使用它计算波动率并不能真实反映波动率水平。由于没有波动是由于停牌造成的，因此填充法将会造成历史波动率被低估。一个相似的例子是计算个股超额收益率相对于市场超额收益的暴露 β。由于市场超额收益率是每天都有的，而个股收益率停牌日如果用 0 代替，则会导致 β 的计算出现较大偏差。在上述这些情况中应该将停牌日设为缺失值，不参与计算。

4. 最少交易日

A 股市场中有些公司出于这样或那样的原因，滥用停牌制度，造成其股票交易断断续续，这会给指标计算带来干扰。举例来说，假如想要利用过去一个月内交易日的收益率数据计算波动率。如果某支股票在绝大多数交易日均停牌，只有少数样本用来计算，则最终结果会受到小样本的影响，造成较大的偏差。为了避免这种情况，对于需要使用一段时间窗口内数据计算的指标，本书要求只有当有效样本数超过时间窗口的三分之二时，才进行相应的计算。仍以一个月波动率为例，由于一个月通常包含 21 个交易日，因此当样本数量大于或等于 14 时才会计算波动率，否则把结果做缺失值处理。

少数公司滥用停牌制度，其随意地停牌实际上侵犯了投资者的知情权和交易权，也影响了市场的流动性。为维护资本市场公平交易秩序，优化交易监管，上交所和深交所于 2018 年 12 月 28 日发布了停复牌指引，进一步减少停牌事由，明确停牌条件，缩短停牌期限。图 3.2 展示了从 2005 年至 2019 年每日停牌股票占比。在市场各方的合力之下，上市公司的停牌次数、停牌家数近年来已大幅减少。

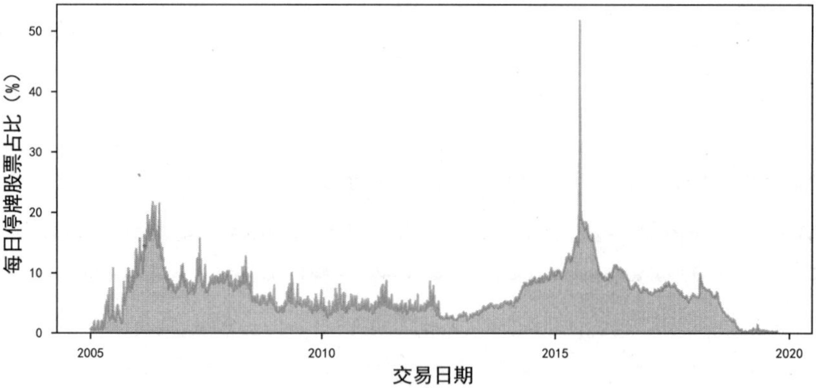

图 3.2　每日停牌股票数占比

3.1.3 财务数据处理

财务数据就是与公司财务有关的数据，反映企业一定期间的经营成果和财务状况变动。交易所为了保护投资者的权益，要求上市公司定期公布财务报告，以便投资者了解其经营及财务状况。财务数据比量价数据复杂得多，因此下面会花较多笔墨介绍。

1. 报告期

对 A 股市场，《会计法》规定会计年度从 1 月 1 日开始，12 月 31 日结束。一般要求上市企业一年定期披露四次财报，分别是一季报、半年报、三季报、年报[5]。财务报告在披露日期上没有严格要求，只要在规定的截止日之前披露即可。每个报告期都有一个标识，一般用“年份 + 季度末”的格式表示，如 2018 年三季报用“20180930”标识，2018 年年报用“20181231”标识，具体定义见表 3.2。

表 3.2　财务报告期

报告期	起始点	结束点	常用标签	最晚披露日
一季报	1 月 1 日	3 月 31 日	XXXX0331	同年 4 月 30 日
半年报	1 月 1 日	6 月 30 日	XXXX0630	同年 8 月 31 日
三季报	1 月 1 日	9 月 30 日	XXXX0930	同年 10 月 31 日
年报	1 月 1 日	12 月 31 日	XXXX1231	次年 4 月 30 日

2. 财务报表

财务报告主要由财务报表构成，财务报表包括“四表一附注”，即资产负债表、利润表、现金流量表、所有者权益变动表和附注，具体定义和特点见表 3.3。[6]

表 3.3　四表一附注

表名	含义	特点
资产负债表	反映企业在一定日期（通常为各会计期末）的资产、负债和所有者权益情况	时点数据
利润表	反映企业在一定时期经营成果（盈利或亏损）和利润分配情况	区间数据
现金流量表	反映企业资产负债表中各个项目对现金流的影响，分为经营、投资和融资三个类别	区间数据

5 A 股上市公司从 2002 年开始披露季度资产负债表和利润表，从 2003 年开始披露季度现金流量表。

6 财务报表是财务报告中的标准数据。除了四表一附注外，财务报告还包括董事报告、管理分析和财务情况说明书等非标准内容。

续表

表名	含义	特点
所有者权益变动表	反映企业期初到期末所有者权益的增减情况	区间数据
附注	财务报表附注旨在帮助财务报表使用者深入了解基本财务报表的内容，是财务报表制作者对资产负债表、利润表和现金流量表的有关内容和项目所作的说明和解释。财务报表附注中的内容非常重要，主要包括：企业所采用的主要会计处理方法；会计处理方法的变更情况、变更的原因及对财务状况和经营业绩的影响；发生的非经常性项目；一些重要报表项目的明显情况；或有事项；期后事项；其他对理解和分析财务报表重要的信息	

3. 基准报告期

在披露最新报告期财务报表时，会同时披露对应的某个历史基准报表。不同报表对应的基准报表不同，资产负债表对应上年年报。以白云机场为例，图 3.3 显示白云机场在披露 2018 年三季报时，会同时披露年初余额（2017 年年报）。另一方面，利润表和现金流量表对应为上年同期值。图 3.4 展示了白云机场在披露 2018 年三季报现金流量表时，会同时披露上年同比报告期（2017 年三季报）。

合并资产负债表

2018 年 9 月 30 日

编制单位:广州白云国际机场股份有限公司

单位：元　币种:人民币　审计类型：未经审计

项目	期末余额	年初余额
流动资产：		
货币资金	3, 481, 537, 664. 27	2, 836, 957, 414. 70
结算备付金		
拆出资金		

图 3.3　白云机场 2018 年三季报资产负债表（部分）

无论一季报、半年报、三季报还是年报，在每期资产负债表披露时，其对应的基准报表都为上年年报；而现金流量表和利润表，其对应的基准报表总为对应的同比报告期，对应关系见表 3.4。表 3.5 给出了一个示例。

合并现金流量表

2018 年 1—9 月

编制单位：广州白云国际机场股份有限公司

单位：元　币种：人民币　审计类型：未经审计

项目	年初至报告期期末金额（1-9月）	上年年初至报告期期末金额（1-9 月）
一、经营活动产生的现金流量：		
销售商品、提供劳务收到的现金	5,877,994,678.15	4,715,182,016.24
客户存款和同业存放款项净增加额		
向中央银行借款净增加额		
向其他金融机构拆入资金净增加额		

图 3.4　白云机场 2018 年三季报现金流量表（部分）

表 3.4　基准报告期

最新报告期	资产负债表	利润表	现金流量表
一季报	上年年报	上年一季报	上年一季报
半年报	上年年报	上年半年报	上年半年报
三季报	上年年报	上年三季报	上年三季报
年报	上年年报	上年年报	上年年报

表 3.5　基准报告期示例

最新报告期	资产负债表	利润表	现金流量表
20180331	20171231	20170331	20170331
20180630	20171231	20170630	20170630
20180930	20171231	20170930	20170930
20181231	20171231	20171231	20171231

4. 调整和更正

财务报表披露后，由于某些原因可能会进行一些修正，更改原始的科目数值。修正按照时间频率分为两种，一种是调整，另一种是不定期更正。财务报表第一次披露时的值称为原始报表；在后续定期报告中再次披露基准报表时，如果基准报表和原始报表科目数值出现了不同，则发生了调整。以中铁工业（600528.SH）为例，它于 2017 年 3 月 31 日首次公布了 2016 年年报（原始报表），如图 3.5 所示；于 2018 年 3 月 28 日公布 2017 年年报时同时披露了 2016 年年报（基准报表），如图 3.6 所示。图 3.5 期末余额对应 2016 年原始报表，图 3.6 期初余额对应 2016 年基准报表。比较 2016 年的原始和基准报表可知，货币资金、应收票据、应收账款和预付款项均进行了调整。

合并资产负债表

2016 年 12 月 31 日

编制单位：中铁高新工业股份有限公司

单位:元　币种:人民币

项目	附注	期末余额	期初余额
流动资产：			
货币资金	(七)1	5,029,065,933.80	5,804,069,205.13
结算备付金			
拆出资金			
以公允价值计量且其变动计入当期损益的金融资产			
衍生金融资产			
应收票据	(七)4	1,446,912,807.36	457,243,020.17
应收账款	(七)5	15,372,891,499.20	15,703,344,098.78
预付款项	(七)6	12,583,410,842.95	11,330,011,031.13

图 3.5　2016 年中铁工业合并资产负债表（部分）

合并资产负债表

2017 年 12 月 31 日

编制单位：中铁高新工业股份有限公司

单位:元　币种:人民币

项目	附注	期末余额	期初余额（已重述）
流动资产：			
货币资金	(七)1	6,847,797,345.18	8,370,064,573.52
结算备付金			
拆出资金			
以公允价值计量且其变动计入当期损益的金融资产			
衍生金融资产			
应收票据	(七)4	752,356,525.30	2,066,512,377.56
应收账款	(七)5	6,770,694,211.15	21,101,007,729.71
预付款项	(七)6	1,370,385,544.24	13,611,701,647.39

图 3.6　2017 年中铁工业合并资产负债表（部分）

不定期更正指的是，由于会计政策变更或者会计统计差错等原因，对之前某期的报告进行更正。更正需要发更正公告，没有明确的时间规律。以柳工（000528.SZ）为例，它先在 2018 年 8 月 30 日披露了 2018 年半年报，而后又在 2018 年 9 月 29 日对半年报进行了更正。表 3.6 展示了利润表部分科目更正前和更正后的数值。

5. 基本原则

在进行财务数据的研究时，调整和更正的存在会增加数据处理的复杂度。一个处理方式是，不考虑调整和修正，只使用第一次披露的数值。这种方式简单易实现，不会引入未来数据；但其缺点是无法反映调整或更正的新信息，信息利用不充分。另外一种方法是始终采用调整后和修正后的最新数据，这种方式也简化了计算过程，缺点是在历史回溯时会利用未来数据，导致结果偏差较大。这两种方式为了追求简单而牺牲了精确性，因而并不推荐。实证资产定价研究和因子投资是非常精细的过程，因而需要遵循以下原则：在当前时点利用可得的最新信息（即 point-in-time 原则）。按照这个原则，既能保证充分利用最新的数据，例如考虑调整和更正，或者将业绩预告和业绩快报考虑进来，也可以避免使用未来数据。

表 3.6　柳工 2018 年半年报利润表更正（元）

会计科目	更正前	更正后
营业总成本	9,062,061,659.26	9,065,019,260.18
投资收益	53,176,657.27	54,502,547.68
营业利润	766,448,249.39	774,665,801.19
净利润	627,967,425.36	636,184,977.16
基本每股收益	0.5207	0.5295

6. 数据存储

无论是 Wind 还是 Tushare，三大表在处理调整和更正时都采用相同的步骤。以大智慧（601519.SH）2014 年年报合并资产负债表为例，表 3.7 记录了其首次披露、调整和更正过程。这个例子表明底层表中同一个报告期可能会有多条记录，分属于以下四类：类型 1–初始报表（最新值）、类型 2–基准报表（最新值）、类型 3–初始报表（原始值）和类型 4–基准报表（原始值）。这四种类型与 Wind 和 Tushare 的对应关系如表 3.8 所示。

表 3.7　大智慧 2014 年合并报表的调整和更正

报告期	披露日期	说明
20141231	20150129	2014 年年报首次披露
20141231	20160429	在披露 2015 年年报的同时，还披露了 2014 年年报，部分科目做了调整
20141231	20170217	在 2017/2/17 日对 2014 年年报进行了更正

需要注意的是：（1）如果没有任何一个会计科目发生调整，则初始报表和基准报表记录相同；（2）由于对上市公司财务报表披露规范的指定，1998 年之前的数据没有调整和更正，每个报告期只有一条记录；（3）如果更正发生在基准报告之前，则只有三条记录：初始报表（最新值）、初始报表（原始值）和基准报表（最新值）；（4）如果更正发生在基准

报告之后，则会有表 3.8 所示的全部四条记录。

表 3.8 合并报表在底层表中的四种记录类型

类型	简称	Wind	Tushare	说明
1	初始报表（最新值）	合并报表	合并报表	首次披露的财务报表，如有更正，则为更正后值
2	基准报表（最新值）	合并报表（调整）	调整合并报表	最新报告期披露的基准报告期报表，基准报告期为上年同期或上年年报；如有更正，则为更正后值
3	初始报表（原始值）	合并报表（更正前）	调整前合并报表	如果有更正公告，则在更正公告发出后，修改初始报表相应的会计科目，修改前的记录标识为初始报表（原始值），修改后的记录标识为初始报表（最新值）
4	基准报表（原始值）	合并调整（更正前）	调整前合并报表	如果有更正公告，则在更正公告发出后，修改基准报表相应的会计科目，修改前的记录标识为基准报表（原始值），修改后的记录标识为基准报表（最新值）

7. 如何使用

为了说明如何正确使用数据，图 3.7 展示了几种常见的情况。

第一种情况如图 3.7(a) 所示，x 年年报在 t_1 日披露后没有发生调整和更正，此时只有 1 条数据即类型 1。t_1 日后如果要使用该财报数据，则提取类型 1 即可。

第二种情况如图 3.7(b) 所示，x 年年报在 t_1 日首次披露，在 t_2 日 $x+1$ 年年报披露时顺便再一次披露了 x 年年报（基准报表）。因此，若在 t_1 日到 t_2 日之间使用该财报数据，则应提取类型 1；若在 t_2 日后使用该数据，则提取类型 2。

图 3.7(c) 展示了第三种情况，即除了常规的初始报表和基准报表，还发生了数据更正，且更正发生在基准报表之前[7]。在 t_1 日披露 x 年年报，此时记录为类型 1；在 t_2 日对年报进行了更正，此时更正后的数据记为类型 1，更正前的数据记为类型 3；在 t_3 日披露调整数据，此时记录为类型 2。因此，如果在 t_1 日到 t_2 日使用 x 年年报，应提取类型 3；若在 t_2 日到 t_3 日之间使用该数据，则提取类型 1；若在 t_3 日之后，提取类型 2 即可。

7 还有一种极其特殊的情形，即更正公告和基准报表在同一日披露。这种情况比较少见，小差错往往在基准报告中就可以做修正调整，除非影响比较大。如股票 600087.SH 2010 年年报，初次披露日期为 2011 年 3 月 4 日；在 2012 年 4 月 12 日披露了 2011 年年报及 2010 年年报基准报表，且同一天也披露了 2010 年会计差错更正。这种情形在提取数据时，可以忽略掉会计更正记录，因为在新的基准报告中也会体现这种更正。

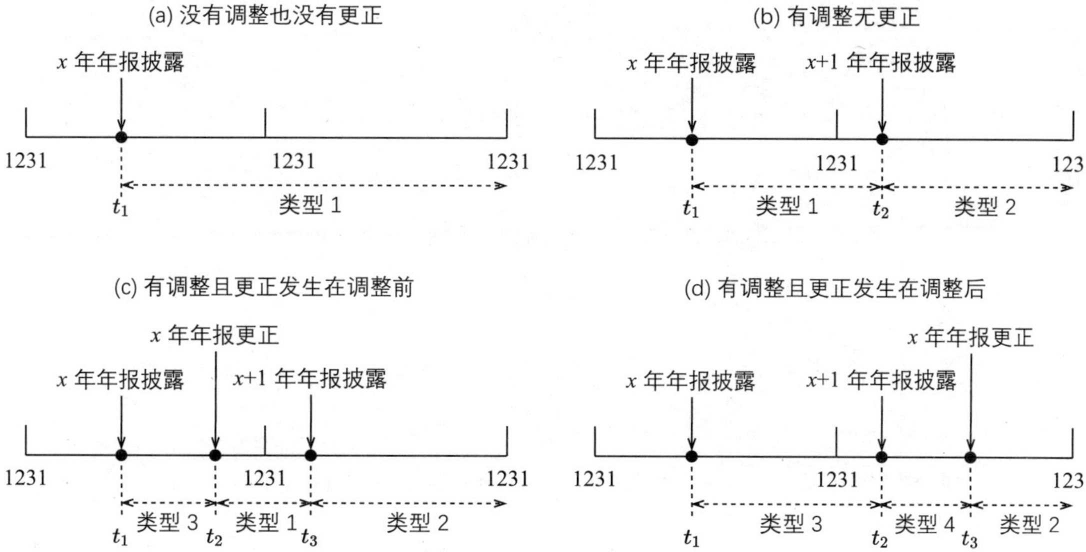

图 3.7　调整和更正示例

最后一种情况见图 3.7(d)，即更正发生在基准报表之后。在 t_1 日披露 x 年年报，此时记为类型 1；在 t_2 日披露 x 年年报基准报表，记为类型 2；t_3 日发出 x 年年报更正公告，此时修改类型 1 和类型 2 为更正后的最新值，原来的数据分别记为类型 3 和类型 4。因此，如果在 t_1 日到 t_2 日期间使用该年报，则应提取类型 3；如果在 t_2 日到 t_3 日之间使用该数据，则提取类型 4；在 t_3 日之后提取类型 2 即可。

8. 单季度数据

每年 12 个月可以分为四个季度，每个季度包含三个月份，单季度数据对每个季度作单独衡量。由于资产负债表是一个时点数据，因此单季度数据和对应的报告期数据相同；对于利润表和现金流量表，一季度数据和一季报相同，其余三个季度数据等于对应报告期数据减去环比报告期数据。如果环比报告期缺失，则无法计算单季度数据，单季度数据为空。具体对应关系见表 3.9，计算流程图见图 3.8。

表 3.9　单季度数据计算

季度	资产负债表	利润表	现金流量表
一季度	一季报	一季报	一季报
二季度	半年报	半年报减一季报	半年报减一季报
三季度	三季报	三季报减半年报	三季报减半年报
四季度	年报	年报减三季报	年报减三季报

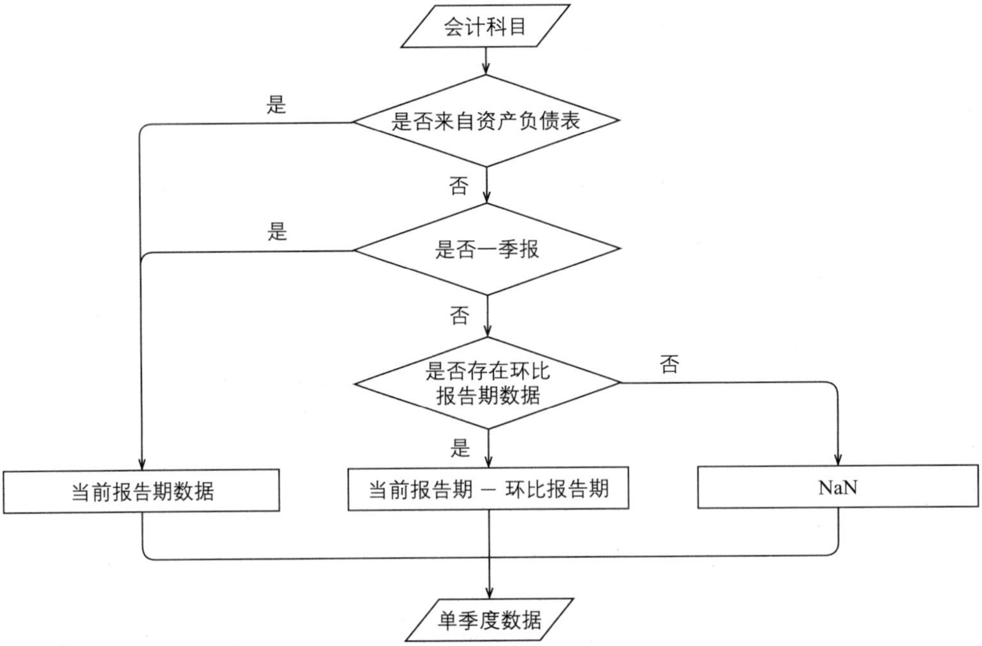

图 3.8　单季度数据计算流程图

9. TTM 数据

TTM 是 Trailing Twelve Months 首字母的缩写，即滚动 12 个月数据，以消除季节性差异使得横向可比，具体计算流程见图 3.9。在计算过程中，值得一提的是对资产负债表科目的处理方法。由于资产负债表是时点数据，如果要计算其科目的 TTM 数据，那么有三种常见的算法：（1）当前最新数据；（2）最近四个报告期平均值；（3）当前最新报告期和其同比报告期的平均值。对于利润表和现金流量表来说，如果最新报告期为年报，则 TTM 数据即为年报数据；如果是其他报告期，则 TTM 数据等于当前最新报告期数据，加上上年年报数据，再减去上年同比报告期数据；如果上年年报或同比报告期不存在，则可以使用年化算法，即当前最新报告期数据乘以年化系数（一季报、半年报和三季报的年化系数分别为 4、2、4/3）。

3.1.4　因子构造流程

3.1.2 节和 3.1.3 节介绍了股票量价数据和财务数据的常见处理方法。有了数据之后便可使用投资组合排序法构造因子，分析因子收益率等。在实际研究和使用因子时，往往需要处理以下几个问题：（1）如何确定股票池；（2）异常值处理；（3）投资组合排序法中分组的参数设定和调仓频率。本节回答上述问题并介绍本书中数据处理时采用的流程。

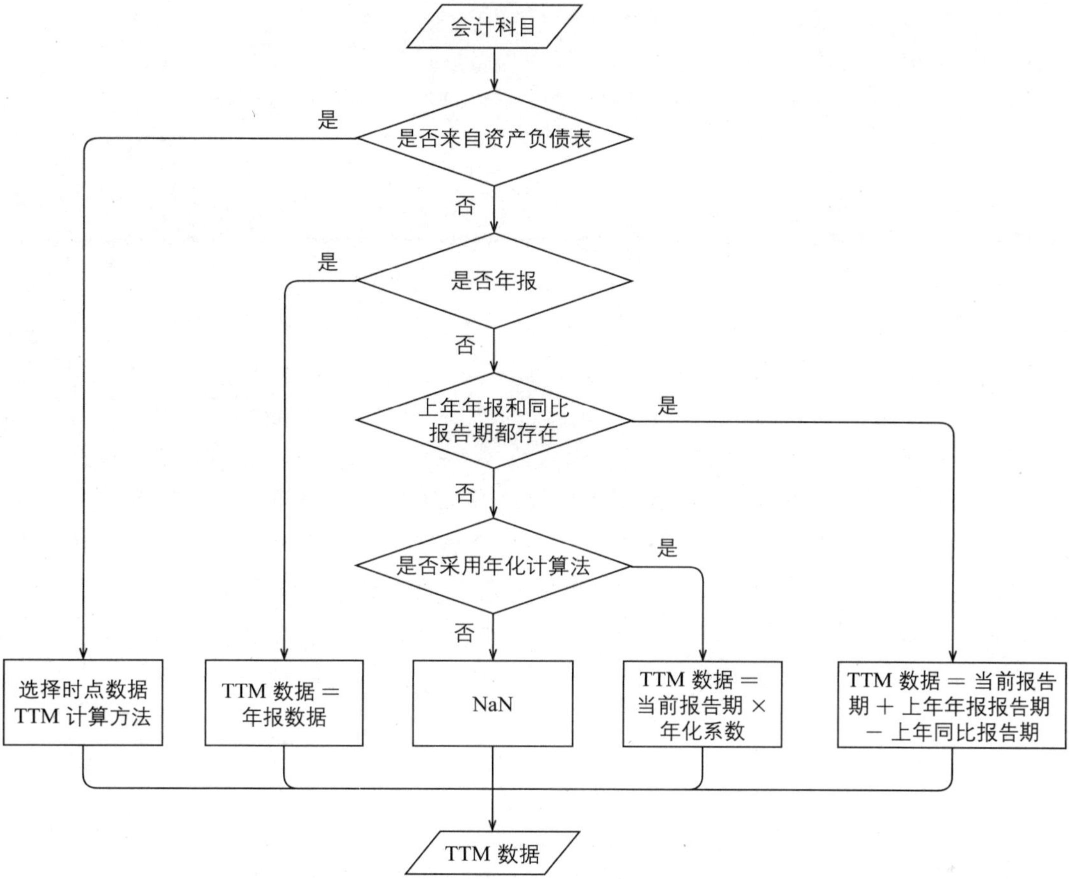

图 3.9 TTM 数据计算流程图

1. 是否剔除金融股

金融行业（银行、证券和保险等）的公司，由于经营模式和会计科目与普通企业存在较大差异，在实证分析时剔除这类公司已经成为学术研究的惯例。然而，本书实证分析部分如没有特别说明，将保留金融行业。这么做的原因有三个：（1）本文涉及的大部分因子具有普适性，不涉及特殊会计科目带来的行业差异；（2）本书的定位偏理论和实践结合，金融行业里面有不少优质公司，从投资的角度来看保留会更优；（3）学术界经典的 Fama and French (1993, 2015) 在探讨多因子模型时，并没有刻意剔除金融行业。

2. 剔除“黑名单”

在 A 股市场，有一些特定的股票财务质量太低、风险太高。从学术研究的角度，如果将它们纳入股票池，则可能会影响客观评价因子的收益率；从业界实践的角度，这些股票由于风险太高，往往无法通过风控要求从而被投资者摒弃。本书将这类股票列入“黑名单”。这些股票包括待退市股、风险警示股、净资产为负股及次新股。在本书的实证中，将从股票池中过滤掉黑名单上的股票。以下分别对风险警示股、净资产为负股及次新股进行简要说明。

1998 年 4 月 22 日，沪深交易所宣布对财务状况（或其他状况）出现异常的股票交易进行特别处理（special treatment），即股票“被 ST”。其中异常主要指两种情况：一是上市公司经审计两个会计年度的净利润均为负值；二是上市公司最近一个会计年度经审计的每股净资产低于股票面值。风险警示股往往会面临较多风险，包括暂停上市或退市风险、停牌导致流动性丧失、大涨大跌带来剧烈波动等。上市公司如果没有能力摘掉风险警示的帽子，就将暂停上市，直接面临退市风险。决定退市的股票在恢复交易后，往往会面临一连串的跌停，是一颗大地雷。这类股票需要被重点监控并回避。此外，在传统的学术研究里，净资产为负的股票往往也被剔除。年度报告中净资产为负还有可能被列入风险警示股票。因此，对于在最近报告期净资产为负的股票，本书会将其列入黑名单。最后，次新股即上市时间较短的股票，不同机构对其中“上市时间较短”的定义不一样，但通常不会超过一年。次新股由于具备高弹性、高波动、无套牢盘、无解禁压力以及有高送转等预期，容易受到资金的追捧，风险较高。本书将上市不足一年的股票定义为次新股。

3. 异常值

不同的指标值暗含了不同的信息，数值差异越大，表明信息差异越大。但需要警惕的是，指标只是股票某一个特征的代理变量，应有一个合理的分布区间。由于数据质量和计算方式等问题，可能会在计算指标时出现异常值，给后续研究带来干扰。表 3.10 显示了 2019 年 5 月 28 日 A 股市场上市公司的 ROE(TTM) 分布情况，其中最小值为 −1227.85%，这与常识并不相符。进一步检查发现，株冶集团（600961.SH）在 2018 年一季度至 2019 年一季度期间亏损过大且净资产太小，因而产生了异常值。

表 3.10　2019 年 5 月 28 日 ROE(TTM) 分布

股票数（支）	均值	标准差	最小值	25% 分位数	中位数	75% 分位数	最大值
3365	4.16%	34.53%	−1227.85%	2.87%	7.03%	11.69%	78.51%

剔除异常值的方法包括缩尾法（winsorization）、均值标准差法、中位数法和 Boxplot 法，其中缩尾法最简单也最常见。本书 7.1.4 节将简要介绍常见的剔除异常值方法。本书的实证中将采用左右各 1% 的缩尾处理，将小于 1% 分位数和大于 99% 分位数的样本点剔除。

3. 排序和分组

本章的因子实证分析将同时采用单变量排序和独立双重排序法。单变量排序将按某财务或量价指标的十分位数将股票分成 10 组，统计每个组合的股票特征和预期收益，并检验收益率的显著性。在独立双重排序时，使用市值和目标因子的变量对股票进行独立排序、各分成 5 组，然后将它们相交得到 $5 \times 5 = 25$ 个投资组合，并按照 (2.6) 计算因子收益率并检验。由于在双重排序中将市值作为一个默认的排序变量，因此这种方法对市值因子不适用。因此，对于规模因子，仅采用市值进行单变量排序。最后，无论单变量排序得到的 10 个投资组合，还是双重排序得到的 25 个投资组合，每个投资组合内股票或按等权重、或按总市值作为权重，计算投资组合的收益率。

4. 因子投资组合调仓频率

一般来说，对于量价类因子（如动量），调仓频率为月度；对于财务类型的因子（如盈利），调仓频率为年度。为了更快地利用因子信息，减少滞后带来的损耗，本书对每一个因子均在每月末进行换仓。为了尽量和实际一致，在调仓日剔除当天停牌股票和一字涨停股票，因为这些股票无法成交。

除此之外，本书将一字跌停股也列入不可交易股的范畴，原因如下。无论是单变量排序还是双重排序，划分出的每个投资组合本身都是多头组合。在构建多头组合时，规避一字跌停股票的原因是出于风控角度的考量。在构建因子投资组合时，需从上述划分出的组合中挑出一部分做多、一部分做空，即使用多、空对冲的组合作为因子和异象组合。因此，在做多时限制买入一字跌停股等价于在做空时限制卖出一字跌停股，这将使空头部分的收益率更符合实际情况。

最后，本书将投资组合再平衡时的交易成本设为 0，即不考虑成本。通常来说，交易成本需要精确建模，或者粗略地估算为单边 3‰ 计算。

5. 研究范围

本书的股票池范围是上海证券交易所主板，深圳证券交易所主板、中小板和创业板的所有股票，即除去科创板后的全部 A 股。在时间跨度上，起始日为 2000 年 1 月 1 日，结束日为 2019 年 12 月 31 日，整整 20 年。之所以选择从 2000 年开始，主要出于两个原因。首先，会计规则从 1999 年才开始成型和标准化，这样选择能尽量保证财务口径前后一致。其次，选择从 2000 年开始可以保证足够的样本数量，避免因股票数量太少导致统计误差。图 3.10 统计了研究区间在市股票数量，可以看到 A 股上市公司数量逐年增长，2000 年年初只有 925 支，而 2019 年 12 月 31 日已经达到 3692 支。

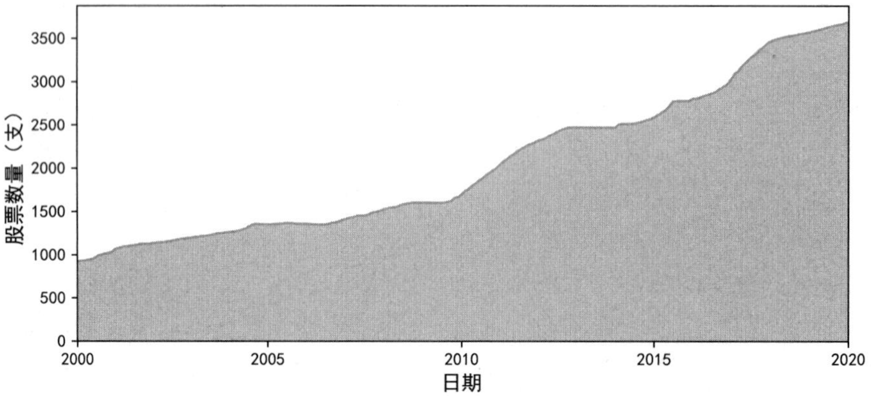

图 3.10　A 股上市公司数量

3.1.5　实证设定

通过本节前面的介绍可知，无论是对于因子还是异象的研究，数据的选择和处理都格外重要。合理、科学的数据处理有助于得到客观的实证分析结果，而准确的表述更是有助于别人对结果进行检验及复现。表 3.11 给出了本书在实证分析时采用的设定。无论是本章对因子的实证，还是第 5 章对异象的解读，都将遵循此设定。

表 3.11　本书在进行实证分析时采用的设定

项目	说明
数据来源	Wind 和 Tushare
收益计算	后复权收盘价
长期停牌股复牌首日收益率	压缩处理
缺失值处理	向前填充或者不填充
最少交易日	不少于计算窗口 2/3 的数据
财务数据处理	遵循 point-in-time 原则
股票范围	全部 A 股，不剔除金融股
时间区间	2000 年 1 月 1 日至 2019 年 12 月 31 日
黑名单	待退市股、净资产为负股、次新股和风险警示股
不可交易股	停牌股、一字涨停股、一字跌停股
异常值处理	缩尾法
单变量排序	按变量取值从小到大将股票分成 10 组

续表

项目	说明
双重排序	独立双重排序，即分别使用两个变量各自将股票分为 5 组，然后交叉得到 25 个投资组合①
投资组合内股票权重	等权重或按总市值加权
调仓频率	每月末
交易成本	设为 0

①由 2.1.3 节的介绍可知，双重排序分为独立和条件双重排序两种。独立双重排序由两个变量分别对股票排序，再相交得到投资组合，因此也被形象地称为“交叉法”。Fama and French (1993) 采用的就是这种方式。而条件双重排序则先用第一排序变量划分，再在每个组里使用第二排序变量划分，因此也被形象地称为“分层法”。

3.2 市场因子

3.2.1 市场因子起源

由第 1 章的论述可知，多因子模型源于资本资产定价模型 CAPM。CAPM 是仅包括市场因子的单因子模型。在多因子模型普及之前，CAPM 是人们计算资产预期收益率的第一范式。下面就来看看市场因子。由式 (1.1) 可知，CAPM 模型的数学表达式为：

$$E[R_i] - R_f = \beta_i(E[R_M] - R_f) \tag{3.1}$$

CAPM 模型指出资产的预期超额收益与市场组合的预期超额收益成正比，比例 β_i 系数代表着资产系统性风险。由于市场组合的预期超额收益在长期内为正，CAPM 模型意味着人们所熟知的“高风险，高收益”。这一简单而有力的模型在 20 世纪 60 年代由 Treynor (1961, 1962)，Sharpe (1964)，Lintner (1965a, 1965b) 以及 Mossin (1966) 分别独立提出，但又以 William Sharpe 和 John Lintner 的版本最为知名[8]，因此它也常被称作 Sharpe–Lintner CAPM 模型。这些学者从不同的方法出发，却都得到了同样的结论，CAPM 的强大生命力由此可见一斑。

假设投资者使用收益率的均值和方差来刻画股票的回报与风险[9]。对于给定的预期收益水平，投资者总是可以找到一个组合使得组合风险最小。将这些组合连接起来形成一条曲

8 颇有意思的是，在提出 CAPM 之后，Lintner 将他自己的模型和当时已经发表的 Sharpe 的模型进行了比较，并指出他们的模型并不相同，而且他自己的模型适用性更强。在一段时间内，Sharpe 似乎被说服了，并承认 Lintner 的模型确实优于自己的（Sharpe 1966b）。然而 Fama (1968) 指出二者的 CAPM 模型是等价的。

9 这一假定沿袭自 Markowitz (1952)，即投资者根据均值–方差优化方法进行投资组合选择。Markowitz 的这一经典研究建立了现代投资组合管理理论，也打开了现代金融学的大门。

线便构成最小方差前沿。进一步，假设投资者可以按照无风险利率水平自由地借贷。从无风险资产向最小方差前沿做切线，得到切点组合（tangency portfolio），该组合是所有组合中夏普比率最高的（可参考 2.5.3 节的说明）。理性投资者应根据自己的风险偏好组合无风险资产和该切点组合：对于风险偏好较高的投资者，可以借入资金加杠杆；而对于风险偏好较低的投资者，则可以将一部分资金投资该切点组合，另一部分资金则按照无风险利率借出。由于所有投资者都投资该切点组合，因而这个切点组合就是市场组合。

3.2.2　对 CAPM 的质疑

由于投资者可按无风险利率自由借贷这一条件往往过于严苛，使得 CAPM 模型受到了一些批判。Black (1972) 和 Black et al. (1972) 的研究提出，即便放松了这一限制（即不存在无风险资产）也可以推导出另外一个版本的 CAPM 模型——Black CAPM 模型。事实上，Black CAPM 模型在市场因子之外又加入了第二个因子，因而是一个两因子模型：

$$E[R_i] = \beta_i E[R_M] + (1-\beta_i)E[R_z] \tag{3.2}$$

式中 $E[R_z]$ 是第二个因子的预期收益率。由于该因子的系数是 $(1-\beta_i)$，因而 Black et al. (1972) 将该因子称为零 β 因子，其收益率 R_z 和市场组合的收益率 R_M 满足协方差为零，即 $\mathrm{cov}(R_z, R_M) = 0$。观察式 (3.1) 可知，如果考察资产超额收益 $E[R_i] - R_f$ 和其 β_i 的关系，则 Sharpe–Lintner CAPM 模型暗示这二者关系之间的斜率为市场组合的预期超额收益 $E[R_M] - R_f$。反观两因子的 Black CAPM 模型，随着 $(1-\beta_i)E[R_z]$ 这一项的加入且这一项的收益率和资产的 β_i 成反比，式 (3.2) 隐含的资产预期收益 $E[R_i]$ 和 β_i 之间的关系相比传统 CAPM 模型则更加平坦，而这也恰恰更符合实证数据的结果。

由于更加符合实证数据的结果，Black CAPM 得到了比 Sharpe–Lintner CAPM 更广泛的应用，也拉开了关于 CAPM 的研究序幕。诸多学者从不同角度对 CAPM 模型进行了大量的实证分析，主要目的是检验 CAPM 模型隐含的资产预期收益与其 β 之间的关系。学者们将这二者之间的关系提炼为三个待检验的假说：（1）仅依据 β，便可解释资产的预期收益的截面差异，且二者之间的关系是线性的。（2）市场组合的超额收益显著为正。（3）如果资产和市场组合不相关（即 β 为零），则其预期收益率应为无风险利率，其超额收益为 0。为了检验这些假说，截面回归和时间序列回归检验方法被应用于此类检验[10]。但颇为遗

10 横截面回归方法的早期代表性研究包括 Blume (1970)、Blume and Friend (1973) 和 Black et al. (1972)，他们用组合作为测试资产来提升 β 的估计精度，而 Fama and MacBeth (1973) 的方法则是实证资产定价研究中最为常用的方法之一，2.2.4 节对此有详细的讨论。时间序列回归方法的典型代表则是 Jensen (1968)，通过将资产超额收益序列对市场组合超额收益序列进行回归，得到与市场因子无关的 α，并通过 α 的显著性来检验模型是否正确反映了资产的预期收益，这也为后来的 GRS 检验等提供了坚实的基础。

憾的是，实证研究大都不支持传统的 CAPM 模型。其中较为重要的发现有两点。其一，市场组合的平均超额收益很高，但高、低 β 组合之间的收益差异要小很多，远远小于 CAPM 模型隐含的差异，这和 Black CAPM 模型的结果相符。其二，诸多研究分别发现按照市值、账面市值比（book-to-market ratio，BM）、盈利市值比（earnings-to-price ratio，EP）等变量有助于解释股票预期收益，这也进一步拒绝了 CAPM 模型。当然，从学科发展的角度来说，CAPM 模型被实证证据拒绝也并非坏事，毕竟，正因如此才有了多因子模型和因子投资的兴起。Fama and French (2004) 对此进行了很深入的综述和介绍。

总体来看，市场因子对于解释股票收益的时间序列变化很有帮助，是很重要的因子。但诸多证据也显示单凭市场因子不能很好地解释股票收益的横截面差异，这使得引入其他因子、构建多因子模型成为必要的选项。此外，实证研究发现资产预期收益和 β 之间的斜率远小于 CAPM 模型隐含的结果，而更加符合 Black CAPM 模型。该结果也催生了一大类很重要的异象，即低 β 异象——通过做多低 β 的股票、同时做空高 β 的股票来获取超额收益。Frazzini and Pedersen (2014) 以 *Betting against beta* 为题详细讨论和实证了这个异象。该文一经发表就获得了学术界和业界的高度关注。

3.2.3 市场因子实证

由于市场因子并非传统风格因子，因而无须构建多、空对冲的因子模拟组合来检验它。本书在构建市场因子时，选用所有股票按照总市值加权的方式，以此得到的投资组合就是市场因子的投资组合。本节的实证重点则在于以下两点：（1）检验市场组合的超额收益对个股超额收益在时序上的波动的解释程度；（2）检验 CAPM。

对于第一点，首先使用每支个股的全部超额收益率数据和市场组合同期的超额收益率数据[11]，通过时序回归并求出可决系数（coefficient of determination），即 R^2，它的高低代表了市场因子在时序上解释个股超额收益的能力。表 3.12 和图 3.11 分别给出了 R^2 的描述性统计和分布。对于 A 股整体而言，以市场因子为解释变量的 R^2 均值和中位数不相上下，其中均值为 29.09%、中位数为 30.52%；25% 和 75% 分位数分别为 19.83% 和 28.58%。上述结果说明市场因子能够在一定程度上解释个股收益率的时序波动。

表 3.12 R^2 的描述性统计

均值	标准差	最小值	25% 分位数	中位数	75% 分位数	最大值
29.09%	13.85%	0.00%	19.83%	30.52%	38.58%	85.25%

11 在计算超额收益时，无风险收益率参考锐思数据的计算方式，即 2002 年 8 月 6 日之前使用三个月期定期银行存款利率、2002 年 8 月 7 日至 2006 年 10 月 7 日使用三个月期中央银行票据的票面利率、2006 年 10 月 8 日之后使用上海银行间三个月同业拆放利率。

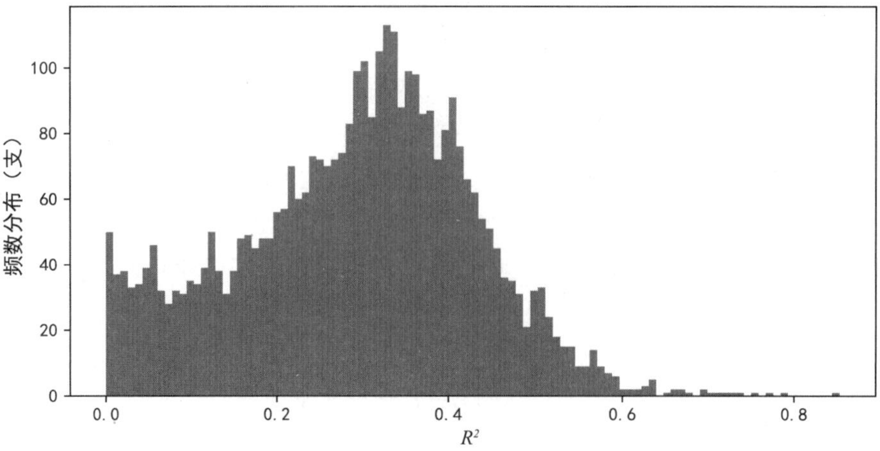

图 3.11　时序回归 R^2 分布

接下来检验 CAPM。为此，在 t 月末，采用过去 252 个交易日中个股超额收益和市场组合超额收益，通过时序回归计算出个股的市场 β，并依照 β 大小把所有股票分成 10 档，记为 Low（低 β 组）、2、……、9 以及 High（高 β 组）。在剔除黑名单和异常值后，市场 β 的数据覆盖度如图 3.12 所示。表 3.13 给出了这 10 个投资组合在实证期内的平均市场 β 值。如果 CAPM 成立，那么这 10 档的预期收益应该和每组的 β 正相关，即低 β 组预期收益更低，而高 β 组预期收益更高。然而，实证结果却并非如此。

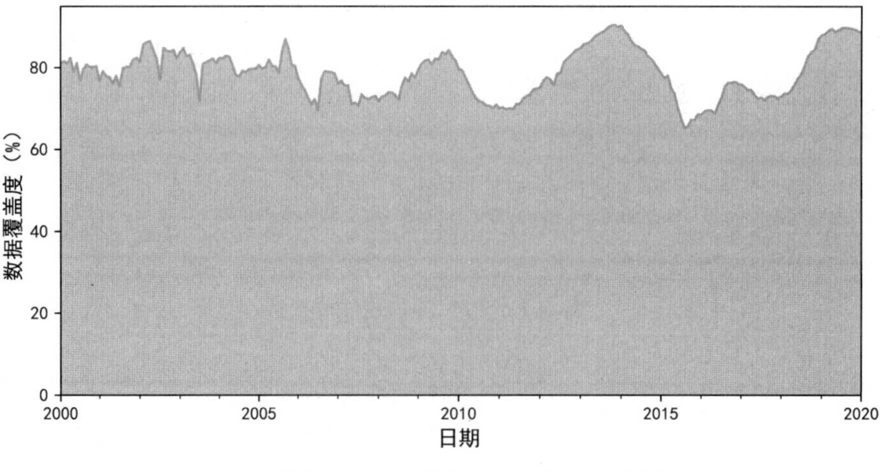

图 3.12　剔除黑名单、异常值后市场 β 数据覆盖度

图 3.13 给出了等权重和市值加权下，这 10 个投资组合的月均收益率。从图中不难看

出，它们并非随着 β 的提高而增加。等权重时，这 10 个组合的收益率和它们的 β 的秩相关系数为 -0.394（p-值为 0.26），并没有表现出显著的单调性。而当采用市值加权时，秩相关系数为 -0.745（p-值为 0.013），说明了收益率和 β 之间的显著的负相关性，这无疑和传统的 CAPM 相悖，而更加符合 Black CAPM 模型。

表 3.13 10 个投资组合的市场 β（实证期内时间平均）

Low	2	3	4	5	6	7	8	9	High
0.73	0.92	1.01	1.07	1.13	1.18	1.23	1.29	1.36	1.48

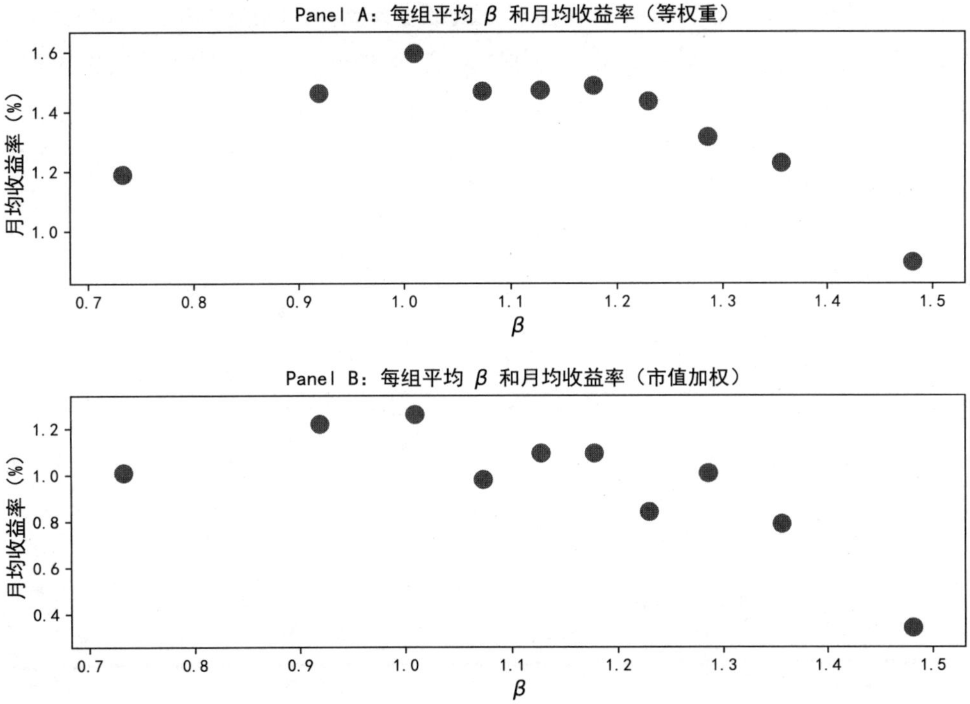

图 3.13 检验 CAPM

CAPM 被 A 股的数据拒绝并不令人意外，也可以由此引申出两个思考。第一，市场因子本身无法有效地解释股票预期收益率的截面差异，因此需要在 CAPM 模型的基础上加入其他风格因子，找到适合 A 股市场的多因子模型。第二，高 β 并没有带来高收益，反倒是低 β 带来了高收益，这表明 A 股市场中也可能存在著名的低 β 异象。

3.3 规模因子

3.3.1 规模因子起源

规模效应（Size）的含义简单清晰，即小市值股票有着比大市值股票更好的表现，而反映这一现象的规模因子则因为著名的 Fama and French (1993) 三因子模型而家喻户晓。该模型中的 SMB（Small-Minus-Big）因子正是规模因子。规模因子的历史要追溯到 1981 年。Banz (1981) 基于纽约证券交易所（NYSE）长达 40 年的数据发现，按照市值将股票分为 5 组后，市值最小的一组股票月均收益率比其他股票高 0.4%，差异非常显著。不仅如此，规模效应并非线性的，而是对于市值最小的企业最为显著。规模效应背后的原因可以归结于投资者对小盘股的普遍规避：由于难以获取准确的信息，投资者普遍不愿意持有小市值股票，使得这些股票的价格低于规模较大的股票，因而有着较高的预期收益。

自 Banz (1981) 以来，规模效应吸引了不少美国学者的注意，诸多研究都发现了支持美股市场存在规模效应的证据[12]。Lamoureux and Sanger (1989) 更是指出，在纳斯达克交易所上市的公司中，规模效应异常显著。在这些研究中，规模因子溢价的估计都超过了每月 1.50%，因此无论在经济上还是统计上都高度显著，但由于样本普遍较少，因而上述结论并不稳健。在诸多研究中，关于规模效应研究最为重要的研究还是要数 Fama and French (1993)。这篇经典论文在仔细研究了包括规模、账面市值比（BM）和盈利市值比（EP）一系列可能影响股票和债券收益的因素后，指出规模因子溢价平均为 0.63%。该结果虽然小于前述研究，但同样高度显著。Fama and French (1993) 在此基础上进一步提出了包括规模因子在内的 Fama–French 三因子模型，并指出该模型能够比经典的 CAPM 模型更好地解释股票预期收益的截面差异。在此之后美国市场和国际市场关于规模效应的实证研究便如雨后春笋一般涌现。其中，最重要的国际市场的实证证据来自 Fama and French (2012)。

除海外市场外，中国市场也吸引了不少学者的注意。过去数年间，中国市场的规模效应也是众所周知的；在 2016 年之前，其显著性甚至远超欧美发达国家市场。在相关研究中，很有代表性的一项当属 Liu, Stambaugh and Yuan (2019)。这篇文章基于 2000 年至 2016 年的数据发现 A 股市场存在非常显著的规模效应。但值得注意的是，A 股市场特殊的 IPO 制度和投资者群体使得微型股的壳价值长期畸高，从而扭曲了规模溢价。为了正确估计规模溢价，上述研究剔除了市值最小的 30% 股票，并发现在剔除微小市值股票后，规模效应仍然高度显著。但颇为有趣的是，该文的发现在样本外的表现却和样本内大相径庭。2017 至 2018 年，大市值白马股的表现远远优于小盘股，这使得 A 股的规模效应被极大地稀释。近年参与 A 股投资的读者一定会有切身的感受。

12 感兴趣的读者可参见 Reinganum (1981)、Schwert (1983) 和 Keim (1983) 等。

3.3.2 规模因子成因

关于规模因子，最自然的解释来自风险补偿说。Chan and Chen (1991) 认为，小市值公司普遍在过去遭遇过困境使得市值大幅下滑，即所谓“坠落的天使”（fallen angels）。Fama and French (1995, 1996) 进一步指出规模效应可能与小市值股票更大的财务困境风险（financial distress risk）有关。但也并非所有人都对此解释信服。例如，Campbell et al. (2008) 基于美股的研究发现，有着更高破产概率的公司确实对规模因子有更大的暴露，但它们并没有更高的预期收益。除此之外，另一种解释认为非流动性是一个定价因子[13]，而规模与非流动性相关，并因此呈现出规模效应。但这一解释也并不完美，因为非流动性因子本身仅能解释收益差异的一小部分。除风险补偿外，投资者行为也是一种潜在的解释。机构投资者往往更偏好流动性好的大市值股票，而小盘股由于缺乏知名度，因而缺少投资者基础，这使得小盘股不得不提供更高的预期收益来吸引投资者（见 Gompers and Metrick 2001 和 Daniel et al. 2001）。也有研究认为，规模效应可归因于退市偏差、少数股票的极端收益和季节效应。

另一些研究则认为，规模效应可能源自模型设定偏误，是遗漏变量问题的自然结果。Berk (1995) 认为，如果定价模型形式设定有误，则公司规模将总是与股票收益中未被解释的部分负相关。举个简单的例子，假设两家公司 A 和 B 有相同的期末现金流，但其中公司 A 的现金流风险更大。自然地，公司 A 的股价将低于公司 B，即其市值更小。但二者的内在价值实际上是相同的，公司 A 的预期收益也将更高。这便是典型的遗漏变量问题。总体来看，早期实证证据普遍支持股票市场中存在显著的规模效应，而新近的研究则表明，随着投资者熟知规模效应，规模因子表现也趋于平庸，甚至其长期超额收益逐渐变得不再显著。人们在美国、欧洲和中国市场均观察到类似的现象。

3.3.3 规模因子实证

实证中采用总市值（股票收盘价乘以总股本）为排序变量构建规模因子。在剔除了黑名单及异常数据之后，总市值变量的数据覆盖度如图 3.14 所示。

每月末将股票按照总市值从低到高分成 10 组。这 10 组分别记为 Small（市值最小的组）、2、……、9 以及 Big 组（市值最大的组）。表 3.14 汇报了这 10 个投资组合在整个实证期内的描述性统计。考察并汇报不同组合的描述性统计是学术界的惯例，其目的是在研究目标因子之前定量分析不同组合在常见的特征指标上是否存在差异，以及差异是否会对因子收益率造成影响。对于每个特征指标，首先计算每期每个组合内所有股票在该指标上的均值，然后将全部 T 期的均值在时序上取平均，并汇报最终的均值。本章实证中考虑的

13 即流动性差的股票比流动性好的股票有更高的预期收益率。

特征指标包括总市值、市场 β、持仓股票的平均年化波动率、市净率（P/B）以及总资产收益率（ROA）。在本章余下的实证中，也会汇报使用其他排序变量划分得到的投资组合的描述性统计。

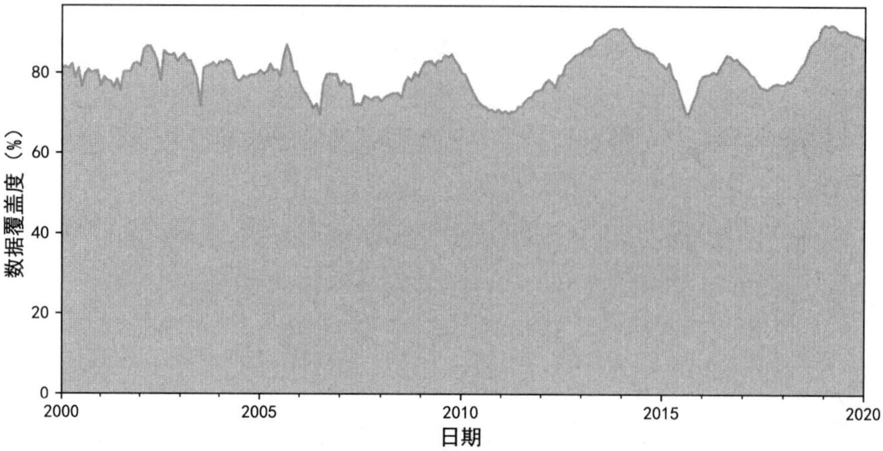

图 3.14 剔除黑名单、异常值后市值数据覆盖度

表 3.14 总市值分组得到的 10 个投资组合的描述性统计

	Small	2	3	4	5	6	7	8	9	Big
总市值（亿元）	16.18	21.18	25.91	31.19	37.48	45.62	57.64	77.47	119.44	348.74
市场 β	1.18	1.18	1.17	1.16	1.15	1.15	1.14	1.12	1.10	1.06
年化波动率	47.2%	47.1%	46.9%	46.5%	46.4%	46.1%	45.7%	45.1%	44.2%	41.9%
P/B	5.61	5.80	6.20	5.57	5.28	4.71	4.83	4.58	4.71	4.88
ROA	1.39%	2.36%	2.52%	3.15%	3.40%	3.91%	4.74%	5.07%	5.81%	6.62%

观察表 3.14 中的数据不难发现，这 10 组的 ROA 随市值单调递增，即大市值的公司往往盈利能力更强。这个结论和美股一致。比如，Penman and Reggiani (2018) 指出美股中 ROE 和市值呈正相关（第 3.6 节讨论盈利因子时将会进一步讨论）。除了 ROA 之外，其他几个指标在这 10 组中的取值并无显著差异。

表 3.15 给出了以总市值为变量的排序检验结果（由于是研究规模因子本身，因此本节不涉及双重排序），包括不同投资组合的月均收益率以及其 t-值（Panel A 为等权重、Panel B 为市值加权）。无论是哪种权重方式，小市值效应在 A 股上都十分显著，投资组合的收益率随着市值的增加而下降。无论是等权重还是市值加权，以总市值排序得到的 10 个投资组合的月均收益率和每组总市值的秩相关系数均为 -0.976（p-值 1.46×10^{-6}），呈现出

显著的负相关性。

表 3.15 市值单变量排序月均收益率（%）

Panel A：等权重										
Small	2	3	4	5	6	7	8	9	Big	Small–Big
2.35	1.81	1.52	1.36	1.21	1.16	0.96	1.02	0.90	0.94	1.41
(3.02)	(2.33)	(2.04)	(1.84)	(1.65)	(1.58)	(1.34)	(1.50)	(1.33)	(1.41)	(3.11)
Panel B：市值加权										
Small	2	3	4	5	6	7	8	9	High	Small–Big
2.34	1.81	1.52	1.36	1.21	1.15	0.97	1.01	0.90	0.94	1.40
(2.99)	(2.33)	(2.04)	(1.84)	(1.65)	(1.58)	(1.36)	(1.48)	(1.34)	(1.41)	(2.90)

括号内为经 Newey–West 调整的 t-值。

接下来看因子收益率。当采用等权重时，由做多小市值 Small 组、做空大市值 Big 组（即 Small–Big 组合）构造的规模因子的月均收益率为 1.41%（t-值为 3.11）；当采用市值加权时，规模因子的月均收益率为 1.40%（t-值为 2.90）。由于这二者的 t-值均高于 0.01 显著性水平对应的阈值 2.6，因此可安全地在该显著性水平下拒绝原假设[14]。（对于书中的实证分析结果，0.05 和 0.01 显著性水平对应的 t-值阈值为别约为 2.0 和 2.6。在后文汇报实证结果时，由于 t-值大小可以清晰地传递出结果是否显著，因此将不再特意强调在某个显著性水平下接受或拒绝原假设。）

图 3.15 和图 3.16 给出了等权重和市值加权下，规模因子的多、空两头各自的累计收益率曲线（Panel A），以及因子投资组合（即多空对冲组合，Panel B）的累计收益率曲线。以图 3.15 为例，由 Panel A 的曲线可知，做多小市值的股票在 A 股上能够获得非常丰富的回报。但必须说明的是，上述结果并没有考虑任何交易费用或滑点，仅是从实证资产定价角度研究因子的纸面收益率[15]。除此之外，高收益也常常伴随着高波动。在等权重下，规模因子的多、空投资组合的年化波动率分别为 37.3% 和 29.1%。此外，正如所有因子都有周期性，小市值效应虽然曾经辉煌，但从 2017 年开始却无情地被大市值股票“打脸”。随着 A 股市场变得更加有效以及价值投资理念的逐渐回归，大市值的蓝筹优质股自 2017 年开始走出了一波上涨行情，收益率远高于小市值股票，使得规模因子惨遭大幅回撤。当采用市值加权时（图 3.16），规模因子的表现和等权重时十分接近，不再赘述。

14 原假设为因子预期收益率为零。

15 纸面收益率指的是学术论文中计算的因子收益率，该收益率通常不考虑任何交易成本。

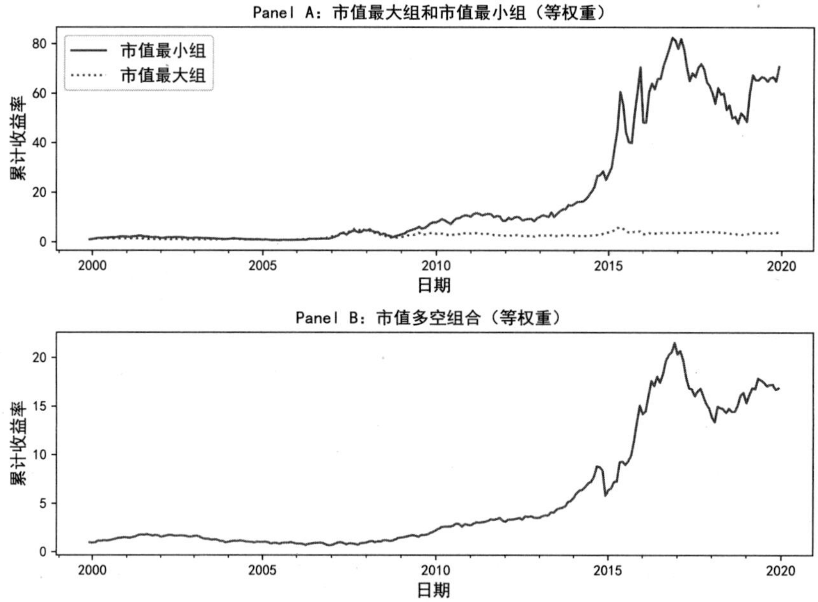

图 3.15　规模因子累计收益率（等权重）

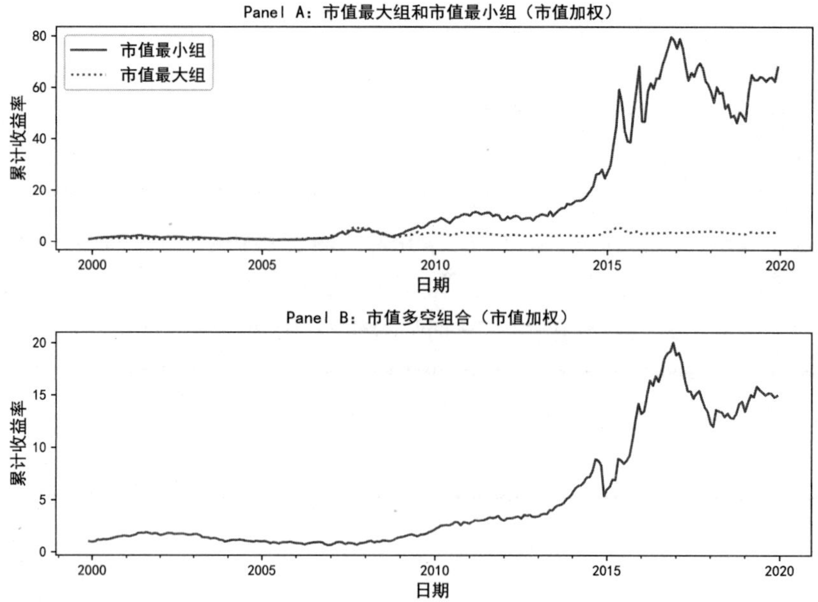

图 3.16　规模因子累计收益率（市值加权）

3.4　价值因子

3.4.1　价值因子起源

价值因子的含义简单而明确：相比估值较高的股票，那些估值较低的股票有着更高的预期收益率。与规模因子一样，关于价值因子的研究也起自 20 世纪 80 年代，并由 Fama and French (1993) 这篇雄文发扬光大，而以账面市值比（BM）为变量构建的价值因子也正式确立为系统性的因子。

关于价值因子，Stattman (1980) 是最早的相关研究之一，它发现 BM 较高的公司，股票预期收益也显著更高[16]。除 BM 之外，其他一些估值指标也被拿来研究和股票预期收益率之间的关系。Basu (1983) 指出盈利市值比（EP）有助于解释股票收益，而 Jaffe et al. (1989) 基于 1951 至 1986 年间的长期数据进一步研究确认 EP 对股票未来收益有显著的正面影响。Bhandari (1988) 则发现杠杆率[17]较高的企业有着显著的超额收益。而作为集大成者，Fama and French (1992) 的结论稍有不同，他们基于排序法和 Fama–MacBeth 回归方法的研究指出，单独来看 BM 和 EP 都有显著为正的风险溢价，但当同时控制它们和规模后 EP 不再显著，表明 EP 的风险溢价可能只是其同规模和 BM 的相关性带来的虚假效应。Fama and French (1995) 提供了支持 BM 同股票未来收益相关的进一步证据，发现较高的 BM 预示着持续较差的盈利表现，而较低的 BM 则预示着持续较好的未来盈利。Fama and French (1992) 基于可比性等原则剔除了金融企业，但 Barber and Lyon (1997) 的研究发现同样的关系对金融企业也成立。除了解释股票预期收益的截面差异，Pontiff and Schall (1998) 的研究表明 BM 也有助于预测市场指数（如标普 500 指数和道琼斯工业指数[18]）的未来收益率。

价值因子在其他市场的实证证据也非常丰富。Chan et al. (1991, 1993) 和 Daniel et al. (2001) 发现日本股市存在显著的价值效应，以 BM 为代表的价值变量对股票收益有显著的预测能力。Charitou and Constantinidi (2003) 和 Clubb and Naffi (2007) 则提供了 BM 在英国市场显著的证据，后者更是指出，除了当期 BM，预期 BM 也对英国市场的股票收益有显著的解释力。此外，Aras and Yilmaz (2008) 和 Cakici et al. (2013) 分别检验了 12 和 18 个新兴市场并发现了显著的价值效应。当然，实证资产定价研究中的“扛把子”Eugene Fama 和他的搭档 Kenneth French 也不会缺席这个重要主题。他们的两项研究 Fama and

16 Rosenberg et al. (1985) 也有类似的发现。

17 该文研究的是负债权益比率（debt-equity ratio），而由于总资产 = 总负债 + 权益，因此负债权益比率同资产负债率本质上是一样的（1/资产负债率 = 1/负债权益比率 + 1），都反映企业的经营杠杆。

18 道琼斯工业指数全称为道琼斯工业平均指数（Dow Jones Industrial Average），由道琼斯指数公司（现标普道琼斯指数有限公司）开发并维护。该指数是以价格平均数计算美国 30 家蓝筹公司的股价平均指数。该指数涵盖了除运输业和公用事业各个行业。

French (2012, 2017) 表明在北美、欧洲和亚太地区都存在显著的价值效应，且在日本之外的区域，价值效应随着股票市值增大而变弱。Asness et al. (2013) 则更进一步，研究了 8 个不同的国家和股票、债券、商品及外汇等不同资产，并指出在不同国家、不同资产中广泛而持久地存在显著的价值效应。最后，也有不少研究[19]提供了价值因子存在于 A 股市场的证据。

3.4.2 价值因子成因

关于价值因子的成因，也可以分为系统性风险补偿和投资者行为偏差两类。前者中最为人熟知的一类解释大概是财务困境风险假说。Griffin and Lemmon (2002) 发现在财务困境风险较高的企业中，高、低 BM 股票组合的收益差异是在其他股票中的两倍，表明价值因子可能与财务困境风险有关，即高 BM 很可能反映着更高的财务困境风险[20]。Peterkort and Nielsen (2005) 也确认了 BM 应该代表着某种系统性财务风险，发现在没有负债的企业中 BM 对股票未来收益没有显著影响；而在净资产为负的企业中，BM 对股票收益的影响反而是负的。Zhang (2005) 则认为企业在不景气时期难以削减在位资产（assets in place），使得在位资产的风险大于增长期权（growth option），因而高 BM 企业需要更高的回报。而 Hahn and Lee (2006) 则认为 BM 反映了与商业周期有关的风险：高 BM 企业对期限利差（term spread）有着更大的暴露，因此获得更高的预期收益。此外，Lewellen (1999) 通过假设 Fama–French 三因子模型中的因子暴露为 BM 的线性函数，将 BM 的预测能力分解为与风险相关和与风险无关的两个部分，并指出风险是其解释力的重要来源之一。Obreja (2013) 的新近研究将价值因子溢价归因于企业的经营杠杆。除上述发现外，Cochrane (2017) 总结了一些从宏观经济角度研究价值因子的文献。

在使用行为金融学解释价值因子方面，Lakonishok et al. (1994) 无疑是最重要的研究之一。这篇经典研究认为投资者倾向于将过去的表现简单外推来评估企业前景，从而会对过去盈利不佳的企业过度悲观，这便导致了价值效应。Ali et al. (2003) 发现 BM 在面临更大套利限制（例如特异性波动率和交易费用更高，投资者群体更不专业）的股票中表现更为显著。Daniel and Titman (2006) 发现，由于相对于无形信息（intangible information），投资者只给予了有形信息（tangible information）过少的关注，因而股票未来收益同其无形收益（intangible return）[21]高度负相关，而 BM 刚好能较好地预测无形收益，从而对股

19 参见 Wang and Di Iorio (2007)、Gan et al. (2013)、Hu et al. (2019)、Liu, Stambaugh and Yuan (2019) 和 Liu, Shi and Lian (2019) 等研究。

20 更多研究参见 Chan and Chen (1991) 和 Fama and French (1993)。

21 此处无形收益并非指无形资产带来的收益，而是指在企业过去一段时间的收益中，与基于会计指标推算得到的结果不相关的那一部分。无形收益的一个典型例子是由增长期权价值上升导致的更好表现。

票未来收益有显著的预测能力。Jiang (2010) 则进一步指出，机构投资者倾向于买入有正面无形信息的股票，使得无形收益的均值回复在有更多机构投资者的股票中更加显著，因而 BM 也在这类股票中表现更好。Chan et al. (2001) 和 Daniel et al. (2001) 也利用与 Daniel and Titman (2006) 类似的研究方法发现研发费用对 BM 的表现有显著影响。

虽然价值因子历史悠久，且诸多证据支持价值因子溢价在长期内非常显著，但价值因子近年来还是遭遇到不少挑战。例如，在 Fama and French (2015) 提出五因子模型时，两位作者承认盈利和投资两因子的加入使得价值因子变得冗余。此外，价值因子自 2008 年以来的后金融危机时代表现并不好，与同期不断创下历史新高的股指相比更是相形见绌，因而饱受质疑。由于价值因子在最近十年的惨淡表现，有很多学者试图从金融学和会计学原理出发，通过改造 BM 来提升价值因子的表现，并取得了一些不错的成果。Liu, Shi and Lian (2019) 对这些改进后的 BM 变量进行了综述，并在 A 股上进行了实证研究。

3.4.3　价值因子实证

尽管越来越多的新近研究质疑以 BM 构建的价值因子在近年来的效果，并提出了其他的替代物（例如 Liu, Stambaugh and Yuan 2019 主张使用 EP 代替 BM，并通过前者在 A 股市场中构造了价值因子），但其悠久的历史和大量的研究成果仍然使 BM 成为构造价值因子时的首选变量。本书延续学术界的传统，使用 BM 进行 A 股市场的价值因子实证分析。在计算 BM 时，分子为归股东权益合计（不含少数股东权益），分母为总市值。在实证期内，在剔除黑名单及异常数据之后，BM 变量的数据覆盖度如图 3.17 所示。

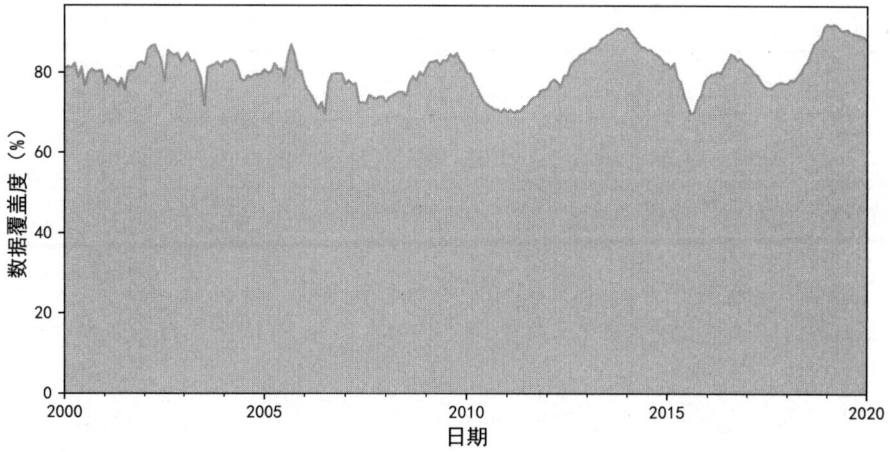

图 3.17　剔除黑名单、异常值后 BM 变量的数据覆盖度

以 BM 作为排序变量，每月末将股票按照 BM 取值从低到高分成 10 组，记为 Low、

2、……、9 以及 High 组。表 3.16 展示了这 10 个投资组合在整个实证期内的描述性统计。观察表中的数据不难发现，这 10 组的市值呈现 U 形，即无论是低 BM 组（Low）还是高 BM 组（High）的平均市值较其他组都更高。此外，按照 BM 从小到大划分的 10 个投资组合的平均 ROA 呈现出单调递减的趋势，即低 BM 组的 ROA 更高、而高 BM 组的 ROA 最低。

表 3.16　BM 分组得到的 10 个投资组合的描述性统计

	Low	2	3	4	5	6	7	8	9	High
BM	0.12	0.19	0.23	0.27	0.32	0.36	0.41	0.48	0.56	0.74
总市值（亿元）	107.63	83.89	83.55	83.39	85.88	88.71	97.06	109.04	138.89	232.41
市场 β	1.06	1.13	1.14	1.15	1.16	1.16	1.16	1.16	1.15	1.12
年化波动率	49.5%	49.1%	48.0%	47.1%	46.4%	45.5%	44.7%	43.9%	42.7%	40.2%
P/B	10.13	6.22	4.95	4.17	3.61	3.15	2.76	2.40	2.02	1.55
ROA	5.59%	4.94%	4.47%	4.11%	3.91%	3.72%	3.51%	3.14%	2.74%	2.20%

表 3.17　BM 单变量排序月均收益率（%）

Panel A：等权重										
Low	2	3	4	5	6	7	8	9	High	High–Low
0.70	1.04	1.07	1.30	1.36	1.50	1.58	1.63	1.59	1.68	0.99
(1.02)	(1.49)	(1.54)	(1.82)	(1.89)	(2.09)	(2.14)	(2.21)	(2.13)	(2.26)	(3.08)
Panel B：市值加权										
Low	2	3	4	5	6	7	8	9	High	High–Low
0.57	0.53	0.57	0.72	0.94	0.90	1.08	1.32	1.21	1.44	0.88
(0.87)	(0.79)	(0.89)	(1.08)	(1.38)	(1.51)	(1.61)	(1.89)	(1.70)	(2.05)	(2.09)

括号内为经 Newey–West 调整的 t-值。

表 3.17 总结了以 BM 单变量排序的检验结果，表中汇报了不同投资组合的月均收益率以及该收益率的 t-值。无论是采用等权重（Panel A），还是以市值为权重（Panel B）构建这些投资组合，它们的收益率均呈现出了较好的单调性。当使用等权重时，以 BM 排序得到的 10 个投资组合的月均收益率和每组平均 BM 的秩相关系数高达 0.988（p-值为 9.31×10^{-8}）；当采用市值加权时，秩相关系数为 0.939（p-值为 5.48×10^{-5}）。接下来看由做多高 BM 组、做空低 BM 组（即 High–Low 组合）构成的价值因子的收益率。当采用等权重时，价值因子的月均收益率为 0.99%（t-值为 3.08）；当采用市值加权时，价值因子的

月均收益率为 0.88%（t-值为 2.09）[22]。由于等权重相对市值加权来说，在小市值上有额外的暴露，因此等权重时价值因子的月均收益率高于市值加权时的结果也就不足为奇了。

表 3.18 给出了使用 BM 和市值进行双重排序的检验结果；双重排序可以降低市值对 BM 的影响。无论采用等权重（Panel A）还是市值加权（Panel B），都可以从结果中观察到相同的结论。以等权重为例，表 3.18 的 Panel A 中的行 Small、2、3、4 以及 Large 为使用市值从小到大分成的五档；列 Low、2、3、4 以及 High 为通过 BM 从小到大划分的五档；最后一行平均则是五个市值档的简单平均。从结果中不难看出，在按市值划分得到的每一个档内，BM 均有较好的区分度和单调性。此外，每档的 High–Low 投资组合的月均收益率的显著性随着市值的增加而降低：在 Small 档内，做多高 BM、做空低 BM 的 High–Low 组合的月均收益率的 t-值高达 4.76，而在 Large 档内，High–Low 组合的月均收益率不再显著（t-值仅为 1.22）。虽然五组平均来看，最终的价值因子的月均收益率为 0.69%（t-值为 2.89），仍然非常显著，但是 High–Low 组合月均收益率的显著性随市值增大而降低的结果无疑表明了，BM 在大市值的股票中解释股票预期收益率截面差异的能力较差，该结论在等权重和市值加权下均成立。最后，图 3.18 和图 3.19 绘制了等权重和市值加权下，使用市值和 BM 双重排序构建的价值因子的累计收益率曲线（以及多、空头各自的累计收益率曲线）。

2019 年，Liu, Stambaugh and Yuan (2019) 因为其是首个在金融学顶刊上发表的针对中国 A 股市场的多因子模型而备受关注。该文的两个特点是：（1）出于对 A 股市场壳价值污染的考虑，剔除了市值最低的 30% 的股票；（2）使用 EP 取代 BM 构建了价值因子。由本节的实证结果可知，BM 在小市值中的作用要远远高于在大市值中的作用。因此剔除市值最低的 30% 的股票无疑会进一步削弱 BM 的显著性。另一方面，从接下来 3.6 节关于盈利因子的实证可以看到，在 A 股中使用 ROE 为变量构建的盈利因子在小市值中的表现显著弱于其在大市值中的表现，因此剔除市值最低的 30% 的股票则在“无形中”提升了盈利因子的表现。最后，最为关键的是，由简单的会计学关系可知 EP = BM × ROE。所以，市值最低的 30% 的股票被剔除实则在削弱 BM 的同时，提升了 EP 的效果！此消彼长，以 EP 构建价值因子“优于”以 BM 构建价值因子也就顺理成章了，然而这完全仅是实证数据展示出的现象。虽然壳污染问题在 A 股臭名昭著，但以 30% 为界一刀切是否合理？且在这个基础上，仅凭实证结果的好坏差异就选择 EP 取代 BM 也缺乏金融学依据，无法令人信服。Liu, Shi and Lian (2019) 通过详尽的统计检验分析了 EP 和 BM 在 A 股

22 在本书 2.1.2 节介绍单变量排序法时，同样使用 BM 为变量进行了举例，并在表 2.2 中汇报了市值加权时 10 组检验结果。与表 3.17 的 Panel B 相对比，每组的月均收益率在两个表中是一致的，但其 t-值在两个表中却有差异。这其中的原因是此处汇报的是经 Newey–West 调整后的 t-值。这个例子也说明在检验中考虑随机扰动的自相关和异方差性的重要性。

上的差异，并指出无论是否剔除 30% 最低市值的股票，以 EP 代替 BM 都难言合理。本书第 4.3 节将对此进行探讨。

表 3.18 BM 和市值独立双重排序月均收益率（%）

Panel A：等权重						
	Low	2	3	4	High	High–Low
Small	1.42	2.02	2.27	2.24	2.35	0.93
	(1.81)	(2.60)	(2.94)	(2.87)	(3.03)	(4.76)
2	0.92	1.16	1.52	1.74	1.74	0.82
	(1.27)	(1.57)	(2.02)	(2.31)	(2.32)	(3.38)
3	0.90	1.08	1.08	1.36	1.45	0.56
	(1.20)	(1.51)	(1.51)	(1.81)	(1.91)	(2.12)
4	0.69	0.84	0.98	1.24	1.36	0.68
	(1.02)	(1.24)	(1.37)	(1.65)	(1.79)	(2.07)
Large	0.76	0.61	0.95	1.13	1.21	0.45
	(1.15)	(0.90)	(1.34)	(1.59)	(1.70)	(1.22)
平均	0.94	1.14	1.36	1.54	1.62	0.69
	(1.34)	(1.63)	(1.90)	(2.10)	(2.20)	(2.89)
Panel B：市值加权						
	Low	2	3	4	High	High–Low
Small	1.32	1.98	2.21	2.20	2.32	1.00
	(1.69)	(2.55)	(2.87)	(2.82)	(2.99)	(4.98)
2	0.91	1.15	1.51	1.74	1.73	0.82
	(1.24)	(1.56)	(2.01)	(2.30)	(2.31)	(3.39)
3	0.91	1.08	1.07	1.35	1.44	0.53
	(1.21)	(1.51)	(1.49)	(1.78)	(1.89)	(2.01)
4	0.69	0.85	0.96	1.26	1.36	0.66
	(1.03)	(1.26)	(1.35)	(1.67)	(1.79)	(2.04)
Large	0.62	0.51	0.87	1.22	1.30	0.68
	(0.96)	(0.76)	(1.24)	(1.70)	(1.81)	(1.78)
平均	0.89	1.11	1.32	1.55	1.63	0.74
	(1.28)	(1.60)	(1.86)	(2.11)	(2.22)	(3.11)

括号内为经 Newey–West 调整的 t-值。

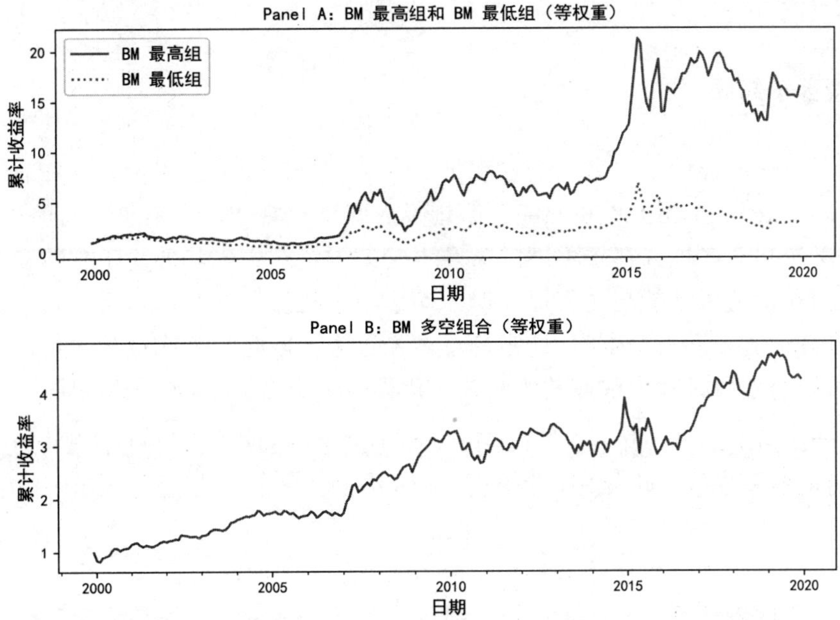

图 3.18　双重排序构建的价值因子累计收益率（等权重）

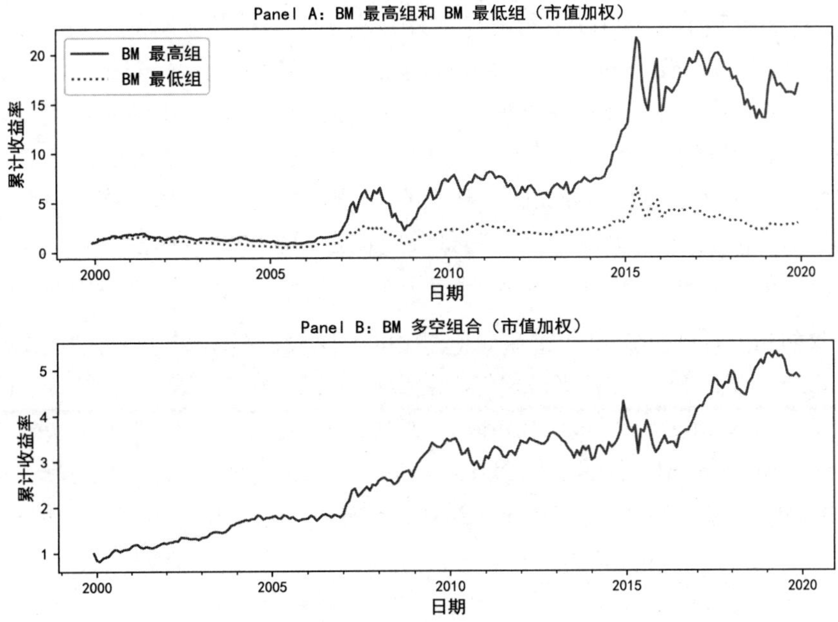

图 3.19　双重排序构建的价值因子累计收益率（市值加权）

3.5 动量因子

3.5.1 动量因子起源

动量因子——严谨地说，截面动量因子——是一个颇受争议的因子。实证资产定价领域的代表人物 Eugene Fama 一贯旗帜鲜明地反对将动量视作一个系统性因子[23]。但另一方面，该因子又实实在在地存在于不同国家及不同大类资产中。其受关注的程度大概只有前面介绍的规模和价值因子能与之相提并论。动量因子背后反映的是股票间的相对强弱趋势会延续，"强者恒强，弱者恒弱"；通常通过做多过去一段时间表现最好的股票（称为赢家组合）、同时做空这段时间表现最差的股票（称为输家组合）来构建动量因子。

动量因子源自 Jegadeesh and Titman (1993) 提出的动量效应。他们在每月月末，依据过去 X 个月的股票总收益率排序，将股票分为 10 组，按照等权重方式做多收益率最高的一组股票，同时做空收益率最低的一组股票，并持有 Y 个月[24]。为了规避路径依赖对结果的影响，两位作者构建了 Y 个不同的子策略，每个子策略的起点相隔一月，最后再取 Y 个组合的收益均值代表动量效应。实证结果显示，无论是多空组合还是纯多头组合，都可以获取显著且稳健的超额收益，且规模、市场 β 和季节性等常见因素都没法解释动量效应。

Jegadeesh and Titman (2001) 利用样本外数据进一步检验了动量效应，并以此回应了那些认为 Jegadeesh and Titman (1993) 是数据挖掘结果的批判。Rouwenhorst (1998, 1999) 在 12 个欧洲国家市场和 20 个新兴市场发现了显著的动量效应，上述发现为支持动量存在于其他市场中提供了有力的证据。类似地，Liu et al. (1999) 和 Hon and Tonks (2003) 表明英国股市存在动量效应。De Groot et al. (2012) 指出在新兴市场同样有着显著的动量效应，而 Asness et al. (2013) 更是提供了动量效应在全球多个市场广泛存在的证据。与上述研究成鲜明对比的是，在日本和中国 A 股市场中，动量效应的表现可谓惨不忍睹[25]。

除了个股动量，行业动量也非常显著。Moskowitz and Grinblatt (1999) 是这方面的代表性研究。此外，在债券、大宗商品和外汇等资产中也存在动量效应。举例来说，Jostova et al. (2013)、Houweling and Van Zundert (2017) 和 Israel et al. (2018) 研究了公司债市场的动量效应，Shen et al. (2007) 和 Narayan et al. (2015) 讨论了商品期货市场的动量效应，而 Menkhoff et al. (2012) 和 Orlov (2016) 表明外汇市场同样存在显著的动量效应。

---

23 尽管 Fama 在 Fama and French (2018) 一文中考虑了动量因子，但他对该因子的看法依然不变。

24 在原文中，作者使用 J 和 K 分别代表排序期和持有期的月份长度。由于本书使用符号 K 代表因子个数，因此为了避免混淆，此处使用 X 和 Y 分别表示排序期和持有期的月份长度。

25 见 Liu and Lee (2001) 和 Li et al. (2010) 等研究。

3.5.2　动量因子成因

关于动量的成因，一部分学者将其归因于系统性风险敞口。具体来说，动态风险敞口假说认为赢家组合和输家组合有着不同的、时变的系统性风险暴露。因此，多空对冲构建的动量因子组合有着时变的系统性风险敞口，需要获得风险溢价补偿[26]。Geczy and Samonov (2016) 利用长达近 200 年的美股数据研究发现，在一个市场状态的初期，动量组合对于当前的市场状态有着负的暴露，从而导致该时期的大幅损失，这意味着动量组合需要获得更高的收益来弥补相关的风险。Daniel and Moskowitz (2016) 将此形象地描述为“动量崩溃”（momentum crashes），并指出这一尾部风险正是动量的风险溢价来源。Liu and Zhang (2008) 指出赢家组合对产出增长率因子有着更高的短期暴露，这可以较好地解释动量效应。他们发现额外的因子暴露主要来自赢家组合，而输家组合的因子暴露则在不同时期保持稳定。Chordia and Shivakumar (2002) 和 Antoniou et al. (2007) 则认为经济周期有助于解释动量效应。Yin and Wei (2020) 基于中国市场数据发现，总体盈利的不稳定性（aggregate profit unstability）有助于解释动量因子的表现。但也有学者并不认可这类解释，例如，Griffin et al. (2003) 和 Ji et al. (2017) 反对使用宏观经济变量解释动量效应。Novy-Marx (2015b) 则自成一派，认为价格动量效应来自盈余动量（earnings momentum），当控制盈余动量之后，价格动量便不再显著。

除风险补偿外，更多的学者认为投资者行为偏差能更好地解释动量效应。Daniel et al. (1998) 的经典研究认为，投资者对其私有信息的过度自信及有偏的业绩自我归因会造成动量效应。Hur and Singh (2016) 进一步指出反应不足是主要原因。其次，Grinblatt and Han (2005) 认为投资者心理账户的存在导致了处置效应[27]，拉大了股票价格与其基本面价值之间的差异，进而导致了动量效应。他们发现，在控制了未实现盈利值（capital gain overhang）后，动量效应不再显著[28]。第三类解释是推定预期偏差，即投资者通过将当前数据外推来得到对未来表现的预期，而这一朴素估计（naïve estimate）是有偏的，Choi and Mertens (2019) 是这方面的代表作。而 Barberis et al. (2015) 则更进一步，构建了部分投资者有推定预期的 X-CAPM 模型，用以解释资产预期收益的截面差异。知情交易也是一种有趣的解释。Chen and Zhao (2012) 发现，在知情交易概率较大的股票中，动量表现优异；反之，在知情交易概率较小的股票中，股价则没有明显的持续性。除上述发现外，另有研究表明收益序列的过度相关性是动量的收益来源。例如，Lewellen (2002) 发现高度分散的规模因子组合和价值因子组合仍表现出非常显著的动量效应，且公司和行业特质不足以解释，而

26 参见 Zhang (2004) 和 Dobrynskaya (2017) 等。

27 处置效应（Shefrin and Statman 1985）指投资者倾向于止损小幅亏损的股票，并持有大幅亏损的股票，这一现象在个人投资者中尤为普遍。

28 更多相关研究见 Frazzini (2006) 和 Bhootra and Hur (2012)。

只能归因于收益序列的过度相关性。最后，市场情绪也是另一类重要的解释（Stambaugh et al. 2012）。Li and Yeh (2011) 基于中国 A 股市场的数据，指出空头组合蕴含的市场情绪越强烈，动量效应就越显著。Antoniou et al. (2013) 等也提供了市场情绪对动量效应有显著影响的证据。

虽然有如此多的理论和实证支持动量效应，但仍有不少学者提出了质疑和批判。相关的问题主要包括三点，其一，有研究认为动量的收益其实来自对其他经典风险因子的暴露。例如，当控制了规模和低波动因子后，动量因子的超额收益在经济和统计意义上都大幅下降（Liu 2019）。此外，Novy-Marx (2015b) 认为价格动量完全由盈余动量这一基本面特征所驱动。其二，空头端对动量收益的贡献较大，但由于在实践中卖空并不容易，因此动量因子对实际因子投资的作用有限。其三，Patton and Weller (2020) 指出由于动量往往有很高的换手率，因此其纸面收益难以很好地转化为实际交易盈利。

针对动量的尾部风险和对动量的批判，学者们也构建了一些拓展方法来优化动量的表现，其中较为知名的包括尾部风险调整的动量和残差动量（residual momentum）。关于前者，最出名的研究当属 Daniel and Moskowitz (2016)。该文指出基于对动量策略均值和波动率预测的动态动量策略，可以将静态动量策略的夏普比率提升一倍。类似地，Barroso and Santa-Clara (2015) 发现，通过引入目标波动率进行仓位管理也可以显著提升动量组合的表现。残差动量（Blitz et al. 2011）由个股的残差收益率计算，定义为个股收益率中无法被给定多因子模型解释的部分。Blitz et al. (2011) 的研究发现残差动量可获得非常显著的收益，且不再有动量崩溃的烦恼。其背后的原因在于求解残差的过程剥离了传统动量因子对系统性风险因子的敞口，从而可以获得更加稳健的收益。Blitz et al. (2017) 和 Huij and Lansdorp (2017) 为此提供了更多有关国际市场的证据。Chang et al. (2018) 发现残差动量甚至在日本股市中也可获得显著的超额收益，Chaves (2012) 也有类似发现（不过他定义残差动量的方法略有不同）。而 Lin (2019, 2020) 发现残差动量在 A 股市场同样有效。但本书作者认为，虽然实证结果看似支持残差动量存在于 A 股市场这一结论，但其背后的原因需要进一步探索。

此外，还有一些研究将动量拓展至更广泛的市场中，以及价格动量之外。例如，Chui et al. (2010) 研究了文化对不同市场中动量表现的影响，并指出越是崇尚个人主义的国家，其投资者过度自信和自我归因的偏差越严重、市场成交越活跃、动量因子的表现越好。Jiang et al. (2020) 则研究了新闻动量，他们将股票日收益拆分为由信息驱动的和由非信息驱动的两部分，并指出由信息驱动的收益有较强的连续性，因而买入高信息驱动收益的股票，并做空低信息驱动收益的股票，可获得显著的超额收益。

3.5.3 动量因子实证

熟悉 A 股市场的读者可能有这样的体会，无论使用哪个时间周期计算动量都无法出现显著的动量效应，而更多时候表现出的是反转效应，即前期涨幅高（低）的股票未来的收益率低（高）。根据学术界的发现，在 t 月末将 $t-12$ 到 $t-1$ 之间的 11 个月内的总收益作为动量因子的排序变量。从定义可知，在计算动量时排除了 t 月本身的收益。这么做的目的是排除短期反转对动量造成的影响。举例来说，假如现在是 2019 年 1 月末，依照上述方法将使用 2018 年 1 月末到 2018 年 12 月末，即 2018 年 2 到 12 这 11 个月内的总收益计算动量。实证期内动量变量的数据覆盖度如图 3.20 所示。

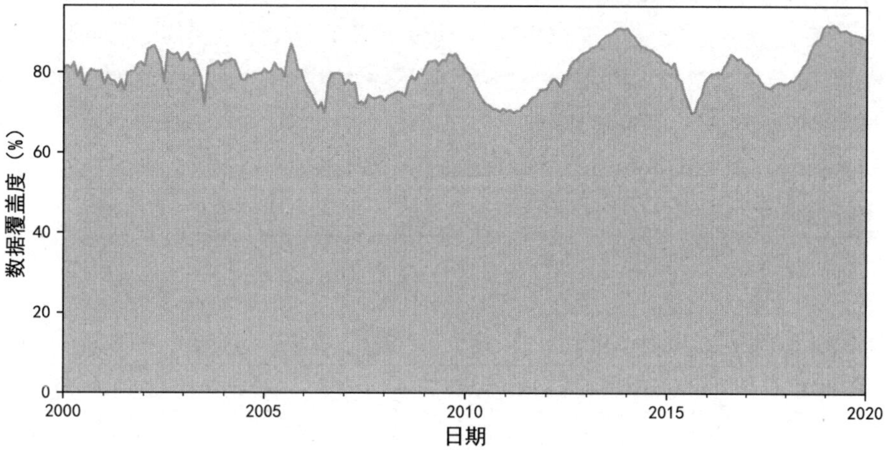

图 3.20 剔除黑名单、异常值后动量变量数据覆盖度

表 3.19 动量分组得到的 10 个投资组合的描述性统计

	Low	2	3	4	5	6	7	8	9	High
动量	−26%	−14%	−6%	0%	7%	14%	22%	34%	50%	92%
总市值（亿元）	107.23	109.17	104.30	98.69	93.06	98.97	113.18	123.01	141.31	169.11
市场 β	1.19	1.17	1.16	1.15	1.14	1.14	1.13	1.12	1.10	1.08
年化波动率	45.6%	44.2%	43.9%	44.1%	44.4%	44.7%	45.2%	46.0%	47.0%	49.4%
P/B	4.03	4.24	3.89	4.61	4.04	4.87	4.81	5.60	5.97	9.08
ROA	2.51%	2.99%	3.18%	3.36%	3.42%	3.73%	3.96%	4.47%	4.96%	5.97%

每月末将股票按照动量变量的取值从低到高分成 10 组，记为 Low（动量最低）、2、……、9 及 High（动量最高）组，它们的描述性统计值如表 3.19 所示。观察表中的数据不难发现，前 8 组的总市值差异并不大，但第 9 组和 High 组的总市值显著增加。由于 A

股著名的小市值效应，因此在大市值上的暴露无遗将削弱高动量组的表现。除此之外很有意思的是，以动量高低划分的 10 个投资组合的 ROA 呈现出单调递增，且 High 组的 P/B 也要高于其他组。

表 3.20 和表 3.21 分别总结了单变量排序和双重排序的检验结果。首先来看单变量排序，无论采用等权重（Panel A），还是采用市值加权（Panel B）构建这些投资组合，它们的收益率几乎毫无单调性可言。当采用等权重时，这 10 个投资组合的月均收益率呈现出倒 U 字形，它们和每组平均动量的秩相关系数为 −0.333（p-值为 0.347）；当采用市值加权时，二者之间则更加无序，秩相关系数仅为 0.188（p-值为 0.603）。无论等权重还是市值加权，由做多赢家组合（高动量组）和做空输家组合（低动量组）构成的动量因子的月均收益率都不显著。其中，当采用等权重时，动量因子的月均收益率甚至为负（月均收益率为 −0.04%，t-值为 −0.14），说明赢家组合跑输了输家组合；当采用市值加权时，动量因子的月均收益率为 0.08%（t-值为 0.20）。

表 3.20 动量变量单变量排序月均收益率（%）

Panel A：等权重										
Low	2	3	4	5	6	7	8	9	High	High-Low
1.19	1.32	1.47	1.50	1.55	1.42	1.36	1.25	1.24	1.14	−0.04
(1.60)	(1.78)	(1.97)	(2.00)	(2.16)	(2.00)	(1.92)	(1.79)	(1.79)	(1.73)	(−0.14)
Panel B：市值加权										
Low	2	3	4	5	6	7	8	9	High	High-Low
0.87	0.82	0.88	0.61	1.02	0.91	0.78	0.91	0.71	0.95	0.08
(1.21)	(1.13)	(1.26)	(0.90)	(1.53)	(1.32)	(1.31)	(1.53)	(1.20)	(1.49)	(0.20)

括号内为经 Newey-West 调整的 t-值。

接下来，关注动量和市值进行双重排序的检验结果。无论采用等权重还是市值加权，在按市值分组得到的 Small 和 2 这两组中，赢家组的收益率低于输家组的收益率；而在 4 和 Large 两组中，赢家组合的收益率高于输家组合的收益率。综合这两点可以看出，动量效应仅微弱地存在于 A 股的大市值股票中，而对于小市值的股票则更多地表现出反转。将五组平均后得到动量因子。当采用等权重时，动量因子的月均收益率为 0.05%（t-值仅为 0.22）；当采用市值加权时，动量因子的月均收益率为 0.06%（t-值仅为 0.29）。这两个结果均非常不显著，说明以学术界中的常见方法构建的动量效应并不存在于 A 股市场中。

表 **3.21**　动量和市值独立双重排序月均收益率（%）

Panel A：等权重

	Low	2	3	4	High	High–Low
Small	1.94	2.31	2.22	1.93	1.70	−0.23
	(2.56)	(2.85)	(2.85)	(2.42)	(2.17)	(−0.91)
2	1.48	1.48	1.51	1.48	1.39	−0.09
	(1.92)	(1.93)	(2.08)	(2.04)	(1.91)	(−0.39)
3	1.14	1.29	1.21	1.14	1.14	−0.01
	(1.50)	(1.71)	(1.68)	(1.58)	(1.55)	(−0.03)
4	0.87	1.04	1.05	0.90	1.09	0.23
	(1.19)	(1.40)	(1.50)	(1.30)	(1.60)	(0.89)
Large	0.51	0.82	1.05	0.89	0.84	0.34
	(0.70)	(1.20)	(1.50)	(1.34)	(1.29)	(0.96)
平均	1.19	1.39	1.41	1.27	1.23	0.05
	(1.61)	(1.88)	(1.98)	(1.79)	(1.78)	(0.22)

Panel B：市值加权

	Low	2	3	4	High	High–Low
Small	1.88	2.26	2.17	1.88	1.68	−0.20
	(2.50)	(2.79)	(2.79)	(2.35)	(2.13)	(−0.78)
2	1.46	1.47	1.50	1.47	1.39	−0.07
	(1.89)	(1.91)	(2.06)	(2.02)	(1.91)	(−0.30)
3	1.13	1.28	1.20	1.15	1.13	0.00
	(1.49)	(1.70)	(1.67)	(1.59)	(1.54)	(0.00)
4	0.85	1.04	1.05	0.92	1.09	0.24
	(1.18)	(1.40)	(1.51)	(1.33)	(1.61)	(0.93)
Large	0.45	0.75	0.97	0.90	0.80	0.35
	(0.62)	(1.10)	(1.39)	(1.38)	(1.21)	(0.94)
平均	1.16	1.36	1.38	1.26	1.22	0.06
	(1.58)	(1.85)	(1.95)	(1.80)	(1.76)	(0.29)

括号内为经 Newey–West 调整的 t-值。

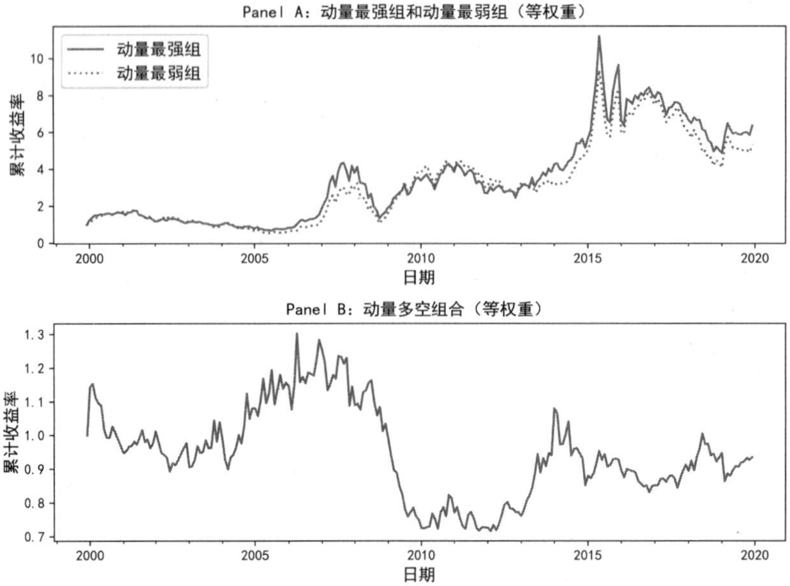

图 3.21　双重排序构建的动量因子累计收益率（等权重）

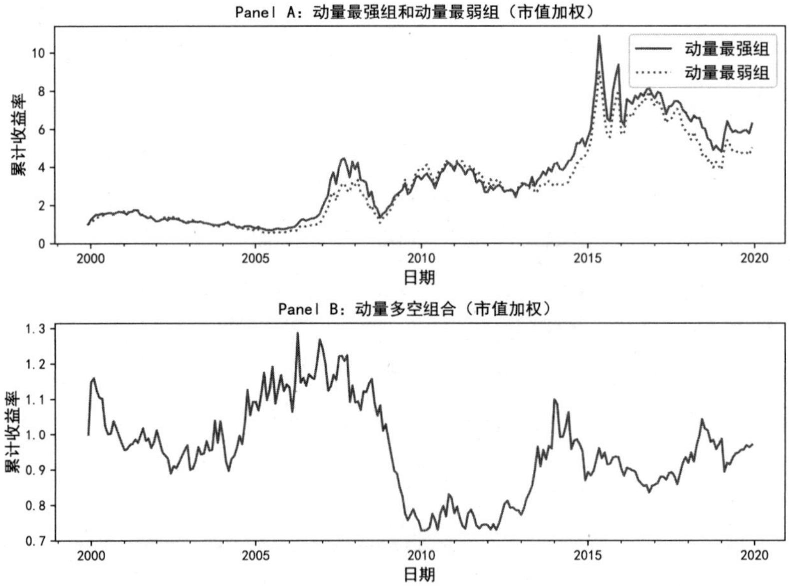

图 3.22　双重排序构建的动量因子累计收益率（市值加权）

最后，图 3.21 和图 3.22 绘制了在等权重和市值加权下，使用动量和市值双重排序构建的动量因子的累计收益率曲线，以及多、空头各自的累计收益率曲线。等权重的结果显示高动量组和低动量组的累积收益率曲线差异非常小，这一结果和双重排序检验的结果相符。此外，由于高动量组的波动更大，因此多空对冲后会导致动量因子本身的累计收益在实证窗口内小于零。比较表 3.21、图 3.21 和图 3.22 发现，双重排序时动量因子的月均收益率为正（虽然非常不显著），但其累计收益率却小于零。造成这种差异的原因是，双重排序中的月均收益率是算数平均，累计收益曲线图中反映的是收益率的几何平均，而收益率的波动使得几何平均总是小于算数平均。由于动量因子收益率的算术平均非常接近零，收益率波动造成其几何平均小于零，因此动量因子在实证期内的累计收益小于零。

3.6　盈利因子

3.6.1　盈利因子起源

盈利能力指企业利用已有资源获取利润的能力。通常来说，盈利能力越强，企业前景越好，也越容易受到投资者的关注。经典的股票估值模型，不管股利贴现模型（Dividend Discount Model，DDM）还是剩余收益模型（Residual Income Model，RIM），本质上都是把未来各期的盈利按照一定的折现率贴现到现在。而金融分析师对企业估值的核心工作便是估计其未来的盈利水平。近年来，在学术界盈利能力与预期收益率之间的关系得到了越来越广泛的关注。而盈利因子也被Fama and French (2015) 和 Hou et al. (2015) 两个重要的多因子模型纳入麾下，以更好地解释股票预期收益率的截面差异。

在选择构建盈利因子的变量时，最直接的做法是利用绝对盈利水平来度量盈利能力。然而，为了保证指标在不同公司间可比，在计算时通常需要用诸如总资产、销售收入等对盈利水平进行标准化。由于分子和分母都有很多选择，因此学术界相继提出了很多种高相关，但又不完全相同的变量来评价公司的盈利能力。例如，Haugen and Baker (1996) 考察了 4 个变量[29]并发现盈利能力强的公司有更高的平均收益。

在诸多变量中，最常用的一个还是净资产收益率（Return On Equity，ROE），它是归属于股东的利润与净资产之比。但即便是使用 ROE，在不同研究的处理细节上也有细微差异。其中，Fama and French (2006, 2015, 2016) 将年度营业利润作为分子计算 ROE，而 Hou et al. (2015) 将季度净利润作为分子。这些研究均表明 ROE 代表的盈利能力与股票的未来收益呈显著正相关。除了 ROE，总资产收益率（Return On Assets，ROA，即归属于股东和债权人的利润与总资产之比）也得到了不少研究者的支持。与 ROE 类似，关于计算 ROA 时应选取什么指标作为分子，学术界也有不少争论。Novy-Marx (2013) 认为分

29 他们考察的变量包括账面净收益率（net earnings to book equity）、营业利润比总资产（operating income to total assets）、营业利润率（operating income to total sales）和总资产周转率（total sales to total assets），以及这 4 个变量的五年移动平均趋势，再加上净利润的五年移动平均趋势。

子应使用毛利润（gross profit），并指出通过毛利润除以总资产算出的 ROA（记为 GP）具有和 BM 一样的预测能力，且优于 ROE。但 Ball et al. (2015) 却提出了不同的意见，认为 GP 的良好表现来自其分母的贡献，当同样将总资产作为分母时，用净利润或营业利润作为分子也能得到优异的表现。

另一个常用来构建盈利因子的变量是有形资本收益率（Return On Tangible Capitals，ROTC，即息税前利润与有形资本之比[30]）。ROTC 由华尔街明星基金经理 Joel Greenblatt 提出。他在 Greenblatt (2006, 2010) 这两本书中讨论了如今已经家喻户晓的选股“神奇公式”[31]。该公式包含一个盈利指标和一个估值指标。盈利指标正是 ROTC，而估值指标为企业价值倍数（enterprise multiplier，即息税前利润除以企业价值）。ROTC 长期表现优异，但最近几年表现不佳。投入资本回报率（Return On Invested Capital，ROIC）也是一个常用的盈利因子变量（Damodaran 2007），其计算公式为息前税后利润与投入资本之比[32]。最后，Nissim and Penman (2001) 提出使用净经营资产收益率（Return On Net Operating Asset，RNOA）来构建盈利因子，它的定义为经营利润除以净经营资产[33]。RNOA 从经营活动的角度考查企业的盈利能力。和 ROE 相比，它剔除了杠杆带来的干扰；和 ROA 相比，它剔除了投资性房地产等与经营活动无关的活动，更加客观和纯粹。理论上，以 RNOA 为变量构建盈利因子应该有较好的表现，但近年来其表现也不尽如人意。

3.6.2 盈利因子成因

和其他依赖经验研究的因子相比，盈利因子的理论基础要扎实很多。Fama and French (2006, 2015) 从股利贴现模型出发推导了预期盈利和股票预期收益率之间的关系。Hou et al. (2015) 则以实体投资经济学理论（该理论在学术界也被称为 q-理论）为基础建立了预期利润和预期收益率之间的联系。需要注意的是，在实证研究中，考虑到数据的限制，学者们不约而同使用了当期盈利而非预期盈利。由于历史盈利能够较好地代表预期盈利（Zhang 2017），因而可以使用当期盈利代替预期盈利作为构建盈利因子的变量。

除此之外，不少研究也探索了盈利水平之外的维度，包括盈利质量、盈利波动和盈利增长等，它们极大地拓展了盈利因子的内涵。就盈利质量而言，Sloan (1996) 可谓是开山之作。该文将盈利分解为现金流和应计利润两部分，并指出盈利的现金流含量越高（即应

---

30 有形资本不同于有形资产，前者是正常开展业务需要的资本投入，或者日常经营活动所需的资本投入，等于净营运资本（net working capital）加上固定资产（net fixed assets）。

31 见公众号“川总写量化”文章《Greenblatt 的神奇公式及其改进》。

32 投入资本指所有投资者（股东和债权人）投入的资金总和，这些“资金”都想分享企业的经营成果。投入资本等于净资产加上有息负债，前者属于股东的投入，获取净利润；后者属于债权人的投入，获取利息。

33 净经营资产等于经营性资产与经营性负债之差。企业的资产和负债都可以分为经营性的和金融性的。根据会计恒等式对资产负债表进行调整，可得净经营性资产等于金融性负债同金融性资产之差加上股东权益。

计利润越少)，盈利质量也就越好；反之，盈利的现金流含量越低（即应计利润越多)，盈利质量也就越差。在此基础上，该文发现应计项目高的公司相对应计项目低的公司的确有非常显著的负超额收益。这就是著名的应计异象（accruals anomaly)。Ball et al. (2016) 进一步指出，净利润并不是最好的度量盈利能力的方法，而采用基于现金流的盈利指标可以得到更好的表现。相比传统的盈利能力，基于现金流的盈利指标不仅表现得更好，而且还可以解释前述的应计异象。

盈利波动之所以吸引了研究者们的注意，是因为它可以部分表征盈利能力的持续性。已有的研究通常用过去 T 个年度或季度的利润的标准差[34]表示盈利波动。Dichev and Tang (2009) 对此做了精彩的讨论，他们利用一个简单的时间序列模型指出了盈利持续性、盈利波动和盈利可预测性之间的关系。如果保持盈利持续性不变，则盈利波动和盈利可预测性呈负相关；而如果保持盈利可预测性不变，则盈利波动和盈利持续性呈负相关。Frankel and Litov (2009) 进一步确认盈利波动同盈利可持续性的负相关是非常稳健的。此外，也有学者单独研究了现金流波动和应计项目波动对股票收益的影响，并指出二者对股票未来收益都有负面影响（Huang 2009)。

盈利增长则是另一个很重要的维度。投资者大都认可大牛股的重要条件之一是加速增长的盈利[35]。Haugen and Baker (1996) 指出成长潜力越大的公司，其未来预期收益越高。Piotroski (2000) 在构造 F-Score 时，使用了 ROA 的同比变化衡量盈利变动，并取得了不错的效果。此外，盈利增长本身也是一个很丰富的维度，可以进一步细分为很多子变量。例如，自 Ball and Brown (1968) 的开创性研究以来，标准化的预期外盈利（Standardized Unexpected Earnings，SUE）得到了广泛的研究。而 Akbas et al. (2017) 研究了盈利趋势对股票收益的影响，并指出二者呈正相关，且不能被其他常见因子所解释。也有学者研究了盈利增长持续性的影响，但得到的结论却不完全一致（Barth et al. (1999) 和 Loh and Warachka (2012))。此外，He and Narayanamoorthy (2020) 研究发现盈利加速度同股票收益之间呈现稳健的正相关。最后，盈利因子还同质量因子有着密切的关系。Asness et al. (2019) 定义的质量因子包括盈利、成长和安全性三个维度，盈利维度自不必说，而成长维度其实就是各种盈利增长变量。Frazzini et al. (2018) 的实证结果显示，质量因子有助于解释巴菲特的长期优异表现，这也凸显了盈利因子的重要性。

---

34 较为常见的是用过去 8 个季度的盈利指标的标准差来度量盈利波动，且要求至少 6 个季度有数据。

35 常用的变量包括净利润的同比增长率、净利润的同比变化除以总资产和净利润的 T 年复合增长率，以及 ROA 的同比变化。

3.6.3　盈利因子实证

从前文的论述可知，学术界提出了诸多构建盈利因子的变量。在针对 A 股的实证中，本书选择的变量是 ROE(TTM)，它源于 Fama and French (2015) 中的盈利因子。在具体计算中，ROE(TTM) 的分子为最近 12 个月的营业利润（operating profit），分母为股东权益（不含少数股东权益）最近四个报告期的均值。ROE(TTM) 的数据覆盖度如图 3.23 所示。

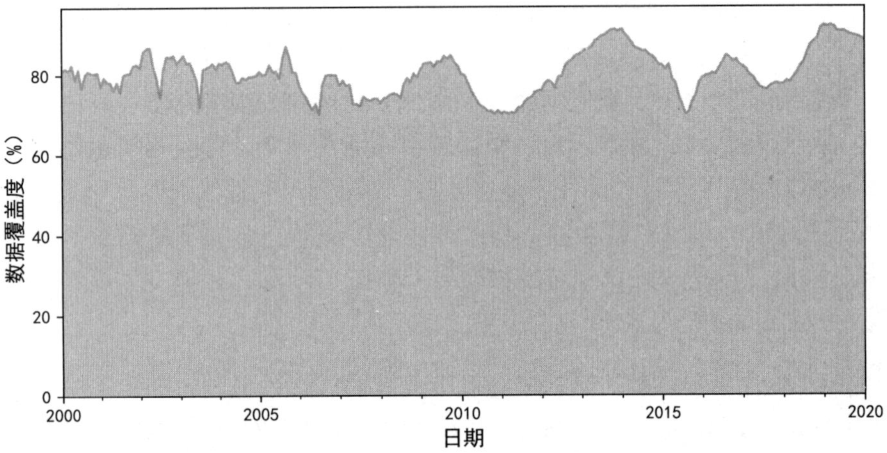

图 3.23　剔除黑名单、异常值后 ROE(TTM) 数据覆盖度

每个月末将股票按 ROE(TTM) 取值从低到高分成 10 组，记为 Low、2、……、9 及 High 组。它们的描述性统计见表 3.22。由于 ROA 和 ROE(TTM) 一样均体现盈利能力，因此这 10 个投资组合的平均 ROA 也呈现单调递增。此外，这 10 个组合的平均市值也表现出很好的单调性，即 ROE(TTM) 越高的组市值也越大。

表 3.22　ROE(TTM) 分组得到的 10 个投资组合的描述性统计

	Low	2	3	4	5	6	7	8	9	High
ROE(TTM)	−11.6%	0.4%	3.3%	5.5%	7.5%	9.6%	11.9%	14.9%	19.3%	30.0%
总市值（亿元）	48.45	53.97	52.94	60.27	63.38	77.96	100.03	164.87	236.50	300.31
市场 β	1.17	1.18	1.18	1.17	1.16	1.15	1.13	1.11	1.08	1.06
年化波动率	48.6%	47.3%	46.6%	46.2%	45.8%	45.4%	44.6%	43.9%	43.3%	43.5%
P/B	7.01	3.86	3.58	3.59	3.70	3.85	4.00	4.21	4.73	5.87
ROA	−3.53%	0.75%	2.09%	2.79%	3.69%	4.51%	5.30%	6.24%	7.56%	9.69%

表 3.23 展示了以 ROE(TTM) 单变量排序的检验结果。当采用等权重构造投资组合

时，这 10 个投资组合的月均收益率虽然表现出较好的单调性，ROE(TTM) 和收益率的秩相关系数为 0.855（p-值为 0.002），但是它们的差异很小，导致使用 High-Low 组合构建的盈利因子的月均收益率非常不显著。而当采用市值加权时，这 10 组的月均收益率的单调性有所下降（秩相关系数为 0.552、p-值为 0.098），但它们的差异却非常突出，因而使用 High–Low 组合构造的盈利因子的月均收益率的显著性也有所上升。等权重和市值加权的结果差异说明，等权重配置提升了低 ROE(TTM) 组的月均收益率，表明低 ROE(TTM) 的公司在小市值上有正的暴露，即低 ROE 的公司更可能是小市值的公司。这一推断和表 3.22 所显示的依照 ROE(TTM) 排序得到的 10 个组合的描述性统计结果非常一致。从表 3.22 中很容易看出，这 10 个组合的平均市值几乎单调上升，说明高 ROE(TTM) 的组的平均市值也更大。

表 3.23 ROE(TTM) 单变量排序月均收益率（%）

Panel A：等权重										
Low	2	3	4	5	6	7	8	9	High	High–Low
1.22	1.29	1.33	1.34	1.33	1.36	1.43	1.35	1.40	1.38	0.16
(1.59)	(1.68)	(1.75)	(1.81)	(1.84)	(1.89)	(2.10)	(2.01)	(2.10)	(2.05)	(0.52)
Panel B：市值加权										
Low	2	3	4	5	6	7	8	9	High	High–Low
0.58	0.78	0.96	0.85	0.82	0.77	1.05	0.76	1.00	1.26	0.68
(0.80)	(1.05)	(1.35)	(1.23)	(1.18)	(1.14)	(1.68)	(1.27)	(1.63)	(1.94)	(1.72)

括号内为经 Newey–West 调整的 t-值。

针对美股，Penman and Reggiani (2018) 统计了不同市值分组下的平均 ROE 水平，发现 ROE 的确和市值呈现正相关。盈利水平最高的组的股票市值往往较大，盈利水平最弱的组的股票市值往往较小。一般来说，小公司处于成长期，在长成“参天大树”之前的盈利能力往往较弱；而大公司的行业地位逐渐巩固，经营优势也越来越大，故盈利能力较强并且比较稳定。在一项研究中，Asness et al. (2018) 从独特的角度研究了盈利和市值之间的关系。该文的题目是 *Size matters, if you control your junk*，指出控制公司的质量可以使规模因子（小市值效应）在美股上更加显著，这一结论对描述公司质量的不同维度均成立，其中盈利就是一个维度。它的意思是，小市值中有很多盈利能力非常差的股票，这些股票的低收益削弱了小市值效应，即规模因子的表现。一旦将它们的影响剔除，就能极大提高规模因子的表现。该实证结果表明盈利差的公司往往也是市值很低的公司。考虑到这些方面，等权下 ROE(TTM) 分组的结果也就不难理解，而使用 ROE(TTM) 和市值的双重排序就可以从一定程度上降低市值对 ROE(TTM) 的影响。

表 3.24 给出了双重排序检验结果。图 3.24 和图 3.25 绘制了通过双重排序构建的盈利因子的累计收益率曲线。当控制了市值后，盈利因子（在表 3.24 中，“平均”一行中的 High–Low 组合）的平均收益率均非常显著。以等权重为例，在按市值划分得到的每一个档内，ROE(TTM) 均有较好的区分度和单调性。在不同的市值档内，通过做多高 ROE(TTM) 和做空低 ROE(TTM) 的 High–Low 组合的月均收益率呈现出“两边低、中间高”的形态，即盈利因子在中间市值档位内更加显著、在大市值和小市值中被稍弱。整体而言，ROE(TTM) 对除了 Small 组内的其余股票都有很好地解释它们预期收益率截面差异的能力。从五组平均值来看，盈利因子的月均收益率为 0.58%（t-值为 3.27）。上述结论在市值加权时依然成立。

回顾前文 3.4.3 节中关于价值因子的实证结果，与 BM 在大市值股票中的效果变差正好相反的是，ROE(TTM) 在小市值股票中的效果更差。因此，在实证结果中如果因为某些原因剔除了小市值的股票，则会自然而然地提升 ROE(TTM) 的表现，同时削弱 BM 的表现，间接造成 EP 比 BM 构造的价值因子更加显著的结果。然而，对于实证研究来说，任何的数据处理都应该格外小心，以免落入过拟合的误区[36]。

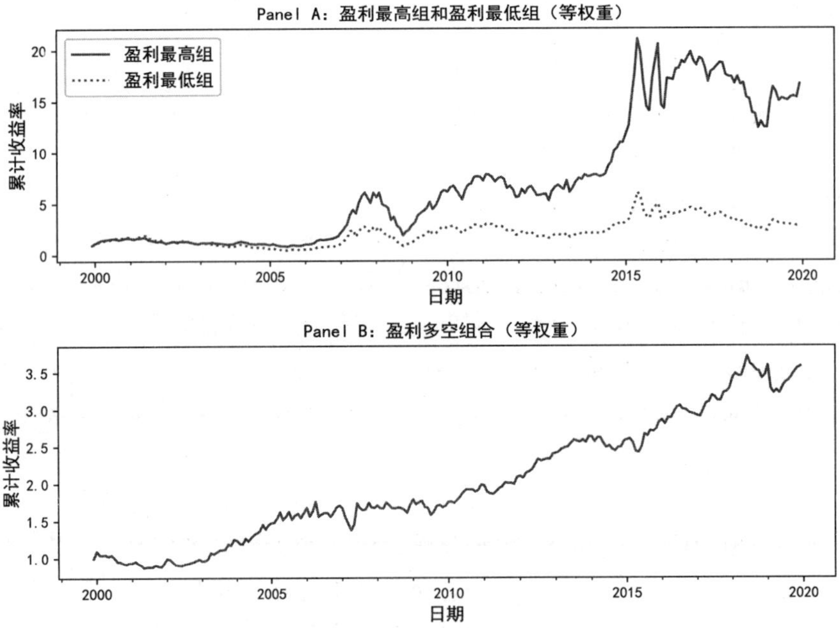

图 3.24 双重排序构建的盈利因子累计收益率（等权重）

36 本书第 6.1 节将会讨论因子挖掘中的过拟合问题。

表 3.24 ROE(TTM) 和市值独立双重排序月均收益率（%）

Panel A：等权重

	Low	2	3	4	High	High–Low
Small	1.95	2.09	2.20	2.18	2.17	0.22
	(2.43)	(2.65)	(2.90)	(2.94)	(2.77)	(1.03)
2	1.18	1.28	1.54	1.85	1.69	0.52
	(1.51)	(1.72)	(2.07)	(2.59)	(2.29)	(2.36)
3	0.81	1.07	1.15	1.51	1.40	0.58
	(1.06)	(1.38)	(1.58)	(2.12)	(2.00)	(2.73)
4	0.44	0.81	0.90	1.17	1.34	0.90
	(0.60)	(1.09)	(1.25)	(1.76)	(1.97)	(4.14)
Large	0.57	0.52	0.66	0.74	1.27	0.70
	(0.77)	(0.71)	(0.98)	(1.14)	(1.91)	(2.28)
平均	0.99	1.15	1.29	1.49	1.58	0.58
	(1.32)	(1.55)	(1.81)	(2.18)	(2.27)	(3.27)

Panel B：市值加权

	Low	2	3	4	High	High–Low
Small	1.89	2.03	2.17	2.13	2.11	0.22
	(2.34)	(2.58)	(2.85)	(2.88)	(2.73)	(1.01)
2	1.16	1.27	1.52	1.83	1.68	0.52
	(1.49)	(1.71)	(2.06)	(2.58)	(2.27)	(2.37)
3	0.80	1.06	1.14	1.49	1.42	0.62
	(1.05)	(1.35)	(1.57)	(2.10)	(2.01)	(2.84)
4	0.43	0.82	0.89	1.18	1.32	0.89
	(.59)	(1.11)	(1.25)	(1.77)	(1.95)	(4.05)
Large	0.60	0.55	0.55	0.74	1.21	0.61
	(0.79)	(0.78)	(0.81)	(1.12)	(1.83)	(1.84)
平均	0.98	1.15	1.26	1.48	1.55	0.57
	(1.30)	(1.56)	(1.77)	(2.17)	(2.24)	(3.23)

括号内为经 Newey–West 调整的 t-值。

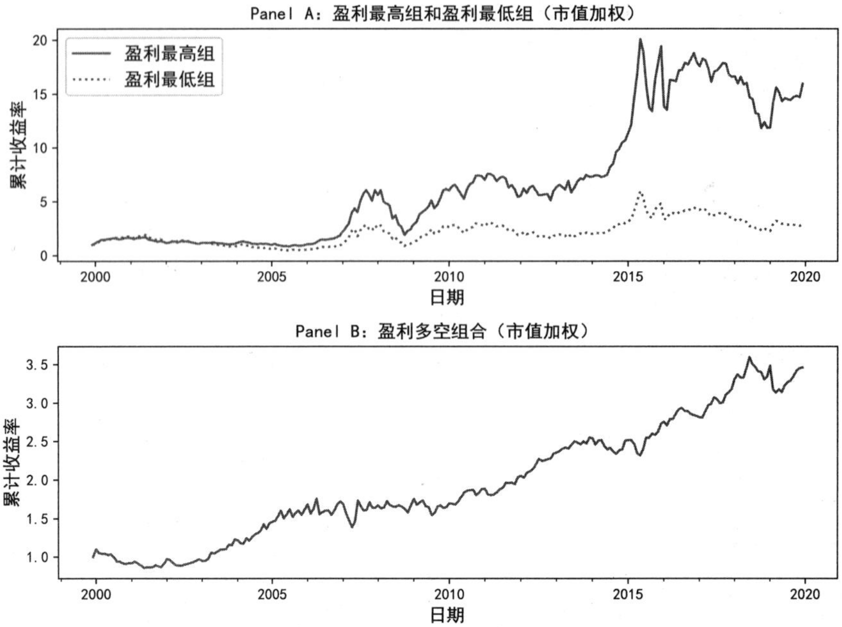

图 3.25 双重排序构建的盈利因子累计收益率（市值加权）

3.7 投资因子

3.7.1 投资因子起源

投资效应指的是当期投资较多的公司相比于投资较少的公司，在未来的预期收益率更低，即投资和预期收益之间呈现负相关。投资因子是近几年被逐渐认可的一个因子，其原因是 Fama and French (2015) 和 Hou et al. (2015) 同时将其纳入了各自的多因子模型。但事实上，投资因子早已植根于公司金融经典的 q-理论，Zhang (2017) 更是将其拓展为投资资产定价模型（investment CAPM 或 ICAPM），与自 20 世纪 60 年代以来一直盛行的基于消费的资产定价模型（CCAPM）并驾齐驱。

公司的最优投资行为要求公司投资预期盈利的现值等于投资的边际成本（此时边际利润为 0）。在均衡时，盈利率除以投资的边际成本等于折现率，即股票的预期收益率。因此，在盈利率水平给定时，投资越高的公司，股票期望收益越低。这与第 3.6 节基于相同理论所讨论的盈利与股票预期收益的关系相对应。Fama and French (2015) 从 DDM 推导出了投资因子，他们通过该理论模型推导出预期投资跟股票未来收益的关系，且在实证研究中使用历史投资作为预期投资的朴素估计。Zhang (2017) 认为这种处理方式值得商榷，因为历史投资并不能很好地预测未来的实际投资。在本书的 6.2.1 中将详细解读 Hou et al. (2015) 和 Fama and French (2015) 两个模型中投资因子的差异。

抛开争议不谈，几乎没有一项研究是横空出世的，投资因子也不例外。虽然投资因子真正受到重视是 2015 年之后的事，但对投资效应的研究更久，其中 Titman et al. (2004) 是最早的实证研究之一。该文使用异常资本投资（abnormal capital investment）来代表投资，并发现有着高额的异常资本投资的公司在接下来一年的收益会显著降低，且该效应不能被其他公司特征或常见的风险因子所解释。Xing (2008) 是最早利用 q-理论来构建投资因子的研究之一，其实证研究也支持 Titman et al. (2004) 的发现。也正是从这篇文章发表的 2008 年起，投资效应受到了越来越多的重视，诸多学者利用不同的样本对投资效应进行了大量的实证研究。

与 Titman et al. (2004) 有所不同，大部分后续研究都采用了将总资产增长率作为投资的代理变量，它也是 Hou et al. (2015) 和 Fama and French (2015) 采用的定义。Cooper et al. (2008) 基于 40 年的美股数据发现投资对股票未来收益的负面影响非常显著且稳健。此外，大量学术研究成果表明投资因子也存在于其他国家的股票市场中，不过发达国家市场中的投资效应要比新兴市场中的投资效应强很多[37]。此外，A 股市场也吸引了一些学者的注意，已有研究大多认为 A 股市场不存在显著的投资效应。其中，Guo et al. (2017) 利用 1995 至 2014 年间的数据发现，在 A 股市场中投资与股票未来收益间不存在显著的相关性，而 Qiao (2019) 和 Liu, Shi and Lian (2019) 也得到了类似的结论。

3.7.2　投资因子成因

关于投资效应的解释也多种多样。第一种解释就是从 q-理论出发。Cochrane (1991) 最早基于 q-理论提出了投资效应。Zhang (2005) 对此进行了拓展，指出有较高盈利能力和较低资本成本的企业会倾于向扩大投资，并获得较低的预期收益。Xing (2008) 指出包含随机折现因子的 q-理论可以很好地解释投资异象。第二种解释则基于实物期权而构建。通过假设资产的风险小于实物期权，研究者们指出更多的投资意味着行权；而用资产代替实物期权，可以降低公司的风险，因而预期收益也随之降低。Berk et al. (1999)、Carlson et al. (2004) 和 Anderson and Garcia-Feijóo (2006) 等是这类解释的代表。除此之外，Lyandres et al. (2008) 还提出了第三种解释，即投资效应是由递减的规模报酬（decreasing return to scale）所致。规模报酬递减意味着，随着投资的增加，资本的边际产出下降，预期收益也随之降低。最后，Cooper and Priestley (2011) 认为投资效应与其多空投资组合的系统性风险的差异有关。

除了上述基于系统性风险溢价的解释，也有不少从行为偏差和错误定价的角度进行的

37 相关研究请参考 Titman et al. (2009, 2010)、Li et al. (2012)、Watanabe et al. (2013)、Cakici (2015)、Fama and French (2017) 及 Kubota and Takehara (2018)。

分析。但略有不同的是，这类解释更多讨论的是公司的行为，而不仅仅是投资者的行为偏差。Baker and Wurgler (2002) 可谓是这方面的先驱，提出企业经理人会利用关于企业真实价值的信息优势进行择时活动，在股票被高估时发行股票扩大投资，但普通投资者通常不会关注这一点。因此，经理人的这一择时行为导致了投资与股票未来收益之间的负相关关系。Baker et al. (2003) 再次提出了类似的解释。但后续的实证研究说法不一，Polk and Sapienza (2008) 支持这一解释，而 Dittmar and Dittmar (2008) 却不支持。

那些有着高额投资的公司，就会有过度投资的倾向。这些公司为了构建自己的企业帝国，会投资很多净现值为负的项目，但投资者往往对此反应不足。随着投资者逐渐消化信息并纠正自己的错误行为，这些公司的股票价值将回归，并获得较低的未来回报。Titman et al. (2004) 和 Cooper et al. (2008) 的研究支持这一解释。后者认为，投资者在为公司估值时，倾向于将历史增长率外推来得到预期的未来增长率，但这一外推法常常会落空[38]，从而使得投资者高估了股票价值。

另外，公司可利用盈余管理（earnings management）满足市场预期，推动股价上涨和估值上升，进而利用高估值进行有利的并购活动。而并购活动自然会带来资产的增长，从而进一步导致投资与股票被高估的虚假关联。这一关联意味着即便投资效应不存在，人们仍可观察到投资与股票未来收益之间的负相关关系。不过，对于这一点，相关的实证研究并没有达成统一。例如，Li and Zhang (2010) 和 Lipson et al. (2011) 给出了支持这一解释的证据，但 Lam and Wei (2011) 和 Watanabe et al. (2013) 却不支持这一解释。

3.7.3　投资因子实证

在对投资因子进行实证中，本书采用上市公司年报中披露的总资产计算总资产（同比）增长率，以此作为排序变量构建投资因子。计算中之所以选择年报，是出于 A 股上市公司财务报表披露的情况考量。A 股上市公司从 2002 年开始披露季度资产负债表和利润表，从 2003 年开始披露季度现金流量表。如果选择季报数据计算同比增幅，则会在 2003 和 2004 年前后出现大量上一年同期数据的缺失值，导致变量的数据覆盖度在这两年大幅减少。为避免这个问题对实证结果造成影响，故而采用年报数据进行计算。在剔除黑名单及异常数据之后，总资产增长率的数据覆盖度如图 3.26 所示。

每月末将股票按总资产增长率的取值从低到高分成 10 组，记为 Low、2、……、9 及 High 组。表 3.25 给出了这 10 个投资组合在整个实证期内的描述性统计。值得注意的是，这 10 组的 ROA（总资产收益率）随着总资产增长率的增加而单调递增，即总资产增长率越高的公司，其平均 ROA 也越大。对该现象的解释如下。由会计学原理可知，总资产等于

38 这正是在 3.5 节讨论到的推定预期偏差。

股东权益加负债。假设在不分红的情况下，上市公司总资产的增加由利润和负债的变化决定。数据显示，A 股上市公司的平均负债率的时间序列在 2006 年之后非常稳定（全部 A 股上市公司的平均负债率在 85% 左右）。因此，如果进一步假设负债不变，则总资产的变化就由利润决定。这就不难理解为什么总资产增长率低的公司，ROA 也低。此外，这 10 组的总市值呈现出倒 U 字形，即位于两端的低投资组和高投资组的平均市值低于位于中间的其他组。

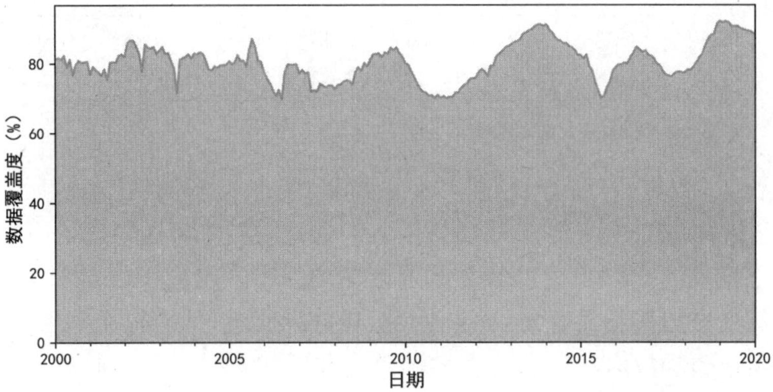

图 3.26 剔除黑名单、异常值后总资产增长率的数据覆盖度

表 3.25 总资产增长率分组得到的 10 个投资组合的描述性统计

	Low	2	3	4	5	6	7	8	9	High
总资产增长率	−11%	−2%	2%	6%	10%	14%	19%	27%	42%	92%
总市值（亿元）	57.67	75.13	83.29	110.20	159.50	168.28	167.49	138.75	111.85	92.78
市场 β	1.16	1.15	1.14	1.14	1.14	1.13	1.12	1.12	1.13	1.13
年化波动率	47.3%	45.9%	45.5%	45.2%	45.0%	44.6%	44.7%	44.9%	45.5%	46.6%
P/B	8.23	4.75	4.17	4.29	4.53	4.09	4.17	4.41	4.49	5.96
ROA	0.08%	2.06%	3.05%	3.68%	4.16%	4.60%	4.76%	4.98%	5.38%	5.89%

表 3.26 展示了以总资产增长率单变量排序的检验结果。当采用等权重时，这 10 个投资组合的月均收益率与它们的排序变量之间并无很好的单调性，秩相关系数为 −0.503（p-值为 0.138）；通过 Low–High 构建的投资因子的月均收益率非常不显著且为负（t-值为 −0.11）。而当采用市值加权时，上述情况也没有什么变化，这 10 组的月均收益率和总资产增长率的秩相关系数为 −0.527（p-值为 0.117），Low–High 构建的投资因子的收益率依然不显著（月均收益率为 0.17、t-值为 0.70）。

表 3.26　总资产增长率单变量排序月均收益率（%）

Panel A：等权重										
Low	2	3	4	5	6	7	8	9	High	Low–High
1.32	1.37	1.36	1.39	1.50	1.27	1.30	1.29	1.25	1.34	−0.02
(1.76)	(1.90)	(1.89)	(1.94)	(2.16)	(1.84)	(1.88)	(1.84)	(1.74)	(1.87)	(−0.11)
Panel B：市值加权										
Low	2	3	4	5	6	7	8	9	High	Low–High
1.03	0.87	1.02	1.08	1.26	0.76	0.95	0.94	0.86	0.86	0.17
(1.45)	(1.39)	(1.52)	(1.68)	(2.07)	(1.24)	(1.62)	(1.45)	(1.27)	(1.25)	(0.70)

括号内为经 Newey–West 调整的 t-值。

表 3.27 给出了双重排序检验结果。令人意外的是，当控制了市值后，低投资（Low 组）的月均收益率往往低于高投资（High 组）的月均收益率，这与理论所隐含的投资和预期收益负相关是相反的。以等权重为例，无论在哪个市值组内，Low–High 投资组合的月均收益率均为负（虽然都不显著），而最后得到的投资因子月均收益率为 −0.22%（t-值为 −1.63）。当采用市值加权时，双重排序的结果也和等权重时十分类似，投资因子月均收益率为 −0.21%（t-值为 −1.52）。图 3.27 和 3.28 给出了在等权重和市值加权下，双重排序构建的投资因子的累计收益曲线，以及多、空头各自的累计收益曲线。由于投资因子预期收益率为负，因此，投资因子组合的累计收益曲线几乎成单边下行之势。

投资因子在 A 股市场的表现和理论的大相径庭值得进一步思考：是学术界相关的金融学理论有瑕疵，还是 A 股的上市公司“特立独行”？从表 3.25 展示的总资产增长率与 ROA 之间的正相关性中，也许可以得出分析上述谜团的思路。由 3.6 节的论述可知，盈利因子在 A 股市场是有效的；以 ROE(TTM) 为变量，以做多高盈利公司和做空低盈利公司构建的盈利因子的收益非常显著。结合盈利因子的表现并考虑到总资产增长率和 ROA 的相关性，可以推断出低投资的公司在盈利因子上有负的暴露，而高投资的公司在盈利因子上则有正的暴露。然而，无论单变量排序，还是和市值一起进行双变量排序，均无法有效消除上述在盈利因子上的暴露，使得投资因子在一定程度上受到盈利因子的影响。对盈利因子的负暴露会削弱低投资公司的预期收益率，而对盈利因子的正暴露则会提高高投资公司的预期收益率，最终造成了投资因子的失真。

基于上述讨论，为了更准确地讨论投资因子在 A 股市场上的表现，就必须要规避盈利因子对其的影响。为此，使用 ROA 和总资产增长率进行条件双重排序来重新构建投资因子。在条件双重排序中，ROA 为第一排序变量，总资产增长率为第二排序变量。在 Hou et al. (2015) 这篇提出四因子模型的论文中，三位作者使用市值、ROE 和总资产增长率三重排序的方法构建了包括投资因子在内的三个因子，其出发点也是反映盈利和投资之间的条件关系，它也为使用 ROA 和总资产增长率条件双重排序提供了理论指引。

表 3.27　总资产增长率和市值独立双重排序月均收益率（%）

Panel A：等权重						
	Low	2	3	4	High	Low–High
Small	1.95	2.09	2.11	2.09	2.27	−0.31
	(2.47)	(2.62)	(2.82)	(2.74)	(2.85)	(−1.79)
2	1.31	1.31	1.57	1.59	1.45	−0.15
	(1.75)	(1.80)	(2.06)	(2.15)	(1.95)	(−0.86)
3	0.91	1.28	1.20	1.27	1.28	−0.37
	(1.20)	(1.70)	(1.70)	(1.75)	(1.77)	(−2.19)
4	0.91	0.83	1.01	1.05	1.11	−0.20
	(1.28)	(1.22)	(1.48)	(1.49)	(1.54)	(−1.09)
Large	0.83	0.85	1.08	0.82	0.90	−0.07
	(1.25)	(1.26)	(1.67)	(1.25)	(1.28)	(−0.32)
平均	1.18	1.27	1.40	1.37	1.40	−0.22
	(1.64)	(1.78)	(2.01)	(1.94)	(1.95)	(−1.63)
Panel B：市值加权						
	Low	2	3	4	High	Low–High
Small	1.90	2.01	2.08	2.03	2.23	−0.34
	(2.40)	(2.53)	(2.77)	(2.67)	(2.81)	(−1.85)
2	1.28	1.30	1.57	1.59	1.44	−0.16
	(1.71)	(1.79)	(2.07)	(2.15)	(1.94)	(−0.97)
3	0.91	1.26	1.20	1.27	1.28	−0.37
	(1.19)	(1.67)	(1.69)	(1.75)	(1.76)	(−2.20)
4	0.91	0.84	1.01	1.04	1.11	−0.19
	(1.29)	(1.24)	(1.49)	(1.48)	(1.54)	(−1.07)
Large	0.85	0.84	1.13	0.84	0.81	0.04
	(1.28)	(1.25)	(1.71)	(1.30)	(1.17)	(0.16)
平均	1.17	1.25	1.40	1.36	1.38	−0.21
	(1.63)	(1.77)	(2.01)	(1.95)	(1.93)	(−1.52)

括号内为经 Newey–West 调整的 t-值。

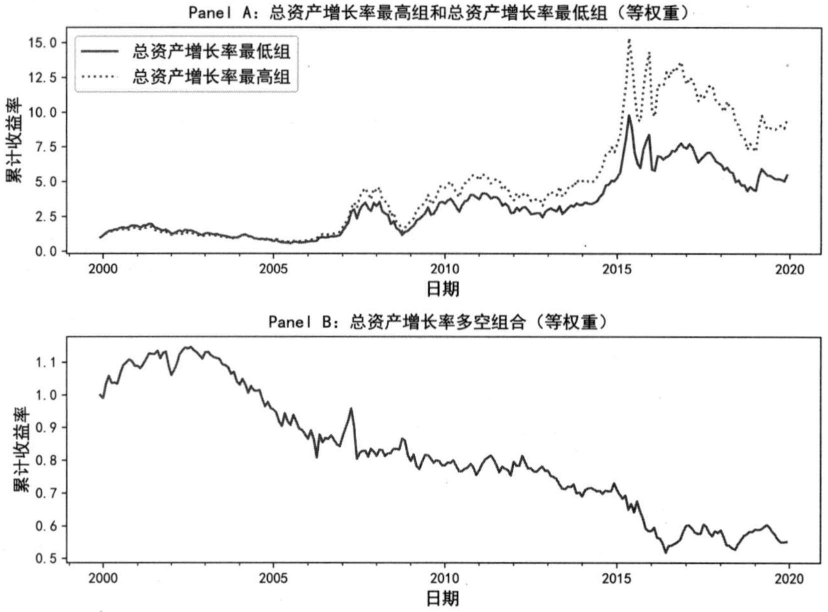

图 3.27　双重排序构建的投资因子累计收益率（等权重）

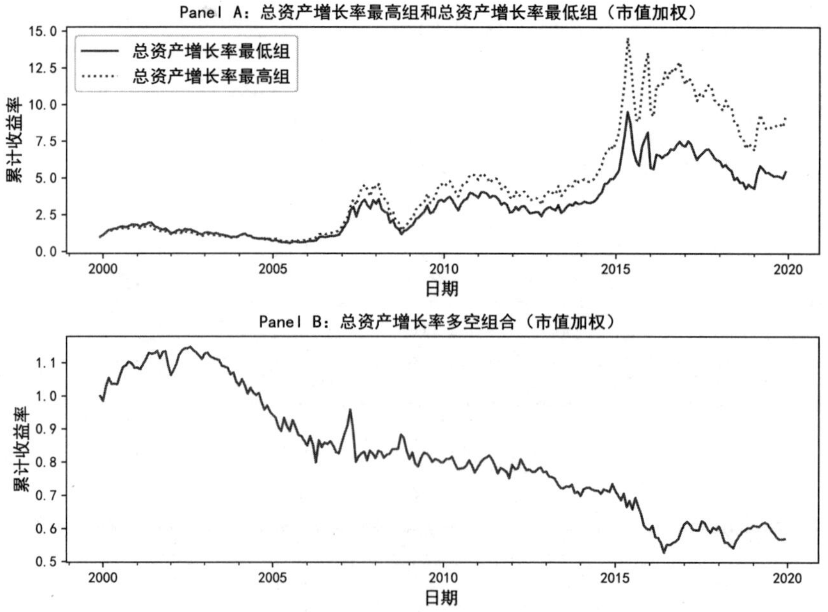

图 3.28　双重排序构建的投资因子累计收益率（市值加权）

表 3.28　ROA 和总资产增长率条件双重排序月均收益率（%）

Panel A：等权重

	Low	2	3	4	High	Low–High
ROA Low	1.27	1.25	1.32	1.35	1.26	0.01
	(1.60)	(1.68)	(1.80)	(1.77)	(1.69)	(0.07)
2	1.47	1.51	1.33	1.20	1.23	0.24
	(1.94)	(1.98)	(1.83)	(1.62)	(1.65)	(1.15)
3	1.37	1.35	1.34	1.23	1.33	0.04
	(1.83)	(1.83)	(1.90)	(1.79)	(1.82)	(0.20)
4	1.27	1.43	1.48	1.29	1.48	−0.21
	(1.77)	(2.02)	(2.17)	(1.89)	(2.05)	(−1.24)
ROA High	1.31	1.35	1.47	1.40	1.25	0.06
	(1.95)	(2.05)	(2.29)	(2.16)	(1.85)	(0.29)
平均	1.31	1.38	1.39	1.30	1.31	0.03
	(1.83)	(1.92)	(2.01)	(1.86)	(1.83)	(0.19)

Panel B：市值加权

	Low	2	3	4	High	Low–High
ROA Low	0.72	0.92	1.12	1.12	0.72	0.00
	(0.93)	(1.25)	(1.79)	(1.59)	(1.07)	(0.01)
2	1.24	1.19	0.88	0.59	0.92	0.32
	(1.67)	(1.53)	(1.34)	(0.83)	(1.19)	(1.00)
3	1.12	1.19	1.03	0.65	0.99	0.13
	(1.57)	(1.70)	(1.51)	(1.01)	(1.33)	(0.45)
4	0.83	1.13	0.85	1.05	1.13	−0.30
	(1.21)	(1.69)	(1.40)	(1.70)	(1.57)	(−1.16)
ROA High	0.97	0.93	1.06	1.13	0.79	0.18
	(1.69)	(1.50)	(1.59)	(1.89)	(1.23)	(0.70)
平均	0.98	1.07	0.99	0.91	0.91	0.07
	(1.43)	(1.58)	(1.58)	(1.45)	(1.33)	(0.34)

括号内为经 Newey–West 调整的 t-值。

表 3.28 汇总了使用 ROA 和总资产增长率条件双重排序的检验结果。无论等权重还是市值加权，在控制了 ROA 后，依然无法在 A 股上观察到显著的投资因子。当采用等权重时，投资因子的月均收益率为 0.03%，其 t-值仅为 0.19；当采用市值加权时，投资因子的月

均收益率为 0.07%，t-值为 0.34。观察表中更细分的结果，在不同的 ROA 条件分组下，总资产增长率区分股票预期收益率差异的能力均十分有限；无论采用哪种权重，以总资产增长率排序的五组收益率都无显著单调性。尽管如此，表 3.28 的结果表明，在控制了 ROA 之后，投资因子的收益率不再显著。这和前文的猜测一致，即投资因子会受到盈利因子的影响，如果不对盈利因子加以控制，则投资因子的负收益可能源于在盈利因子上的负暴露。综合表 3.25 中的描述性统计，以及表 3.27 和 3.28 中的双重检验结果，可以认为投资因子在 A 股市场中并不显著，而不是和理论相矛盾。

最后，A 股市场中投资因子不显著也可能存在另外的解释。一方面，金融学理论表明投资和未来预期收益率呈负相关。另一方面，A 股市场中的总资产增长往往来自公司的兼并和收购活动，而这类活动往往伴随着后续股价的上涨、收益率的提高，故造成投资和预期收益率之间的正相关。投资和预期收益率之间的强弱都会影响投资因子，最终造成其在本书的实证期内并不显著。

3.8 换手率因子

3.8.1 换手率因子起源

成交量也对股票未来表现有显著影响。对于这一点，业界的应用可能远远早于学界的研究。例如，Lefevre and Markman (2012) 详细描述了华尔街的传奇人物 Jesse Livermore 于 20 世纪初提出的趋势交易方法。该方法就包括在股票突破形成上涨趋势时，需要有成交量放大的配合。而换手率作为标准化的成交量指标，同样备受关注。

现如今，学术界和业界的共识是，换手率和预期收益之间呈负相关关系。相关的研究可以追溯到 20 世纪 90 年代，但最初的实证结果却并不一致。Campbell et al. (1993) 发现市场指数和大盘股日收益率的一阶自相关性都随着成交量的增加而下降。Chordia and Swaminathan (2000) 发现高成交股票的日度和周度收益率领先于低成交股票的。Datar et al. (1998) 指出换手率有助于解释股票收益。Chordia et al. (2001) 进一步指出，成交金额和换手率的变化对股票收益有显著的负面影响。而 Subrahmanyam (2005) 发现换手率对股票未来表现的影响存在显著的不对称性，对于过去一个月收益最低的股票，换手率同股票未来收益呈负相关，而对于过去一个月表现优异的股票，二者却呈正相关。

再来看看换手率因子在其他市场上的表现。Hu (1997) 和 Chang et al. (2010) 发现在日本股市中，换手率及其变化也都对股票未来收益有显著的负面影响。Rouwenhorst (1999) 则在新兴市场中观察到相同的现象。然而，Dey (2005) 却有不同的发现，认为在新兴市场中高换手率有正的风险溢价。关于 A 股市场也有不少研究。Mei et al. (2005) 基于中国市场特殊的 A/B 股交易结构发现投资者的投机活动导致更高的 A 股换手率和更高的价格，从而推升 A/B 股价差。此外，Liu, Stambaugh and Yuan (2019) 指出 A 股市场换手率对股票未来收益有显著的负面影响并据此构建了换手率因子（Pessimistic-Minus-Optimistic，PMO），且通过实证结果支持了他们的结论，并在其对 A 股市场提出的四因子模型中纳入了 PMO 因子。该因子可以更好地解释其他因子无法解释的异象，如 A 股市场上的短期反转。

3.8.2 换手率因子成因

早期的相关研究大多将成交量和换手率当作流动性的一种度量方法，但随着 Amihud (2002) 将非流动性定义为单位成交金额对应的平均收益变化，换手率便不再适合作为流动性的代理变量。Subrahmanyam (2005) 认为应将其视作趋势是否能延续的表征，这与 Lefevre and Markman (2012) 讲述的趋势交易方法不谋而合。Barinov (2014) 也认为换手率与流动性并不相同，而是与市场的总体波动率有关。特别地，他指出换手率异象在那些有期权状的股权结构中最为显著，且这一点也可以被总体波动率因子所解释。Chen et al. (2001) 则认为换手率可能同股价崩盘风险[39]有关，发现换手率相对于过去 6 个月的趋势显著增长且在过去 36 个月又显著正收益的股票面临最高的崩盘风险。

另外，从行为金融学的角度分析，换手率及换手率异象也有一些代表性的研究。Odean (1998) 和 Statman et al. (2006) 指出换手率反映了投资者非理性的情绪，诸如过度自信和盲目乐观，因而是一个情绪指标。Lee and Swaminathan (2000)、Glaser and Weber (2007) 及 Hong and Stein (2007) 则认为换手率和投资者的注意力及投资者的意见分歧有关。Chou et al. (2013) 研究发现换手率与股票未来收益的负相关性不能被 Fama and French (1993) 三因子模型和 Liu (2006) 的流动性 CAPM 模型等经典资产定价模型解释，也不能被 Daniel et al. (1997) 提出的特征收益模型完全解释，而是和行为偏差和套利限制更相关。此外，他们还发现换手率异象高度持续，在组合形成后长达五年的时间内，都可能获得显著的超额收益。

除此之外，一些学者探讨了异常成交量对股票收益的影响，并发现异常高的成交量往往预示着更好的股票表现。例如，Gervais et al. (2001) 发现成交量异常高的股票有更高的未来收益，且成交量的预测能力并不受高成交量期间股票收益的影响，这同趋势交易方法的结论有所不同。该文认为高成交量的股票有着更好的可见性（visibility），吸引更多的潜在买家，从而有更好的表现。Kaniel et al. (2012) 基于 41 个国家的数据指出，在发达市场和新兴市场都存在高成交溢价。Zhou (2010) 则提供了中国 A 股市场存在高成交溢价的证

39 股价崩盘风险是金融学术研究中的一个重要话题，通常用过去一段时间的股票收益负偏度来度量，负偏度越大，则股价崩盘风险也越大。

据。Akbas et al. (2017) 表明市场总体的异常高周度成交量预示着未来一周更高的市场收益以及更高的波动率。Lee et al. (2016) 进一步指出高成交溢价是一个短期现象，高成交量的股票虽然在未来一周表现更好，但在更长期的时间表现反而不佳。他们将成交量拆分为预期的成交量和未预期的成交量，并指出前者与不同期限股票的未来收益呈负相关，而后者同股票未来五周之内的收益呈正相关，但对更长期的收益没有显著影响。

3.8.3　换手率因子实证

在构建换手率因子时，本书依照 Liu, Stambaugh and Yuan (2019) 提出的方法，即使用异常换手率作为排序变量。对于每只股票，在 t 月末，异常换手率的定义为过去 21 个交易日的平均换手率和过去 252 个交易日的平均换手率的比值（换手率基于自由流通股本计算）。剔除黑名单及异常数据后，异常换手率的数据覆盖度如图 3.29 所示。

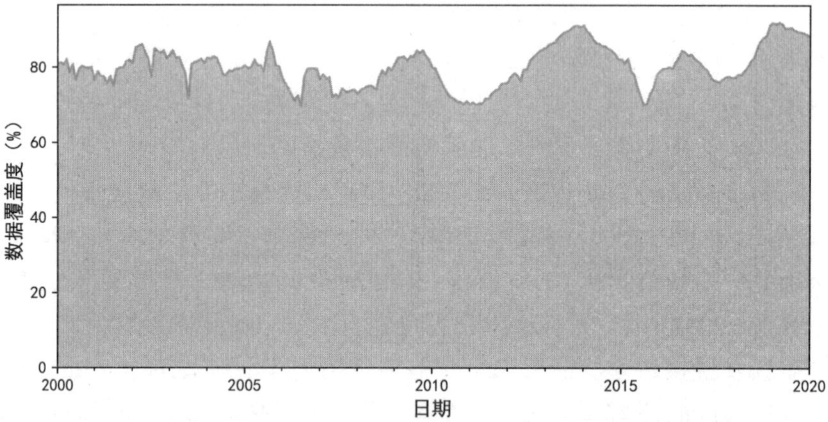

图 3.29　剔除黑名单、异常值后异常换手率数据覆盖度

每月末将股票按异常换手率从低到高分成 10 组，记为 Low、2、……、9 及 High 组。表 3.29 给出了这 10 个投资组合在整个实证期内的描述性统计。无论总市值、市场 β、年化波动率，还是 P/B 及 ROA，这 10 个投资组合在这些变量上的取值都非常接近，并没有在某个变量上表现出明显的单调性，说明换手率和这些变量的相关性是非常低的。这是一个非常优秀的性质。

表 3.30 展示了以异常换手率为变量的排序检验结果。无论等权重还是市值加权，低换手率效应在 A 股上都十分显著，投资组合的收益率随着换手率的上升而下降。当采用等权重时，这 10 个投资组合的月均收益率和每组平均异常换手率的秩相关系数均为 -0.903（p-值为 3.44×10^{-4}），呈现出显著的负相关性；当采用市值加权时，上述单调性有所下降，秩相关系数为 -0.612（p-值为 0.06）。无论等权重还是市值加权，由做多低异常换手率（Low

组）和做空高异常换手率（High 组）构造的换手率因子的月均收益率都非常显著。当采用等权时，换手率因子的月均收益率为 1.50%（t-值高达 5.45）；当采用市值加权时，该因子每月的收益率较等权重时下降到 1.10%（t-值下降到 3.01）。尽管如此，该结果无论在经济上还是统计上都依然非常显著。

表 3.29 异常换手率分组得到的 10 个投资组合的描述性统计

	Low	2	3	4	5	6	7	8	9	High
异常换手率	0.44	0.58	0.67	0.76	0.84	0.94	1.06	1.21	1.45	2.05
总市值（亿元）	111.70	102.43	106.79	106.66	112.33	130.50	125.07	124.58	119.81	112.09
市场 β	1.16	1.16	1.16	1.15	1.14	1.14	1.13	1.12	1.11	1.11
年化波动率	47.4%	46.1%	45.5%	45.2%	45.0%	44.9%	44.9%	45.0%	45.3%	46.2%
P/B	5.85	5.07	4.99	4.73	4.45	4.90	4.69	5.04	4.99	6.76
ROA	4.10%	3.82%	3.70%	3.73%	3.72%	3.94%	3.98%	3.99%	3.87%	3.64%

表 3.30 异常换手率单变量排序月均收益率（%）

Panel A：等权重

Low	2	3	4	5	6	7	8	9	High	Low–High
1.67	1.82	1.74	1.65	1.68	1.45	1.36	1.20	0.93	0.17	1.50
(2.40)	(2.57)	(2.43)	(2.30)	(2.33)	(2.04)	(1.88)	(1.66)	(1.28)	(0.23)	(5.45)

Panel B：市值加权

Low	2	3	4	5	6	7	8	9	High	Low–High
1.09	1.34	1.33	1.15	1.04	1.39	1.18	0.83	0.80	−0.01	1.10
(1.83)	(2.06)	(2.07)	(1.69)	(1.64)	(2.18)	(1.78)	(1.17)	(1.17)	(−0.01)	(3.01)

括号内为经 Newey–West 调整的 t-值。

当采用双重排序时，检验结果如表 3.31 所示。当控制了市值后，换手率因子的月均收益率依然非常显著。这其实非常符合预期，因为以换手率分组得到的不同投资组合在市值上并无太大差异，说明二者之间的相关性很低。同时，结合表 3.31 中的结果也可以观察到，低换手率异象在小市值中更加显著。以等权重为例，在按市值划分得到的每一个档内，该变量均有较好的区分度和单调性；随着市值的增加，Low–High 组合的收益率和显著性都呈现出单调下降的趋势。在平均五组的数据后，等权重下换手率因子每月的收益率为 1.24%，t-值高达 6.67。在市值加权时，Low–High 组合的收益率仅在市值最大组内不再显著（t-值为 1.50），但综合五组来看，结果依然非常显著，月均收益率为 1.20%（t-值为 6.51）。无论月均收益率还是其 t-值，较等权重时都没有太大差异。

表 3.31 异常换手率和市值独立双重排序月均收益率（%）

Panel A：等权重						
	Low	2	3	4	High	Low–High
Small	2.69	2.39	2.16	1.97	0.99	1.70
	(3.45)	(3.04)	(2.73)	(2.53)	(1.28)	(8.08)
2	1.97	1.77	1.64	1.38	0.47	1.50
	(2.68)	(2.44)	(2.20)	(1.81)	(0.62)	(6.68)
3	1.74	1.56	1.42	1.01	0.43	1.32
	(2.34)	(2.06)	(1.97)	(1.36)	(0.58)	(5.97)
4	1.32	1.45	1.21	0.96	0.28	1.04
	(1.92)	(2.04)	(1.71)	(1.35)	(0.39)	(5.04)
Large	1.03	1.21	1.20	0.95	0.41	0.62
	(1.55)	(1.78)	(1.74)	(1.39)	(0.57)	(2.23)
平均	1.75	1.68	1.53	1.25	0.52	1.24
	(2.47)	(2.34)	(2.13)	(1.74)	(0.71)	(6.67)
Panel B：市值加权						
	Low	2	3	4	High	Low–High
Small	2.65	2.36	2.12	1.94	0.90	1.74
	(3.40)	(3.00)	(2.68)	(2.49)	(1.17)	(8.42)
2	1.95	1.76	1.63	1.38	0.46	1.49
	(2.65)	(2.43)	(2.19)	(1.80)	(0.61)	(6.73)
3	1.73	1.54	1.43	1.00	0.45	1.28
	(2.33)	(2.03)	(1.97)	(1.34)	(0.61)	(5.76)
4	1.31	1.47	1.22	0.96	0.28	1.03
	(1.92)	(2.07)	(1.72)	(1.35)	(0.39)	(5.07)
Large	0.91	1.28	1.10	0.95	0.46	0.45
	(1.40)	(1.91)	(1.63)	(1.35)	(0.63)	(1.50)
平均	1.71	1.68	1.50	1.24	0.51	1.20
	(2.44)	(2.36)	(2.11)	(1.74)	(0.71)	(6.51)

括号内为经 Newey–West 调整的 t-值。

最后，图 3.30 和图 3.31 展示了等权重和市值加权下，换手率因子的多、空两头各自的累计收益率曲线（Panel A），以及因子投资组合（即多、空对冲组合，Panel B）的累计收益率曲线。无论等权重还是市值加权，以上两图各自 Panel B 中换手率因子的累计收益率曲线都非常平顺，看上去非常吸引人（从超过 6.0 的 t-值也可以感受到这一点）。然而，需要"泼一盆冷水"的是，这仍然仅是从实证资产定价出发得到的纸面上的收益率，并没有考虑任何交易费用的影响。考察多空两端的表现，多头组合的月均收益率虽然较本章考查的其他因子的多头收益率更高，但对因子组合的收益率来说，起到更关键作用的还要数空头组合。较其他因子来说，异常换手率因子的空头端（高换手率组）的收益率明显更低，从而更好地平抑了多头端的波动，对于因子收益率的贡献更大。然而在实际交易中，由于做空限制将会使空头端的贡献大打折扣，因此实际中注定无法取得纸面上收益率这种完美的效果。在多头方面，低异常换手率组合则能够显著的跑赢市场组合。在等权重和市值加权时，多头组合的年化夏普比率分别为 0.65 和 0.64，而市场组合年化夏普比率仅为 0.40。因此，虽然空头组合难以在实际中发挥作用，但仍然可以利用多头组合跑赢市场的特点，在实际投资中将投资组合有计划地暴露于低异常换手率因子上。

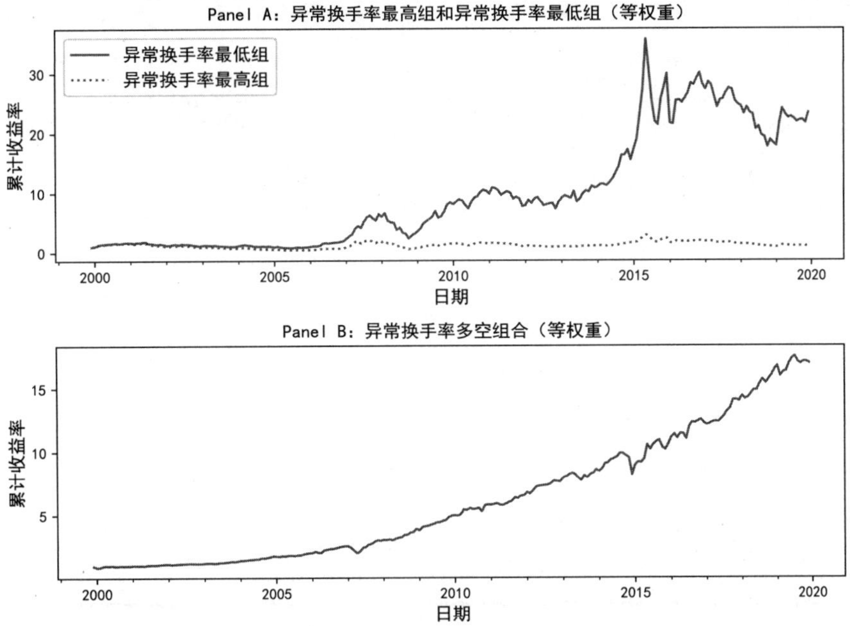

图 3.30　双重排序构建的换手率因子累计收益率（等权重）

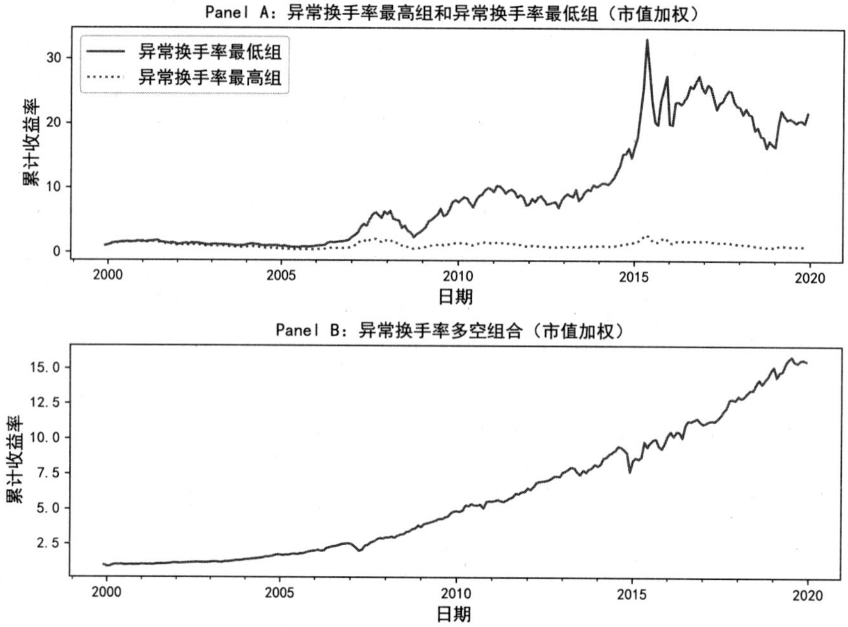

图 3.31 双重排序构建的换手率因子累计收益率（市值加权）

第 4 章　多因子模型

本章首先梳理学术界主流的多因子模型，为读者进行相关的研究提供思路。值得一提的是，这些多因子模型均是针对美国股票市场提出的。这背后的原因有二：第一，在全球所有股票市场中，美国股市当仁不让是最重要的。第二，现代金融学诞生于以芝加哥大学、麻省理工学院及哈佛大学等为代表的美国顶尖学府，因而学术界以美股为研究对象也就顺理成章。不过可喜的是，多因子模型经过多年的发展和完善，很多学者也把其中一些模型应用于其他国家的股票市场中，并取得了令人满意的实证结果。

本章的第 4.2 节使用 Fama–MacBeth 回归分析研究了 A 股中哪些因子被定价。待检验的因子正是本书第 3 章中涉及的因子。第 3 章的实证结果显示诸如价值、规模这些因子在 A 股上都是显著的。但是由于排序法无法完全剔除因子间的相互影响，因此造成目标因子在其他因子上有不可避免的暴露，从而影响实证结果。第 4.2 节的 Fama–MacBeth 回归分析能够规避这一问题，给出更稳健的因子收益率分析结果。

接下来，第 4.3 节将通过一个例子说明如何使用常见的统计学手段，如 GRS 检验和 α 检验，比较不同的多因子模型。为了使结果对 A 股的因子投资更具参考价值，参与比较的多因子模型之一是近年来备受关注的中国版三因子模型，而参与比较的另一个多因子模型则是本书作者从公司估值角度推导出的四因子模型。值得一提的是，本节讨论的重点是比较模型方法论的应用，而非是在两个模型中决出高低。

本章最后一节讨论在构建多因子模型时应遵循的简约性原则。研究表明，多因子模型解释资产预期收益率的能力和其复杂度呈正相关。从实证研究的角度，当多因子模型中加入越来越多的因子后，它总能更好地解释资产或异象的收益率，然而这么做却意义不大。优秀的多因子模型通常只因包含少量有限个因子[1]，且每个因子背后都应该有明确的金融学或经济学含义。

4.1　主流多因子模型综述

自 Fama and French (1993) 发表并提出第一个多因子模型以来，学术界对多因子模型的研究经历了近 30 年。其间，很多新的模型先后被提出，它们对人们认知市场产生了深

1 学术界主流多因子模型的因子个数均在 3 ～ 5 个之间。

远的影响。表 4.1 总结了当下学术界主流的多因子模型，其中最“年长”的模型是 Fama–French 三因子模型（“高龄”28 岁）、最“年轻”的模型是 Daniel–Hirshleifer–Sun 三因子模型（还是个“小婴儿”）。

表 4.1　主流多因子模型

模型	出处	所含因子
Fama–French 三因子	Fama and French (1993)	市场、规模、价值
Carhart 四因子	Carhart (1997)	市场、规模、价值、动量①
Novy-Marx 四因子	Novy-Marx (2013)	市场、价值、动量、盈利
Fama–French 五因子	Fama and French (2015)	市场、规模、价值、盈利、投资
Hou–Xue–Zhang 四因子	Hou et al. (2015)	市场、规模、盈利、投资
Stambaugh–Yuan 四因子	Stambaugh and Yuan (2017)	市场、规模、管理、表现
Daniel–Hirshleifer–Sun 三因子	Daniel et al. (2020)	市场、长周期行为、短周期行为

①动量因子实际上是代表股票之间相对强弱的截面动量，但通常当学术界提到这个因子的时候并不会特别加上“截面”二字。因此，依照惯例，本书也简称它为动量因子。

虽说新模型的提出是为了取代老模型，但目前学术界就各个模型的孰优孰劣尚未达成一致的观点。正如 Fama–French 三因子模型如今依然是实证资产定价研究中被使用最广泛的定价模型，而像 Hou–Xue–Zhang 四因子模型和 Stambaugh–Yuan 四因子模型这些完全从不同角度推出的模型也极大地丰富了人们对资产定价及因子投资的理解。接下来就逐一介绍表 4.1 中的多因子模型。

4.1.1　Fama–French 三因子模型

在多因子模型被提出之前，CAPM 是资产定价的第一范式。然而，自 20 纪 70 年代以来，学者们逐渐发现按照某种风格“打包”的股票能够战胜市场。这其中最值得一提的是 Basu (1977) 发现的盈利市值比（EP）效应和 Banz (1981) 发现的小市值效应。继 EP 之后，账面市值比（BM）和债务市值比（debt to market value of equity，DM）效应也被发现。虽然单一异象被发现后都对 CAPM 提出了挑战，但它们并没有形成合力，因此人们并未对 CAPM 产生太大的质疑，直到 Fama and French (1992) 横空出世，它整合了之前被提出的多种异象，彻底颠覆了人们对 CAPM 的看法。当然，由于 CAPM 在数学上足够简单优雅，且在业务上非常容易解释（风险来自对市场的暴露），因此它还是资产定价的一个很好的出发点，只是人们再也无法忽视不能被 CAPM 解释的其他系统性风险因子了。

想要摒弃一个旧模型，唯有提出一个更好的新模型。Fama and French (1993) 在 CAPM 的基础上，加入了价值（High-Minus-Low，HML）和规模（Small-Minus-Big，SMB）两个

因子，提出了三因子模型[2]，它也是多因子模型的开山鼻祖：

$$E[R_i] - R_f = \beta_{i,\mathrm{MKT}}(E[R_M] - R_f) + \beta_{i,\mathrm{SMB}}E[R_{\mathrm{SMB}}] + \beta_{i,\mathrm{HML}}E[R_{\mathrm{HML}}] \tag{4.1}$$

式 (4.1) 中，$E[R_i]$ 表示股票 i 的预期收益率，R_f 为无风险收益率，$E[R_M]$ 为市场组合预期收益率，$E[R_{\mathrm{SMB}}]$ 和 $E[R_{\mathrm{HML}}]$ 分别为规模因子（SMB）及价值因子（HML）的预期收益率，$\beta_{i,\mathrm{MKT}}$、$\beta_{i,\mathrm{SMB}}$ 和 $\beta_{i,\mathrm{HML}}$ 为个股 i 在相应因子上的暴露。

为构建价值和规模因子，Fama and French (1993) 选择了 BM 和市值两个公司指标，并用它们进行了如图 4.1 所示的 2×3 独立双重排序。在排序时，以纽约证券交易所（New York Stock Exchange，NYSE）（下面简称纽交所）中上市公司的市值中位数为界，把 NYSE、纳斯达克（NASDAQ）以及美国证券交易所（American Stock Exchange，AMEX）的上市公司分成小市值（Small）和大市值（Big）两组。类似的，以 NYSE 中上市公司 BM 的 30% 和 70% 分位数为界，把这三大交易所的上市公司分成三组：BM 高于 70% 分位数的为 High 组、BM 低于 30% 分位数的为 Low 组、位于中间的为 Middle 组。通过以上划分后，按照市值和 BM 各自所属的组别，所有股票被分到一共 6（$2\times3=6$）个组中，记为 S/H、S/M、S/L、B/H、B/M 及 B/L。将每组中的股票收益率按市值加权就得到六个投资组合。最终，Fama and French (1993) 使用如下方法构建了规模和价值两个因子：

$$\mathrm{SMB} = \frac{1}{3}(\mathrm{S/H} + \mathrm{S/M} + \mathrm{S/L}) - \frac{1}{3}(\mathrm{B/H} + \mathrm{B/M} + \mathrm{B/L}) \tag{4.2}$$

$$\mathrm{HML} = \frac{1}{2}(\mathrm{S/H} + \mathrm{B/H}) - \frac{1}{2}(\mathrm{S/L} + \mathrm{B/L}) \tag{4.3}$$

		BM		
		High（高组）	**M**iddle（中间组）	**L**ow（低组）
市值	**S**mall（小市值）	S/H	S/M	S/L
	Big（大市值）	B/H	B/M	B/L

市值分组依据：NYSE 中位数；
BM 分组依据：NYSE 30% 和 70% 分位数。

图 4.1　BM 和市值双重排序

从式 (4.2) 和式 (4.3) 中不难看出，规模因子是三个小市值组合 S/H、S/M 及 S/L 的等权平均减去三个大市值组合 B/H、B/M 及 B/L 的等权平均；而价值因子是 S/H 和 B/H

2 按照 Fama and French (1993) 文中的符号，三因子模型的表达式为 $E[R_i] - R_f = b(E[R_M] - R_f) + sE[\mathrm{SMB}] + hE[\mathrm{HML}]$，其中 SMB 和 HML 被用来代表因子收益率，而相应的因子暴露由 s 和 h 表示。在本书中，为了使不同因子模型的数学符号具有一致性，仍然使用 β 和 R 加下标来表示不同因子的暴露和收益率。

两个高 BM 组合的等权平均减去 S/L 和 B/L 两个低 BM 组合的等权平均。在每年的六月末，Fama and French (1993) 使用上一财年最新的财务数据对股票重新排序并对这两个因子进行再平衡。Fama–French 三因子模型被提出后逐步取代了 CAPM 成为资产定价的第一范式。而以上述双重划分以及以此衍生出来的多重划分来构建因子组合也成为学术界竞相模仿的对象。

作为第一个被提出的多因子模型，Fama–French 三因子模型被反复进行检验。Davis et al. (2000) 使用自 1927 年开始的数据检验了三因子模型；Fama and French (1998) 使用其他国家的股票市场检验该模型；Fama and French (2008) 使用三因子模型考察了那些无法被 CAPM 解释的异象。除此之外，Fama and French (1996) 还尝试从风险的角度解释了 SMB 和 HML 两个因子，并猜想它们和上市公司的财务困境风险有关。此外，Fama and French (1996) 认为 Fama–French 三因子模型是 Merton (1973) 提出的跨期资本资产定价模型（Intertemporal Capital Asset Pricing Model，ICAPM）的多因子版本。但是关于 SMB 和 HML 代表何种状态变量，以及为什么它们能够捕捉 CAPM 无法解释的风险，依旧没有定论。

4.1.2　Carhart 四因子模型

作为第一代的多因子模型，Fama–French 三因子模型虽然有足够的开创性，但是“适用性”却有限，有很多其无法解释的异象。在众多异象中，最显著的大概要数截面动量异象。该异象最初由 Jegadeesh and Titman (1993) 提出。假如当前时点为 t 月，他们使用了 $t-12$ 到 $t-1$ 这 11 个月之间的总收益率将所有股票排序，并选择总收益率高的构建了赢家组合（Winner）、总收益率低的构建了输家组合（Loser），发现由做多赢家和做空输家获得的多/空投资组合可以获得超额收益。之所以特意规避最近的一个月是因为 Jegadeesh and Titman (1993) 观察到了市场短期存在反转现象（Jegadeesh 1990），为了不使短期反转干扰中期动量，因此在计算动量时特地把最近一个月剔除，故而使用了 $t-12$ 到 $t-1$ 之间的 11 个月而非最近 12 个月。

受到 Jegadeesh and Titman (1993) 的启发，Carhart (1997) 在 Fama–French 三因子模型中加入了截面动量因子（取动量英文单词前三个字母，记为 MOM）并提出了 Carhart 四因子模型：

$$\begin{aligned} E[R_i]-R_f=&\beta_{i,\mathrm{MKT}}(E[R_M]-R_f)+\beta_{i,\mathrm{SMB}}E[R_{\mathrm{SMB}}]+\beta_{i,\mathrm{HML}}E[R_{\mathrm{HML}}]\\ &+\beta_{i,\mathrm{MOM}}E[R_{\mathrm{MOM}}] \end{aligned} \tag{4.4}$$

在式 (4.4) 中，$E[R_{MOM}]$ 为动量因子的收益率，$\beta_{i,\mathrm{MOM}}$ 为个股 i 在动量因子上的暴露。在实际使用中，Carhart (1997) 使用了 NYSE、NASDAQ 及 AMEX 的全部股票。每月末将

所有股票按 $t-12$ 到 $t-1$ 这 11 个月的总收益率排序，并通过做多排名前 30% 同时做空排名后 30% 的股票构建动量因子。在计算动量因子收益率时，多空两头内的股票均采用等权重配置。

4.1.3 Novy–Marx 四因子模型

Novy-Marx (2013) 指出盈利能力和未来预期收益密切相关，并由此提出了一个四因子模型：

$$\begin{aligned}E[R_i]-R_f=\beta_{i,\mathrm{MKT}}(E[R_M]-R_f)+\beta_{i,\mathrm{HML}}E[R_{\mathrm{HML}}]+\beta_{i,\mathrm{UMD}}E[R_{\mathrm{UMD}}]\\+\beta_{i,\mathrm{PMU}}E[R_{\mathrm{PMU}}]\end{aligned} \tag{4.5}$$

其中 $E[R_{\mathrm{PMU}}]$ 是盈利因子的预期收益率（PMU 是 Profitability-Minus-Unprofitaility 的缩写，代表盈利），$\beta_{i,\mathrm{PMU}}$ 为个股 i 在该因子上的暴露。除盈利因子外，该模型还包括市场、价值及动量因子。需要说明的是，Novy-Marx (2013) 使用 UMD（Up-Minus-Down 的首字母缩写）代表动量因子，因此式 (4.5) 中 $E[R_{\mathrm{UMD}}]$ 和 $\beta_{i,\mathrm{UMD}}$ 分别为动量因子的预期收益及个股 i 在该因子上的暴露。在使用时，动量因子的投资组合需要每月进行再平衡，而价值和盈利因子需要每年六月末使用最新的财务数据重新构建投资组合。

如何衡量企业的盈利能力呢？Novy-Marx (2013) 认为毛利润（Gross Profitability，GP）要比净利润更好。首先，毛利润代表最真实的经济生产能力，是整个企业所有投入者（债权人和股东）努力的结果。其次，毛利润包含了研发投入和广告投入等费用，这些费用事实上有利于企业未来的盈利，因此不应该被减掉。最后，毛利润总体来说比较干净纯粹，因为利润表越往下，受操纵的科目可能越多，数据就越不真实。无论排序法，还是 Fama–MacBeth 回归，均显示 GP 具有和 BM 效果一样的预测能力，且比净利润与净资产之比以及自由现金流与净资产之比这两个指标更加优秀。

在构建因子时，Novy-Marx (2013) 追随了 Fama and French (1993) 的脚步，分别使用 logBM、$t-12$ 到 $t-1$ 的总收益率及 GP 作为这三个因子的变量和市值进行 2×3 双重排序法。由此可知，该模型中的动量因子和 Carhart 四因子模型中的不同，因为后者的动量因子是通过单变量排序构造的。下面重点介绍一下盈利因子（PMU）的构建（图 4.2）。

以 NYSE 中上市公司 GP 的 30% 和 70% 分位数为界，把 NYSE、NASDAQ 及 AMEX 三大交易所的上市公司依据 GP 高低分为盈利（Profitable，即 GP 在 70% 分位数之上）、中性（Neutral，即 GP 介于 30% 和 70% 分位数之间）以及不盈利（Unprofitable，即 GP 在 30% 分位数之下）三组。这三组再加上市值高低的独立划分共得到六个投资组合：S/P、S/N、S/U、B/P、B/N 及 B/U，每个组合中的股票均按其市值确定权重。

		Gross Profitability		
		Profitable（盈利）	**Neutral**（中性）	**Unprofitable**（不盈利）
市值	**Small**（小市值）	S/P	S/N	S/U
	Big（大市值）	B/P	B/N	B/U

市值分组依据：NYSE 中位数；
GP 分组依据：NYSE 30% 和 70% 分位数。

图 4.2 GP 和市值双重排序

与 Fama–French 三因子模型及 Carhart 四因子模型不同的是，在构建这三个因子时，Novy-Marx (2013) 进行了行业中性处理，即在做多一只股票的同时按同等权重做空该股票所属的行业指数，从而得到行业中性化后的投资组合。最后，由于盈利和预期收益率呈正相关，因此使用盈利组 S/P 和 B/P 和不盈利组 S/U 和 B/U 的收益率之差构建盈利因子，公式见式 (4.6)：

$$\mathrm{PMU} = \frac{1}{2}(\mathrm{S/P} + \mathrm{B/P}) - \frac{1}{2}(\mathrm{S/U} + \mathrm{B/U}) \tag{4.6}$$

4.1.4 Fama–French 五因子模型

Fama and French (2015) 在 Fama–French 三因子模型的基础上添加了盈利和投资两个因子，提出了新的五因子模型：

$$\begin{aligned} E[R_i] - R_f = {} & \beta_{i,\mathrm{MKT}}(E[R_M] - R_f) + \beta_{i,\mathrm{SMB}}E[R_{\mathrm{SMB}}] + \beta_{i,\mathrm{HML}}E[R_{\mathrm{HML}}] \\ & + \beta_{i,\mathrm{RMW}}E[R_{\mathrm{RMW}}] + \beta_{i,\mathrm{CMA}}E[R_{\mathrm{CMA}}] \end{aligned} \tag{4.7}$$

式 (4.7) 中，$E[R_{\mathrm{RMW}}]$ 和 $E[R_{\mathrm{CMA}}]$ 分别为盈利因子和投资因子的预期收益率，$\beta_{i,\mathrm{RMW}}$ 和 $\beta_{i,\mathrm{CMA}}$ 分别为个股 i 在这两个因子上的暴露。每年六月末，使用最新财务数据对股票重新排序并对规模、价值、盈利和投资四个因子的投资组合进行再平衡。

该模型从股利贴现模型出发并利用 Miller and Modigliani (1961) 的结果推导出 t 时刻公司市值 M_t 满足如式 (4.8) 关系：

$$M_t = \sum_{\tau=1}^{\infty} E[Y_{t+\tau} - dB_{t+\tau}]/(1+r)^{\tau} \tag{4.8}$$

其中，$Y_{t+\tau}$ 是 $t+\tau$ 期的净利润，$dB_{t+\tau}$ 是未来 $t+\tau$ 期的账面价值的变化，r 是股票长期的预期收益率。将式 (4.8) 两边同时除以 t 时刻公司的账面价值 B_t 可得：

$$\frac{M_t}{B_t} = \frac{\sum_{\tau=1}^{\infty} E[Y_{t+\tau} - dB_{t+\tau}]/(1+r)^{\tau}}{B_t} \tag{4.9}$$

Fama and French (2015) 通过分析式 (4.9) 提出了如下关系：

- 当除了 M_t 和 r 的其他变量不变时，更小的 M_t（或更高的 B_t/M_t）对应更高的 r；
- 当除了 $Y_{t+\tau}$ 和 r 的其他变量不变时，更高的 $Y_{t+\tau}$ 对应更高的 r；
- 当除了 $dB_{t+\tau}$ 和 r 的其他变量不变时，更高的 $dB_{t+\tau}$ 对应更低的 r。

上述后两点说明 r 和预期盈利呈正相关、r 和预期投资呈负相关。在实证中，如何围绕预期盈利和预期投资构建因子呢？这方面的研究可以追溯到 Fama and French (2006)。该文专门检验了预期盈利和预期投资这两个维度和预期收益率的关系。在计算预期盈利和预期投资时，Fama and French (2006) 既检验了使用历史数据作为预期的朴素估计（naïve estimate），又考虑了使用回归分析预测的方法。

对于预期投资，当使用总资产变化的历史数据作为预期投资的朴素估计时，分析结果显示它和收益率之间呈显著的负相关性。而当采用回归计算预期投资时，却并没有发现它和收益率之间的显著关系[3]。Fama and French (2006) 从计量经济学的角度对两种方法的结果进行了大量探讨，并最终选择了使用历史数据进行朴素估计来计算预期投资。对于预期盈利，使用历史 ROE 数据和回归预测的差异很小，因此 Fama and French (2006) 也采用了朴素估计。上述处理方法也最终被保留到了 Fama and French (2015) 中。值得一提的是，按照 DDM，代表投资的变量应该是账面价值的预期变化，而非总资产。Fama and French (2015) 坦言他们比较了分别使用账面价值和总资产的两种方法，发现使用后者排序的话，股票收益率在截面上的差异更大，因此选择了总资产的变化。

在构建因子时，与 Fama and French (1993) 相似，对于新加入的盈利因子和投资因子，Fama and French (2015) 依次使用 ROE 以及过去一年总资产变化率和市值进行 2×3 双重排序，分别得到六个投资组合（图 4.3）[4]。首先以 NYSE 中上市公司的 ROE 的 30% 和 70% 分位数为界，把 NYSE、NASDAQ 以及 AMEX 三大交易所的上市公司依据 ROE 高低分为稳健（Robust，即 ROE 在 70% 分位数之上）、中性（Neutral，即 ROE 介于 30% 和 70% 分位数之间）及疲软（Weak，即 ROE 在 30% 分位数之下）三组。这三组和市值高低独立排序共得到六个投资组合：S/R、S/N、S/W、B/R、B/N 及 B/W。每个投资组合的收益率使用各组成分股收益率的市值加权得到。对于盈利因子，由于预期盈利和预期收益率呈正相关，因此使用稳健组（S/R 和 B/R）和疲软组（S/W 和 B/W）的收益率之差构建盈利因子（Robust-Minus-Weak，RMW）：

$$\mathrm{RMW} = \frac{1}{2}(\mathrm{S/R} + \mathrm{B/R}) - \frac{1}{2}(\mathrm{S/W} + \mathrm{B/W}) \tag{4.10}$$

3 颇具讽刺意味的是，使用回归预测得到的预期投资和预期收益率之间呈现正相关（虽然不显著），这和从 DDM 推导的预期投资和预期收益率之间的负相关相互矛盾。这也成为后来 Hou et al. (2019b) 抨击 Fama and French (2015) 的原因之一。

4 Fama and French (2015) 中还给出了其他的排序方法，但是最常用的仍然是 2×3 排序。

		ROE		
		Robust（稳健）	**N**eutral（中性）	**W**eak（疲软）
市值	**S**mall（小市值）	S/R	S/N	S/W
	Big（大市值）	B/R	B/N	B/W

		总资产变化率		
		Aggresive（激进）	**N**eutral（中性）	**C**onservative（保守）
市值	**S**mall（小市值）	S/A	S/N	S/C
	Big（大市值）	B/A	B/N	B/C

市值分组依据：NYSE 中位数；
ROE 和总资产变化率分组依据：NYSE 30% 和 70% 分位数。

图 4.3　ROE、总资产变化率和市值双重排序

对于投资因子，以 NYSE 中上市公司总资产变化率的 30% 和 70% 分位数为界，把三大交易所的上市公司依据总资产变化率高低分为激进（Aggressive，即总资产变化率在 70% 分位数之上）、中性（Neutral，即总资产变化率介于 30% 和 70% 分位数之间）以及保守（Conservative，即总资产变化率在 30% 分位数之下）三组。用这三组和市值高低进行 2×3 双重排序就得到六个投资组合：S/A、S/N、S/C、B/A、B/N 及 B/C。同样的，每个投资组合的收益率使用各组成分股收益率的市值加权得到。对于投资因子，由于预期投资和预期收益率呈负相关，因此使用保守组（S/C 和 B/C）和激进组（S/A 和 B/A）的收益率之差构建投资因子（Conservative-Minus-Aggressive，CMA）：

$$\text{CMA}=\frac{1}{2}(\text{S/C}+\text{B/C})-\frac{1}{2}(\text{S/A}+\ \text{B/A}) \tag{4.11}$$

最后值得一提的是规模因子的构建方法。与 Fama–French 三因子模型不同，在 Fama–French 五因子模型中，BM、ROE 及总资产变化率分别用来和市值进行 2×3 双重排序，一共得到了 18 个投资组合。在这种情况下，如果还像 Fama and French (1993) 一样，仅以 BM 和市值分组组合并按照式 (4.2) 构建规模因子就不太合理 —— 人们一定会问，为什么不用市值和 ROE 或总资产变化率的分组组合。显然，Fama and French (2015) 考虑到了这个问题，因此他们选择综合上述三个变量各自和市值双重排序得到的小市值和大市值组合来构建规模因子。具体来说，Fama–French 五因子模型中的规模因子为：

$$\mathrm{SMB}=\frac{1}{3}(\mathrm{SMB_{BM}}+\mathrm{SMB_{ROE}}+\mathrm{SMB_{INV}}) \tag{4.12}$$

其中，

$$\mathrm{SMB_{BM}}=\frac{1}{3}(\mathrm{S/H}+\mathrm{S/M}+\mathrm{S/L})-\frac{1}{3}(\mathrm{B/H}+\mathrm{B/M}+\mathrm{B/L}) \tag{4.13}$$

$$\mathrm{SMB_{ROE}}=\frac{1}{3}(\mathrm{S/R}+\mathrm{S/N}+\mathrm{S/W})-\frac{1}{3}(\mathrm{B/R}+\mathrm{B/N}+\mathrm{B/W}) \tag{4.14}$$

$$\mathrm{SMB_{INV}}=\frac{1}{3}(\mathrm{S/C}+\mathrm{S/N}+\mathrm{S/A})-\frac{1}{3}(\mathrm{B/C}+\mathrm{B/N}+\mathrm{B/A}) \tag{4.15}$$

4.1.5　Hou–Xue–Zhang 四因子模型

Hou et al. (2015) 从实体投资经济学理论出发提出了一个四因子模型。由于实体投资经济学理论又被称为 q-理论，因此该模型也被学术界称为 q-因子模型。该模型包含市场、规模、投资和盈利四个因子：

$$\begin{aligned}E[R_i]-R_f=&\beta_{i,\mathrm{MKT}}(E[R_M]-R_f)+\beta_{i,\mathrm{ME}}E[R_{\mathrm{ME}}]+\beta_{i,\mathrm{I/A}}E[R_{\mathrm{I/A}}]\\&+\beta_{i,\mathrm{ROE}}E[R_{\mathrm{ROE}}]\end{aligned} \tag{4.16}$$

式 (4.16) 中 $E[R_{\mathrm{ME}}]$、$E[R_{\mathrm{I/A}}]$ 和 $E[R_{\mathrm{ROE}}]$ 分别为规模因子、投资因子和盈利因子的预期收益，$\beta_{i,\mathrm{ME}}$、$\beta_{i,\mathrm{I/A}}$ 和 $\beta_{i,\mathrm{ROE}}$ 为股票 i 在相应因子上的暴露。需要明确的是，在使用中规模因子和投资因子的排序变量每年六月末更新，而盈利因子的排序变量每月末更新，但所有因子的投资组合均是月度再平衡。

Hou–Xue–Zhang 四因子模型受到了 Cochrane (1991) 的启发，源于公司投资的经济学原理。该论文的作者之一张橹教授曾在《清华金融评论》上撰文介绍过这个模型的来龙去脉（Zhang 2016）。该模型体现了公司金融学中的净现值原则（NPV rule）：如果项目现值大于投资成本，则应当投资该项目；如果项目现值小于投资成本，则不应当投资。起初，公司会有很多投资项目，此时应优先投资折现率低、盈利率高，即现值最高的项目。随着被投资的项目越来越多，投资成本会慢慢增加，盈利率会越来越低。投资的最后一个项目应该是净现值为零（净现值原则）：投资成本 = 项目现值 = 盈利率 / 折现率。

净现值原则说的是，一家公司应该持续投资，直到投资的边际效益（被折现到今天）等于投资的边际成本。这句话是对 Hou et al. (2015) 所依托的经济学原理的核心概括。传统资产定价理论从投资者最优证券组合角度出发，和公司变量没有直接关系；而 q-因子模型为实证资产定价研究开辟了一个新途径。

将净现值原则变化一下得出：折现率 = 盈利率 / 投资成本。从这个式子出发，可以得到两个关于折现率的条件预期结论：当盈利率给定时，投资越多的公司（投资成本越高），折现率越低，股票预期收益率也越低；当投资给定时，盈利率越高的公司，折现率越高，股票预期收益率也越高。由此可知，股票收益率和投资成反比，和盈利率成正比。

q-因子模型背后的数学模型考虑了一个两期（记为时刻 0 和 1）的公司投资决策模型。假设在时刻 0，某公司 i 的资产为 A_{i0}、利润率是 Π_{i0}（假设已知）；在时刻 1，该公司的利润率是 Π_{i1}，它是一个随机变量。对于时刻 0 和 1，公司的现金流为每一时刻的资产乘以利润率：$\Pi_{it}A_{it}, t=0,1$。在这个两期模型中，公司的决策变量是时刻 0 的投资额 I_{i0}。该模型假设公司时刻 0 的资产 A_{i0} 在 $t=1$ 时全部折旧完，因此该公司在时刻 1 的资产正是其在时刻 0 的投资：$A_{i1}=I_{i0}$。除此之外，伴随 I_{i0} 而来的还包括一个调整费用：$(a/2)(I_{i0}/A_{i0})^2A_{i0}$。对于该公司，时刻 0 对于股东的回报是现金流减去投资额及投资的调整费用，即 $\Pi_{i0}A_{i0}$–$I_{i0}-(a/2)(I_{i0}/A_{i0})^2A_{i0}$；而对于时刻 1，由于不再有投资，因此其在时刻 0 的预期回报可以表达为 $E_0[M_1\Pi_{i1}A_{i1}]$，其中 M_1 是随机折现因子、$\Pi_{i1}A_{i1}$ 是时刻 1 的现金流、期望符号 E 的下标“0”代表时刻 0 时的预期。这两期的回报相加就是最优化的目标函数：

$$\max_{I_{i0}} \Pi_{i0}A_{i0}-I_{i0}-\frac{a}{2}\left(\frac{I_{i0}}{A_{i0}}\right)^2A_{i0}+E_0[M_1\Pi_{i1}A_{i1}] \tag{4.17}$$

该目标函数的最优解 I_{i0} 满足：

$$1+a\frac{I_{i0}}{A_{i0}}=E_0[M_1\Pi_{i1}] \tag{4.18}$$

式 (4.18) 的左侧为投资的边际成本（第二项为边际调整费用）；右边为边际效益预期被折现到时刻 0。这个关系式也说明了4.1.5 中提到的净现值原则。此外，由投资第一性原理（the first principle of investment）可知，投资收益率 r^I（上标“I”表示投资收益率，为了区分股票收益率）应满足：

$$E_0[M_1r_{i1}^I]=1 \tag{4.19}$$

比较式 (4.18) 和式 (4.19) 就可以得到投资收益率和边际成本及边际效益的关系：

$$E_0[r_{i1}^I]=\frac{E_0[\Pi_{i1}]}{1+a(I_{i0}/A_{i0})} \tag{4.20}$$

根据 Cochrane (1991) 和 Liu et al. (2009) 的研究结果，在上述模型设定下，公司的投资收益率等于其股票收益率（记为 r^S），因此最终可以把股票收益率和上述从公司投资角度出发的经济学理论联系起来：

$$E_0[r_{i1}^S]=\frac{E_0[\Pi_{i1}]}{1+a(I_{i0}/A_{i0})} \tag{4.21}$$

观察式 (4.21) 可知，当预期盈利 $E_0[\Pi_{i1}]$ 给定时，股票收益率和投资 I_{i0}/A_{i0} 成反比；当投资给定时，股票收益率和预期盈利成正比。在上述关系中，投资 I_{i0}/A_{i0} 是时刻 0 的，故为历史投资。值得一提的是，q-因子模型和 Fama–French 五因子模型中均包括投资因子，但前者从实体投资经济学理论推出收益率和历史投资的关系，而后者使用股息折现模型推出收益率和预期投资的关系，因此二者存在很大的差异。本书在 6.2.1 中将解读它们的差异。

在实证研究中，Hou et al. (2015) 使用 ROE 和总资产变化率作为代表盈利和投资的指标。在构建因子时，为了体现上述条件预期收益率的关系，他们使用市值、单季度 ROE 和总资产变化率进行 $2\times3\times3$ 独立三重排序，其中市值按纽交所中位数划分、ROE 和总资产变化率按纽交所 30% 和 70% 分位数进行划分。独立三重排序共得到 18 个投资组合，每个组合内的股票按照市值加权。令 c_1、c_2、c_3 依次代表每个投资组合在市值、ROE 和总资产变化率三个变量上的划分，其中 c_1 取值为 S 和 B 分别代表小市值和大市值，c_2 和 c_3 分别取值为 H、M、L 来代表高、中、低三档；令数学符号 $c_1/c_2/c_3$ 代表上述三个变量某个划分交集得到的分组。例如，S/H/H 代表由小市值、高 ROE 和高总资产变化率股票构成的分组。依照上述数学符号，使用这 18 个投资组合，规模（ME）、盈利（ROE）、投资（I/A）三因子的定义如下：

$$\begin{aligned}\mathrm{ME}=\ &\frac{1}{9}(\mathrm{S/L/L+S/M/L+S/H/L+S/L/M+S/M/M+S/H/M}\\&+\mathrm{S/L/H+S/M/H+S/H/H})\\&-\frac{1}{9}(\mathrm{B/L/L+B/M/L+B/H/L+B/L/M+B/M/M+B/H/M}\\&+\mathrm{B/L/H+B/M/H+B/H/H})\end{aligned}\tag{4.22}$$

$$\begin{aligned}\mathrm{ROE}=\ &\frac{1}{6}(\mathrm{S/H/L+S/H/M+S/H/H+B/H/L+B/H/M+B/H/H})\\&-\frac{1}{6}(\mathrm{S/L/L+S/L/M+S/L/H+B/L/L+B/L/M+B/L/H})\end{aligned}\tag{4.23}$$

$$\begin{aligned}\mathrm{I/A}=\ &\frac{1}{6}(\mathrm{S/L/L+S/M/L+S/H/L+B/L/L+B/M/L+B/H/L})\\&-\frac{1}{6}(\mathrm{S/L/H+S/M/H+S/H/H+B/L/H+B/M/H+B/H/H})\end{aligned}\tag{4.24}$$

式 (4.22)、式 (4.23) 和式 (4.24) 的文字含义如下；规模因子（ME）是等权重做多 9 个小市值组合（$\mathrm{S}/c_2/c_3$），同时等权重做空 9 个大市值组合（$\mathrm{B}/c_2/c_3$）；盈利因子（ROE）是等权重做多 6 个高 ROE 组合（$c_1/\mathrm{H}/c_3$），同时等权重做空 6 个低 ROE 组合（$c_1/\mathrm{L}/c_3$）；投资因子（I/A）是等权重做多 6 个低总资产变化率组合（$c_1/c_2/\mathrm{L}$），同时等权重做空 6 个高总资产变化率组合（c_1/c_2/H）。

4.1.6 Stambaugh–Yuan 四因子模型

在 4.1.6 节和 4.1.7 节中介绍的最后两个多因子模型均是从行为金融学的角度对资产定价的探索。大量研究表明，投资者的有限理性和认知偏差造成了市场中的各种错误定价，而错误定价可以解释市场中的许多异象和因子。本书第 6 章的第 6.3 节将系统梳理行为金融学的主要内容以及它和资产收益率的关系。下面先来说说出自行为金融学的第一个多因子模型：Stambaugh–Yuan 四因子模型（Stambaugh and Yuan 2017）。

Stambaugh and Yuan (2017) 在市场因子和规模因子的基础上，引入管理因子和表现因子，构建了四因子模型：

$$\begin{aligned} E[R_i] - R_f = \beta_{i,\text{MKT}}(E[R_M] - R_f) + \beta_{i,\text{SMB}} E[R_{\text{SMB}}] + \beta_{i,\text{MGMT}} E[R_{\text{MGMT}}] \\ + \beta_{i,\text{PERF}} E[R_{\text{PERF}}] \end{aligned} \tag{4.25}$$

式 (4.25) 中 $E[R_{\text{MGMT}}]$ 和 $E[R_{\text{PERF}}]$ 分别为管理因子和表现因子的预期收益率，而 $\beta_{i,\text{MGMT}}$ 和 $\beta_{i,\text{PERF}}$ 为个股 i 在相应因子上的暴露。在使用中，规模、管理和表现三个因子的投资组合均为月度再平衡。

在上述四因子模型中，管理因子和表现因子均源自关于错误定价的研究。错误定价意味着价格较内在价值的偏离，当价格高于内在价值时资产被高估，当价格低于内在价值时资产被低估。被高估的资产由于价格的修正在未来会出现较低的收益率，反之被低估的资产在未来则会获得较高的收益率。为了从错误定价中寻找因子的灵感，首先要找到衡量股票价格是否被高估或低估的指标。

为此，Stambaugh and Yuan (2017) 延续了两位作者以及他们的另外一位合作者余剑峰教授在早期关于错误定价的一系列研究，包括 Stambaugh et al. (2012, 2014, 2015)。他们以 11 个 Fama–French 三因子模型无法解释的异象为基础，构建了错误定价指标。其背后的逻辑是，异象的超额收益反映了其投资组合内股票的收益中无法被 Fama–French 三因子模型解释的超额收益，即个股的错误定价。因此，异象变量取值的高低就可以用来描述错误定价的方向（被高估或被低估）和大小。表 4.2 总结了这 11 个异象。需要指出的是，该表的目的仅仅是对这些异象做简要说明，每个异象变量的名称并不完全等价于它的计算方法[5]。关于异象变量的具体计算方法，请读者参考 Stambaugh and Yuan (2017) 或表中列出的代表文献。

根据这 11 个异象之间的相关性将他们分成两组，使得每组内异象之间的相关性更好，

5 例如，其中一个异象变量是净营业资产，然而它的计算方法是净营业资产和总资产之比。

而分属两组的异象的相关性较低。第一组包含股票净发行量、复合股权发行量、应计利润、净营业资产、总资产增长率及投资与总资产之比 6 个异象。这 6 个异象变量均和上市公司的管理决策相关，使用它们构建的因子被称为管理因子。第二组包含另外 5 个异象，即财务困境、O-分数、动量、毛利率及总资产回报率。它们均和上市公司的表现有关，使用它们构建的因子被称为表现因子。

表 4.2　Stambaugh–Yuan 四因子模型中使用的 11 个异象

中文名	英文名	代表文献	和预期收益率的关系
股票净发行量	Net Stock Issues	Fama and French (2008)	负相关
复合股权发行量	Composite Equity Issues	Daniel and Titman (2006)	负相关
应计利润	Accruals	Sloan (1996)	负相关
净营业资产	Net Operating Assets	Hirshleifer et al. (2004)	负相关
总资产增长率	Asset Growth	Cooper et al. (2008)	负相关
投资与总资产之比	Investment to Assets	Titman et al. (2004)	负相关
财务困境	Distress	Campbell et al. (2008)	负相关
O-分数	O-Score	Ohlson (1980)	负相关
动量	Momentum	Jegadeesh and Titman (1993)	正相关
毛利润	Gross Profitability	Novy-Marx (2013)	正相关
总资产回报率	Return on Assets	Chen et al. (2010)	正相关

下面就来看看到底如何构建这两个因子。在每月末，对于这两组中的每一个异象，使用异象变量在截面上对股票排序。排序时，从每个异象指标和未来预期收益率的相关性方向（即正、负相关）出发，将被高估的股票排在前面、被低估的股票排在后面。具体来说，如果异象变量和收益率呈负相关（比如应计利润），则按变量取值从高到低排序，取值最高的排第一、第二高的排第二，以此类推，取值最低的排最后。反之，如果异象变量和收益率呈正相关（比如动量），则按变量取值从低到高排序，取值最低的排第一、第二低的排第二，以此类推，取值最高的排最后。在使用全部 11 个异象变量对股票排序后，每只股票就有 11 个分数，分别把管理和表现两组内的六个和五个异象排名取平均，就得到每只股票在两组内各自的综合排名。综合排名越高，说明该股票价格越可能被高估，其未来预期收益越低；综合排名越低，说明该股票价格越可能被低估，其未来预期收益越高。此外，Stambaugh and Yuan (2017) 进一步解释说，之所以采用多个排名取平均，是为了消除单

一异象变量的噪声，更准确地衡量每只股票错误定价的大小[6]。

有了股票在管理和表现这两个变量上的排名，接下来使用市值和这两个变量依次进行 2×3 双重排序，构建管理、表现及市值三个因子。然而，Stambaugh and Yuan (2017) 的做法和学术界的传统做法又有不少差异。在使用市值排序时，该模型和其他多因子模型一致，使用纽交所包含股票的市值中位数将所有股票分为大市值、小市值两组。然而，对于管理和表现这两个变量则是将三大交易所的股票混合在一起，使用所有股票在这两个变量上各自的 20% 和 80% 分位数划分成高、中、低三组。这种做法和其他多因子模型的处理有两点不同：(1) 划分的断点没有使用纽交所股票的分位数，而是使用全部股票的分位数；(2) 划分阈值没有采取传统的 30% 和 70% 分位数而是“另辟蹊径”，采用了 20% 和 80% 的分位数。Stambaugh and Yuan (2017) 对此并无太多解释。然而，Hou et al. (2019b) 对此提出了质疑。该文复现了上述方法并同时按照传统的纽交所 30% 和 70% 分位数的方法构造了管理因子和表现因子。结果发现，这两个错误定价因子对双重排序的构造方式十分敏感。构建管理因子和表现因子的双重排序如图 4.4 所示。

		管理		
		High（高组）	**Middle**（中间组）	**Low**（低组）
市值	**Small**（小市值）	S/H	S/M	S/L
	Big（大市值）	B/H	B/M	B/L

		表现		
		High（高组）	**Middle**（中间组）	**Low**（低组）
市值	**Small**（小市值）	S/H	S/M	S/L
	Big（大市值）	B/H	B/M	B/L

市值分组依据：NYSE 中位数；
管理和表现分组依据：NYSE、AMEX、NASDAQ 20% 和 80% 分位数。

图 4.4　管理、表现和市值双重排序

以管理因子为例，2×3 双重排序得到六个投资组合，每个投资组合中的股票均采用市值加权配置。对于管理变量，由于低组表示被低估的股票、高组表示被高估的股票，因此

6 在介绍研究动机时，Stambaugh and Yuan (2017) 指出该研究的出发点是找到一个能解释更多异象的多因子模型。在构建因子时，该文将 11 个异象分成两组，并通过综合排序的方式构建因子。这种做法无疑有助于解释更多的异象，但同时也更容易出现过拟合。

通过做多两个低组、做空两个高组就可以构建管理因子（MGMT）的投资组合：

$$\text{MGMT} = \frac{1}{2}(\text{S/L} + \text{B/L}) - \frac{1}{2}(\text{S/H} + \text{B/H}) \tag{4.26}$$

按照同样的逻辑，使用表现变量和市值的 2×3 双重排序得到的 6 个投资组合（同样的，投资组合采用市值加权），构建表现因子（PERF）的投资组合如下：

$$\text{PERF} = \frac{1}{2}(\text{S/L} + \text{B/L}) - \frac{1}{2}(\text{S/H} + \text{B/H}) \tag{4.27}$$

最后来看 Stambaugh–Yuan 四因子模型中的规模因子，它的构建方法较传统方法而言差异更大。如图 4.4 所示，分别使用管理和表现两个变量与市值进行 2×3 双重排序，共得到 12 个投资组合。为构建规模因子，Stambaugh and Yuan (2017) 摒弃了管理和表现两变量的高、低组共 8 个组合，而仅使用剩余的 4 个组合。换句话说，管理和表现分别与市值双重排序，得到各自的 S/M 和 B/M 组合。将两个 S/M 组合取平均做多和两个 B/M 组合取平均做空，以此构建规模因子（SMB）的投资组合：

$$\text{SMB} = \frac{1}{2}(\text{S/M}_{\text{MGMT}} + \text{S/M}_{\text{PERF}}) - \frac{1}{2}(\text{B/M}_{\text{MGMT}} + \text{B/M}_{\text{PERF}}) \tag{4.28}$$

式 (4.28) 中，下标 MGMT 和 PERF 分别代表由管理和表现两个变量与市值双重排序得到的 S/M 或 B/M 投资组合。对于这种构造方法，Stambaugh and Yuan (2017) 的解释是，传统的双重排序方法（比如 Fama and French 2015）会中性化错误定价对市值的影响。然而，由于套利不对称性（Stambaugh et al. 2015），比如难以做空，导致价格被高估的股票的错误定价难以被消除。此外，大量实证结果显示，错误定价在小市值股票中更为突出。这些特点使得传统的构造方法无法在规模因子的多、空两头对称地消除错误定价的影响，造成规模因子有被高估的偏差，因此不宜采用。正因如此，Stambaugh and Yuan (2017) 才采用了式 (4.28) 的方法构造规模因子。他们的实证表明，如此构造的规模因子比传统方法构造的规模因子有更高的风险溢价。

4.1.7 Daniel–Hirshleifer–Sun 三因子模型

Daniel et al. (2020) 提出的 Daniel–Hirshleifer–Sun 三因子模型是把行为金融学应用于资产定价的另一个尝试。该文从长、短两个时间尺度上提出两个行为因子（behavioral factor），与市场因子一起构成了一个复合三因子模型：

$$E[R_i] - R_f = \beta_{i,\text{MKT}}(E[R_M] - R_f) + \beta_{i,\text{FIN}}E[R_{\text{FIN}}] + \beta_{i,\text{PEAD}}E[R_{\text{PEAD}}] \tag{4.29}$$

式 (4.29) 中 $E[R_{\text{FIN}}]$ 和 $E[R_{\text{PEAD}}]$ 分别代表长周期和短周期的两个行为因子的预期收益，$\beta_{i,\text{FIN}}$ 及 $\beta_{i,\text{PEAD}}$ 为个股 i 在相应因子上的暴露。在使用中，FIN 因子的投资组合每年六月更新，PEAD 因子的投资组合每月更新。

这两个行为因子旨在捕捉由于过度自信（overconfidence）和有限注意力（limited attention）造成的错误定价，从而解释学术界之前发现的大量选股异象。从行为金融学的角度出发，股票收益率之间的共同运动通常有两个原因：

- 股票错误定价上的共性（见 Barberis and Shleifer 2003）；
- 投资者对股票基本面信息的错误反应上的共性（见 Daniel et al. 2001）。

前者指出不同的股票实际上暴露在一些共同的风格风险上，而情绪冲击会造成同一风格的股票收益率的共同运动，因此同一风格的股票存在相关性很高的错误定价。后者说明由于认知偏差，投资者难以对股票基本面方面的信息做出及时、正确的反应，因此也会导致错误定价。由于错误定价可以预测未来收益率，这意味着可以使用行为因子来构建一个多因子模型，以期更好地解释股票预期收益率之间的截面差异。这就是 Daniel et al. (2020) 的研究动机。此外，该文进一步指出市场上的绝大多数异象可按照时间尺度分为短时间尺度和长时间尺度两大类。短时间尺度的异象大多来自投资者的有限注意力，而长时间尺度的异象大多来自投资者的过度自信。为此 Daniel 等三位作者提出了捕捉长时间尺度异象的 FIN 因子和捕捉短时间尺度异象的 PEAD 因子。

FIN 因子使用上市公司股票的发行和回购计算。研究表明，一方面，由于具备信息优势，公司的管理层善于利用市场上已经形成的错误定价“择时”自己公司的股价：当他们认为公司股价过高时，往往会增发；而当公司股价被低估时，通常采取回购。另一方面，普通（非理性）投资者往往过度自信，导致对上市公司的增发、回购行为反应不足，使得股价不会在短期修正。

大量（美股上）的实证表明，增发行为和未来的收益率呈负相关，而回购行为和未来的收益率呈正相关。为此，Daniel et al. (2020) 使用以下两个指标构建了 FIN 因子：（1）过去五年的复合股权发行量（5-year composite share issuance，CSI）；（2）过去一年的股票净发行量（1-year net share issuance，NSI）[7]。首先来看 CSI，它的处理比较简单。以纽交所上市公司 CSI 指标的 20% 和 80% 分位数为界，将全部股票分成低、中、高三档。再来看 NSI，它的处理则十分复杂。Daniel et al. (2020) 指出年与年之间增发和回购股票的公司数量是相当不平衡的，导致按照传统单变量排序来构建因子不够合理。因此，他们将所有股票首先分成净回购和净发行两大类。然后，对于所有净回购的公司，按纽交所中所有净回购公司净回购数的中位数分成高、低两组；对于所有净发行的公司，按纽交所中所

7 这两个变量和 Stambaugh and Yuan (2017) 使用的 11 个异象变量中的两个有异曲同工之妙。

有净发行公司净发行数的 30% 和 70% 分位数为界，分成低、中、高三组。最后，将两个净回购公司中的高组作为 NSI 变量的低组、将三个净发行公司中的高组作为 NSI 变量的高组。图 4.5 展示了上述排序方式。对于如此复杂的排序方法，虽然 Daniel et al. (2020) 的解释有其合理之处，但仍然难逃过拟合之嫌。

有了在 CSI 和 NSI 两个变量上的分组，Daniel et al. (2020) 最终使用如下的方法构建 FIN 因子。如果某只股票在 CSI 和 NSI 上的分组都是高组，或者在其中之一的分组是高组、在另一变量上缺数而无法划分，则认为该股票属于 FIN 的高组；类似的，如果某支股票在 CSI 和 NSI 上都是低组，或者在其中之一的分组是低组、在另一变量上缺数而无法划分，则认为该股票属于 FIN 的低组；其余股票则分入 FIN 的中间组。将所有股票按上述逻辑分为高、中、低组后，使用 FIN 和市值进行如图 4.6 所示的 2×3 双重排序，得到 6 个投资组合，每个投资组合内的股票按照市值加权配置。

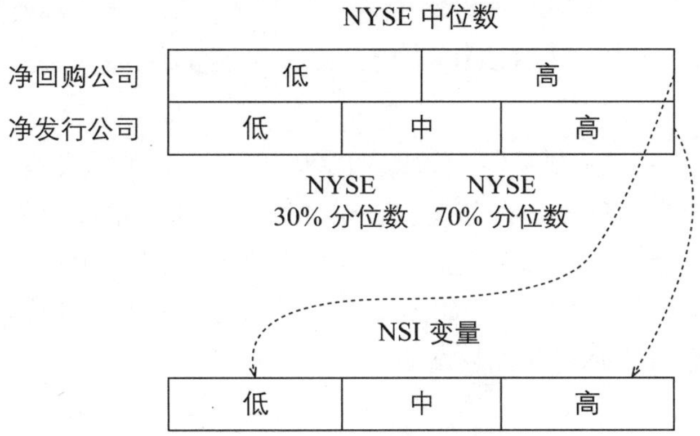

图 4.5 过去一年股票净发行量的分组逻辑

		FIN **Low**（低组）	 **Middle**（中间组）	 **High**（高组）
市值	**Small**（小市值）	S/L	S/M	S/H
	Big（大市值）	B/L	B/M	B/H

市值分组依据：NYSE 中位数；
FIN 分组依据见正文中说明。

图 4.6 FIN 和市值双重排序

有了上述 6 个投资组合，最终 FIN 因子的定义如下：

$$\text{FIN} = \frac{1}{2}(\text{S/L}+\text{B/L}) - \frac{1}{2}(\text{S/H}+\text{B/H}) \tag{4.30}$$

由于增发和回购有很多合规的要求，因此上市公司不可能频繁使用。此外，如果哪个上市公司频繁地增发或回购也会导致投资者的怀疑。因此该因子的变化非常缓慢，而其对应的错误定价的修正也是在很长的时间尺度上才能完成的。它仅能解释长时间尺度上的异象（大于 1 年，通常 3 到 5 年），而对小于 1 年尺度上的异象则无能为力。

为此，Daniel et al. (2020) 针对短时间尺度，使用盈余惯性[8]提出了第二个行为因子。大量实证显示，业绩超预期公司的股票比业绩低于预期公司的股票在未来 6 到 9 个月内能获得更高的收益。之所以出现这种现象，是因为投资者的有限注意力使得他们对最新的业绩数据反应不足（DellaVigna and Pollet 2009，Hirshleifer and Teoh 2003）。为了捕捉上述反应的不足，Daniel et al. (2020) 以上市公司最近的一个财报的披露日期为时间零点，计算 $[-2,1]$ 窗口内，即披露之前两个交易日到披露后的一个交易日，其相对于市场的累计超额收益率（cumulative abnormal return，CAR）作为评价指标：

$$\text{CAR}_i = \sum_{d=-2}^{d=1} (R_{id} - R_{Md}) \tag{4.31}$$

其中 R_{id} 为上市公司 i 在其最近一个披露期窗口内第 d 日的收益率；R_{Md} 为市场在同期的收益率。由于投资者反应不足，该窗口内的收益率和未来的收益率呈正相关，因此该变量越大越好。Daniel et al. (2020) 使用纽交所中所有股票的市值中位数以及 CAR 变量的 20% 和 80% 分位数将全部股票进行如图 4.7 所示的 2×3 双重排序，得到 6 个投资组合，每个投资组合内的股票按照市值加权配置。

		CAR		
		High（高组）	**Middle**（中间组）	**Low**（低组）
市值	**Small**（小市值）	S/H	S/M	S/L
	Big（大市值）	B/H	B/M	B/L

市值分组依据：NYSE 中位数；
CAR 分组依据：NYSE 20% 和 80% 分位数。

图 4.7 CAR 和市值双重排序

最终 PEAD 因子定义如下：

$$\text{PEAD} = \frac{1}{2}(\text{S/H+B/H}) - \frac{1}{2}(\text{S/L+B/L}) \tag{4.32}$$

8 Post-Earnings-Announcement-Drift，PEAD。在 6.3.5 节中会对盈余惯性进行了更多说明。

以上系统梳理了目前最被学术界认可的多因子模型。在结束本节讨论之前，下面一点值得强调。在这些多因子模型中，除了市场因子，几乎所有风格因子的构造都是通过首先使用排序法得到多个投资组合，继而选择其中一些做多，另一些做空的方式。在这个过程中，通过排序法划分得到的每个投资组合内部的股票均是按市值加权来配置的。换句话说，每个投资组合自身的收益率是其所包含的股票的市值加权平均。而有了投资组合的收益率后，在计算因子收益率时，使用的则是这些投资组合收益率的简单平均——无论是多头还是空头，不同投资组合之间都是等权重配置。这种处理方式正是学术界构建因子投资组合时的惯例。唯一的例外是 Carhart 四因子模型中的动量因子，该因子采用单变量排序，且多空两个投资组合均采用等权重构造。

4.2 A 股中被定价的因子

本书 3.2 到 3.8 节介绍了一些主流因子，并在 A 股市场上使用排序法对它们进行了检验。虽然前文通过和市值的双重排序排除了小市值的影响，但它依然无法完全规避目标因子在其他因子上的暴露。为此，本节使用 Fama–MacBeth 回归进一步检验上述因子中有哪些在 A 股中真正被定价，即可以获得显著的超额收益。

4.2.1 Fama–MacBeth 回归实证设定

依照 2.3 节的介绍，在进行 Fama–MacBeth 回归时，除去市场因子，本书将使用公司特征作为因子暴露值。这意味着除市值外，将用每期截面上公司特征指标的实际取值。对于市值，由于削弱市值分布右偏的影响，将用对数市值代替市值作为因子暴露。这种做法也符合学术界的惯例。对于市场因子，本书使用滚动 252 个交易日窗口时序回归计算个股的 β 作为其在市场因子上的暴露。在 Fama–MacBeth 回归中，在每个 t 月使用当期公司特征作为解释变量，使用个股 $t+1$ 月的收益率作为被解释变量，通过截面回归计算因子的收益率。具体步骤请参考 2.2.4 节。在每期回归时，股票的选取遵循和第 3 章一样的数据处理原则。

在给出结果之前，还有另外两个设定需要说明。第一，本节实证在 Fama–MacBeth 回归中加入了截距项，以控制模型设定偏误问题。第二，无论是学术界还是业界，在进行回归时，往往对作为解释变量的因子暴露在截面上进行剔除异常值以及标准化两步处理。经标准化后，所有因子暴露在截面上的标准差均为 1，这有利于直接对比不同因子的风险溢价。不过本节的实证中仅对因子暴露进行剔除异常值处理，不进行标准化处理[9]，但行文中会说明在这种情况下如何比较不同因子的收益率。

9 本书 7.1 节将对因子暴露在实践中的处理做进一步介绍。

4.2.2 Fama–MacBeth 回归结果

表 4.3 给出了针对 A 股市场的 Fama–MacBeth 回归结果。概括来说，表中结果与第 3 章中排序法结果基本一致，符合预期，下面具体讨论。

表 4.3　Fama–MacBeth 回归结果

因子	公司特征	月均收益率（%）	因子暴露标准差	影响系数（%）
市场	市场 β	−0.17 (−0.44)	0.26	−0.04
规模	对数市值	−0.52 (−3.68)	1.02	−0.53
价值	BM	1.88 (3.40)	0.24	0.45
动量	$t-12$ 到 $t-1$总收益率	0.33 (1.30)	0.61	0.20
盈利	ROE(TTM)	2.36 (4.75)	0.12	0.28
投资	总资产增长率	0.10 (0.72)	0.33	0.03
异常换手率	异常换手率	−1.13 (−7.75)	0.61	−0.69

括号内为经 Newey–West 调整后 t-值。

首先来看 t-值。无论是按照传统的 2.0（或 −2.0），还是按照如今更被学术界接纳的 3.0（或 −3.0）为阈值[10]，规模、价值、盈利以及换手率因子的月均收益率都非常显著，因此它们是被定价的因子。需要说明的是，规模和换手率因子的 t-值分别为 −3.68 和 −7.75，说明因子暴露越高的股票收益率越低，因而和小市值效应以及低换手率效应一致。另一方面，市场、动量以及投资因子的月均收益率均不显著。其中，市场因子的月均收益率为负，这与 Black CAPM 模型相符合；动量因子的月均收益率虽不显著，但仍然大于零；最后投资因子的月均收益率为正（虽然 t-值仅有 0.72，非常不显著），说明总资产增长率高的公司比总资产增长率低的公司的收益率更高，这与从经济学理论导出的投资和收益率之间的负相关不符。

接下来看看因子的月均收益率。由于在回归中没有对因子暴露进行标准化，因而收益率的绝对大小会受到因子暴露（即公司指标）标准差的影响，造成不同因子的收益率并不直接可比。为此，可以使用 Bali et al. (2016) 介绍的影响系数（impact coefficient）的概念。影响系数的定义为因子的收益率与因子暴露标准差的乘积，它的意义为当其他条件不变，而资产在目标因子上的暴露增加一个标准差时，其预期收益率的变化大小。以规模因子为例，其月均收益率为 −0.52%、因子暴露标准差为 1.02，因此影响系数为 −0.53%。表 4.3 的第四列汇报了不同因子的影响系数。在被定价的四个因子中，换手率和规模因子的影响系数（绝对值）最高、价值因子紧随其后。盈利因子的影响系数虽然只有 0.28%，但由

10 关于 t-值阈值的讨论，详见 6.1.5 节。

于它的标准误很低，因此十分显著（t-值高达 4.75）。

本节和第 3 章的实证结果说明，规模、价值、盈利以及换手率在 A 股市场中被定价。在实际因子投资中，可以考虑从这四个维度构建因子，对 A 股市场进行异象研究。

4.3 多因子模型比较：来自 A 股的例子

本节通过一个简单的例子说明如何使用 2.5 节介绍的 GRS 检验和 α 检验比较两个多因子模型。需要明确的是，本节论述的重点在于如何应用相关的计量经济学方法比较模型，而不是对比两个模型孰优孰劣。

4.3.1 两个模型

为了使实证结果对 A 股市场最具借鉴意义和研究价值，入选的第一个多因子模型正是 Liu, Stambaugh and Yuan (2019) 针对 A 股市场提出的三因子模型。该文于 2019 年发表于金融学顶级期刊 *Journal of Financial Economics*，参照 Fama–French 三因子模型，提出了适合 A 股市场的三因子模型[11]。中国版三因子模型同样包括市场、价值和规模三因子。然而，该文针对 A 股市场做了两个特别的处理，使得他们提出的模型更加符合中国股市[12]。第一，该文规避了中国股市的壳价值污染问题。由于 A 股的 IPO 发审制度不健全，造成优秀企业在 A 股上市成本高、时间长。在这种情况下，有些企业则选择"弯道超车"，通过收购市值非常低的上市公司来借壳上市。上述情况使得 A 股市场中市值最小的一部分股票具有很好的"壳价值"。它们的收益率很大程度上和壳价值挂钩，且远远偏离这些公司的基本面，这就是壳价值污染问题。壳价值的存在对 A 股的实证资产定价研究和因子投资均带来了挑战。为了降低壳价值污染的影响，Liu, Stambaugh and Yuan (2019) 在实证中剔除了市值最低的 30% 的股票。其次，与 Fama–French 三因子不同，该文采用 EP 取代 BM 作为构建价值因子的排序变量，使用 EP 和市值的双重排序构建了价值因子。如果说针对壳价值污染而做的处理无可厚非，那么使用 EP 取代 BM 来构造价值因子则并没有那么令人信服，因为它几乎全部是来自实证方面的考虑，即在该文的实证中，EP 比 BM 更能显著地解释股票预期收益率的截面差异。

为什么说上述选择并不十分令人信服呢？回顾本书 3.4 节和 3.6 节关于价值和盈利因子的实证结果可知，BM 在小市值中的作用要远远高于在大市值中的作用；另一方面，在 A 股中使用 ROE 为变量构建的盈利因子在小市值中的表现显著弱于其在大市值中的表现。由于 $\text{EP} = \text{BM} \times \text{ROE}$，因此当市值最低的 30% 的股票因壳价值污染问题被剔除，而仅保

11 除三因子模型外，Liu, Stambaugh and Yuan (2019) 也通过加入换手率因子构建了四因子模型。由 3.8 节和 4.2 节的结果可知，换手率因子在 A 股市场十分显著，但本节暂不将其考虑在内。

12 或者说更符合中国股市的实际情况。

留其他大市值的股票时，BM 的效果就会较使用全部股票时变差，而 ROE 和 EP 的效果则会较使用全部股票时变得更好。此消彼长，这就不难理解为什么在 Liu, Stambaugh and Yuan (2019) 一文中 EP 比 BM 更能解释股票的预期收益。

近年来学术界也有一些针对 A 股市场的研究表明 BM 和 EP 之间各有千秋，并没有哪个显著优于另一个。举例来说，Cakici et al. (2017) 和 Hsu et al. (2018) 分别以 1994 年到 2011 年和 2008 年到 2016 年为实证区间，均发现在上述区间内 BM 比 EP 更能预测股票的预期收益率。Qiao (2019) 则使用了自 2000 年到 2017 年的实证窗口，发现 BM 在整个窗口内都能获得显著的绝对收益以及 CAPM$-\alpha$；然而 EP 则仅当市值最低的 30% 股票被剔除之后才能获得显著收益。最后，来自 MSCI 的报告 Rao and Gupta (2019) 以 2000 到 2019 这二十年为研究区间（和本书一样），分析了 BM 和 EP 在前后两个十年（即 2000 到 2009 以及 2010 到 2019）的表现，发现在前一个十年，BM 显著优于 EP，而后一个十年则是 EP 胜出。

抛开实证结果，从金融学理论上，Liu, Shi and Lian (2019) 指出单纯地使用 EP 来取代 BM，并利用前者构建价值因子并不合理。该文从 DDM 出发分析了 BM 及 ROE 与股票预期收益率之间的相关性。虽然 EP $=$ BM $\times$ ROE，但二者的作用不应该仅由单一 EP 来代替；反而是 EP 在 A 股市场的表现恰恰得益于 EP $=$ BM $\times$ ROE 这个关系。为此，Liu, Shi and Lian (2019) 主张仍然使用 BM 而非 EP 构建价值因子，并在 Liu, Stambaugh and Yuan (2019) 三因子模型的基础上加入了 ROE 代表的盈利因子，得到市场、价值、规模以及盈利的四因子模型。这个四因子模型就是本节模型比较时考虑的第二个模型[13]。

4.3.2　BM、ROE 与预期收益

在通过实证比较上述两个多因子模型之前，本节首先从公司估值的角度解释一下为什么 BM 与 ROE 和股票的预期收益密切相关，这将帮助读者理解为什么在多因子模型中加入利用 BM 和 ROE 构建的价值和盈利因子是合理的。在“因子大战”（见 6.2 节）硝烟弥漫的今天，Fama and French (2018) 警告说多因子模型背后的每个因子都应该有理论支撑。一旦缺乏理论，那么对多因子模型的研究就会演变成一场纯粹的数据挖掘，而不能帮助人们更好地理解市场。

关于 BM 和 ROE 与预期收益率的关系，Hou et al. (2019b) 从 DDM 出发并利用单期预期收益率进行了精彩的论述。根据定义，某股票的单期收益率满足（为了数学符号的简

13 严谨地说，Liu, Shi and Lian (2019) 首先对传统 BM 指标进行了改造，在账面价值的基础上加入了研发费用（R&D）和销售及管理费用（SG&A）以更好地反映公司的估值，然后使用改进后的 BM 变量构建价值因子。由于这并非本节实证的重点，因此在本书中仍将使用传统的 BM 变量。

洁性，以下略去代表股票的下标 i)：

$$M_t = \frac{E_t[D_{t+1}] + E_t[M_{t+1}]}{1 + E_t[r_{t+1}]} \tag{4.33}$$

式中 M_t 是该股票在 t 时刻的市值，D_{t+1} 是 $t+1$ 期的分红，r_{t+1} 则表示 t 到 $t+1$ 之间股票的收益率，期望符号的下标 t 表示根据 t 时刻的已有信息计算条件期望。此外，由净盈余关系（clean surplus relation）可知分红是利润和账面价值变动之差，即：

$$D_{t+1} = Y_{t+1} - dB_{t+1} \tag{4.34}$$

其中 Y_{t+1} 是 $t+1$ 期的利润，dB_{t+1} 是 t 到 $t+1$ 期的账面价值变动。将 (4.34) 中 D_{t+1} 的表达式代入 (4.33) 可得：

$$M_t = \frac{E_t[Y_{t+1} - dB_{t+1}] + E_t[M_{t+1}]}{1 + E_t[r_{t+1}]} \tag{4.35}$$

将 (4.35) 两侧同时除以 t 时刻的账面价值 B_t 有：

$$\frac{M_t}{B_t} = \frac{\mathrm{E}_t\left[\frac{Y_{t+1}}{B_t}\right] - \mathrm{E}_t\left[\frac{dB_{t+1}}{B_t}\right] + \mathrm{E}_t\left[\frac{M_{t+1}}{B_t}\right]}{1 + \mathrm{E}_t[r_{t+1}]} \tag{4.36}$$

从式 (4.36) 可推导出 BM 和 ROE 各自与单期预期收益率 $\mathrm{E}_t[r_{t+1}]$ 之间的关系：

(1) 当 (4.36) 中除了 M_t、B_t 以及 $\mathrm{E}_t[r_{t+1}]$ 的其他变量保持不变时，更高的 B_t/M_t（BM）对应着更高的预期收益率 $\mathrm{E}_t[r_{t+1}]$，因此 BM 和预期收益率之间正相关；

(2) 当 (4.36) 中除了 Y_{t+1}、B_t 以及 $\mathrm{E}_t[r_{t+1}]$ 的其他变量保持不变时，更高的 $\mathrm{E}_t[Y_{t+1}/B_t]$ 对应着更高的预期收益率 $\mathrm{E}_t[r_{t+1}]$。由于 $\mathrm{E}_t[Y_{t+1}/B_t]$ 正是未来的预期 ROE，因此它和预期收益率之间正相关。

需要说明的是，在因子投资中，未来预期 ROE 是未知的，已知的仅仅是过往的 ROE。但 Zhang (2017) 的研究发现上市公司历史 ROE 是未来预期 ROE 的一个靠谱预测，因此可以近似认为历史 ROE 和预期收益率之间正相关。综合以上两点可知，从 (4.36) 中可以推导出 BM 和 ROE 都可以用来构建因子、预测股票的收益率。另一方面，正如前文反复强调的，EP = BM × ROE 这个关系表明 EP 与 BM 和 ROE 紧密相连。因此，既然 BM、ROE 和预期收益率正相关，那么 EP 显然和预期收益率正相关。然而，仅仅使用 EP 代替 BM 来构造价值因子，并舍弃 ROE 代表的盈利维度仍然存在两个问题。首先，Penman and Reggiani (2018) 针对美股的研究表明，为了更准确地对公司估值，在 BM、EP 和 ROE 这三个变量中应该考虑两个，仅考虑一个会丢失一些重要的信息。第二，仅从实证角度出发，由 EP = BM × ROE 可知 EP 和 ROE 正相关，因此使用 EP 构造的价值因子在盈利维度上有无法避免的暴露，这会提升价值因子的表现，使得以 EP 构造的价值因子不够纯粹。基于上述两点考虑，Liu, Shi and Lian (2019) 认为分别使用 BM 和 ROE 构造价值和盈利因子要比仅使用 EP 构造价值因子更合理。

4.3.3　模型比较的实证结果

为比较 4.3.1 节提及的两个多因子模型，首先需要在本书的实证周期内复现它们，即构建每个模型的因子。为此，本书采用尽可能贴近原始论文的方式构建因子。除市场因子外，Liu, Stambaugh and Yuan (2019) 以市值和 EP 为变量，并依照 Fama and French (1993) 的方式，通过 2 × 3 独立双重排序构建了他们的规模和价值因子。在每月末，对于股票池中的股票，使用市值的中位数将它们划分成小市值组（S）和大市值组（B），同时使用 EP 的 30% 和 70% 分位数将它们划分成价值组（V，EP 在 70% 分位数之上）、中间组（M，EP 在 30% 和 70% 分位数之间）和成长组（G，EP 在 30% 分位数之下）。使用上述划分得到的六个投资组合（依照惯例，每个投资组合内采用市值加权），Liu, Stambaugh and Yuan (2019) 三因子模型中的规模和价值因子分别为：

$$\text{CHN-SMB} = \frac{1}{3}(\text{S/V} + \text{S/M} + \text{S/G}) - \frac{1}{3}(\text{B/V} + \text{B/M} + \text{B/G}) \tag{4.37}$$

$$\text{CHN-VMG} = \frac{1}{2}(\text{S/V} + \text{B/V}) - \frac{1}{2}(\text{S/G} + \text{B/G}) \tag{4.38}$$

式中 CHN-SMB 和 CHN-VMG 分别代表 Liu, Stambaugh and Yuan (2019) 的规模和价值因子，其中前缀 CHN 源于该文的标题，即 *Size and value in China*。因此，书中采用 CHN 前缀代表该文针对 A 股市场提出的因子，也以此来和 Liu, Shi and Lian (2019) 四因子模型中的因子加以区分。

为了构建 Liu, Shi and Lian (2019) 的四因子模型，本书采用 Fama and French (2015) 的方法，依次使用 BM 以及 ROE(TTM) 与市值进行 2 × 3 双重排序。首先来看价值因子。在每月末，对于股票池中的股票，使用市值的中位数将它们划分成小市值组（S）和大市值组（B），同时使用 BM 的 30% 和 70% 分位数将它们划分成价值组（H，BM 在 70% 分位数之上）、中间组（M，BM 在 30% 和 70% 分位数之间）和成长组（L，BM 在 30% 分位数之下）。使用上述划分，四因子模型中的价值因子定义为：

$$\text{LSL-HML} = \frac{1}{2}(\text{S/H} + \text{B/H}) - \frac{1}{2}(\text{S/L} + \text{B/L}) \tag{4.39}$$

对于盈利因子，在每月末按市值将股票划分成小市值组（S）和大市值组（B），同时根据 ROE(TTM) 的 30% 和 70% 分位数将它们划分成高盈利组（R，ROE(TTM) 在 70%

分位数之上）、中性组（N，ROE(TTM) 在 30% 和 70% 分位数之间）和低盈利组（W，ROE(TTM) 在 30% 分位数之下）。使用上述划分，四因子模型中的盈利因子为：

$$\text{LSL-RMW} = \frac{1}{2}(\text{S/R} + \text{B/R}) - \frac{1}{2}(\text{S/W} + \text{B/W}) \tag{4.40}$$

最后来看规模因子。与 Fama–French 五因子类似，由于分别使用 BM 和 ROE(TTM) 与市值双重排序，因此在构建规模因子时综合使用上述划分得到的小市值和大市值组合。具体来说，四因子模型中规模因子的定义为：

$$\text{LSL-SMB} = \frac{1}{2}(\text{SMB}_{\text{BM}} + \text{SMB}_{\text{ROE}}) \tag{4.41}$$

$$\text{其中 SMB}_{\text{BM}} = \frac{1}{3}(\text{S/H} + \text{S/M} + \text{S/L}) - \frac{1}{3}(\text{B/H} + \text{B/M} + \text{B/L}) \tag{4.42}$$

$$\text{SMB}_{\text{ROE}} = \frac{1}{3}(\text{S/R} + \text{S/N} + \text{S/W}) - \frac{1}{3}(\text{B/R} + \text{B/N} + \text{B/W}) \tag{4.43}$$

在式 (4.39) ~ 式 (4.41) 中，前缀 LSL 代表 Liu, Shi and Lian (2019) 一文三位作者姓氏的首字母。最后需要说明的是，Liu, Stambaugh and Yuan (2019) 一文从壳价值污染的角度出发在其实证研究中剔除了市值最小的 30% 的股票。然而在本节的实证中，出于结果稳健性的考量，将同时考虑不剔除以及剔除的情况。

表 4.4 给出了 CHN-SMB、CHN-VMG、LSL-SMB、LSL-HML 以及 LSL-RMW 这 5 个因子每月的收益率（Panel A 和 Panel B 分别为全部股票和剔除市值最低的 30% 股票的情况）以及收益率的相关系数（Panel C 对角线右上角为全部股票时因子之间的相关系数；对角线左下角为剔除市值最低的 30% 股票后因子之间的相关系数）。上述结果清晰地反映出三点：（1）两个版本的规模因子高度相关（在两种情况下的相关系数均为 0.98，这符合它们的定义）。然而，对比式 (4.37) 和式 (4.41) 可知，两个模型中的规模因子在构建上有一定的区别，这也造成了它们的收益率有所不同。而无论是否排除小市值股票，LSL-SMB 的月均收益率均低于 CHN-SMB。有意思的是，当剔除市值最低的 30% 股票之后，CHN-SMB 和 LSL-SMB 均不再显著（t-值分别为 1.94 和 1.21）[14]。（2）Liu, Stambaugh and Yuan (2019) 通过 EP 构建的价值因子（CNH-VMG）和 Liu, Shi and Lian (2019) 通过 ROE(TTM) 构建的盈利因子（LSL-RMW）高度相关。在全部股票中，这两个因子的相关系数为 0.85；当剔除市值最低的 30% 股票后，这两个因子的相关系数仍有 0.74。这种相关性充分体现了 EP = BM × ROE 所示的 EP 和 ROE 的内在关联，也说明 Liu, Stambaugh and Yuan (2019) 版的价值因子在盈利维度上有很高的暴露，因此它并不是一个纯粹的价值因子。另

14 Liu, Stambaugh and Yuan (2019) 一文于 2018/07/02 投稿，其实证区间止于 2016/12/31，“幸运地”避开了规模因子失效的区间。

一方面，使用 BM 构建的 LSL-HML 价值因子和盈利因子的相关性仅为 −0.08（全部股票）或 −0.18（剔除市值最低的 30% 股票后）。（3）对于全部股票，LSL-RMW 盈利因子并不显著（t-值为 1.82）；而当剔除了市值最低的 30% 股票后，该因子的月均收益率和结果的显著性均提高（t-值上升至 2.38）。这一结果和 3.6 节中关于盈利因子的实证结果相符。

表 4.4　两模型中风格因子的月均收益率和相关系数

Panel A: 月均收益率（%），全部股票					
	CHN-SMB	CHN-VMG	LSL-SMB	LSL-HML	LSL-RMW
	1.01	0.83	0.75	0.82	0.39
	(3.24)	(3.71)	(2.28)	(3.24)	(1.82)
Panel B: 月均收益率（%），剔除市值最低的 30% 股票					
	CHN-SMB	CHN-VMG	LSL-SMB	LSL-HML	LSL-RMW
	0.57	0.91	0.37	0.78	0.52
	(1.94)	(4.03)	(1.21)	(2.86)	(2.38)
Panel C: 相关系数					
	CHN-SMB	CHN-VMG	LSL-SMB	LSL-HML	LSL-RMW
CHN-SMB		−0.69	0.98	−0.19	−0.68
CHN-VMG	−0.63		−0.77	0.39	0.85
LSL-SMB	0.98	−0.72		−0.31	−0.68
LSL-HML	−0.20	0.47	−0.33		−0.08
LSL-RMW	−0.62	0.74	−0.59	−0.18	

在 Panel A 和 Panel B 中，括号内为经 Newey–West 调整后的 t-值。Panel C 中对角线右上角为全部股票时因子之间的相关系数，对角线左下角为剔除市值最低的 30% 股票后因子之间的相关系数。

下面通过 2.5 节介绍的 α 检验和 GRS 检验来比较这两个多因子模型。为了进行 α 检验，本书选择 Liu, Stambaugh and Yuan (2019) 一文所使用的异象作为测试资产，检验这两个多因子模型对它们收益率的解释能力。表 4.5 对它们进行了总结。对于每个异象，使用相应的异象变量，通过单变量排序法构建多空对冲的投资组合作为该异象的投资组合，并使用异象投资组合的收益率作为被解释变量，考察其能否获得给定多因子模型无法解释的显著超额收益。在时序回归求解每个异象的 α 收益率的过程中，本书首先通过在整个实证期内进行一次时序回归计算每个异象的超额收益 α 及其 t-值，作为检验的依据。此外，考虑到 A 股市场在本书实证期跨度的 20 年内发生了很多结构性变化，因此也采用滚动 60 个月进行时序回归。这意味着对于每个异象，时序回归结果得到一组 α 的时间序列（以及

这些 α 的 t-值的时间序列)。最终使用该 α 时间序列的均值作为该异象收益率中无法被多因子模型解释的部分，并使用 t-值的时序均值作为最终的 t-值检验该 α 的显著性。这种方法可以被视为整个实证期内回归结果的稳健性分析。

表 4.5　用于比较两个多因子模型的异象

异象变量	定义
市现率	股票价格与每股现金流量的比率
净经营资产	(股东权益 + 金融负债 − 金融资产)/总资产，使用最新财报数据计算
总资产增幅	年报披露的总资产的同比增幅
应计利润	(过去 12 个月的营业利润 − 过去 12 个月的净经营性现金流)/过去 4 个季度的平均总资产
MAX	过去 21 个交易日内 5 个最高日收益率的均值①
1 个月波动率	过去 21 个交易日日收益率的标准差
1 个月异常换手率	过去 21 个交易日日均换手率和过去 252 个交易日日均换手率之比
12 个月换手率	过去 252 个交易日的日均换手率
非流动性	过去 21 个交易日的日均非流动性指标②
反转	过去 21 个交易日的累计收益

①该定义出自 Asness et al. (2020)，可在一定程度上规避 A 股涨跌停板限制的影响。

②非流动性指标根据 Amihud (2002) 计算。

下面来看检验结果。表 4.6 给出了当整个实证期内进行一次回归时，不同异象在两个多因子模型下各自的超额收益，其中 Panel A 为考虑全部股票的情况，Panel B 为剔除了市值最低的 30% 股票的情况。若以 t-值小于 2.0 为依据来判断，当考虑全部股票时，这两个模型均能解释大部分异象。Liu, Stambaugh and Yuan (2019) 提出的三因子模型仅无法解释净经营资产（t-值为 2.09）和 1 个月异常换手率异象（t-值为 2.45)；而根据 Liu, Shi and Lian (2019) 引出的四因子模型无法解释市现率（t-值为 2.02)、1 个月异常换手率（t-值为 2.99）以及非流动性异象（t-值为 3.57)。若以 t-值小于 3.0 为依据来判断[15]，三因子模型能够解释全部异象，而四因子模型能够解释除非流动性异象之外的其余 9 个异象。当市值最低的 30% 股票被剔除之后，上述定性的结论没有发生变化。若依 t-值 < 2.0 来判断，两个模型均无法解释 1 个月异常换手率和非流动性异象；若依 t-值 < 3.0 来判断，两个模型均无法解释 1 个月异常换手率异象，此外四因子模型也无法解释非流动性异象。

15 关于将 t-值阈值从 2.0 提高到 3.0 的原因，请见本书第 6.1 节。

表 4.6　异象的月均超额收益（%）

Panel A：全部股票

异象变量	三因子模型 α	三因子模型 t-值	四因子模型 α	四因子模型 t-值
市现率	0.27	1.17	0.56	2.02
净经营资产	0.55	2.09	0.39	1.43
总资产增幅	0.09	0.39	0.08	0.47
应计利润	0.27	0.93	0.31	1.24
MAX	0.20	0.50	0.34	0.93
1 个月波动率	0.11	0.28	0.24	0.65
1 个月异常换手率	1.02	2.45	1.31	2.99
12 个月换手率	0.05	0.14	0.05	0.15
非流动性	0.37	1.94	0.59	3.57
反转	−0.02	−0.05	0.10	0.26

Panel B：剔除市值最低的 30% 股票

异象变量	三因子模型 α	三因子模型 t-值	四因子模型 α	四因子模型 t-值
市现率	0.26	1.18	0.41	1.69
净经营资产	0.51	1.85	0.28	1.12
总资产增幅	0.01	0.03	0.05	0.27
应计利润	0.21	0.79	0.34	1.48
MAX	0.23	0.63	0.33	0.92
1 个月波动率	0.10	0.29	0.13	0.35
1 个月异常换手率	1.28	3.13	1.38	3.13
12 个月换手率	0.12	0.38	0.01	0.03
非流动性	0.56	2.89	0.63	3.62
反转	0.29	0.77	0.33	0.86

t-值经 Newey–West 调整。

表 4.7 对单个异象的检验结果进行了总结，并以此作为比较两个多因子模型的依据。表中共有四个评价指标：Avg. $|\alpha|$ 为全部 10 个异象在给定定价模型下超额收益绝对值的均值，Avg. $|t\text{-值}|$ 为对应的 t-值绝对值的均值，而 $\#(|t\text{-值}| \geqslant 2.0)$ 和 $\#(|t\text{-值}| \geqslant 3.0)$ 分别表

示 t-值绝对值超过 2.0 和 3.0 的异象个数。结果显示，无论是考虑全部股票还是剔除市值最低的 30% 股票后，且无论考虑哪个评价指标，三因子模型均不差于四因子模型。举例来说，当考虑全部股票时，这 10 个异象对于三因子模型的平均超额收益绝对值仅为 0.30%；当使用四因子模型时，这个数值上升至 0.40%。此外，无论是 t-值绝对值超过 2.0 和 3.0 的异象的个数，三因子模型也都优于四因子模型。当剔除市值最低的 30% 的股票后，上述结果基本保持一致，唯一的区别是 t-值绝对值超过 2.0 的异象个数对两个模型来说是一样的。以上述结果来评价，包含通过 EP 构造价值因子的三因子模型似乎优于 Liu, Shi and Lian (2019) 所主张的四因子模型（包含围绕 BM 和 ROE 构建的价值和盈利因子）。但不可否认的是，这二者之间的差异是非常细微的，总体来说它们都能解释大部分异象。

表 4.7　α 检验结果

Panel A: 全部股票				
	Avg. $\lvert\alpha\rvert$ (%)	Avg. $\lvert t\text{-值}\rvert$	$\#(\lvert t\text{-值}\rvert \geqslant 2.0)$	$\#(\lvert t\text{-值}\rvert \geqslant 3.0)$
三因子模型	0.30	0.99	2	0
四因子模型	0.40	1.37	3	1
Panel B: 剔除市值最低的 30% 股票				
	Avg. $\lvert\alpha\rvert$ (%)	Avg. $\lvert t\text{-值}\rvert$	$\#(\lvert t\text{-值}\rvert \geqslant 2.0)$	$\#(\lvert t\text{-值}\rvert \geqslant 3.0)$
三因子模型	0.36	1.19	2	1
四因子模型	0.39	1.35	2	2

作为稳健性分析，表 4.8 给出了采用滚动 60 月窗口回归的检验结果。无论是否剔除小市值股票，Liu, Stambaugh and Yuan (2019) 三因子模型均能解释全部的异象，即所有异象 t-值的绝对值均小于 2.0。对于四因子模型来说，它仅当考虑全部股票时无法解释非流动性异象（t-值为 2.42）。表 4.9 给出了汇总的结果。当考虑全部股票时，由于 $|\alpha|$ 均值和 $|t\text{-值}|$ 均值都更低，因而三因子模型优于四因子模型；而颇有意思的是，当剔除市值最低的 30% 的股票后，上述结论发生了逆转——四因子模型下的平均 $|\alpha|$ 和平均 $|t\text{-值}|$ 都要低于三因子模型。

虽然在不同情景下得到的结果略有差异，但综合表 4.6 到表 4.9 所示的 α 检验结果来说，这两个多因子模型解释异象的能力可谓旗鼓相当、难分伯仲。下面继续进行 GRS 检验。为此，使用两个因子模型中除市场因子外的风格因子，即三因子模型中的 CHN-SMB 和 CHN-VMG 以及四因子模型中的 LSL-SMB、LSL-HML 和 LSL-RMW，互为模型和测试资产、依照公式 (2.16) 计算 F-统计量并进行检验。

表 4.8　异象的月均超额收益，滚动 60 个月窗口回归（%）

Panel A: 全部股票				
	三因子模型		四因子模型	
异象变量	α	t-值	α	t-值
市现率	0.27	0.59	0.45	0.73
净经营资产	0.77	1.54	0.74	1.54
总资产增幅	0.25	0.79	0.29	0.99
应计利润	0.44	0.85	0.33	0.62
MAX	0.22	0.35	0.12	0.17
1 个月波动率	−0.03	−0.08	0.01	−0.08 ①
1 个月异常换手率	1.14	1.39	1.21	1.42
12 个月换手率	0.03	0.16	0.14	0.35
非流动性	0.53	1.70	0.73	2.42
反转	−0.05	0.11	−0.12	−0.01

Panel B: 剔除市值最低的 30% 股票				
	三因子模型		四因子模型	
异象变量	α	t-值	α	t-值
市现率	0.21	0.49	0.29	0.48
净经营资产	0.82	1.58	0.71	1.43
总资产增幅	0.25	0.69	0.34	0.98
应计利润	0.43	0.85	0.45	0.86
MAX	0.16	0.25	0.04	0.04
1 个月波动率	−0.06	−0.14	−0.02	−0.14
1 个月异常换手率	1.25	1.71	1.15	1.41
12 个月换手率	0.19	0.52	0.14	0.38
非流动性	0.56	1.75	0.59	1.90
反转	0.29	0.47	0.01	0.18

①由于表中汇报的 α 和 t-值分别为多个回归的均值，因此当异象的超额收益接近零的时候，可能会出现 α 均值和 t-值均值符号不一致的现象。当考虑全部股票时，1 个月波动率异象在四因子模型下的超额收益，以及反转异象在三因子模型下的超额收益都是这样的例子。

由于本书考察的实证区间长达 20 年，因此作为稳健性分析，以下在 GRS 检验时也分别考虑了四个不同的时间段。它们为实证区间的前十年（2000/01/01 至 2009/12/31）；实证区间的后十年（2010/01/01 至 2019/12/31）；整个实证期（2000/01/01 至 2019/12/31）；以及 Liu, Stambaugh and Yuan (2019) 一文使用的区间（2000/01/01 至 2016/12/31）。首先来看考虑全部股票的情况。表 4.10 中的 Panel A 到 Panel D 分别给出了上述四个区间的 GRS 检验结果。

表 4.9　α 检验结果，滚动 60 个月窗口回归

Panel A: 全部股票				
	Avg. $\|\alpha\|$ (%)	Avg. $\|t\text{-值}\|$	$\#(\|t\text{-值}\| \geqslant 2.0)$	$\#(\|t\text{-值}\| \geqslant 3.0)$
三因子模型	0.37	0.76	0	0
四因子模型	0.41	0.83	1	0
Panel B: 剔除市值最低的 30% 股票				
	Avg. $\|\alpha\|$ (%)	Avg. $\|t\text{-值}\|$	$\#(\|t\text{-值}\| \geqslant 2.0)$	$\#(\|t\text{-值}\| \geqslant 3.0)$
三因子模型	0.42	0.84	0	0
四因子模型	0.37	0.78	0	0

表 4.10　GRS 检验结果（全部股票）

Panel A: 2000/01/01 ~ 2009/12/31		
测试资产 / 模型	CHN-SMB/CHN-VMG	LSL-SMB/LSL-HML/LSL-RMW
LSL-SMB/LSL-HML/LSL-RMW	3.67 (0.03)	
CHN-SMB/CHN-VMG		4.24 (0.01)
Panel B: 2010/01/01 ~ 2019/12/31		
测试资产 / 模型	CHN-SMB/CHN-VMG	LSL-SMB/LSL-HML/LSL-RMW
LSL-SMB/LSL-HML/LSL-RMW	0.81 (0.44)	
CHN-SMB/CHN-VMG		1.53 (0.21)

续表

Panel C: 2000/01/01 ~ 2019/12/31		
模型 \ 测试资产	CHN-SMB/CHN-VMG	LSL-SMB/LSL-HML/LSL-RMW
LSL-SMB/LSL-HML/LSL-RMW	3.52 (0.03)	
CHN-SMB/CHN-VMG		0.83 (0.47)
Panel D: 2000/01/01 ~ 2016/12/31		
模型 \ 测试资产	CHN-SMB/CHN-VMG	LSL-SMB/LSL-HML/LSL-RMW
LSL-SMB/LSL-HML/LSL-RMW	4.65 (0.01)	
CHN-SMB/CHN-VMG		0.54 (0.66)

括号内为 F-统计量的 p-值。

在第一个十年，两个模型互相无法解释对方。当使用 LSL-SMB、LSL-HML 以及 LSL-RMW 为模型、CHN-SMB 和 CHN-VMG 为资产时，F-统计量为 3.67，其 p-值为 0.03；当把二者调换位置之后，F-统计量为 4.24，其 p-值为 0.01。然而，与第一个十年截然不同的是，当考察实证期的后一个十年时，GRS 检验结果显示两个模型可以互相解释彼此。F-统计量分别为 0.81 和 1.53，均不显著。当考察整个区间时，这两个模型之间的表现分出了差异。Liu, Stambaugh and Yuan (2019) 使用市值和 EP 构造的 CHN-SMB 和 CHN-VMG 因子能够很好地解释 Liu, Shi and Lian (2019) 的三个风格因子（F-统计量为 0.83，p-值为 0.47）。而另一方面，当 Liu, Shi and Lian (2019) 的三个风格因子被选为模型时，CHN-SMB 和 CHN-VMG 两个资产联合起来可以获得显著的超额收益（F-统计量为 3.52，p-值为 0.03）。这个结论在最后一个实证区间，即 2000/01/01 至 2016/12/31，同样得到了确认。从 GRS 检验结果来看，似乎 Liu, Stambaugh and Yuan (2019) 三因子模型要优于 Liu, Shi and Lian (2019) 四因子模型。然而，实证窗口内前后十年检验结果的差异值得更深入思考。

表 4.11 报告了前后两个十年内，上述五个因子的月均收益率和它们的 t-值，从中可以得到一些有意思的发现。先来看 Liu, Shi and Lian (2019) 中的三个风格因子。在第一个十年，以 BM 构建的价值因子非常显著，月均收益率高达 1.36%。与之形成鲜明对比的是盈

利因子的月均收益仅有 0.30%，非常不显著。此外，由于规模因子是通过综合使用市值与 BM 以及 ROE(TTM) 的分组构建的，因此其月均收益率也只有 0.55%，也不显著。而在第二个十年内，由于 A 股市场结构发生的变化，市场变得越来越理性和有效，机构投资者的比例上升，盈利因子变得显著；但以 BM 构建的价值因子却不再“好使”。综合来说，在前后各十年里，Liu, Shi and Lian (2019) 的三个因子中总是“断了至少一条腿”。反观 Liu, Stambaugh and Yuan (2019) 中的两个风格因子，它们在前后各十年里都非常显著。

表 4.11　不同区间内因子月均收益率（%）

Panel A: 2000/01/01 ~ 2009/12/31				
CHN-SMB	CHN-VMG	LSL-SMB	LSL-HML	LSL-RMW
1.00	1.06	0.55	1.36	0.30
(2.16)	(3.13)	(1.19)	(4.28)	(0.81)
Panel B: 2010/01/01 ~ 2019/12/31				
CHN-SMB	CHN-VMG	LSL-SMB	LSL-HML	LSL-RMW
1.02	0.59	0.94	0.28	0.48
(2.51)	(2.12)	(2.12)	(0.78)	(2.26)

括号内为经 Newey–West 调整后的 t-值。

由于 A 股市场中显著的规模效应，CHN-SMB 在两个区间内均显著并不令人意外。而为了搞清楚为什么 CHN-VMG 也能一直显著，则需要回到 EP = BM × ROE 这个式子。这个关系说明 EP 和 BM 以及 ROE 高度相关。从它可以推断出，通过 EP 构建的价值因子 CHN-VMG 和通过 BM 和 ROE(TTM) 构建的价值 LSL-HML 以及盈利 LSL-RMW 因子有很高的相关性。从表 4.4 的 Panel C 给出的相关系数中，已经能够证实上述结论。为了进一步分析，图 4.8 给出了通过 60 个月滚动窗口 OLS 回归估计的 CHN-VMG 因子在 LSL-HML 和 LSL-RMW 上的暴露。从中不难看出，CHN-VMG 在这两个因子上均有非常稳定且较大的暴露。回顾表 4.11 的结果，在实证期的前十年，LSL-HML 的月均收益率很高；而在实证期的后十年，LSL-RMW 则变得显著。得益于这两个因子在不同时期的表现以及 CHN-VMG 在这两个因子上持续的高暴露，CHN-VMG 在整个二十年的实证期内的月均收益率是显著的，因为它始终反映出以 BM 代表的价值和以 ROE 代表的盈利两方面的风险溢价。毫无疑问，不同因子之间的相互关联，以及因子在不同时期的表现会影响 GRS 检验中 F-统计量的取值，并最终产生了表 4.10 所示的结果。

表 4.12 给出了剔除市值最低的 30% 股票之后的 GRS 检验结果。在整个实证期内，两个模型可以相互解释，难分高下。但有意思的是，无论是单独考虑前一个十年还是后一个

十年，根据 GRS 结果判断，四因子模型都是更好的模型。对于上述结果，可以使用类似的方法进行分析。出于对篇幅的考虑，书中不再进行更多的解读。

表 4.12　GRS 检验结果（剔除市值最低的 30% 股票）

模型 \ 测试资产	CHN-SMB/CHN-VMG	LSL-SMB/LSL-HML/LSL-RMW
Panel A: 2000/01/01 ~ 2009/12/31		
LSL-SMB/LSL-HML/LSL-RMW	1.49 (0.23)	
CHN-SMB/CHN-VMG		4.31 (0.01)
Panel B: 2010/01/01 ~ 2019/12/31		
LSL-SMB/LSL-HML/LSL-RMW	1.43 (0.24)	
CHN-SMB/CHN-VMG		4.11 (0.01)
Panel C: 2000/01/01 ~ 2019/12/31		
LSL-SMB/LSL-HML/LSL-RMW	0.73 (0.48)	
CHN-SMB/CHN-VMG		1.99 (0.12)
Panel D: 2000/01/01 ~ 2016/12/31		
LSL-SMB/LSL-HML/LSL-RMW	1.13 (0.33)	
CHN-SMB/CHN-VMG		1.11 (0.35)

括号内为 F-统计量的 p-值。

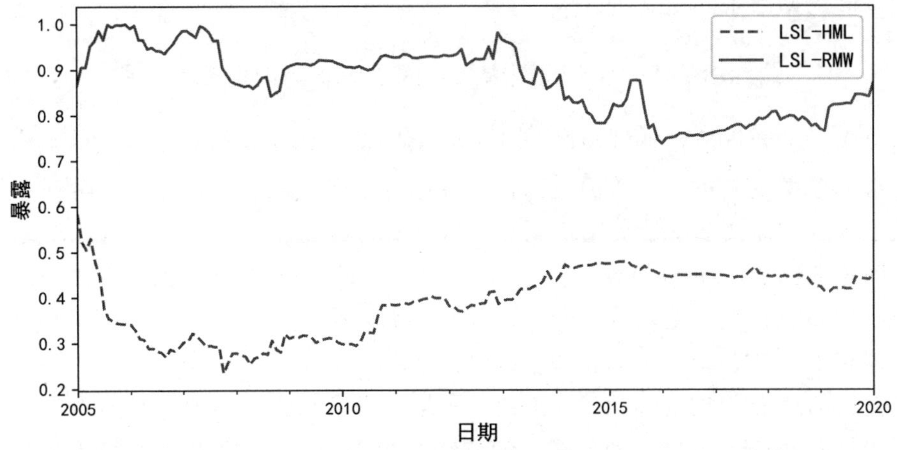

图 4.8　CHN-VMG 对 LSL-HML 和 LSL-RMW 的暴露（全部股票）

综合本节 α 和 GRS 检验的结果，虽然能够从两个模型中选出一个优胜，然而以上花费了不少篇幅的论述则希望向读者传递以下两点信息。第一，实证资产定价的研究很容易踏入数据窥探的错误[16]，即不同的实证窗口会出现不同的结果，人们会有意或无意地选择有利于自己结论的实证区间进行分析。第二，就一个多因子模型到底应该包含哪些因子而言，正如 Fama and French (2018) 所倡导的那样，与在实证数据中谁更能解释谁相比，每个因子背后代表的经济学或金融学含义是否清晰、合理则重要得多。至于三因子和四因子模型中到底哪个更好，不妨留给读者去评判和选择。

4.4　多因子模型的简约性

从数学上来说，如果仅以能否解释异象来评判多因子模型的能力，那么随着人们在时序回归的右侧加入越来越多的因子——即模型包含越来越多的因子，该模型一定能够（在实证区间内）解释越来越多的异象。但从本章介绍的七个多因子模型来说，它们的因子个数均在 3 到 5 个之间，都是非常有限的。这背后遵循的就是简约性原则（The Law of Parsimony）。

虽然在不同多因子模型中，因子个数的差异不大，但有些因子的构建用到了大量的变量。更多的变量意味着模型更高的复杂度，而这也造成了因子模型解释力度上的差异。在 2018 年美国金融协会年会上，Daniel et al. (2020) 的作者之一 Lin Sun 报告了 Daniel–Hirshleifer–Sun 三因子模型，并探讨了模型复杂度和模型解释异象的效果之间的关系，颇有新意。为此，他们提出了两个简约指数（记为简约指数 I 和简约指数 II），通过惩罚因子个数以及用来构造因子的变量个数来计算模型复杂度。

16 本书 6.1 节对此进行了解读。

其中，简约指数 I 的定义为：

$$\text{简约指数 I} = 0 - \text{模型中所有因子用到的全部变量之和} \tag{4.44}$$

在上述定义中，有两点值得特别说明。第一，由定义可知简约指数 I 的取值为负，其数值越接近零说明模型越简单，其数值越低说明模型越复杂。第二，如果一个变量被用于模型的多个因子中，则需要多次计算它，而非仅仅计算一次。

举个简单的例子，Fama–French 三因子中包含市场、规模和价值三个因子。市场因子是市场组合的超额收益，无须任何变量，因此对简约指数 I 没有贡献。规模和价值因子分别采用市值和 BM 双重排序构建，即这两个因子都用到了上述两个变量。按照式 (4.44) 的定义，市值和 BM 都将被计算两次。最终，市场、规模和价值三因子用到的变量分别为 0、2 和 2，因此 Fama–French 三因子模型的简约指数 I 为 -4。再来看一个复杂一些的例子，在 Stambaugh–Yuan 四因子模型中，两位作者分别使用市值以及 11 个异象变量（共 12 个变量）构建了规模、管理和表现因子。其中，管理因子用到了市值和 6 个异象变量（一共 7 个变量），表现因子用到了市值和 5 个异象变量（一共 6 个变量），而规模因子则用到了市值和全部 11 个异象变量（一共 12 个变量）。最终，Stambaugh–Yuan 四因子模型的简约指数 I 为 $-25 = (0 - 0 - 12 - 7 - 6)$。

再来看看简约指数 II，它的定义为：

$$\text{简约指数 II} = 0 - \text{模型中的因子和变量个数之和} \tag{4.45}$$

在上述定义中，同样有两点值得注意。其中第一点和简约指数 I 的第一点相同，即简约指数 II 的取值也为负，其数值越接近零说明模型越简单，其数值越低说明模型越复杂。第二点则和简约指数 I 不同。在计算中，即使一个变量被用于模型的多个因子中，它也仅会被计算一次，而非多次。回顾 Fama–French 三因子模型和 Stambaugh–Yuan 四因子模型两个例子，前者包含市场、规模和价值三因子，使用了市值和 BM 两个变量，因此其简约指数 II 为 -5。反观后者，它包括市场、规模、管理和表现四个因子，使用了市值和 11 个异象变量，因此其简约指数 II 为 $-16(= 0 - 4 - 12)$。

表 4.13 列出了本章介绍的七个多因子模型的两个简约指数。为了考察模型复杂度和模型解释力度的关系，Lin Sun 使用 CAPM 以及上述模型检验了 34 个异象，并以 0.05 显著性水平下异象个数作为模型解释力度。图 4.9 绘制了显著异象个数和简约指数的关系。

从图 4.9 中可以清晰地看到，随着模型复杂度的提升（表现为简约指数 I 或 II 的取值更小），模型的解释力度上升（体现为 0.05 显著性下的异象变少）。这个结论符合预期，它也再次强调了不同因子模型之间的好坏并无定论。人们总能通过增加模型复杂度来提升模型（样本内）的解释效果，因此需要在模型复杂度和样本内的解释力度之间取舍。在简约法则的指导思想下，一个优秀的多因子模型应通常有较少的因子，此外构建这些因子所需要的变量个数也不应该太多，而使用者则应该尽可能搞清楚每一个因子背后代表的风险。6.2.3 节将进一步阐述不同多因子模型之间的比较。

表 4.13　4.1 节介绍的多因子模型的简约指数

模型	简称	简约指数 I	简约指数 II
Fama–French 三因子	FF3	−4	−5
Carhart 四因子	C4	−6	−7
Novy-Marx 四因子	NM4	−9	−9
Fama–French 五因子	FF5	−10	−9
Hou–Xue–Zhang 四因子	HXZ4	−9	−7
Stambaugh–Yuan 四因子	SY4	−25	−16
Daniel–Hirshleifer–Sun 三因子	BF3	−4	−6

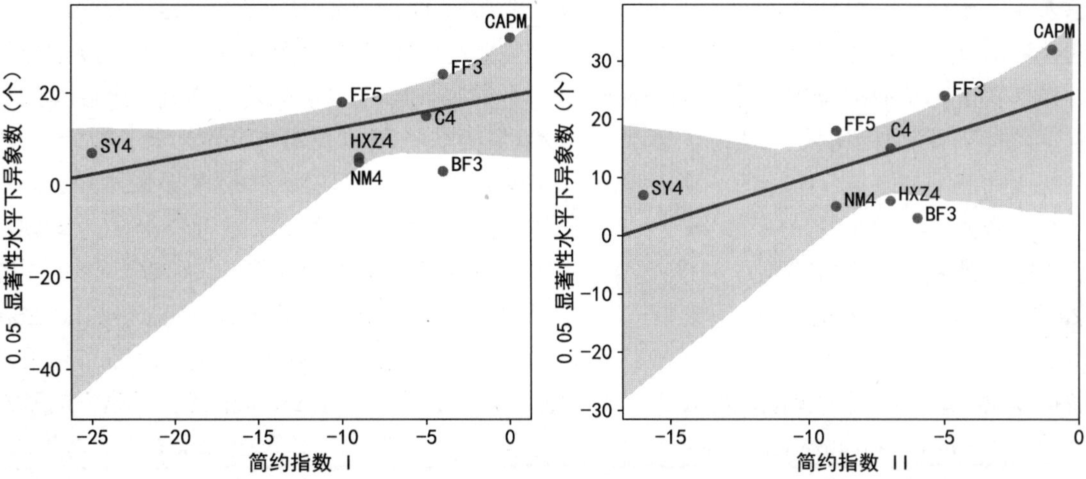

图 4.9　多因子模型复杂度和 0.05 显著性水平下异象个数

第 5 章　异象研究

继第 3 章和第 4 章在 A 股市场对因子和多因子模型进行了实证之后，本章是本书实证环节的第三部分，它将着眼于分析异象。从因子投资的方法论来说，如果一个资产能够获得定价模型无法解释的超额收益，那么它就可以被称为一个异象。然而，由于人们对真实定价模型的认知还非常有限，因此通过数据挖掘总能找到很多源自公司财务信息或者量价信息的指标，以它们为变量构建的投资组合便符合上述异象的定义。然而在现实中，很多异象仅仅是过拟合的产物，在样本外根本站不住脚[1]。为了避免这个问题，异象背后应该有非常扎实的金融学依据。

此外，由式 (1.3) 可知，异象的超额收益代表了异象的预期收益和定价模型所解释的预期收益之间的偏离。从这个意义上说，异象的产生和投资者对资产的错误定价有关。因此，越来越多在样本外可持续的异象都能或多或少地从错误定价的角度解释。另一方面，与早期使用单一变量构建异象的研究相比，越来越多新近的研究使用多变量，从多维度构建综合异象变量，从而捕捉更加稳定的超额收益。本章接下来的部分将详细解析三个经典的异象，它们分别为由预期差造成的估值高低异象（5.1 节）、基本面锚定反转异象（5.2 节）以及特质性波动率之谜（5.3 节）。希望通过本章的介绍让各位读者了解研究异象的方法。

在开始解读异象之前，还有一个问题需要说明。为了检验异象能否获得显著超额收益，就必须要选择定价模型。为此，本章的实证选取了被海外学术界和业界最广泛使用的 CAPM 和 Fama–French 三因子模型。此外，由本书第 4.3 节的论述可知，Liu, Shi and Lian (2019) 主张的包含市场、规模、价值以及盈利的四因子模型也能够解释很多 A 股市场上的潜在异象。细心的读者可能已经发现，该模型其实就是在 Fama–French 三因子模型的基础上加入了 Fama and French (2015) 提出的盈利因子，是对三因子模型的完美补充。为此，本章也将上述四因子模型（记为 Liu–Shi–Lian 四因子模型）选为用于检验异象的定价模型。除上述模型外，Fama–French 五因子模型也是海外学术界常用的定价模型。然而，从本书 3.7.3 节的实证结果可知，投资因子在 A 股上并不显著，无法解释股票预期收益率的截面差异。此外，从计量经济学的角度来说，投资因子可以被视作一个不相关的变量（irrelevant variable）。在 OLS 中加入不相关变量虽然不会影响其他估计量的无偏性，但会对估计量的方差造成负面的影响，进而影响检验结果。基于以上两点原因，本章并未将 Fama–French

1 关于这点，本书 6.1 节将会进一步论述。

五因子模型选为定价模型之一。

本章分别依照 4.1.1 和 4.3.3 节的说明构建 Fama–French 三因子模型和 Liu–Shi–Lian 四因子模型。为了使实证更加符合 A 股市场，在构造因子时采用了时效性更高的季报数据，而非像 Fama and French (1993) 一样针对美股采用的年报数据，且采用每月再平衡的方式更新因子收益率。本书的配套网站对每个因子的具体构造方法进行了详细说明，并提供因子收益率时间序列数据，感兴趣的读者可下载使用，书中对此不再赘述。最后，本章的实证将同时采用等权重和市值加权来构建和异象有关的投资组合。

5.1 估值高低中的异象

接触过股票的人都知道市盈率（PE）的概念，它常被拿来用作分析的依据。除了 PE 之外，常被人挂在嘴边的还有市净率（PB）、市销率（PS）和市现率（PCF）。这些指标长得很像，本来也是一个模子里刻出来的，即价格和某个基本面指标之比。在投资中，人们通常将上述和价格有关的比率称为价格乘数（price multiples），表示价格偏离基本面的程度，该值越大表明估值越高，该值越小表明估值越低[2]。

知道估值指标的含义非常容易，在实际应用时却寸步难行。股票市场中的人们经常遇到的问题是：PE 已经很高了，还追不追？PE 已经很低了，是否可以买入？前者害怕买贵了，无缘无故当了“接盘侠”，但又害怕错过了大牛股；后者担心入场太早，或者买到烂公司的股票，陷自己于万劫不复。为了更形象地说明这一点，来看看美股上 Amazon（亚马逊）和 IBM 的例子（图 5.1）。2014 年 6 月，Amazon 的 PE 高达 511，而 IBM 的 PE 只有 12。用 PE 来衡量价格是否合理的话，Amazon 已经贵得离谱，存在回调的可能；而 IBM 属于大甩卖的便宜货，谁见了都得动心。站在当时来看，这样的分析完全没错；然而站在此时来看，最终的走势可谓惊为天人。如果当时卖掉 Amazon 去抄底 IBM，一定会追悔莫及。

金融教科书告诉人们，估值水平很重要。然而 Amazon 和 IBM 的例子又狠狠地给了人们两耳光。是教科书错了，还是上面的例子只是偶然？事实上，估值高低确实很重要，但必须结合基本面来看，这就是本节要讨论的问题。

2 在某些特殊的情况下，一些价格乘数的取值为负，无法正常衡量公司估值，因此文中结论对这些公司并不适用。

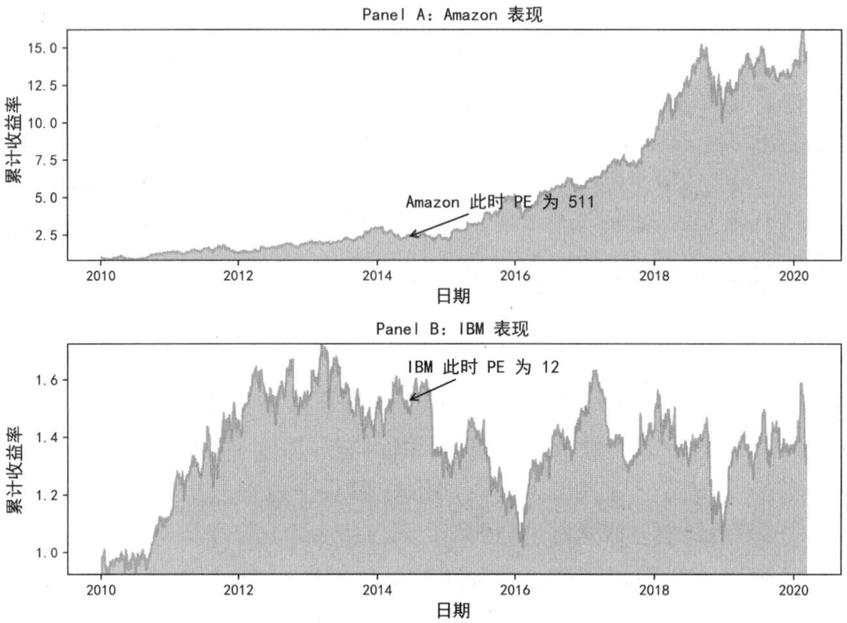

图 5.1　Amazon 与 IBM 股票走势

5.1.1　价值因子与价值投资

在因子投资领域，价值因子要说自己是老大哥，没人会提反对意见。因为长期表现优异，所有指数公司均有编制价值类指数，例如 MSCI 的增强价值指数（Enhanced Value Index）、标普道琼斯的纯价值指数（Pure Value）以及罗素的纯价值暴露指数（Pure Value Target Exposure Factor），国内的中证指数公司也编制了红利价值等指数。

本书 3.4 节详细探讨了价值因子的起源和发展。它不仅历史悠久，更是存在于各种不同的资产类别之中。Asness et al. (2013) 在美国、英国、日本和欧洲等成熟股票市场，以及股票指数、债券、商品期货和外汇其他资产中，均发现价值因子能获得正的超额收益和较高的夏普比率。Kunz and Mazzoleni (2018) 也讨论过相似的问题，并在股票、债券、外汇和商品中均发现了价值溢价，并且不同资产的价值溢价相关性较低，有利于组合的分散化配置。

价值因子通常按照估值指标的高低选股。依照这个法则，投资者应尽量选择看起来较便宜的股票，避开那些已经很贵的股票。无论是针对美股还是 A 股的实证都显示，便宜的股票确实长期来看比昂贵的股票有更高的预期收益。然而这是事实，却不是真相。一个股票估值之所以便宜，是因为要么价格真的偏离了内在价值，要么本来就不值钱。前者属于真正的价值股，后者可能存在估值陷阱。Piotroski (2000) 对此有过统计，虽然估值指标较低的组合整体表现不错，但只有不到 44% 的股票能够在未来两年获得正的超额收益；也就是说，超过一半的低估值股票仅仅拖了后腿。

上述现象中的矛盾凸显了价值因子和价值投资之间的差异。Kok et al. (2017) 对此有过明确的区分。通过价值因子投资，也被称为公式化价值投资。它单纯按照估值类指标进行股票选择，好处就是简单和纯粹，但容易选出较多“伪价值”股。而另一方面，价值投资是在价值因子的基础上，将基本面考虑进来，真正关注公司未来的盈利能力和成长能力，试图找到那些优质且便宜的股票。显然，后者要比前者更科学合理，也是大众熟知且默认的理解。如果用一句话来描述价值投资理念，大多数人会引用 1989 年巴菲特致股东信中的中的金句“以合理的价钱买入优质的公司要远胜于以便宜的价钱买入一般的公司。”[3]

基于上述认识，学术界在研究价值因子时越来越注重同时将基本面因素考虑进来，并通过基本面和估值相结合的方式，获取常见多因子模型无法解释的超额收益。这意味着这二者的结合更有助于找到并利用估值中的错误，构造投资中的异象。在对基本面的研究中，最能和因子投资相结合的当属 Piotroski (2000) 提出的 F-Score 以及 Mohanram (2005) 设计的 G-Score。前者被用来衡量公司基本面好坏，后者则被拿来衡量企业的想象空间。

5.1.2 F-Score

Piotroski (2000) 使用了三大类共 9 个指标来度量一家公司的好坏。这三大类包括盈利能力、财务情况和经营效率。盈利能力强、财务状况好并且经营效率高的公司，能获得较高的得分，表明整体比较健康；相反，盈利能力弱、财务陷入困境并且效率低下的公司，得分较低，公司质量差。利用 1976 到 1996 年美股股票数据，Piotroski (2000) 发现高 BM 公司整体上确实具有较高的超额收益，但大约 57% 的公司在未来 1 到 2 年内超额收益为负值，而 F-Score 和股票未来收益率的相关系数能达到 0.12（一年）和 0.13（两年）。此外，以 F-Score 为变量排序，分组收益具有显著的单调性。在 A 股中，F-Score 是否有同样的功效呢？以下仿照 Piotroski (2000) 的方式，构造 A 股的 F-Score。表 5.1 给出了用于计算 F-Score 的 9 个指标。

从表 5.1 的定义可知，F-Score 的取值范围是 0 到 9，分值越高则说明公司的基本面越强。从直觉上来说，无论是 0 分还是 9 分的公司都是非常极端的，大部分公司在这些指标上的总分应该是 4 分或 5 分左右。图 5.2 给出了实证期内不同 F-Score 的平均股票数量，也确认了上述猜想。从图中不难看出，F-Score 的分布在 0 ～ 9 分是不均匀的。为了解决这个问题，Piotroski (2000) 按照 F-Score 将公司分成三大类：0 ～ 3 分为最低组、4 ～ 6

3 巴菲特的原句是 “*It's far better to buy a wonderful company at a fair price than a fair company at a wonderful price.*”。

分为第二组、7 ～ 9 分最高组。图 5.3 展示了这三组（每月末调仓）的投资组合在本书实证期内的走势（Panel A 为等权重；Panel B 为市值加权）[4]。无论是等权重还是市值加权，最高 F-Score 组的收益率均显著高于最低 F-Score 的收益率，表明使用 F-Score 确实能在一定程度上评价公司的基本面。

表 5.1　用于计算 F-Score 的 9 个指标

	指标	计算方法	打分方式
盈利能力	ROA	净利润 (不含少数股东损益)(TTM)/总资产 (平均)	大于零得 1 分，否则 0 分
	ΔROA	最新报告期 ROA – 上年同期 ROA	大于零得 1 分，否则 0 分
	CFOA	经营活动现金净流量 (TTM)/总资产 (平均)	大于零得 1 分，否则 0 分
	应计利润	(营业利润 (TTM) – 经营活动现金净流量 (TTM))/总资产 (平均)	小于零得 1 分，否则 0 分
资本结构及偿债能力	ΔLEVER	最新报告期长期负债率 – 上年同期长期负债率	小于零得 1 分，否则 0 分
	ΔLIQUID	最新报告期流动比率 – 上年同期流动比率	小于零得 1 分，否则 0 分
	EQ_OFFER	过去一年是否增发或配售新股	没有增发得 1 分，否则 0 分
运营效率	ΔMARGIN	最新报告期资产毛利润率 – 上年同期资产毛利润率	大于零得 1 分，否则 0 分
	ΔTURN	最新报告期资产周转率 – 上年同期资产周转率	大于零得 1 分，否则 0 分

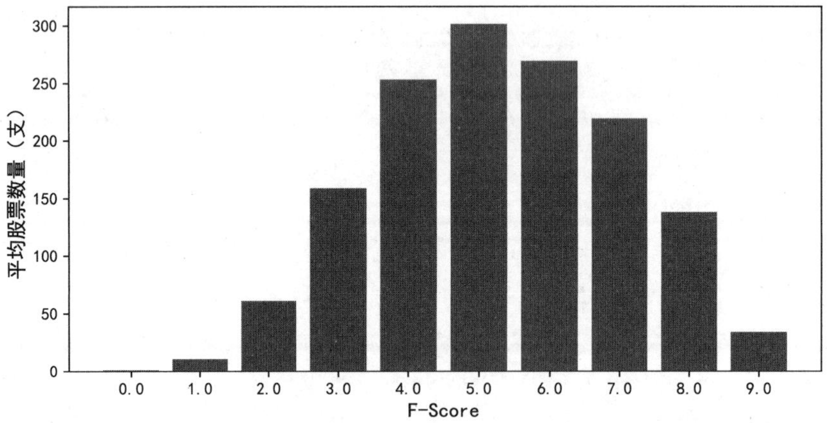

图 5.2　不同 F-Score 的平均股票数量

4 实证中的数据处理遵循 3.1.5 节的说明。

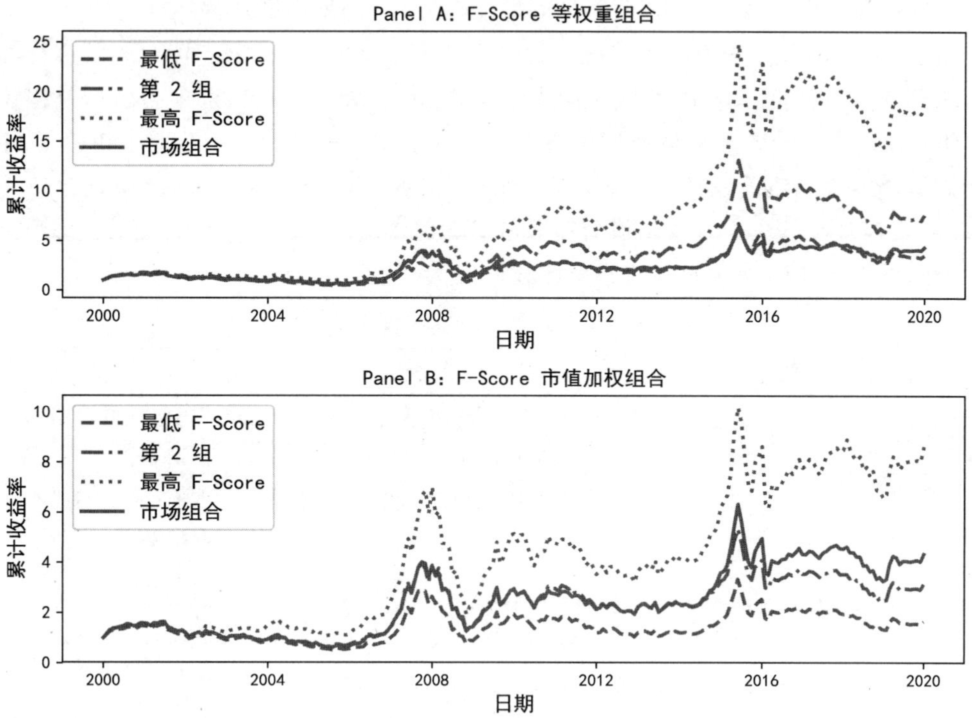

图 5.3　使用 F-Score 分组的投资组合的累计收益曲线

5.1.3　G-Score

与 Piotroski (2000) 的初衷不同，Mohanram (2005) 设计 G-Score 的目的是从成长股（即低 BM）中区分出基本面好的赢家和基本面差的输家，从而解决投资者面对高估值而错失像 Amazon 这种大牛股的问题。G-Score 从三个维度衡量公司的基本面，包括盈利能力、保守会计准则和盈利可持续。其中，保守会计准则指的是广告和研发等产生的支出往往被费用化处理，因而降低当期利润和现金流。然而，这些支出与未来的盈利直接挂钩，投入越大未来潜力越大。此外，一家公司盈利和增长是否确定也很重要，最怕遇到业绩“坐过山车”的情况。为此，G-Score 中纳入了盈利波动和收入增长波动两个指标，以体现成长的可持续性。

使用 1978 年到 2001 年的美股数据，Mohanram (2005) 检验了 G-Score 的效果。结果表明，在美股上 G-Score 对低 BM 股票具有较好的区分能力，得分最高的组获得了 3.1% 的年化收益，最低组的年化收益则为 −17.5%。也就是说，即使在高估值的股票中也存在基本面足够支撑估值的股票，这和学术界认为的成长股投资还是存在区别的。如果单从空头组合来说，那些估值高且基本面又差劲的公司，收益率显著为负。虽然在实际中难以通过做空来获取收益，但至少可以将它们纳入黑名单池子，降低潜在风险。

针对 A 股，表 5.2 给出了 G-Score 的计算方法，它使用 8 个指标对股票进行综合打分。考虑到数据可得性，本书使用了销售费用代替广告费用。一方面广告费用是销售费用的重要组成部分，另一方面销售费用信息更加丰富饱满。其次，由于 A 股上市公司从 2002 年开始披露季度资产负债表和利润表，从 2003 年开始披露季度现金流量表，两个方差指标在 2005 年之前几乎缺失，这会在整个实证窗口的前期造成一定的影响。最后，每个指标得分（应计除外）是和同行业的其他股票比较得出的，这一点与 F-Score 不同。

表 5.2 用于计算 G-Score 的 8 个指标

	指标	计算方法	打分方式
盈利能力	ROA	净利润 (不含少数股东损益)(TTM)/总资产 (平均)	高于行业中位数得 1 分，否则 0 分
	CFOA	经营活动现金净流量 (TTM)/总资产 (平均)	高于行业中位数得 1 分，否则 0 分
	应计利润	ROA − CFOA	小于零得 1 分，否则 0 分
保守会计处理	R&D/总资产	费用化 R&D(TTM)/总资产 (平均)	高于行业中位数得 1 分，否则 0 分
	销售费用/总资产	销售费用 (TTM)/总资产 (平均)	高于行业中位数得 1 分，否则 0 分
	资本性支出/总资产	资本性支出 (TTM)/总资产 (平均)	高于行业中位数得 1 分，否则 0 分
盈利稳定性	ROA 方差	过去三年单季度 ROA 的方差	低于行业中位数得 1 分，否则 0 分
	营业收入同比增长率方差	过去三年单季度营业收入同比增长率的方差	低于行业中位数得 1 分，否则 0 分

将单个指标得分进行加总，就得到最终的 G-Score。和 F-Score 一样，不同 G-Score 下的股票分布也并不均匀（见图 5.4）。为此 Mohanram (2005) 也将所有股票按照 G-Score 高低分为 3 组，其中得分为 0 分和 1 分的为低 G-Score 组，得分为 2 ～ 5 分的为中 G-Score 组，得分为 6 ～ 8 分的为高 G-Score 组。在针对 A 股的实证中，本书对上述分组方法稍有调整。由于 2005 年之前的数据存在指标缺失问题，因此在 2005 年以前将得分为 2 ～ 4 分的股票分为中 G-Score 组，5 ～ 8 分的股票分为高 G-Score 组，在 2005 年以后则采用 Mohanram (2005) 的分组方法。

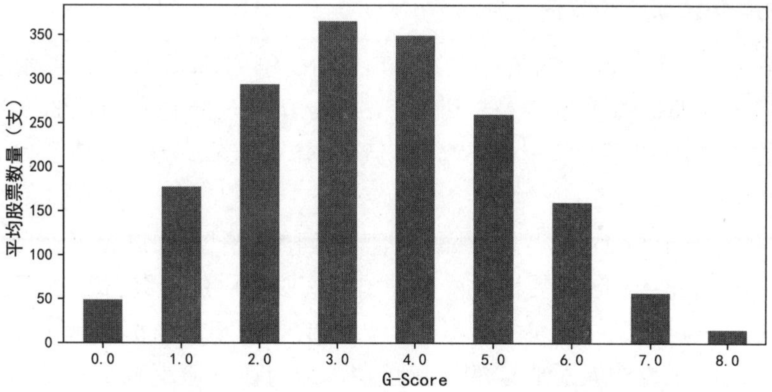

图 5.4　不同 G-Score 的平均股票数量

由于 G-Score 的初衷是在高估值股票中寻找基本面优秀的股票，为此以下采用 G-Score 和 BM 结合的方式汇报实证结果。使用 BM 和 G-Score 对所有股票进行 3×3 独立双重排序，共得到 9 个投资组合。图 5.5 展示了等权重和市值加权下这 9 个组合的夏普比率。在这些组合中，应格外关注的是低 BM 组中，G-Score 是否有很好的区分度。在等权重时，这 3 个投资组合的收益率确实单调上升，说明 G-Score 能够鉴别好公司和差公司。然而，在市值加权时，高 G-Score 组的夏普比率却是 3 组之中最低的，这显然与 Mohanram (2005) 的初衷相背离，也间接说明等权重的结果可能不够靠谱，而是受到了小市值的影响。

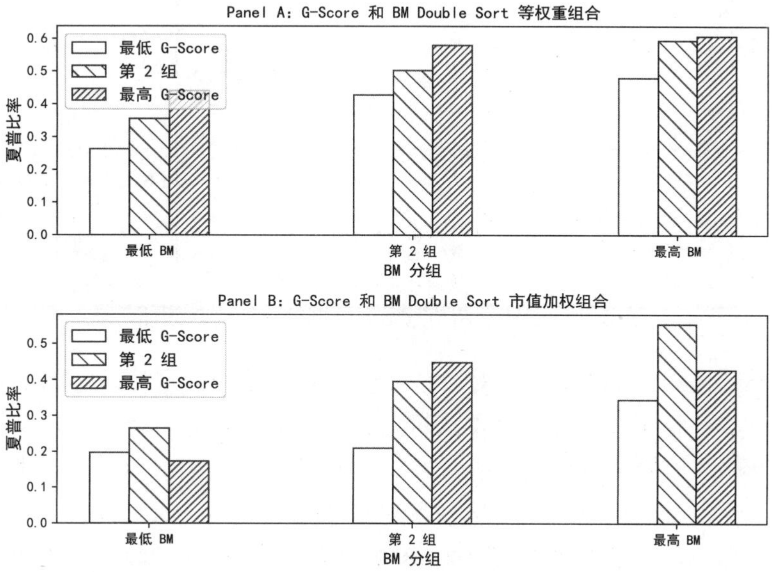

图 5.5　使用 G-Score 和 BM 分组的投资组合的夏普比率

5.1.4 通过预期差获取超额收益

从 5.1.2 节和 5.1.3 节两节的实证来看，F-Score 和 G-Score 均在 A 股上表现出一定的有效性，但前者的普适性更强。本节利用 F-Score 所代表的基本面强弱以及 BM 代表的估值高低来改进价值因子，争取获得更高的超额收益。而入手的出发点正是估值和基本面的匹配程度。

Piotroski and So (2012) 对于基本面和估值之间的匹配问题进行了充分的研究，提出了预期差（expectation errors）的概念，并指出价值股战胜成长股背后的原因是错误定价，即市场参与者低估了价值股、高估了成长股。这里的高估和低估都是价格相对于其内在价值而言的。价格反映了投资者对股票的市场预期，而内在价值反映了股票本身的基本面预期。高估、低估说明这两个预期之间存在差异，Piotroski and So (2012) 把这个差异定义为预期差，价值股跑赢成长股的内在逻辑是预期差的修正。为了证实他们的猜想，两位作者使用 F-Score 来衡量基本面预期，使用 BM 代表市场预期。按照基本面预期和市场预期分别分成高、中、低三档，便构成了图 5.6 所示的九宫格。

	低 BM	中 BM	高 BM
低 F-Score	市场预期 > 基本面预期 被高估的股票		市场预期 ≈ 基本面预期
中 F-Score		市场预期 ≈ 基本面预期	
高 F-Score	市场预期 ≈ 基本面预期		市场预期 < 基本面预期 被低估的股票

图 5.6 市场预期和基本面预期错位造成预期差

Piotroski and So (2012) 认为，对于基本面优秀的股票，市场对它们的高估值无可厚非；同理，对于基本面很差的股票，市场对它们的低预期也非常合理。这两类股票的基本面预期基本等于市场预期（不存在预期差），它们的价格已经较好地反映了其内在价值，在未来不会带来超额收益。相反，当市场预期和基本面预期不一致时，就存在预期差。基本面预期低（低 F-Score）、市场预期高（低 BM）是被高估的成长股。一旦预期差修正，这些股票就会获得负的超额收益。基本面预期高（高 F-Score）、市场预期低（高 BM）是被低估的价值股。一旦预期差修正，这些股票就会获得正的超额收益。

价值因子的有效表明，仅依照 BM 高低而做多价值股、做空成长股的对冲组合也能够获得超额收益。而从以上关于预期差的解释中可以看到，该组合的超额收益实际上是由存在预期差的价值股和成长股贡献的，而那些不存在预期差的股票在这个组合中则属于“打酱油的”。如果这个分析是正确的，那么仅仅针对存在预期差的股票构建价值、成长对冲的组合则应该比仅以 BM 构造的价值因子能够获得更显著的超额收益。

Piotroski and So (2012) 在美股上证实了上述猜想。他们构建了三个对冲组合：（1）Value/Glamour（V/G）组合，它是仅通过 BM 大小构建的价值、成长对冲组合；（2）非预期差组合，它是使用不存在预期差的价值和成长股构建的对冲组合；（3）预期差组合，它是使用存在预期差的价值和成长股（即市场预期低于基本面预期的价值股和市场预期高于基本面预期的成长股）构建的对冲组合。实证结果表明，预期差组合的收益率高于仅使用 BM 构建的 V/G 组合；此外，非预期差组合的收益率近似为零，说明价值股战胜成长股背后的原因是预期差造成的错误定价。

将预期差的想法应用于 A 股会怎样呢？以下按照 Piotroski and So (2012) 的思路如法炮制，使用 BM 和 F-Score 进行 3×3 双重排序（分别为高 BM、中 BM、低 BM，以及高 F-Score、中 F-Score、低 F-Score），得到共 9 个投资组合。通过做多高 BM 且高 F-Score 的股票、做空低 BM 且低 F-Score 的股票构建预期差组合（用高 BM & 高 F-Score – 低 BM & 低 F-Score 表示）；做多高 BM 但低 F-Score 的股票、做空低 BM 但高 F-Score 的股票构建非预期差组合（用高 BM & 低 F-Score – 低 BM & 高 F-Score 表示）。表 5.3 给出了双重排序检验结果。

从表 5.3 中的结果可以看到，无论是等权重还是加权，在给定的 F-Score 或者 BM 分组内，另一个排序变量都展现出很好的区分股票预期收益率差异的能力，即 BM 或 F-Score 更高的公司，股票的预期收益率更高。当然，最值得关注的还是 Piotroski and So (2012) 的猜想——预期差是价值股和成长股收益率差异的驱动——能否在 A 股中成立。实证结果完美地在 A 股中复现了美股的结果，因而证实了上述猜想。以等权重为例，预期差组合的月均收益为 1.43%（t-值高达 5.63），这一结果远超仅通过 BM 高低构造的投资组合（月均收益率 0.65%，t-值 3.11）；而非预期差组合的月均收益仅为 0.19%（t-值为 0.70），这和美股上的结论相似。当采用市值加权时，上述定性的特点依然保持不变。预期差组合的月均收益率为 1.31%（t-值为 3.55），而非预期差组合的月均收益率仅为 0.23%（t-值为 0.59）。图 5.7 展示了预期差、非预期差以及高 BM – 低 BM 这三个投资组合的累计收益率曲线。

接下来考察预期差组合（以及非预期差组合）能否获得本章选择的定价模型无法解释的超额收益。如果答案是肯定的，则说明同时使用 F-Score 和 BM 有助于从市场中挖掘出错误定价，并利用它的修正获取超额收益。实证结果见表 5.4。

表 5.3　BM 与 F-Score 双重排序检验，月均收益率（%）

Panel A：等权重				Panel B：市值加权			
	低 BM	中 BM	高 BM		低 BM	中 BM	高 BM
低 F-Score	0.50 (0.70)	1.12 (1.52)	1.36 (1.72)	低 F-Score	0.31 (0.44)	0.88 (1.19)	0.92 (1.20)
中 F-Score	0.97 (1.41)	1.30 (1.82)	1.59 (2.16)	中 F-Score	0.59 (0.93)	0.84 (1.35)	1.05 (1.52)
高 F-Score	1.17 (1.74)	1.78 (2.50)	1.93 (2.69)	高 F-Score	0.69 (1.08)	1.32 (1.98)	1.62 (2.34)
预期差组合①		1.43 (5.63)		预期差组合		1.31 (3.55)	
非预期差组合②		0.19 (0.70)		非预期差组合		0.23 (0.59)	
高 BM − 低 BM		0.65 (3.11)		高 BM − 低 BM		0.75 (2.19)	

①预期差组合 = 高 BM & 高 F-Score − 低 BM & 低 F-Score。
②非预期差组合 = 高 BM & 低 F-Score − 低 BM & 高 F-Score。
括号内为经 Newey–West 调整的 t-值。

表 5.4　预期差和非预期差组合无法被定价模型解释的月均 α（%）

Panel A：等权重					
	CAPM−α	Fama–French 三因子 −α		Liu–Shi–Lian 四因子 −α	
预期差组合	1.44(5.88)	1.09	(5.25)	0.68	(3.89)
非预期差组合	0.10(0.43)	−0.64	(−3.78)	−0.36	(−2.53)
Panel B：市值加权					
	CAPM−α	Fama–French 三因子 −α		Liu–Shi–Lian 四因子 −α	
预期差组合	1.34(3.84)	0.86	(3.40)	0.50	(1.88)
非预期差组合	0.11(0.30)	−0.83	(−2.89)	−0.55	(−2.15)

括号内为经 Newey–West 调整的 t-值。

当使用等权重构建组合时，无论采用哪个定价模型，预期差组合均能获得显著的超额收益。该组合的 CAPM−α 为 1.44%（t-值 5.88）、Fama–French 三因子 −α 为 1.09%（t-值 5.25）、而 Liu–Shi–Lian 四因子 −α 为 0.68%（t-值 3.89）。随着定价模型中因子个数的增加，超额收益逐渐减小但持续显著。当采用市值加权时，预期差组合依然能够获得显著的 CAPM–α 以及 Fama–French 三因子 –α，但是其 Liu–Shi–Lian 四因子 –α 不再显著（t-值 1.88）。而非预期差组合则展现出了完全不同的结果。该组合的 CAPM–α 并不显著，几乎为零。然而，当使用其他定价模型时，无论是等权重还是市值加权，该组合的超额收益都显著为负。综合上述结果可知，利用因市场预期和基本面预期的匹配不当导致的预期差可以获得显著的超额收益。

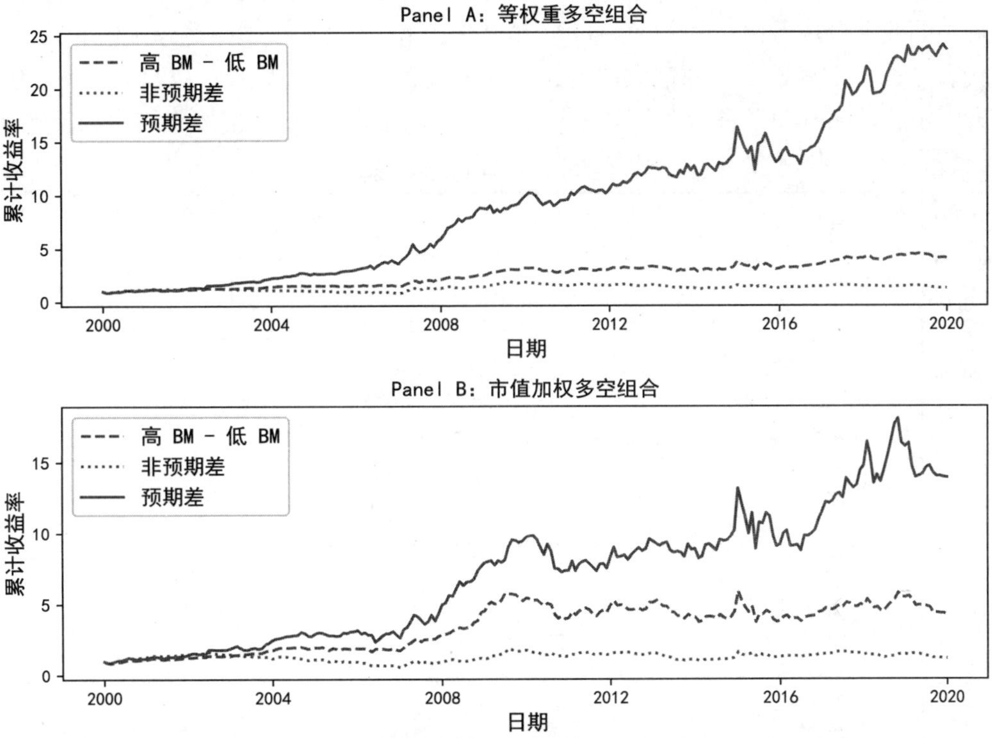

图 5.7 预期差、非预期差以及单 BM 排序投资组合累计收益率曲线

在 Piotroski and So (2012) 这篇文章中，除了预期差能带来超额收益这个假设外，两位作者还用数据证实了另一个猜想，即存在预期差的股票在未来业绩公告期内有更显著的收益（正或负），分析师在这些股票上的预测误差更大，对它们的预期修正也更大。这都表明预期差是由投资者的反应不到位造成的——对于价值股，即便它们的基本面优秀，投资者也过度悲观；对于热门成长股，哪怕它们的基本面很差，投资者也过度乐观。

最后需要指出的是，在本节实证中使用了 F-Score 是为了尽量在 A 股中复现 Piotroski and So (2012) 的发现。在实际中，该模型也未必就是最适合 A 股的模型，如何更好地衡量股票的内在价值也是见仁见智。但无论如何，定量、科学地衡量基本面价值，找到预期差，获取超额收益都是值得努力的方向。

5.2　基本面锚定反转

短期反转异象（short-term reversal anomaly，STR）大概是 A 股中最显著的异象。反转异象意味着前期大涨的股票在未来有更低的预期收益率；反之，前期大跌的股票在未来有更高的预期收益率。以学术界和业界都广泛认可的过去一个月累计收益率为变量，将 A 股市场中的股票分成五组：输家（Loser）、第 2 组、第 3 组、第 4 组、赢家（Winner）。其中输家代表过去一个月累计跌幅最大的一组，赢家代表过去一个月累计涨幅最高的一组。这五个投资组合的累计收益曲线如图 5.8 所示，可以清晰地显示出 A 股市场中的反转现象。

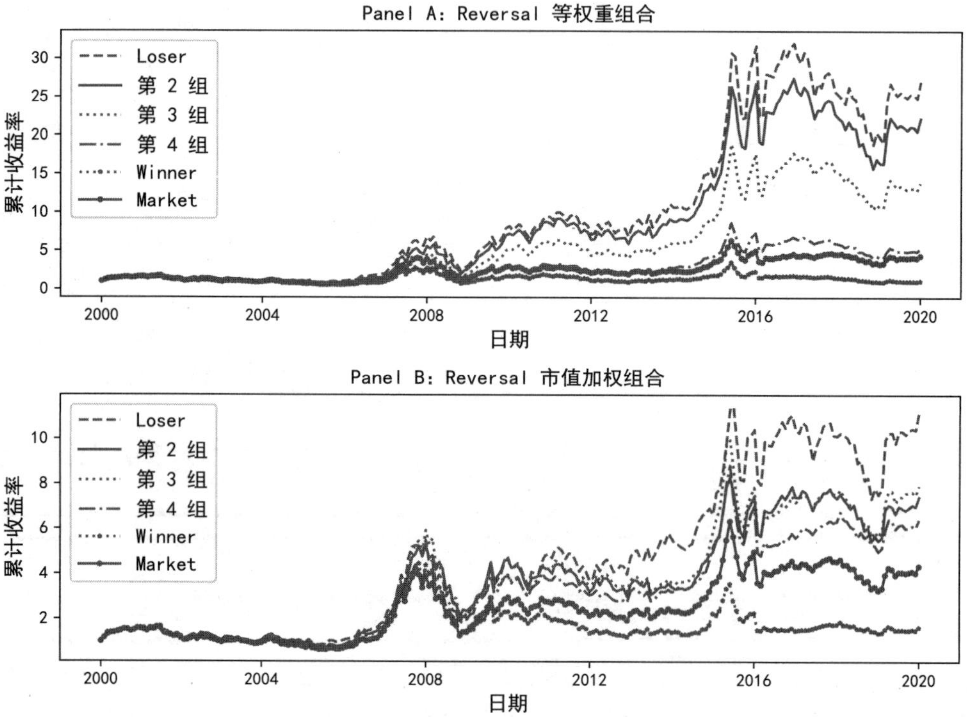

图 5.8　使用最近一个月收益率分组的投资组合的累计收益率曲线

在实际投资中，由于做空受到很大的限制，因此想要利用反转异象就只能从多头入手，即买入前期超跌的股票。通常来说，投资者需要克服极大的恐惧才能进行这种逆趋势而为的操作。而股票的超跌主要有三个原因：（1）上市公司基本面恶化；（2）投资者对信息的过度反应（Lehmann 1990a）；（3）噪音交易者导致的瞬时流动性冲击（Grossman and Miller

1988，Jegadeesh and Titman 1995）。在上述三个原因中，由于基本面恶化造成的股价大幅下跌往往难以反转。因此，要想通过逆势做多来利用反转异象，就理应规避那些基本面恶化的公司。这意味着投资者应试图把基本面变化造成的影响从收益率中剥离出去，而使用收益率中剩余的部分代表过度反应和瞬时流动性冲击的程度，并以此构建更合理的反转策略。Zhu et al. (2019) 利用这个想法提出了基本面锚定反转异象，并在美股的实证中获得了显著的超额收益，远超原始反转异象。

5.2.1　金融学依据

为了将基本面的影响从收益率中剥离，考虑由 Da et al. (2014) 提出的模型：

$$\text{Residual}_{t+1} = R_{t+1} - \mu_t - \text{CF}_{t+1} \tag{5.1}$$

式中 R_{t+1} 为某股票的收益率，μ_t 为其均衡状态下的条件预期收益率，CF_{t+1} 则代表该股票最新的现金流信息造成的收益率变化，因此 Residual_{t+1} 则代表了把基本面影响剥离之后的残余收益率。Da et al. (2014) 将和现金流有关的新息从股票收益率中减去，以此排除基本面变化对于收益率的影响，以期捕捉由于过度反应和流动性冲击造成的非理性下跌。为了定量计算 CF_{t+1} 的影响，一般可使用基于分析师预期修正的计算方法。然而 Zhu et al. (2019) 指出，模型 (5.1) 的计算方法存在两个问题：

(1) 股票价格对于基本面消息的吸收是缓慢的（见 Hong et al. 2000 和 Choi and Sias 2012），因此仅考虑最新的基本面信息是不够的，还应考虑过去一段时间的；

(2) 分析师并不能覆盖全部股票，因此使用分析师预期修正无法对全市场的股票进行分析。

为改进上述第一点，Zhu et al. (2019) 将模型 (5.1) 调整为包含过去 T 期内现金流信息的变化：

$$\text{Residual}_{t+1} = R_{t+1} - \mu_t - \frac{1}{T}\sum_{i=0}^{T-1} \text{CF}_{t-i+1} \tag{5.2}$$

为了在上述基础上继续改进第二点，他们使用 Piotroski (2000) 的 F-Score 代替现金流信息作为基本面信息的代理变量。Choi and Sias (2012) 指出，随着价格对基本面信息的逐步吸收，F-Score 对于基本面驱动的未来收益率变化预测能力是提升的。使用 F-Score 隐含的收益率（记为 $R_{\text{F-Score}}$）代替式 (5.2) 右侧中的最后一项可得：

$$\text{Residual}_{t+1} = R_{t+1} - \mu_t - R_{\text{F-Score}} \tag{5.3}$$

最后，大量实证结果显示，无论选择哪个实证资产定价模型来计算式 (5.3) 中的 μ_t，改进后的反转异象都非常稳健，因此 μ_t 的影响有限。利用这一点，最终把式 (5.3) 进一步简化为：

$$\text{Residual}_{t+1} = R_{t+1} - R_{\text{F-Score}} \tag{5.4}$$

传统的短期反转异象说明，短期历史收益率和未来预期收益率之间呈现负相关关系，而 F-Score 代表的基本面强则和未来预期收益率呈现正相关关系（见 5.1 节的实证结果）。综合以上两点，短期历史收益率和 F-Score 叠加后与预期收益率的关系如表 5.5 所示。

表 5.5　短期历史收益率以及 F-Score 叠加后和预期收益率的关系

	短期历史收益	F-Score	二者叠加
过去输家 + 高 F-Score	正相关	正相关	正相关
过去输家 + 低 F-Score	正相关	负相关	模糊
过去赢家 + 高 F-Score	负相关	正相关	模糊
过去赢家 + 低 F-Score	负相关	负相关	负相关

由表 5.5 所示的关系可知，通过做多基本面好（F-Score 高）的过去输家，并同时做空基本面差（F-Score 低）的过去赢家便可以提升传统短期反转异象，获取更丰厚的超额收益。而上面这种处理方式，实际上和 5.1.4 节有异曲同工之妙，也是在寻找市场和基本面之间的预期差。其中，过去的输家叠加高 F-Score 的组合是被低估的股票，而过去赢家叠加低 F-Score 的组合是被高估的股票。投资者通过做多被低估的、做空被高估的获得超额收益。上述剥离了基本面信息的反转异象被称为基本面锚定反转（fundamental-anchored reversal，FAR）。

5.2.2　A 股市场中的基本面锚定反转

下面针对 A 股进行基本面锚定反转的实证分析。实证中使用过去一个月的累计收益率为反转变量，使用 5.1 节介绍的 F-Score 为基本面变量，构建改进后的反转异象。为此，使用上述两个变量进行独立双重排序。具体来说，使用反转变量将股票分成 5 组（Loser、P2、P3、P4、Winner），使用 F-Score 将股票分成 3 组（Low、Middle、High），这样一共得到 15 个投资组合，如图 5.9 所示。

表 5.6 给出了以上 15 个组合在本书实证期内的月均收益率以及它们的 t-值。为了考察结果的稳健性，表中同时汇报了等权重（Panel A）和市值加权（Panel B）的情况。受到 Stein (2009) 的启发，Zhu et al. (2019) 提出通过做多 Loser/High 组合（基本面强的输家）同时做空 Winner/Low 组合（基本面差的赢家）就得到了基本面锚定反转。作为对比，通过做多 Loser/Low 组合（基本面差的输家）同时做空 Winner/High 组合（基本面强的赢家）得到未经基本面锚定的反转（fundamental-unanchored reversal，FUR）。表 5.6 中

展示了 FAR 和 FUR 的月均收益率及其显著性。最后，表中同样列出了传统的反转（即 Loser–Winner 组合）的检验结果。

		F-Score		
		Low (0 - 3)	Middle (4 - 6)	High (7 - 9)
过去一个月收益率	Loser	Loser / Low	Loser / Middle	Loser / High
	P2	P2 / Low	P2 / Middle	P2 / High
	P3	P3 / Low	P3 / Middle	P3 / High
	P3	P4 / Low	P4 / Middle	P4 / High
	Winner	Winner / Low	Winner / Middle	Winner / High

图 5.9　使用过去一个月收益率和 F-Score 独立双重排序

表 5.6　反转与 F-Score 双重排序检验，月均收益率（%）

Panel A：等权重				Panel B：市值加权			
	Low	Middle	High		Low	Middle	High
Loser	1.63	1.86	2.14	Loser	1.34	1.28	1.60
	(2.17)	(2.62)	(2.98)		(1.84)	(2.03)	(2.26)
P2	1.61	1.68	2.01	P2	1.31	1.17	1.33
	(2.07)	(2.30)	(2.82)		(1.73)	(1.67)	(2.10)
P3	1.15	1.53	1.90	P3	0.71	0.96	1.87
	(1.48)	(2.07)	(2.64)		(1.00)	(1.39)	(2.49)
P4	0.58	1.14	1.34	P4	0.52	1.01	1.19
	(0.79)	(1.63)	(1.94)		(0.70)	(1.61)	(1.80)
Winner	0.02	0.31	0.96	Winner	0.04	0.37	0.99
	(0.02)	(0.45)	(1.39)		(0.05)	(0.53)	(1.40)
Loser/High–Winner/Low (FAR)			2.12	Loser/High–Winner/Low (FAR)			1.56
			(7.60)				(4.11)
Loser/Low–Winner/High (FUR)			0.67	Loser/Low–Winner/High (FUR)			0.35
			(2.26)				(0.89)
Loser–Winner			1.45	Loser–Winner			0.94
			(5.94)				(3.03)

括号内为经 Newey–West 调整的 t-值。

结果显示，当等权重配置时，在控制反转或 F-Score 因子后，另一个因子仍具有很好的单调性；基本面锚定反转（FAR）的月均收益率为 2.12%（t-值高达 7.60），超过传统反转的 1.45%（t-值 5.94）。作为对比，未经基本面锚定，即不具备预期差的反转（FUR）的月均收益率仅有 0.67%（t-值 2.26）。当采用市值加权后，反转的整体效果减弱（说明反转在小市值上有暴露）但仍然能观察到 FAR 反转要优于传统反转。在等权重和市值加权两种配置方法下，FAR 和 FUR 两个投资组合的累计收益曲线如图 5.10 所示（图中纵坐标采用了以 10 为底的对数坐标）。

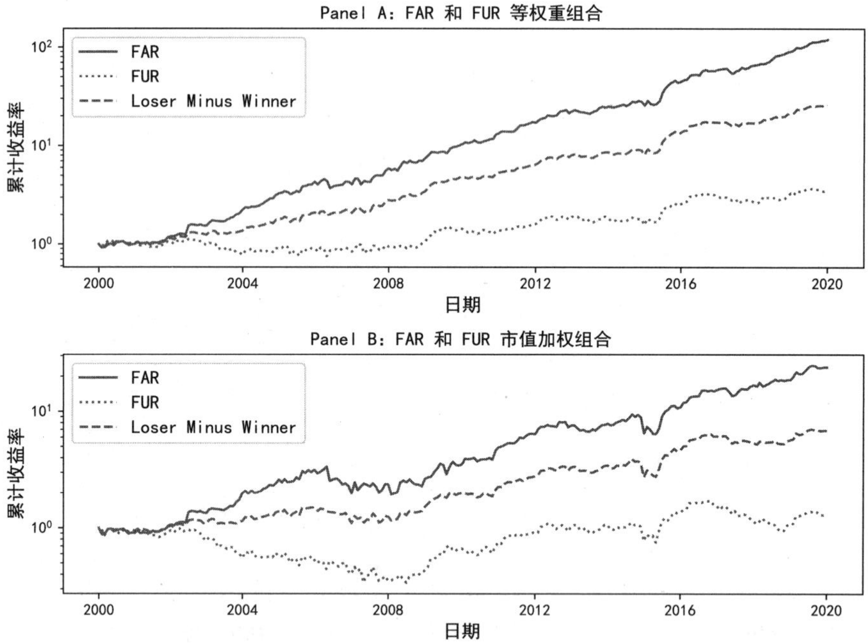

图 5.10 基本面锚定反转和非基本面锚定反转累计收益率曲线

也许有的读者看到图 5.10 中等权重下 FAR 组合的“惊艳”的表现非常兴奋。但是需要“泼一盆冷水”的是，这仅仅是纸面收益率，没有考虑任何交易成本。此外，空头方，即做空基本面差的赢家对平滑组合波动的贡献是非常高的。而在实际中，往往更应关注多头，特别是市值加权多头的表现，因为它的收益率才更接近实际中可能出现的情况。图 5.11 和图 5.12 分别给出了结果等权重和市值加权时，不同组合中多、空两头的表现（Panel A 为基本面锚定反转、Panel B 为非基本面锚定反转）。可以看到，对于 FAR，无论是等权重还是市值加权，多头本身的波动较异象本身都要高得多，而收益率要比异象本身更低，表明在实际投资中想要通过交易多头来利用该异象，需要对多头的风险进行严格的管理。

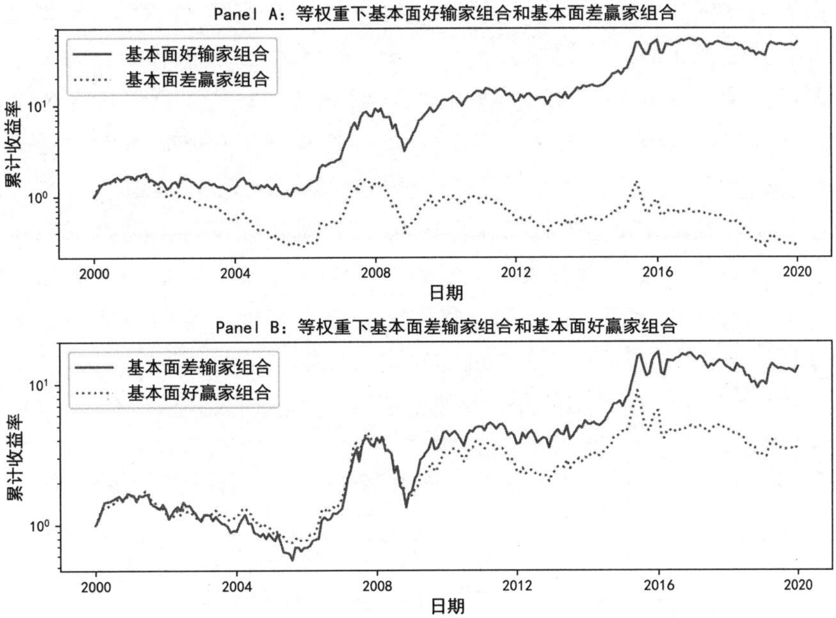

图 **5.11**　FAR 和 FUR 多、空头累计收益率曲线（等权重）

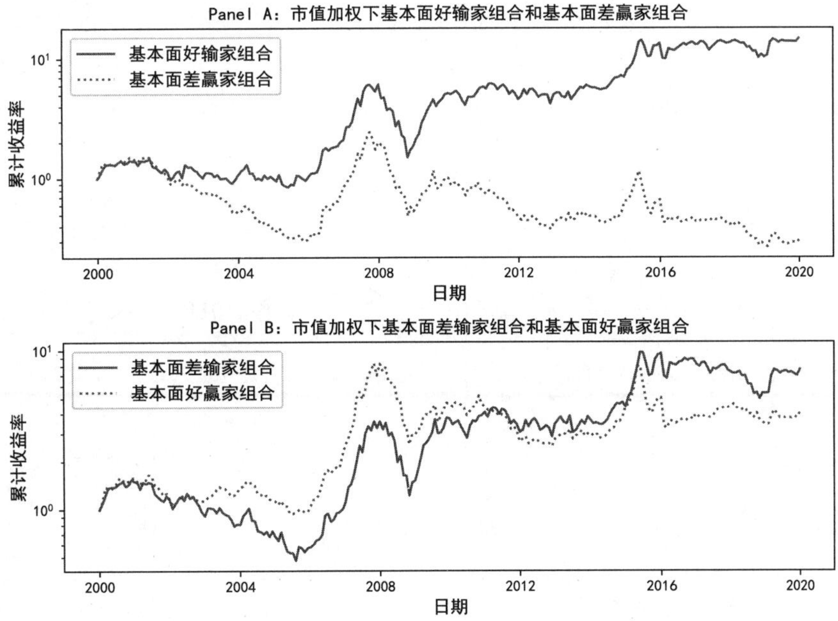

图 **5.12**　FAR 和 FUR 多、空头累计收益率曲线（市值加权）

接下来检验这些投资组合，特别是 FAR 组合，能否获得常见多因子模型无法解释的超额收益。表 5.7 到表 5.9 展示了这些定价模型无法解释的 α 超额收益。首先来看等权重构造投资组合时的结果。无论采用哪个定价模型，对这 15 个投资组合以及 3 个多空对冲组合（FAR、FUR 以及 Loser–Winner）的超额收益检验结果和它们绝对收益的检验结果均基本一致。无论是等权重还是市值加权，从左下角（Winner/Low）到右上角（Loser/High）基本呈现出显著负收益到显著正收益的趋势，说明有基本面支撑的超跌可以在未来获得更高的预期收益，而基本面很差的大涨在未来会出现更低的预期收益。FAR 组合的超额收益显著地高于非条件的 Loser–Winner 组合，因而它是无法被定价模型解释的基本面锚定反转异象；而 FUR 组合则无法获得这些定价模型不能解释的显著超额收益。最后，传统的 Loser–Winner 组合在等权重下均能获得这些模型无法解释的超额收益，证明了传统反转异象存在于 A 股市场。

表 5.7　反转与 F-Score 双重排序检验，月均 CAPM$-\alpha$（%）

Panel A：等权重				Panel B：市值加权			
	Low	Middle	High		Low	Middle	High
Loser	0.74 (2.23)	0.98 (3.20)	1.25 (4.11)	Loser	0.47 (1.60)	0.45 (1.98)	0.73 (2.64)
P2	0.71 (2.18)	0.82 (2.80)	1.15 (3.91)	P2	0.43 (1.71)	0.32 (1.58)	0.52 (2.62)
P3	0.27 (0.84)	0.65 (2.34)	1.05 (3.87)	P3	−0.11 (−0.41)	0.12 (0.73)	1.01 (4.71)
P4	−0.28 (−0.98)	0.30 (1.08)	0.50 (2.07)	P4	−0.35 (−1.37)	0.21 (1.00)	0.40 (2.05)
Winner	−0.85 (−2.81)	−0.53 (−2.07)	0.13 (0.53)	Winner	−0.85 (−3.07)	−0.47 (−2.25)	0.17 (0.71)
Loser/High–Winner/Low (FAR)			2.11 (7.53)	Loser/High–Winner/Low (FAR)			1.59 (4.30)
Loser/Low–Winner/High (FUR)			0.61 (2.03)	Loser/Low–Winner/High (FUR)			0.30 (0.75)
Loser–Winner			1.41 (5.63)	Loser–Winner			0.94 (3.04)

括号内为经 Newey–West 调整的 t-值。

表 5.8　反转与 F-Score 双重排序检验，月均 Fama–French 三因子 $-\alpha$（%）

Panel A：等权重				Panel B：市值加权			
	Low	Middle	High		Low	Middle	High
Loser	−0.14	0.17	0.54	Loser	0.03	−0.06	0.41
	(−0.87)	(1.22)	(3.32)		(0.13)	(−0.33)	(1.77)
P2	−0.17	0.02	0.46	P2	−0.11	−0.11	0.18
	(−1.32)	(0.20)	(3.21)		(−0.55)	(−0.70)	(1.04)
P3	−0.49	−0.03	0.32	P3	−0.59	−0.17	0.52
	(−3.51)	(−0.25)	(2.58)		(−2.95)	(−1.03)	(2.65)
P4	−0.90	−0.28	0.04	P4	−0.69	−0.04	0.30
	(−5.49)	(−2.30)	(0.27)		(−2.69)	(−0.23)	(1.42)
Winner	−1.33	−0.83	−0.10	Winner	−1.00	−0.43	0.38
	(−6.93)	(−4.45)	(−0.49)		(−3.70)	(−2.05)	(1.65)
Loser/High–Winner/Low (FAR)			1.88	Loser/High–Winner/Low (FAR)			1.42
			(7.33)				(3.82)
Loser/Low–Winner/High (FUR)			−0.06	Loser/Low–Winner/High (FUR)			−0.36
			(−0.24)				(−1.10)
Loser–Winner			0.94	Loser–Winner			0.47
			(4.33)				(1.78)

括号内为经 Newey–West 调整的 t-值。

表 5.9　反转与 F-Score 双重排序检验，月均 Liu–Shi–Lian 四因子 $-\alpha$（%）

Panel A：等权重				Panel B：市值加权			
	Low	Middle	High		Low	Middle	High
Loser	0.11	0.32	0.57	Loser	0.05	0.05	0.08
	(0.56)	(2.30)	(3.67)		(0.24)	(0.32)	(0.39)
P2	0.11	0.20	0.50	P2	0.05	−0.07	0.07
	(0.81)	(2.04)	(3.80)		(0.26)	(−0.48)	(0.37)
P3	−0.20	0.10	0.32	P3	−0.36	−0.08	0.63
	(−1.18)	(1.09)	(2.60)		(−1.59)	(−0.42)	(2.32)
P4	−0.55	−0.02	0.09	P4	−0.30	0.22	0.14
	(−3.53)	(−0.16)	(0.71)		(−1.09)	(1.14)	(0.59)
Winner	−0.85	−0.42	0.16	Winner	−0.45	−0.05	0.58
	(−3.95)	(−2.75)	(0.74)		(−1.48)	(−0.26)	(1.78)

续表

Panel A：等权重		Panel B：市值加权	
Loser/High–Winner/Low (FAR)	1.43 (5.61)	Loser/High–Winner/Low (FAR)	0.54 (1.58)
Loser/Low–Winner/High (FUR)	−0.06 (−0.18)	Loser/Low–Winner/High (FUR)	−0.53 (−1.17)
Loser–Winner	0.70 (2.96)	Loser–Winner	0.04 (0.14)

括号内为经 Newey–West 调整的 t-值。

值得一提的是，当采用市值加权时，上述定性的结论虽然依然成立，但反转的效果却打了不小的折扣。另外值得注意的是，当 Liu–Shi–Lian 四因子模型被选为定价模型时，FAR 组合的超额收益不再显著（月均 α 为 0.54%、t-值仅为 1.58），说明 FAR 异象能被该模型很好地解释。然而，无论是采用 CAPM 还是 Fama–French 三因子模型，FAR 在市值加权下的超额收益依然显著。比较等权重和市值加权的结果说明，反转异象更多地出现在小市值的股票当中，而市值加权由于避免了对于小市值的过度暴露而造成反转异象的减弱。在实际交易中，为了依靠 FAR 获得更高的超额收益，可考虑在满足换手率、流动性等必要约束的条件下，适当将反转组合向小市值倾斜。

短期反转是股票市场上的一个经典异象。它不仅仅在 A 股中显著，在美股中亦是如此。在美股中讨论动量的 Jegadeesh and Titman (1993) 在计算动量因子时就特意把最近一个月剔除，其背后的原因正是一个月收益率的反转[5]。在 A 股中，有不少卖方研究报告对反转进行了研究和改进。由于非条件的反转异象本身已经十分显著，任何通过增加复杂度的“改进”得到的条件反转异象都会在样本内有更好的效果。然而，没有经济学或金融学依据的改进终究难以令人信服。本节使用 F-Score 作为代理变量，将基本面变化造成的影响从收益率中剥离出去，因而能够准确定位超跌的根本原因，并针对过度反应和流动性冲击的部分构建加强的反转策略。另外，价格的涨跌和基本面的强弱也会形成预期差。一旦预期差修正，这个经基本面锚定的反转异象就能获得比传统反转异象更高的超额收益。

5.3 特质性波动率

由多因子定价模型可知，股票的风险可以分解为因子代表的系统性风险以及特质性风险两部分。后者通常通过股票收益率的特质性波动率（idiosyncratic volatility）来度量。由

5 Narasimhan Jegadeesh 虽然因研究动量成名，但他其实早在动量之前就在 *Journal of Finance* 上发表过关于反转的研究（Jegadeesh 1990）。

于特质性波动率可以通过分散化投资而被抵消，因此金融理论暗示着投资者不应该因为承担了特异性风险而得到补偿。换句话说，股票的特质性波动率应无法预测股票的预期收益率。

2006 年，一篇发表于金融领域顶级期刊 *Journal of Finance* 的文章 Ang et al. (2006) 打破了这种观点。该文的题目是 *The cross-section of volatility and expected returns*，它指出特质性波动率高的股票在未来预期收益率更低，即二者之间存在负相关关系。此外，该文作者于三年后又在顶级期刊 *Journal of Financial Economics* 上发文（Ang et al. 2009），通过来自美国和全球的更多实证结果说明特质性波动率和预期收益率之间的负相关性。Ang et al. (2006) 一经发表便得到了学术界的高度关注。截至今日，其谷歌学术引用量已超过 3000 次，足见其影响力。

然而在该文发表之后，其他一些研究却有不同的结论。其中 Fu (2009) 可算是一篇代表性的文章。该文同样发表于 *Journal of Financial Economics*，题为 *Idiosyncratic risk and the cross-section of expected stock returns*（谷歌学术引用量超过 1000 次）。如果仅看论文标题，Ang et al. (2006) 和 Fu (2009) 都让人分不清，但后者却提出特质性波动率和收益率之间存在正相关。该文认为 Ang et al. (2006) 发现的负相关源于很少一部分高特质性波动率股票收益率的反转。此外，Anderson et al. (2015) 则认为在 Ang et al. (2006) 的实证分析中，1987 年十月是一个极端异常点，它的存在使得异象收益率的标准误被严重低估（缩水了一半），导致 t-值被放大。排除该点后，特质性波动率和预期收益率之间的负相关性不再显著[6]。

除了上述旗帜鲜明的“正、反”两派外，还有一些论文的研究结论是特质性波动率和未来预期收益率之间受到多种因素影响，因此难有定论（Bali and Cakici 2008）。以下总结了学术界关于特质性波动率和未来预期收益之间的三种观点。

- 无显著关系：Fama and MacBeth (1973)、Bali and Cakici (2008)、Li et al. (2014)、Novy-Marx (2014)；
- 正相关：Tinic and West (1986)、Lehmann (1990b)、Xu and Malkiel (2004)、Fu (2009)；
- 负相关：Ang et al. (2006)、Ang et al. (2009)、Jiang et al. (2009)、Guo and Savickas (2010)、Chen et al. (2012)。

综合学术界到目前为止的主流观点来看，大多数实证结果均发现特质性波动率和预期

6 颇有意思的是，Anderson et al. (2015) 的早期版本是 Anderson et al. (2012) 这篇研究手稿（working paper）。该手稿直接以 *A comment on "The cross-section of volatility and expected returns": The statistical significance of FVIX is driven by a single outlier* 为题对 Ang et al. (2006) 进行了抨击，可谓相当“不客气”。不过在最后期刊发表的版本中，文章的题目 *In search of statistically valid risk factors* 则温和得多，而且三位作者还感谢了 Ang et al. (2006) 的四位作者对其早期版本的建设性评论。

收益率的负相关关系。这无疑和定价理论所隐含的无关联相悖。学术界把这种负相关关系称作特质性波动率之谜（idiosyncratic volatility puzzle）。既然有了谜团，就自然少不了解谜的人。这背后的代表作要数 Stambaugh et al. (2015) 一文。该文从套利不对称性（arbitrage asymmetry）的角度对特质性波动率之谜进行了精彩的解释。

5.3.1　套利不对称性和特质性波动率

高特质性波动率常常被视作阻止套利的因素之一。基于这一出发点，Stambaugh et al. (2015) 从套利风险和套利不对称性两个角度对特质性波动率之谜进行了研究。

- 套利风险：套利活动常常因为各种原因被阻止；
- 套利不对称性：投资者愿意积极买入被低估的股票，却对于卖空被高估的股票犹豫不决。

关于套利风险的来源，最常见的便是噪声交易者的行为。套利交易者在价格被高估时会卖空股票，但此时噪声交易者可能继续买入，进一步推高价格，甚至最终迫使套利交易者因追加保证金的压力等原因而止损。另外，套利的不对称性也与投资者的交易行为有关。投资者往往不愿意卖出、卖空被高估的股票，或卖空的成本过高。这使得套利活动在被高估的股票中更难以进行。图 5.13 展示了 Stambaugh et al. (2015) 提出的关于特质性波动率、套利风险以及错误定价三者间的关系的猜想，为特质性波动率之谜提供了解释。

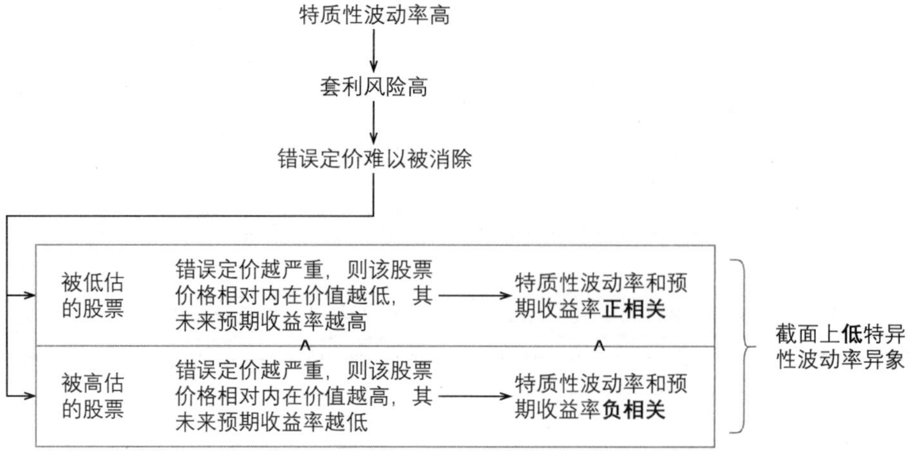

图 5.13　套利不对称性和特质性波动率之谜

图 5.13 中，符号 ∧ 表示影响的强弱。通常来说，投资者对于被低估的股票套利更充分，因此消除了更多在被低估股票上出现的错误定价。然而对于被高估的股票，由于无法或不情愿卖空造成套利不够充分，因此这些股票的错误定价难以被消除。套利行为在被低估和

被高估股票中的不同程度被称为套利不对称性，它造成被高估股票中特质性波动率和预期收益率之间的负相关性强于被低估股票中特质性波动率和预期收益率之间的正相关。两者结合，导致整个股票横截面上特质性波动率和预期收益率之间的负相关，即特质性波动率之谜。

为了证实他们的猜想，Stambaugh et al. (2015) 针对美股进行了详细的实证研究。为了确定被高估和被低估的股票，他们采用了本书 4.1.6 节在介绍 Stambaugh–Yuan 四因子模型时提及的 11 个异象。这些异象在美股上均能取得 Fama–French 三因子无法解释的超额收益。正如 4.1.6 节所讨论的那样，异象能获得超额收益说明其多、空对冲的投资组合中，多头能获得正的超额收益，而空头则获得负的超额收益。越是多头排名靠前的股票越有可能是被低估的，越是空头排名靠前的股票越有可能是被高估的。因此，异象变量取值的高低就可以用来描述错误定价的方向（被高估或低估）和大小[7]。在具体实施中，使用每个异象变量依次为股票排序：从每个异象变量与预期收益率的相关性出发，越是能在未来获得正超额收益的股票排名分数越低、越是能在未来获得负超额收益的股票排名分数越高。使用全部 11 个异象变量对股票排序后，每支股票就有 11 个分数，把它们取平均就得到综合得分。综合得分越高，则该股票越被高估，未来预期收益越低。这个综合得分就是评价每支股票被错误定价的变量。使用该错误定价变量和特质性波动率进行双重排序就可以对图 5.13 展示的猜想进行检验，而基于美股的实证结果支持了上述猜想。

除上述主要发现外，Stambaugh et al. (2015) 还以机构持股比例为代表，检验了套利限制程度对特质性波动率异象的影响。结果显示，在机构持股比例较低（套利限制较大）的股票中，特质性波动率异象更加显著。此外，该文通过 Baker and Wurgler (2006) 的投资者情绪指数研究了特质性波动率异象的时变特征。当投资者情绪高涨时，特质性波动率异象高度显著；但当投资者情绪低迷时，特质性波动率异象不再显著。

5.3.2 A 股市场中的特质性波动率异象

为了计算特质性波动率，实证中选择 Fama–French 三因子模型为基准，使用过去 21 个交易日个股超额收益率和三因子收益率进行时序回归得到残差收益率，并计算残差收益率的波动率（IVOL），以此作为特质性波动率。在计算错误定价程度时，由于数据可得性问题本书未能复现财务困境、股票净发行量以及复合股权净发行量 3 个指标，故而采用余下的 8 个异象变量进行实证。

由于实证中格外关注特质性波动率对不同错误定价程度的股票的影响，因此在接下来的实证中采用条件双重排序。首先，使用这 8 个指标构成综合错误定价变量，将所有股票分

7 这些变量衡量的是股票因噪声交易者行为导致的潜在错误定价，而非对真实错误定价程度的事后反映。

成 5 组，分别记为：最被低估（most underpriced）、2、3、4 以及最被高估（most overpriced）。其次，在每个错误定价组内，利用 IVOL 将股票再分成 5 组，分别为：最低 IVOL、2、3、4 以及最高 IVOL。上述双重排序一共产生 $5 \times 5 = 25$ 个投资组合。为了检验特质性波动率异象，在每个错误定价组中，使用最低 IVOL 和最高 IVOL 组之差构建 IVOL 投资组合（最低 IVOL– 最高 IVOL）。作为对比，实证中同样考虑将五个错误定价组取平均的结果，以此考察仅用 IVOL 分组时，最低 IVOL 和最高 IVOL 组之差构建 IVOL 投资组合的收益率。

表 5.10 至表 5.13 分别展示了不同投资组合的绝对收益以及超额收益的检验结果。首先来看平均五组错误定价的结果。无论是绝对收益还是超额收益，通过做多最低 IVOL 组、做空最高 IVOL 组构建的特质性波动率异象组合的收益在绝大多数情况下均非常显著（市值加权比等权重时显著性降低，但依然显著）。以 Fama–French 三因子 $-\alpha$ 为例，在等权重时该异象的月均超额收益为 1.27%（t-值高达 8.64）；在市值加权下，月均超额收益降至 0.82%，但 t-值仍有 3.64。

在上述结果中，唯一的例外是当市值加权时，若以 Liu–Shi–Lian 四因子模型为定价模型，特质性波动率异象组合的月均超额收益仅为 0.36%，其 t-值为 1.62，因此不再显著。回顾 5.1.3 节和 5.2 节两节分别介绍的预期差和基本面锚定反转异象，当采用市值加权构建这些异象组合时，它们在 Liu–Shi–Lian 四因子模型下的超额收益也都不显著。加之本节的结果，在市值加权下，本章考虑的全部三个异象均能够很好地被该定价模型解释。这从一定程度上说明该模型对 A 股市场的适用性。

接下来考察表 5.10 至表 5.13 中不同的错误定价分组内，能否观察到和 Stambaugh et al. (2015) 一样的结论。为了更清晰地展示结果，图 5.14 和图 5.15 以 Fama–French 三因子定价模型为例，分别给出了等权重和市值加权时这 25 个投资组合的超额收益。在最被高估档内的 5 个 IVOL 组中，IVOL 和收益率呈现出负相关。然而，在最被低估的档内的 5 个 IVOL 组中，并没有观察到和美股一样的正相关。但值得注意的是，在最被低估组中，以 IVOL 划分的前三组的确呈现出正相关的现象，即高 IVOL 对应着高的平均收益率；而如果将第四组也纳入比较，前四组的秩相关系数在等权重和市值加权下分别为 -0.20（不显著）和 0.80（依然呈现一定的正相关性）。但有意思的是，最高 IVOL 组的收益率却显著低于其他几组，从而造成即便在最被低估的股票中，通过做多低 IVOL 组、做空高 IVOL 组得到的低特质性波动率异象依然显著。当采用 CAPM 或 Liu–Shi–Lian 四因子模型为定价模型时，上述结论也依然成立。该结果与 Stambaugh et al. (2015) 在美股中观察到的现象有所不同，它可能和 A 股市场的高噪音以及高换手率有关，值得进一步探索。

表 5.10　错误定价和特质性波动率双重排序检验，月均收益率（%）

Panel A: 等权重						
	最低 IVOL	2	3	4	最高 IVOL	最低 IVOL–最高 IVOL
最被低估	1.99	1.99	1.93	1.59	0.96	1.04
	(2.99)	(3.04)	(2.78)	(2.31)	(1.41)	(4.78)
2	2.04	1.66	1.47	1.36	0.46	1.57
	(2.84)	(2.35)	(2.14)	(1.94)	(0.69)	(7.74)
3	1.87	1.72	1.60	1.18	0.41	1.46
	(2.63)	(2.39)	(2.17)	(1.61)	(0.59)	(6.94)
4	1.85	1.58	1.42	1.02	0.32	1.54
	(2.51)	(2.10)	(1.96)	(1.38)	(0.41)	(7.34)
最被高估	1.84	1.74	1.35	0.80	0.08	1.76
	(2.36)	(2.28)	(1.76)	(1.06)	(0.11)	(8.04)
平均	1.92	1.74	1.55	1.19	0.45	1.47
	(2.67)	(2.43)	(2.17)	(1.66)	(0.63)	(8.63)

Panel B: 市值加权						
	最低 IVOL	2	3	4	最高 IVOL	最低 IVOL–最高 IVOL
最被低估	1.37	1.40	1.67	1.29	0.63	0.74
	(2.18)	(2.47)	(2.52)	(1.89)	(0.96)	(1.82)
2	1.33	1.15	1.20	1.03	0.30	1.03
	(1.93)	(1.86)	(1.94)	(1.46)	(0.46)	(3.24)
3	1.02	1.09	0.87	0.83	0.48	0.54
	(1.57)	(1.57)	(1.36)	(1.13)	(0.66)	(1.52)
4	1.20	0.98	0.88	0.63	0.27	0.93
	(1.71)	(1.33)	(1.25)	(0.90)	(0.34)	(2.58)
最被高估	1.06	1.22	1.20	0.26	−0.07	1.13
	(1.40)	(1.71)	(1.52)	(0.36)	(−0.09)	(3.28)
平均	1.20	1.17	1.16	0.81	0.32	0.88
	(1.81)	(1.81)	(1.76)	(1.17)	(0.46)	(3.28)

括号内为经 Newey–West 调整的 t-值。

表 5.11 错误定价和特质性波动率双重排序检验，月均 CAPM−α（%）

Panel A: 等权重

	最低 IVOL	2	3	4	最高 IVOL	最低 IVOL−最高 IVOL
最被低估	1.19	1.16	1.07	0.73	0.08	1.12
	(4.72)	(4.51)	(4.21)	(2.81)	(0.26)	(4.83)
2	1.20	0.79	0.59	0.47	−0.42	1.61
	(4.27)	(3.03)	(2.20)	(1.69)	(−1.62)	(7.73)
3	1.02	0.84	0.71	0.26	−0.49	1.51
	(3.87)	(2.92)	(2.41)	(0.91)	(−1.64)	(6.78)
4	0.98	0.67	0.51	0.10	−0.64	1.62
	(3.31)	(2.43)	(1.91)	(0.38)	(−2.16)	(7.89)
最被高估	0.93	0.82	0.42	−0.13	−0.86	1.80
	(3.03)	(2.83)	(1.44)	(−0.50)	(−2.96)	(8.16)
平均	1.07	0.86	0.66	0.29	−0.47	1.53
	(3.97)	(3.27)	(2.54)	(1.11)	(−1.73)	(8.40)

Panel B: 市值加权

	最低 IVOL	2	3	4	最高 IVOL	最低 IVOL−最高 IVOL
最被低估	0.63	0.63	0.83	0.44	−0.22	0.84
	(2.63)	(3.70)	(3.66)	(1.91)	(−0.78)	(2.03)
2	0.54	0.32	0.35	0.12	−0.56	1.09
	(2.75)	(1.47)	(1.59)	(0.58)	(−2.07)	(3.29)
3	0.25	0.19	0.01	−0.10	−0.45	0.70
	(1.25)	(0.93)	(0.06)	(−0.44)	(−1.79)	(2.02)
4	0.37	0.07	0.00	−0.29	−0.71	1.08
	(1.57)	(0.35)	(−0.01)	(−1.21)	(−2.54)	(3.14)
最被高估	0.21	0.34	0.27	−0.67	−1.02	1.23
	(0.93)	(1.53)	(1.10)	(−3.00)	(−3.82)	(3.35)
平均	0.40	0.31	0.29	−0.10	−0.59	0.99
	(2.93)	(2.41)	(2.01)	(−0.61)	(−2.70)	(3.53)

括号内为经 Newey–West 调整的 t-值。

表 5.12 错误定价和特质性波动率双重排序检验，月均 Fama–French 三因子 $-\alpha$（%）

Panel A: 等权重

	最低 IVOL	2	3	4	最高 IVOL	最低 IVOL–最高 IVOL
最被低估	0.67	0.73	0.74	0.47	−0.18	0.86
	(4.52)	(5.06)	(4.76)	(2.51)	(−0.99)	(4.42)
2	0.49	0.17	0.03	−0.03	−0.84	1.34
	(3.99)	(1.47)	(.22)	(−0.25)	(−5.60)	(7.62)
3	0.25	0.14	0.06	−0.41	−1.07	1.32
	(2.23)	(1.04)	(0.48)	(−2.92)	(−6.32)	(6.47)
4	0.09	−0.14	−0.22	−0.51	−1.25	1.34
	(0.77)	(−1.34)	(−2.26)	(−3.32)	(−7.48)	(6.66)
最被高估	0.02	0.00	−0.38	−0.82	−1.49	1.50
	(0.13)	(−0.02)	(−3.16)	(−7.72)	(−8.92)	(7.52)
平均	0.30	0.18	0.04	−0.26	−0.97	1.27
	(3.13)	(1.82)	(0.47)	(−2.38)	(−7.60)	(8.64)

Panel B: 市值加权

	最低 IVOL	2	3	4	最高 IVOL	最低 IVOL–最高 IVOL
最被低估	0.60	0.66	1.11	0.67	−0.05	0.65
	(2.40)	(3.70)	(4.23)	(2.88)	(−0.21)	(1.72)
2	0.22	0.21	0.17	0.04	−0.71	0.93
	(1.03)	(1.11)	(0.78)	(0.18)	(−3.10)	(3.22)
3	−0.21	−0.16	−0.31	−0.36	−0.54	0.33
	(−1.09)	(−0.90)	(−1.62)	(−1.64)	(−2.52)	(1.05)
4	0.06	−0.39	−0.32	−0.53	−1.03	1.09
	(0.25)	(−2.35)	(−2.30)	(−2.37)	(−4.70)	(3.47)
最被高估	−0.13	0.01	−0.10	−0.97	−1.24	1.11
	(−0.59)	(0.06)	(−0.44)	(−3.98)	(−4.66)	(2.94)
平均	0.11	0.06	0.11	−0.23	−0.71	0.82
	(0.84)	(0.67)	(0.96)	(−1.57)	(−4.25)	(3.64)

括号内为经 Newey–West 调整的 t-值。

表 5.13 错误定价和特质性波动率双重排序检验，月均 Liu–Shi–Lian 四因子 $-\alpha$（%）

Panel A: 等权重

	最低 IVOL	2	3	4	最高 IVOL	最低 IVOL–最高 IVOL
最被低估	0.45	0.71	0.73	0.59	0.02	0.43
	(3.09)	(4.99)	(5.47)	(3.42)	(0.09)	(1.81)
2	0.50	0.19	0.12	0.24	−0.45	0.95
	(3.57)	(1.95)	(1.17)	(1.85)	(−3.13)	(4.35)
3	0.33	0.27	0.19	0.03	−0.55	0.88
	(2.46)	(2.52)	(1.84)	(0.30)	(−3.73)	(4.06)
4	0.16	0.03	0.03	−0.27	−0.82	0.98
	(1.30)	(0.25)	(0.35)	(−2.37)	(−4.94)	(4.91)
最被高估	0.23	0.20	−0.09	−0.35	−0.92	1.15
	(1.61)	(1.60)	(−0.87)	(−2.69)	(−5.86)	(5.26)
平均	0.33	0.28	0.20	0.05	−0.55	0.88
	(3.12)	(3.57)	(2.81)	(0.59)	(−5.02)	(5.28)

Panel B: 市值加权

	最低 IVOL	2	3	4	最高 IVOL	最低 IVOL–最高 IVOL
最被低估	0.47	0.58	1.07	0.79	0.09	0.38
	(1.68)	(3.62)	(4.56)	(3.60)	(0.36)	(0.86)
2	0.18	−0.01	0.30	0.18	−0.27	0.45
	(0.87)	(−0.04)	(1.38)	(0.79)	(−1.13)	(1.38)
3	−0.12	−0.12	−0.12	−0.16	−0.11	−0.01
	(−0.61)	(−0.71)	(−0.52)	(−0.73)	(−0.54)	(−0.04)
4	−0.28	−0.28	−0.25	−0.58	−0.82	0.54
	(−1.27)	(−1.49)	(−1.69)	(−2.66)	(−3.36)	(1.90)
最被高估	−0.29	0.01	0.16	−0.44	−0.74	0.45
	(−1.25)	(0.05)	(0.76)	(−1.54)	(−2.82)	(1.21)
平均	−0.01	0.04	0.23	−0.04	−0.37	0.36
	(−0.07)	(0.40)	(2.13)	(−0.33)	(−2.35)	(1.62)

括号内为经 Newey–West 调整的 t-值。

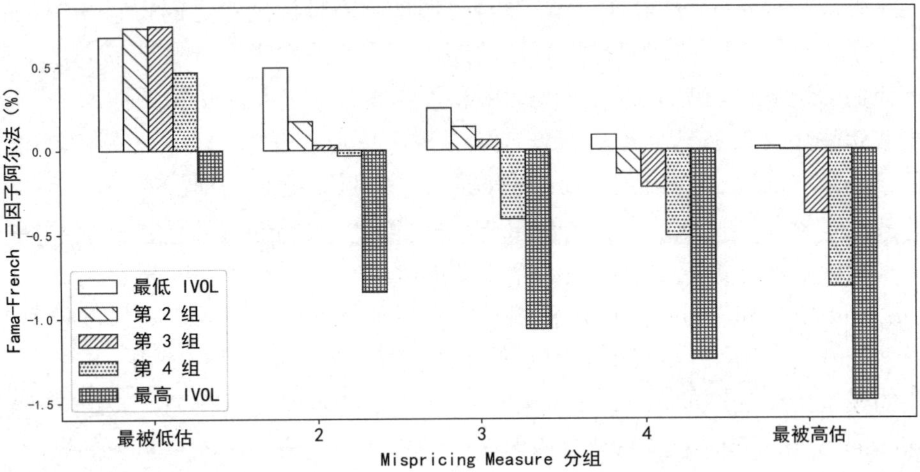

图 5.14 错误定价和特质性波动率双重排序月均 Fama–French 三因子 $-\alpha$（%），等权重

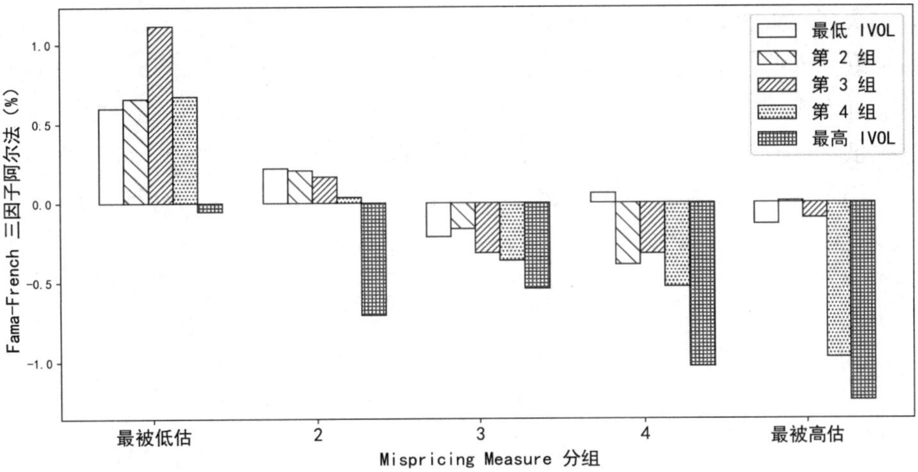

图 5.15 错误定价和特质性波动率双重排序月均 Fama–French 三因子 $-\alpha$（%），市值加权

特质性波动率代表着特质性风险，经典理论认为特质性波动率和预期收益率之间应该相互独立。然而，大量实证分析表明这二者之间却表现出负相关性，这便形成了特质性波动率之谜。近年来，大量的学者投身到研究特质性波动率之谜的行列中，而本节介绍的 Stambaugh et al. (2015) 正是其中的代表。它从套利风险和套利不对称性的角度拆解了不同错误定价股票的 IVOL 异象，为人们理解这个谜团提供了新的思路。除此之外，值得一提的研究还包括 Liang and Tang (2018) 一文。它将 IVOL 拆解成不确定性和残差波动率两部分，并指出 IVOL 和收益率的负相关主要源于不确定性部分，为理解 IVOL 之谜提供了新

的视角。此外，Herskovic et al. (2016) 发现个股的特质性波动率之间也存在显著的共同运动，并提出了一个因子结构来解释特质性波动率。该文的发现对于实证资产定价有一定的启示，且他们的结果也表明了特质性波动率和预期收益率之间的负相关性。

在股票市场中，低波动异象（或低风险异象）广泛存在。比如人们熟悉的低 β 异象（betting against beta，见 Frazzini and Pedersen 2014）就是这样的例子，而本节介绍的低特质性波动率异象则是低波动异象中最杰出的代表。关于低波动异象，学术界的另一种观点是用来检验它的定价模型遗漏了一个重要的因子——剩余协偏度因子[8]。20 世纪 70 年代，Kraus and Litzenberger (1976) 指出从投资者递减的绝对风险厌恶可以推出效用函数的三阶导大于 0，从而隐含着投资者对正偏度的偏好。Harvey and Siddique (2000) 进一步通过正式的模型指出资产的 CAPM 超额收益与其剩余协偏度负相关。在这些研究的基础上，Schneider et al. (2020) 猜想剩余协偏度的遗失才是造成低波动率异象的原因。为了证明上述猜想，该文针对美股使用股票期权数据计算出隐含偏度，以此作为未来剩余协偏度的代理变量，并发现当该因子被加入定价模型后，常见的低波动异象（包括低特质性波动率异象）消失了。此外，该文进一步利用主成分分析和回归分析检验了该因子与低波动异象之间的关联。为此，Schneider et al. (2020) 利用主成分分析提取了 4 个低波动异象的第一主成分，并发现隐含偏度因子几乎可以完全解释该主成分。这一结果表明，隐含偏度因子能够解释低波动异象并非因为巧合，而是因为它同低波动异象的核心驱动因素有关。上述研究为人们理解包括低特质性波动率在内的低波动异象提供了新的思路。

8 剩余协偏度的定义为资产的超额收益与市场超额收益平方的协方差。

第 6 章　因子研究现状

本章分为 8 节，主要介绍学术界关于因子投资的最新研究进展和趋势。首先，6.1 节解读一个近几年十分流行的概念，即“因子动物园”。它旨在讽刺学术界在发表偏差的影响下挖掘出的数百个因子，其中绝大部分仅仅是过拟合的产物。为此有很多学者站出来呼吁改变这种风气。接下来 6.2 节将话题从“因子动物园”转移到“因子大战”。它表达了这样一种担忧，即学者们提出不同的多因子模型，到底是为了看谁能在样本内解释更多的异象，还是谁更能加深人们对于股票市场的理解，后者才是正确和负责任的研究态度。

长久以来，投资者普遍认为因子代表了某种系统性风险。而行为金融学的发展为解释因子和异象提供了另一个重要角度，而它也越来越被人们接受。6.3 节会解读行为金融学的研究框架以及它与异象和因子的关系。6.4 节的标题是投资者情绪，它与 6.3 节密切相关。投资者情绪被认为是造成市场中大量错误定价的原因之一。它是行为金融学的重要研究对象，并且和诸多异象的表现有着紧密的关联。

在学术界和业界研究股票收益率的截面差异时，发现了数百个在样本内能够获得显著超额收益的异象。而这背后的原因可能是风险补偿或错误定价，也有可能仅仅是数据窥探导致的过拟合。6.5 节会对如何检验这三种原因给出具体的说明。6.6 节的讨论专注于因子在样本外的表现。人们研究因子是为了在投资实践中使用它们，而样本内能够获得显著收益的因子往往到了样本外马上“见光死”，6.6 节讨论这背后的原因。

6.7 节讨论因子投资和基本面分析的关系。在因子投资中，从财务数据中挖掘出基本面因子占了很大的比重。基本面信息加因子投资也逐渐形成了一个全新的投资概念——基本面量化投资。但是，以因子投资为工具的基本面量化投资能否代替古老的基本面分析呢？6.7 节会给出答案。

本章最后一节的标题为机器学习和因子投资。近年来，随着数据的激增和技术的革新，机器学习为金融领域带来了崭新的发展契机。然而，机器学习能在哪些维度上和因子投资相结合？机器学习中的非线性模型能否战胜传统的线性多因子模型呢？这是 6.8 节要探讨的内容。

6.1　p-hacking 和“因子动物园”

不可否认，学术界在过去近三十年里对因子和异象的研究加深了人们对市场的理解。很多经典的异象和因子（本节统称为因子）更是长盛不衰。但是，正所谓物极必反，过度的挖掘也为实证资产定价和因子投资带来了负面的影响。为了竞逐在顶级期刊上发表文章，学者们过度追求因子在原假设下的超低 p-值（即统计意义上“显著”）。由于有意或无意的数据窥探、使用不严谨的统计检验手段、错误解读 p-值传达的意义，以及忽视因子背后的其他原因，使很多在功利心驱使下被挖掘出的因子仅仅是样本内过拟合的产物，在实际投资中根本站不住脚。为此，杜克大学教授、曾任美国金融协会主席的 Campbell Harvey 大声呼吁学术界应该后退一步，重新审视学术氛围和文化，真正做到以推动人们对金融经济学的正确认知为己任（Harvey 2017）。同样曾任美国金融协会主席的 John Cochrane 教授更是用“因子动物园”一词挖苦学术界对挖掘因子的狂热：

> “*We thought 100% of the cross-sectional variation in expected returns come from the CAPM, now we think that’s about zero and a zoo of new factors describes the cross section.*” —— *John Cochrane*

上面这段话如今已成为学术界家喻户晓的金句。它说的是，从前人们认为 CAPM 模型可以解释资产预期收益率的截面上的全部差异，但现在人们却摒弃了 CAPM 并挖出了众多的因子来解释预期收益率的差异。那么，真的有那么多能够解释资产收益率的因子吗？答案显然是否定的。既然如此，是什么让学术界前赴后继、轰轰烈烈地挖因子呢？学术界又是如何挖的呢？回答这些问题就是本节的目标。

6.1.1　何为 p-值

在检验因子预期收益率时，p-值（或与之相对应的 t-值）是至关重要的，它告诉人们能在何种显著性水平下拒绝原假设。下面以 p-值为对象展开讨论。在统计检验中，令原假设 H_0 为随机变量 $X=0$，而在样本数据中观测到 X 的取值为 x，则 p-值表示在原假设 H_0 下随机变量 X 取到比 x 更极端的数值的条件概率（Fisher 1925）。根据所分析的具体问题，极端事件又分为右尾极端事件、左尾极端事件，以及双尾极端事件。不同情形下，p-值的定义如下。

- 右尾极端事件：p-值 $= \textbf{prob}(X \geqslant x|H_0)$；
- 左尾极端事件：p-值 $= \textbf{prob}(X \leqslant x|H_0)$；
- 双尾极端事件：p-值 $= 2\times\min\{\textbf{prob}(X \geqslant x|H_0), \textbf{prob}(X \leqslant x|H_0)\}$。

对于因子和异象来说，上述 X 代表它们的预期收益。如果 p-值 $=0.05$ 则意味着在原假设 H_0 下观测到比 x 更极端的收益的条件概率为 5%；当 p-值 $=0.01$ 则表示在原假设

H_0 下观测到比 x 更极端的收益的条件概率仅有 1%。p-值越小说明在原假设 H_0 下观测到 x 的可能性越低，即观测到“因子预期收益为 x”这个事件和原假设 H_0 越不相符，因而越倾向于拒绝原假设。

一旦“因子的预期收益率为零”这个原假设被拒绝，人们便会顺水推舟的认为“因子的预期收益显著不为零”，且“p-值越低，因子预期收益率越显著”，从而追求更低的 p-值。然而，足够低的 p-值仅仅是因子预期收益率显著不为零的必要条件，而非充分条件。有意或者无意的数据窥探和数据操纵，以及因多重假设检验问题（见 6.1.5 节），使得低 p-值并不能准确地传递出因子是否真的有效。

6.1.2　在追逐 p-值的道路上狂奔

6.1.1 节说明了 p-值对因子研究的重要性：要想说明某个因子有效（即因子获得显著超额收益），最少得有低的 p-值，否则免谈。在这种暗示下，学术界刮起了一股追求超低 p-值之风，这背后的动机其实很容易理解。p-值越低意味着因子越显著；因子越显著则研究成果越吸引眼球；成果越吸引眼球越有可能得到更高的引用；高引用的文章越多，期刊的影响因子越高；期刊的影响因子越高，期刊的学术声望也越高。

为了提升期刊的声望，期刊编辑们都更倾向于接收低 p-值因子的文章；为了在更高水平的期刊上发文，学者们更倾向挖掘低 p-值的因子。在美国绝大多数学校里，学者如果能在金融领域顶级期刊发表一篇文章，就有可能得到终身教职。在功利心的驱使下，学术界对于超低 p-值的追逐导致出现了一种发表偏差（publication bias），即学者们更愿意把研究时间和精力花到可以利用各种手段来找到低 p-值的因子上，只愿意发表“最显著”的研究成果，而不愿意冒险来研究“无效的因子”。从推动学科发展的角度来看，“无效的因子”和“有效的因子”同样重要。如果能够确切地证明某个因子无法带来超额收益，那么它对因子投资实践仍然很有价值，因为人们可以放心地避开该因子。然而，在追求超低 p-值之风下，学者不愿意进行这样的研究，因为顶级期刊上鲜有它们的容身之处。

Harvey et al. (2016) 分析了自 1963 年到 2012 年间发表在金融领域顶级期刊上的 316 个因子的 t-值（p-值越低、t-值越高）的分布情况，该分布清晰地说明了学术界的发表偏差。比如，t-值在 2.00 到 2.57 的文章数和 t-值在 2.57 到 3.14 的文章数十分接近。要知道，t-值 $= 2.57$ 对应的（双尾）p-值约为 0.01；而 t-值 $= 3.14$ 对应的（双尾）p-值则约为 0.002。显然，理论上找到 p-值 $= 0.002$ 的因子要比找到 p-值 $= 0.01$ 的因子困难得多，但它们的文章数量却大致相同，这只能说明在顶级期刊发表文章时，学者们倾向于更低的 p-值。

6.1.3　硬科学与软科学

看到这里，人们不禁要问怎么会有这么多（超）低 p-值的因子？这可以从“硬科学”和“软科学”的角度来解释。法国著名的哲学家 Auguste Comte 将科学分成不同的等级。像数学、物理这类的“硬科学”位于等级的上方，而社会学（包括目前所说的经济学或者哲学）这类“软科学”位于等级的下方。这里的“硬”和“软”并不是“好”与“坏”之分。“硬科学”中的成果往往不受研究者个人偏好的影响，而是从数据可以直接得到结论，且结论是高度可归纳的。比如数学上的四色问题，一旦证明成立那就是成立；又如物理上的引力波，一旦发现那就是说明它的存在，这些都是确切的结果。反观“软科学”的成果则容易受研究者个人偏好的影响，因为研究成果依赖于提出怎样的假设、如何处理数据，以及如何解释结果。这些都和研究者自身的声望、利益、个人偏好有关，因此结果往往是无法归纳的。金融学中的因子研究无疑是“软科学”，因子变量选取、因子投资组合的构建，以及因子收益率计算结果都会因人而异。

比如“使用过去 50 年的数据还是过去 30 年的数据来检验因子？”“使用美股还是其他国家的股票？”“每月再平衡还是每年再平衡因子投资组合？”“使用百分比收益率还是对数收益率计算量价类因子变量？”“是否剔除，以及如何剔除变量异常值？”“使用截面回归还是时间序列回归？”“如果某因子只对所有股票中的一部分有效，是否在发论文时仅使用这部分股票？”……在追逐超低 p-值的背景下，学者们在面临这些选择做决定时心理会“非常微妙”，一切阻碍超低 p-值诞生的数据都会被巧妙地避开。学术界把这种为了追求低 p-值而在数据处理和分析时千方百计地进行数据操纵，直到发现足够显著结果的行为称为 p-hacking。

在科学研究中，人们往往先观察事物是如何运作的，然后提出一个假设并通过数据来验证其是否成立，可谓“先有假设再有结果”。然而，p-hacking 却可能让人们本末倒置，即“先有结果再有假设”。为了找到显著的因子，人们热衷于使用不同的变量，挑选不同的数据范围，直到找到显著的因子。这已经偏离了科学研究的本意，而仅是对照历史数据进行过拟合而已。所有这一切对超低 p-值的追逐在一定程度上源于人们的一个误解：“p-值越低”等价于“因子的预期收益越显著”。然而，这种解读并不正确。

6.1.4　正确认识 p-值的含义

人们对 p-值的正确含义充满了误解。为了说明这一点，Harvey (2017) 给出了一个假想的例子。假设我们猜想董事会规模小的公司比董事会规模大的公司能获得更高的收益，因此董事会规模可以作为变量构建因子。在这个例子中，原假设 H_0 是董事会规模与超额收益无关；备择假设 H_1 是董事会规模小的公司比规模大的公司能获得更高的收益。为了检验这个想法，构建该因子的投资组合（做多董事会规模小的公司，同时做空董事会规模大的公司）并检验该组合的平均收益率。假设 p-值小于 0.01（非常显著），问以下四种关于 p-值的陈述中，哪些是正确的？

(1) 我们证明了原假设是错误的。

(2) 我们找到了原假设为真的概率，即 $\mathbf{prob}(H_0|D)$。

(3) 我们证明了董事会规模小的公司比董事会规模大的公司有更高的超额收益。

(4) 我们可以推断出"董事会规模小的公司比董事会规模大的公司有更高的超额收益"为真的概率，即 $\mathbf{prob}(H_1|D)$。

怎么样？你认为上面四个陈述中有几个是正确的？答案是：它们都是错的。p-值代表原假设下观测到某（极端）事件的条件概率。以 D 代表极端事件，则按照定义，p-值 $=\mathbf{prob}(D|H_0)$。从它的定义出发，p-值不代表原假设或者备择假设是否为真。因此，陈述（1）和（3）都是错的。此外，p-值是数据和假设之间关系的陈述，而非假设本身的陈述。换句话说，p-值是原假设 H_0 成立的条件下，D 发生的条件概率，即 $\mathbf{prob}(D|H_0)$；它并不是 $\mathbf{prob}(H_0|D)$，即在观测到 D 的前提下，原假设 H_0 为真的条件概率。因此陈述（2）也是错的。同理，p-值也并非在观测到 D 的前提下，备择假设 H_1 为真的条件概率，即 $\mathbf{prob}(H_1|D)$。因此陈述（4）也是错的。

$$p\text{-值} \equiv \mathbf{prob}(D|H_0) \neq \mathbf{prob}(H_0|D) \tag{6.1}$$

这个例子传递的重要信息是 p-值等于 $\mathbf{prob}(D|H_0)$，但人们常常把它和 $\mathbf{prob}(H_0|D)$ 弄混淆。站在研究因子的角度，用户若知道 $\mathbf{prob}(H_0|D)$（即原假设 H_0 在 D 发生时为真的条件概率）当然更有意义，但 p-值不等于它，把这两者混淆是严重的错误。如想正确理解 p-值的含义，来看看美国统计协会关于 p-值的六个准则（Wasserstein and Lazar 2016）：

(1) p-值表示数据和给定统计模型的不兼容程度。

(2) p-值不表示所研究的原假设为真的概率；同时，它也不表示数据仅由随机因素产生的概率。

(3) 科学结论和商业或政策决策不应只根据 p-值是否低于给定的阈值而确定。

(4) 全面的分析报告和完全的透明度是适当统计推断的必要前提（这意味着要规避 p-hacking 问题）。

(5) p-值或统计上的重要性并不能衡量效用的大小或结果的重要性（在研究因子时，同样需要关注因子收益率的大小在经济上是否显著）。

(6) 关于模型或者假设是否有效，p-值本身不能提供足够的证据。

至此，我们已经了解了 p-值的含义，也明白了学术界为什么对挖掘超低 p-值的因子如此狂热。接下来回答本节关注的另一个问题，即学术界到底是如何挖掘出这么多显著因子的？从理论上来说，找到显著因子本来就是小概率事件，但 Harvey et al. (2016) 的统计揭示学术界挖出显著因子似乎轻而易举。这背后正是多重假设检验在作怪。

6.1.5　多重假设检验

如果人们直接从某种金融学或经济学规律出发，找出一个能够获得显著超额收益的因子，那么它很可能是真的显著。但如果尝试了 500 个因子，然后从中挑出了一个 p-值最低的（t-值最高的），则不应草率地认为它一定是真正有效的因子。举个通俗易懂的例子，假如在大街上随机遇到一个人并让他猜 20 次扔硬币的结果，结果他全都猜对了，那么他很可能真的拥有“天生神力”；但是如果让三亿人同时玩猜 20 次扔硬币结果的游戏，20 轮过后全对的还会有 250 人左右，这时我们会认为这些人仅仅是运气好。

隐藏在上述例子背后的数学逻辑是，如果只检验一个因子，它的 t-值为 2.0（对应 p-值 0.05），那么可以认为该因子在 0.05 的显著性水平下表现显著。然而，如果同时检验许多个因子（比如 100 个），然后发现第 55 个因子的 t-值最高，且其 t-值为 2.0，在这种情况下不能说该因子在 0.05 的显著性水平下显著。这是因为仅仅靠运气，这 100 个因子（假设独立）中最显著的那个的 t-值大于 2.0 的概率高达 99%。

使用同样的数据同时检验多个原假设就是统计学中的多重假设检验（multiple hypothesis testing）。在因子投资中，使用同样的历史数据挖掘出成百上千个因子就是一种多重假设检验。在统计上，多重假设检验的存在会导致单个检验的显著性被高估。当排除了运气成分后，某个因子很可能显著性并不明显。如果仍然按照传统意义上的 2.0 作为 t-值的阈值来评价因子是否显著，一定会有很多伪发现（false discoveries 或者 false rejections）。因此，考虑多重假设检验的核心就是控制伪发现发生的概率。这意味着，单一因子的 t-值只有比传统意义上的 2.0 要高很多，那么它才在减去了伪发现概率之后仍然有可能是真实的。关于如何控制伪发现发生的概率，学术界提出了很多不同的方法。下面借助表 6.1 来解释它们。

表 6.1　假设检验结果

	H_0 被接受	H_0 被拒绝	总和
H_0 为真	T_0	F_1	S_0
H_0 为假	F_0	T_1	S_1
	$S-\mathcal{R}$	$\mathcal{R}=F_1+T_1$	S

假如使用同样的数据挖掘出 S 个因子，其中 S_0 个在原假设下为真（true，即因子不

能获得显著的收益率），S_1 个为假（false）。根据事先选定的显著性水平（比如 0.05），其中 $\mathcal{R}$ 个原假设被拒绝了，包括 T_1 个真实的显著因子（称为真发现，true discoveries），和 F_1 个虚假的显著因子（称为伪发现，false discoveries）。使用 F_1 和 $\mathcal{R}$ 可以定义一些不同的统计量，而不同的多重假设检验算法是以控制不同的统计量为目标。这些统计量包括三大类，分别为族错误率（family-wise error rate，FWER），伪发现率（false discovery rate，FDR）和伪发现比例（false discovery proportion，FDP）。它们都是描述第一类错误（Type I error），即错误的拒绝原假设的统计量。

族错误率（FWER）的定义是出现至少一个伪发现的概率，即 $\mathbf{prob}(F_1 \geqslant 1)$。在给定的显著性水平[1] $\alpha_{\rm s}$ 下控制它可以表示为：

$$\mathbf{prob}(F_1 \geqslant 1) \leqslant \alpha_{\rm s} \tag{6.2}$$

由式 (6.2) 不难看出，控制 FWER 对单个假设来说相当严格，因而会明显提升第二类错误（Type II error）[2]。针对 FWER，常见的算法包括 Bonferroni (1936) 和 Holm (1979) 方法，它们通过直接修正单一假设检验的 p-值来降低其显著性。另外还有 White (2000) 的 bootstrap reality check 方法和 Romano and Wolf (2005) 的 StepM 方法等。由于控制 FWER 太过严苛，因此以它为控制对象不太适用于金融领域（Chordia et al. 2020）。

伪发现率（FDR）的定义为 $\text{FDR} \equiv E[F_1/\mathcal{R}]$，即 $F_1/\mathcal{R}$ 的期望。在给定的水平 δ 下控制它可以表达为：

$$E[F_1/\mathcal{R}] \leqslant \delta \tag{6.3}$$

从定义可知，控制 FDR 允许 F_1 随 $\mathcal{R}$ 增加，它控制的是伪发现的比例，这是一种相对温和的方法。这意味着，当以 FDR 代替 FWER 为控制目标时，会有更多的原假设被拒绝。这其中的代表算法有 Benjamini and Hochberg (1995) 和 Benjamini and Yekutieli (2001)。这类算法对检验统计量之间的相关性不敏感，适应性更强。

最后，控制伪发现比例（$F_1/\mathcal{R}$）的目标是限制 $F_1/\mathcal{R}$ 超过某给定阈值 γ 的概率不高于显著性水平 $\alpha_{\rm s}$，表示为：

$$\mathbf{prob}(F_1/\mathcal{R} \geqslant \gamma) \leqslant \alpha_{\rm s} \tag{6.4}$$

从定义不难看出，它和 FDR 类似。常见的算法有 Romano and Wolf (2007) 和 Romano et al. (2008)。以控制上述三种统计量为目标的算法在统计学中得到了广泛的应用。对于金

1 依照统计学数学符号惯例，显著性水平通常由希腊字母 α 代表。但由于本书中用 α 表示超额收益，因此此处使用符号 $\alpha_{\rm s}$ 代表显著性水平，其中下标 s 表示显著性（significance）一词之意。

2 第二类错误是指在进行假设检验时，原假设 H_0 为假，但却被错误的接受。

融领域，一般认为以控制 FDP 和 FDR 为目标是更好的选择，因为 FWER 不适合金融领域。Farcomeni (2008) 以及 Romano et al. (2008) 对不同算法进行了综述。近年来学术界越来越重视多重假设检验问题对因子显著性的影响，在这方面也诞生了很多优秀的研究成果。

Harvey et al. (2016) 研究了学术界发表的 316 个因子，并以控制 FDR 为目标来应对多重检验假设的影响。他们研究发现只有在单一假设中原始 t-值超过 3.0（而非人们传统认为的 0.05 的显著性水平对应的 2.0）的因子才是有效的。根据这一结果，Harvey et al. (2016) 指出在上述因子中，伪发现比例为 27%。不过该文也同时指出，3.0 的阈值其实是非常保守的。类似的，Harvey and Liu (2015) 利用同样的思路研究了如何排除多重假设检验对策略夏普比率的影响。一般的经验认为，策略在实盘中的夏普比率应该是其在回测期内夏普比率的 50%。Harvey and Liu (2015) 定量计算了不同夏普比率在实盘外的“打折程度”，发现了“打折程度”和夏普比率之间的非线性关系。

受 Foster et al. (1997) 和 Fama and French (2010) 的启发，Harvey and Liu (2018) 提出了一个基于回归的框架来控制多重假设检验的影响。它通过正交化和自助法得到了仅靠运气能够得到的显著性的经验分布，从而得到运气造成的显著性水平的阈值。如果某个因子的显著性水平超过该阈值，则认为其在排除了运气之后依然显著，因此它是真正的因子，而非数据挖掘的产物[3]。该方法的优点是可以按顺序逐一挑出最显著的因子、第二显著的因子，以此类推，直到再没有显著因子。这么做的好处是可以评价每个新增加的因子在解释股票截面收益率时的增量贡献。该方法既可以被用于从大量候选因子中找到真正显著的因子，也可以被用于从一大堆基金经理或策略中找出真正能够战胜市场、获取超额收益的基金经理。

最后，Chordia et al. (2020) 通过控制 FDP 为目标研究了如何修正时序回归得到的因子超额收益 t-值以及 Fama–MacBeth 回归系数的 t-值。在试图消除多重假设检验的影响时，除了选择控制伪发现概率的统计手段外，另一个必须回答的问题就是学术界到底一共研究了多少因子（称为研究的因子集）。他们认为 Harvey et al. (2016) 一文研究的因子仅仅是已经发表出来的（称为发表的因子集），而发表的因子集仅仅是研究的因子集的一个子集，因此基于这些因子分析多重假设检验对因子统计性的影响，实际上是低估了运气的成分，造成得到的 3.0 阈值有些保守。然而，学术界到底研究了多少其他因子是无从而知的。为此，Chordia et al. (2020) 创造性使用模拟（simulation）方法推断出基于研究的因子集的统计特征如何消除多重假设检验的影响。该文指出，对于时序回归和 Fama–MacBeth 回

3 公众号“川总写量化”的文章《出色不如走运 (II)?》一文对该方法进行过详细介绍；《实证研究 —— 使用正交化和自助法寻找显著因子》一文将该方法应用于 A 股进行了实证研究。

归这两种常见检验手段，某个因子的 t-值应至少为 3.8 或 3.4 才可能是真正有效的[4]。不出意外，这两个阈值均超过 Harvey et al. (2016) 一文建议的 3.0。

6.1.6　先验的重要性

在发表偏差的驱使和多重假设检验的影响下，很多挖出来的因子都是样本内过拟合的产物。如何从成百上千个因子中找到真正有效的呢？这就不得不提先验的重要性。先验来自人们对股票市场的客观认知，来自从经济学和金融学的规律总结出来的规律。先验知识允许人们对每个潜在的因子赋予一个先验概率 —— 比如我告诉你按照股票代码首字母选股能获得超额收益，你一定会对它嗤之以鼻，因为如此选股没有科学逻辑支撑，先验概率非常低。使用先验概率，再结合检验的 p-值就能得到因子是否显著的后验概率，这也是贝叶斯思想的一种体现。

下面通过三个例子加深对先验的理解：（1）一位音乐家声称可以完美地区分莫扎特和海顿的乐谱，并连续成功地辨识了 10 张乐谱。（2）一个常年喝茶的老妇人声称可以判断出一杯奶茶里是先加奶还是先加茶，并连续成功地判断对了 10 杯。（3）一个酒馆老板号称酒精赐予他预测未来的神力，并连续猜对 10 次扔硬币的结果。在这三个例子中，如果原假设分别是音乐家无法辨识乐谱、老妇人不能识别茶和奶的加入顺序，以及酒馆老板不能预测扔硬币的结果，那么在原假设下，连续 10 次全部正确的结果的 p-值是非常低的（远远低于 0.001）。虽然这些结果均显著拒绝原假设，但它们带给人们的认知却截然不同，这时就需要借助先验的力量。对于第一个例子，先验知识告诉人们音乐家分辨乐谱理应易如反掌，因此先验信仰就是他能够成功，实验的结果只不过确认了这一点。在第二个例子中，人们则多少心存怀疑（先验），不相信老妇人能够成功，然而 10 次全对的结果让人们倾向于推翻自己的先验认知，即拒绝原假设，并认为她确实有这个能力。在第三个例子中，人们会认为这个人就是个大骗子（酒精怎么能够预测未来？），因此从心底完全不屑（先验）。在这种情况下，即便他猜对了 10 次，也不会推翻原假设（因为“酒精能够预测未来”这件事的先验概率太低了），而仅仅认为他是运气好罢了。从这三个例子能够看出先验在解读 p-值时起到的作用，这就是贝叶斯思想的强大之处。

利用先验，Harvey (2017) 将传统的 p-值嵌入到贝叶斯框架中，提出了贝叶斯 p-值的概念，它是一个后验概率。贝叶斯 p-值与先验概率和贝叶斯因素有关，后者是在原假设下观测到因子收益率的似然性与在备择假设下观测到因子收益率的似然性之间的比值。由于在备择假设中效用的概率分布未知，因此贝叶斯因素的取值有一个范围，该范围的下限就称为最小贝叶斯因素 φ。它代表在贝叶斯框架下，人们拒绝原假设的倾向性，即 φ 越小，

4 公众号“川总写量化”的文章《出色不如走运 (IV)?》对 Chordia et al. (2020) 进行了解读。

越倾向拒绝原假设。利用原始检验的 p-值或 t-值，φ 有以下两种计算方法：

$$\varphi = -\exp(1) \times p\text{-值} \times \ln(p\text{-值}) \tag{6.5}$$

$$\varphi = \exp\left(-1 \times t\text{-值}^2/2\right) \tag{6.6}$$

利用式 (6.5) 或式 (6.6) 中的 φ 和先验机会比（待检验因子的先验机会比需使用者自行估计），式 (6.7) 给出了后验贝叶斯 p-值的计算方法：

$$\text{贝叶斯 } p\text{-值} = \frac{\varphi \times \text{先验机会比}}{1 + \varphi \times \text{先验机会比}} \tag{6.7}$$

作为后验概率，贝叶斯 p-值的强大之处在于它回答了人们真正关心的问题：在（极端）事件发生的前提下，原假设为真的条件概率是多少，即 $\textbf{prob}(H_0|D)$。使用后验贝叶斯 p-值，Harvey (2017) 对学术界的一些知名因子进行了分析。在分析中，该文考虑了三类不同的先验情况：非常不可能的因子（假设先验机会比为 49:1），可能的因子（假设先验机会比为 4:1），以及非常可能的因子，即有金融学或经济学理论支撑的因子（假设先验机会比为 1:1）。

Head et al. (2009) 研究的“聪明的股票代号因子”是第一类的典型例子。它的意思是有些股票代号比另一些听上去更令人愉悦、更让投资人喜欢，因此这些股票有超额收益。显然，这听上去并不是什么靠谱的因子。在贝叶斯框架下，该因子的后验贝叶斯 p-值高达 0.588，因此无法在任何常见的显著性水平下拒绝原假设。值得一提的是，该因子的原始 p-值非常低，仅有 0.0079，暗示着该因子能够获得显著的超额收益，但贝叶斯框架逆转了这个错误的结论[5]。第二类因子的代表是 Fama–French 五因子模型中的市值和盈利因子。在 Fama and French (2015) 中，这两个因子都有超低 p-值。然而，它们的后验贝叶斯 p-值分别为 0.053（盈利因子）和 0.117（规模因子）。可见，盈利因子的后验 p-值仍然较低（虽然比原始 p-值高很多）。最后一类因子的代表是市场因子。它的后验贝叶斯 p-值为 0.035，依然在 0.05 的显著性水平下显著。

这三个例子说明了当人们有一个手段来回答正确的问题时（即 $\textbf{prob}(H_0|D)$），便能够得到更加合理的结论。能够获得超额收益的因子不是不存在，但它们非常稀有，数量远远少于学术界挖出的上百个伪因子。需要说明的是，在实践中采用上述贝叶斯方法修正 p-值也并非没有困难，比如它要求对先验概率进行估计。然而，这种重视先验的思想非常值得借鉴。它表明，在研究因子时，比起因子收益率在样本内的显著性，人们更应该关注因子背后是否有合理的解释。只有拥有合理的解释，该因子才可能是一个真实的因子，而非过拟合的产物。本书第 6.5 节将对因子背后的集中解释进行详细阐述。

5 需要说明的是，Head et al. (2009) 仅通过实证分析指出使用聪明股票代号选股能获得超额收益，并对背后的原因进行了一些猜测，但该文没有倡导去使用它进行投资实践。

在过去的二十年里，金融领域的许多学者都在追逐超低 p-值的道路上狂奔。然而，这么做的结果是人们在科学的道路上渐行渐远。科学研究的目标是为了推动人们对该学科的理解。为了实现它，应该确保所有的发现（不管是有效因子还是无效因子）都是可以复现的、经得起检验和推敲的。在顶级期刊中，只有 *Journal of Finance* 要求被录用的文章提供计算机代码；没有任何一个期刊要求作者提供数据，造成 p-hacking 的行为根本无法被复现。可喜的是这个现象正在发生转变，成果能够被复现也逐渐成为学术界的主流。除此之外，学术界和顶级期刊应该鼓励学者们尝试“高风险”的研究项目。“高风险”意味着学者需要费时费力费钱以收集和处理数据，且得到的结论不一定显著。然而，这样的研究成果才是最根本的，才是能推动金融学阔步向前的创造性工作。因子投资研究的前景深深地植根于学术界的研究和发表环境中。“因子动物园”的窘境也将会被改变。

6.2　从“因子动物园”到“因子大战”

6.1 节引出了“因子动物园”的概念，介绍了学术界在挖掘异象和因子时的现状、问题和解决之道。本节把目光放到介绍多因子模型的研究现状，并引出“因子大战”的概念。

从多因子模型的定义出发，一个优秀的多因子模型应该回答两个问题：（1）资产收益率背后的驱动有哪些（即模型中应该包含哪些因子）；（2）每个驱动背后的原因（即因子的解释）。只有从回答这些问题出发，人们才能加深对多因子定价模型以及股票市场的理解。事实上，最早的 Fama–French 三因子模型也确实是朝着这个方向努力的。Fama and French (1996) 从风险的角度将上述三因子模型中的规模（SMB）和价值（HML）因子与财务困境风险联系起来，猜想它们代表某种投资人需要对冲的系统性风险。

然而，自 Fama–French 三因子模型之后，学术界提出的其他多因子模型似乎与回答上述问题渐行渐远。一个多因子模型的提出，似乎并不再以回答这两个问题为己任，而是为了比拼哪一种模型能解释更多的异象。如今提出的新的多因子模型毫无疑问能比 25 年前提出的 Fama–French 三因子模型解释更多的异象，但这是否一定意味着新的模型就是更好的模型呢？它是否回答了上述两个问题？是否加深了人们对股票市场的理解？只有肯定地回答了这些问题 —— 而非通过解释异象个数的多少 —— 才能说明新模型的优势。本书作者把这种通过比较异象的解释能力来评判多因子模型高下的做法称为“多因子模型大战”，简称“因子大战”。需要特别强调的是，解释异象的能力毫无疑问是多因子模型的重要目标，但这不应成为研究和比较多因子模型的唯一目标。

谈到多因子模型比较的最新研究成果，Hou et al. (2019b) 这篇题为 *Which factors?* 的文章不得不提。它系统比较了几大主流多因子模型在解释异象能力上的差异。除此之外，该文还从因子背后的逻辑上比较了 Hou–Xue–Zhang 四因子模型和 Fama–French 五因子模型中的投资因子，并对后者进行了“抨击”。为了使读者了解学术界近年来因子大战的“硝烟”，首先在 6.2.1 节说明上述两因子模型中的投资模型有何差异。之后的 6.2.2 节介绍 Hou et al. (2020) 提出的一个最新的五因子模型，为介绍因子大战进行铺垫。最后在 6.2.3 节阐述愈演愈烈的多因子模型之争。

6.2.1 形同意不同的投资因子

通过 4.1.4 节和 4.1.5 节两节的介绍可知，Fama–French 五因子模型和 Hou–Xue–Zhang 四因子模型中均包含投资因子，且这两个因子的计算方法非常近似，都是以过去一年总资产的变化率为变量，使用排序法构建投资因子。虽然变量一致，但背后的出发点截然不同：

- Hou–Xue–Zhang 四因子模型来自实体投资经济学理论。从其数学模型出发推导出股票的预期收益率和过去的历史投资成反比。基于上述逻辑，Hou et al. (2015) 使用最近一个财年总资产变化率构建投资因子；
- Fama–French 五因子模型来自股息贴现模型。从其数学模型出发推导出股票的预期收益率和未来的预期投资成反比。Fama and French (2015) 基于 Fama and French (2006) 的实证结果，使用历史投资作为未来预期投资的朴素估计。基于以上逻辑，Fama and French (2015) 同样使用过去一个财年总资产变化率构建投资因子。

Hou et al. (2019b) 一文通过理论和实证两方面质疑了 Fama–French 五因子模型中的投资因子：

(1) 理论方面，股息贴现模型中的长期平均收益率和未来单期的预期收益率不同，后者才是多因子模型关注的重点。从定价理论出发，将股息贴现模型中的长期平均收益率替换为未来单期收益率可以得到如下关系：

$$\frac{M_t}{B_t}=\frac{E\left[\frac{Y_{t+1}}{B_t}\right]+E\left[\frac{dB_{t+1}}{B_t}\left(\frac{M_{t+1}}{B_{t+1}}-1\right)\right]+E\left[\frac{M_{t+1}}{B_{t+1}}\right]}{1+E[r_{t+1}]} \tag{6.8}$$

其中 M_t 和 B_t 分别为公司 t 时刻的市值和账面价值，Y_{t+1} 是 $t+1$ 期的净利润，dB_{t+1} 是 $t+1$ 期的账面价值的变化，r_{t+1} 是 $t+1$ 期的收益率。观察式 (6.8)，由于市净率 M_{t+1}/B_{t+1} 通常大于 1，因此当给定其他变量仅允许 $E[dB_{t+1}/B_t]$ 和 $E[r_{t+1}]$ 变化时，由式 (6.8) 可知更高的 $E[dB_{t+1}/B_t]$ 隐含更高的 $E[r_{t+1}]$，即预期账面价值变化率和预期收益率成正比。此外，利用 Fama and French (2006) 的结果使用总资产变化率替换账面价值变化率，就得到预期总资产变化率和预期收益率之间的正相关关系。基于上述论述，Hou et al. (2019b) 认为当使用未来单期收益率时，从股息贴现模型能够推导出未来预期投资和预期收益率之间的正相关关系，而非 Fama and French (2015) 提出的负相关关系。

(2) 实证方面，Hou et al. (2019b) 的计算结果显示，使用历史投资作为未来预期投资的朴素估计并不靠谱。

结合以上两点不难发现，Fama and French (2015) 使用过去投资构建的投资因子其实是“负负得正”的结果，它阴差阳错地利用了实体投资经济学理论支持的过去投资和预期收益率之间的负相关；而非从股息贴现模型推导出的预期投资和预期收益率之间的负相关。这无疑撼动了 Fama–French 五因子模型中投资因子的根基，也质疑了该模型的学术地位。

客观地说，关于预期投资和预期收益率的关系，本书作者倾向认为 Hou et al. (2019b) 的解读比 Fama and French (2015) 的解读更合理。但上面这种因子竞赛还是让人感到不安。它似乎传递出一个信号：人们总能使用不同的金融学或经济学模型，推导出截然相反的结果。模型 (6.8) 与股息贴现模型 (4.9) 比较，其通过把长期平均收益率换成单期预期收益率而巧妙地移除了账面价值变化前面的负号，因此把“负相关”改成“正相关”。

从实证结果来看，虽然 Hou–Xue–Zhang 四因子模型和 Fama–French 五因子模型均使用历史总资产变化率作为构建投资因子的变量，但由于使用的排序法略有差异，前者中投资因子的因子溢价也完胜后者。从实体投资经济学理论出发，投资和收益率的负相关是在控制 ROE 之后的。因此，Hou–Xue–Zhang 四因子模型在构建投资因子时利用市值、ROE 和总资产变化率三个指标使用 $2\times3\times3$ 三重排序法，从而更好地反映了在控制 ROE 之后投资和收益率的关系。反观 Fama–French 五因子模型，它仅使用市值和总资产变化率进行 2×3 双重排序，没有考虑控制 ROE 的影响，因此效果不如 Hou–Xue–Zhang 四因子模型。

无论是从理论还是实证结果出发，人们总能讲出最适合数据的故事，但对着历史数据讲故事真的让人们离真相更进一步了吗？

6.2.2　q^5 模型

Hou et al. (2020) 在 Hou–Xue–Zhang 四因子模型的基础上，添加了一个新的预期投资增长因子，从而构建了全新的五因子模型，即 Hou–Mo–Xue–Zhang 五因子模型（他们将其称为 q^5 模型）。Cochrane (1991) 一文指出在控制住当期投资和预期盈利的条件下，预期投资增长率和预期收益率成正比，这就是 Hou et al. (2020) 加入预期投资增长因子的动机。

在数学上，q^5 模型是 Hou–Xue–Zhang 四因子模型的直接延伸。回顾一下提出该四因子模型的 Hou et al. (2015) 一文。它使用了简单的二期（时刻 0 和 1）模型公司决策模型引出投资和盈利因子[6]。由于它假设公司在时刻 1 不再投资，因此实际上是一个单期投资框架，不涉及未来投资增长。然而，Hou et al. (2020) 一文把投资模型扩展到了多期，从而

6 具体解读见本书 4.1.5 节。

引入了预期投资增长。在多期投资模型中假设资产从 t 到 $t+1$ 期的折旧率为 δ（在 Hou et al. (2015) 中，资产从时刻 0 到时刻 1 折旧完，因此 $\delta=1$）。公司投资决策是每一期的投资 $\{I_{it+s}\}$ $(s=0,1,\cdots)$。在任何时点 t，目标函数是最大化股东权益的现值。根据投资第一性原理可知从 t 到 $t+1$ 期的边际投资成本应该等于边际效益折现到 t，使用和 4.1.5 节相同的数学符号，t 到 $t+1$ 的投资收益满足：

$$r^I_{it+1} \equiv \frac{\Pi_{it+1}+(a/2)(I_{it+1}/A_{it+1})^2+(1-\delta)[1+a(I_{it+1}/A_{it+1})]}{1+a(I_{it}/A_{it})} \tag{6.9}$$

在一定的假设下，Hou et al. (2020) 指出股票收益率等于投资收益率。由此，从式 (6.9) 可以找到股票收益率和投资以及盈利的关系。式 (6.9) 中第一项近似对应分红，第二项平方项与边际调整费用有关（由于是高阶小量故忽略），第三项近似对应预期投资增长。具体来说，第三项是 I_{it}/A_{it} 的增长率，即投资与总资产之比的预期增长。

从多期模型出发，股票收益率除了与盈利以及历史投资相关，还和预期投资增长正相关。因此，Hou et al. (2020) 将预期投资增长作为第五个因子补充到 Hou–Xue–Zhang 四因子模型中，得到了 q^5 模型。在实际构造预期投资增长因子时，用历史数据构建了一个截面回归预测模型，然后利用最新的财务数据预测下期的投资与总资产之比的增长率，并以此作为构建因子的变量。从数学复杂度上来说，上述构造因子的复杂度较高，可能存在模型设定以及参数估计误差等潜在问题。由于本节仅是为 6.2.3 节的因子大战起铺垫作用，因此不再对 q^5 模型做更多的说明，感兴趣的读者请参考 Hou et al. (2020)。

6.2.3　因子大战

正如 6.2 节开头就指出，近年来最新提出的多因子模型往往都以谁能解释的异象更多为评判依据。本节通过按照这些模型发表的时间先后顺序对它们进行梳理，并以此阐释因子大战之争。

当 Hou et al. (2015) 提出 Hou–Xue–Zhang 四因子模型时，他们使用了 80 个异象作为测试资产，比较了新模型、Fama–French 三因子模型以及 Carhart 四因子模型（由于 Fama–French 五因子模型同期发表，因此没有进行比较）。结论是新的四因子模型战胜了它们。2017 年，Stambaugh and Yuan (2017) 提出了 Stambaugh–Yuan 四因子模型。同样，新的模型也少不了和旧的做一番对比，而结论也不言自明。在 2018 年美国金融协会年会上，Daniel et al. (2018) 首次提出 Daniel–Hirshleifer–Sun 三因子模型，该模型后来正式见刊，见 Daniel et al. (2020)。在年会的报告中，Daniel et al. (2018) 将该模型和主流模型进行了对比，除了考察因子模型解释异象及其他因子的能力外，也特别从模型复杂度角度进行了对比。在该篇报告的讨论环节，该模型曾被质疑无法解释规模因子，且没有将规模因子加入模型之内。不过本书作者倒认为这反而是该模型的一个优点。该模型从行为金融学的理论出发提出了长、短两个时间尺度的行为因子。我们都知道，从行为金融学的理论是无法推演出规模因子的。因此，该模型不包含规模因子无可厚非；如果生硬地将其加入，反而更有数据窥探之嫌。只有当人们仅把目光局限于一个模型能否解释更多的异象，才会得出应该加入规模因子的结论。

自 2015 年 Hou–Xue–Zhang 四因子模型发表后，由于其在理论上的创新和实证方面的优秀表现，获得了学术界的广泛关注。但是，随着诸如 Stambaugh and Yuan (2017) 和 Daniel et al. (2020) 等新的模型发表，上述四因子模型又被比了下去。在这种背景之下，q^5 模型横空出世。Hou et al. (2019b) 的实证结果显示，q^5 模型能够解释最多的异象，因而战胜了其他所有的多因子模型。从现有的实证结果来看，出自实体投资经济学理论的 q^5 五因子模型是现阶段“最强”的实证资产定价模型。当然，在不远的将来，学术界一定会搞出新的多因子模型来打败它。近年来，随着“因子动物园”的概念越来越深入人心，学术界对挖异象和因子的热潮有所减退，转而把研究重点放到了多因子模型效果的比拼上，形成了愈演愈烈的因子大战。然而，如果仅以能否解释更多异象，或者因子模型的因子之间能否相互解释为评判的标准，非要在众多模型中拼个“你死我活”、一分高下，到底又有多大意义？如果仅以“打赢”因子大战，而非推动人们对股票收益率背后的驱动力的理解为目标，使用不同的金融学或经济学理论提出一个“更好用”的多因子模型，这又有多大意义？

在因子大战烽鼓不息之时，Fama and French (2018) 这篇题为 *Choosing factors* 的文章却保持了“冷静”。该文拓展了 GRS 检验，提出使用模型所包含因子能够构成的最大夏普比率平方来比较不同的模型。这篇来自 Eugene Fama 和 Kenneth French 的文章虽然也是比较不同的模型，但它没有和别人的模型比，而是“自己和自己比”。该文比较了 CAPM、Fama–French 三因子模型、Fama–French 五因子模型，以及一个六因子模型（在 Fama–French 五因子模型的基础上加入了动量因子）。在这篇论文中，二位多因子模型的开创者表达了对因子大战的担忧。

Fama and French (2018) 认为，虽然 CAPM 以及基于消费的 CCAPM 模型被实证数据拒绝了，但是这些理论模型在收益和风险之间建立了有效的联系。另外，实证资产定价中的各种多因子模型则更多地是来自对历史收益率数据中某种模式的挖掘。为了防止多因子模型变成一场纯粹的数据挖掘游戏，模型背后必须有足够的理论支撑。一旦缺乏理论，那么多因子模型就会退化成人们对着历史数据中的成百上千个因子，以提升事后有效前沿上切点组合的夏普比率为目标的数据挖掘。对于一个因子模型来说，它是为了解释股票收益率如何共同运动，因此因子必须和个股的协方差矩阵密切相关（Pukthuanthong et al. 2019）。仅以谁解释的异象更多为依据来比较不同的模型，恐怕和多因子模型的出发点有一定差距，如此的因子大战显然意义也就十分有限。正因为如此，Fama and French (2018) 呼吁高质量和有意义的因子模型比较。然而，实现这一切需要人们对市场更深的理解。这也注定其是学术界未来研究的重点之一。

6.3　用行为金融学解释异象和因子

行为金融学的发展已经走过了半个世纪。与传统金融学不同，行为金融学认为投资者和交易者是有限理性的，他们的行为导致资产的价格偏离其内在价值，即出现错误定价。行为金融学研究的就是错误定价出现的原因，以及投资者的非理性行为和资产收益率之间的关系。除此之外，越来越多的研究发现，投资者的各种行为偏差也驱动了股票收益率的共同运动，进而产生了各种异象乃至基于行为金融学的定价因子[7]。在行为金融学出现之前，人们普遍认为因子代表了某种系统性风险。如今，随着行为金融学越来越被人们熟悉和接受，学术界的另一种观点是因子捕捉了错误定价的共同来源，例如全市场范围内的投资者情绪（Hirshleifer and Jiang 2010，Kozak et al. 2018）。本节就来介绍如何从行为金融学的角度解释异象和因子。

关于行为金融学的发展历程，Sewell (2007) 按时间顺序梳理了该领域内最重要的研究成果，这是一篇很好的文献综述。除此之外，Barberis and Thaler (2003)、Hirshleifer (2015) 以及 Barberis (2018) 从知识体系的角度对这一学科所包含的内容进行了总结。行为金融学背后的两大支柱是套利限制（limits to arbitrage）和心理学，而心理学中又分为预期偏差、风险偏好偏差，以及认知限制三部分。每一部分下面又有各自的理论和内容，构成了行为金融学的全貌。图 6.1 展示了行为金融学的知识框架。

传统金融学中的两大假设为人的理性预期以及依照预期效用最大化来进行决策。前者意味着人们能够迅速处理全部新息并使用贝叶斯理论更新先验，得到纯理性的后验信仰；后者则假设人们在完全理性下以最大化预期效用为目标来做决策。从这两大假设中可以引申出三个要素：（1）理性预期；（2）及时处理全部信息；（3）完全理性的风险偏好。行为金融学则对上述三个要素逐一提出了挑战。对于理性预期，行为金融学认为人们的预期并非完全理性，会出现诸如过度自信、锚定效应等偏差；对于及时处理信息，认知学研究表明人的大脑对信息的处理能力是有限的，存在认知限制、无法对全部信息进行及时处理；对于理性风险偏好，行为金融学指出人在不确定性下做决策时也难以做到完全理性，存在风险偏好偏差，而前景理论以及模糊厌恶比预期效用理论能够更好地描述人如何在不确定下做决策。行为金融学与传统金融学的对比如图 6.2 所示。

7 本书 4.1.6 节和 4.1.7 节分别介绍的 Stambaugh–Yuan 四因子模型和 Daniel–Hirshleifer–Sun 三因子模型均是从行为金融学角度提出的多因子模型。

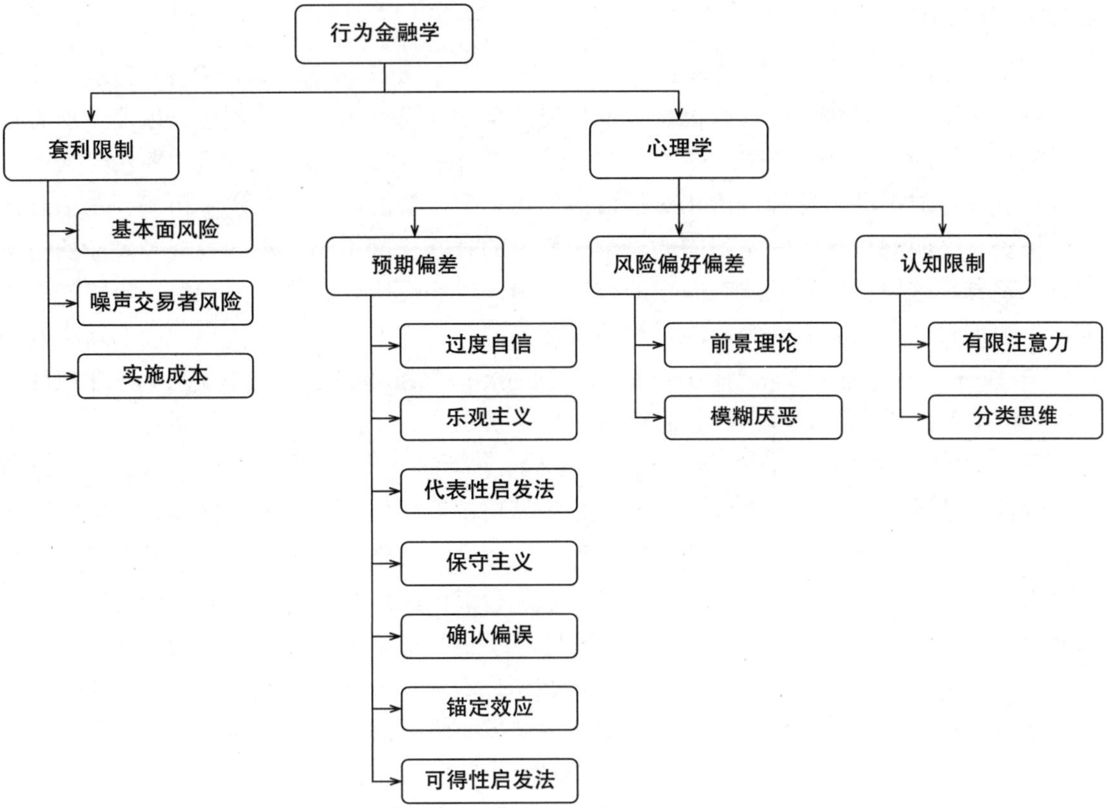

图 6.1　行为金融学的知识框架

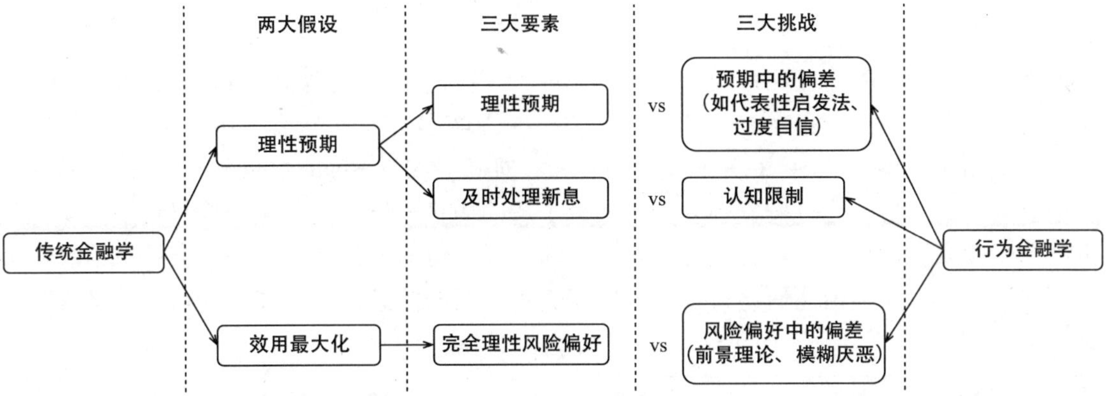

图 6.2　行为金融学与传统金融学的对比

接下来的 6.3.1 节到 6.3.4 节将分别解读上述框架中的各个部分，6.3.5 节介绍能被行为金融学解释的异象，6.3.6 节介绍行为有效市场的概念。

6.3.1　套利限制

根据传统金融理论，市场应该满足有效市场假说（Efficient Markets Hypothesis，简称 EMH），而 EMH 的两个核心假设是“价格反映全部信息并迅速调整到位”以及“所有投资者都是理性的”。显然，这两个假设均被现实无情地打脸。行为金融学为解释由于人的非理性行为而造成市场中各种价格相对价值的偏离提供了新的思路。在实际市场中，信息在不同投资者之间的传递速度是不同的。由于投资的时间尺度不同，不同投资者关注的信息也有所差异，这使得人们无法对同样的信息做出一致的反应。此外，人们的决策行为受非理性支配，它源自人类大脑中根深蒂固的认知偏差。这样的例子不胜枚举，以下这个例子来自 Robert Shiller 教授的著作 *Irrational Exuberance*（Shiller 2009，中文名为《非理性繁荣》），就很好地说明了这两个核心假设。

1995 年 1 月 17 日凌晨 5 点 46 分（日本标准时间），日本神户发生了里氏 7.3 级地震（阪神大地震）。这是自 1923 年以来在日本城市中发生的最严重的一次地震。地震造成 6434 人丧生以及约 1000 亿美元的直接经济损失。这个纯外来的因素对日本乃至世界的股市有着怎样的影响呢？在地震发生的当日，东京股市仅仅轻微下跌，直到一个星期后，市场才出现对大地震的反应。1995 年 1 月 23 日，日经指数下跌了 5.6%；在震后的 10 天内，日经指数损失了 8%。在这 10 天内，投资者在想什么无从而知，但这无疑说明了即便如阪神大地震这样的消息，它对市场价格的影响也是需要时间的。更令人感到困惑的是阪神大地震对国外股市的影响。在 1 月 23 日日经指数大跌 5.6% 的当天，伦敦 FTSE100 指数下跌 1.4%，巴黎 CAC40 指数下跌 2.2%，德国 DAX 指数跌 1.8%[8]，而巴西和阿根廷的股市都下跌了 3% 左右。由于这些国家并未遭受地震，因此各种价格行为不可能均来自投资者的理性行为。

观察到市场中的非理性行为，Shiller (1984)[9] 提出了噪声交易者（noise traders）模型，认为市场由理性投资者和噪声交易者构成。在一次影响深远的美国金融学会主席演讲中，时任协会主席 Fischer Black 对噪声交易者做出了如下定义（Black 1986）：“噪声交易是针对信息噪声的交易，这时投资者以为其拥有了新的信息，但事实上这一信息只是假象。从客观的角度来看，噪声交易者不交易是更好的选择。但即使如此，他们仍会针对信息噪声进行交易，这可能因为他们误将噪声当成了真正有用的信息，也可能因为他们只是喜欢交易。”[10]

---

8 Shiller (2009) 原著中提及德国 DAX 指数在 1995 年 1 月 23 日下跌 1.4%。经检查数据发现 DAX 指数当日下跌 1.84%。

9 这篇论文成为行为金融学研究的起点，Robert Shiller 也当仁不让地成为行为金融学的代表人物。

10 Black 的原话是“*People who trade on noise are willing to trade even though from an objective point of view they would be better off not trading. Perhaps they think the noise they are trading on is information. Or prehaps they just like to trade.*”。另外，由于信息和噪声错综交织在一起，即便是精明的投资者也难以判断信息是否已经反映在价格之中（Stein 2009）。

由于噪声交易者的存在，价格往往偏离资产的内在价值，即出现错误定价。在一个没有摩擦的市场中，每当价格偏离价值时，理性投资者（也被称为 arbitrageurs，即套利者）应该迅速利用这个机会进行交易，赚取无风险收益并同时修正价格。然而，行为金融学指出，上述假设是不成立的，而这背后的原因正是套利限制。理性投资者在想要利用错误定价赚取收益时要面对以下三个风险：基本面风险、噪声交易者风险以及实施成本。这些风险使得理性投资者无法做到充分套利，使得价格相对价值的偏离得以持续。

1. 基本面风险

假设某股票的价格因噪声投资者的抛售而下跌，大幅低于其内在价值，如果套利者想买入它获得无风险收益，就必须要防范该股票的基本面风险。为此，套利者需要同时做空一个和该股票基本面相同的股票。然而，能够完美对冲基本面风险的标的是不存在的，这就使得套利者在买入该股票时或多或少地暴露在它的基本面风险之中，一旦发生基本面负面冲击，就会造成该股票的继续下跌，给套利者带来亏损。

2. 噪声交易者风险

噪声交易者的非理性行为会造成价格在短期内持续偏离价值，无法在套利者的投资期限内回归（De Long et al. 1990，Shleifer and Vishny 1997）。这个风险会给套利者带来职业风险：市场上的资金委托给专业管理人，而绝大多数资金都是短视的业绩追逐者。这些资金不关心、也不知道套利者背后的交易逻辑，而仅是根据净值曲线的短期走势评估管理人的水平。当噪声交易者的非理性加大了错误定价时，由于套利策略的持续亏损，管理人将面临巨大的资金赎回压力，这将迫使他们短期内卖掉手中的头寸，无法等待价格的回归。短期业绩惨淡造成资金被赎回正是管理人面对的职业风险，这是噪声交易者风险的直接结果。

3. 实施成本

实施成本具体包括两部分：第一部分是为了建立套利头寸需要付出的成本，包括手续费、交易价差、价格冲击以及做空需要付出的费用等。在有些市场，做空难以实现，这进一步加大了实施套利的风险；第二部分是为了寻找错误定价所付出的成本，由于内在价值难以确定，因此判断价格是否等于内在价值本身就是非常困难的。

在行为金融学发展之初，传统金融学对其最大的质疑是如果非理性行为造成了错误定价，那么它也是转瞬即逝的，因为理性投资者必然会对它进行套利，在获得收益的同时纠正错误定价。起初，上述批评确实阻碍了行为金融学的发展，但这个障碍在 20 世纪 90 年代随着套利限制的提出而被打破。

6.3.2　预期中的偏差

如果说有限套利使得价格无法回归价值是“果”，那么交易者的各种非理性行为造成的价格偏离价值正是“因”。行为金融学中的第二个支柱正是借助心理学的研究来分析人们的各种系统性认知偏差（cognitive biases）[11]的，它们影响了人们的预期以及做风险决策时的偏好。较传统经济学中的理性预期而言，本节介绍的内容属于预期中的偏差；6.3.3 节介绍的内容较传统经济学中的期望效用理论而言，属于风险偏好中的偏差。正是传统经济学理论眼中的这些偏差构成了一个个鲜活而真实的投资者。下面首先来介绍预期中的偏差。

1. 过度自信

过度自信是一种根深蒂固的偏见，主要体现在两方面：（1）人们对自己判断的自信程度总是高于该判断的准确性；（2）人们总认为自己比别人更优秀，或自己的判断比别人的判断更准确。对于第一方面，在一项研究中，被试者被要求估计某地区加油站的数量，并给出 90% 的置信区间。实际结果显示，加油站个数落在这些区间内的频率只有 50% 左右，远远低于 90%，说明被试者给出的置信区间太窄，也反映了他们对自己的估计准确程度过于自信。对于第二方面，在一项对 600 名基金经理的调研中，有 74% 的人认为自己比别的基金经理优秀。如果不存在第二方面问题，则这个比例应该接近 50%。

过度自信在很大程度上可以解释市场上每天庞大的交易量。假设两个投资者对于某个资产持有相同的先验信念。当新息出现后，由于他们对新息的处理方式不同，以及过度自信偏误，他们会认为自己对该资产未来的看法更加正确，这就导致了二者之间的意见不统一，从而带来交易的契机。Eyster et al. (2019) 以过度自信为出发点构建了数学模型，将超高的交易量和过度自信联系起来。如果过度自信是造成超高交易量背后的原因之一，那么很自然的一个推论就是：越过度自信的人越倾向于去交易。Grinblatt and Keloharju (2009) 的研究证实了上述猜想。

2. 乐观主义

乐观主义可能是人们与生俱来的一种本能。在 2008 年 2 月，有 91% 的分析师预测市场会有牛市，应该持股。乐观又常常被控制幻觉所放大：人们总觉得结果是可控的，可以按预期发展，而一些偶然的好结果也加深了这种幻觉。比如在一个扔硬币的游戏中，如果一个人连续几次猜对了硬币的结果，他就会觉得他是“天选之人”，可以控制并继续正确地预测结果。然而当样本数量非常有限的时候，连续的盈利或亏损均有可能出现，这在统计上并不意味着什么显著的情况。

自利偏差也容易产生乐观主义。自利偏差是指人们的决策往往倾向于有利于自己的利

11 Hirshleifer (2001) 从启发式简化、自我欺骗以及情绪和自我控制三个角度总结了各种偏差。

益。审计师的行为就是这么一个例子。在一项测试中，5 个有争议和错误的会计报告被随机分配给 139 位审计师，每个报告都有明显的错误。这个测试中最有意思的部分是，这些审计师中有些被要求从这些会计报告涉及的公司的立场来评判这些报告，而另一些则要求从想投资这些公司的第三方投资人的立场来评判这些报告。结果，不说你也可以猜到，在认为这些报告没有问题的审计师中，从公司立场出发的人要比从第三方投资人立场出发的多 31%。

3. 代表性启发法

Tversky and Kahneman (1974) 的研究发现，当人们试图判断数据 A 是否来自模型 B，或者样本 A 是否属于类别 B 的时候，往往使用代表性启发法（representativeness heuristic），即考察 A 和 B 的相似程度。这种做法可能造成一些严重的偏误。第一个偏误是忽视结果的先验概率。举个例子，通过下列对某男子的描述来判断他的职业：“他非常害羞、虽然乐于助人但却不喜欢与人打交道；他是一个温顺的人，执着于事物的有序性并对细节有极致追求。”请问他的职业是农民、销售、还是图书馆管理员？人们可以使用贝叶斯定理来判断该男子的职业：

$$\mathbf{prob}(\text{职业}|\text{描述}) = \frac{\mathbf{prob}(\text{描述}|\text{职业})\mathbf{prob}(\text{职业})}{\mathbf{prob}(\text{描述})} \tag{6.10}$$

在这个过程中，忽略先验概率偏误指的是人们过度关注上述描述和职业之间的相似性，即上式中的 **prob**(描述|职业)，而忽视了某个职业出现的先验概率。在这个例子中，关于该男子的描述非常符合人们印象中图书管理员的特点。这将导致人们错误地认为他的职业是图书管理员。在现实世界中，农民比图书管理员要多很多，因此先验概率大得多，所以该男子其实更有可能是一个农民。

代表性启发法造成的第二个问题是人们对样本大小不敏感。在新闻报道中常有这样的标题：《大数据告诉你 ×× 月大盘怎么走》《大数据告诉你 ×× 节后是涨是跌》。点开一看，所谓的大数据就是一共十来个样本点。Tversky and Kahneman (1971) 称这个问题为小数定律（law of small numbers）信仰，并指出人们往往相信仅仅有限个样本点就能反映出未知模型的全部特征。但统计学知识指出，当样本点非常少的时候，无法可靠地计算出变量的变化范围，因此这个错误也被称作小数定律偏误。

代表性启发法和小数定律偏误可以导致（错误的）外推信念（extrapolative beliefs）。外推信念指的是当人们对未来做预测的时候，其预测值通常和当前数据正相关。在投资中，外推包括收益率外推和基本面外推。对于前者，当人们预测股票未来的收益率时，总偏好给近期的收益率更高的且大于零的权重。如果最近股价涨得好，人们倾向认为它未来还会涨得更高；如果最近股价跌得多，人们倾向认为它在未来会继续跌。对于后者，基本面外推指的是人们认为公司未来现金流变化率和近期现金流变化率正相关。如果近期现金流增长，人们会认为其盈利在未来会按之前的增速继续增长，从而买入该股票、造成价格上升。一旦未来现金流的增长率不符合外推的预期时，就会非常失望以至于开始抛售资产，造成其价格下跌。

4. 保守主义

人们通常都有保守主义，即一旦观点形成，就拒绝接受信息；如果必须改变，那也是非常缓慢的。保守主义的原因是沉没成本。因为当一个人已经花费了很多努力（包括财力、物力和精力）才得到当前的结论时，他便不愿意轻易推翻它，哪怕它是错误的。

在一项研究中，被试者被要求就下面这个场景回答问题。某飞机公司决定投入 1000 万美元制造一架隐形飞机。在项目进行到 90% 的时候得知另一家公司已经造出了隐形效果更好、成本更低的飞机。在这时，该公司是否应该把最后 10% 的预算，即 100 万美元，继续花费在该项目上？在面对这个问题时，80% 的被试者认为应该。在另外一个场景中，问题的描述变成：该公司还有剩余 100 万美元的研究经费，公司一名员工提议用它研究隐形飞机，但同时得知另外一个公司已经造出了隐形效果更好、成本更低的飞机，这时是否应该把这 100 万美元花在这个项目上？面对这个问题，80% 的被试者认为不应该。这两个场景的对比凸显了沉没成本在决策时对人的干扰。面对错误的决策，考虑沉没成本、当变不变只会让人们错上加错。在保守主义这种偏差下，投资经理经常拒绝推翻之前的投资决策，哪怕市场的运行方向证明其原方案是完全错误的。

5. 确认偏误

确认偏误，也被称为证实性偏差，指的是人们选择性地回忆、搜集有利细节，同时忽略不利或矛盾的资讯，以支持已有想法的片面诠释。在一个游戏中有四张卡片，上面分别为字母 A、Q，数字 4、7。被试者被告知“每一个元音字母卡片的背面都是一个偶数”并允许通过翻动两张卡片来检验该陈述是否为真。在这时，大多数人会选择 A 和 4，因为它们是和上述陈述相符的卡片，但是确认性的证据并不能证明任何事。事实上，题目中并没有说偶数的背面是元音，因此翻动卡片 4 并不说明任何问题。正确的答案是翻动 A 和 7，这样可以提供有价值的否定依据：如果 7 的背面是元音就可以确定“元音字母卡片的背面都是一个偶数”这个陈述是虚假的。

就像上面的卡片例子一样，投资者在做投资决定时倾向于收集确认证据，而不是评估所有可用的信息。在分析公司基本面时，分析员有时很早就提出了结论，之后便陷入了确认偏误，努力寻找所有能够证明其观点成立的论据和数据，忽视那些使之结论不成立的数据。类似的，当处于亏损的交易之中时，交易者有时会拒绝接受事实，而是如饥似渴地寻找所有可能支持自己交易的证据，从而迷失自我[12]。

6. 锚定效应

锚定指的是个人在做决定时过度依赖其被提供的初始信息（称为“锚”），哪怕该信息和所做决策毫无关联。锚定效应是指在生活和投资中经常出现的一种认知偏差。Tversky and Kahneman (1974) 对此进行了大量的研究。在一个实验中，两组参与者分别猜测美国人口中非洲裔的百分比。在预测之前，首先在每组参与者面前进行一次幸运大转盘，转盘的结果为 0 到 100 之间的一个随机数字。大转盘的结果和非洲裔的百分比毫无关系，按理说应该对预测结果没有影响，然而玄妙的事情发生了。第一组参与者得到的转盘结果为 10，他们的猜测结果为 25%；第二组参与者得到的转盘结果为 65，他们的猜测结果高达 45%。显然，不少参与者将大转盘的结果作为了“锚”。

在另一个类似的研究中，600 名基金经理被要求写下他们手机号码的后四位，并同时预测伦敦有多少个医生。在手机后四位大于 7000 的那些投资经理中，大部分预测伦敦有 8000 名医生；而在手机后四位小于 3000 的投资经理中，大部分猜测伦敦有 4000 名医生。我们都知道，电话号码后四位和医生个数没有什么关系，但基金经理们都用自己的手机号后 4 位作为了判断的基准。在投资中，锚定效应使得人们过分依赖某个历史数据而忽视最新的变化，从而无法做出最优的决策。

锚定效应对于预测股票市场整体走势也有帮助。Li and Yu (2012) 以道琼斯工业指数为对象，指出投资者往往使用过去 52 周高点以及历史高点两个数值为“锚”。他们发现，指数当前的数值和这两个锚定值之间的距离能够分别反映出投资者的反应不足和反应过度。如果当前价格和过去 52 周高点离得越近，则说明投资者对于个股基本面的好消息的反应越不足；如果当前价格和历史高点离得越远，则说明投资者对于个股基本面的坏消息的反应越过度。Li and Yu (2012) 通过把上述两个效应叠加，有效地预测了道琼斯工业指数的整体走势。

7. 可得性启发法

可得性启发法是一种心理捷径，它指的是当人们评估问题、概念、方法或决策时，往往依赖于脑海中最容易想起来的那些示例。如当人们被询问英文中是以字母 r 开头的单词多还是 r 在第三个位置上的单词多时，会马上在大脑中搜索这满足这两种模式的单词。以 r 开头的比如 return；r 在第三位的比如 car。对该问题的回答会基于哪种情况下想起的单词更多。由于人们轻而易举就能想起大把以 r 开头的单词，比如 rat、road、read、result

12 确认偏误在投资者持有先验时的杀伤力可能更大。在贝叶斯框架中，如果新息不能客观地反映交易的全貌而陷入确认偏误，那么它对于先验只能是强化作用。从这个意义上说，人们希望新息是无偏的。

等，而想起 r 在第三位的单词却要费劲得多。因此会错误地认为以 r 开头的单词要多于 r 在第三位的单词，而事实恰恰相反（Tversky and Kahneman 1973）。

可得性启发法背后的逻辑是，如果人们能够很容易想起某个示例，那么它一定是重要的。在这种认知偏差下，人们在投资中往往错误地被近期发生的事情所左右。不成熟的交易者会过分看重最近交易的结果，并让这些交易来支配他们未来的决定。在亏损后，交易者往往急于回本；在盈利后，交易者可能会信心爆棚。这两种状态都容易让人在随后的交易中变得更加草率。

Barber and Odean (2008) 的研究发现，投资者在选择股票时倾向于考虑那些最近引起他们注意的股票，诸如近期新闻中集中报道的股票、交易量异常大的股票，以及单日内回报极高的股票。毫无疑问，这些都会给投资者留有非常深刻的印象，从而导致他们出现可得性启发法偏差。同样的问题也出现在分析师中间。Lee et al. (2008) 发现分析师倾向于使用最近的经验来判断事件的可能性。当经济扩张时，分析师对公司每股收益长期增长的预测往往相对乐观；而当经济收缩时他们则相对悲观。这个现象说明分析师在做出长期预测时夸大了经济当前状态的影响。

6.3.3　风险偏好中的偏差

因为资产的收益充满着不确定性，所以研究人们在风险下的决策偏好至关重要。在行为金融学框架中，理解人们的风险偏好偏差的两大关键要素是前景理论和模糊厌恶。

1. 前景理论

前景理论（Prospect Theory）由心理学家 Daniel Kahneman 和 Amos Tversky 提出（Kahneman and Tversky 1979, Tversky and Kahneman 1992）[13]，它是一个描述人们如何在不确定下做决策的分析框架。具体来说，前景理论研究的问题是，当面对多个选项时，人们如何评估不同的选项并选出他认为最优的选项。在这个描述中，“选项”可以是购买不同的股票，或者参加不同的博弈。而体现不确定性的是，每个选项都有 $m \geqslant 1$ 种结果，其中每个结果都有一定的实现概率[14]，人们需要依据每个选项可能出现的结果来计算该选项的价值，并选出价值最高的。

在最初提出前景理论的论文 Kahneman and Tversky (1979) 中，两位作者假设每个选项最多有两个非零结果。令 x 和 y 代表某选项的两个非零结果，p 和 q 分别代表它们发生的概率，则该选项在数学上可以描述为：

13 因其在以前景理论为代表的决策心理学和行为经济学方面的卓越贡献，Daniel Kahneman 获得 2002 年诺贝尔经济学奖。Amos Tversky 于 1996 年去世，而诺贝尔奖不追授颁奖时已逝 6 个月以上的学者，因此无缘此殊荣。

14 当某个选项只产生一个结果时，该结果是确定的，它发生的概率是 100%。

$$(x, p; y, q) \tag{6.11}$$

上述数学符号的意思是“以概率 p 获得结果 x，以概率 q 获得结果 y”，且 x 和 y 满足 $x \leqslant 0 \leqslant y$ 或 $y \leqslant 0 \leqslant x$。根据前景理论，人们赋予 $(x, p; y, q)$ 所代表的选项价值为：

$$v(x)\pi(p) + v(y)\pi(q) \tag{6.12}$$

其中 $v(.)$ 表示价值函数，$\pi(.)$ 表示权重函数。某个选项的价值就是其所有可能出现结果的价值的加权平均，反映一种“预期”的概念，这也是前景理论中 prospect 一词的由来。对于每个选项，人们按照式 (6.12) 计算其价值，然后在所有选项中选择价值最高的那一个。从式 (6.12) 可知，前景理论的核心就是价值函数和权重函数。Kahneman and Tversky (1979) 之所以极具创造性和现实意义是因为通过大量的心理学实验定性总结了 $v(.)$ 和 $\pi(.)$ 所具备的性质[15]。图 6.3 绘制了 $v(.)$ 和 $\pi(.)$。

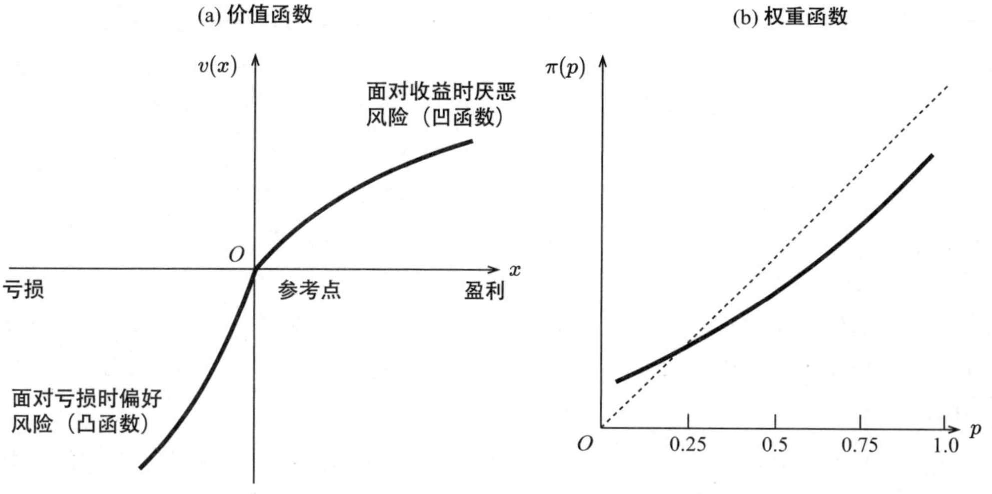

图 6.3 前景理论中的价值函数和权重函数

从图 6.3(a) 的价值函数形态可以总结出 $v(.)$ 的三个重要性质：

- 结果 x 是相对一个给定的参考点而言的，而非财富的最终水平。举个例子，某人现在有 1000 元；某个游戏有两个结果。第一个结果将使他的最终财富变为 1100 元，第二个结果会让他的最终财富变为 950 元。在他评估这个选项时，他不会使用 1100 和 950 作为结果，而是使用 1100 和 950 相对于 1000 元这个参考点的差异，即 100 和

15 Kahneman and Tversky (1979) 以大量的心理学实验为依据，总结了前景理论中价值函数和权重函数的性质。由于篇幅所限，本书无法一一介绍。感兴趣的读者请参考 Kahneman and Tversky (1979) 或公众号“川总写量化”的文章《获得诺奖的行为金融学是怎么一回事?》。

-50 为结果。在前景理论中，$x > 0$ 的结果被称为盈利（gains）、$x < 0$ 的结果被称为亏损（losses）。

- 价值函数的第二个特点是它反映了人们损失厌恶（loss aversion）。价值函数 $v(.)$ 在 $x = 0$ 左、右两侧并不对称，亏损部分的负增长快于收益部分的正增长：$v(x) < -v(-x)$。实证研究表明，亏损带来的痛苦是收益带来快乐的两倍左右。
- 无论是获利还是亏损，价值函数均呈现出敏感度递减（diminishing sensitivity）。这意味着，当结果为获利时，价值函数为凹函数；当结果为亏损时，价值函数为凸函数。举个例子，假如盈利从 100 元提高到 200 元，以及从 1000 元提升到 1100 元，二者都是提高了 100，但前者对人的边际价值要强于后者。又或者，亏损从 100 元变成 200 元，以及从亏损 1100 到 1200 元，两者都是多失去 100 元，但前者对人的边际价值高于后者。

前景理论中的第二个关键是权重函数 $\pi(.)$。权重函数 $\pi(p)$ 是某结果发生的真实概率 p 的函数，但它不是概率。它衡量的是该结果对选项的影响，而非仅仅是该结果发生的可能性。Kahneman and Tversky (1979) 指出 $\pi(p)$ 应满足 $\pi(0) = 0$ 且 $\pi(1) = 1$，但是当 $0 < p < 1$ 时，$\pi(p)$ 是 p 的非线性函数。图 6.3(b) 定性给出了当 $0 < p < 1$ 时 $\pi(p)$ 的样子。从图 6.3(b) 中不难看出，当 p 很小时，$\pi(p) > p$，这表明对于那些发生概率很低的结果，人们往往高估它们发生的可能性。在生活中人们购买彩票和购买保险就是这样的例子。假设一张彩票 5 元钱，买了彩票后有千分之一的机会得到 5000 元。人们往往会放大这个千分之一的可能性，从而认为彩票的吸引力很高，尽管彩票的预期收益也是 5 元钱，和成本一样。而在买保险时，假如 5 元保费可以规避一个损失 5000 元、发生概率为千分之一的事故。在面对这种情况时，人们往往毫不犹豫选择购买保险，因为他们同样高估了事故发生的概率。

Kahneman and Tversky (1979) 提出的前景理论后来被视作行为金融学发展的重要基石之一。然而，这篇 1979 年发表的论文也并不完美。第一，如前所述，它只允许待评估的选项有不超过两个非零的结果；第二，无论是价值函数还是权重函数，Kahneman and Tversky (1979) 给出的都是定性，而非定量的结果。为了解决这些不完美，Tversky and Kahneman (1992) 对前景理论进行了必要的改良和扩充，提出了累积前景理论（cumulative prospect theory）[16]。它在 Kahneman and Tversky (1979) 的基础上给出了 $v(.)$ 和 $\pi(.)$ 的解析表达式，且允许待评估的选项有多个结果。假设某个选项有 m 个亏损的结果 $x_{-m} < x_{-m-1} <$

16 插一小段颇具人情味的故事。由于 Tversky 是一个天才，他的学术道路发展得顺风顺水，但 Kahneman 却一度陷入低迷，导致后期这二人有些貌合神离。累积前景理论几乎是由 Tversky 一人完成的，但它被发表时还是以两人为共同作者。谈到此，Tversky 曾表示他们二人一起发表了很多论文，如果这篇打破了传统就会显得有些奇怪。

$\cdots < x_{-1}$、n 个盈利的结果 $x_1 < x_2 < \cdots < x_n$，以及（不失一般性）一个不赢不亏的结果 $x_0 = 0$。进一步假设 x_i 发生的概率为 p_i，且所有 p_i 满足 $\sum_{i=-m}^{n} p_i = 1$。在累积前景理论下，该选项可以表达为：

$$(x_{-m}, p_{-m}; \cdots x_{-1}, p_{-1}; x_0, p_0; x_1, p_1, \cdots, x_n, p_n) \tag{6.13}$$

该选项的价值为：

$$\sum_{i=-m}^{n} \pi_i v(x_i) \tag{6.14}$$

首先来看价值函数。Tversky and Kahneman (1992) 给出的 $v(.)$ 的形式为：

$$v(x_i) = \begin{cases} x_i^c & \text{若 } x_i \geqslant 0 \\ -\kappa(-x_i)^c & \text{若 } x_i < 0 \end{cases} \tag{6.15}$$

由式 (6.15) 的定义可知，$c \in (0,1)$ 代表了敏感度递减的快慢，而 $\kappa > 1$ 是损失厌恶系数，系数越高说明越厌恶损失[17]。图 6.4(a) 给出了当 $c = 0.5$、$\kappa = 2.5$ 时的价值函数。在实际应用中，Tversky and Kahneman (1992) 根据他们的实验给出的参数取值为 $c = 0.88$、$\kappa = 2.25$。在 Tversky and Kahneman (1992) 发表之后，学术界又出现很多关于累积前景理论的大量研究，得到了不同的参数取值。一般来说，大量的实验结果表明，c 的取值在 0.5 到 0.95 之间，而 κ 的取值在 1.5 到 2.5 之间。

再来看看累积前景理论中的权重函数，它的定义为：

$$\begin{aligned} \pi_i &= \begin{cases} w^+(p_i + \cdots + p_n) - w^+(p_{i+1} + \cdots + p_n) & \text{若 } 0 \leqslant i \leqslant n \\ w^-(p_{-m} + \cdots + p_i) - w^-(p_{-m} + \cdots + p_{i-1}) & \text{若 } -m \leqslant i < 0 \end{cases} \\ w^+(P) &= \frac{P^\gamma}{(P^\gamma + (1-P)^\gamma)^{(1/\gamma)}} \\ w^-(P) &= \frac{P^\delta}{(P^\delta + (1-P)^\delta)^{(1/\delta)}} \end{aligned} \tag{6.16}$$

其中 $\gamma, \delta \in (0,1)$。在以上 π_i 的定义中，当 $i = n$ 或 $-m$ 时，π_i 分别简化为 $\pi_n = w^+(p_n)$ 和 $\pi_{-m} = w^-(p_{-m})$。与前景理论不同，在累积前景理论中，π_i 的取值由累积权重函数 $w^+(.)$ 或 $w^-(.)$ 决定。具体来说，对于 $x_i \geqslant 0$ 的结果，它的 π_i 的计算方法如下：分别计算所有不差于 x_i 的结果的概率之和（即 $p_i + \cdots + p_n$），和所有严格优于 x_i 的结果的概率之和

17 Tversky and Kahneman (1992) 分别用符号 α 和 λ 表示敏感度递减快慢以及损失厌恶程度。考虑到本书中使用符号 α 表示定价误差、λ 代表因子收益率，因此在这里使用了符号 c 和 κ。

（即 $p_{i+1}+\cdots+p_n$），将这两个概率之和代入 $w^+(.)$ 并求它们的差，即 $w^+(p_i+\cdots+p_n)-w^+(p_{i+1}+\cdots+p_n)$，这个差就是 π_i。类似的，对于 $x_i<0$ 的结果，它的 π_i 的计算方法如下：分别计算所有不好于 x_i 的结果的概率之和（即 $p_{-m}+\cdots+p_i$），和所有严格差于 x_i 的结果的概率之和（即 $p_{-m}+\cdots+p_{i-1}$），将这两个概率之和代入 $w^-(.)$ 并求它们的差，即 $w^-(p_{-m}+\cdots+p_i)-w^-(p_{-m}+\cdots+p_{i-1})$，这个差就是 π_i。$w^+(.)$ 或 $w^-(.)$ 的形式如式 (6.16) 所示，它们的形式相同，只是参数 γ 和 δ 的取值不同，从而允许人们对于盈利和亏损结果赋予不同的权重。Tversky and Kahneman (1992) 给出的参数取值为 $\gamma=0.61$ 和 $\delta=0.69$。由定义可知：$w^+(0)=w^-(0)=0$ 且 $w^+(1)=w^-(1)=1$。图 6.4(b) 给出了不同 δ 取值下权重函数的形状。

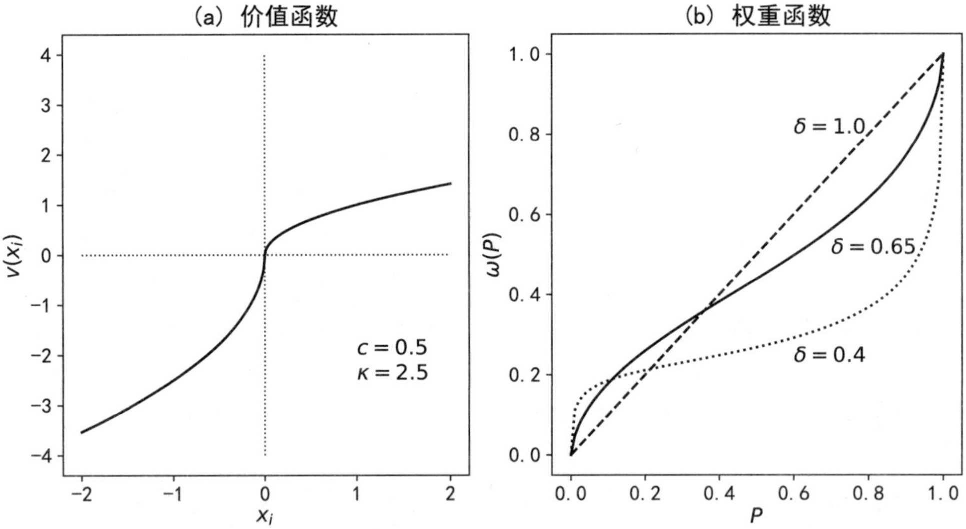

图 6.4　累积前景理论中的价值函数和权重函数

对于累积前景理论中的权重函数 π_i，有以下两点需要说明。首先，它延续了前景理论中权重函数的最重要定性特征，即对于小概率结果，其权重要高于结果发生的概率本身。由于累积前景理论允许盈利和亏损两端均包括多个结果，这意味着人们会高估结果分布左尾或右尾出现的概率。由定义可知，对于极端收益结果 x_n 和极端亏损结果 x_{-m}，它们的权重为 $w^+(p_n)$ 和 $w^-(p_{-m})$。假设 $\gamma=\delta=0.65$，并假设极端结果 x_n 和 x_{-m} 出现的概率均为 0.01。由公式可知，$w^+(p_n)=w^-(p_{-m})=0.047$，因此 $w^+(p_n)>p_n$ 且 $w^-(p_{-m})>p_{-m}$。关于 π_i，第二点需要指出的是，如果一个选项的结果都是盈利（即所有 x_i 均大于零）或都是亏损（即所有 x_i 均小于零），则由式 (6.16) 可知该选项所有结果的权重函数之和满足 $\sum_i \pi_i=1$。然而，对于更一般的情况，即某个选项既有盈利结果又有亏损结果时，所有结

果的权重之和 $\sum_i \pi_i$ 并不一定等于 1，它可能大于 1 也可能小于 1，但这并不影响累积前景理论的性质或应用。

2. 模糊厌恶

风险偏好偏差的第二个要素是模糊厌恶（ambiguity aversion）。考虑下面这个实验。有两个罐子，每个罐子里放有红色和蓝色小球一共 100 个。这两个罐子的区别是，在罐子 1 中有红色和蓝色小球的数目均是未知的；而在罐子 2 中有红色和蓝色小球各 50 个。被试者首先被要求从下面两个选项中选择：

- A1：从罐子 1 中抽取一个小球，如果抽出红色小球则获得 100 元，如果抽出蓝色小球则没有奖励；
- A2：从罐子 2 中抽取一个小球，如果抽出红色小球则获得 100 元，如果抽出蓝色小球则没有奖励。

这两个选项唯一的区别是抽小球的罐子。

在第二个实验中，被试者被要求从以下两个选项中选择：

- B1：从罐子 1 中抽取一个小球，如果抽出蓝色小球则获得 100 元，如果抽出红色小球则没有奖励；
- B2：从罐子 2 中抽取一个小球，如果抽出蓝色小球则获得 100 元，如果抽出红色小球则没有奖励。

实验二和实验一的区别在于两个选项中，获得奖励的小球颜色从红色变成蓝色。面对这两个实验，神奇的结果发生了：在实验一中，更多的实验者选择了 A2；而在实验二中，更多的实验者选择了 B2。实验一的结果说明，人们主观认为罐子 1 中的红色小球数量比罐子 2 中的红色小球（已知为 50 个）更少；而实验二的结果则截然相反，人们主观地认为罐子 1 中的蓝色小球数量比罐子 2 中的蓝色小球（也是 50 个）更少。这正是决策论中著名的 Ellsberg 悖论（Ellsberg 1961）。

该实验结果说明，在充满着不确定性的博弈中，人们讨厌结果分布未知的情况，这正是模糊厌恶。在面对风险决策时，如果结果的分布是已知的，那么该决策的不确定性对于人们来说是已知的，可以通过结果的分布精确地量化出该不确定性；反之，如果结果的分布是未知的，那么这个不确定性对人们而言也是未知的，因此无法被精准地量化出来。

由于模糊厌恶，人们往往倾向站在模糊性的对立面，即选择自己熟悉的。在投资中，这体现在人们会根据自己的经验、学识和能力选择更熟悉的标的来投资。当然，这个出发点并没有问题，Warren Buffett（巴菲特）也曾建议人们不要涉足自己不擅长的领域。[18]不幸

18 巴菲特的原话是：“*Never invest in a business you cannot understand.*”。

的是，这并不容易。由于过度乐观以及确认性偏误等认知偏差，人们往往在自认为熟悉的领域输得更惨。模糊厌恶和前景理论构成了风险偏好偏差的两大要素。这些理论很好地诠释了人们在面对风险时如何做决策。

6.3.4　认知限制

心理学中的认知限制（cognitive constraints），又被称作有限理性，它也是行为金融学对传统金融学的第三个挑战。它指的是学者们在研究人们如何做经济决策时，以人脑有限的处理能力为约束条件，并把它加入到最优化问题当中。在这个框架下，由于认知限制，人们只能在约束下做出次优解，而无法实现完全理性（无约束）下的最优解。在这个领域中，最重要的两个方面是有限注意力（limited attention）和分类思维（categorical thinking）。

1. 有限注意力

传统金融学理论认为，当人们在做决策时，应该使用全部可得的信息。然而，由于人脑对信息的分析处理能力是有限的，在任何给定的时刻，都无法及时处理所有的信息，而偏好去应对最显著、最重要的信息，这种认知限制被称为有限注意力。在股票市场中，投资者的有限注意力问题也十分普遍。心理学的研究表明，投资者有限注意力和以下三点有关：（1）信息的重要性，（2）投资者获取信息的渠道，（3）投资者处理信息的能力。

关于有限注意力，Huberman and Regev (2001) 给出了一个精彩的例子。1998 年 5 月 3 日星期日，《纽约时报》（*New York Times*）封面报道了一家名为 EntreMed 的公司在治疗癌症方面的重大技术突破。这个消息使得该公司股票在接下来的星期一大涨 330%。然而有意思的是，同样的消息其实早在半年之前就出现过；《自然》（*Nature*）杂志和很多主流媒体（甚至包括《纽约时报》本身）在当初就对其进行过报道，但却并未引起股价的波澜。这个例子说明，这个消息在最初被报道的时候并未引起投资者的注意，而当它登上《纽约时报》的封面后便如同被放到了聚光灯下一般，引来了投资者的追捧。

在另一项研究中，DellaVigna and Pollet (2007) 从人口结构变化和资产收益的关系出发提出投资者存在有限注意力问题。假如 2018 年婴儿出生率激增，那么则可以想见 6 年之后的 2024 年，这些幼儿对于玩具的需求将会到达顶峰，利好玩具公司。因此，如果投资者不存在有限注意力问题，那么应该在 2018 年就部署、增持这些玩具公司的股票，而非等到 2024 年才行动，但事实却非如此。该文的研究发现人们对于人口变化的相关信息是反应不足的，并基于此构建了一个投资策略来利用这种定价中的错误：当人口变动信息出现后，马上买入会因该信息受益的公司、做空会因该信息受负面冲击的公司，便可获得超额收益。这进一步证实了市场中存在有限注意力问题。

2. 分类思维

市场中有成千上万种资产。为了简化思维，投资者会把它们分类，比如把股票按风格分成价值股、成长股、高质量股、小市值股等。如此分类让投资者在判断这些资产时，更多考虑它们所处的类别，而非每种资产本身的基本面，这造成了同类资产中显著的共同运动。而对不同风格股票的外推造成了不同风格股票的波动，这便形成了风格因子之间涨跌的差异。Peng and Xiong (2006) 指出有限注意力也能引起分类思维，比如投资者更倾向于分析和全市场相关的信息，而非仅针对某个公司的私有信息。

股票入选指数成份股之后的走势也能反映投资者的分类思维。Barberis et al. (2005) 的研究发现，当一只股票入选标普 500 指数时，它的价格便开始和其他成份股一起共同运动。如果投资者是完全理性的，这种相关性发生的唯一前提应该是该股票的基本面和其他成份股的基本面的相关性提高，然而实际数据并不支持这种说法。回归分析结果表明，投资者的分类思维才是上述现象背后的原因。Boyer (2011) 也观察到类似的现象，即在基本面没有任何变化的前提下，仅仅因为被选入指数就提高了股票和指数之间的相关性。

6.3.5　行为金融学与市场异象

如今，越来越多的学者使用前面介绍的行为金融学框架解释股票市场的各种现象，其中既包括市场整体行为，也包括股票预期收益率的截面差异（即异象）。由于本书主要关于因子投资，因此下面主要介绍行为金融学在解释后者时发挥的作用。

1. 预期偏差和市场异象

盈余惯性（Post-Earnings-Announcement-Drift，PEAD）最初由 Ball and Brown (1968) 发现[19]，而后又因 Bernard and Thomas (1989, 1990) 的研究被世人所熟知。它指的是由于认知限制中的有限注意力，人们对新的基本面信息反应不足，造成价格无法迅速对其反应到位，而是会在业绩公告之后继续漂移[20]。关于盈余惯性，学术界还有一些非常有意思的发现。DellaVigna and Pollet (2009) 指出如果业绩公告出现在星期五，随之而来的盈余惯性现象会更显著。他们猜测由于星期五临近周末，投资者的注意力比平时更不足，更无法对业绩信息做出足够的反应，造成显著的盈余惯性异象。另外，Hirshleifer et al. (2009) 发现当多家上市公司同时发布财报时，由于投资者无法处理同时涌现的多家公司的大量新信息（即有限注意力问题更严重），盈余惯性会更加显著。

19 Ball and Brown (1968) 一文对会计学和金融学都有巨大影响。为了纪念该文，在它被发表后 50 年，两位作者受邀撰写了 Ball and Brown (2019) 一文对其进行了回顾，并在包括中国在内的全球众多股票市场中复现了盈余惯性异象。公众号“川总写量化”的文章《致敬经典：Ball and Brown (1968)》介绍了该文。

20 利用有限注意力也可以提高动量策略的表现，见 Gray and Vogel (2016) 或公众号“川总写量化”的文章《给你的动量策略加点“料”》。

类似的，Barberis et al. (1998) 从行为金融学出发提出了一个投资者情绪模型，认为投资者在面对上市公司新的财报消息时会受到保守主义和代表性启发法的影响，这会导致一些常见的异象。首先，当超出预期的盈利消息出现时，投资者因保守主义而愿意相信自己的先验判断，对这个信息反应不足。他们会对这个利好持怀疑态度、不情愿更新他们对于该公司基本面的认知，因此信息无法有效地反映在股价上。随着时间的推移，当该公司又逐渐出现新的盈利利好时，其股价才会慢慢对其新的基本面调整到位，而这造就了动量异象。

其次，当好的盈利消息接二连三出现时，投资者会受到代表性启发法和小数定律信仰的影响，出现对股票的收益率以及代表公司基本面的现金流的过度外推（over-extrapolation），并将错误的外推用到对公司未来股价的预测上。一旦未来的盈利没有达到预期，就会引起他们的恐慌，造成股价的下跌，从而导致长期反转和价值异象。通过使用分析师一致预期数据，La Porta (1996) 发现分析师在对公司长期盈利能力做预测时也会踏入过度外推的错误。该文使用上市公司未来五年预期盈利增长率为变量进行了研究。数据显示，预期增长率高的那些股票的未来预期收益率反而更低。Bordalo et al. (2019) 对 La Porta (1996) 的发现进行了回顾和拓展。

其他影响深远的研究成果还包括 Daniel et al. (1998, 2001)，他们研究的重点是投资者在处理私有信息时容易产生认知偏差。当投资者对于某个上市公司做了大量深入研究后，容易对自己的分析结果表现出过度自信。如果分析的结果认为该公司的基本面向好，投资者就会大举买入该公司的股票。此外，在这个过程中，确认偏误会让投资者在短期内仅仅关注与自己分析结果相一致的公共信息，而忽略掉意见相左的信息，从而造成动量和盈余动量等异象。当股价被推高后，如果接连出现基本面变差的信息，这时价格就会发生下跌修正，造成反转和价值异象。

类似的，Hong and Stein (1999) 通过提出一个统一理论研究了投资者的反应不足和反应过度，以及它们引发的短期动量和长期反转。和 Barberis et al. (1998) 以及 Daniel et al. (1998) 不同的是，该文假设市场中存在两类交易者：基本面交易者和动量交易者，并以这二者如何相互影响为视角进行了研究。基本面交易者根据信息进行交易，而动量交易者根据近期价格变化进行交易。该文进一步假设基本面投资者有一些私有信息，但无法从价格走势中感知出其他基本面交易者所掌握的信息。这导致信息的传播是缓慢的，造成投资者短期内反应不足，而动量交易者会利用这一反应不足而获利。但另一方面，当大量动量交易者采用相同的策略时，最终会引发长期投资者的过度反应以及价格的反转。

2. 风险偏好偏差和市场异象

将前景理论用于解释市场异象方面也有丰硕的研究成果。Barberis and Huang (2008) 通过应用前景理论研究了资产收益率的偏度和未来预期收益率之间的负相关性，即收益率分布呈右偏（或正偏态）的股票其预期收益率往往更低。从收益率分布的形状来说，右偏的股票在右尾的高收益令人充满无穷的遐想，而左尾的亏损则相对有限。这种特征和彩票收益的特征很类似（通过有限的下注买一个无尽的念想），因此学术界也形象地把收益率分布呈右偏的股票称为“彩票股”。Barberis and Huang (2008) 利用权重函数中描述的人们倾向于放大尾部事件发生的概率，造成过度追逐收益率分布呈现右偏的资产、推高其价格、降低其未来收益率。这正是股票截面收益率上大名鼎鼎的偏度异象。类似的，Green and Hwang (2012) 对首次公开募股（IPO）的研究也发现了类似的结论。IPO 股票的收益率呈现出严重的右偏，人们在非理性决策下对此的追踪导致了这些股票未来的低收益率。股票截面上的另一个异象是低异质波动率。Boyer et al. (2010) 研究发现，时序上异质低波动和未来的异质偏度存在一定的正相关性，因此使用前景理论研究异质低波动和未来收益率之间也存在负相关性。

上面这些例子主要源于前景理论中权重函数。下面再来看价值函数会产生哪些影响。在市场中人们常有这样的感受，对于上涨的股票经常拿不住，倾向于获利后卖出；对于下跌的股票却迟迟舍不得卖出。这个现象也称作处置效应（disposition effect），它和价值函数在盈利和亏损两端的非线性凹性和凸性有关，也和人们的损失厌恶有关（Shefrin and Statman 1985）。Barberis and Xiong (2009) 以及 Ingersoll and Jin (2013) 的研究表明，前景理论的价值函数和处置效应之间存在关联。由于处置效应的存在，平均处于浮盈的股票被投资者非理性地过度卖出，造成其被低估；而平均处于浮亏状态的股票则因投资者非理性地持有，造成其被高估。由于被低估的股票在未来有更高的预期收益，而被高估的股票在未来有更低的预期收益，因此可以推断股票的浮盈、浮亏情况和预期收益率之间存在密切的关联。学术界通常使用未实现盈利值（capital gain overhang，CGO）来衡量一只股票的浮盈或浮亏程度。利用处置效应和 CGO，很多学者尝试对市场中已有的异象进行改进。

Frazzini (2006) 利用 CGO 改进了盈余惯性（PEAD）异象。该文研究发现，投资者的浮盈或者浮亏，以及盈余公告的好消息或坏消息可以叠加出不同的效果。当投资者处于浮亏且公告是坏消息时，处置效应和有限注意力同向作用，使得该股票被进一步高估，未来预期收益率进一步降低；当投资者处于浮盈且公告是好消息时，处置效应和有限注意力仍然是同向作用，使得该股票被进一步低估，未来预期收益率进一步提高。而在另外两种组合下（即浮亏和好消息，以及浮盈和坏消息），这两种影响则在一定程度上相互抵消。利用这些现象，Frazzini (2006) 使用 CGO 改造 PEAD，得到了更加显著的异象。

Wang et al. (2017) 则使用 CGO 进一步分析了市场中著名的低波动异象。该文指出，当人们处于浮亏时，由于追求风险，往往指望通过高波动的股票来回本，造成它们被进一步高估，因此波动率和预期收益率呈负相关；而当人们处于浮盈时，由于风险厌恶，往往会更加卖出高波动的股票，造成它们被进一步低估，因此波动率和预期收益率呈现正相关。Wang et al. (2017) 使用大量常见的风险指标，研究了浮盈和浮亏不同状态下，风险和收益率之间的关系，并提出了更好的交易策略。

An et al. (2020) 研究了当人们处于浮盈、浮亏不同状态下对彩票股的偏好差异。当人们处于浮盈的时候，往往不会太关注彩票股，因此它们和其他收益分布没有明显右偏的股票（称为“非彩票股”）的预期收益没有太大差异；而当人们处于浮亏的时候则更希望通过彩票股回本，从而造成它们进一步被高估、未来的预期收益较非彩票股则更低。An et al. (2020) 通过对美股的研究证实了上述猜想，并通过仅利用浮亏的股票构建偏度异象获得了更显著的超额收益。

除上述研究外，Barberis et al. (2016) 和 Barberis et al. (2019) 是综合考虑前景理论的价值及权重函数，并用它们来研究股票收益率的两个开创性研究[21]。其中，Barberis et al. (2016) 研究了前景理论对股票截面预期收益率的预测能力。在每个月初，他们使用每股票过去 60 期月收益率作为该股票的盈利和亏损结果，套用前景理论的价值和权重函数计算出股票对于投资者的价值。该文通过一个市场均衡模型显示出投资者如果按照前景理论价值高低购买股票，会造成价值高的股票被超买、价值低的股票被超卖。因此前景理论价值和未来收益率呈负相关。他们将所有股票按前景理论价值高低排序后分成十组，通过做多价值最低的一组、做空价值最高的一组构建了前景理论价值异象。针对美股和其他 46 个国家股票市场的实证结果表明，该异象在绝大多数市场中均能够获得其他常见因子无法解释的超额收益，且在考虑了包括公司特征和收益率特征之内的很多控制变量之后，该异象的收益率依然显著。Barberis et al. (2019) 从前景理论出发，并利用心理账户理论（Thaler 1985, 1999）中的狭隘框架（narrow framing）[22]，提出了一个全新的投资者决策模型。该模型考虑了前景理论中价值函数和权重函数的全部特征，使用股票收益率的波动率、偏度等参数为输入，且模型的最优解满足市场出清（market clearing）条件。除此之外，其创新之处在于它是一个动态模型，并考虑了投资者之前在股票上的盈亏情况，以此更好地反映出投资者在面对盈利和亏损时表现出的风险偏好差异。通过该模型，他们尝试解释市场上最重要的 22 个异象。实证结果显示，该模型能够很好地解释动量、异质波动率、异质偏度、

21 公众号“川总写量化”的文章《前景理论与股票收益 (I)》和《前景理论与股票收益 (II)》分别对这两篇论文进行了深度解读。

22 狭隘框架指的是人们更倾向于把多个决策独立看待，而非综合考虑。比如在购买股票的时候把不同股票的盈亏独立看待，而非从一个投资组合整体的角度来评判。

盈利以及 PEAD 等异象，但无法解释市值、价值、反转、应计利润以及投资等异象。

本节简单介绍了行为金融学和异象之间的关联。由于股票收益率的共同运动和投资者的行为有着千丝万缕的联系，行为金融学在解释股票收益率截面差异时也发挥了越来越大的作用。在本书 4.1 节介绍的多因子模型中，Stambaugh and Yuan (2017) 提出的四因子模型和 Daniel et al. (2020) 提出的三因子模型都是从行为金融学出发的。它们对大多数异象的解释能力并不亚于其他从传统金融学理论提出的主流多因子模型。毫无疑问，这两个模型为实证资产定价和因子投资提供了新的思路，均是值得肯定的尝试。

6.3.6　行为有效市场

长久以来，有效市场假说是学术界对于市场理解的第一范式。Eugene Fama 对市场有效性提出了三个基本假设：（1）市场将立即反应新的资讯，并调整至新的价位。因此价格变化取决于新资讯的发生，股价呈随机走势。（2）新资讯的出现呈随机性，即好、坏资讯是相伴而来的。（3）投资者是理性且追求最大利润的，而且每个人对于股票的分析都是独立的，相互不受影响。

有效市场假说的核心假设是“价格反映全部信息”“价格并迅速反应到位”以及“所有的投资者都是理性的”。在这些假设下，股价的走势应该是阶梯型的：当一个利好消息出现时，它瞬间跳升；当一个利空消息出现时，它瞬间下降；当没有新息时，它保持不变。显然，这和现实中的股价走势完全不符。无数的实证结果持续地挑战着有效市场假说，而正如图 6.2 所示的那样，行为金融学也对这三个假设提出了三大挑战。从行为金融学的视角来看，市场似乎不是有效的。但另一方面，在人们的认知中，市场确实很难被打败。从这个意义上说，市场似乎又是有效的。如何理解这种分歧呢？

Statman (2018) 将行为金融学和有效市场假说融合在一起，提出了行为有效市场的概念，解决了上述矛盾。该文认为有效市场假说其实包含了两层含义，只有把它们剥离开来才能充分、合理地探讨市场的有效性。这两层含义分别为“价格等于价值”假说和“市场难以被战胜”假说。仔细体会一下行为有效市场的两个层面不难发现，它们完美的对应着行为金融学的两大支柱。首先，由于心理学造成的投资者的行为偏差和套利限制，市场中的价格有可能偏离价值而无法被修正，因此“价格等于价值”这层含义通常是不成立的。另一方面，对于仅仅掌握公开信息的普通投资者而言，市场又是难以战胜的。唯有那些有私有信息优势的投资者才有可能战胜市场。然而，认知偏差造就了一波又一波、前赴后继的噪声交易者，并给他们造成了能够战胜市场的幻觉。因此“市场难以被战胜”假说是成立的。

市场中有句老话叫“天下没有免费的午餐”，它表示想要战胜市场是非常困难的。一直以来，人们对它的理解是“价格等于价值”才导致了“没有免费的午餐”。然而，从行为金融学中的套利限制可知，即便是在非有效的市场中，“没有免费的午餐”也是成立的，但是却不能也不应该从它反推出“价格等于价值”。这二者的关系就如同数学中的原命题和逆命题的关系。即使能够从 A 推出 B（原命题），也不意味着逆命题（从 B 推出 A）是成立的。正因如此，Statman (2018) 提出了市场有效的两层含义，并将其命名为行为有效市场。

1986 年，Fischer Black 在美国金融协会年会的主题演讲中发表了题为 *Noise*（噪声）的报告（Black 1986）。在这次影响深远的演讲中，他抛出以下经典言论：“噪声的存在使得市场不够有效，然而它同样会阻止人们利用这种无效性。”[23]也许这句话就是对行为有效市场包含的两方面内容的最好总结。

6.4　投资者情绪

由 6.3 节的论述可知，投资者预期和风险偏好中的很多偏差都能对股票的预期收益率产生不同的影响。在学术研究中，一篇论文通常仅关注某一个偏差和收益率之间的关系。然而在实际投资中，众多投资者的不同偏差是交织在一起的，共同影响着个股乃至市场的走势。那么，有没有单一指标能够在一定程度上反映出不同偏差，乃至其他未知因素对于预期收益率的综合影响呢？这个问题的答案是肯定的，它就是投资者情绪（investor sentiment）。投资者情绪会因不同偏差的强弱交替以及投资者结构的更迭而变化，在时间序列上出现投资者情绪高涨和低迷的不同时期[24]。而投资者情绪的高低又和异象的表现之间有着怎样的联系呢？这就是本节要回答的问题。

首先从资产定价方面引出一个思考。本书第 2.7 节介绍广义矩估计时曾经提过资产定价中一个最基础的公式（Cochrane 2005）：

$$p_t = E[m_{t+1}x_{t+1}] \tag{6.17}$$

其中 m 是随机折现因子。以股票为例，p_t 为当前价格，x_{t+1} 是股票未来的回报（即 $t+1$ 的价格和 t 到 $t+1$ 之间的股息）。这个公式意味着股票的价格受折现因子和上市公司基本面两个因素的共同影响，因此价格的波动应该由折现因子的波动和基本面（股息）的波动共同决定。1981 年，行为金融学代表人物 Robert Shiller 教授发表了对后来影响十分深远的文章 Shiller (1981)。该文发现价格的波动比基本面的波动要大得多。因此如果式 (6.17) 成立，那么唯一合理的解释就是价格的高波动来自折现因子的高波动。那么，到底是什么导致了 m 的高波动呢？后续的研究发现，来自传统经济学理论的消费资本资产定价模型无

23 Black 的原话为“*Noise causes markets to be somewhat inefficient, but often prevents us from taking advantage of inefficiencies.*”。

24 比如 A 股市场上 2007 年和 2015 年的大牛市过程中，就是投资者情绪迅速攀升最终见顶的过程。

法解释 m 的高波动，而投资者情绪却在这方面提供了新的思路。Shiller (1984) 指出价格的过度波动来源于人们非理性行为造成的对基本面信息的过度反应。

以 2020 年一季度为例，标普 500 指数在 2 月 19 日至 3 月 23 日这一个月左右的时间内，最大跌幅超过了 35%。虽然有新冠肺炎疫情等基本面因素的影响，但整体市场的基本面恶化本身并不足以支撑这一次价格的急跌。这一经验事实（stylized facts）使得投资者情绪逐渐受到越来越多的关注。但是，投资者情绪到底是什么，以及用什么指标来表征它？目前仍然尚无定论。一种典型的观点认为，投资者情绪代表的是投资者对未来预期的系统性偏差。当投资者情绪高涨时，投资者对个股以及市场整体的未来预期或需求都更高；当投资者情绪低迷时，投资者对个股以及市场整体的预期或需求则更低。依照上述定义，投资者情绪有两个要素：一是与投资者的各种行为偏差有关；二是投资者情绪是一个加总指标，反映的是全部投资者的综合预期偏差。

关于投资者情绪的研究分为两类。第一类研究关注股票预期收益的截面差异。从行为金融角度，将投资者情绪视作诸如动量、短期反转等因子和异象的根源。在这类研究中，投资者情绪为异象提供了理论基础，帮助人们更好地理解它们。这类问题仅关注异象为什么会出现，即股票的收益率在截面上为何会有不同，但并不关注异象本身在时序上的表现。与之对应的，另一类研究则将投资者情绪当作类似经济周期这样的指标，着重考察投资者情绪对总体市场收益以及异象表现的预测能力。关于前者，第 6.3 节已有详尽的讨论，因而本节的讨论将集中于后者。

6.4.1 投资者情绪的度量

要研究投资者情绪对未来收益的预测能力，首先需要度量投资者情绪。自 20 世纪 80 年代后期开始，相关研究逐渐兴起，而 Baker and Wurgler (2006) 是其中集大成者。该文采众家所长，利用了表 6.2 所示的 6 个细分指标，构建了一个综合性投资者情绪指标。

Baker and Wurgler (2006) 使用表 6.2 中的 6 个指标，通过两步法计算出投资者情绪。首先，选择这些指标 t 期和 $t-1$ 期滞后项（一共 12 个变量），通过主成分分析提取它们的第一主成分构建出一个临时指数，它是前述 12 个变量的线性组合。接下来，对每一个指标，分别计算该指标当期和其滞后项与临时指数的相关系数，并挑出相关系数高的变量。举例来说，对于 CEFD 指标，当期项 CEFD_t 与临时指数的相关系数高于滞后项 CEFD_{t-1} 与临时指数的相关系数，因此 CEFD_t 入选。这个过程将从全部 12 个变量中筛选出 6 个，每一个都是表 6.2 中指标的当期或滞后期项。在第二步中，使用挑选出的 6 个变量，并再一次通过主成分分析提取它们的第一主成分[25]，最终构建投资者情绪指标如下：

25 在这步中，变量首先经过标准化处理，因此 Baker and Wurgler (2006) 针对它们的相关系数矩阵计算第一主成分。

表 6.2　Baker and Wurgler (2006) 投资者情绪细分指标列表

指标[①]	来源	定义
封闭式基金折价率（CEFD）	Lee et al. (1991)	封闭式基金的净值同交易价格的平均差异[②]
纽交所股票的换手率（TURN）	Baker and Stein (2004)	（去趋势的）对数换手率[③]
IPO 公司数量（NIPO）	Ibbotson et al. (1994)	当年 IPO 公司的数量
IPO 公司上市首日平均收益（RIPO）	Ibbotson et al. (1994)	当年 IPO 公司上市首日收益的算术均值[④]
股权融资占比（S）	Baker and Wurgler (2000)	当月总体股权融资金额与股权融资和长期债券发行总额之比[⑤]
股利溢价 (P^{D-ND})	Baker and Wurgler (2004)	发放股利的公司同不分红的公司的账面市值比（book-to-market ratio）的对数差[⑥]

①IPO 相关的两个指标为年度数据，其他四个指标为月度数据。
②封闭式基金往往存在大幅度的折价，且折价率波动非常剧烈。Lee et al. (1991) 发现不同基金的折价率变化高度同步，这便是所谓的“封闭式基金折价之谜”。他们发现投资者情绪可以较好解释这一谜题，因而封闭式基金折价率可以作为投资者情绪的一种度量指标。
③当存在卖空约束时，投资者只会在对后市乐观（即情绪高涨）时较多参与交易，因而市场总体的换手率可以在一定程度上代表投资者情绪。此外，由于换手率序列存在指数趋势，Baker and Stein (2004) 依据 5 年移动平均来去除原始序列中的趋势。
④Ibbotson et al. (1994) 指出 IPO 数量及新股的表现与投资者情绪密切相关。当投资者情绪高涨时，新股的平均收益较高，企业经理也会择机利用高估值进行股权融资，从而有较多公司进行 IPO。反之，当投资者情绪较为低迷时，新股表现相对较差，企业 IPO 活动也会减少。
⑤Baker and Wurgler (2000) 指出总体股权融资占比可以预测未来的市场收益。较高的股权融资占比预示着较低的股票市场未来收益。
⑥发放股利的公司，往往是大市值且增长较缓慢的公司，成长股则往往较少发放分红。投资者情绪高涨时，投资者往往会更关注那些具有极佳成长前景的股票，因而股利溢价同投资者情绪负相关。

$$\begin{aligned}\text{SENTIMENT}_t = &-0.241 \times \text{CEFD}_t + 0.242 \times \text{TURN}_{t-1} + 0.253 \times \text{NIPO}_t \\ &+ 0.257 \times \text{RIPO}_{t-1} + 0.112 \times S_t - 0.283 \times P_{t-1}^{D-PD}\end{aligned} \tag{6.18}$$

这个指标具有很好的性质。首先，式 (6.18) 式右侧每一个指标前系数的符号都与理论蕴含的一致。其次，该主成分可以解释 49% 的样本方差，具有很好的代表性。另一方面，该指标的一个潜在问题是人们难以区分投资者情绪和经济周期的影响。为此，Baker and Wurgler (2006) 进一步使用多个反映经济周期的变量作为解释变量，投资者情绪基础指标作为被解释变量，通过回归取残差实现中性化处理，并最终对残差的协方差矩阵提取主成分因子作为排除经济周期影响之后的投资者情绪。这样便剥离了宏观经济对指标的影响，得到新的投资者情绪 $\text{SENTIMENT}^{\perp}$ 表达式为：

$$\begin{aligned}\text{SENTIMENT}_t^{\perp} = &-0.198 \times \text{CEFD}_t^{\perp} + 0.225 \times \text{TURN}_{t-1}^{\perp} + 0.234 \times \text{NIPO}_t^{\perp} \\ &+ 0.263 \times \text{RIPO}_{t-1}^{\perp} + 0.211 \times S_t^{\perp} - 0.243 \times P_{t-1}^{D-PD,\perp}\end{aligned} \tag{6.19}$$

与 SENTIMENT_t 一样，式 (6.19) 式右侧每一个指标前系数的符号也与理论蕴含的一致。此外，对于这些被经济周期变量正交化后的情绪指标，它们的第一主成分能够解释 53% 的样本方差。

在近年来关于投资者情绪的研究中，式 (6.18) 和式 (6.19) 所示的指标得到了广泛的应用。然而，Huang et al. (2015) 指出该主成分分析方法存在潜在问题[26]，并提出了利用偏最小二乘法（PLS）这种机器学习方法来估计投资者情绪。新的投资者情绪指标在样本外的预测能力显著优于 Baker and Wurgler (2006) 的方法。

6.4.2　投资者情绪与异象表现

Baker and Wurgler (2006) 使用根据 (6.19) 计算的指标，探讨了投资者情绪如何影响常见异象的表现。他们按照 $\text{SENTIMENT}^{\perp}$ 将样本逐月分为情绪高涨（high sentiment）和低迷（low sentiment）时期，考察在高涨和低迷时期异象表现及差异。一般来说，乐观的投资者通常被认为会更偏好上市时间较短、市值较小、增长较快的投机性股票。相反，保守型投资者会更偏好较为成熟的大盘股。这类股票的增长通常更缓慢，估值也较低。理论上，在投资者情绪高涨时期，乐观的投资者大量买入投机性股票，将它们的价格推到过高的水平，导致其未来预期收益率降低。相反，当投资者情绪低迷时，投机性股票的表现反而会更好。通过排序法检验，他们通过美股数据证实了上述猜想。Baker and Wurgler (2007) 也对此进行了精彩的总结。

当然，并非所有异象都有类似的表现。例如，发放股利的公司的股利同账面资产的比率因子，在不同情绪状态下的表现几乎没有差异。除排序法外，Baker and Wurgler (2006) 也利用预测性回归对投资者情绪对于异象收益率在时序上的预测能力进行了检验。结果与排序法相似，投资者情绪对规模、年龄、波动率、盈利能力与股息政策、增长期权和财务困境风险等异象的多空组合收益率有显著的预测能力，只有研发相关的异象同投资者情绪没有显著的关联。当使用风险调整后的多空组合收益率作为被解释变量时，结果同样如此。

Stambaugh et al. (2012) 使用 Baker and Wurgler (2006) 的投资者情绪指标，考察了

26 虽然可以通过假定股利溢价、换手率等投资者情绪代理指标为真实投资者情绪之间的因子结构，但主成分分析方法无法区分真实的投资者情绪与共同误差对观测到的投资者情绪代理指标的贡献。

包括财务困境、股票净发行量、动量、投资等 11 个异象[27]的多空组合，以及多、空两端在不同投资者情绪状态下的表现，从而更细致地讨论了投资者情绪与错误定价的关联。通过比较多空两端，而不仅仅是多空组合的表现，他们得到了非常有趣的发现。在这 11 个异象中，有 10 个异象的空头端在投资者情绪高涨时的未来预期收益率，比它们在投资者情绪低迷时的未来预期收益率显著更低[28]。相反，多头端的表现则和空头端截然不同。所有异象的多头端在不同投资者情绪状态下的表现均没有显著差异。因此，异象在不同状态下的表现差异，主要是由空头端所驱动的。

除此之外，Stambaugh et al. (2012) 也使用 (6.20) 所示的预测性回归进一步检验了投资者情绪和异象的关系。该模型控制了 Fama–French 三因子的影响：

$$R_{it}^e = a + bS_{t-1} + cR_{\mathrm{MKT}t}^e + dR_{\mathrm{SMB}t} + eR_{\mathrm{HML}t} + \varepsilon_t \tag{6.20}$$

其中 R_{it}^e 为投资组合 i 在 t 期的超额收益，该组合可以是异象的多头、空头或多空对冲的异象组合。S_{t-1} 为滞后一期的投资者情绪，$R_{\mathrm{MKT}t}^e$、$R_{\mathrm{SMB}t}$ 和 $R_{\mathrm{HML}t}$ 为 Fama–French 三因子 t 期的收益率。他们发现，投资者情绪对于多头端收益率没有预测能力，但与空头端收益率则呈现显著为负的相关性，并最终与多空对冲后的异象组合的收益率呈现显著正相关。这项分析同样表明，异象在不同状态下的表现差异更多由空头端所驱动。

面对投资者情绪对异象（特别是其空头）在时序上显著的预测能力，一个自然的问题是：这种预测性真实吗？Stambaugh et al. (2014) 通过模拟回答了这个问题。在每次模拟中，他们使用一阶自回归过程（自回归系数为 0.988、随机扰动满足正态分布）生成了随机指标序列，并使用该随机指标代替投资者情绪放入预测性回归式 (6.20) 中，考察它是否具有和投资者情绪可比的预测能力[29]。该文共进行了 200 万次模拟，以确保得到可靠的分析结果。研究结果表明，平均每 28500 次模拟，才能有一个随机序列满足同所有 11 个异象的多空组合收益显著正相关；而进一步考虑同异象空头端显著负相关的条件，则需要 105000 次模拟才会出现一次。由于它们均是非常小概率的事件，因此先前研究（Stambaugh et al. 2012）发现的投资者情绪的显著预测能力不大可能是伪回归的结果，投资者情绪的确对异象未来表现有显著的预测能力。

Baker et al. (2012) 则提供了投资者情绪影响在其他市场中的证据。受限于数据可得性，他们采用了同 Baker and Wurgler (2006) 略有不同的投资者情绪定义方法。具体而言，

27 这 11 个异象与 Stambaugh and Yuan (2017) 中使用的异象相同。具体介绍请参考 4.1.6 节。

28 此处研究的是 t 时刻的投资者情绪和 $t+1$ 时刻预期收益率的关系。在 11 个异象中，唯一的例外是复合股权发行量。

29 自回归系数 0.988 来自投资者情绪指标的经一阶误差修正后的样本自相关性。采用样本估计作为模型参数是典型的模型校准（model calibration）方法。与投资者情绪可比的预测能力指的是随机指标和异象收益率显著正相关、和异象空头收益率显著负相关、以及和异象多头收益率没有显著关联。

他们保留了 IPO 数量和 IPO 公司上市首日平均收益以及换手率三个细分指标，但是用波动率溢价取代了股利溢价[30]，并剔除了封闭式基金折价率和股权融资占比。他们为美国、英国、德国、法国、日本和加拿大这六个发达国家市场构建了国家及全球投资者情绪指数，并考察了其预测能力。研究结果揭示了两个有趣的发现。首先，全球投资者情绪同各国的总体市场收益显著负相关，但当控制了全球投资者情绪后，各国的国家投资者情绪则没有显著的预测能力。其次，对于各国股票收益率的横截面差异，全球与国家投资者情绪都有显著为负的预测能力。上述结果与前述关于美股的各项研究大体一致，当投资者情绪高涨时，那些难以估值和套利的股票会被高估，并伴随有更低的未来收益。

6.4.3　投资者情绪与市场表现

除了同异象的表现有关，投资者情绪对总体市场的风险收益特征也有显著影响。Yu and Yuan (2011) 使用 Baker and Wurgler (2006) 的投资者情绪指标对投资者的风险收益偏好进行了研究。他们发现，当投资者情绪较为低迷时，市场呈现出显著的高风险高收益特征，这与经典金融理论的预测一致。但当投资者情绪高涨时，市场预期超额收益便同风险不再相关。此外，为了说明投资者情绪的重要性，该文还考虑了其他能够反映市场不同状态的常见指标，包括利率、市场整体市盈率以及剩余消费比率（Campbell and Cochrane 1999）等。在上述指标区分的市场不同状态中，均无法观测到不同的风险收益偏好。这也从侧面反映出投资者情绪和市场的风险收益特征之间的密切关联。

Huang et al. (2018) 研究了不同资产类别中的投资者情绪的影响。他们利用路透社基于新闻和文本分析方法计算的不同资产的投资者情绪数据，研究了美国股票、债券、大宗商品、地产和货币市场中的投资者情绪的影响。不出意外，每类资产的表现都受其自身投资者情绪的影响。此外，一项资产的投资者情绪可能对其他资产的表现有影响。例如，债券市场的投资者情绪会影响股票的表现，而债券市场的表现又受到货币市场投资者情绪的影响。

Jiang et al. (2019) 一文则分析了管理者情绪指标（manager sentiment）。该文利用文本分析从公司定期公告和电话会议文字稿中提取了公司的管理者情绪，并进而汇总得到市场总体的管理者情绪指标。这篇论文的几个发现颇有价值。首先，管理者情绪同市场总体的未来收益显著负相关，样本外预测表现同样不俗。其次，管理者情绪同常见的投资者情绪不完全相关。在预测性回归分析中，当控制了各种常见的投资者情绪指标后，管理者情绪依然显著为负。再者，管理者情绪可以预测市场总体的未来盈利（用未预期盈余来代表，

30 波动率溢价定义为高、低特质性波动率股票组合的估值差异。美股中波动率溢价同股利溢价高度相关。由于在部分市场中无法构建股利溢价指标，因而选择使用波动率溢价来代替。

管理者情绪同其负相关）和投资增长（用总体资本支出的同比增长率来代表，管理者情绪同其正相关），这可能是管理者情绪可以预测市场未来收益的原因。最后，该文也探讨了管理者情绪和异象之间的关系，并发现多种异象的多空组合收益都同管理者情绪存在显著关联，且当控制了管理者情绪后，Baker and Wurgler (2006) 的投资者情绪对异象多空组合收益的影响减弱了很多。这些新研究使得投资者情绪这个领域变得更加丰富，在未来仍有很大的探索空间和应用价值。

6.5　风险补偿、错误定价还是数据窥探

在过去 30 年的研究中，学术界发表了数百个在样本内能够预测股票未来收益率的变量，并通过它们构建了诸多异象，获得了常见多因子模型无法解释的显著的超额收益。然而，面对层出不穷的异象，人们关心的问题是它们背后的原因是什么？弄清楚背后的原因有助于判断异象在样本外是否会继续有效。假如异象确实是真实的 —— 即通过它们确实能够获得超额收益，那么这背后的原因一般可以归为风险补偿以及错误定价两个方面。当然，由于多重假设检验问题，如今人们已经知道大量异象都是虚假的，因此数据窥探就是它们在样本内有效的第三个原因。

对于真实的异象，搞清楚其背后的机制至关重要。错误定价意味着投资者可以通过合理的策略获得潜在的超额收益；而风险补偿则意味着投资者获得的收益是以承担额外风险为代价的。而对于通过数据窥探获得的虚假异象，有效识别它们可以帮助人们躲开过拟合、在样本外摒弃它们。本节就来介绍这三种原因的常见检验方法。对于识别风险补偿和错误定价这两种原因，Lee and So (2015) 的第六章做过精彩的论述，在接下来的介绍中会适当参考。

6.5.1　风险补偿检验

1. 常识“检验”

判断异象是否源于风险补偿的第一个检验是通过常识来判断，它虽然不是一个正式的统计检验，但却简单有效。常识“检验”的依据是：如果异象来自风险补偿，那么获得高收益的股票应该比获得低收益的股票承受了更高的风险。如果事实并非如此，就可以拒绝风险补偿这种解释。有意思的是，对于很多超额收益，基于风险补偿的解释在常识上却无法说通。以盈余惯性异象为例，该现象指出在盈余公告发布后，拥有好消息的公司能够跑赢拥有坏消息的公司。按照风险补偿解释，这意味发布盈余好消息的公司（基本面通常更强）要比发布坏消息的公司有更高的风险，这显然违背常识。

2. 来自资产定价模型的推论

除了常识“检验”外，还可以利用资产定价模型的推论来区分风险补偿和错误定价。一个变量如果能够预测未来收益，本质上是因为它是资产对某个系统性风险暴露程度的优秀代理变量。按照传统定价理论，使用该变量构建一个因子模拟投资组合，而资产在该风险上的暴露大小则由资产对该组合的 β 值决定。在风险补偿解释下，该 β 值应该比变量本身更能预测未来收益率。但是学术界在很多变量上却观察到相反的结果。举例来说，Daniel and Titman (1997) 发现 BM 变量本身比股票对以 BM 构建的价值因子的 β 值具有更强的收益率预测能力。类似的，Hirshleifer et al. (2012) 使用同样的方法考察了应计利润，发现应计利润能够预测未来收益率，而基于应计利润的 β 值则不具备预测能力。

3. 宏观经济的影响

如果异象背后的原因是风险补偿，那么可以预期宏观经济因素将影响其收益率。例如，Savor and Wilson (2013) 发现在宏观经济数据发布期间，市场的超额收益是平时的 10 倍；类似的，Savor and Wilson (2014) 发现在这些日子中，股票的收益率数据也更加符合 CAPM 理论。因此，检验风险补偿的第三种方法是考察异象收益率的时间序列特征是否因处于宏观经济周期造成的不同市场状态下有所差异。如果异象源自风险补偿，那么可以预期它在宏观经济发布期间的收益率更高（因为经济长期来说是向上的）；同时也可以预期当市场处于极端风险状态下（比如经济衰退时期）它的表现会非常差，出现较大亏损。

在检验中，可利用 Fama–MacBeth 回归获得异象收益率的时间序列。使用经济周期指标把市场划分为不同的状态区间，并考察收益率序列在不同区间内的差异。Lakonishok et al. (1994) 用上述方法检验了价值因子，发现价值因子在经济衰退时的表现和平时并无显著差异，且有时还比未发生衰退时更好，由此认为价值因子背后的原因并非风险补偿。

6.5.2　错误定价检验

如果异象超额收益背后的原因是错误定价，那么通常可以观察到这样的现象：在异象投资组合构建后的一段时间内，其累计收益会持续上升。举例来说，Lee et al. (2019) 提出了科技动量异象，它的投资组合在构建后的六个月内的累计收益持续上升。这个现象表明该异象代表了一个价格发现的过程，说明价格对于与科技动量相关的消息的吸收是缓慢的，从而出现了错误定价。为了检验异象是否源于错误定价，可以考虑以下方法。

1. 业绩公告期

考察因子收益率在业绩公告期窗口内的大小是一种被学术界普遍使用的方法[31]。它背

31 具体例子见 Bernard and Thomas (1989)，Chopra et al. (1992)，Gleason and Lee (2003) 等。

后的逻辑是，如果某个异象和错误定价有关，则其在业绩公告期内应该比其他时间内获得更高的收益，这是因为最新的业绩报告有助于修正投资者之前对该股票的定价错误。而反过来，如果该异象是源自风险补偿，那么该异象在不同时期的收益率应该大致相当，人们不应观察到业绩公告期内异象收益率较平时发生显著的变化。

对于上述假设的检验可以参照 Engelberg et al. (2018) 提出的方法。其思路是使用股票日收益率作为被解释变量和一系列解释变量进行跨期、跨公司的混合回归（pooled regression）。回归中的解释变量包括：历史异象变量取值、盈余公告窗口哑变量（如果某天处在盈余公告窗口内，则取值为 1，反之为 0）、异象变量和盈余公告窗口哑变量的交叉项，以及其他相应的控制变量 —— 例如收益率的滞后项、成交量的滞后项等。此外，为了考虑不同日期收益率的差异，在该回归中也往往加入时间的固定效应项。上述回归得到的系数就是不同解释变量的收益率。如果异象源自错误定价，则异象变量和盈余公告窗口哑变量的交叉项的系数应该显著大于异象变量的系数。Engelberg et al. (2018) 使用这个方法研究了美股上的 97 个因子，异象在盈余期内的收益率比非盈余期内收益的收益率高了 6 倍，回归结果支持了错误定价的说法。

2. 预测未来基本面

第二个检验方法是考察异象和标准化的预期外盈利（Standardized Unexpected Earnings，简称 SUE）之间的关系。一直以来，人们认为如果某个异象源于风险补偿，那么它在一些风险因子上会有更高的暴露。由于无法罗列出所有的风险，因此这种观点受到模型设定偏误的挑战，因为即使异象在已知风险因子上的暴露很低，它也可能代表着某个尚未被识别的风险。这种进退两难的局面让使用 SUE 这种仅和公司基本面相关的指标格外有吸引力。由于 SUE 是一个非收益率指标，不会因对风险的控制不足而受到影响。

令 Q_{it} 表示上市公司 i 在季度 t 的盈利，则 SUE 的定义为：

$$\mathrm{SUE}_{it} = \frac{Q_{it} - E[Q_{it}]}{\sigma(Q_{it} - E[Q_{it}])} \tag{6.21}$$

上式中分子表示实际盈利和预期盈利之间的差异，该差异可正可负，表示预期外盈利；分母为差异的标准差，起到对分子标准化的作用（因此 SUE 被称作标准化后的预期外盈利），通常使用过去 8 到 20 个季度的差异数据计算。由 (6.21) 可知，计算 SUE 时最重要的输入是对盈利的预测。在这方面，Foster (1977) 和 Foster et al. (1984) 对学术界常用的方法进行了介绍和应用[32]。

Lee et al. (2019) 使用预测性回归，检验了他们提出的科技动量异象能否预测公司未来的 SUE。由于 SUE 是公司未来现金流的决定因素，如果该异象能够预测 SUE 则说明前者

32 公众号“Chihiro Quantitative Research”的文章《盈利的其他方面（下）》对计算预期盈利的不同方法进行了详细说明。

的超额收益和公司基本面的改变相关，而非风险补偿。实证结果显示，当季度的科技动量异象对未来三个季度的 SUE 都有显著的预测性，且这种预测性在逐步减弱。这一结果有力地支持了该异象来源于错误定价，而非风险补偿。

3. 有限注意力导致错误定价

从 6.3 节的介绍可知，行为金融学中的有限注意力能够导致市场异象。大量研究发现，资产的错误定价和投资者的有限注意力密切相关。沿着这个思路出发，一个自然的想法就是，如果异象背后的原因是错误定价，那么投资者关注度低 —— 即有限注意力问题更严峻 —— 的公司的异象收益率更高。由于有限注意力并不是一个可以直接衡量的指标，为此只能找一些代理变量。学术界通常认为市值小、分析师覆盖少、媒体报道少、机构投资者占比低的公司获得投资者的关注更低，因此投资者有限注意力问题更严峻（Hou 2007，Cohen and Frazzini 2008，Fang and Peress 2009，Hirshleifer et al. 2013，Drake et al. 2014，Jiang et al. 2016）。

Fama–MacBeth 截面回归常被用来检验上述猜想。在检验中，当期异象变量和代表有限注意力代理变量的哑变量，以及该哑变量和异象变量的交叉项被选为解释变量，股票下期收益率为被解释变量，考察具有上述特征的公司是否比它们的对立面能够获得更显著的收益率。如果答案是肯定的（表现为交叉项的回归系数是非常显著的），则可以支持错误定价解释。

除 Fama–MacBeth 回归外，使用条件双重排序法也可以进行检验。具体而言，可以使用前述有限注意力的代理指标，首先根据其高低将股票分组。之后，在每一组内，再按照待检验的异象变量将股票分组。最后，计算不同有限注意力分组中异象的预期收益率，并比较它们的显著性水平是否有差异。如果有限注意力是导致错误定价的原因，那么在有限注意力更强的组中应该能够观察到更显著的异象收益率。

4. 套利成本

除有限注意力外，行为金融学指出理性投资者之所以无法消除错误定价，是因为和套利成本（cost of arbitrage）有关。由于套利成本高的公司更容易出现错误定价，因此这些公司比套利成本低的公司的因子收益率更高。和有限注意力类似，套利成本也无法被直接衡量，因此需要代理变量。学术界使用的常见代理变量包括特质性波动率（Pontiff 2006，Stambaugh et al. 2015）、负面新闻（Hong et al. 2000，Hirshleifer et al. 2011，Beneish et al. 2015），以及机构投资者占比（Chen et al. 2002）。

在检验中，同样可以使用 Fama–MacBeth 回归和条件双重排序法。如果套利成本高的公司的异象收益率更高，就可以支持错误定价解释。Lee et al. (2019) 使用上述方法检验了科技动量因子，认为它背后的原因更可能是错误定价而非风险补偿。

6.5.3 数据窥探检验

除了风险补偿和错误定价外，另一种从样本内挖出显著异象的原因是数据窥探（data snooping），也就是过拟合。早在近 30 年前，Lo and MacKinlay (1990) 就曾指出数据窥探在检验资产定价模型中会造成一定的问题。类似的，Sullivan et al. (1999) 以技术分析策略为对象，使用 White (2000) 的方法研究了如何修正数据窥探偏差的影响，从而更加科学地评价那些策略的表现。2016 年，Campbell Harvey 教授和他的合作者发表了一篇著名的文章（Harvey et al. 2016），题为 $\cdots$ *and the cross-Section of expected returns*。该文的题目颇有讽刺意味：学术界发现新异象的论文题目一般都是 $\times\times\times$ *and the cross-section of expected returns*，其中 $\times\times\times$ 代表异象的名字。因此 Harvey et al. (2016) 一文使用了这样的题目无疑是吐槽学术界挖掘出来的众多异象。该文分析了 316 个异象，并指出在排除了多重假设检验影响后，绝大多数均无法获得显著的超额收益。

除此之外，Linnainmaa and Roberts (2018) 还花费大量的精力构建了全新的样本外数据，并用新的数据检验了美股中源于会计数据的 36 个异象（表 6.3）在样本内、外表现的差异。分析表明，绝大部分异象在样本外明显失效，这种现象和未知风险以及错误定价两种解释严重不符，因此这些异象很有可能仅是数据窥探的产物。

表 6.3 Linnainmaa and Roberts (2018) 检验的 36 个异象

类别	序号	因子	论文	样本区间（年）
盈利	1	毛利润率	Novy-Marx (2013)	1963—2010
	2	营业利润率	Fama and French (2015)	1963—2013
	3	资产收益率	Haugen and Baker (1996)	1979—1993
	4	净资产收益率	Haugen and Baker (1996)	1979—1993
	5	毛利润	Soliman (2008)	1984—2002
	6	资产周转率变化	Soliman (2008)	1984—2002
盈利质量	7	应计利润	Sloan (1996)	1962—1991
	8	盈利一致性	Alwathainani (2009)	1971—2007
	9	净营业资产	Hirshleifer et al. (2004)	1964—2002
	10	净营运资本变动	Soliman (2008)	1984—2002
价值	11	市净率	Fama and French (1992)	1963—1990
	12	市现率	Lakonishok et al. (1994)	1968—1990
	13	市盈率	Basu (1977)	1957—1971
	14	企业价值倍数	Loughran and Wellman (2011)	1963—2009
	15	市销率	Barbee et al. (1996)	1979—1991

续表

类别	序号	因子	论文	样本区间（年）
投资和成长	16	资产增长	Cooper et al. (2008)	1968—2003
	17	库存增长	Thomas and Zhang (2002)	1970—1997
	18	销售增长	Lakonishok et al. (1994)	1968—1990
	19	可持续增长	Lockwood and Prombutr (2010)	1964—2007
	20	调整后的资本支出增长	Abarbanell and Bushee (1998)	1974—1993
	21	销售增长与库存增长之差	Abarbanell and Bushee (1998)	1974—1993
	22	投资增长率	Xing (2008)	1964—2003
	23	异常资本投资	Titman et al. (2004)	1973—1996
	24	投资/资本比率	Xing (2008)	1964—2003
	25	投资/资产比率	Lyandres et al. (2008)	1970—2005
融资	26	新增发债	Spiess and Affleck-Graves (1999)	1975—1994
	27	杠杆率	Bhandari (1988)	1948—1979
	28	一年股票增发	Pontiff and Woodgate (2008)	1970—2003
	29	五年股票增发	Daniel and Titman (2006)	1968—2003
	30	外部融资总额	Bradshaw et al. (2006)	1971—2000
困境	31	O-Score	Dichev (1998)	1981—1995
	32	Z-Score	Dichev (1998)	1981—1995
	33	困境风险	Campbell et al. (2008)	1963—2003
综合	34	F-Score	Piotroski (2000)	1976—1996
	35	市净率和应计利润	Bartov and Kim (2004)	1981—2000
	36	综合质量	Asness et al. (2013)	1956—2012

从表 6.3 中不难观察到这 36 个异象中绝大部分的样本内数据起始时间都是 1963 年之后。这是因为标准普尔公司在 1962 年创建了 Compustats 数据库，它包含了较高质量的财务数据，为实证研究奠定了基础。Linnainmaa and Roberts (2018) 则另辟蹊径，使用 *Moody's Industrial and Railroad* 手册中的数据构建了自 1926 年至 1963 年之间的财务数据。对于上述 36 个异象，这些数据被称为前样本外（pre-sample）数据。除此之外，从每个异象在论文中使用的样本数据终点到 Linnainmaa and Roberts (2018) 一文写作之际就构成了这些因子的后样本外（post-sample）数据。综合前、后样本外数据就得到了整个样本外数据。如果异象背后的原因是未知风险或者错误定价，那么它们应该在样本外依然成立。考虑到早期更高的交易费用代表着更高的套利成本，那些由错误定价解释的异象在前样本外数据中应该更加显著。

使用崭新的样本外数据，Linnainmaa and Roberts (2018) 分析了这 36 个异象在样本内/外的绝对收益、CAPM$-\alpha$ 以及 Fama–French 三因子 $-\alpha$，结果发现它们在样本外（包括前、后样本外）的表现均远远不如其在样本内的表现。以统计来看，在样本内，无论从收益、CAPM$-\alpha$ 还是 Fama–French 三因子 $-\alpha$，这 36 个异象均显著。而在 1963 年之前的前样本外期间，这三个指标下显著的异象个数变为 8、8 和 16；在异象被发表后的后样本外期间，这三个数字变为 1、10 和 9。此外，他们发现随着宏观经济的变化，在整个实证区间的前半段，有效的异象和有形投资以及股权融资相关；在实证区间的后半段，有效的异象和无形投资以及债券融资有关。这似乎说明只有真正和经济相关的异象背后才可能存在未知风险或错误定价的解释，而非来自数据窥探。

对于异象和因子在被发现后表现变差，另一种来自套利者的解释（McLean and Pontiff 2016）也被广泛接受。当某个能够预测股票收益率的变量被发现后，套利者便开始利用其进行交易，导致它代表的市场的非有效性降低，表现逐渐失效。如果这个解释成立，那么当异象被发现后，它的收益率应该和其他已经被发现的异象的收益率的相关性就会更高。这是因为市场上的聪明交易者同时在交易这些不同的异象，使得按它们构建的策略的资金流入和流出相对一致，从而造成异象表现的趋同。为了检验这个说法，Linnainmaa and Roberts (2018) 对前样本外和后样本外的因子收益率数据进行了回归分析。结果却多少有些尴尬，因为在前、后两个样本外区间，他们都发现所有异象的收益率均呈现正相关。

显然，人们不能使用套利者的交易行为来解释前样本外期间因子收益率之间的正相关。这是因为在论文被发表前异象尚未被公开，因此套利者根本无法交易它们。更不幸的是，由于在前、后样本外观察到了几乎一致的现象，这也间接质疑了后样本外中套利者这个解释。另一方面，上述现象的一个合理的解释是在样本内，数据窥探不仅对异象的一阶矩（即预期收益）造成了影响，更对异象之间的高阶矩（即相关性）也造成了错误的影响。唯有此才能够解释在前、后样本外期间都观测到的异象之间不合理的正相关性。这便是数据窥探的另一个证据。

当很多人都在使用同样的数据来分析大量不同的选股变量时，最终被发表在顶级期刊上的那些异象注定是在样本内表现非常优秀的。但是样本外呢？即便学者们试图从未知风险和错误定价角度去解释这些异象，但它们背后仍然存在着严重的发表偏差和数据窥探偏差。面对这些偏差，以提高代表样本内显著性水平的 t-值阈值为目标的方法作用仍然有限。Harvey et al. (2016) 指出在条件的允许下，使用样本外全新的数据检验才是排除虚假因子的最好办法。

6.6　因子样本外失效风险

因子样本外的表现较样本内变差是人们的共识。这里的因子包括异象和因子，在下文不做区分，统称为因子。造成因子样本内、外表现差异的最主要原因自然是样本内的数据窥探（即因子本来就是假的），但如果因子确实是真实的，那么它们在样本外变差的原因是什么呢？学术界和业界的主要观点包括：曝光导致错误定价减弱、因子拥挤、交易成本。下面分别做简要介绍。

6.6.1　曝光导致错误定价减弱

如果一个因子背后的原因并非系统性风险补偿，那么它代表着市场在某方面的非有效性、代表了某种错误定价。只要套利限制不是过大，聪明的投资者就一定会先人一步去交易这个因子，导致定价错误收窄甚至消失，这就解释了为什么当因子被发表后，它的收益往往也跟着显著下降。

在这方面，McLean and Pontiff (2016) 的研究颇具代表性。该文研究了 97 个因子，发现因子样本外的表现比样本内的表现下降了 26%、发表后（post-publication）的表现较样本内则下降了 58%。McLean and Pontiff (2016) 考虑样本内外差异是为了控制过拟合的影响。上述结果表明，58% 与 26% 之差 —— 即 32% —— 就是发表本身造成因子效果的减弱。McLean and Pontiff (2016) 把它称作因被发表而造成的"知情"交易（publication-informed trading）。这背后的逻辑链是：因子被发表导致它被公布于众，越来越多的人交易该因子从而减弱了错误定价，最终导致因子收益率降低。

如果说 McLean and Pontiff (2016) 检验了因子的平均收益，Bowles et al. (2019) 则是从时效性的角度展示了因子背后的信息越来越快地被反映到价格之中。长久以来，由于 Fama and French (1993) 的影响太过深远，学术界在研究因子的时候为了避免未来数据，通常采用每年再平衡的方法（量价相关的指标通常是月频再平衡），导致构建因子的指标数据严重滞后。这其中最著名的例子要数 Eugene Fama 的学生 Clifford Asness 使用月频价格对 Fama–French 三因子模型中的价值因子（HML）的改造。Asness and Frazzini (2013) 发现，使用月频价格数据构造的价值因子较原始价值因子表现更好，说明了数据时效性的重要性。

对于使用财务指标构造的因子，学术界之所以使用每年再平衡是因为学术界的重心毕竟是实证资产定价。为了研究成果的可复制性和可比性，大家用的都是同样的数据库、采用同样的再平衡周期，因此也就没有想过要用粒度更细的数据。Bowles et al. (2019) 反其道而行之，使用 Compustat Snapshot 数据库对因子时效进行了分析。Snapshot 数据库在学术界用得很少，但它却是有着粒度最细的数据，精确记录财报中每个变量更新的时间。

以美股为例，通常上市公司先有业绩公告然后才有季报（10-Q）和年报（10-K）的披露。而在业绩公告时往往只会公布总收入和净利润等部分指标，而等到正式的财报中才披露全部财报内容。在这种情况下，Snapshot 数据库会在业绩公告当日更新总收入和净利润这些先期被披露的数据，而等到财报披露之后再更新其他数据。因此，使用 Snapshot 数据可以保证在用来计算因子的指标被更新后，第一时间更新因子，进行投资组合的再平衡。利用 Snapshot 数据，Bowles et al. (2019) 研究了一些常见的源自财务数据的因子，发现绝大多数因子在最新数据更新后的 120 天之内（特别是最初的 30 天内）能够获得显著的超额收益。而在 120 天之后，超额收益消失。基于这些发现，Bowles et al. (2019) 认为因子的超额收益很快就会因套利交易而消失，说明因发表造成的曝光导致因子背后的错误定价被削弱。和 Bowles et al. (2019) 针对美股的研究类似，国内的券商金工团队针对 A 股也做过类似的研究，并发现利用业绩预告和快报能够提升财务信息的时效性，提高财务因子的表现。

6.6.2　因子拥挤

造成因子样本外变差的第二个原因是因子拥挤（factor crowding）。通常来说，因子的表现都有周期性。当某类因子好使的时候，就会造成更多的资金涌入，从而出现因子拥挤，并降低该因子未来的预期收益率。而使用相似的指标排序、接近的调仓频率的因子投资无疑加剧了这种负面影响。由于因子拥挤度和因子未来收益率呈现负相关，如何定量计算因子拥挤度就成为人们关注的问题。在这方面，MSCI 整理了相关研究，提出五个描述因子拥挤度的代理指标（Bayraktar et al. 2015，Bonne et al. 2018）。这五个指标包括估值价差（valuation spread）、配对相关性（pairwise correlation）、因子波动率（factor volatility）、因子反转（factor reversal）以及做空持仓量差异（short interest spread）。由于制度问题，做空持仓量差异在 A 股上并不适用，所以下面对其他四个指标做简要介绍。

1. 估值价差

顾名思义，估值价差考虑的是因子的估值是否便宜。其背后的逻辑是，当更多资金涌入某个因子时（特别是多头时），会造成受波及股票的价格上涨，使它们的估值变高。因此，因子估值和因子拥挤度成正相关，是一个不错代理指标。估值价差的计算方法十分直观。首先选择一个合适的股票估值指标，比如 BM，然后分别计算因子多空两头组合中该估值指标的中位数，以此作为多空两头的估值，最后这两个估值差就是因子的估值价差。当使用 BM 时，因子估值价差的表达式为：

$$\text{估值价差} = \ln\left(\frac{\text{多头中个股 BM 中位数}}{\text{空头中个股 BM 中位数}}\right) \tag{6.22}$$

2. 配对相关性

第二个因子拥挤度指标是配对相关性。它是为了从因子投资组合内股票收益率的相关程度来试图揭示资金持仓的集中程度，并以此来评价因子的拥挤程度。为了计算该指标，可采用如下步骤：

(1) 从股票收益率中剔除系统性的部分，得到特质性收益率。

(2) 对于多、空两头，分别计算每支股票的特质性收益率和其他股票特质性收益率均值的相关系数。以多头为例，使用多头组合中第 i 支股票的特质性收益率和多头组合内其他股票的平均特质性收益率计算相关系数。空头处理相同。

(3) 在多、空两头组内，分别计算每组上述相关系数的均值。

(4) 将多、空两头相关系数均值再取平均，得到该因子配对相关性的原始值，最后再将该值进行标准化得到最终该因子的配对相关性。

3. 因子波动率

由于资金的流入会加剧因子收益率的波动，因此 Bonne et al. (2018) 从这个角度提出了衡量因子拥挤度的第三个指标，即因子波动率。值得一提的是，该文使用的是预测的未来因子波动率相对未来市场波动率的比值来计算该指标。他们认为这么做可以有效控制市场波动率变化造成的影响。在实际操作中，一个简化的处理方法是使用因子的历史波动率。

4. 因子反转

最后一个因子拥挤度指标是因子反转。De Bondt and Thaler (1985) 这篇著名的论文表明美股在 3 到 5 年的中长期尺度上存在反转。由于因子是股票构成的投资组合，因此可以从股票的反转延伸出因子的反转，使用因子过去三年的累计收益率计算该指标。

因子拥挤也会引发流动性冲击。一旦市场中发生冲击因子的事件，持有相似头寸的管理人会竞相卖出手中的股票，由此产生的流动性危机会造成很大的亏损。2007 年 8 月，美股市场上一些非常优秀的量化对冲基金在短时间内录得了巨大的亏损。Khandani and Lo (2011) 对此进行了研究并发现，很多基金经理在短时间内清理了相似的头寸，巨大的抛压对流动性造成了巨大的打击、使得这些股票的价格在短时间内大幅下跌。

6.6.3 交易成本

交易成本是因子在样本外的效果较样本内显著变差的第三个原因。大多数研究因子的学术论文中并没有对交易费用给予充分的考虑，造成对因子收益率的高估。此外，由于因子投资组合一般都是多、空对冲的组合，因此如果不合理考虑做空限制，也会高估因子的收益。以价值类因子为例，Kok et al. (2017) 指出并没有证据表明基于 BM 的策略可以持续战胜基准。BM 在回测中的良好表现主要来自做空一小撮微小市值的成长股。尽管该因子的纸面收益率很高，但在实际中考虑了各种成本和费用之后，却难以盈利。Novy-Marx and Velikov (2016) 研究了交易费用对因子效果的影响，并提出三个思路降低交易成本：（1）仅使用交易费用低的股票构建因子组合；（2）降低因子组合再平衡的频率；（3）在交易时考虑更严格的买卖价差约束。

Chen and Velikov (2019) 使用有效价差（effective spread）的概念代替传统的买卖价差（bid-ask spread），对美股上多达 120 种因子进行了研究，发现当考虑了交易成本后，这些因子平均月收益率在样本内从超过 0.6% 下降到 0.3%，而样本外的月均收益率甚至为负数。为降低交易成本对因子收益率的侵蚀，该文提出了一些优化交易算法，有效降低了换手率和成本。但即便在这种情况下，这 120 个因子的样本外月均收益率仅有 0.13%。除此之外，这 120 个因子月均收益率均值的分布近似一个均值为零的正态分布，和随机因子的表现并无太大差异，即如果完全随机生成 120 个因子，其中也总会有一些是显著的。由于发表的因子都多少存在选择偏差（selection bias），因此面对上述结果，Chen and Velikov (2019) 不禁发问：在排除运气后，还有多少因子是显著的？为了回答上述问题，两位作者采用了经验贝叶斯方法对选择偏差进行了修正。

假设因子 i 在被发表后的样本平均收益率 $\bar{r}_i$ 由真实 μ_i 和随机扰动 ε_i 决定：

$$\bar{r}_i = \mu_i + \varepsilon_i \tag{6.23}$$

其中 ε_i 满足正态分布 $\mathcal{N}(0, \mathrm{SE}_i^2)$，这里 SE_i 是 $\bar{r}_i$ 的标准误（standard error）。进一步假设所有因子收益率的真实均值 μ_i 都满足如下正态分布：

$$\mu_i \sim \mathcal{N}(\mu_\mu, \sigma_\mu^2) \tag{6.24}$$

使用矩估计（method of moments）对 μ_μ 和 σ_μ 进行估计：

$$\hat{\mu}_\mu = \frac{1}{N}\sum_i \bar{r}_i \tag{6.25}$$

$$\hat{\sigma}_\mu^2 = \max\left\{\left[\frac{1}{N}\sum_i(\bar{r}_i - \hat{\mu}_\mu)^2 - \frac{1}{N}\sum_i \mathrm{SE}_i^2\right], 0\right\} \tag{6.26}$$

上式中 $\hat{\mu}_\mu$ 是所有因子平均收益率的截面均值。接下来，使用贝叶斯收缩（Bayes shrinkage）方法，利用 $\bar{r}_i$ 和 $\hat{\mu}_\mu$ 来估计因子 i 的真实收益率均值：

$$\hat{\mu}_i = s_i\hat{\mu}_\mu + (1 - s_i)\bar{r}_i \tag{6.27}$$

其中 s_i 是收缩系数，由 $\bar{r}_i$ 的标准误 SE_i 和 μ_μ 的标准差 $\hat{\sigma}_\mu$ 的相对大小决定：

$$s_i = \frac{\mathrm{SE}_i^2}{\hat{\sigma}_\mu^2 + \mathrm{SE}_i^2} \tag{6.28}$$

结合 s_i 的定义式 (6.28) 不难看出，如果 SE_i 小说明 $\bar{r}_i$ 可信，则收缩后的因子 i 的收益率由其主宰；如果 SE_i 相对 $\hat{\sigma}_\mu$ 很大就说明 $\bar{r}_i$ 不可信，则因子 i 的收益率由全部 120 个因子的截面均值主宰。使用经验贝叶斯调整后，即便是最好的因子（排名前 5%），当被发表后月均收益率也仅有 0.21%[33]。基于以上结果，他们认为考虑了合理的交易成本后，绝大多数因子在样本外都无法获利。

由于曝光导致错误定价减弱、因子拥挤以及交易成本等原因，因子样本外表现变差是因子投资中必须面对的问题。这也催生了业界对因子择时的极大兴趣，并尝试使用各种手段持续挖新的因子（新的因子意味着曝光少、拥挤度低）。Arnott et al. (2019) 一文也严肃讨论了投资人在因子投资中常犯的三大错误，第一条就是对样本内的表现非理性外推，造成对因子样本外的表现缺乏理性预期。另外，当因子表现变差时，人们由此想到的另一个问题是因子是否会失效。如果因子背后的原因是风险补偿或者错误定价，那么还是有理由相信因子长期来看会有效的。在这方面，Asness (2015) 有过精彩的讨论，认为诸如价值、动量等因子在长期来看会持续有效。这背后的原因主要包括：

(1) 从风险的角度来看，因子承担了某些不可预知的风险，需要得到相应的补偿。只要风险是真实存在的，承担这种风险长期就会得到回报。

(2) 从行为金融学的角度来看，投资者认知偏差和信息传播速度等因素可以导致股票的价格偏离内在价值。只要投资者“动物精神”（Keynes 1936）不消失，那么错误定价就会一直存在，就给了使用因子获取收益的机会。

最后，还有一个事实也不得不提。很多人知道了一个因子，并不代表他会利用这个因子，也并不代表他无条件信任这个因子，更不代表他会坚定不移地使用这个因子。知道并不意味着懂，懂并不意味着会用，会用也并不意味着始终如一。因此，有充分先验依据的因子的长期表现依然值得期待。

6.7 因子投资难以取代基本面分析

在因子投资中，很多因子是以财务报表中的会计学指标作为变量来构造的，比如 BM、ROE 等，它们被称为基本面因子。定量使用这类风格因子进行的基本面投资则被称为基本面量化投资（quantamental）。随着因子投资被广泛接受，基本面量化投资也已深入人心，在华尔街大行其道。基于某些财务指标以及投资组合优化的手段，大量基于简单规则的选股策略被发明出来，它们被视为继承了基本面分析（fundamental analysis）的衣钵。另一方面，因子投资的普及造就了数不胜数的 Smart Beta ETF 产品，其中绝大部分或多或少都会使用基本面因子。这些低成本 ETF 产品让普通投资者享受因子投资的同时，也推波

33 这还是在允许等权重构建因子的前提下。当使用市值加权时，该数值降低至 0.07%。

助澜了基本面分析的“因子化”。面对如此影响深远的变化，华尔街日报不禁高呼“宽客占领华尔街”。

随着使用因子来执行的基本面量化投资的影响日益深远，也有学者表达了担忧。其中代表性的观点是，仅使用财报中的各种指标来构建因子这种相对“简单粗暴”的方式并非基本面分析的合格代替品。基于财务数据、使用排序法构建因子的手段仅仅是对证券内在价值（intrinsic value）的朴素估计，存在很大的误差。该观点背后的代表人物正是以研究盈余操纵而闻名的 Richard Sloan 教授[34]。

2017 年，Sloan 教授应美国会计协会主席邀请作为当年年会的演讲嘉宾，做了一篇题为 *Fundamental analysis redux*（基本面分析的重生）的报告（后发表于 Sloan 2019）。在报告中，他认为学术界越来越忽视基本面分析的重要性，而是倾向于用有限个简单的财务指标构建因子模型来代替前者。基于因子的基本面量化投资很容易忽视掉财报中的重要信息，且这些指标的数值反映的很可能是失真的会计数据（上市公司充分利用会计准则来产生会计报表）而非某种能够实现盈利的错误定价机会。那么，使用基本面因子进行投资是否能够取代基本面分析呢？本节就来回答这个问题。

接下来的 6.7.1 节和 6.7.2 节首先简要回顾基本面分析和基本面量化投资的简要历史。6.7.3 节通过一个例子说明基于因子的基本面量化投资无法取代基本面分析。最后 6.7.4 节做更深入的讨论。

6.7.1　基本面分析

基本面分析源自 Graham and Dodd (1934) 这本著名的 *Security Analysis*（证券分析）。基本面分析旨在通过定量和定性分析与上市公司相关的经济和金融数据来衡量证券的内在价值。基本面分析更是直接催生了金融分析师这个职业。1937 年，纽约证券分析师协会成立，并于 8 年后推出了 *The Analysts Journal*。1947 年，美国一些地方的证券分析师协会合并，成立了第一个全国性的金融分析师协会（National Federation of Financial Analysts Societies）。随后，该协会更名为金融分析师联合会（Financial Analysts Federation），*The Analysts Journal* 也更名为 *Financial Analysts Journal*。1959 年，特许金融分析师协会（Institute of Chartered Financial Analysts）成立并开始举办特许金融分析师（Chartered Financial Analysts）考试。最终，FAF 和 ICFA 合并组成了如今家喻户晓的 CFA 协会。

随着金融分析师行业的发展，在上世纪 70 年代前后，基本面分析主宰了华尔街。在机构方面，有像富达投资（Fidelity）这样的巨头使用严格的基本面分析来推行它们的业务；而在投资者方面，有像 Warren Buffet 和 John Neff 这样的明星作为基本面分析的拥趸。此

34 Sloan 教授的代表性研究包括 Dechow et al. (1995) 以及 Sloan (1996)。

外，CFA 协会在其课程设置上也把基本面分析作为在重中之重。然而就在同期，随着学术界在金融领域的迅速发展，一些变化悄然发生了。

自 20 世纪 50 年代开始，现代投资组合理论、CAPM、有效市场假说以及期权定价相继被提出，奠定了金融学的基础。而它们之中，对基本面分析造成最大冲击的当属有效市场假说。如果市场是有效的，那么价格已经很好地反映了证券的内在价值。因此，除非分析师有新的消息，或者对已有消息有新的解读，否则是无法通过已有财报找到错误定价的。虽然有效市场假说自问世以来便伴随着争议，但它依然作为市场第一范式牢牢统治了学术界的课堂。以 Bodie et al. (2017) 这本投资学“圣经”[35]为例，其写作理念就从一定程度上支持了有效市场假说作为教学的第一范式，因此仅使用了很少的篇幅介绍基本面分析，而将更多的章节留给投资学中的其他内容。80 年前，Graham and Dodd (1934) 这本 *Security Analysis* 用了 15 章的内容介绍基本面分析，而如今在 Bodie et al. (2017) 这本几乎商学院学生人手一册的经典著作中，仅用了 1 章介绍基本面分析，与之形成巨大反差的是，该书中有 9 章介绍投资组合管理、3 章介绍资产定价、2 章介绍有效市场假说，以及 4 章介绍衍生品定价。这种在学术界和教学中对于基本面分析的逐渐忽视潜移默化地影响了一代代新人，让基本面分析渐渐淡出了大众的视野。

6.7.2　基本面量化投资

本节回顾使用因子进行基本面量化投资的发展史。对于股票市场的定量分析很大程度上得益于 20 世纪 60 年代 CRSP[36] 推出了股票价格数据，让使用历史数据进行实证分析成为可能。有了数据的支持，学术界各显神通，先是对 CAPM 进行了检验并拒绝了它，而后又接二连三地发现了一个又一个的异象或因子。比如 Fama–French 三因子中使用 BM 变量构造的价值因子就是基本面因子中最著名的例子。

随着学术界在挖掘异象的道路上越走越远，业界自然也没闲着。业界把学术界的研究成果很好地落地化，推出了许多风格指数。举例来说，1987 年罗素投资（Russell）推出了最早的两个风格指数，分别对标价值股和成长股。这两个指数的构造方法用的正是 BM 变量——BM 取值位于前一半的股票被放进了价值指数、位于后一半的股票被放入了成长指数。在这之后，标普道琼斯公司（S&P Dow Jones）、明晟（MSCI）等机构也推出了它们各自的风格指数。

最初，推出这些指数的目的是用来评估主动基金经理人的业绩，然而不久之后，复制这些指数的基金便应运而生，其中的代表是大名鼎鼎的先锋集团（Vanguard）。1992 年，先

35 该书是美国各大商学院投资学课程的指定教材，2017 年发行的版本为该书的第 11 版。

36 全称是 Center for Research in Security Prices，证券价格研究中心。

锋推出了第一支价值指数基金和第一支成长指数基金。其中，价值指数基金一经推出便受到了追捧。人们把它们视作主动型价值投资的低成本替代品。鉴于价值因子取得的巨大成功，业界也开始把关注的重点转移到学术界发现的其他显著异象，并推出了一系列 Smart Beta 产品[37]。在这之中，除了价值因子之外，另一个高度依赖财务数据的基本面因子则当属质量（quality）因子。

表 6.4 展示了明晟、罗素以及富达三家提供的质量因子指数的选股标准。虽然每一家都用了不止一个财务指标来描述高质量公司，但不得不承认的是，这些标准依然非常粗糙。颇有意思的是这三个构造方法都使用了某种投资回报率指标（如 ROE 或 ROA），这很大程度上得益于学术界在盈利因子上的研究成果（如 Novy-Marx 2013），同时也反映出业界对于学术界的最新发现追踪得非常及时。截至 2020 年 5 月，规模最大的质量因子 ETF 的管理规模超过 170 亿美元。

表 6.4 美股上常见的质量因子指数编制依据

供应商	质量指标
明晟	高净资产收益率（ROE） 低债务股本比（debt-to-equity ratio） 低盈利波动率（earning variability）
罗素	高总资产收益率（ROA） 高资产周转率变化率（change in asset turnover） 低应计利润（accruals） 高运营现金流和债务比（operating cash flow-to-debt）
富达	高自由现金流利润率（free cash flow margin） 高投资资本回报率（return on invested capital） 高自由现金流稳定性（free cash flow stability）

除了单一因子的指数外，业界的另一创新是将多个因子融合到一个指数化产品之中，从而实现同时投资于多个因子的目的。利用这样的产品，投资者只需要购买一个对应的 ETF 就可以分散化地暴露于几个相关性较低的风格因子上。这类产品中最著名的要数明晟的分散化多因子系列产品，它的目标是最大化地暴露在价值、动量、质量以及市值四个因子上。在该类产品线上，规模最大的 ETF 虽不如单一因子产品，但也仍然高达 10 亿美元。除了指数化产品之外，华尔街上还有数不胜数的管理人采用基于因子的方法实践着基本面量化投资。这其中不乏 Dimensional Fund Advisors、AQR Capital Management、Arrowstreet

37 本书 7.4 节将系统性地解读如何通过 Smart Beta 进行因子投资。

Capital 等耳熟能详的名字。这些管理人都有基于基本面因子的产品。上述发展推动了基本面投资“因子化”的盛行，但也使得这种投资手段逐渐变得拥挤。

6.7.3 基本面投资“因子化”的不足

毫无疑问，以因子为工具的基本面量化投资带给人们全新的投资途径。然而，仅基于几个财务指标来构建因子这种做法相对粗糙，在很多时候难以反映财务报表中所传递出来的最具价值的信息。从这个意义上说，基本面投资的“因子化”还远远不能取代基本面分析。下面借用 Sloan (2019) 中的一个例子来说明这一点。

Big Five Sporting Goods（下称 BIG5）是一家总部位于美国加利福尼亚州的体育用品零售商，其主要针对美国西部市场。表 6.5 展示了 2017 年 3 月 31 日该公司的财务及量价指标。表中涉及的八个指标分属价值、动量、质量以及市值四大因子（其中价值和市值是典型的基本面因子）。除了 BIG5 之外，表 6.5 同时列出了全部股票中各指标上 25% 分位数、中位数以及 75% 分位数上的取值。从 BIG5 和全部股票对比可知，该公司集高价值、高动量、高质量以及小市值四大优点于一身。

表 6.5 BIG5 在价值、动量、质量以及市值因子上的取值

指标	所属因子	BIG5	股票池 25% 分位数	股票池中位数	股票池 75% 分位数
EP	价值	0.051	0.002	0.035	0.053
BM	价值	0.616	0.234	0.425	0.661
经营现金流与市值比	价值	0.222	0.041	0.070	0.110
过去 12 个月收益率	动量	38.9%	5.5%	22.9%	45.1%
ROE	质量	8.4%	−2.9%	8.3%	16.6%
债务股本比	质量	0.065	0.181	0.631	1.250
应计与资产比	质量	−0.129	−0.084	−0.047	−0.013
市值（百万美元）	市值	333	550	1620	5143

上述因子维度如此优异的股票怎能不令人心动？该公司也毫无悬念地从基本面多因子选股体系中脱颖而出，成了各路策略追逐的明星。在 2017 年 3 月 31 日持有该股票的前十大机构就不乏贝莱德（BlackRock）、先锋、千禧年（Millennium）等知名机构。当这些机构靠着多因子信号竞相购买 BIG5 之时，它的前最大股东 Stadium Capital 却悄悄地在 2016 年 6 月到 2017 年 3 月之间把它所拥有的全部 13% 股份先后卖出。与上述这些机构不同的是，Stadium Capital 是一家专注于基本面分析的对冲基金。究竟谁比谁更聪明？是

诸如贝莱德、先锋这些使用因子投资而重仓 BIG5 的机构，还是站在它们对立面的、深谙基本面分析的 Stadium Capital？接下来的分析将会给出答案。

随着以亚马逊为代表的电商的迅速崛起，传统零售商受到了巨大的冲击，BIG5 自然也不例外。其在 2016 财年的优异表现得益于它比它的竞争对手活得更长一些。BIG5 的两大竞争对手分别为 The Sports Authority 和 Sports Chalet。由于整个传统零售行业下行，这两家纷纷于 2016 年申请破产，这立竿见影地减少了 BIG5 在线下面临的竞争。竞争对手的破产使得 BIG5 成为线下消费者的唯一选择，这很大程度上提振了 BIG5 在 2016 年的业绩。但考虑到行业受到电商的冲击，这也仅仅是回光返照而已。在 2016 年 Q3 的财报中，BIG5 也坦承了这一点。然而上述八个指标的优异数值却无法反映出上述问题。

除了竞争对手的纷纷垮台之外，另一个提升 BIG5 业绩的事件是 2016 年美国总统选举。当时，民主党候选人希拉里呼声颇高，而希拉里的主张之一是限制枪支。大量的枪支拥护者担心希拉里如果当选将会颁布更严厉的控枪措施，因此在当年 11 月份大选之前纷纷购置了更多的枪支。作为枪支的销售商，BIG5 受此事件影响而大大提升了销售额。后面的事情大家都知道了，特朗普当选，舆论哗然。而枪支销售给 BIG5 带来的高收益也仅仅是昙花一现。再一次的，上述八个指标的优异数值全然无法反映上述问题。

从价值因子角度来看，2016 年销售额和盈利的激增让 BIG5 非常诱人，但当人们通过基本面分析得知这背后的原因后就会明白，这么高的财务数据是难以持续的。如果以它们来外推，则根本无法对该公司基本面的变化做出正确判断。事实上，该公司自 2016 年 Q2 直到 2017 年 Q4，EPS 几乎呈现单调下降走势，盈利能力下降得十分明显。

再来看看质量维度的 ROE 指标。财报显示，BIG5 的 ROE 高达 8.4%。但基本面分析发现其财报中存在司空见惯的财务陷阱，极大地降低了 ROE 中作为分母的账面价值，带来了 ROE 的虚高。由于 BIG5 处在一个衰落的行业之中，其 PP&E 的摊销成本大大低估了其原始成本。具体来说，PP&E 的原始成本为 3.2 亿美元，而 2016 年财报中它的净 PP&E 仅为 0.78 亿美元。为了对此进行修正，Sloan (2019) 将 PP&E 的累积贬值加回到账面价值中。重新计算后，ROE 较前值 8.4% 降低了 50% 以上，仅为 3.9%。以这个水平来说，BIG5 并没有创造很好的回报。除 ROE 之外，质量因子的另外两个指标也出现了不同程度的失真。修正之后，债务股本比便从 0.065 一下跳升至 1.500，使之直接成为高杠杆的公司。对于应计项目与资产比，BIG5 在 2016 年年末有一大笔应付账款。因此，仅看其财报上的高额现金流实际上并不能正确判断其真实的运营情况，该现金流在未来难以持续。一旦通过基本面分析搞清楚了 BIG5 所处的行业背景以及其财报后面的来龙去脉，便会对此恍然大悟。在和依靠因子投资而选出 BIG5 的机构的比拼中，Stadium Capital 笑到了最后。这个例子说明仅用简单的因子并不能很好地捕捉财报中其他有价值的信息。即便是在因子投资主宰的今天，科学、严谨的基本面分析仍有很高的价值。

6.7.4 思考和讨论

客观地说，基本面投资的“因子化”和基本面分析的使用者所具备的“能力圈”是不同的。对于普通投资者来说，正因为不具备专业金融分析师的基本面分析能力，才使用因子进行基本面量化投资。使用价值、质量等基本面因子的目标是以概率取胜。换句话说，也许使用有限个因子挑出来的个别股票并不靠谱（比如上文说的 BIG5），但只要控制好仓位，让选出的标的足够分散，那么还是能够依靠概率优势和大数定律获得长期的风险溢价。

长久以来，学术界的主流观点认为，由于有限套利，市场并非完美有效。错误定价的大小应刚好等于通过基本面分析（以发现该错误定价）的实施成本。显然，使用一些广为人知的因子来实现基本面量化投资并没有实施成本，所以因子投资者应该对它能够取得的效果有客观、合理的认知。就因子投资的效果来说，样本内的过度挖掘以及样本外的过度拥挤都会对其产生很大的负面影响。基本面投资的“因子化”并不等同于基本面分析。

在 *Security Analysis* 中，Benjamin Graham 和 David Dodd 就曾明确地指出投资者不应仅仅依靠几个量化的指标来制定其投资决策，而是应该进行全面系统的基本面分析。随着近几十年投资学作为一门独立学科高速发展，数量化的触角已经渗透到投资流程的方方面面，如今可以说是无量化不投资。时至今日，广义的量化投资已经发展成为基于现代科学方法的理论体系、研究方式以及工程系统的总和。因此，基本面分析和数量化方法（如因子投资）的合二为一注定会发生。当前，基于因子的基本面量化投资只是一个过渡，而这二者的最佳结合应是使用数量化的手段来高质量、低成本地复制优秀基本面分析师对于财务报表勾稽关系的解读。当然，这绝不容易。

在现阶段，如何有效地利用基本面分析来提升因子投资的效果呢？主要有以下两个途径。首先，利用会计学知识可以加工因子。举一个最简单的例子。总资产收益率（ROA）是一个常用的变量。根据定义，它可以分解为：

$$\frac{\text{净利润}}{\text{总资产}} = \frac{\text{净利润}}{\text{总收入}} \times \frac{\text{总收入}}{\text{总资产}} \tag{6.29}$$

上式左侧正是 ROA。在上式右侧，它被分解为两部分的乘积。其中第一项是净利润率，代表了公司的效用（effectiveness）；第二项是总资产周转率，代表了公司的效率（efficiency）。ROA 的高低由效用和效率两要素决定。比起单一要素带来的高 ROA 而言，当效用和效率都很高时，这个公司更有可能是优秀的公司。从这个猜想出发可以把单纯基于 ROA 的因子改进分解成这两部分的组合，并从这两个维度的综合评分来选股[38]，以此和单纯使用

38 选股时分别用净利润率和总资产周转率将股票排序，然后将二者的排序取平均作为股票最终的排序。

ROA 选股进行对比。表 6.6 给出了针对 A 股的实证结果（市值加权）。

表 6.6　ROA 分解实证结果

	市场基准	单纯 ROA 多头	分解 ROA 多头
年化收益率（%）	7.94	12.36	13.21
夏普比率（年化）	0.42	0.57	0.59
最大回撤（%）	−70.59	−69.86	−69.15

ROA 分解后，纯多头组合的年化收益率较单纯使用 ROA 的多头组合从 12.36% 上升至 13.21%，夏普比率从 0.57 上升至 0.59。利用简单的会计学知识就有可能改进一个常见的因子并取得更好的风险收益特征。再次强调的是，这仅仅是一个简单的例子，基本面分析在因子的改造中能够发挥更大的作用。

利用会计学知识和基本面分析来提升因子投资的第二个重要作用是识别财务造假。无论是安然的伪造收入，还是世通公司的伪造利润和现金流，都可以从财务报表中寻觅出蛛丝马迹。会计学领域有很多经典著作揭示了财务欺诈的常见方法，非常值得学习。具备专业的基本面分析知识对于因子投资中的排雷至关重要。

基本面投资关心的本质是对公司未来现金流的预测。基于因子的基本面量化投资有其无可替代的优势，但仅依赖有限的财务指标所关注的仍然只是已经发生的过去。唯有以量化的手段进行基本面分析才有可能更好地预测未来。对于因子投资来说，科学、严谨的基本面分析将会持续创造价值。放眼未来，量化和基本面分析的完美结合将是大势所趋。而就目前来看，基于因子的基本面量化投资远非基本面分析的完美替代。

6.8　机器学习与因子投资

在讨论机器学习与因子投资之前，首先需要明确机器学习的含义，尤其是当其应用于因子投资领域时的含义。Gu et al. (2020)[39]将机器学习定义为“一系列服务于统计预测的高维模型，及与之相伴的用于模型选择和防止过拟合的正则化方法，和对大量候选模型设定进行有效筛选的算法”。根据这个定义，在因子投资场景下，机器学习的核心是预测。

与经典统计理论不同，机器学习天生就是为预测而生的。当机器学习随着数据和算力的爆发式增长而与因子投资产生交集时，其最主要的应用也在于预测 —— 预测个股或市场整体的未来收益。对于预测个股收益，其目标主要是分析公司特征与股票预期收益的截面关系，这也是因子投资关注的重点。对于预测市场整体，其目标则主要是时间序列的分析。

39 这篇文章是机器学习在实证资产定价与因子投资领域的代表作。自其早期研究手稿版本发布以来，短短两年时间内，据 Google Scholar 统计的引用量便高达 142 次。

在训练预测模型的过程中，机器学习算法会给不同的解释变量赋予不同的权重。因此，在利用机器学习算法进行预测的同时，人们也可以学习到哪些特征对预测收益率更加重要。预测和特征选择（feature selection）就构成了机器学习在因子投资中的两个核心功能。以预测为目标，下文 6.8.1 节～6.8.3 节将介绍有监督学习的常见算法以及它们在因子投资中的应用。以特征选择为目标，6.8.4 节将讨论如何利用无监督学习中的主成分分析挑选既能解释股票预期收益截面差异、又能解释它们时序波动的因子。

关于机器学习与因子投资的关系，与其说数据和算力的发展使得机器学习的应用成为可能，不如说快速发展使得对于因子投资而言，机器学习已经成为必要的工具。经典的投资组合排序法和各种线性回归方法在处理大量的预测变量时面临着各种各样的限制和问题，难以成为最好的工具。另一方面，已有研究表明，仅靠少数几个经典因子并不能很好地解释不同股票预期收益率的差异，而机器学习在这方面提供了新的可能性。当然，机器学习虽好，也并非万能良药。6.8.5 节会讨论机器学习的缺点和潜在问题。

6.8.1　线性模型

线性模型是描述大千世界的最简单模型，比如多因子模型就是假设因子和资产收益率之间的线性关系。对于线性模型，经典的 OLS 线性回归是最简单的求解方法。近年来，一些拓展的线性回归方法逐渐受到重视，它们大体可以分为四类：稳健回归、惩罚回归、降维方法以及广义线性模型。

根据目标函数的形式，稳健回归可以进一步分为两类。首先是加权回归。经典的 OLS 以最小化残差平方和为目标，每个样本点的权重是相同的，而加权回归方法则赋予每个样本点不同的权重，这在 Fama–MacBeth 回归分析中便早有应用。另一个例子是在利用面板数据估计公司特征对股票收益的影响时，使用当期的股票数作为不同时刻的权重。这也很容易理解，股票数量越多的时期，对应的结果会更加可靠。其次，稳健回归方法也被用来构建能更好地适应收益率肥尾分布的稳健估计量。典型例子是将回归中的目标函数设定为 Huber 稳健误差函数：

$$\mathcal{L}(\boldsymbol{\theta})=\frac{1}{NT}\sum_{i=1}^{N}\sum_{t=1}^{T}h(R_{it+1}-g(\boldsymbol{z}_{it},\boldsymbol{\theta});\xi) \tag{6.30}$$

其中 N 和 T 分别为股票数和期数，R_{it+1} 为股票 i 在 $t+1$ 期的真实收益率，$\boldsymbol{\theta}$ 表示模型的参数向量，$\boldsymbol{z}_{it}$ 表示截至 t 时刻所有用来预测股票 i 下期收益率时用到的预测变量向量，因此 $g(\boldsymbol{z}_{it},\boldsymbol{\theta})$ 就是对 $t+1$ 期股票 i 收益率的预测值。在式 (6.30) 中，$h(x;\xi)$ 的定义为：

$$h(x;\xi)=\begin{cases}x^2, & \text{若 } |x|\leqslant\xi \\ 2|\xi|x-x^2, & \text{若 } |x|>\xi\end{cases} \tag{6.31}$$

惩罚回归的典型代表包括岭回归（Ridge）、套索回归（LASSO）和弹性网络（Elastic Net）等算法。相对于 OLS，它们额外加入了针对高维数据的不同惩罚项[40]，以有效应对过拟合问题。与此同时，它们也起到了筛选有效预测特征的作用。降维方法则包括主成分回归（PCR）和偏最小二乘回归（PLS）。这两类方法可以显著降低问题的维度，从而得到更稳健的估计。关于这一点，Chen et al. (2019) 提供了一个很精彩的例子。该文利用 PLS 方法从 12 个常见的情绪代表指标[41]中提取信息以更好地刻画投资者情绪。

上述各类方法研究的是公司特征与股票未来收益之间的线性关系。但诸多研究表明，简单的线性模型并不能完整刻画二者之间的关系。作为介于标准线性模型和非线性模型之间的方法，广义线性模型也因此有了用武之地。广义线性模型的一类简单例子是将公司特征的高次方项加入预测模型中。一个典型例子是 Barra 的非线性规模因子（市值的三次方）。Gu et al. (2020) 则探讨了一种更一般的模型设定——利用公司特征的 k 项样条函数——对股票收益的预测。除此之外，广义线性模型也可用来对离散型的因变量进行建模。例如，很多时候人们只关心下个月股票相对大盘指数的超额收益是否为正。在这种情况下可以使用一个 0/1 变量作为因变量，并用各种公司特征作为解释变量，建立一个逻辑回归模型（logistic regression），这便是一个典型的广义线性模型。在此基础上，也可以引入多分类逻辑回归模型（multinomial logistic regression）。在因子研究中，比起预测收益率的具体值，人们有时更关心收益的排序分组结果。为此，可以考虑将全部股票按收益率高低分成 G 组，并以每支股票所属分组为因变量、以公司特征为解释变量，选择适当的算法为这二者建模。

除了上述方法外，关于线性模型的另一类拓展便是混合预测（forecast combination）。这种方法虽然简单但很有效。严格来说，它并不是一种具体的预测算法，而是通过对一系列算法的预测结果取平均来得到最终的预测。其基本思想简单易懂，即单一算法不会总是有效，而取一系列算法的预测均值可以平滑不同算法的误差，进而得到更有效的预测。Rapach et al. (2010) 对利用该方法预测市场整体的溢价有着精彩的介绍[42]，而 Han et al. (2018) 则系统讨论了套索回归、弹性网络和混合预测方法在股票收益横截面分析中的应用。

---

40 岭回归和套索回归分别加入了 L2 范数和 L1 范数惩罚项，而弹性网络则同时加入了 L2 和 L1 范数惩罚项。当待估计参数为向量时，L2 范数和 L1 范数分别退化为参数的平方项和绝对值。

41 这些指标包括异常交易量、极端收益率、分析师覆盖、广告费用变化、距 52 周最高价的距离等，都是已有研究表明能在一定程度上反映投资者情绪的指标。

42 这篇文章非常经典，值得阅读。此文于 2010 年正式发表在金融学顶刊 *Review of Financial Studies*（RFS）上，2017 年获评 RFS 阅读最多的文章。迄今引用量高达 830。

6.8.2 非线性模型

线性模型虽然简单直观，但它能否准确地反映公司特征与股票未来收益之间的关联仍然没有定论，而实证资产定价和量化研究方面的学者通常将线性模型视作真实模型的一阶近似。过去，受限于数据和方法，研究者们往往很难大量构造并检验公司特征同股票收益的非线性关联，但随着机器学习的发展，这些已不再是问题，如今有很多经典的非线性模型被用来研究特征和股票之间的非线性关系。

线性模型常被诟病的原因之一是它难以较好地描述解释变量之间的相互影响。虽然在理论上可以通过在线性模型中不断添加交互项来加以体现，但随着解释变量数目的增长，交互项的数量也呈爆炸性增长。在缺乏足够先验信息的前提下，在模型中加入哪些交互项变得难以回答。面对这种困境，很多非线性模型则大有可为。

1. “树状”模型

决策树（decision tree）是一种常见的分类算法，其结果是给出一系列有序的判定规则，依据特征将样本点分类标记。在决策树中，最重要的特征被选为根节点，其余特征则根据判定流程而依次作为不同的父节点/子节点，使得整个分类规则形似一棵树，因而被形象地称作决策树。经典的决策树往往用于处理因变量为分类变量的情形。决策树是一种非参数化的计算密集型算法。但随着计算机技术的发展，计算强度已不再是一个太大的问题。这种算法可以处理大量样本以及大量的特征，有效地挖掘出特征之间的相互作用。此外，它的解释性也比较强，对特征数据也没有独立性要求，这些优点使它得到了广泛的应用。

当因变量为连续变量（比如因子投资中股票的预期收益率）时，它便成为回归树。回归树的本质仍然是分类算法，只不过它需要给被划分到同一类的样本点一个公共的观测值而非某个离散的类别。举例来说，假设使用市值和价值为特征、采用回归树对收益率进行预测。当股票的市值位于前 50% 时，将其归入第 1 类。当它的市值位于后 50% 时，则进一步考虑其价值；如果其价值小于 30% 分位数，则将该股票分到第 2 类，反之将其分到第 3 类。通过回归树模型，依照市值和价值将股票分为三类。由于预测的目标并非分类，而是预期收益率，因此使用每一类中股票收益率的均值作为该类的预期收益率。

较线性模型而言，回归树有两个突出的优点。第一，回归树可以很容易地将特征的交互影响考虑进来。一个 L 层的树结构，可以包含 $L-1$ 层交互效应，这是线性模型所不具备的。第二，树方法不受解释变量的单调变换的影响，因而可以很好地包容非线性特征。然而另一方面，回归树方法的灵活性也使得它容易陷入过拟合，这也是此种方法最大的瓶颈。为了规避过拟合问题，引入正则化方法进行适当限制就显得很有必要。常见的正则化方法包括 boosting 算法[43]和随机森林（random forest）。

严格来讲，boosting 是一类框架算法，它以一系列高度简化的分类树为基础，通过反复的迭代训练，生成很多个基分类器，再组合不同基分类器的预测，以得到最终的预测。它通过组合若干个弱分类器，最终得到有较好预测效果的强分类器。这一逻辑与 6.8.1 节介绍的混合预测方法有异曲同工之妙，它们都属于集成学习算法（ensemble method）的范畴。Boosting 最早的代表是 AdaBoost 算法，随后则发展出了 LPBoost 、LogitBoost 等算法，以及时下非常流行的 GBDT 和 XGBoost 算法。其中，AdaBoost 在每次迭代时，依据前一次的预测误差来更新样本的权重，预测错误的样本会得到更高的权重。GBDT（gradient boosting decision tree，梯度提升树）也遵循类似的前向分布算法，但却与 AdaBoost 有两处显著的不同。首先，在 GBDT 算法中，弱分类器只能使用回归树模型。其次，GBDT 算法的建模对象是上一步的拟合残差。仍以市值和价值作为特征来解释 GBDT。假设第一步发现一支股票有很小的规模，因而给予了其 1.2% 的月度收益预测，但后来发现其真实收益为 3.0%。鉴于此，第二步会使用价值特征，针对第一步中市值未能解释的残差收益（即 $1.8\% = 3\% - 1.2\%$）对其进行分类。GBDT 在实践中的表现是非常不错的，但也面临一些局限。例如，它不能很好地处理稀疏数据问题。相比之下，作为近几年新兴起的算法，XGBoost（extreme gradient boosting decision tree，极端梯度提升树）在这些方面有针对性的改进，并在数据挖掘大赛中获得了非常优异的表现，引起了广泛的关注和使用。

与 boosting 方法相对应的则是 bagging 算法[44]。与 boosting 算法需要按顺序进行迭代不同，bagging 算法可以并行进行多次训练。在每次训练中，都用 bootsrap 方法抽取出一个子样本集并使用它们来训练模型，最终将多次训练的结果取平均作为最终的预测。对于分类问题而言，bagging 方法的一个典型例子便是随机森林（random forest）。

2. 支持向量机

支持向量机（supporting vector machine，即 SVM）是另一类重要的非线性模型。在 XGBoost 和深度学习流行之前，SVM 可能是最重要的一类机器学习算法。与通常的算法旨在通过降维解决维数灾难问题不同，SVM 在某种程度上可谓反其道而行之。它通过非线性核函数（kernel functions）把原始特征空间映射到更高维的特征空间，并在高维空间中找到间隔最大的超平面将样本点进行线性分割。高维空间的线性分割对应着在原始特征空间中的非线性分割，即形成了非线性的决策边界。此外，高维的映射并不以增加计算机的

43 Boosting 的字面含义为“提升”，故可译作“提升算法”。但在机器学习实践中，普遍直接采用“boosting 算法”而不使用中文翻译。本书遵循此惯例，在行文中直接使用“boosting 算法”。

44 Bagging 一词从英文 bootsrap aggregating 而来，即抽样聚集算法或引导聚集算法。由于上述翻译十分拗口，因此人们有时倾向按照 bagging 的直译将其称为装袋算法。

计算量为代价，因此 SVM 可谓相当高效。

3. 神经网络

最后一类重要算法则是神经网络（neural network）。作为深度学习的基础，神经网络大概是最为有效的机器学习算法。神经网络通过组合多个层次的简单模型，来得到最终的预测。其中，初始的是输入层（input layer），即预测变量原始数据；中间是隐藏层（hidden layer）；而最后的是输出层（output layer），即最终的预测结果。对于因子投资来说，如果股票预期收益和解释变量（如各种公司特征）之间的预测模型可以用一个光滑函数来表达[45]，则神经网络可以有效地近似上述模型。得益于其灵活性和强大的性能，神经网络在文本挖掘、图像识别等领域已得到广泛的应用。另一方面，神经网络也有其明显的问题，这些问题主要存在于参数规模、模型复杂度和可解释性等方面。

在神经网络中，每个神经元的激活函数往往十分简单，但通过多层网络，深度神经网络常常可以利用这样简单的激活函数得到非常好的预测表现。在形式上，这跟人类大脑的工作方式有共通之处，即单个神经元非常简单、只执行极其简单的单一功能，但通过神经元之间的复杂互动网络，组合出惊人的表现[46]。在训练神经网络时，常用的方法是通过最小化预测误差的 L2 范数形式惩罚项来估计权重参数。相比于前面介绍的决策树方法，神经网络的优势在于在每一步训练中可以同时更新所有的模型参数。但神经网络的高度非线性特征和巨大的参数量，使得其计算非常复杂，且需要更多的正则化处理以避免过拟合。为解决这些问题，随机梯度下降（stochastic gradient descent，SGD）方法常常被用来训练神经网络。它通过牺牲一定的精度换取计算效率的大幅提升。除此之外，诸多正则化方法也被引入来解决过拟合的问题，它们包括学习率收缩（learning rate shrinkage）、提前停止（early stopping）、批标准化（batch normalization）和集成学习（ensembles）。近年来，深度学习又有了进一步的发展，先后出现了深度前馈神经网络（deep feed-forward neural networks，DFN）、循环神经网络（recurrent neural networks，RNN）和长短期记忆模型（long short-term memory，LSTM）等。

6.8.3 模型评估与实证研究

如何评估模型是将机器学习算法应用于因子投资中的另一个重要问题。常用方法是分

45 光滑是一个数学概念，如果一个函数在其定义域内无穷阶连续可导，那么它是光滑的。由于求解神经网络的算法往往与梯度（导数）有关，因此光滑性对神经网络而言很重要。在求解最优化问题时，如果目标函数是光滑的，那么总有一定的优化算法可以保证找到全局最优解。

46 需要注意的是，神经网络算法跟人类大脑的相似之处仅体现在通过组合大量简单元素来完成复杂工作的形式，而并非真的按照相同的模式进行工作。它们的具体工作流程有着很大差异。例如，神经网络都是按照一定方向（典型的反向传播）进行训练的，但人类的大脑和身体并非这样有向工作。

析预测模型的样本外可决系数 $\mathrm{R}^2_{\mathrm{OOS}}$，它的定义如下：

$$\mathrm{R}^2_{\mathrm{OOS}} = 1 - \frac{\sum_{i=1}^{N}(R_{it+1} - \hat{R}_{it+1})^2}{\sum_{i=1}^{N}(R_{it+1} - \bar{R}_{it})^2} \tag{6.32}$$

其中 R_{it+1} 和 $\hat{R}_{it+1}$ 分别为资产 i 在 $t+1$ 期的真实收益和预测收益率，$\bar{R}_{it}$ 则表示 t 期资产 i 的历史平均收益。因此，式 (6.32) 衡量的是相对于历史均值预测，该模型是否有更小的样本外均方误差。当模型预测结果不如历史均值时，根据 (6.32) 定义的 $\mathrm{R}^2_{\mathrm{OOS}}$ 为负。

Welch and Goyal (2008) 和 Campbell and Thompson (2008) 使用 (6.32) 为依据检验了诸多变量对市场总体收益率的预测能力。然而对于预测个股收益而言，历史均值预测往往表现非常糟糕。因此，Gu et al. (2020) 指出应用零代替历史均值预测作为预测基准。相应地，$\mathrm{R}^2_{\mathrm{OOS}}$ 变为：

$$\mathrm{R}^2_{\mathrm{OOS}} = 1 - \frac{\sum_{i=1}^{N}\left(R_{it+1} - \hat{R}_{it+1}\right)^2}{\sum_{i=1}^{N} R^2_{it+1}} \tag{6.33}$$

实证分析结果显示，若采用历史均值预测作为基准，则所有候选模型的 $\mathrm{R}^2_{\mathrm{OOS}}$ 都会上升大约 3%。一般来说，预测模型的样本外 $\mathrm{R}^2_{\mathrm{OOS}}$ 超过 0.5% 就表明该模型是有价值的。因此，如果在评估个股收益预测模型时使用历史均值作为基准，很可能得到具有误导性的结论。

除此之外，Gu et al. (2020) 还进一步参照 Diebold and Mariano (2002) 构建了形如 (6.34) 的统计量，用来比较不同预测模型两两之间的相对表现。假设待评估的模型为模型 1 和模型 2，该统计量定义为：

$$\begin{aligned} DM_{12} &= \frac{\bar{d}_{12}}{\hat{\sigma}_{\bar{d}_{12}}} \\ \text{其中} \quad d_{12} &= \frac{1}{N}\sum_{i=1}^{N}\left((e^{(1)}_{it+1})^2 - (e^{(2)}_{it+1})^2\right) \end{aligned} \tag{6.34}$$

上式中 N 为样本外的股票数量，d_{12} 为两个模型在样本外的均方误差的差异，而 $\bar{d}_{12}$ 和 $\hat{\sigma}_{\bar{d}_{12}}$ 分别为 d_{12} 的均值和均值的标准误，$e^{(1)}_{it+1}$ 和 $e^{(2)}_{it+1}$ 分别为两个模型对于股票 i 的预测误差。由定义可知，DM_{12} 越大，表明模型 1 相对模型 2 表现越差；反之则表明模型 1 相对模型 2 表现更好。

基于从 1957 到 2016 年的长达 60 年的美股数据，Gu et al. (2020) 仔细研究了不同模型的表现。他们考虑了 94 种公司特征和 8 个宏观变量及它们的交互项，并另有 74 个行业分类，得到总共 $94 \times (8+1) + 74 = 920$ 个特征。在此基础上，该文比较了 13 个预测模型，包括 6 个线性模型算法（即包含全部特征的 OLS 回归，只包含规模、账面市值比和动量的 OLS 回归、PLS、PCR、弹性网络，以及广义线性回归）、2 个树模型（随机森林和 GBDT）以及 5 个神经网络模型（分别包含 1 到 5 层隐藏层），且对于 OLS 、弹性网络、广义线性回归和 GBDT，使用 Huber 稳健估计量。从全样本来看，OLS 的表现非常糟糕（且对大盘股而言更是如此）。而只考虑三个特征的 OLS，或者弹性网络等方法，通过添加额外的惩罚项，表现得到了显著的提升。此外，GBDT 和随机森林表现也不错。然而在众多模型中，表现最好的非线性模型还要数神经网络模型，尤其是带 3 层隐藏层的神经网络模型。当采用样本外 $\mathrm{R}^2_{\mathrm{OOS}}$ 为评价标准时也有类似的结果。除此之外，模型间的两两配对比较则有如下发现：所有带约束的线性模型的表现都显著优于普通 OLS，而在降维方法（PLS/PCR）和惩罚性回归模型的表现则没有明显差异；树模型表现相比线性模型更好，但差异并不显著；神经网络表现显著优于线性模型，但相对树模型的改进则不够显著。

除了比较不同模型的表现外，Gu et al. (2020) 的实证分析还有另外一个重要作用，即比较不同特征对于股票定价的重要性。该文将所有公司特征分为四大类：趋势类特征（例如各种动量和短期反转）、和流动性有关的特征、风险测度指标，以及基本面特征。他们发现线性模型普遍高度倾向趋势类特征，而非线性模型则会较为平均地关注多种公司特征。总体而言，趋势类特征的影响最为显著。

除上述针对美股的代表性研究外，近些年也有不少学者研究了机器学习算法在中国 A 股市场的表现，并有类似的发现。总体而言，带约束的线性模型表现优于 OLS，非线性模型又优于线性模型。在非线性模型中又尤其以深度前馈神经网络（DFN）和 XGBoost 表现非常出色。此外，利用集成学习整合不同模型也可以进一步提升模型表现。而在特征重要性方面，已有研究表明，在 A 股市场中最为重要的因子是交易摩擦类（流动性）相关因子，这与美股市场有所不同。

6.8.4　主成分分析和因子选择

近年来，一些新的研究将无监督学习算法引入实证资产定价和因子投资，用于改善基于线性回归的计量经济学估计方法的表现。因其简单有效，主成分分析（principal component analysis，即 PCA）备受关注，而在资产定价领域的相关应用也主要集中在对 PCA 方法的应用和拓展上。这背后的原因与经典的因子收益率估计方法（如 Fama–MacBeth 回归）面临的问题有关。经典方法需要明确指定因子结构才能进行有效估计，且容易受到遗漏变量和测量误差的影响。另一方面，越来越多的研究指出，人们其实并不知道真实的定价因子是什么，反而更倾向于将真实因子视作是隐性的因子（latent factors），并利用降维的手段来同时估计因子暴露和因子溢价。PCA 方法也由此进入实证资产定价的舞台。

隐性因子模型（latent factor model）是统计学中很常用的一个模型，在推荐系统等机器学习实践中有非常广泛的应用。对于资产定价问题，隐性因子模型的表达式为：

$$R_{it}^e = \boldsymbol{\beta}_i'\boldsymbol{\lambda}_t + \varepsilon_{it} \tag{6.35}$$

其中，R_{it}^e 是 t 期资产 i 的超额收益，$\boldsymbol{\lambda}_t$ 是 t 期的因子溢价向量，$\boldsymbol{\beta}_i$ 为资产 i 的因子暴露向量，而 ε_{it} 是随机扰动。乍看起来，模型 (6.35) 与一般的多因子模型并无差异，但它的特别之处是真实因子无从观测（隐性的含义），即人们并不知道 $\boldsymbol{\lambda}_t$ 的取值，因而因子暴露 $\boldsymbol{\beta}_i$ 也无从知晓。

此时 PCA 方法便派上了用场。它通过提取资产收益协方差矩阵的主成分来估计风险溢价和风险暴露。Giglio and Xiu (2019) 在这方面做出了开创性的贡献，利用 PCA 构建了一种无须观测到全部的真实因子便可准确估计因子溢价的新方法。在隐性因子模型框架下，任一可观测因子的风险溢价等于它对隐性因子的暴露乘以隐性因子的溢价。计量经济学中的两个重要性质使得 PCA 在估计因子溢价时扮演了重要的角色。首先，利用线性多因子模型的旋转不变性，即便只能观察到隐性因子的某个满秩变换，也不妨碍估计可观测因子的溢价。其次，只要隐性因子足够强[47]，PCA 总是可以复原对因子空间的某个旋转变换（Bai 2003）。通过结合这两个性质，Giglio and Xiu (2019) 指出虽然真实因子不可观测，但利用 PCA 方法，仍可以准确估计因子溢价。

Giglio and Xiu (2019) 基于美国市场的实证分析表明，相比经典方法，该利用 PCA 方法得到的估计量确实有显著的优势。一般来说，Fama–MacBeth 回归结果高度依赖模型的控制变量。以动量因子为例，不控制其他因子和控制 Fama–French 三因子两种情况下，其因子溢价符号竟然相反，且都高度显著。而该 PCA 方法则能够获得令人满意的估计结果。对于可交易因子，其因子溢价与时序均值较为接近；对于加总的市场流动性、金融中介杠杆率等不可交易因子，其估计结果也与理论方向一致。

将 PCA 方法应用于资产定价的另一项研究来自 Rapach and Zhou (2019)。该文首先通过稀疏 PCA 从 120 个宏观经济变量中提取了 10 个稀疏主成分，并指出这些主成分可大体对应债券的名义收益率水平、通胀率、产出率等经典指标，因而具有极好的可解释性；其次利用 Giglio and Xiu (2019) 的方法估计了这些稀疏宏观因子（sparse macro factors）的溢价，并发现债券的名义收益率水平、住宅和乐观情绪有显著的风险溢价。最终，他们用这三个因子和市场组合一起构建了一个稀疏宏观四因子模型，并发现该四因子模型具有同 Hou–Xue–Zhang 四因子模型和 Fama–French 五因子模型可比的解释力。

与 Giglio and Xiu (2019) 类似，Kelly et al. (2019) 同样将真实因子视作不可观测的隐性因子并利用 PCA 方法同时估计因子溢价和资产的因子暴露。但他们同时指出经典的

47 因子足够强可简单理解为因子与股票收益有较强的截面相关性，严谨的定义则较为复杂。

PCA 只适用于估计静态模型，而对于动态条件资产定价模型则无能为力。为了解决这一问题，他们采用 Kelly et al. (2017) 提出的工具变量 PCA 方法（IPCA），引入大量公司特征作为股票因子暴露和超额收益的工具变量，构建了 IPCA 因子[48]。该方法受到以下两点的启发。第一，公司特征和因子暴露密切相关[49]，这使得用公司特征当作因子暴露的工具变量成为可能。其次，一家公司的各种特征会随着时间变化，这使得很难利用时间序列分析方法构建个股的条件预期收益率模型。以往研究者更多采用投资组合排序法，但该方法的局限在于只能处理较少的特征。一旦需要更多特征来充分刻画资产的预期收益率截面差异，它就会面临极大的挑战。而通过将因子暴露参数化为公司特征的函数，则可以较好地解决这一动态面板估计问题。

实证结果显示，IPCA 方法的确具有较好的表现。相对经典的 CAPM、Fama–French 三因子模型等，有相同数量主成分因子的 IPCA 模型能够更好地刻画个股的风险，且经典因子相对于 IPCA 因子的增量信息非常有限。进一步地发现，随着因子数量增加，IPCA 因子的样本外切线组合[50]的夏普比率也显著提升。当使用六个 IPCA 因子时，夏普比率高达惊人的 4.05。相比之下，Fama–French 五因子加上动量这六个因子的样本外切线组合的夏普比率仅有 1.37。从均值—方差的角度来看，IPCA 因子极高的夏普比率表明它们能在解释股票收益的共同运动的同时，通过因子暴露解释不同股票收益之间的差异。通过对比研究，Kelly et al. (2019) 指出，真正起作用的是公司特征的动态变化，其对于理解因子暴露非常重要，这也呼应了 IPCA 想解决的核心问题，即如何在动态条件定价模型中得到因子溢价和暴露的估计。最后，通过分析每个因子对不同公司特征的暴露可以发现，IPCA 因子有不错的可解释性。例如，第一主成分可近似理解为价值或杠杆率因子，第二主成分对应市场因子，第三和第四主成分则分别对应动量和短期反转因子。

上述这些利用 PCA 的研究虽然新颖，但它们仅仅利用了收益率的二阶矩信息，即协方差矩阵。Lettau and Pelger (2020) 认为，这么做会丢失掉原始因子和收益率在截面上的关系，即一阶矩信息。为此，它们在经典 PCA 问题的目标函数中加入了代表一阶矩，提出了风险溢价 PCA 方法（risk premium PCA，PR-PCA）。实证分析表明，RP-PCA 在绝大多数情况下都优于 PCA 和 Fama–French 五因子等经典模型，且统计检验表明，通过使用五个 PR-PCA 因子能够很好地反映股票的系统性风险，且同时能够解释它们收益率的截面差异。对因子构成进行进一步探索发现，这五个因子都有很好的经济学基础。

---

48 该方法可以视作带约束的 Fama–MacBeth 回归，而当因子个数与公司特征个数相同时，则退化为一般的 Fama–MacBeth 回归。

49 关于这一点，近年学术界有很多讨论。例如 Jegadeesh et al. (2019) 认为应该用公司特征取代时序回归的 β 作为因子暴露。本书 2.3 节对此有过讨论。

50 样本外切线组合指每期利用截至当期的数据估计参数并确定切线组合中的因子权重。

从上面相关最新研究的介绍可知，PCA 及其拓展方法具备更好的解决资产定价问题的潜力。而在因子投资方面，也有两个思路可以考虑。一个思路是直接使用前述某种 PCA 方法提取主成分因子，并倒推出恰当的因子组合或公司特征权重，并据此构建股票组合。另一个思路则是利用各种 PCA 因子对公司特征以及经典因子的暴露，将它们映射为经典因子，然后以这些经典因子为基础进行资产配置。不过需要指出的是，由于投资者在现实中面临卖空约束，依据上述方法构建因子组合可能比经典因子更复杂、可投资性更低。因此，虽然它们提供了新的投资思路，但要真正用于实践，仍有不少细节需要进一步完善。

以 PCA 为代表的无监督学习应用于实证资产定价只是最近几年出现的新研究趋势，因此还不能将其视作高度成熟的方法。反之，它们的定位更多的是对经典方法的有效改进。考虑到每种方法仍有其局限，未来仍有很多拓展工作值得进一步挖掘。此外，如何将通过 PCA 获取的信息成功地转化为投资实践也有待更多探索。但无论如何，这些方法都是极为有价值的探索，不仅标志着资产定价的大门对无监督学习方法敞开，也意味着因子投资领域多了一门令人充满期待的新武器。

6.8.5　机器学习的问题

机器学习算法固然强大，但人们在使用这些算法时也必须面对两个问题：（1）机器学习算法常常被视作黑箱，缺乏足够的可解释性；（2）机器学习算法也容易陷入过拟合。对于前者，以神经网络等算法为例，其内部往往非常复杂，黑箱性质使得人们难以真正理解其发现的特征与未来收益率之间的关系。幸运的是，这个问题并非完全无解。Dixon and Halperin (2019) 指出可以通过计算特征对最终输出结果的影响程度来解释自变量和因变量之间的关系。另一方面，人们应在发现有显著预测能力的模型后，进一步考察有哪些特征是显著的，并梳理清楚特征和收益率之间可能的逻辑关联。一旦人们试图理解机器学习发现的规律时，它就变成了研究中的一块基石，帮助人们更好地理解数据背后的经济逻辑。

机器学习容易陷入过拟合有以下几个原因。首先，由于真实的资产价格路径只有一条，因而基于该路径反复训练模型本身就很容易过拟合。在这个过程中，也容易踏入 Harvey et al. (2016) 提出的 p-hacking 的陷阱。虽然相关研究往往采用了前向回测分析（walk-forward backtesting），但该方法只能规避未来数据问题，并不能完全杜绝过拟合。事实上，这一问题对于因子研究而言可能尤为严重。典型的因子研究通常以股票月度收益为研究对象。即便以历史最为悠久的美股而言，较为完整的历史数据也只从 1962 年开始，即大约 700 个月的样本。对于机器学习算法而言，这一样本实在过小。另一个原因则与金融数据中的自相关性和异方差特征有关。在机器学习中一般使用交叉验证（cross validation）等方法来进行模型选择。但金融数据的序列的自相关性和异方差特征使得训练集中的信息会泄漏到测试集，从而导致交叉验证方法失效。最后，当给定资产的收益分布时，其预期最高夏普比率同波动率正相关。这造成波动率较大的资产，在一次历史回测中反而可能得到更高的夏普比率。因此，单纯的历史回测可能会高估因子的表现。

虽然有各种各样的问题，但也并不意味着人们就束手无策。例如，通过模拟生成多条（更长周期的）资产价格路径并分析不同场景下的表现，可以改善在历史价格路径上反复测试的问题。此外，通过确保训练集和测试集在时间区间上没有交集，可以改善前述交叉验证可能遇到的问题。而使用平减夏普比率（deflated Sharpe ratio）则可以部分解决夏普比率被高估的问题。

总体来说，机器学习在因子投资领域的应用仍处在早期阶段。但随着数据和算法日益成熟、研究者更加谨慎地应对上述问题，机器学习在未来注定能在因子投资研究中扮演更重要的角色。不过，机器学习是否可以取代经典的多因子模型成为最主流的方法，则有待进一步的考察。说到底，机器学习是一类数据模型方法，要在业务实践中发挥作用，仍有赖于对业务领域知识的理解。综合本节介绍的内容，本书作者认为有理由期待机器学习将扮演更重要的角色，但同时也相信机器学习在因子投资中的最佳路径在于和已有方法结合，而非取而代之。

第 7 章 因子投资实践

本章共分为 8 节，从不同角度系统地解读业界的因子投资实践，为读者更好地进行因子投资打下坚实的基础。其中 7.1 节、7.2 节和 7.3 节将分别从收益率模型、风险模型和投资组合优化三个部分阐述主动管理中如何利用多因子模型作为一个量化工具（quantitative tool）来获取超过基准的收益。这三部分是所有关于因子投资材料的必备内容。本章的亮点包括以下几方面。

7.1 节首先通过对术语的解读，阐明了业界常挂在口边的“阿尔法因子”和学术界的多因子模型式 (1.3) 之间的关系。在此基础上，对如何筛选优秀的预测变量进行了系统的说明。7.2 节的内容关注风险模型。除了在截面上预测预期收益率，多因子模型的另一个作用是在时序上研究股票收益率的波动，并通过降维方便地求出股票的协方差矩阵。这部分内容以著名的 Barra 模型为例，成体系地阐述如何构建一个优秀的风险因子模型，从而在事前准确地预测股票收益率的协方差矩阵。接下来，7.3 节将目光转向投资组合优化。业界无论是公募还是私募、无论是买方还是卖方，各家都有自有（proprietary）收益模型，而对于风险模型则一般使用现成的商业模型。由于收益模型和风险模型中的因子不同，造成了两个模型之间的错位。如果不加处理，那么这种错位将导致投资组合优化给出错误的结果。关于错位问题，海外业界在近年来提出了很多修正方法，然而却尚未得到国内的重视。本节的介绍将填补这方面的空白。除此之外，7.3 节还将说明不同目标函数之间的等价条件，让读者在选择不同的目标函数时能够有据可依。

7.4 节将非常细致地介绍因子指数和 Smart Beta 投资的相关内容。如果说将多因子模型视作量化工具是主动管理人获取超额收益的法宝，那么 Smart Beta 的普及毫无疑问是普通投资者享受因子投资盛宴的利器。因为无论是通过复杂数学模型和优化得到最优的投资组合，还是仅仅通过排序法透明、低成本地复制因子投资组合，其本质都是利用了因子预测股票收益率的能力。学术界几十年来关于因子和异象的研究为 Smart Beta 的蓬勃发展奠定了坚实的基础。

接下来的 7.5 节将介绍一个“烫手的山芋”——因子择时。进行因子投资，因子择时是一个绕不开的话题。但大量基于实证数据的研究表明，样本外因子择时成功（即战胜等权重配置）的难度都非常高。因此，本节的目标并非不切实际地告诉读者某种择时的“独门绝技”，而是把研究因子择时的体系娓娓道来，供读者参考。

除了获取更高收益或控制风险外，多因子模型的另一个重要作用就是分析主动投资的业绩表现。在多因子模型普及之前，这个任务似乎无法可依，然而多因子模型的出现让它迎刃而解。7.6 节和 7.7 节将分别以风格分析和风险归因为研究对象，说明如何使用多因子模型对主动投资业绩的收益率和风险进行归因，这有助于投资者了解和掌握一支基金的投资风格和风险控制水平。

本章的最后一节是对因子投资的展望，包括两部分内容。7.8.1 节将介绍近年来非常火的一个概念：另类数据。随着量价和财务数据被过度使用，很多因子的表现变得越来越不尽如人意。这使得人们将目光转向了潜在的新的收益源，即另类数据。然而另类数据真的像人们想象的那样是一片蓝海、“即插即用”吗？本节将会给出讨论和思考。最后 7.8.2 节将介绍如何使用因子进行大类资产配置。随着对因子和资产关系理解的加深，业界现已普遍认为不同大类的资产（例如股票、债券、商品、外汇、房地产等）的收益率背后都是由底层的一些公共因子所驱动的。因此多因子模型的研究可以被完美地应用于大类资产的配置中，并从资产配置思维转变到因子配置思维。这就是 7.8.2 节要讨论的问题。

7.1 收益率模型：获取“阿尔法”

在使用多因子模型作为量化工具来获取超额收益的实践中，收益率模型是最重要的模块。顾名思义，收益率模型就是为了预测收益率。业界很多量化研究员的主要工作正是集中于此。本节的目标就是把开发收益率模型时应注意的问题阐释清楚。

7.1.1 基本术语

在正式开始介绍之前，有必要阐明接下来要用到的基本术语。收益率模型的作用是预测股票的收益率，从而获得超过基准的超额收益。在主动投资中，通常把全市场指数或者某个宽基指数的收益率选为基准。开发收益率模型的目标就是找到能够预测股票收益率的变量，这些变量往往是通过股票的量价或者财务数据计算的指标。在海外业界，这些变量有一个贴切的名字：return predictors，即收益率预测变量。由于收益率模型的作用是获得相对基准的超额收益，而超额收益通常由 α 表示，因此国内业界有时也把这些预测变量称为“阿尔法因子”。然而，在本书基于式 (1.3) 的统一视角下，“阿尔法因子”这个称呼是不准确，甚至错误的，其中存在两个问题。

为了说明这两个问题，考虑以下的例子。第一，由于和收益率呈正相关，账面市值比（BM）常被拿来作为预测变量放在收益模型中。第二，特质性波动率异象[1]的收益率无法被定价模型解释。因此，特质性波动率（IVOL）也是一个优秀的预测变量。在这两个例子中，

1 即特质性波动率低的股票的预期收益率更高。具体解释和针对 A 股的实证结果见 5.3 节。

BM 和 IVOL 都是业界口中的“阿尔法因子”。

下面来看第一个问题。首先，在本书围绕式 (1.3) 的统一视角下没有“阿尔法因子”这个概念。而如果将“阿尔法因子”拆成“阿尔法”和“因子”两个词，它们在本书的术语中指的也并非预测变量。回到上述例子。BM 是构建价值因子的变量，使用它构建的投资组合是价值因子；IVOL 是构建特质性波动率的变量，通过它构建的投资组合是特质性波动率异象。根据 1.1.3 节的说明，价值因子被称为定价因子，特质性波动率异象则被称为异象因子，而 BM 和 IVOL 分别是构建这两个因子的变量。学术界在实证资产定价研究中会严谨地区分这两类因子，且会区分因子和构建因子的变量。由于本书的术语遵循了学术界的惯例，因此“阿尔法”或“因子”在本书的术语中代表的是异象或者因子这些投资组合，而非它们背后的变量。这和业界使用“阿尔法因子”指代变量不同。

再看第二个问题。回顾 BM 和 IVOL 的例子，前者是构建价值因子的变量，而后者是构建特质性波动率异象的变量。这两个例子说明收益率预测变量既可以对应式 (1.3) 右侧的 $\boldsymbol{\beta}'\boldsymbol{\lambda}$ 部分（如 BM），又可以对应式 (1.3) 右侧的 α 部分（如 IVOL）。而“阿尔法因子”由于强调“阿尔法”，似乎仅仅对应 α 部分，而忽略像 BM 这样也能够预测股票收益率的变量，但这显然不是业界的做法[2]。业界关心所有能够预测股票收益率的变量（无论它们在学术界看来是一个因子变量还是一个异象变量），因为只要某个变量能够区分高收益和低收益股票，就可以通过它来选股并获取超额收益。

总结一下上述讨论。第一，本书遵循学术界的惯例，因此“阿尔法”和“因子”指代的是异象和因子投资组合，而非它们背后的变量；反观业界使用“阿尔法因子”则是指代变量。第二，在式 (1.3) 的视角下，收益模型中的预测变量既可以是异象变量（对应 α），又可以是因子变量（对应 $\boldsymbol{\beta}'\boldsymbol{\lambda}$），而“阿尔法因子”一词有强调“阿尔法”即异象变量之意。基于上述原因，下文将不会使用“阿尔法因子”这个称呼，而是使用（收益）预测变量表示收益率模型的研究对象。

其实，哪种术语惯例更好是见仁见智的问题。以上的讨论并非强调学术界的术语比业界的称呼更合理，反之亦然。然而，由于因子投资包含的内容十分丰富，研究和实践因子投资的人更是数不胜数，因此一个人口中的“因子”未必是另一个人口中的“因子”。本节一开篇之所以花费不小的篇幅强调术语，是希望帮助刚接触因子投资的读者厘清不同的概念和定义，使读者在学习因子投资时不因术语的杂乱而困惑。

7.1.2 寻找预测变量

寻找收益率预测变量是主动管理的核心所在。在业界，量化研究员的主要工作就是开

2 像 BM、ROE 这些用来构建价值和盈利因子的变量也被广泛地应用于收益模型。

发“阿尔法”模型，除了维护已有的预测变量，还得不断学习、与时俱进，不断寻找新的预测变量。在这方面，可以从以下三个方面入手：发现新异象、改进已有预测变量以及使用另类数据。

第一个方向，从常见的行情数据和公司财务出发，寻找尚未被发现的变量。这类尝试在二三十年前相对容易，如今随着异象挖掘越来越深入，要找到全新的异象愈发困难，这从近年来讨论新异象的论文越来越少也可以看出端倪。

第二个方向，改进已有预测变量。很多时候，已有的变量虽然有效，但在构造方法上仍存在提升和优化空间。例如，6.7.4 节讨论的 ROA，可以将其分解为效率和效用两部分，从而提升异象的收益率。另外还有一些变量，随着社会和经济的发展慢慢变得不再合理，因此也需要改造。这其中最典型的例子要数 BM。很多新经济（如很多科技公司）投入大量的研发费用，但它们并没有体现在净资产中；同理，广告支出对公司商业形象和未来收入会产生持续影响，也没有考虑进净资产。因此，对 BM 的一个改进思路就是将广告和研发支出加回净资产，以它们的总和作为分子计算 BM。改进后的 BM 变量比起原始 BM 能够获得更高的超额收益（Liu, Shi and Lian 2019）。

第三个方向，利用另类数据，寻找尚未被开垦的宝藏。传统的量价数据和财务数据，已经被挖掘到了山穷水尽的田地。受益于数据存储和计算的快捷，研究员们将目光投向了另类数据。另类数据的含义非常宽泛，只要和传统数据不同，只要可能存在新的信息，均会受到重视。常见另类数据包括交易社区数据、微观数据、ESG 数据[3]、电商数据以及卫星和气象数据等，本书 7.8.1 节将会对另类数据做更多讨论。以 ESG 数据为例，它从环境、社会和公司治理等角度关注具有长期可持续发展的公司，近年发展迅速，越来越受到投资者的青睐。

7.1.3 挑选预测变量

随着数据的丰富和计算的廉价，越来越多的预测变量被挖掘出来[4]。然而，预测变量的个数也并非越多越好，且也并非越复杂越有用。是否将一个新的预测变量纳入已有的收益率模型，需要一套合理且明确的标准。理想的收益预测变量应满足以下六大标准：逻辑性（intuitiveness）、持续性（persistence）、信息增量性（information increasement）、稳健性（robustness）、可投资性（investability）和普适性（pervasiveness），它们的具体解释见表 7.1。从想法产生到进入应用，只有满足上述六个条件，才可能成为一个有用的预测变量。

3 ESG 全称为 environmental, social and corporate governance，即环境、社会和公司治理。它们是衡量公司或企业投资的可持续性和社会影响的三个核心因素。

4 曾经有私募路演时声称配置了 3000 多个“阿尔法因子”，引来阵阵拍案称奇。

表 7.1　收益预测变量应满足的六个标准

标准	定义
逻辑性	要有合理的逻辑，无论是从风险视角，还是从行为金融学视角
持续性	有效且长期有效，即使被公开发表，也并未失效
信息增量性	要有差异性，不能被已有的预测变量解释，能够对预测收益率带来独立的信息增量
稳健性	定义对参数不敏感，经得起稳健性检验
可投资性	收益不能只停留在纸面上，应具有较高可投资性，交易成本可控
普适性	广泛存在于不同的资产类别或不同国家的同一类资产中

1. 逻辑性

由于多重假设检验的问题（6.1.5 节），有时仅凭运气也能针对历史数据（也称为样本内数据）找出一些看上去能够预测收益率的变量，然而它们在样本外却不再有效。为了降低甚至是排除这种干扰，逻辑性就是寻找预测变量时最重要的标准。如果没有底层的逻辑，再漂亮的结果都没有灵魂。

根据学术界多年的研究可知，预测变量背后的逻辑可以从风险补偿和错误定价两方面解释。前者是经典金融学的角度，认为如果一个异象能够获得超额收益，它有可能承担了某种（未知）的系统性风险，而超额收益是对风险的补偿。后者从行为金融学的角度，认为人的行为偏差以及套利限制的综合作用导致错误定价的出现，且不会迅速消失。如果从上述两个方面都无法解释，那么某个预测变量很可能仅仅是针对样本内的数据窥探导致。至于如何检验该变量的原因是风险补偿、错误定价还是数据窥探，6.5 节进行了详细的介绍。

2. 持续性

仅有理论逻辑并不够，还要看实证数据是否支撑该理论。如果通过实证分析发现该变量确实能够预测未来收益率，那么它就是有效的。例如，很多针对美股研究出来的预测变量到了 A 股都出现了水土不服的现象。这背后很大程度上和两国股市中投资者结构不同有关。因此，实证结果能否支撑逻辑至关重要。在评价有效性时，常用的步骤包括：IC 测试、投资组合排序法以及发表前后检验等。

IC 是 Information Coefficient 的缩写，其中文名为信息系数，是主动管理领域最喜欢用的指标。IC 衡量预测变量的预测能力，其定义通常为 $t+1$ 时刻的预测收益率与真实收益率在截面上的相关系数。在实际应用中，$t+1$ 时刻的预测收益率往往由 t 时刻的预测变量代替，因此 IC 的定义为 t 时刻预测变量和 $t+1$ 时刻股票收益率在截面上的相关系数[5]：

$$\text{IC} = \text{corr}(z_{it}, R_{it+1}) \tag{7.1}$$

式中 z_{it} 为 t 时刻股票 i 的预测变量取值，R_{it+1} 为该股票在 $t+1$ 时刻的收益率。IC 衡量了预测变量所含的未来收益率信息含量，由定义可知其取值范围是 -1 到 1，绝对值越高表示预测能力越强。根据经验研究，若按日频收益率来评价，IC 高于 2% 就是优秀的预测变量。除了看 IC 绝对值，其他相关的指标还包括信息率（Information Ratio，IR）、IC 绝对值大于 2% 的比例和 IC 的 t-值等，详细计算见表 7.2。

表 7.2　与 IC 相关的评价指标

指标	计算方法	含义
IC	$\text{corr}(z_{it}, R_{it+1})$	变量信息含量
IR	IC 均值/IC 标准差	预测能力的稳定性
$\lvert\text{IC}\rvert \geqslant 2\%$	IC 序列绝对值大于 2% 的比例	预测能力强弱
t-值	IC 均值的 t-值	IC 是否显著

投资组合排序法是学术界构建并检验异象的常见手段，因此它自然而然地被业界拿来检验预测变量。使用预测变量作为排序变量，通过单变量或者和其他控制变量一起进行多重排序、构建投资组合。之后通过时序回归检验该组合能否获得相对基准模型的超额收益，如果答案是肯定的，那么就称该预测变量有效。本书 2.4 节对此有过详细讨论，故不再赘述。最后，预测变量虽然可能在样本内有效，但其在样本外失效风险也值得警惕。每个能够预测未来收益率的变量都代表着市场在某方面的非有效性，如果使用该变量的人越来越多，市场在这方面就会越来越有效，导致该变量失效。

3. 信息增量性

在收益率模型中，预测变量的多少并非必然的追求，最重要的是检验每一个变量是否对于预测未来收益率有增量信息。当一个新的变量被挖掘出来后，如果逻辑上讲得通且有效性也不错，那么它能否带来增量信息就是下一个衡量标准。在这方面，变量相关性、条件排序以及 Fama–MacBech 回归都是常见的方法。

变量相关性指的是不同预测变量之间的相关系数。如果新的变量和已有变量相关性很低，表明它可能特立独行，因而更有可能提供增量信息。相反，如果它和已有的变量相关性很高，那么其很可能只是一个“影子”罢了。条件排序指的是 2.1.3 节介绍的条件双重

5 为了消除预测变量分布不均匀的影响，有时也会使用 Spearman 秩相关系数代替 Pearson 相关系数。当采用前者时，IC 又被称为 rank IC，即秩信息系数。

检验，它也是十分常用的方法。首先按照某个已有变量将股票分组，再针对每组内的股票使用新的预测变量将股票分组，考察在控制了第一排序变量之后，新的预测变量能否预测股票的收益率。当然，条件双重排序虽然简单直观，但它的不足是只能同时考虑两个变量。为了同时考虑多个变量，可采用 2.2.4 节介绍的 Fama–MacBeth 回归。它可以同时控制多个已有变量的影响，检验新的预测变量对预测收益率的增量贡献。如果新的预测变量的回归系数非常显著，那么它就是一个好的预测变量。

从变量之间的相关性还能够引出业界的另一种常见处理方式 —— 正交化（或中性化）。考虑两个相关的变量 A 和 B，且变量 A 是一个优秀的预测变量，而变量 B 虽然能解释股票收益率的波动但通过它选股却无法获得超额收益[6]。这二者之间的相关性使得用 A 预测股票收益率时会受到 B 的影响。由于 B 对于预测收益率没有贡献，因此人们希望把它对 A 的干扰排除，这时就会对 A 进行正交化处理。在股票截面上以 B 作为解释变量，以 A 作为被解释变量进行回归，得到 A 的残差并用残差代替原始变量 A 作为预测变量。由于 A 的残差与 B 正交，因此利用它预测收益率时便不再受到 B 的影响。在业界的因子投资中，通常使用行业哑变量和市值变量作为风险因子变量，将原始预测变量进行正交化处理，得出的残差被称为行业和市值中性的预测变量。

4. 稳健性

稳健性衡量的是预测变量对构造方法或参数是否敏感，以及在不同的实证区间内表现是否一致。在不改变预测变量逻辑的前提下，若重新定义构造方法，或者改变研究区间，它均能显著地预测收益率，那么则称其稳健性很好。相反，如果预测结果大相径庭，说明该变量十分脆弱。稳健性检验主要从三个角度入手：参数、算法和样本。

参数指的是在定义变量时所采用的设定。以动量变量为例，学术上常用过去 12 个月的收益率（剔除最近 1 个月）作为选股的变量。在这个定义中，12 就是一个参数设定。假如将 12 换成 13 或是 11，如果动量变量在新的参数下表现差异不大，就说明其稳定性好。但如果参数稍微改变就导致预测性的大幅变化，这时就有理由怀疑挖掘变量时是否过拟合了。算法指的是对同一个变量的不同计算方法。仍以动量变量为例，常见的定义是使用原始的收益率计算动量。如果把它换成风险调整后收益就相当于改变了计算方法。稳健性好的预测变量在不同算法下应该有相似表现。最后，样本指的是将整个研究区间划分成不同的子区间，在不同的区间下进行测试。划分样本有多种方式，例如可以按 10 年为窗口划分区间，也可以按照商业周期划分样本，还可以按变量被发表前后分为样本内和样本外。一个优秀的预测变量在不同区间内的表现虽然存在差异，但总体来看都有不俗的表现。

---

6 和“阿尔法因子”相对应，这种变量常被业界称作“风险因子”。

5. 可投资性

业界同仁总爱用“阿尔法只存在于论文中”这样的话来调侃学术界找到的各种异象。这背后折射出的现象是：从研究异象到最终在实际交易中获取超额收益，这之间还需要有一大步要走。想要把纸面上的收益转化为真实的实盘收益，必须考虑信息衰减、换手频率以及交易成本等几个问题。

正如新鲜的食物具有保质期，一旦过了期限口感和营养就开始下降一样，变量预测未来收益率的能力也具有时效性。随着时间的流逝，其信息含量不断衰减，预测能力也越来越差。变量的信息衰减，又叫信息时间尺度（information horizon），反映了预测变量固有的行为特征。为了衡量其衰减速率，Grinold and Kahn (1999) 定义了半衰期指标，即信息衰减一半时所需要的时间。在实际应用时，以 IC 衡量变量的信息含量，计算 t 时刻变量值 z_{it} 和滞后 s 期收益率 R_{it+s+1} 之间的 IC。滞后 IC 下降到原始 IC 一半所用的时间即为半衰期。从数据来源上来看，基于高频量价数据构造的预测变量有效期较短，而使用财务数据构造的基本面变量的保质期则更长。信息衰减决定了使用该变量交易时的换仓频率和策略容量。一般来说，衰减速度快往往需要较高的换仓频率，才能追上衰减的速度并有效利用变量的预测能力。然而这么做的代价是很高的换手率。除非收益非常可观，否则往往难以覆盖由此造成的高昂的交易成本。另外，对于衰减快的预测变量，就算其获取的超额收益能够覆盖成本的损耗，其容量往往也较低，难以承受较大的资金量。在实际投资中，需要在信息利用效率和调仓频率之间权衡。

除了信息衰减，同样需要考虑的还包括市场冲击成本。如果新变量选出来的股票流动性很差，则隐形的冲击成本就会比较高，造成超额收益看得到却拿不着。在这方面，比较典型的就是 Amihud (2002) 计算的非流动性指标（IILIQ），它看起来让人兴奋，实则很难交易。ILLIQ 可以理解为单位成交额对应的涨跌，可以用来衡量股票的流动水平，其值越大，流动性越差，能获得的非流动性溢价也就越高。

6. 普适性

普适性是考察预测变量的最后一个标准。具有普适性的变量能够经受起不同市场的检验，广泛存在于各个国家和资产类型中。这其中的优秀代表要数价值和动量。Asness et al. (2013) 在美国、英国、日本、欧洲等成熟股票市场，以及股票、债券、商品期货及外汇等资产类型中，均发现了明显的价值和动量效应。

7.1.4 收益率预测

一旦有了预测变量，接下来就是通过它们预测收益率，并最终选股。这个过程涉及的步骤包括确定投资范围、剔除预测变量异常值和预测收益率几部分。在预测收益率时又包括非参数化预测和参数化预测。下面依次说明。

1. 确定投资范围

投资范围的确定包括原始股票池和优化股票池两步。原始股票池限定了最原始的投资范围，指明可供选择的股票有哪些。普通投资者在选择股票时几乎不受限制，只要在相应的板块开了股票账户，便可以交易任何一支股票，因此普通投资者的投资范围是全市场。但对于行业基金产品，例如医药基金，其选股范围只能限制在医药行业内，因而便买不了、也不会买其他行业上市公司的股票。最后，对于指数增强产品来说，例如中证 500 增强基金，其投资范围就天然限定了在中证 500 指数的成分股中挑选股票，如果买入了沪深 300 指数的成分股，便被视作越线。常见的原始股票池范围如表 7.3 所示。

表 7.3　原始股票池范围

投资范围	举例
全部 A 股	沪深两市主板、中小板、创业板和科创板股票均可交易
指数成分股	中证 500 指数成分股和沪深 300 指数成分股
行业成分股	医药类股票、房地产类股票和国防军工类股票

确定了原始股票池后便进入第二步，对其进行优化。在初始投资范围的基础上，为了防止掉坑踩雷，通常会进一步剔除掉有缺陷的股票（黑名单），得到更加干净的股票池子。从黑名单的来源上，可以分成三类：低流动性股票、高风险股票和大概率跑输股票。

首先来看低流动性股票。一般来说，在控制其他因素后，股票收益率会随着流动性的降低而增加。也就是说，如果愿意承担流动性风险的话，会获得非流动性溢价（Amihud 2002, Pástor and Stambaugh 2003）。但是流动性差的股票冲击成本高，市场容量有限，并不适合机构资金运作。因此，很多投资机构将非流动性视为一个风险因子，在构造组合时将流动性极低的股票剔除。举例来说，中证指数在很多指数编制方案中都引入了流动性剔除规则（见表 7.4）。

再来看看高风险类股票，这类股票在 3.1 节有所提及，包括待退市股、风险警示股、净资产为负股以及次新股。由于上述股票潜在的风险较大，可能带来巨大亏损，因此在指数编制时需要剔除，基金合同中也明令禁投。除了这些常见的高风险标签之外，投资者也可以自行定义其他高风险类股票，例如“高商誉类股票”和“高负债股票”等。

最后，长期大概率跑输大盘的股票，即具有负的超额收益率，可以在选股时事先剔除。根据经验，有三类股票应该给予考虑，它们是：从量价交易特征上看，具有高短期动量、高换手率和高波动的股票（即投机股）；从公司基本面上来看，估值高而盈利差的股票（即低性价比股）；从事件驱动角度看，发生持续负向风险事件（如股东减持和财务造假等）的股票。

表 7.4　中证指数编制方案中对流动性的规定

指数	举例
中证沪港深红利低波动指数	对非 ST、⋆ST 股票以及非暂停上市 A 股股票，按照最近一年（新股为上市以来）的 A 股日均成交金额由高到低排名，剔除排名后 20% 的股票
中证中信稳健成长策略指数	过去 60 个交易日的日均成交金额不低于 1000 万元
中证港股通红利低波动指数	剔除样本空间内过去一年日均成交金额低于 4000 万港元的股票
中证香港质量成长指数	过去一年日均成交金额大于 2000 万港元

2. 剔除预测变量异常值

不同的预测变量暗含了不同的信息，数值差异越大表明信息差异越大。但需要警惕的是，变量值只是股票某一个特征的代理变量，应满足一个合理的分布区间。在计算时由于数据质量问题和计算方式的选择，可能会造成异常值，给后续研究带来干扰。这时就需要对预测变量在股票截面上的异常值进行处理。这么做的目的一方面是为了排除数据错误，另一方面让数据的分布更加均匀。剔除异常值的方法较多，常见的有缩尾法、三倍标准差法和中位数法。

缩尾法（winsorization）最简单也最常见，是学术论文中应用最为普遍的方法。缩尾法又被称为固定比例法，即按照变量从小到大进行排序，将小于 $p\%$ 分位数和大于 $1-p\%$ 分位数的指标值剔除（或者用临界点值替代）。缩尾法虽然简单易用，在学术论文中也是标准方法，但依然存在较多缺陷。首先，对于某些指标（如异常换手率），异常值并不常见，强行使用缩尾法会将原本合理的数据删除。其次，对于异常值很多的指标，如果临界点取得较小，会造成异常值剔得不干净。最后，对于分布不对称的指标，异常大和异常小数量差异较大，因而在分布的左尾和右尾采用同样百分比确定临界值也不恰当。

另一种常见的方法是三倍标准差法。在概率分布中，标准差反映了分布的离散程度。对一个满足正态分布的随机变量而言，其取值落入均值左右一倍标准差内的概率是 68.3%，落在两倍标准差内的概率是 95.4%，落在三倍标准差内的概率是 99.7%。因此随机变量的取值落在三倍标准差之外的概率非常小，不足 0.3%。受到上述启发，均值方差法将距离均值超过 3σ 视为小概率事件，若取值满足这一条件，则被视为异常值。均值方差法比较直观易懂，考虑了数据的波动情况，在数据满足正态分布或者接近正态分布时，具有较好的识别异常值效果。然而，正所谓“成也萧何，败也萧何”，当数据偏离异常值较大时，均值方差方法可能就会出现偏差，难以达到理想的效果。除此之外，由于均值和方差在计算时本身也会用到全部样本数据，即异常值会影响均值和标准差的计算。若部分异常值特别大，导致 σ 值很大，则距离均值 $\pm 3\sigma$ 的范围就会很宽，造成看起来是异常值但却无法识别到的窘境。

最后一种常见去异常值的方法是绝对中位差（median absolute deviation，简称 MAD）法。考虑到样本均值和标准差不够稳健，容易受到异常值的影响，因此将均值用中位数代替，将标准差用绝对中位差代替，这样就得到了 MAD 法。中位数（Median）又称中值，是按顺序排列的一组数据中居于中间位置的数，它不受数据分布的极大或极小值影响。令 X_i 代表股票 i 的某预测变量的取值，令 X^m 代表 X_i 的中位数，则绝对中位差（MAD）的定义为：

$$\text{MAD} = \text{median}(|X_i - X^m|) \tag{7.2}$$

该式的含义是，用原数据减去中位数后得到新数据序列，然后将该序列取绝对值后再找出中位数即为 MAD。一般来说，在描述数据离散程度时，标准差和 MAD 并非 1 比 1 的关系，因此需要给 MAD 乘以一个系数。考虑到当随机变量服从正态分布时，1 标准差约为 1.4826 倍的绝对中位差，因此将式 (7.2) 中的 MAD 乘以系数 1.4826 得到最终的偏离幅度，记为 MAD_e。对于任意 X_i，如果它偏离中位数 X^m 的距离（左右两侧）超过 $3 \times \text{MAD}_e$，则被称为异常值，需剔除或用 $X^m \pm 3 \times \text{MAD}_e$ 之一代替。相比于均值和标准差，无论是中位数和绝对中位差都更能适应数据中的异常值，少量的异常值不会干扰到异常值的识别，从而提高异常值的识别准确度。但是当异常值较多时，这种方法也仍然会出现识别盲区，无法排除所有异常值。

3. 非参数化预测

一旦选定了股票池并剔除了预测变量异常值之后，接下来就使用预测变量选股。首先来看非参数化预测的方法，包括条件选股和排序打分两种。由于这两种方法对于变量和收益率之间的具体关系不做假设，而仅是利用二者之间的单调相关性，故而称为非参数法。

条件选股法非常常见，大多数量化平台和行情软件都提供该功能模块。条件选股只需要简单的两步：（1）确定预测变量（即选股指标，例如 BM、ROE 和 EPS 变化率等）；（2）对于每一个变量，设定一个筛选条件（例如 $\text{BM} > 0.5$ 和 EPS 变化率 $> 10\%$），选出所有满足条件的股票。举个例子，假设投资者想要买入“估值低并且盈利强”的股票，并使用 BM 和 ROE 分别作为衡量价值和盈利的变量。在每个月月末，用如下两个条件进行筛选：（1）$\text{BM} > 1/3$；（2）$\text{ROE(TTM)} > 10\%$。选择出来的股票等权重持有并每月调仓。在不考虑成本的情况下，该选股策略的累计收益率如图 7.1 所示。

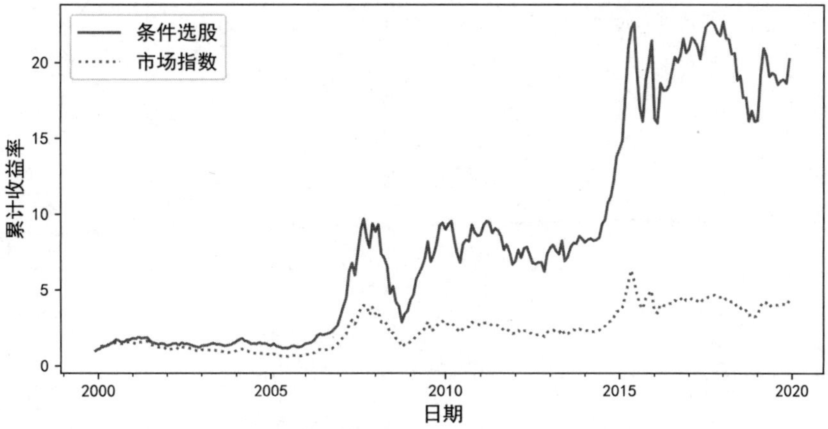

图 7.1　以 BM 和 ROE(TTM) 为变量条件选股的累计收益率

条件选股法简单直接，许多传奇基金经理的选股方法均可描述成条件选股[7]，但它的不足也很明显，在使用时需要注意以下问题。第一，选股条件不能过多或过少。若条件太多，满足所有条件的股票可能很少甚至不存在；若条件太少，筛选出来的股票又太多，对资金少的投资者来说会在交易层面造成困难。第二，条件选股往往造成持股数量在时序上非常不稳定。第三，由于需要给每个预测变量设置一个阈值，因此发生过拟合的可能性较高。第四，非参数化的条件选股结果往往难以和投资组合优化模型相融合，因而无法实施更精确的组合管理和风险控制。

另一个非参数化预测方法是排序打分法。在该方法中，使用每个预测变量分别对每只股票排序，排序时遵循“排名和预期收益正相关”的原则，因此排名靠前的股票得分高，未来预期收益率也更高。按照每个变量排序后，将所有变量上的得分加总便得到股票的总分，并从中选出总分最高的 N_h 支。依然以 BM 和 ROE(TTM) 为预测变量，在每月月末选择总分最高的 50 支股票等权重配置。该方法的累计收益率如图 7.2 所示。

排序打分法能较好地解决条件选股法的缺陷。它能同时考虑多个指标，且选股数量能够保证稳定和可控，参数过度拟合嫌疑也更低。其缺点是基础的排序打分法假定每个变量的权重相同，不考虑预测变量预测能力的差异以及预测能力的变化。同样的问题在条件选股法中也依然存在。确定预测变量之间的权重属于因子择时的范畴，将在 7.5 节讨论。

7 Chincarini and Kim (2006) 介绍了包括 Josef Lakonishok、Peter Lynch 和 Joseph Piotroski 等 30 余位传奇基金经理的选股逻辑。

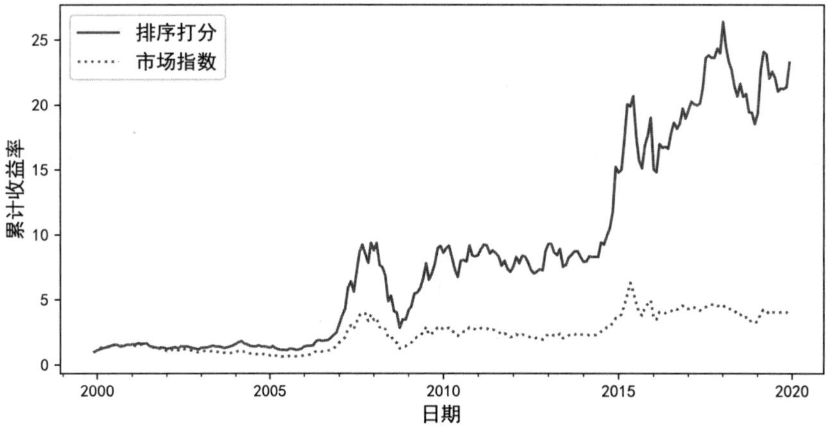

图 7.2 以 BM 和 ROE(TTM) 为变量、采用排序打分法选股的累计收益率

4. 参数化预测

除上述非参数化方法，线性回归模型也常被用于收益率的预测。在线性回归模型中，解释变量是预测变量，而被解释变量则是股票收益率。由于不同的预测变量量纲不统一（比如 BM 和对数市值），因此通常先对每个预测变量进行标准化处理，得到标准化得分。该得分通常被称为 Z-Score[8]，其计算公式为：

$$\text{Z-Score} = \frac{\text{变量} - \text{变量均值}}{\text{变量标准差}} \tag{7.3}$$

其中变量均值和变量标准差均使用 t 期股票池中的所有股票在该变量上的取值计算，因而是截面统计量。得到单预测变量的标准化分数后，就可以构建回归模型预测收益率了。由于通常使用多个预测变量，因此在回归时也有两种处理方式。第一种方式是将所有变量加总，使每支股票得到一个综合得分，然后用该综合得分作为解释变量并通过一元回归来预测收益率。第二种方式则是将不同的变量视作多个解释变量，通过多元回归来预测收益率。这两种方法各有千秋，但一元回归由于其简单和易于理解，因而被更广泛地用在投资组合优化中（Chincarini and Kim 2006）。

为进行一元回归，首先需要得到股票在全部预测变量上的综合得分。为此，将每个变量的 Z-Score 按某个权重求和即可：

$$\text{综合 Z-Score} = \sum_{k=1}^{K} \omega_k \times \text{Z-Score}_k \tag{7.4}$$

8 这也是为什么在式 (7.1) 中使用 z_{it} 表示变量值。

式中 ω_k 为变量 k 的权重。理论上，变量的权重应和它们预测未来收益率的能力成正比。然而在实践中，等权重配置所有变量往往就是很好的选择。偏离等权重配置就相当于预测变量之间的择时。具体可以参考 7.5 节的做法。需要说明的是，按照式 (7.4) 计算出来的 t 期每支股票的综合 Z-Score 虽然仍然满足截面均值为 0（因为每个单一的 Z-Score$_k$ 的均值都是 0），但其截面标准差通常不再为 1，而是小于 1。因此，需要对式 (7.4) 计算出的综合 Z-Score 最后再进行一次标准化处理，使得其截面标准差为 1。

从上述讨论中延伸一步，便引出另外一个常见的问题。在开发收益率模型时，人们往往从不同的维度（比如估值、盈利、成长性、安全性等）寻找预测变量，而在每个维度内，为了预测水平的稳健性又会使用多个细分的变量。在这种情况下，将不同维度下的细分预测变量都一股脑塞入式 (7.4) 计算综合 Z-Score 并不科学。更合理的做法是按照层级处理，即先将属于每个维度的细分变量综合，得到该维度的 Z-Score；然后再将几个维度的 Z-Score 汇总，得到最终的综合 Z-Score。这种层级处理方法在学术界和业界非常普遍。举例来说，Asness et al. (2019) 在构建公司质量因子时，就采用了该方法。他们首先使用资产毛利率（GPOA）、净资产收益率（ROE）、资产收益率（ROA）等计算盈利维度的 Z-Score，用毛利润五年增长率、ROE 五年增长率、ROA 五年增长率等计算成长维度的 Z-Score，用 BAB 因子（Frazzini and Pedersen 2014）、杠杆（总负债与总资产之比）、ROE 标准差等计算安全性维度的 Z-Score。最后，盈利、成长、安全三个维度的 Z-Score 汇总得到了每支股票的综合 Z-Score，就得到了质量因子的变量。

有了综合 Z-Score，接下来就是将其转化为收益率预测。为此，要考虑以下一元截面回归模型：

$$R_{it} = c_t + b_t z_{it-1} + \varepsilon_{it}, i = 1, \cdots, N \tag{7.5}$$

式中 z_{it-1} 表示 $t-1$ 时刻（即 t 期期初）股票 i 的综合 Z-Score。使用 OLS 即可对模型 (7.5) 进行参数估计，求出 $\hat{c}_t$ 和 $\hat{b}_t$。由于上述 OLS 回归在每个 t 期进行，因此一旦有了 $\hat{c}_t$ 和 $\hat{b}_t$ 的时间序列 $\{\hat{b}_1, \cdots, \hat{b}_t\}$ 和 $\{\hat{c}_1, \cdots, \hat{c}_t\}$，便可利用它们来预测 $t+1$ 时刻的收益率。通常的做法是使用最近 T 个参数 b 和 c 的估计值各自取平均值（T 的大小和预测收益率的频率有关。以预测月频收益率为例，T 的取值往往为 12、24 或 36，代表利用过去 12、24 或 36 个月的参数估计值），并将均值视作 $t+1$ 期参数的估计：

$$\tilde{c}_{t+1} = \frac{1}{T} \sum_{i=t-T+1}^{t} \hat{c}_i \tag{7.6}$$

$$\tilde{b}_{t+1} = \frac{1}{T} \sum_{i=t-T+1}^{t} \hat{b}_i \tag{7.7}$$

得到 $\tilde{c}_{t+1}$ 和 $\tilde{b}_{t+1}$ 之后，将它们代入模型 (7.5) 并使用 t 时刻最新的综合 Z-Score，即可预测 $t+1$ 时刻的收益率（预测值记为 $\tilde{R}_{it+1}$）：

$$\tilde{R}_{it+1} = \tilde{c}_{t+1} + \tilde{b}_{t+1} z_{it} \tag{7.8}$$

除上述每期截面回归再取均值估计下期参数外，另一种常见的做法是使用截至 t 时刻的最近的 T 期收益率数据，以及与它们对应的滞后一期的综合 Z-Score 数据进行面板回归（panel regression）。将面板回归得到的系数直接作为 $\tilde{c}_{t+1}$ 和 $\tilde{b}_{t+1}$，并代入式 (7.8) 预测 $t+1$ 的收益率。

模型 (7.5) 和主动管理中关于超额收益的著名经验法则也密切相关。将模型 (7.5) 等号左右两侧同时减去基准的收益率（记为 R_{Bt}）：

$$R_{it} - R_{Bt} = (c_t - R_{Bt}) + b_t z_{it-1} + \varepsilon_{it} \tag{7.9}$$

由上述关系可知，系数 b_t 不受影响。定义 $\alpha_{it} \equiv R_{it} - R_{Bt}$ 表示超额收益，并用符号 c'_t 代替 $c_t - R_{Bt}$ 得到：

$$\alpha_{it} = c'_t + b_t z_{it-1} + \varepsilon_{it} \tag{7.10}$$

式 (7.10) 的 OLS 估计量为：

$$\hat{b}_t = \frac{\mathrm{cov}(z_{it-1}, \alpha_{it})}{\mathrm{var}(z_{it-1})} \tag{7.11}$$

$$\hat{c}'_t = \bar{\alpha}_t - \hat{b}_t \bar{z}_{t-1} \tag{7.12}$$

其中 $\bar{\alpha}_t = \frac{1}{N}\sum_{i=1}^{N} \alpha_{it}$，$\bar{z}_{t-1} = \frac{1}{N}\sum_{i=1}^{N} z_{it-1}$。由于 Z-Score 的均值为 0（$\bar{z}_{t-1} = 0$），因此 $\hat{c}'_t = \bar{\alpha}_t$。将 $\hat{b}_t$ 和 $\hat{c}'_t$ 代入 (7.10) 计算超额收益的估计值：

$$\hat{\alpha}_{it} = \bar{\alpha}_t + \frac{\mathrm{cov}(z_{it-1}, \alpha_{it})}{\mathrm{var}(z_{it-1})} z_{it-1} \tag{7.13}$$

式 (7.13) 中等号右侧第一项是所有股票超额收益在截面上的均值，这一项对所有股票来说是一样的（且如果基准是一个等权重指数，则这一项将严格为零），因此对个股超额收益的预测仅取决于等号右边的第二项。利用方差和协方差的定义将第二项进行简单的代数运算可得：

$$\frac{\mathrm{cov}(z_{it-1}, \alpha_{it})}{\mathrm{var}(z_{it-1})} z_{it-1} \tag{7.14}$$

$$\Rightarrow \quad \frac{\rho(z_{it-1}, \alpha_{it})\sigma(\alpha_{it})\sigma(z_{it-1})}{\sigma(z_{it-1})\sigma(z_{it-1})} z_{it-1} \tag{7.15}$$

$$\Rightarrow \quad \frac{\rho(z_{it-1}, \alpha_{it})\sigma(\alpha_{it})}{\sigma(z_{it-1})} z_{it-1} \tag{7.16}$$

其中 $\rho(z_{it-1}, \alpha_{it})$ 为 z_{it-1} 和 α_{it} 的相关系数。且由于 z_{it-1} 是 Z-Score，其标准差为 1。将式 (7.16) 进一步化简并得到关于 α 的关系：

$$\hat{\alpha}_{it} \approx \rho(z_{it-1}, \alpha_{it}) \times \sigma(\alpha_{it}) \times z_{it-1} \tag{7.17}$$

上式中右侧第一项是 IC，第二项是超额收益的截面波动率，第三项是 Z-Score。式 (7.17) 所示的超额收益与 IC × 波动率 × Score 的关系正是 Grinold (1994) 提出的著名的超额收益经验法则，也就是 α 三要素公式。

7.2　风险模型：以 Barra 为例

风险模型是使用多因子模型进行主动投资管理中的另一个重要模块，其重要性不亚于收益率模型。正如 1.1.4 节解释的那样，通过多因子模型可以实现降维，方便地计算股票的协方差矩阵，并以此作为投资组合风险控制的依据。式 (1.6) 给出了股票协方差矩阵和因子协方差矩阵的关系。为方便下文的讨论，这里再给出一次：

$$\boldsymbol{\Sigma} = \boldsymbol{\beta}\boldsymbol{\Sigma}_{\lambda}\boldsymbol{\beta}' + \boldsymbol{\Sigma}_{\varepsilon} \tag{7.18}$$

其中 $\boldsymbol{\beta} = [\boldsymbol{\beta}_1, \boldsymbol{\beta}_2, \cdots, \boldsymbol{\beta}_N]'$ 是 $N \times K$ 因子暴露矩阵；$\boldsymbol{\Sigma}$（N 阶矩阵）、$\boldsymbol{\Sigma}_{\lambda}$（$K$ 阶矩阵）以及 $\boldsymbol{\Sigma}_{\varepsilon}$（$N$ 阶矩阵）分别为股票的协方差矩阵、因子的协方差矩阵以及随机扰动的协方差矩阵。由于股票收益率中随机扰动相互独立，因此 $\boldsymbol{\Sigma}_{\varepsilon}$ 是对角阵。

在因子投资中，有一些多因子模型的目的并非解释资产预期收益的截面差异，而是为了通过式 (7.18) 和各种统计学手段准确地估计资产协方差矩阵 $\boldsymbol{\Sigma}$。鉴于此，业界更倾向于称它们为风险模型。在这些模型之中，Barra 模型无疑是最著名的。它在全世界不同国家的股票市场因地制宜地推出了多因子模型，并通过几代模型的迭代和统计手段的升级，在事前估计 $\boldsymbol{\Sigma}$ 方面做了很多努力。本节介绍 Barra 针对中国 A 股市场推出的 CNE5 多因子模型[9]。

7.2.1　Barra 多因子模型

CNE5 模型中包含一个国家因子，P 个行业因子（记为 $I_1, \cdots, I_P$）以及 Q 个风格因子（记为 $S_1, \cdots, S_Q$）。令 $K = 1 + P + Q$，表示一共有 K 个因子。在 t 时刻，该多因子

9 Barra 已经被明晟（MSCI）收购。明晟于 2018 年 8 月月底推出了最新一代的中国模型 CNE6。

模型为：

$$
\begin{aligned}
\begin{bmatrix} R_{1t}^{e} \\ R_{2t}^{e} \\ \vdots \\ R_{Nt}^{e} \end{bmatrix} &= \begin{bmatrix} 1 \\ 1 \\ \vdots \\ 1 \end{bmatrix} \lambda_{Ct} + \begin{bmatrix} \beta_{1t-1}^{I_1} \\ \beta_{2t-1}^{I_1} \\ \vdots \\ \beta_{Nt-1}^{I_1} \end{bmatrix} \lambda_{I_1 t} + \cdots + \begin{bmatrix} \beta_{1t-1}^{I_P} \\ \beta_{2t-1}^{I_P} \\ \vdots \\ \beta_{Nt-1}^{I_P} \end{bmatrix} \lambda_{I_P t} \\
&+ \begin{bmatrix} \beta_{1t-1}^{S_1} \\ \beta_{2t-1}^{S_1} \\ \vdots \\ \beta_{Nt-1}^{S_1} \end{bmatrix} \lambda_{S_1 t} + \cdots + \begin{bmatrix} \beta_{1t-1}^{S_Q} \\ \beta_{2t-1}^{S_Q} \\ \vdots \\ \beta_{Nt-1}^{S_Q} \end{bmatrix} \lambda_{S_Q t} + \begin{bmatrix} u_{1t} \\ u_{2t} \\ \vdots \\ u_{Nt} \end{bmatrix}
\end{aligned} \tag{7.19}
$$

式中 R_{it}^{e} 是 t 时刻股票 i（相对无风险收益率）的超额收益；$\beta_{it-1}^{I_p}$ 是 $t-1$（即 t 期期初）股票 i 在行业 I_p 上的因子暴露（假设一个公司在任何时刻只能属于一个行业，那么 $\beta_{it-1}^{I_p}$ 的取值为 0 或者 1）；$\beta_{it-1}^{S_q}$ 是 $t-1$（t 期期初）股票 i 在风格因子 S_q 上的因子暴露；u_{it} 为 t 时刻股票 i 在收益率中的随机扰动，也被称为特质性收益率；λ_{Ct} 为 t 时刻国家因子的收益率；$\lambda_{I_p t}$ 为 t 时刻行业因子 I_p 的收益率；$\lambda_{S_q t}$ 为 t 时刻风格因子 S_q 的收益率。此外，在上述模型中，所有股票在国家因子上的暴露都是 1。

在模型 (7.19) 中，t 时刻股票收益率以及 $t-1$ 时刻股票的因子暴露已知，采用加权最小二乘法（weighted least squares，WLS）估计 t 时刻的因子收益率。因此，模型 (7.19) 的本质正是 Fama–MacBeth 截面回归。在求解模型 (7.19) 时，需要注意的是国家因子的因子暴露和 P 个行业的因子暴露之间存在共线性。国家因子的因子暴露向量可以表达为 P 个行业因子的因子暴露向量的线性组合，但会造成模型 (7.19) 的解不唯一。为此，对行业因子的因子收益率作如下限制：

$$
s_{I_1}\lambda_{I_1 t} + s_{I_2}\lambda_{I_2 t} + \cdots + s_{I_P}\lambda_{I_P t} = 0 \tag{7.20}
$$

其中 s_{I_p} 是所有属于行业 I_p 的股票按市值计算出的权重之和。

Barra 多因子模型的另一个特点是风格因子暴露的确定。首先，该模型直接使用公司特征，而非时序回归系数，并以此作为因子暴露的原始值[10]。举例来说。如果使用 BM 构建价值因子，则股票 $t-1$ 时刻的 BM 指标取值就作为其在该因子上的因子暴露的原始值。接下来，对原始值进行标准化处理，包括去均值和除以标准差两步。对于前者，假设市场组合在任何风格因子上都应该是中性的，即暴露为零。因此，对于任意因子，去均值的处理是使用因子暴露原始值减去因子暴露的市值加权。去均值后，因子暴露满足：

10 本书 2.3 节详细阐述了如何确定因子暴露。

$$\sum_{i=1}^{N} s_i \beta_{it-1}^{S_q} = 0, \quad q = 1, \ldots, Q \tag{7.21}$$

式中 s_i 代表股票 i 的市值权重。之后，将经过式 (7.21) 处理的风格因子暴露在截面上除以其标准差，就完成了对风格因子的因子暴露的标准化。

较之 Barra 针对中国市场的早期模型，CNE5 模型最大的差异是加入了国家因子。国家因子投资组合的实质正是按市值加权的市场组合。这一结论可以通过以下推导证明。令 R_{Mt}^e 表示 t 时刻市场组合的超额收益。因为 s_i 是股票 i 的市值权重，因此以 s_i 为权重构建的投资组合就是市场组合。将 R_{Mt}^e 作为资产代入模型 (7.19)，并利用式 (7.20) 及式 (7.21) 推导可知：

$$\begin{aligned}
R_{Mt}^e &= \lambda_{Ct} + \sum_{p=1}^{P} \beta_{Mt-1}^{I_p} \lambda_{I_p t} + \sum_{q=1}^{Q} \beta_{Mt-1}^{S_q} \lambda_{S_q t} + u_{Mt} \\
&= \lambda_{Ct} + \sum_{p=1}^{P} \left(\sum_{i=1}^{N} s_i \beta_{it-1}^{I_p} \right) \lambda_{I_p t} + \sum_{q=1}^{Q} \left(\sum_{i=1}^{N} s_i \beta_{it-1}^{S_q} \right) \lambda_{S_q t} + \sum_{i=1}^{N} s_i u_{it} \\
&= \lambda_{Ct} + \sum_{p=1}^{P} s_{I_p} \lambda_{I_p t} + \sum_{q=1}^{Q} 0 \times \lambda_{S_q t} + \sum_{i=1}^{N} s_i u_{it} \\
&= \lambda_{Ct} + 0 + 0 + \sum_{i=1}^{N} s_i u_{it} \\
&\approx \lambda_{Ct}
\end{aligned} \tag{7.22}$$

在上述推导中，式 (7.22) 右侧中间两项变为 0，分别用到了式 (7.20) 和式 (7.21) 这两个条件的设定。最后，式中 $\sum_{i=1}^{N} s_i u_{it}$ 是所有股票特质性收益的加权平均，由于它的值近似等于零，因此上述推导表明 $R_{Mt}^e \approx \lambda_{Ct}$。国家因子收益率近似等于市场组合的超额收益，意味着国家因子组合近似地等价于市场组合。这就是国家因子的本质。从数学上说，由于 CNE5 模型假设所有股票在国家因子上的暴露均为 1，因此在截面回归时，国家因子实际上起到了截距项的作用。

7.2.2　模型求解

Barra 模型的求解仅仅是在每个 t 期进行截面回归，通过 WLS 估计求因子收益率和特质性收益率，因此使用任何编程语言都可以方便求解。然而，正如 2.2.3 节所解释的那样，在多元回归求解因子收益率的同时也得到了每个因子的投资组合。与使用排序法构建的因子投资组合相比，多元回归得到的因子投资组合因其优秀的特征而被称为纯因子投资组合（pure factor portfolio）。搞懂纯因子投资组合的性质有助于更好地理解该模型。本节和 7.2.3 节将对此进行详细说明。本节首先来看模型的求解。

Menchero and Lee (2015) 给出了求解模型 (7.19) 的简要步骤。为了方便起见，将模型 (7.19) 用向量和矩阵表示。此外，为了简化数学表达，在本节的推导中略去时间下标 t 以及 $t-1$。使用向量和矩阵，模型 (7.19) 变为：

$$\boldsymbol{R}^e = \boldsymbol{\beta}\boldsymbol{\lambda} + \boldsymbol{u} \tag{7.23}$$

式中 $\boldsymbol{\beta}$ 是 $N \times K$ 因子暴露矩阵：

$$\boldsymbol{\beta} = \begin{bmatrix} 1 & \beta_1^{I_1} & \cdots & \beta_1^{I_P} & \beta_1^{S_1} & \cdots & \beta_1^{S_Q} \\ 1 & \beta_2^{I_1} & \cdots & \beta_2^{I_P} & \beta_2^{S_1} & \cdots & \beta_2^{S_Q} \\ \vdots & \vdots & \ddots & \vdots & \vdots & \ddots & \vdots \\ 1 & \beta_N^{I_1} & \cdots & \beta_N^{I_P} & \beta_N^{S_1} & \cdots & \beta_N^{S_Q} \end{bmatrix} \tag{7.24}$$

令 $\boldsymbol{\Omega}$ 为全部因子的纯因子投资组合权重矩阵，即它是 $K \times N$ 矩阵，在第 k 行为因子 k 的纯因子投资组合中所有 N 支股票的权重。由于使用了 WLS 估计，因此在求解因子收益率以及纯因子组合时，需要指定回归权重矩阵（regression weight matrix）。为此，Barra 模型假设个股特值性收益率的方差和其市值平方根成反比，并选择了如下回归权重矩阵 $\boldsymbol{W}$：

$$\boldsymbol{W} = \begin{bmatrix} \frac{\sqrt{s_1}}{\sum_{i=1}^N \sqrt{s_i}} & 0 & \cdots & 0 \\ 0 & \frac{\sqrt{s_2}}{\sum_{i=1}^N \sqrt{s_i}} & \cdots & 0 \\ \vdots & \vdots & \ddots & \vdots \\ 0 & 0 & \cdots & \frac{\sqrt{s_N}}{\sum_{i=1}^N \sqrt{s_i}} \end{bmatrix} \tag{7.25}$$

求解模型 (7.19) 的另外一个难点是约束条件式 (7.20)。为此，需要构建代表该约束的约束矩阵 $\boldsymbol{C}$。由于仅有一个约束条件，因此 K 个因子收益率之间的约束关系可以表达为（Ruud 2000）：

$$\begin{bmatrix}\lambda_C\\ \lambda_{I_1}\\ \vdots\\ \lambda_{I_P}\\ \lambda_{S_1}\\ \vdots\\ \lambda_{S_Q}\end{bmatrix}=\begin{bmatrix}1 & 0 & 0 & \cdots & 0 & 0 & \cdots & 0\\ 0 & 1 & 0 & \cdots & 0 & 0 & \cdots & 0\\ \vdots & \vdots & \vdots & \ddots & \vdots & \vdots & \ddots & \vdots\\ 0 & -\frac{s_{I_1}}{s_{I_P}} & -\frac{s_{I_2}}{s_{I_P}} & \cdots & -\frac{s_{I_{P-1}}}{s_{I_P}} & 0 & \cdots & 0\\ 0 & 0 & 0 & \cdots & 0 & 1 & \cdots & 0\\ \vdots & \vdots & \vdots & \ddots & \vdots & \vdots & \ddots & \vdots\\ 0 & 0 & 0 & \cdots & 0 & 0 & \cdots & 1\end{bmatrix}\begin{bmatrix}\lambda_C\\ \lambda_{I_1}\\ \vdots\\ \lambda_{I_{P-1}}\\ \lambda_{S_1}\\ \vdots\\ \lambda_{S_Q}\end{bmatrix}+\begin{bmatrix}0\\0\\ \vdots\\0\\0\\ \vdots\\0\end{bmatrix} \tag{7.26}$$

式 (7.26) 中等号右边的矩阵就是约束矩阵 $\boldsymbol{C}$，它是 $K\times(K-1)$ 矩阵（这是因为 K 个因子收益率之间有一个约束条件）。在构造 $\boldsymbol{C}$ 时，将 λ_{I_P} 用其他行业收益率的线性组合来表达。

有了 $\boldsymbol{W}$ 以及 $\boldsymbol{C}$ 之后，利用带约束条件的最小二乘法求解即可得到纯因子投资组合的股票权重矩阵 $\boldsymbol{\Omega}$：

$$\boldsymbol{\Omega}=\boldsymbol{C}\left(\boldsymbol{C}'\boldsymbol{\beta}'\boldsymbol{W}\boldsymbol{\beta}\boldsymbol{C}\right)^{-1}\boldsymbol{C}'\boldsymbol{\beta}'\boldsymbol{W} \tag{7.27}$$

由前文可知，$\boldsymbol{\Omega}$ 的第 k 行代表着因子 k 的纯因子投资组合中所有股票的权重。因此，在得到 $\boldsymbol{\Omega}$ 之后，便可方便地计算出每个因子 t 期的收益率：

$$\lambda_{kt}=\sum_{i=1}^{N}\omega_{ki}R_{it}^{e},\quad k=1,\cdots,K \tag{7.28}$$

式中 ω_{ki} 为矩阵 $\boldsymbol{\Omega}$ 中第 k 行、第 i 个元素。将 $\lambda_{kt}\ (k=1,\cdots,K)$ 代入模型 (7.19) 中则可求出每支股票 i 的特质性收益率。以上就是模型求解的过程。

7.2.3 纯因子投资组合

7.2.2 节的求解得到了所有因子的投资组合权重矩阵 $\boldsymbol{\Omega}$。该矩阵的每一行都是 N 维向量，第 k 行 $[\omega_{k1},\omega_{k2},\cdots,\omega_{kN}]$ 即为因子 k 的纯因子投资组合中 N 支股票的权重。将 $\boldsymbol{\Omega}$ 和股票的因子权重矩阵 $\boldsymbol{\beta}$ 相乘，得到新的矩阵 $\boldsymbol{\Omega\beta}$。由于 $\boldsymbol{\Omega}$ 是 $K\times N$ 矩阵，而 $\boldsymbol{\beta}$ 是 $N\times K$ 矩阵，因此 $\boldsymbol{\Omega\beta}$ 是 K 阶矩阵，它的第 k 行代表因子 k 的纯因子投资组合在全部 K 个因子上的暴露。假设 K 个因子按照国家因子、P 个行业因子以及 Q 个风格因子的顺序排列，则矩阵 $\boldsymbol{\Omega\beta}$ 满足如下性质：

$$\boldsymbol{\Omega\beta}=\begin{bmatrix}\boldsymbol{D}_{(1+P)\times(1+P)} & \boldsymbol{0}_{(1+P)\times Q}\\ \boldsymbol{0}_{Q\times(1+P)} & \boldsymbol{I}_{Q\times Q}\end{bmatrix} \tag{7.29}$$

式中子矩阵的下标代表阶数。首先来看式 (7.29) 中容易的部分。其右上角零矩阵 $\mathbf{0}_{(1+P)\times Q}$ 说明国家因子和 P 个行业因子的纯因子投资组合在所有 Q 个风格因子上的暴露均为零；其左下角的零矩阵 $\mathbf{0}_{Q\times(1+P)}$ 说明 Q 个风格因子的纯因子投资组合在国家和行业因子上的暴露均为零；其右下角的单位阵 $\boldsymbol{I}_{Q\times Q}$ 说明每个风格因子的纯因子组合对自己有 1 个单位的暴露，而对其他风格因子的暴露均为零。结合 $\mathbf{0}_{Q\times(1+P)}$ 和 $\boldsymbol{I}_{Q\times Q}$ 可知，任何一个风格因子的纯因子组合在除了它自己以外的所有因子上均无暴露。

然后来看式 (7.29) 中左上角的子矩阵 $\boldsymbol{D}_{(1+P)\times(1+P)}$。它表示国家和行业因子的纯因子组合在该因子上的暴露。通过以下一个示例来说明。假设有 1 个国家因子、27 个申万一级行业因子以及 11 个风格因子（共 39 个因子）。根据式 (7.27) 求解矩阵 $\boldsymbol{\Omega}$，并最终得到 $\boldsymbol{\Omega\beta}$，以及其左上角的子矩阵 $\boldsymbol{D}_{(1+P)\times(1+P)}$。由于因子数量太多，难以完整而清晰地展示，以下对 $\boldsymbol{D}_{(1+P)\times(1+P)}$ 的展示略去中间一部分：

$$\begin{bmatrix} 1 & 0.03 & 0.02 & 0.06 & 0.01 & \cdots & 0.02 & 0.01 & 0.03 & 0.05 \\ 0 & 0.97 & -0.02 & -0.06 & -0.01 & \cdots & -0.02 & -0.01 & -0.03 & -0.05 \\ 0 & -0.03 & 0.98 & -0.06 & -0.01 & \cdots & -0.02 & -0.01 & -0.03 & -0.05 \\ 0 & -0.03 & -0.02 & 0.94 & -0.01 & \cdots & -0.02 & -0.01 & -0.03 & -0.05 \\ \vdots & \vdots & \vdots & \vdots & \vdots & \ddots & \vdots & \vdots & \vdots & \vdots \\ 0 & -0.03 & -0.02 & -0.06 & -0.01 & \cdots & -0.02 & 0.99 & -0.03 & -0.05 \\ 0 & -0.03 & -0.02 & -0.06 & -0.01 & \cdots & -0.02 & -0.01 & 0.97 & -0.05 \\ 0 & -0.03 & -0.02 & -0.06 & -0.01 & \cdots & -0.02 & -0.01 & -0.03 & 0.95 \end{bmatrix} \tag{7.30}$$

在式 (7.30) 中，第一行为国家因子投资组合在国家和行业因子上的暴露。观察数值不难发现，国家因子对其自身的暴露（第一列）为 1。此外，由于它近似等于市场组合，而市场组合天然包含了所有行业，因此国家因子组合在每个行业上也都有一定程度的暴露。比如，国家因子在行业 1 上的暴露为 0.03，在行业 2 上的暴露为 0.02，以此类推。

再来看看行业因子。以第二行为例，它表示行业 1 的纯因子投资组合在国家和行业因子上的暴露。为了解释它，令 $\mathcal{I}_1$ 表示所有属于行业 1 的股票的集合，并考虑如下多空对冲的投资组合（记为 PI_1）。PI_1 的多头组合为按权重 $\sum_{i\in\mathcal{I}_1}\omega_i=1$ 配置所有属于行业 1 的股票；PI_1 的空头组合按同样资金量配置国家因子组合。由个股的行业暴露定义可知（属于某行业则暴露为 1，否则为 0），PI_1 的多头组合在国家因子和行业因子上的暴露为：

$$\begin{bmatrix} 1 & 1 & 0 & 0 & 0 & \cdots & 0 & 0 & 0 & 0 \end{bmatrix} \tag{7.31}$$

式中第一个 1 表示该多头组合在国家因子上的暴露。由于所有股票在国家因子上的暴露均为 1，因此 $\sum_{i\in\mathcal{I}_1}\omega_i=1$ 保证了多头组合在国家因子上的暴露为 1。另外，PI_1 的空头组合是国家因子组合，其暴露为：

$$\begin{bmatrix} 1 & 0.03 & 0.02 & 0.06 & 0.01 & \cdots & 0.02 & 0.01 & 0.03 & 0.05 \end{bmatrix} \tag{7.32}$$

最终，PI_1 组合的净暴露是多头暴露式 (7.31) 与空头暴露式 (7.32) 之差：

$$\begin{bmatrix} 0 & 0.97 & -0.02 & -0.06 & -0.01 & \cdots & -0.02 & -0.01 & -0.03 & -0.05 \end{bmatrix} \tag{7.33}$$

观察式 (7.33) 和式 (7.30) 的第二行，二者完全一致，说明行业 1 因子的纯因子投资组合在国家和行业因子上的暴露和 PI_1 相同。通过这个例子归纳可知，行业纯因子投资组合的本质就是 100% 做多该行业，并同时 100% 做空国家因子投资组合得到的对冲组合（具体组合的权重由截面多元回归求解模型 (7.27) 决定）。由于国家因子近似等于市场组合，因此该纯因子投资组合在业务上有着非常清晰的含义，它代表该行业相对市场组合的超额收益。

最后，观察 $\boldsymbol{D}_{(1+P)\times(1+P)}$ 的第一列并结合子矩阵 $\mathbf{0}_{Q\times(1+P)}$ 可知，行业和风格因子的纯因子投资组合在国家因子上的暴露均为零。对于因子 k，其纯因子投资组合中股票 i 的权重为 ω_{ki}。该投资组合在国家因子上的暴露为 $\sum_{i=1}^{N} 1 \times \omega_{ki} = \sum_{i=1}^{N} \omega_{ki}$。因此，在国家因子上的暴露为零意味着 $\sum_{i=1}^{N} \omega_{ki} = 0$，即该组合中所有股票的权重之和为零，意味着它是资金中性的。因此，行业和风格因子的纯因子投资组合均是资金中性的。以下总结了不同因子纯因子投资组合的特征：

- 由式 (7.22) 可知，国家因子的纯因子投资组合就是近似的市场组合，它是纯多头组合。该组合在国家因子上暴露为 1，在所有行业上有正的暴露，在所有风格因子上的暴露为零。
- 行业因子的纯因子投资组合是资金中性的。对于行业 I_p，该组合 100% 做多该行业，100% 做空国家因子投资组合，反映了行业相对市场组合的超额收益，且该组合在所有风格因子上的暴露为零。
- 风格因子的纯因子投资组合同样是资金中性的。对于风格因子 q，它的纯因子投资组合仅在该因子上有 1 个单位的暴露，在其他行业和风格因子上均没有暴露，而投资组合依靠暴露在该因子之下来获得这个风险因子的超额收益。

7.2.4　协方差矩阵求解及调整

风险多因子模型的核心目标是为了计算个股的协方差矩阵 $\boldsymbol{\Sigma}$。事前对 $\boldsymbol{\Sigma}$ 的准确估计对于风险管理以及投资组合优化至关重要。一旦得到因子收益率序列以及个股的特质性收益率序列，就可以利用式 (7.18) 计算出个股的协方差矩阵：

$$\boldsymbol{\Sigma} = \boldsymbol{\beta}\boldsymbol{\Sigma}_{\lambda}\boldsymbol{\beta}' + \boldsymbol{\Sigma}_{\varepsilon}$$

在上式中，除了因子暴露矩阵 $\boldsymbol{\beta}$ 已知以外，因子协方差矩阵 $\boldsymbol{\Sigma}_\lambda$ 和个股特质性收益率的协方差矩阵（非对角线上元素为 0）$\boldsymbol{\Sigma}_\varepsilon$ 均需要估计，而 $\boldsymbol{\Sigma}$ 的准确性取决于 $\boldsymbol{\Sigma}_\lambda$ 和 $\boldsymbol{\Sigma}_\varepsilon$ 的准确性。通过求解模型 (7.19) 可以得到因子收益率和特质性收益率的时间序列。对于任何时刻 t，可以用给定的时间窗口、使用 t 时刻之间的历史收益率序列计算因子收益率的样本协方差矩阵（记为 $\hat{\boldsymbol{\Sigma}}_\lambda$）和特质性收益率的样本协方差矩阵（记为 $\hat{\boldsymbol{\Sigma}}_\varepsilon$），它们是 $\boldsymbol{\Sigma}_\lambda$ 和 $\boldsymbol{\Sigma}_\varepsilon$ 的最简单估计。

然而，大量实证经验显示，使用历史数据计算难以得到协方差矩阵的准确估计，因此需要通过不同的统计手段分别对 $\hat{\boldsymbol{\Sigma}}_\lambda$ 和 $\hat{\boldsymbol{\Sigma}}_\varepsilon$ 进行了调整。在诸多调整手段中，最重要的是对 $\hat{\boldsymbol{\Sigma}}_\lambda$ 采用的特征因子调整法，以及对 $\hat{\boldsymbol{\Sigma}}_\varepsilon$ 采用的贝叶斯收缩法[11]。为介绍这两种方法，首先需说明偏差统计（Bias statistic）量这个概念，因为上述两种调整均以降低偏差统计量为目标。

1. 偏差统计量

偏差统计量是评估风险模型准确性的一个常用指标（Menchero et al. 2011），它用来衡量风险预测值和风险实际值之间的误差。如果这二者之间有显著误差，则认为风险预测是有偏的，故这个统计量称为偏差统计量。令 R_{it} 为资产 i 在 t 期的收益率，σ_{it} 是 t 期期初的估计值。定义 b_{it} 如下：

$$b_{it} = \frac{R_{it}}{\sigma_{it}} \tag{7.34}$$

b_{it} 的含义是将 R_{it} 用 σ_{it} 标准化。假设一共有 T 期数据，则将有 T 个 b_{it}。利用它们定义资产 i 的偏差统计量 B_i：

$$B_i = \sqrt{\frac{1}{T-1}\sum_{t=1}^{T}\left(b_{it} - \bar{b}_i\right)^2} \tag{7.35}$$

式中 $\bar{b}_i$ 是 b_{it} 的均值。如果事前风险 σ_{it} 预测准确，则标准化后的收益率 b_{it} 的标准差将为 1。假设资产收益率 R_{it} 符合正态分布且事前风险预测准确，当 T 足够大时，B_i 也应满足正态分布，且其 95% 的置信区间为：

$$B_i \in \left[1 - \sqrt{2/T}, 1 + \sqrt{2/T}\right] \tag{7.36}$$

如果 B_i 不在上述范围内，则可以认为事前风险 σ_{it} 估计不准确。搞清楚了偏差统计量，接下来就看看针对因子收益率协方差矩阵的特征因子调整法。

11 除此之外，为了消除因子收益率和特质性收益率的时序相关性，Barra 模型中在计算样本协方差矩阵 $\hat{\boldsymbol{\Sigma}}_\lambda$ 和 $\hat{\boldsymbol{\Sigma}}_\varepsilon$ 时进行了 Newey–West 调整。关于这点的介绍可见公众号“川总写量化”的文章《协方差矩阵的 Newey–West 调整》。

2. 特征因子调整法

前文曾反复强调过，从风险角度来说，多因子模型的作用是利用资产和因子收益率之间的关系，实现数学上的降维，方便地计算个股的协方差矩阵 $\boldsymbol{\Sigma}$。人们之所以希望知道 $\boldsymbol{\Sigma}$，是因为它是投资组合优化中必不可少的输入之一。在实际投资中，人们根据不同的目标函数使用 $\boldsymbol{\Sigma}$ 构建最优组合。比如常见的最小方差组合，又比如大名鼎鼎的均值–方差模型都要用到 $\boldsymbol{\Sigma}$。

假设按某个给定目标函数求出的最优投资组合中股票的权重向量为 $\boldsymbol{\omega}$，则利用 $\boldsymbol{\omega}$ 和 $\boldsymbol{\Sigma}$ 可以计算出该投资组合的方差 $\sigma_p^2 = \boldsymbol{\omega}'\boldsymbol{\Sigma}\boldsymbol{\omega}$。一个自然而然的问题就是 σ_p 是否准确。换句话说，该最优投资组合的偏差统计量是否显著地偏离 1.0。如果这个问题的答案是否定的，则说明最优投资组合的事前风险估计是不准确的，这将极大影响该组合的表现。由 $\boldsymbol{\Sigma}$ 的定义式 (7.18) 可知，个股协方差矩阵可以分解为因子协方差矩阵 $\boldsymbol{\Sigma}_\lambda$ 和个股特质性收益率协方差矩阵 $\boldsymbol{\Sigma}_\varepsilon$ 两部分。由于模型假设特质性收益率之间相互独立（即 $\boldsymbol{\Sigma}_\varepsilon$ 是对角阵），因此 σ_p^2 是否准确在很大程度上取决于 $\boldsymbol{\omega}'\boldsymbol{\beta}\boldsymbol{\Sigma}_\lambda\boldsymbol{\beta}'\boldsymbol{\omega}$。

定义 $\boldsymbol{\omega}_\lambda \equiv (\boldsymbol{\omega}'\boldsymbol{\beta})'$，则 $\boldsymbol{\omega}'\boldsymbol{\beta}\boldsymbol{\Sigma}_\lambda\boldsymbol{\beta}'\boldsymbol{\omega}$ 可以简化表达为 $\boldsymbol{\omega}_\lambda'\boldsymbol{\Sigma}_\lambda\boldsymbol{\omega}_\lambda$。$\boldsymbol{\omega}_\lambda'\boldsymbol{\Sigma}_\lambda\boldsymbol{\omega}_\lambda$ 的意义是，把因子的纯因子组合当作资产，按某种“最优”权重 $\boldsymbol{\omega}_\lambda$ 配置这些资产，得到投资组合的方差。σ_p^2 很大程度上依赖于这些因子资产的某种最优组合的方差，因此可以将对个股最优组合偏差统计量的关注，转移到对因子的最优投资组合的偏差统计量的关注上来。如果 $\boldsymbol{\omega}_\lambda'\boldsymbol{\Sigma}_\lambda\boldsymbol{\omega}_\lambda$ 并非准确的事前风险估计，则个股最优投资组合方差的事前风险估计也不会准确。那么，使用历史数据计算 $\hat{\boldsymbol{\Sigma}}_\lambda$ 是否为真实因子协方差矩阵 $\boldsymbol{\Sigma}_\lambda$ 的准确估计呢？接下来的分析将指出，这个问题的答案是否定的。首先，对 $\hat{\boldsymbol{\Sigma}}_\lambda$ 进行特征分解（且利用它是对称矩阵的性质）：

$$\hat{\boldsymbol{\Sigma}}_\lambda = \boldsymbol{U}\boldsymbol{D}\boldsymbol{U}' \tag{7.37}$$

式中 $\boldsymbol{U}$ 是 $\hat{\boldsymbol{\Sigma}}_\lambda$ 的特征向量矩阵，$\boldsymbol{U}$ 的第 i 列是 $\hat{\boldsymbol{\Sigma}}_\lambda$ 的第 i 个特征向量；$\boldsymbol{D}$ 是对角阵，对角线上的元素为对应的特征值。利用 $\hat{\boldsymbol{\Sigma}}_\lambda$ 是对称矩阵的性质可知，$\boldsymbol{U}$ 是正交矩阵，即 $\boldsymbol{U}^{-1} = \boldsymbol{U}'$。为了解释 $\boldsymbol{U}$ 和 $\boldsymbol{D}$ 的含义，将式 (7.37) 变形得到：

$$\boldsymbol{U}'\hat{\boldsymbol{\Sigma}}_\lambda\boldsymbol{U} = \boldsymbol{D} \tag{7.38}$$

对于每个特征向量，如果把因子投资组合视作资产，以特征向量中第 k 个元素作为因子 k 的权重就得到了一个特殊的投资组合，即特征因子投资组合（eigenfactor portfolio）。由于 $\boldsymbol{U}$ 中有 K 个特征向量，因此共有 K 个特征因子组合。特征向量相互正交保证了这些投资组合相互独立、协方差为零。且由式 (7.38) 可知，对角阵 $\boldsymbol{D}$ 对角线上的元素正是 K 个特征因子组合的方差。

由于 $\boldsymbol{U}$ 是正交矩阵，因此这些特征因子组合构成了一组正交基。当以这 K 个因子作为资产时，它们的任意一组权重 $\boldsymbol{\omega}_\lambda$ 都可以表达成这组正交基的线性组合。因此，$\boldsymbol{\omega}'_\lambda \boldsymbol{\Sigma}_\lambda \boldsymbol{\omega}_\lambda$ 的事前风险估计 $\boldsymbol{\omega}'_\lambda \hat{\boldsymbol{\Sigma}}_\lambda \boldsymbol{\omega}_\lambda$ 是否准确取决于这 K 个特征因子组合方差的事前风险估计是否准确。然而，研究表明这些特征因子组合的偏差统计量并非都接近 1.0，而和组合的方差成反比，即特征因子组合的事前方差估计越小，其事后偏差统计量越大，且显著高于 1.0。该实证结果说明对于该特征因子组合，事前方差估计非常不准确。既然特征因子组合的事前方差估计不准确，可想而知 $\boldsymbol{\omega}'_\lambda \hat{\boldsymbol{\Sigma}}_\lambda \boldsymbol{\omega}_\lambda$ 也不准确，因此个股的某个最优组合的方差的事前估计也难以准确。为了解决这个问题，Menchero et al. (2011) 提出了特征因子调整法，它能够有效消除特征因子组合方差事前估计的偏差，使得事后偏差统计量接近 1.0。

特征因子调整法的核心是自助法（bootstrap）。该方法将样本因子协方差矩阵 $\hat{\boldsymbol{\Sigma}}_\lambda$ 视为“总体”，并以它作为数据生成过程（data generating process）的已知参数，通过模拟（simulation）计算出该参数下的“样本”协方差矩阵，记为 $\tilde{\boldsymbol{\Sigma}}_\lambda$。使用 $\hat{\boldsymbol{\Sigma}}_\lambda$ 和 $\tilde{\boldsymbol{\Sigma}}_\lambda$ 分别求出对应的特征因子协方差矩阵 $\boldsymbol{D}$ 和 $\tilde{\boldsymbol{D}}$。由自助法的性质可知，$\tilde{\boldsymbol{D}}$ 和 $\boldsymbol{D}$ 之间的偏差近似等于 $\boldsymbol{D}$ 和真实但未知的特征因子协方差矩阵之间的偏差。使用该偏差来调整 $\boldsymbol{D}$ 并进而计算 $\hat{\boldsymbol{\Sigma}}_\lambda$ 就可以得到真实协方差矩阵 $\boldsymbol{\Sigma}_\lambda$ 的更好的估计。下面来看具体步骤。

(1) 对因子样本协方差矩阵 $\hat{\boldsymbol{\Sigma}}_\lambda$ 进行特征分解得到特征向量矩阵 $\boldsymbol{U}$ 和对角矩阵 $\boldsymbol{D}$。

(2) 令 $D(k)$ 表示 $\boldsymbol{D}$ 对角线上的第 k 个元素。对于特征因子组合 k，假设其收益率满足正态分布 $\mathcal{N}(0, D(k))$。在第 m 次模拟中，使用该分布生成全部 T 期样本，作为特征因子 k 的收益率序列。对全部 K 个特征因子进行上述操作得到 $K \times T$ 收益率矩阵，记为 $\boldsymbol{b}_m$。使用 $\boldsymbol{b}_m$ 和 $\boldsymbol{U}$ 计算出因子收益率矩阵 $\tilde{\boldsymbol{\lambda}}_m$：

$$\tilde{\boldsymbol{\lambda}}_m = \boldsymbol{U}\boldsymbol{b}_m \tag{7.39}$$

式中下标 m 表示第 m 次模拟。

(3) 计算因子收益率 $\tilde{\boldsymbol{\lambda}}_m$ 的“样本”协方差矩阵 $\tilde{\boldsymbol{\Sigma}}_{\lambda m}$：

$$\tilde{\boldsymbol{\Sigma}}_{\lambda m} = \operatorname{cov}\left(\tilde{\boldsymbol{\lambda}}_m, \tilde{\boldsymbol{\lambda}}_m\right) \tag{7.40}$$

(4) 对 $\tilde{\boldsymbol{\Sigma}}_{\lambda m}$ 进行特征分解，得到对应的特征向量矩阵 $\tilde{\boldsymbol{U}}_m$ 和对角阵 $\tilde{\boldsymbol{D}}_m$。

(5) 由于“真实”的协方差矩阵 $\hat{\boldsymbol{\Sigma}}_\lambda$ 已知，利用它和 $\tilde{\boldsymbol{U}}_m$ 求出“真实”的特征因子协方差矩阵，记为 $\boldsymbol{D}_m$：

$$\boldsymbol{D}_m = \tilde{\boldsymbol{U}}'_m \hat{\boldsymbol{\Sigma}}_\lambda \tilde{\boldsymbol{U}}_m \tag{7.41}$$

(6) 将上述 (2) 到 (5) 步重复 M 次。在每次模拟中，对给定的特征因子 k，比较 $\boldsymbol{D}_m$ 和 $\tilde{\boldsymbol{D}}_m$ 对角线上第 k 个元素的差异，取全部 M 次模拟差异的均值，按照式 (7.42) 计算

平均偏差:

$$\nu(k)=\frac{1}{M}\sum_{m=1}^{M}\sqrt{\frac{D_m(k)}{\tilde{D}_m(k)}} \tag{7.42}$$

式中 $D_m(k)$ 和 $\tilde{D}_m(k)$ 分别表示 $\boldsymbol{D}_m$ 和 $\tilde{\boldsymbol{D}}_m$ 对角线上第 k 个元素。

(7) 在模拟中假设收益率满足正态分布以及平稳性。然而在真实世界中，实际的收益率序列无法很好地满足上述两点。为此，需要在偏差式 (7.42) 的基础上对其进行额外的缩放，以应对经验波动率偏误。缩放后，特征因子 k 的偏差 $\nu_s(k)$ 为：

$$\nu_s(k)=a\left(\nu(k)-1\right)+1 \tag{7.43}$$

式中 a 是经验系数，取值通常在 $1\sim 2$ 之间。

(8) 第 (7) 步得到的 $\nu_s(k)$ 就是特征因子 k 的方差修正系数。利用 $\nu_s(k)$ 修正 $\hat{\boldsymbol{\Sigma}}_\lambda$ 的对角矩阵 $\boldsymbol{D}$，并利用特征向量矩阵 $\boldsymbol{U}$ 反推出修正后的因子协方差矩阵：

$$\boldsymbol{D}_0=\boldsymbol{\nu}^2\boldsymbol{D} \tag{7.44}$$

$$\hat{\boldsymbol{\Sigma}}_{\lambda 0}=\boldsymbol{U}\boldsymbol{D}_0\boldsymbol{U}' \tag{7.45}$$

其中 $\boldsymbol{\nu}^2$ 是 K 阶对角阵，其对角线上的第 k 个元素为 $\nu_s(k)^2$；$\hat{\boldsymbol{\Sigma}}_{\lambda 0}$ 则代表经特征因子调整法修正过的因子协方差矩阵。

3. 贝叶斯收缩

贝叶斯收缩（Bayesian shrinkage）是一种常见的统计手段，其含义是利用贝叶斯框架将先验和新息结合起来得到后验。在业界，贝叶斯收缩被广泛地应用于预期收益率和协方差矩阵的估计上。例如，大名鼎鼎的 Black–Litterman 资产配置模型就是将贝叶斯收缩作用于预期收益率预测上的应用（Black and Litterman 1992）[12]。又比如，Ledoit and Wolf (2003) 将贝叶斯收缩应用到协方差矩阵的估计上，取得了很好的效果。

回到关注的问题，实证数据显示特质性波动率（即特质性收益率的标准差）在样本外的持续性很差，说明样本协方差矩阵 $\hat{\boldsymbol{\Sigma}}_\varepsilon$ 并不是很好的估计。具体来说，将所有股票按照样本特质性波动率的大小分成十档，并计算每档的平均偏差统计量。对于特质性波动率小的档，偏差统计量显著大于 1.0，说明使用历史数据计算的样本特质性波动率低估了这些股票在样本外的事后特质性波动率；而对于特质性波动率大的档，偏差统计量显著小于 1.0，说明样本特质性波动率高估了这些股票在样本外的事后特质性波动率。既然使用样本数据得到的估计不准，那么考虑通过贝叶斯收缩使用先验来对其进行矫正。先验就是人们对特

12 公众号“川总写量化”的文章《Black–Litterman 模型 —— 贝叶斯框架下的资产配置利器》对此有详细的解读。

质性波动率的先验判断，将先验和样本数据线性组合在一起就得到后验协方差矩阵的估计。这个过程可以视作使样本波动率数据向先验靠拢，这就是“收缩”一词的含义。

为了得到先验，首先将全部股票按市值分成十档。令 s_i 表示股票 i 的市值、$\hat{\sigma}_i^i$ 表示股票 i 的样本特质性波动率（上标 i 代表特质性）。对于任意给定的市值档 g，利用 s_i 计算股票 i 在该档内的权重：

$$\omega_i = \frac{s_i}{\sum_{j \in \mathcal{M}_g} s_j} \tag{7.46}$$

式中 $\mathcal{M}_g$ 表示市值档 g 包含的全部股票。以 ω_i 为权重，计算 $\mathcal{M}_g$ 内全部股票的特质性波动率加权平均：

$$\bar{\sigma}_g^i = \sum_{i \in \mathcal{M}_g} \omega_i \hat{\sigma}_i^i \tag{7.47}$$

对于所有属于 $\mathcal{M}_g$ 的股票，使用经式 (7.47) 计算出的 $\bar{\sigma}_g^i$ 作为它们特质性波动率的先验。有了先验和样本波动率，利用贝叶斯收缩将它们结合，得到股票 i 的后验特质性波动率：

$$\hat{\sigma}_i^{bs} = \eta_i \bar{\sigma}_g^i + (1 - \eta_i)\hat{\sigma}_i \tag{7.48}$$

上式中等式左侧就是收缩后股票 i 的特质性波动率（上标 bs 代表贝叶斯收缩），等式右侧的第一项中的 η_i 是在收缩时赋予先验的权重（称为收缩强度系数）。η_i 的表达式为：

$$\eta_i = \frac{q|\hat{\sigma}_i - \bar{\sigma}_g^i|}{\left(\frac{1}{N_g}\sum_{j \in \mathcal{M}_g}(\hat{\sigma}_j - \bar{\sigma}_g^i)^2\right)^{1/2} + q|\hat{\sigma}_i - \bar{\sigma}_g^i|} \tag{7.49}$$

式中 q 是一个经验压缩系数，N_g 是 $\mathcal{M}_g$ 中股票的个数。式 (7.49) 中的分子以及分母中的第二项的 $|\hat{\sigma}_i - \bar{\sigma}_g^i|$ 表示了股票 i 的样本特质性波动率和其先验之间的偏离程度；而式 (7.49) 分母中的第一项是 $\mathcal{M}_g$ 中所有股票的样本特质性波动率和其先验偏离程度的标准差，它是这些股票平均偏离程度的度量。最终的压缩权重 η_i 就由这两个偏离程度（以及经验系数 q）决定：

- $|\hat{\sigma}_i - \bar{\sigma}_g^i|$ 越大，说明股票 i 的样本特质性波动率和先验的偏离越大，因此倾向于相信先验而非样本波动率，所以赋予先验的权重 η_i 越大。
- $|\hat{\sigma}_i - \bar{\sigma}_g^i|$ 越小，说明股票 i 的样本特质性波动率和先验的偏离越小，因此倾向于相信样本波动率而非先验，所以赋予先验的权重 η_i 越小。

最后，在式 (7.49) 中唯一剩下的就是要确定经验系数 q。由于贝叶斯收缩的目标是降低个股特质性波动率的偏差统计量，因此通过综合考虑所有个股特质性波动率收缩前后偏差统计量的改进来找到合适的 q 值。

作为风险模型，Barra 模型在业界得到了广泛的使用和认可，因此整个 7.2 节也花了相当多的篇幅对其进行介绍。然而需要强调的是，任何模型都需要假设，模型本身也并无好坏之分。Barra 模型仅是众多风险模型中的一个选择。随着学术界和业界研究的推进，很多估计资产协方差矩阵的新方法也应运而生。因子投资的践行者应该持有开放的心态，不断学习和吸收新的知识，争取在实际投资中能更好地控制风险。

7.3　投资组合优化

有了收益模型和风险模型，主动管理的下一步就是将二者结合在一起，进行投资组合优化，以获得更高的风险调整后收益。介绍投资组合优化就是本节的内容。

7.3.1　错位的收益与风险模型

7.1 节和 7.2 节两节分别介绍了预测收益率的收益模型和计算资产协方差矩阵的风险模型。在因子投资中，基金经理往往将二者结合起来，进行投资组合优化。这时，如果收益率模型中的预测变量和风险模型中构建因子的变量不完全匹配，就会出现收益和风险模型的错位（misalignment）。错位会在优化过程中造成负面影响，使得计算出的最优组合在因子的暴露上偏离使用者的本意，影响组合的风险收益特征。

在实际因子投资中，这种错位十分常见。对于大多数基金经理来说，他们都有独门的收益模型。而在风险模型方面，很多人选择采购第三方提供的商用多因子模型，比如 Barra 模型。由于独有收益模型中的预测变量无法与风险因子模型中的因子变量完全一致，因而造成了两个模型的错位。在投资组合优化过程中减弱甚至消除这种错位就显得格外重要。Lee and Stefek (2008)、Bender et al. (2009) 以及 Karels and Sun (2013) 等在这方面做过很多研究。下面先来看看收益和风险模型的错位会产生什么问题。

假设投资者使用某收益模型来获取相对基准的超额收益（记为 $\boldsymbol{R}^{\alpha}$），该超额收益可以被视作股票在收益预测变量上暴露的某个线性组合（为简化数学表达，省略时间下标）：

$$\boldsymbol{R}^{\alpha}=\boldsymbol{\beta}_{\alpha}\boldsymbol{w} \tag{7.50}$$

式中下标 α 表示收益模型；$\boldsymbol{\beta}_{\alpha}$ 为股票在收益变量上的暴露矩阵。另外，投资者使用如下风险多因子模型计算股票的协方差矩阵：

$$\boldsymbol{R}^{e}=\boldsymbol{\beta}_{R}\boldsymbol{\lambda}_{R}+\boldsymbol{\varepsilon}_{R} \tag{7.51}$$

式中下标 R 表示风险模型。由风险模型可知，股票的协方差矩阵为：

$$\boldsymbol{\Sigma}=\boldsymbol{\beta}_{R}\boldsymbol{\Sigma}_{R}\boldsymbol{\beta}_{R}'+\boldsymbol{\Sigma}_{s} \tag{7.52}$$

式中 $\boldsymbol{\Sigma}_R$ 为因子收益率的协方差矩阵，$\boldsymbol{\Sigma}_s$ 为特质性收益率 $\boldsymbol{\varepsilon}_R$ 的协方差矩阵。收益和风险模型错位意味着式 (7.50) 中的暴露 $\boldsymbol{\beta}_\alpha$ 和式 (7.51) 中的暴露 $\boldsymbol{\beta}_R$ 不同。

在投资组合优化中，最常见的目标函数是 Markowitz (1952) 的均值–方差模型，它在最大化收益的同时对波动进行惩罚：

$$\max_{\boldsymbol{\omega}}\ (\boldsymbol{R}^\alpha)'\boldsymbol{\omega} - \frac{\zeta}{2}\boldsymbol{\omega}'\boldsymbol{\Sigma}\boldsymbol{\omega} \tag{7.53}$$

其中 ζ 是风险厌恶系数。在实际中，最优化目标函数式 (7.53) 的同时还会加入特定的约束条件。7.3.4 节将会对约束条件进行详细介绍。接下来仅以最简单的无约束优化说明收益和风险因子模型错位造成的问题。

由于收益模型和风险模型的错位，$\boldsymbol{R}^\alpha$ 可以被分解成两个部分。其中一部分是 $\boldsymbol{R}^\alpha$ 在由 K 个风险因子构成的超平面内的投影，另一部分是垂直于该超平面的残差。在数学上，上述分解可以表述为：

$$\boldsymbol{R}^\alpha = \boldsymbol{\beta}_R\left(\boldsymbol{\beta}_R'\boldsymbol{\beta}_R\right)^{-1}\boldsymbol{\beta}_R'\boldsymbol{R}^\alpha + \left(\boldsymbol{I} - \boldsymbol{\beta}_R\left(\boldsymbol{\beta}_R'\boldsymbol{\beta}_R\right)^{-1}\boldsymbol{\beta}_R'\right)\boldsymbol{R}^\alpha \tag{7.54}$$

为简化表达，定义 $\boldsymbol{R}_R^\alpha \equiv \boldsymbol{\beta}_R(\boldsymbol{\beta}_R'\boldsymbol{\beta}_R)^{-1}\boldsymbol{\beta}_R'\boldsymbol{R}^\alpha$ 和 $\boldsymbol{R}_\perp^\alpha \equiv (\boldsymbol{I} - \boldsymbol{\beta}_R(\boldsymbol{\beta}_R'\boldsymbol{\beta}_R)^{-1}\boldsymbol{\beta}_R')\boldsymbol{R}^\alpha$，并使用它们分别代表式 (7.54) 右侧两部分。当以式 (7.53) 为目标进行最优化时，由 $\boldsymbol{R}^\alpha$ 的分解可知，求解最优的股票权重 $\boldsymbol{\omega}$ 将受到 $\boldsymbol{R}_R^\alpha$ 和 $\boldsymbol{R}_\perp^\alpha$ 这两个方向的影响，最优的权重将是这种共同影响的结果。由于 $\boldsymbol{\mu}_\perp$ 与风险因子所张成的超平面垂直，即 $\boldsymbol{\beta}_R'\boldsymbol{R}_\perp^\alpha = \boldsymbol{0}$，因此从风险模型的角度来看，$\boldsymbol{R}_\perp^\alpha$ 没有任何风险。这将使得最优化过程过度倾向于 $\boldsymbol{R}_\perp^\alpha$，这就是模型错位造成的问题。下面从数学上进一步说明。

式 (7.53) 的无约束最优解为 $\boldsymbol{\omega}^\star = \frac{1}{\zeta}\boldsymbol{\Sigma}^{-1}\boldsymbol{R}^\alpha$。将式 (7.54) 代入最优解（并假设所有股票的特质性风险相同）可得：

$$\boldsymbol{\omega}^\star = \frac{1}{\zeta\sigma_s^2}\boldsymbol{R}_\perp^\alpha + \frac{1}{\zeta\sigma_s^2}\left(\boldsymbol{I} - \boldsymbol{\beta}_R\left(\boldsymbol{\beta}_R'\boldsymbol{\beta}_R + \sigma_s^2\boldsymbol{\Sigma}_R^{-1}\right)^{-1}\boldsymbol{\beta}_R'\right)\boldsymbol{R}_R^\alpha \tag{7.55}$$

式中 σ_s 是股票的特质性波动率。式 (7.55) 说明最优权重 $\boldsymbol{\omega}^\star$ 由两部分组成，第一部分和 $\boldsymbol{R}_\perp^\alpha$ 有关，第二部分和 $\boldsymbol{R}_R^\alpha$ 有关，它是这二者的加权平均。一方面，由于 $\boldsymbol{R}_\perp^\alpha$ 在风险因子上的暴露为零，因此由 $\boldsymbol{R}_\perp^\alpha$ 的系数可知，对于这部分收益率，最优化过程仅对股票的特质性风险进行了惩罚。而另一方面，由 $\boldsymbol{R}_R^\alpha$ 的系数可知，对于这部分收益率，最优化过程同时对因子风险和特质性风险两者进行了惩罚。从上述对比可以看出，收益和风险因子模型的错位使得最优化过程误认为 $\boldsymbol{R}_\perp^\alpha$ 没有风险，因此赋予其更高的权重。在投资中"盈亏同源"，$\boldsymbol{R}_\perp^\alpha$ 纵然是风险模型 (7.51) 无法解释的收益，也绝非没有风险。因此，模型的错位造成这部分收益率的风险被低估，从而影响最优化的结果。正确评估 $\boldsymbol{R}_{\perp}^{\alpha}$ 的风险并对其惩罚就是需要解决的问题。

解决模型错位问题的思路主要有两个：（1）调整风险模型；（2）改进投资组合优化过程。首先说前者，它又由简到繁分为以下几种方法：

(1) 对于 $\boldsymbol{\beta}_{\alpha}$ 和 $\boldsymbol{\beta}_{R}$ 中相似的列（相似的暴露代表相近的因子），从风险模型 (7.51) 中剔除相应的因子[13]。在实际操作中，可将 $\boldsymbol{\beta}_{R}$ 矩阵中的某些列全部设成 0。

(2) 对风险模型和收益模型中相似的因子，使用收益模型中的因子暴露替代风险模型中对应的因子暴露，即使用 $\boldsymbol{\beta}_{\alpha}$ 中的某一列替换 $\boldsymbol{\beta}_{R}$ 中对应的列。

(3) 使用收益模型中的因子，以及风险模型中和上述因子无关的因子，联合起来构成一个全新的风险因子模型。此方法与第二种方法的差别是，前者仅是因子暴露间的替换，而不涉及因子收益率本身。本方法则使用具有差异的因子构建全新的风险因子模型。

调整风险模型虽然很直接，但在实际中也会受到不少的限制。比如当风险模型来自第三方的商用模型时，就难以对其进行改动。此外，从以上描述可知，对风险因子的改造首先需要识别收益和风险模型之间相近的因子，但如何定义相近的因子却十分模糊，因此容易引入未知的不确定性。因此，上述方法虽然提供了很好的思路，但实际的作用却很有限。更好的降低错位的方法则是直接对投资组合优化进行改进。

既然收益和风险模型的错位会导致最优化高估 $\boldsymbol{R}_{\perp}^{\alpha}$ 的权重，因此一个自然的想法就是在优化问题中对 $\boldsymbol{R}_{\perp}^{\alpha}$ 进行额外的惩罚。Bender et al. (2009) 最先提出了这种改进思路，并将优化问题的目标函数由式 (7.53) 改为：

$$\max_{\boldsymbol{\omega}}\ (\boldsymbol{R}^{\alpha})'\boldsymbol{\omega}-\frac{\zeta}{2}\boldsymbol{\omega}'\boldsymbol{\Sigma}\boldsymbol{\omega}-\theta\left(\boldsymbol{\omega}'\boldsymbol{R}_{\perp}^{\alpha}\right)^{2} \tag{7.56}$$

式中 θ 是非负系数，而新加入的 $-\theta\left(\boldsymbol{\omega}'\boldsymbol{R}_{\perp}^{\alpha}\right)^{2}$ 则代表了对 $\boldsymbol{R}_{\perp}^{\alpha}$ 的惩罚。这种做法也带来了一个新的问题，即如何确定系数 θ。首先考虑最简单的情况，即风险因子无法解释的收益 $\boldsymbol{R}_{\perp}^{\alpha}$ 是纯噪声。这听上去似乎不可思议，但如果收益模型和风险模型中的因子非常接近，这种情况就有可能出现。当 $\boldsymbol{R}_{\perp}^{\alpha}$ 是纯噪声时，显然不希望优化过程赋予其任何权重，因此 θ 的取值应该足够大。然而，更一般的情况是 $\boldsymbol{R}_{\perp}^{\alpha}$ 绝非纯噪声。每个基金经理都有独门的预测收益率的变量，它们可以获得风险因子模型无法解释的收益率，因此 $\boldsymbol{R}_{\perp}^{\alpha}$ 代表了正收益。然而，虽然 $\boldsymbol{R}_{\perp}^{\alpha}$ 无法被风险因子模型解释，但并不意味着它没有风险[14]。在这种情况下，θ 应该和 $\boldsymbol{R}_{\perp}^{\alpha}$ 的风险成正比。

---

13 例如，风险模型包含通过过去 12 个月累计收益计算的动量因子，而收益模型中的动量变量则依照学术界惯例滞后了 1 个月，这种差异使得 $\boldsymbol{\beta}_{\alpha}$ 和 $\boldsymbol{\beta}_{R}$ 中对动量变量的暴露很接近。

14 如果它确实没有风险，而是纯收益，那也就不用惩罚了。

本节对投资组合优化中潜在的收益和风险模型错位问题进行了介绍，希望能够引起因子投资使用者的思考。忽视这个问题将给优化结果引入未知的不确定性，影响投资组合的事后风险收益特征。在国内相关因子投资的研究中，例如券商金融工程报告中，使用不同的收益和风险模型十分常见，却没有对错位问题进行任何处理，说明该问题尚未得到足够的重视。收益和风险模型错位对实际因子投资的定量影响值得持续关注。

如果收益和风险模型相同，则不存在错位的问题。接下来的 7.3.2 节将以此为前提讨论几种常见的投资组合优化目标函数。

7.3.2　目标函数

为了介绍投资组合优化中常见的目标函数，令 $\boldsymbol{\mu}$ 表示股票相对无风险收益的超额收益，$\boldsymbol{\Sigma}$ 代表股票的协方差矩。以 $\boldsymbol{\mu}$ 和 $\boldsymbol{\Sigma}$ 作为输入，最著名的目标函数当属均值–方差模型。

1. 均值–方差优化

均值–方差优化的目标函数为：

$$\max_{\boldsymbol{\omega}}\ \boldsymbol{\mu}'\boldsymbol{\omega}-\frac{\zeta}{2}\boldsymbol{\omega}'\boldsymbol{\Sigma}\boldsymbol{\omega} \tag{7.57}$$

其中 ζ 是风险厌恶系数。当不考虑任何约束时，式 (7.57) 的最优解为：

$$\boldsymbol{\omega}_{\text{mvo}}=(\zeta\boldsymbol{\Sigma})^{-1}\boldsymbol{\mu} \tag{7.58}$$

假设在实际投资中要求所有股票的权重之和为 1（即 $\sum_{i=1}^N\omega_i=1$），则加入此约束条件的最优解仅和式 (7.58) 相差一个缩放系数，因而可以写为：

$$\boldsymbol{\omega}_{\text{mvo}}\propto\boldsymbol{\Sigma}^{-1}\boldsymbol{\mu} \tag{7.59}$$

均值–方差最优化的好处是同时考虑收益和风险。对于给定的风险（表示为投资组合的波动率），该组合能够获得最高的预期收益；对于给定的预期收益，该组合能够满足最低的风险。这些性质使得均值–方差优化备受关注。然而，这种方法的缺点是最优投资组合 $\boldsymbol{\omega}_{\text{mvo}}$ 对输入参数 $\boldsymbol{\mu}$ 和 $\boldsymbol{\Sigma}$ 非常敏感。往往参数的细微变化都会造成最优权重的巨大波动。众所周知，股票的预期收益率是难以预测的，因此该方法对参数敏感的缺点使得它在实际投资中也没少被人诟病。

为了避免使用 $\boldsymbol{\mu}$，其他仅以 $\boldsymbol{\Sigma}$ 为输入参数的目标函数相继被提出。仅使用 $\boldsymbol{\Sigma}$ 构造目标函数也可以规避 7.3.1 节谈到的错位问题，但这并不意味着收益模型就不再重要。事实上，人们可以使用收益模型预测股票的收益率，并通过无参数预测挑出预测值高的股票。然后，针对这些股票不再区分其收益率差异，而仅使用它们的协方差矩阵为输入参数构造目标函数，并进行优化。当仅使用 $\boldsymbol{\Sigma}$ 为参数时，主流的目标函数包括最小方差、最大多样化以及风险平价。

2. 最小方差

顾名思义，最小方差（minimum variance）就是要使最终投资组合的方差最小。其目标函数为：

$$\min_{\boldsymbol{\omega}} \ \boldsymbol{\omega}'\boldsymbol{\Sigma}\boldsymbol{\omega} \tag{7.60}$$

其最优解满足：

$$\boldsymbol{\omega}_{\text{mv}} \propto \boldsymbol{\Sigma}^{-1}\mathbf{1} \tag{7.61}$$

3. 最大多样化

令 $\boldsymbol{\sigma} = [\sigma_1, \sigma_2, \cdots, \sigma_N]'$ 代表股票收益率的标准差向量。最大多样化（maximum diversification）的目标是最大化股票线性加权波动率与投资组合波动率之比。这个比值越大，说明该投资组合中股票的多样化（分散化）越充分。此方法的目标函数为：

$$\max_{\boldsymbol{\omega}} \ \frac{\boldsymbol{\omega}'\boldsymbol{\sigma}}{\sqrt{\boldsymbol{\omega}'\boldsymbol{\Sigma}\boldsymbol{\omega}}} \tag{7.62}$$

式 (7.62) 的最优解满足（Clarke et al. 2013）：

$$\boldsymbol{\omega}_{\text{md}} \propto \boldsymbol{\Sigma}^{-1}\boldsymbol{\sigma} \tag{7.63}$$

4. 风险平价

2005 年，PanAgora 资产管理公司的 Edward Qian 首次提出了风险平价（risk parity）的概念（Qian 2005）。随后，这一概念因桥水（Bridgewater）基金的全天候（all weather）策略而发扬光大。从经济含义上说，全天候策略的核心是将投资组合的风险平均地暴露在不同的经济环境中，从而对冲市场环境的风险，使得未来无论处于哪一种经济环境中，该投资组合的风险都是可控的。

从资产组合优化的数学含义上说，风险平价的意义是让投资组合中的资产对组合的风险贡献相等，因此该最优组合又被称为等风险贡献（equal risk contribution）组合。令 σ_p 代表投资组合的波动率，则等风险贡献意味着:

$$\omega_i \frac{\partial \sigma_p}{\partial \omega_i} = \omega_j \frac{\partial \sigma_p}{\partial \omega_j}, \ \forall i, j \tag{7.64}$$

式中 ω_i 为股票 i 的权重。将式 (7.64) 转化为数学优化问题可得：

$$\min_{\boldsymbol{\omega}} \sum_{i=1}^{N} \left[\omega_i - \frac{\sigma_p^2}{(\boldsymbol{\Sigma\omega})_i N} \right]^2 \tag{7.65}$$

其中 $(\boldsymbol{\Sigma\omega})_i$ 表示向量 $\boldsymbol{\Sigma\omega}$ 中第 i 个元素，即一个标量。一般情况下，式 (7.65) 并无“优雅”的解析解，而需要通过数值方法求出。然而，若所有资产两两相关系数均相等时，Maillard et al. (2010) 指出在 $\sum_{i=1}^{N} \omega_i = 1$ 的约束下，式 (7.65) 的最优解满足：

$$\omega_{\mathrm{rp},i} = \frac{\sigma_i^{-1}}{\sum_{j=1}^{N} \sigma_j^{-1}} \tag{7.66}$$

需要说明的是，对于配置股票来说，所有股票两两相关系数相同这个假设难以成立，因此在该假设下的最优解似乎有些不切实际。但作为资产配置中最重要的方法之一，风险平价常被用于大类资产配置和计算不同类资产的最优权重。在这种情景下，资产两两相关系数均相等这个假设往往可以被接受。比起单纯使用历史数据来估计相关系数，这种假设往往可以产生更具稳健性的最优配置结果。

7.3.3 不同目标函数的比较

在投资组合优化中，由于预期收益率难以预测以及优化结果对其的敏感性，人们往往退而求其次，仅使用协方差矩阵 $\boldsymbol{\Sigma}$ 为输入参数构建不同的目标函数。无论采用哪种方法，其目标都是该投资组合在事后能获得尽可能高的风险调整后收益。因此，一个很自然的问题就是在资产预期收益率 μ_i 以及风险（包括波动率 σ_i 和相关系数 ρ_{ij}）满足特定的条件时，通过其他目标函数得到的最优配置权重是否等价于均值–方差优化的最优权重。本节针对 7.3.2 节提到的最小方差、最大多样化以及风险平价三个目标函数，就这一问题进行简单论述。

首先，比较均值–方差优化的最优解式 (7.59) 和最小方差最优解式 (7.61) 可知，当所有资产的收益率 μ_i 均相等时，最小方差优化等价于均值–方差优化。接下来，比较 (7.59) 和最大多样化最优解式 (7.63) 可知，当所有资产的收益率 μ_i 与波动率 σ_i 之比相同（即 $\mu_i/\sigma_i = \mu_j/\sigma_j$）时，最大多样化优化等价于均值–方差优化。最后，Leote de Carvalho et al. (2012) 指出风险平价最优解式 (7.66) 和均值–方差优化等价的条件是：（1）$\mu_i/\sigma_i = \mu_j/\sigma_j$, $\forall i, j$；（2）所有资产两两相关系数均相等。

与上述几种投资组合优化不同的是，在实际投资中经常用到的另一种配置方法其实无须用到任何优化，这种方法就是等权重（简单平均）。顾名思义，等权重就是所有资产权重一样，它无须用到 $\boldsymbol{\mu}$ 或 $\boldsymbol{\Sigma}$。在 $\sum_{i=1}^{N} \omega_i = 1$ 的约束下，其权重配置满足 $\boldsymbol{\omega}_{\mathrm{ew}} = [1/N, \cdots, 1/N]'$。当以下三个条件满足时，等权重便等价于均值–方差优化：（1）$\mu_i/\sigma_i = \mu_j/\sigma_j$, $\forall i, j$；（2）

所有资产两两相关系数均相等；（3）$\sigma_i = \sigma_j$，$\forall i, j$，即所有资产的波动率相同。表 7.5 总结了上述几种配置方法和均值–方差优化的等价条件。

表 7.5 不同配置方法与均值–方差优化的等价条件

配置方法	等价条件
最小方差	$\mu_i = \mu_j$，$\forall i, j$
最大多样化	$\mu_i/\sigma_i = \mu_j/\sigma_j$，$\forall i, j$
风险平价	$\mu_i/\sigma_i = \mu_j/\sigma_j$，$\forall i, j$；$\rho_{ij} = \rho$，$\forall i, j$
等权重	$\mu_i/\sigma_i = \mu_j/\sigma_j$，$\forall i, j$；$\rho_{ij} = \rho$，$\forall i, j$；$\sigma_i = \sigma_j$，$\forall i, j$

从表 7.5 不难看出，除了最小方差之外，其他三种方法的等价条件依次增多。接下来通过构建一系列实验，并以最苛刻的等价条件开始，再逐一放松约束，以此展现这三种方法的配置结果和均值–方差优化配置结果的差异。稍后会单独比较最小方差和均值–方差优化。由于等权重配置方法需要三个条件才等价于均值–方差优化，因此一共考虑以下四个实验。

(1) 实验一满足三个条件：$\mu_i/\sigma_i = \mu_j/\sigma_j$，$\forall i, j$；$\rho_{ij} = \rho$，$\forall i, j$；$\sigma_i = \sigma_j$，$\forall i, j$。

(2) 实验二满足两个条件：$\mu_i/\sigma_i = \mu_j/\sigma_j$，$\forall i, j$；$\rho_{ij} = \rho$，$\forall i, j$。

(3) 实验三满足一个条件：$\mu_i/\sigma_i = \mu_j/\sigma_j$，$\forall i, j$。

(4) 实验四以上三个条件均不满足。

每个实验中包含三个假想资产，作为实验输入给定它们的 μ_i、σ_i 以及两两相关系数 ρ_{ij}，考察不同资产配置方法得到的最优配置权重（所有方法均需要满足约束 $\sum_{i=1}^{N} \omega_i = 1$）以及夏普比率。其实验结果如表 7.6 所示。

结果表明，当相应的等价条件满足时，不同方法和均值–方差优化的配置权重相同。然而，随着等价条件逐一去除，等权重、风险平价以及最大多样化依次在与均值–方差优化的比较中败下阵来。毫无疑问，参数的准确估计对资产配置结果是至关重要的。等权重只是一种无法（准确）估计参数时的无奈之举。一旦有了任何关于 μ_i、σ_i、ρ_{ij} 的靠谱信息都应该充分利用，并合理对未知参数可能满足的条件进行假设，从而选择最合适的资产配置目标函数。

最后来看看最小方差和均值–方差优化权重的比较。表 7.7 给出了对比结果。在两组实验中，由于只改变了 μ_i 的取值而协方差矩阵不变，因此最小方差给出了相同的配置结果。但是仅当所有资产 μ_i 相同时，最小方差才和均值–方差优化等价。

表 7.6　等权重、风险平价、最大多样化、均值–方差优化权重的比较

条件	参数	等权重	风险平价	最大多样化	均值–方差优化
相同 μ/σ 相同 ρ 相同 σ	μ_i/σ_i : $0.5, 0.5, 0.5$ $\rho_{ij} = .1$ $\sigma_i : 0.1, 0.1, 0.1$	$\boldsymbol{\omega}_{\mathrm{ew}} =$ $[0.33, 0.33, 0.33]'$ 夏普比率 $= 0.79$	$\boldsymbol{\omega}_{\mathrm{rp}} =$ $[0.33, 0.33, 0.33]'$ 夏普比率 $= .79$	$\boldsymbol{\omega}_{\mathrm{md}} =$ $[.33, .33, .33]'$ 夏普比率 $= 0.79$	$\boldsymbol{\omega}_{\mathrm{mvo}} =$ $[0.33, 0.33, 0.33]'$ 夏普比率 $= 0.79$
相同 μ/σ 相同 ρ	μ_i/σ_i : $0.5, 0.5, 0.5$ $\rho_{ij} = 0.1$ $\sigma_i : 0.1, 0.2, 0.3$	$\boldsymbol{\omega}_{\mathrm{ew}} =$ $[0.33, 0.33, 0.33]'$ 夏普比率 $= 0.75$	$\boldsymbol{\omega}_{\mathrm{rp}} =$ $[0.55, 0.27, 0.18]'$ 夏普比率 $= 0.79$	$\boldsymbol{\omega}_{\mathrm{md}} =$ $[0.55, 0.27, 0.18]'$ 夏普比率 $= 0.79$	$\boldsymbol{\omega}_{\mathrm{mvo}} =$ $[0.55, 0.27, 0.18]'$ 夏普比率 $= 0.79$
相同 μ/σ	μ_i/σ_i : $0.5, 0.5, 0.5$ $\rho_{12} = 0.1, \rho_{13} =$ $0.2, \rho_{23} = 0.5$ $\sigma_i : 0.1, 0.2, 0.3$	$\boldsymbol{\omega}_{\mathrm{ew}} =$ $[0.33, 0.33, 0.33]'$ 夏普比率 $= 0.65$	$\boldsymbol{\omega}_{\mathrm{rp}} =$ $[0.58, 0.26, 0.16]'$ 夏普比率 $= 0.70$	$\boldsymbol{\omega}_{\mathrm{md}} =$ $[0.63, 0.25, 0.13]'$ 夏普比率 $= 0.71$	$\boldsymbol{\omega}_{\mathrm{mvo}} =$ $[0.63, 0.25, 0.13]'$ 夏普比率 $= 0.71$
均不满足	μ_i/σ_i : $0.6, 0.4, 0.3$ $\rho_{12} = \rho_{13} =$ $0.2, \rho_{23} = 0.4$ $\sigma_i : 0.1, 0.2, 0.3$	$\boldsymbol{\omega}_{\mathrm{ew}} =$ $[0.33, 0.33, 0.33]'$ 夏普比率 $= 0.50$	$\boldsymbol{\omega}_{\mathrm{rp}} =$ $[0.57, 0.26, 0.17]'$ 夏普比率 $= 0.61$	$\boldsymbol{\omega}_{\mathrm{md}} =$ $[0.60, 0.24, 0.16]'$ 夏普比率 $= 0.63$	$\boldsymbol{\omega}_{\mathrm{mvo}} =$ $[0.77, 0.19, 0.04]'$ 夏普比率 $= 0.67$

表 7.7　最小方差与均值–方差优化权重的比较

条件	参数	最小方差	均值–方差优化
相同 μ	$\mu_i : 0.1, 0.1, 0.1$ $\sigma_i : 0.1, 0.1, 0.1$ $\rho_{12} = \rho_{23} = 0.1, \rho_{13} = 0.2$	$\boldsymbol{\omega}_{\mathrm{mv}} = [0.80, 0.17, 0.03]'$ 夏普比率 $= 1.08$	$\boldsymbol{\omega}_{\mathrm{mvo}} = [0.80, 0.17, 0.03]'$ 夏普比率 $= 1.08$
不同 μ	$\mu_i : 0.05, 0.1, 0.15$ $\sigma_i : 0.1, 0.1, 0.1$ $\rho_{12} = \rho_{23} = 0.1, \rho_{13} = 0.2$	$\boldsymbol{\omega}_{\mathrm{mv}} = [0.80, 0.17, 0.03]'$ 夏普比率 $= 0.67$	$\boldsymbol{\omega}_{\mathrm{mvo}} = [0.53, 0.29, 0.18]'$ 夏普比率 $= 0.77$

7.3.4　约束条件

7.3.2 节和 7.3.3 节介绍了投资组合优化中常见的目标函数，以及它们之间的等价关系。其中每一个目标函数都有其适用条件，优势和劣势并存，具体采用哪种取决于应用场景。为了直观比较不同目标函数的差异，前面的讨论仅涉及最简单的无约束优化问题。然而在实

际交易中，在使用上述目标函数时都要配合必要的约束条件，以实现不同机构或资金的风险偏好。投资组合优化中常见的约束条件包括：（1）卖空约束；（2）杠杆约束；（3）上下限约束；（4）换手率约束；（5）持仓数量约束；（6）因子暴露约束；（7）跟踪误差约束。下面依次说明。

1. 卖空约束

在现实中，很多机构都会受到卖空限制，即要求投资组合中股票的权重大于等于 0。卖空约束的表达式如下：

$$\boldsymbol{\omega} \geqslant \mathbf{0} \tag{7.67}$$

其中 $\boldsymbol{\omega}$ 为组合中股票的权重向量。

2. 杠杆约束

杠杆约束的意思是，在实际组合构造时，为了使资金利用率最大化，所有股票权重之和必须为 1。这一约束的数学表达式为：

$$\boldsymbol{\omega}'\mathbf{1} = 1 \tag{7.68}$$

3. 上下限约束

在投资中，分散化能够有效降低投资组合风险。且由因子的定义可知，它代表了一揽子股票的共性收益。因此，无论使用非参数化预测还是参数化预测，挑选出来的股票个数都不应该过少。只有这样，不同股票的特质性收益率才可能相互抵消，投资组合才更可能反映出股票收益率中的共性部分（即因子收益率）。如果持仓过度集中于少量个股，则不利于剔除特质性收益率的影响，若遇到尾部风险事件容易造成较大损失。为实现这个目标，可采用限制股票最小权重和最大权重的方法，对股票持仓比例的上下限进行约束：

$$\boldsymbol{L} \leqslant \boldsymbol{\omega} \leqslant \boldsymbol{U} \tag{7.69}$$

其中 $\boldsymbol{L}$ 和 $\boldsymbol{U}$ 分别为股票权重下限和上限向量。

除了对个股权重的约束之外，有时还会对行业或板块进行限制，使得持仓不要过分集中在同一类型股票。此时，可以通过限制行业或板块所有股票权重之和来达到目的：

$$l_p \leqslant \sum_{i \in \mathcal{I}_p} \omega_i \leqslant u_p \tag{7.70}$$

其中 $\mathcal{I}_p$ 表示属于行业或板块 p 的股票的集合；l_p 和 u_p 分别为权重的上下限。

一般来说，对于相对收益选股策略，行业往往是一个重要的风险来源，因而主动管理人会希望规避该风险。这时可以通过约束条件限制投资组合中的行业分布和基准中行业分布的相同，从而实现行业中性化。该约束条件的表达式为：

$$\boldsymbol{H\omega} = \boldsymbol{h} \tag{7.71}$$

其中 $\boldsymbol{H}$ 为 $P \times N$ 矩阵（P 为行业数量，N 为股票数量）。$\boldsymbol{H}$ 中每一个元素都是一个哑变量，如果股票 i 属于行业 p，则该矩阵中的第 p 行第 i 列个元素的取值为 1，否则为 0。另外，该约束中 $\boldsymbol{h}$ 为 P 维向量，表示基准指数中各个行业的权重。

4. 换手率约束

由 7.1.3 节的介绍可知，信息衰减是收益率预测变量必须面对的问题，而应对它的办法之一就是提高投资组合再平衡的频率。然而，这么做往往以更高的换手率为代价，意味着更高的交易成本。为此，换手率约束也是投资组合优化中必不可少的一环，尤其是对于资金量规模大的策略来说更为重要，正所谓船大难掉头。对于单个股票，换手率约束可以表达为：

$$|\omega_i - \omega_i^0| \leqslant \phi_i \tag{7.72}$$

式中 ω_i^0 为进行投资组合优化再平衡之前股票 i 的权重，ϕ_i 为股票 i 权重变化的上限。如果要对整个投资组合换手率进行约束，则约束条件为：

$$\sum_{i=1}^{N} |\omega_i - \omega_i^0| \leqslant \varPhi \tag{7.73}$$

式中 $\varPhi$ 为整个投资组合中所有股票权重变化的上限。

5. 持仓数量约束

一个股票组合具体持有多少支股票，取决于股票池、资金大小和风控要求。如果股票数量太少，则不够分散，资金容量也有限；如果数量太多，会损失一定的灵活性，因子暴露程度也会减弱。为了权衡利弊，在构造投资组合时，可对持仓数量进行一些约束，使其保持在某个范围内。令哑变量 δ_i 表示投资组合中是否包括股票 i，即：

$$\delta_i = \begin{cases} 1 & 若\ \omega_i > 0 \\ 0 & 若\ \omega_i = 0 \end{cases} \tag{7.74}$$

接下来，利用 δ_i 构建持仓数量约束：

$$N^L \leqslant \sum_{i=1}^{N} \delta_i \leqslant N^U \tag{7.75}$$

其中 N^L 和 N^U 分别为持仓数量的上下限。

6. 因子暴露约束

在因子投资中，不同因子的风险收益特征千差万别。有的因子长期溢价不高，波动却比较大，它们在截面维度下解释股票预期收益截面差异时用处不大，但却能在时序维度解释股票收益率的波动。这类因子常常被视为风险因子，比如 Barra 多因子模型中的国家和行业因子。因此，在设计投资组合时，为了减少投资组合收益率的波动，经常控制它在风险因子上的暴露。这一目标可通过因子暴露约束实现：

$$\beta_k^L \leqslant \sum_{i=1}^{N} \beta_{ik}\omega_i \leqslant \beta_k^U \tag{7.76}$$

式中 β_{ik} 为股票 i 在因子 k 上的暴露，因此 $\sum_{i=1}^{N} \omega_i\beta_{ik}$ 为投资组合在因子 k 上的暴露。该约束的含义是，投资组合在因子 k 上的暴露被限制在下限 β_k^L 和上限 β_k^U 之间。

在式 (7.76) 中，还可以将股票权重换成主动权重，即相对于基准的权重。令 ω_i^B 表示股票 i 在基准组合中的权重，则主动权重为 $\omega_i - \omega_i^B$。此时，因子暴露约束条件变为：

$$\beta_k^L \leqslant \sum_{i=1}^{N} (\omega_i - \omega_i^B)\beta_{ik} \leqslant \beta_k^U \tag{7.77}$$

它的含义为投资组合在因子 k 上的主动暴露需要被约束在某个范围内。在这种情况下，若令 $\beta_k^L = \beta_k^U = 0$ 则表示要求投资组合在因子 k 上的暴露和基准指数相同。这种组合又被称作关于因子 k 的风格中性组合。风格中性组合在业界的应用非常广泛。

7. 跟踪误差约束

对于指数增强策略而言，评价业绩的一个重要指标就是跟踪误差（tracking error）。跟踪误差指的是策略相对于基准的主动收益的波动率。跟踪误差越大，说明策略收益率与基准收益率之间的差异越不稳定。为了减少跟踪误差，可在投资组合优化中加入跟踪误差约束。令 $\boldsymbol{\omega}$ 和 $\boldsymbol{\omega}^B$ 分别代表股票在投资组合和基准组合中的权重向量，$\boldsymbol{\Sigma}$ 代表股票的协方差矩阵，则跟踪误差约束为：

$$\left((\boldsymbol{\omega} - \boldsymbol{\omega}^B)'\boldsymbol{\Sigma}(\boldsymbol{\omega} - \boldsymbol{\omega}^B)\right)^{1/2} \leqslant \sigma_{\mathrm{TE}} \tag{7.78}$$

式中 σ_{TE} 表示能够容忍的最大跟踪误差水平。

以上介绍了七种常见的约束条件。在实际投资组合优化中，应根据实际的配置目标和需求选择合适的约束条件，再配合选定的目标函数以求解最优的股票权重。需要说明的是，当考虑了上述各种线性或非线性的约束条件之后，投资组合优化问题往往不再有解析解，因而需要采用数值方法求解。当投资组合的股票数量较多时，通过数值解法找到全局最优解往往也极具挑战性，且约束条件的参数如果选择不当甚至会出现无解的情况，这时可考虑按照约束条件的优先级来适当调整。

7.3.5　交易成本模型

除了约束条件，交易成本也是造成理论和实际结果有差异的重要因素。本节简要介绍交易成本模型。交易成本一般分为两种：显性成本和隐性成本，前者包括交易费用和买卖价差，后者主要指的是市场冲击成本。由 7.3.4 节的介绍可知，通过添加换手率约束可以间接控制交易成本，尤其是降低交易产生的费用。然而，由于过高的交易成本会侵蚀收益，因此更加精细的方式是通过对交易成本建模，将其作为惩罚项加入目标函数之中，实现收益和成本的均衡。两种常见的成本模型包括线性成本函数和二次成本函数。

1. 线性成本函数

线性成本函数简单直接。假设股票 i 的成本为权重变化的固定比例 c_i，因此投资组合的成本函数为:

$$\mathrm{TC}(\boldsymbol{\omega}) = \sum_{i=1}^{N} c_i |\omega_i - \omega_i^0| \tag{7.79}$$

2. 二次成本函数

线性成本函数虽然简单，但它假设每支股票每笔交易的成本比例均一样，并没有考虑对市场的冲击程度，因此不够精细。二次成本函数，顾名思义，它在线性成本函数的基础上引入一个二次项，用来反映交易权重变化越大冲击成本越高：

$$\mathrm{TC}(\boldsymbol{\omega}) = \sum_{i=1}^{N} c_i |\omega_i - \omega_i^0| + \sum_{i=1}^{N} d_i (\omega_i - \omega_i^0)^2 \tag{7.80}$$

以上仅简要介绍了这两种最简单的交易成本模型，对它们更详细的说明可参考相关文献（如 Lobo et al. 2007, Kopman and Liu 2011, Hedayati et al. 2018, Chen et al. 2019 等）。当选定了成本模型 $\mathrm{TC}(\boldsymbol{\omega})$ 之后，将其作为惩罚项代入目标函数。令 $\max_{\boldsymbol{\omega}} f(\boldsymbol{u}, \boldsymbol{\Sigma}, \boldsymbol{\theta}, \boldsymbol{\omega})$ 表示原始目标函数，则考虑了成本之后的目标函数变为：

$$\max_{\boldsymbol{\omega}} f(\boldsymbol{u}, \boldsymbol{\Sigma}, \boldsymbol{\theta}, \boldsymbol{\omega}) - \gamma_{\mathrm{TC}} \mathrm{TC}(\boldsymbol{\omega}) \tag{7.81}$$

式中 γ_{TC} 为交易成本的惩罚系数。使用式 (7.81) 所示的目标函数，再辅以必要的约束条件，通过优化问题求解可以获得最优的股票权重。

7.4 Smart Beta：因子投资的捷径

多因子模型 (1.3) 的核心是解释股票预期收益和因子预期收益之间的关系。利用这种关系，人们在投资中便能做到有据可依，有的放矢，找到股票收益率背后的驱动力（即那些长期来看有溢价的因子）并通过暴露在这些驱动力上获取超额收益。

以此为目标，专业机构投资者可依照 7.1 节到 7.3 节的内容，在投资组合优化的整体框架下进行主动投资，而在这个过程中多因子模型为专业投资者提供了一种数量化工具。仍以账面市值比（BM）和特质性波动率（IVOL）为例，用它们预测收益率均能获得相对于市场指数的超额收益，即为优秀的收益率预测变量。主动管理人会以它们为出发点，经过收益预测、风险控制、组合优化等构建投资组合。但无论在这个过程中所涉及的数学模型或者运算多么复杂，最终的投资组合一定是以某种最优的权重利用了 BM 和 IVOL 预测收益率的能力。

那么，对于不具备专业技能的普通投资者来说，是否意味着无法利用它们战胜市场呢？答案是否定的。

为了回答这个问题，让我们换一下看问题的角度。虽然在主动管理人眼中，BM 和 IVOL 是预测超额收益的变量，但在式 (1.3) 中，BM 也同时被用来构建价值因子，而 IVOL 也同时被用来构建特质性波动率异象，因此只需通过投资组合排序法便能够轻松地构建它们的投资组合。通过投资这两个投资组合也就相当于利用了 BM 和 IVOL 预测股票收益率的能力。从这个意义上说，虽然主动管理通过复杂数学优化得到的投资组合和上述按排序法构建的投资组合中股票的权重会有区别，但它们在本质上并无差异。所以，哪怕不使用复杂的数学工具，普通投资者也可以通过投资有显著溢价的定价因子或异象因子的投资组合来获取超额收益。而这正是学术界关于多因子模型的研究成果对普通投资者的最大价值——学术研究揭示了那些能够获得显著溢价的定价因子和异象因子。

当然，在实际应用中，投资者仍然会面临一些问题，比如学术界的因子投资组合都是多空对冲且资金量中性的理论型组合。由于实际中的各种限制[15]，它们并不具备可投资性。因此，如何使理论中的因子投资组合落地成真正可交易的投资组合就是必须要解决的问题，而其中的关键就是因子指数化（factor indexing）。与把多因子模型视作数量化工具而进行主动投资不同，因子指数化的目标是把具有显著超额收益的因子，以高暴露、高可投资性和低成本为目标加工为投资组合[16]。依照业界的惯例，这种以因子指数化组合为标的投资才被称为因子投资（factor investing）。

15 股票多空组合在实际应用时可能遇到一系列麻烦，包括产品限制卖空、股票无法融券、卖空成本较高、无法使用杠杆以及融券期限与持仓不匹配等问题。

16 比如业界常见的价值因子指数和低波动因子指数就很好地反映了学术界以 BM 和 IVOL 为代表的关于价值因子和低波动异象方面的研究。

近年来，因子指数化的概念早已深入人心，越来越多的机构将因子指数化，并且跟踪不同因子指数的基金产品也越来越多，使得普通投资者也能享用因子投资盛宴。这些因子类基金，还有一个高大上的名字——Smart Beta 基金。专业的事情交给专业的人士去做，通过直接买卖或申赎这类基金，投资者就可以免除中间的繁复步骤，也可以避免落入各种陷阱的危害，剩下简单和美好。然而，不用亲自设计和交易因子组合，并不意味着投资者就变成了一个懒人。Smart Beta 虽然是因子投资的捷径，但俗话说“世界上最快的捷径就是不走捷径”，要做好 Smart Beta 投资仍然有大量功课要做。本节将和你一起，抽丝剥茧，讲清楚 Smart Beta 的前世今生。

7.4.1 因子指数和 Smart Beta

1. 概念定义

都说互联网行业喜欢造词，其实金融行业也一样。在 Smart Beta 这个名字中，第一个词 Smart 是一个形容词，是“聪明的”之意；而第二个词 Beta 则代表了式 (1.3) 中的 β，表示因子暴露之意。简单来说，这两个词放在一起得到的 Smart Beta 就表示挑选有风险溢价的因子（Smart 部分）并通过暴露在其上（Beta 部分）来获取超过基准的收益。

有人说 Smart Beta 是一次行业革命，也有人说这是在故弄玄虚。类似的称呼还有很多，比如 Systematic Beta、Alternative Beta、Style Beta 和 Strategic Beta[17]，有时让人“傻傻分不清楚”。正如一千个读者眼里有一千个哈姆雷特，不同机构对 Smart Beta 的具体定义也不尽相同。表 7.8 梳理了一些知名机构对 Smart Beta 的定义，从中提炼出共同点，就能够更好地定义和理解 Smart Beta 概念。

表 7.8 各机构的 Smart Beta 定义

机构	定义
富达基金（Fidelity）	和传统的市值加权指数相比，Smart Beta 使用一个或多个因子构造指数，试图增加收益、减少风险和成本，以及增加组合多样性。
贝莱德（BlackRock）	Smart Beta 通过明确的规则编制因子暴露指数，以便基金公司低成本地进行复制，从而增强组合收益和降低组合风险。
景顺（Invesco）	通过一些事先定义的规则和公式编制指数，以在常见的风险因子上有所暴露，主要有两个特点：（1）组合权重偏离市值加权；（2）透明的规则。
先锋（Vanguard）	偏离市值加权的另类加权方法，以获得不同的风险和收益结果，即为 Smart Beta。

17 这些术语没有严格区分，界限比较模糊，泛指偏离宽基指数而有因子偏向的策略。

续表

机构	定义
锐联（Research Affiliate）	不同于市值加权，Smart Beta 基于股票因子或特征，系统地选择、加权和再平衡组合持仓，以增加组合价值。
晨星（MorningStar）	和传统的市值加权不同，Smart Beta 选择在一个或多个因子上有所暴露，从而增强收益或者平衡波动。
明晟（MSCI）	选择具有学术支撑的股票特征，以明确规则和透明方式编制 Smart Beta 指数，并捕捉长期超额回报。这些指数具有实施简单和可复制性高的特点，具有主动和被动双重优势。
富时罗素（FTSE Russell）	Smart Beta 使用各种方法确定指数成分和权重，而不是像传统那样用市值进行加权，这些方法反映了各种学术上公认的风险或收益驱动因素，可以帮助投资者在实现特定目标时获得更多控制权。
标普道琼斯（S&P Dow Jones）	使用透明和明确的规则编制另类加权指数，以捕获因子风险溢价。
Wealthfront	相比市值加权，Smart Beta 采用多个因子得到更智能的权重，以增加预期回报。
Betterment	在同一资产或不同资产内，通过一系列明确定义的因子，以获得目标收益和组合分散化。Smart Beta 偏离了市值加权，介于主动投资和被动投资之间。

表 7.8 中涉及的机构包括资产管理公司、指数编制商、数据资讯公司和智能投资顾问等。它们的业务和客户差异较大，因此对 Smart Beta 的定义也存在区别。尽管如此，还是能够从中总结出 Smart Beta 的如下要素：（1）偏离传统的市值加权宽基指数；（2）规则清晰和透明，可复制性强；（3）主动在一个或多个因子上暴露；（4）追求增强收益或降低风险。

综合上述信息，本书可以将 Smart Beta 定义如下：在某类资产内，以更高的收益或更低的风险为目标，针对一个或多个具有风险溢价的因子来确定投资组合持仓及权重。由此可见，Smart Beta 选择通过主动偏离传统的市值加权指数，以获得更好的投资结果。在资产管理领域有两个对立的流派：被动投资和主动投资。而 Smart Beta 被认为介于二者之间（如图 7.3 所示）。

被动投资认为市场是有效的，想要持续获得战胜市场的超额收益十分困难，因此最好的投资方式就是持有市场组合。该组合以股票市值作为加权依据，市值越高权重越大。被动投资有诸多优点，包括容量较大、易于实施以及成本较低等。不过，业界对被动投资的批判之声也不绝于耳。例如 Arnott and West (2006) 认为市值加权组合高估了成长股，低估了价值股，并不是一种理想的投资方式。

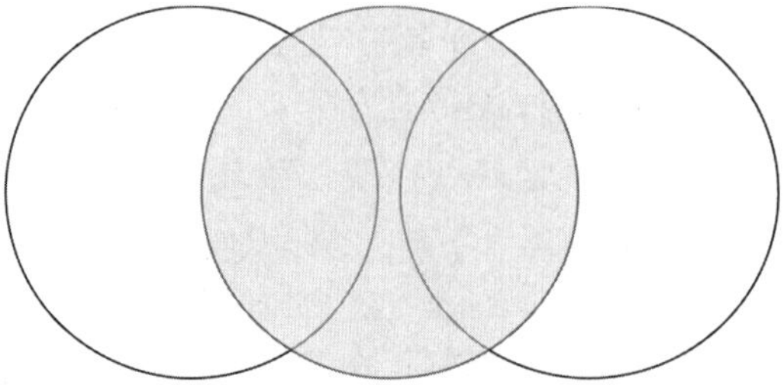

图 7.3 被动投资、主动投资和 Smart Beta 的关系

和被动投资相反，主动投资认为市场并非完全有效，只要找对了方法就能击败市场，获取超额收益。在这方面，选股和择时是两个重要的思路。选股以在股票截面上选出未来预期收益率更高的股票为目标，而择时则以在时序上判断市场整体涨跌从而动态控制仓位为研究对象。无论是选股还是择时，具体方法仁者见仁，智者见智。主动投资的目的是通过获得更高的收益和（或者）降低投资组合的风险（例如降低最大回撤）来击败市场指数。和被动投资相比，主动投资方法更加主观，也不够公开透明，且换手率较高，可复制性较低。

从 Smart Beta 的特点和定义可知，它兼具两种投资流派的基因，属于“中间派”。一方面，Smart Beta 规则透明清晰，易于复制和成本较低，属于典型的指数化投资，这和传统的被动投资如出一辙；另一方面，它选择在特定的因子上有所暴露，主动偏离指数加权方式，以获得更高收益或更低波动，这又和主动投资方式十分接近。表 7.9 将被动投资、主动投资和 Smart Beta 进行了对比[18]。

表 7.9 被动投资、主动投资和 Smart Beta 对比

特点	被动投资	主动投资	Smart Beta
风格暴露	低	高	高
潜在收益	低	高	中
换手率	低	中偏高	中偏低
容量	高	中偏低	中偏高
透明性	高	低	高
费用	低	高	中偏低
复制难度	低	高	低

18 Smart Beta 在权益类资产中最为常见，也是其他资产的发展趋势。

2. 选择因子

既然要以因子投资组合为投资标，那么第一步就是选择合适的因子。在这方面，学术界大量研究发现的诸多定价和异象因子都为业界提供了巨大的启发。从大类来说，使用最广泛的因子集中于以下几类：价值、质量、低波动、动量、股利[19]以及规模等[20]。表 7.10 给出了这些大类因子在 Smart Beta 实践中的定义；表 7.11 列举了明晟、标普道琼斯、富时罗素、锐联和中证指数这些有代表性的指数公司所使用的大类因子。

表 7.10 Smart Beta 中常见的大类因子

因子	定义
价值	由于便宜的股票长期强于高估的股票，利用市净率、市盈率以及 EBITDA/EV 等估值指标，捕获价值溢价（Value Premium）。
质量	高质量（基本面好）的公司要比低质量的公司更有优势；从盈利能力、成长能力和财务安全等方面获取质量溢价（Quality Premium）。
低波动	低风险异象广泛存在，使用波动率、特质性波动率或市场 β 等风险指标，获取低波动溢价（Low Volatility Premium）。
动量	强者恒强，弱者恒弱，通过选择过去 12 个月（剔除最近 1 个月）总收益高的股票，获取动量溢价（Momentum Premium）。
股利	持续稳定的股利表明盈利稳定和现金流充沛，通过选择股息率持续和稳定的公司，获得股息溢价（Yield Premium）。
规模	市值小的公司长期明显跑赢市值大的公司，用市值衡量公司规模并选股，获得规模（小市值）溢价（Size Premium）。

表 7.11 有代表性的指数公司所使用的大类因子

明晟	标普道琼斯	富时罗素	锐联	中证指数
价值	增强价值	价值	价值	价值
质量	质量	质量	质量	质量
动量	低波动	低波动	低波动	低波动
股利	动量	动量	动量	动量
规模		股利	收益型	红利
		规模	规模	规模

19 国内往往将这类因子称为红利因子。

20 除正文中提及的六大类因子外，还有一些其他类的因子（例如成长因子）也受到了越来越多的关注，但本书并未将它们纳入讨论之列。

对投资者来说，在选择因子时，除了熟悉和了解因子的历史表现以外，更加关心的自然是因子在未来能否继续获得风险溢价。为此，就必须搞清楚因子获取超额收益的内在驱动力，否则即便它在历史上有效现在也枉然。本书 6.5 节详细论述了因子背后的原因，其中合理的原因包括风险补偿和错误定价，错误的原因则是样本内的数据窥探。此外，第 3 章在介绍主流（定价）因子时也详细剖析了每个因子。在选择因子时应注重每个因子背后的逻辑，唯有如此才能帮助人们判断因子所获得的收益是否是可持续的，只有可持续的因子才有被配置的价值。

搞懂因子成因的另一个好处是，它能够帮助人们在因子表现不好的时候依然对其抱有信心并坚持使用它。在这方面，价值因子无疑是一个鲜活的例子。自 2017 年四季度开始，价值因子在美股上连续跑输标普 500 指数。很多配置了价值因子的对冲基金以及机构投资者都因为其弱势的表现而“很受伤”，而首当其冲的无疑要数 AQR。这家全球知名的量化型对冲基金的市场中性策略是基于多因子构建的，而价值因子是其中重要的组成部分。该策略自 2017 年四季度以来持续跑输基准指数以及同类策略。面对该因子如此低迷的表现，AQR 的领航人 Clifford Asness（他是 Eugene Fama 近二十年来最得意的门生）发表了一篇长达 23 页，字数超过 17000 字的文章（Asness 2018）深刻分析了价值因子走弱背后的原因。但更重要的是，这篇文章也通过客观的数据分析指出，价值因子背后的逻辑依然不变，因而从长期来看其表现可期，不应该仅仅因为短期的低迷表现而被放弃。

上面这个例子同样说明，因子的表现是具有周期性的。它们能否获得超额收益与宏观经济、商业周期以及投资者情绪有关。如表 7.12 所示，根据 Ung and Luk (2016) 的研究，质量和动量在市场上涨、经济扩张和市场乐观时有较好的表现，质量、低波和股利在下跌市场、经济收缩和市场悲观时表现更胜一筹。虽然因子收益率存在周期性，但不同因子间的收益率存在较低的相关性，使得它们在一定程度上互补，“东方不亮西方亮”。

表 7.12　因子表现与市场周期、商业周期以及投资者情绪

		价值	质量	低波动	动量	股利	规模
市场周期	牛市		↑	↓	↑		
	熊市		↑	↑			↑
	恢复期	↑		↓	↓	↑	↑
商业周期	扩张	↑	↑	↓			
	收缩	↓	↑	↑	↓		↑
投资者情绪	乐观	↑	↑	↓	↑	↓	↑
	悲观	↓	↑	↑		↑	↓

3. 指数编制

在编制因子指数时，因子暴露和可投资性是必须考虑的两个因素。然而，这二者天生矛盾，获得高的因子暴露是通过牺牲可投资性得到的，反之亦然，因而必须在它们之间权衡和取舍。可投资性是指目标因子的投资组合中股票的仓位是否合理，该组合的换手率和交易成本是否符合实际，进入该组合的股票是否有足够的流动性，该投资组合能承担的资金量（即因子的容量）是否足够大等。图 7.4 中金字塔描绘了五种因子指数化方法，自上而下，它们的因子暴露越来越低、可投资性越来越高。

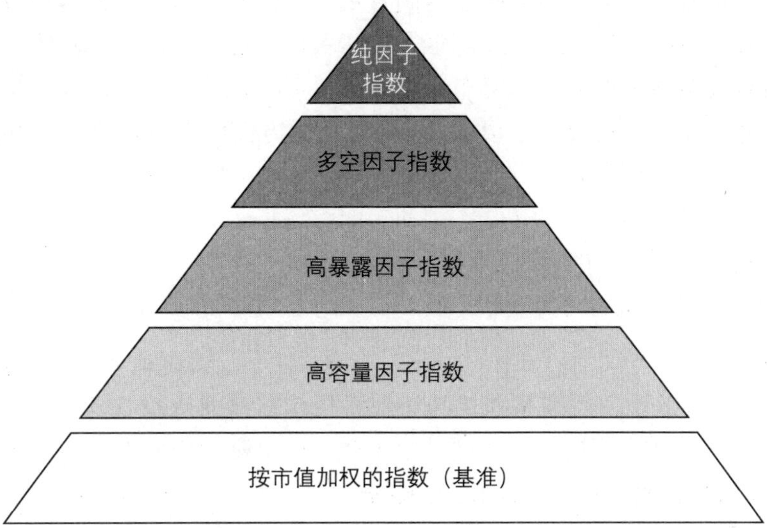

图 7.4　不同的因子指数化方法

- 纯因子指数：位于金字塔顶端的是纯因子指数。纯因子指数是为了正确定量计算因子的收益和风险而从纯数学的角度构建的。构建时没有考虑任何可投资性的约束，其可投资性非常低（例如 Barra 模型中的因子）。它满足对目标因子有 1 个单位的暴露，对其他因子没有暴露[21]。
- 多空因子指数：金字塔的第二层是多空对冲的因子指数，这类指数通常是资金量中性的。比如 Fama–French 三因子模型中的规模和价值因子的组合就是这一类的代表。构建这类指数的常见方法是排序法。该方法对目标因子仍然有很高的因子暴露，但也不可避免地暴露于其他因子上，不过这种方法构建的投资组合较纯因子组合有一定的可投资性。

21 纯因子投资组合的作用是正确计算因子收益率，从而通过模型推导出个股收益率之间的协方差矩阵。虽然它不具备可投资性，但在风险管理和归因中有着非常重要的作用。

- 高暴露因子指数：金字塔的第三层是高暴露因子指数。它所处的位置表明其在一定程度上实现了因子暴露和可投资性之间的平衡。在构建该指数时会同时考虑因子暴露和可投资性的约束条件（如低换手率、高流动性、高容量）。这类指数的构造方法主要包括筛选法和优化法。在前者中，首先依照因子暴露的高低，从所有股票中筛选出一个子集，然后按某种权重将这些股票配置在一起。在后者中，以因子暴露和组合风险为目标函数，在各种可投资性约束下进行求解，得到高暴露因子指数。除此之外，这类指数通常为纯多头组合，因此较前两种方法来说，它具有更高的可投资性。
- 高容量因子指数：金字塔的第四层为高容量因子指数。它在高暴露指数的基础上，为了获得更好的可投资性而进一步降低了因子暴露。这种方法并不对股票进行筛选，而是包括所有股票池中的股票。但在决定股票权重时，此方法同时考虑股票在该因子上的暴露高低以及股票自身的市值大小。通过这两方面的综合评判来最终决定每支股票在这类指数中的权重。
- 市场指数（基准）：金字塔的底层是基准，即市场指数。市场指数是按照股票市值加权构建的指数，它是唯一的、纯粹的反应被动投资的指数。由于股票按照市值加权，因此市场指数有着最高的可投资性。此外，由于它是基准，通常认为它对所有（风格）因子的暴露都是零。

因子指数一般由指数公司编制并发布，资管机构需要获取授权才能发行产品。Smart Beta 的编制方案可以直接从指数公司网站上下载，只要愿意任何人均能复现指数，尽显透明原则。和宽基指数相比，Smart Beta 的编制略微复杂一些，在股票选择或加权方式上别具一格，以求实现因子暴露。

一般来说，因子指数可以通过两种方式确定因子暴露：权重模式和排序模式。权重模式放弃市值加权，采用另类加权方式，间接在因子上产生暴露，这类指数往往被称为另类加权指数（alternatively weighted indexes），典型的例子包括等权重指数、最小方差指数和基本面加权指数，分别偏向规模、低波动和质量因子。排序模式更加直接，用一个或多个因子指标进行排序打分，选择得分最强的 N 支股票进入组合，这类指数常被称为因子指数（factor indexes）。中证 500 质量指数就是后者的一个例子，它从中证 500 样本股中选取 100 支盈利能力较强、盈利可持续、现金流量较为充沛且兼具成长性的股票作为指数样本股。当然，人们也可以将两者进行结合，用因子指标从投资范围中选择目标股票，再通过另类加权方式确定最终权重。

下面以明晟质量指数（MSCI 2014）为例，介绍 Smart Beta 指数的设计流程，使读者对其有一个基本的感知。Smart Beta 指数的编制主要包括四个步骤：确定股票范围、计算因子得分、选择具体股票和确定成分权重。首先，需要明确投资范围，对于明晟质量指数，其只能在 NASDAQ、NYSE 以及 AMEX 三大交易所上市的股票中选择。

其次，计算投资范围内所有股票的因子得分。具体来说，明晟质量指数考虑三个基本面变量：净资产收益率（ROE）、权益负债率（D/E）和盈利增长稳定性。对于股票 i 在变量 j 上的取值，先使用缩尾处理剔除原始数据中的异常值，然后在截面上计算其标准化的 Z-Score：

$$z_{ij} = \frac{x_{ij} - E[x_{ij}]}{\sigma(x_{ij})} \tag{7.82}$$

盈利稳定性以及债务负债率底层逻辑和预期收益率负相关，因此这两个指标的得分需要乘以 -1。得到股票在这三个变量上的得分后，将其取平均就得到股票在其上的综合得分 Z_i，最终的股票 i 质量得分 Q_i 由式 (7.83) 得到：

$$Q_i = \begin{cases} 1 + Z_i & 若\ Z_i > 0 \\ (1 - Z_i)^{-1} & 若\ Z_i < 0 \end{cases} \tag{7.83}$$

将投资范围内所有股票按照质量得分降序排列，选择排名靠前的 N 支股票入选质量指数的成分股。最后一步是确定每个成分股的权重。明晟质量指数成分权重由质量得分和股票市值共同决定，既能保证因子暴露足够高，又能保证容量足够大。这种权重方式也被称为市值调整法（market capitalization scaling）。令 s_i 代表股票 i 的市值，使用市值和质量得分的乘积计算权重如下：

$$\omega_i = \frac{s_i Q_i}{\sum_{j \in \mathcal{I}} s_j Q_j} \tag{7.84}$$

式中 $\mathcal{I}$ 为选出的 N 支股票的集合。该方法融合了市值和质量因子变量，因而在流动性和因子暴露之间达到了某种平衡。

7.4.2 为什么要投资 Smart Beta

通过和被动投资与主动投资的对比可知，Smart Beta 兼具两类投资方式的良性基因，这也是人们选择 Smart Beta 的原因所在。总结起来，选择 Smart Beta 有如下四个理由：增加收益、降低风险、节约费用和增加透明度。

1. 增加收益

被动投资主要捕捉市场风险溢价，收益来源较为单一；主动投资收益来源虽然较为多元化，但是却难以区分管理人的能力和运气。Smart Beta 具有明确的因子暴露，可以从价值、质量和动量等多个角度获取风险溢价。因此，如果将宽基指数基金或者主动管理基金换成 Smart Beta 产品，能够获得确切透明的收益增厚。

下面以传统的 60/40 股债组合为例展示 Smart Beta 对收益率的增强效果。在本书关于 Smart Beta 的所有实证中，宽基指数和因子指数均使用三位作者自己维护的 BetaPlus 1000 指数系列[22]。在投资实务中，60/40 股债组合是最常见的分散化策略，该策略将 60% 投资股票资产，剩下的 40% 投资国债。如果将 60% 的权重平均分配给 6 个 Smart Beta 指数，能显著增强 60/40 组合的表现。图 7.5 展示了传统 60/40 组合和 Smart Beta 增强 60/40 组合的累计收益。前者年化收益率 6.68%，年化夏普比率为 0.48；后者年化收益率为 9.11%，年化夏普比率为 0.60。将 Smart Beta 加入 60/40 组合中确实能够明显提升业绩表现。

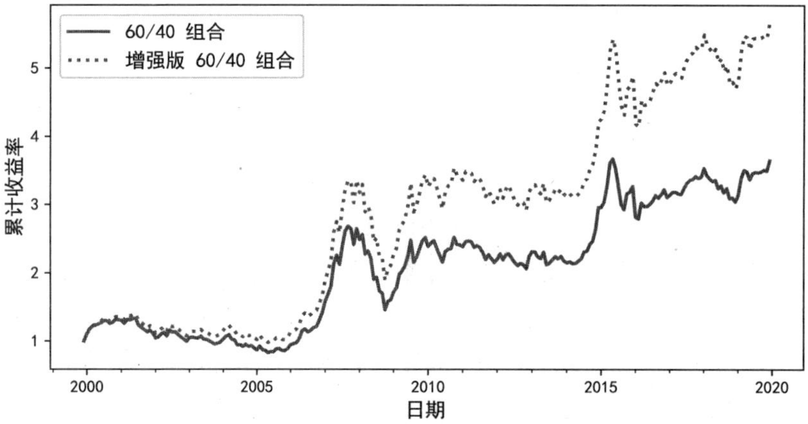

图 7.5　使用 Smart Beta 增强收益示例

2. 降低风险

除了增强组合收益，Smart Beta 还能降低组合风险。一方面，配置不同的因子使得风险来源更加多样，增加了组合的分散性。仍以增强版 60/40 组合为例，将宽基指数替换为 6 个不同类型的单因子指数后，投资组合的最大回撤比原始组合下降了 2.13%。另一方面，通过 Smart Beta 可以聚焦到低波动和质量等防御类型因子上，进一步降低投资组合的风险。图 7.6 对比了防御版本的 60/40 组合和原始组合的回撤时间序列。在防御版本中，其中股票资产的 30% 分配给质量因子，30% 分配给低波动因子。由于高质量和低波动具有较好的回撤保护功能，防御版本的 60/40 组合波动明显降低。

22 BetaPlus 的寓意为下一代 beta、更好的 beta 以及更聪明的 beta，其中文名为贝塔加。BetaPlus 1000 系列指数的具体数据说明见 7.4.4 节。本书配套网站提供 BetaPlus 1000 系列指数的数据下载。

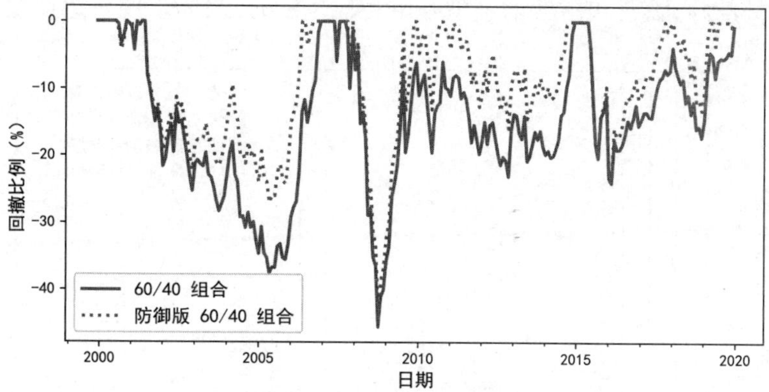

图 **7.6** 使用 Smart Beta 降低风险示例

3. 节约费用

相对于主动型基金，Smart Beta 换手率和管理费用均较低，能节约更多的费用，“省到即赚到”。使用 2015 年到 2019 年普通股票型基金数据，图 7.7 展示了主动股票型基金换手率和业绩的关系。其中横轴为五年平均换手率，纵轴代表周度选股能力[23]。可以看到，换手率和阿尔法成倒 U 形，即随着换手率的提升，基金的超额收益先升后降。选择换手率更低的 Smart Beta 基金，能节省不少交易费用。

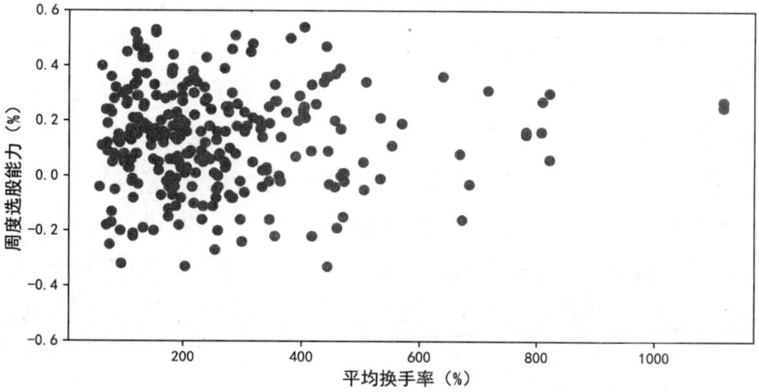

图 **7.7** 换手率与选股能力

如果说交易费用和冲击成本看不到摸不着，那么管理费用则是投资者可以直接看得到的。图 7.8 展示了主动型基金、指数增强基金、被动型指数基金和 Smart Beta ETF 的管

23 选股能力依据 Treynor and Mazuy (1966) 的二次市场超额收益模型计算：$E[R]-R_f=\alpha+\beta(E[R_M]-R_f)+\gamma(E[R_M]-R_f)^2$。其中 $E[R]$ 为基金复权净值增长率均值。该模型中的 α 代表基金经理的选股能力，γ 代表基金经理的择时能力。

理费率统计[24]。与普通股票和指数增强型基金相比，Smart Beta 的费率要低很多。

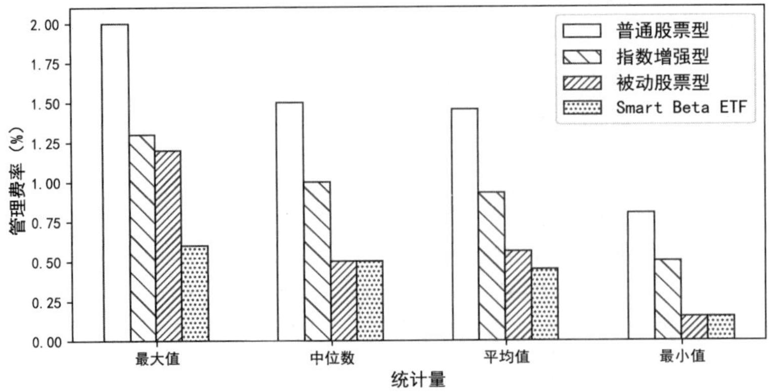

图 7.8　不同类基金的管理费率

4. 增加透明度

和被动指数投资相比，主动投资取决于投资经理的主观判断，由此会带来委托代理问题。首先，由于激励机制和考核制度，基金经理的目标不一定是投资人利益最大化，而是自身利益最大化。比如为了追求短期目标，基金经理倾向于选择彩票型股票（高波动、高贝塔或正偏度），而彩票型股票往往被高估[25]。其次，由于投资框架不成熟，抑或基金经理变更，会带来风格漂移，致使业绩持续性较差。例如，根据界面新闻的统计，国内基金经理人均任职年限仅为 1.72 年[26]。最后，基金经理也是人，只要是人都会存在认知和行为偏差，如过度自信、锚定效应、处置效应和选择性偏差等，这也会给基金管理带来不确定性。

Smart Beta 能有效地解决上面三个问题，透明度可以和宽基指数媲美。首先，由于 Smart Beta 也是指数化投资，跟踪误差是考核的重要指标，所以基金经理不会也没有动机偏离基准指数；其次，Smart Beta 在设计之时，就已经明确了风格暴露特征，并且规则清晰透明，不会受到基金经理情绪的影响，也不会因基金经理的离职而偏离设计初衷。

7.4.3　如何投资 Smart Beta

前面介绍了什么是 Smart Beta，以及为什么要关注Smart Beta。“光说不练假把式”，本

24 在本书参考的基金数据统计口径下，被动型指数基金中包含很多主题基金，且它们的管理费率往往比 Smart Beta ETF 的管理费用更高。因此图 7.8 中被动股票型基金的管理费率高于 Smart Beta ETF 的管理费率。

25 Frazzini and Pedersen (2014) 检验了不同杠杆约束程度投资者对高 β 股票的偏好，发现约束较多的投资者（如共同基金和个人投资）会倾向于持有高 β 股票。

26 数据来源于新闻《基金经理似流水，平均任职不到两年》。

节就来讨论在 Smart Beta 实际操作时需要考虑的问题，内容包括目前国内外 Smart Beta 概况、投资 Smart Beta 流程、基金评价标准以及交易拥挤度等。

1. Smart Beta 市场一览

Smart Beta 在美国已经发展非常成熟，资产规模持续增长。截至 2019 年年末，美国 Smart Beta ETFs 数量已超过 900 支，合计管理规模高达 9826.9 亿美元[27]。表 7.13 展示了其中管理规模最大的 10 支 Smart Beta ETF。它们均由知名机构发行，2019 年平均管理规模为 370.9 亿美元，涵盖的因子包括价值、成长、股利和低波动等，其中价值、成长和股利分别有 3 支，表明这三类策略目前是最受欢迎的 Smart Beta ETFs。从这 10 支 ETF 发行年份来看，早在 2000 年就有 4 支产品成立，已经持续管理运营超过 20 年。

表 7.13 美国市场中规模最大的 10 支 Smart Beta ETFs

名称	发行公司	跟踪指数	发行年份	管理规模①	类型
Vanguard Value ETF	先锋	GRSP US Large Value Index	2004	558	价值
iShares Russell 1000 Growth ETF	贝莱德	Russell 1000 Growth Index	2000	489	成长
Vanguard Growth ETF	先锋	CRSP US Large Growth Index	2004	459	成长
iShares Russell 1000 Value ETF	贝莱德	Russell 1000 Value Index	2000	422	价值
Vanguard Dividend Appreciation ETF	先锋	NASDAQ US Dividend Achievers Select Index	2006	415	红利
iShares Edge MSCI Min Vol USA ETF	贝莱德	MSCI USA Minimun Volatility Index	2011	369	低波动
Vanguard High Dividend Yield ETF	先锋	FTSE High Dividend Yield Index	2006	301	股利
iShare S&P 500 Growth	贝莱德	S&P 500 Growth Index	2000	278	成长
iShare S&P 500 Value	贝莱德	S&P 500 Value Index	2000	219	价值
SPDR S&P Dividend ETF	道富环球投资管理	S&P High Yield Dividend Aristocrats Index	2005	199	红利

①规模单位：亿美元，数据为 2019 年年末数据。

27 数据摘自中证指数 Smart Beta ETF 发展报告。

尽管 Smart Beta 在美国发展如火如荼，但它在国内依然是一个比较时髦的东西。2006 年，华泰博瑞基金率先发行上市了上证红利 ETF，这也是国内首支 Smart Beta 基金。虽然起步比较早，但国内 Smart Beta 仍然只是初试锋芒，无论是投资理念还是产品规模都处于起步阶段。

图 7.9 展示了国内 Smart Beta ETFs 每年发行数量和管理规模。截至 2020 年一季度，国内 Smart Beta ETFs 数量为 30 支，合计规模为 169.62 亿元。相较于 2018 年之前，2019 年可谓 Smart Beta ETFs 发行的大年，数量和管理规模均有明显增长。表 7.14 总结了国内市场中当前所有 Smart Beta 产品，涵盖红利、质量、低波动、价值、规模（小市值）、成长和多因子等，从类型上来看已经非常丰富。其中，红利和质量类的产品规模最大，两者管理规模之和为 104 亿元，占总数的 61.55%，是国内投资者最钟爱的两类因子；其次是低波和多因子，总管理规模为 46.31 亿元，占比 27.30%，前四大类型管理规模占比接近 90%。从管理费来看，绝大多数基金每年收取 0.5% 的费用，最小值为 0.15%，平均值为 0.45%，和主动管理基金动辄 1% 以上的管理费相比，非常吸引人。

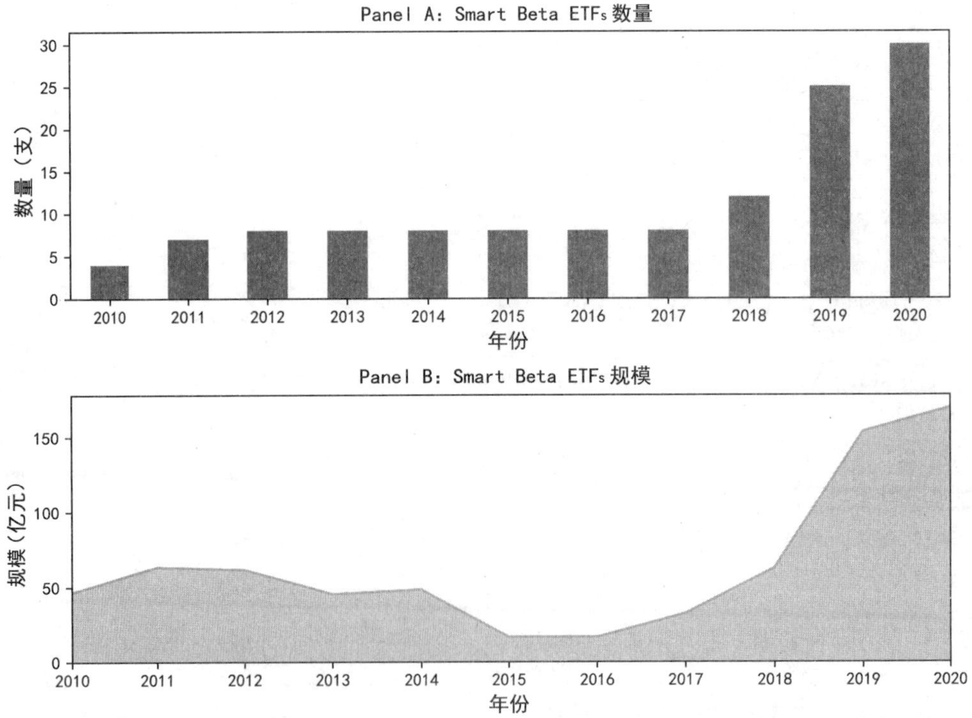

图 7.9　国内 Smart Beta ETFs 每年发行数量与管理规模

表 7.14　中国市场中的 Smart Beta ETFs

代码	名称	跟踪指数	成立日	管理费（%）	管理规模①	类型
510880.OF	华泰柏瑞红利 ETF	上证红利	2006/11/17	0.50	30.69	红利
159905.OF	工银瑞信深证红利 ETF	深证红利	2010/11/05	0.50	18.33	红利
159910.OF	嘉实深证基本面 120 ETF	深证 F120	2011/08/01	0.50	14.64	质量
510890.OF	兴业上证红利低波动 ETF	上红低波	2019/04/22	0.50	13.51	低波动
159916.OF	建信深证基本面 60 ETF	深证 F60	2011/09/08	0.50	10.07	质量
515180.OF	易方达中证红利 ETF	中证红利	2019/11/26	0.15	9.94	红利
515590.OF	前海开源中证 500 等权重 ETF	500 等权重	2019/11/14	0.15	8.36	等权重
512750.OF	嘉实中证锐联基本面 50 ETF	基本面 50	2019/05/23	0.50	8.07	质量
512040.OF	富国中证价值 ETF	国信价值	2018/11/07	0.60	5.61	价值
515520.OF	大成 MSCI 中国 A 股质优价值 100 ETF	MSCI 中国 A 股质优价值 100	2019/09/26	0.50	5.32	多因子
159966.OF	华夏创业板低波蓝筹 ETF	创业蓝筹	2019/06/14	0.50	5.32	低波动
515450.OF	南方标普中国 A 股大盘红利低波 50 ETF	标普中国 A 股大盘红利低波 50	2020/01/17	0.50	4.74	多因子
512530.OF	建信沪深 300 红利 ETF	沪深 300 红利	2019/08/23	0.50	3.60	红利
515080.OF	招商中证红利 ETF	中证红利	2019/11/28	0.20	3.54	红利
515300.OF	嘉实沪深 300 红利低波动 ETF	300 红利 LV	2019/08/08	0.50	3.28	多因子
515890.OF	博时中证红利 ETF	中证红利	2020/03/20	0.15	3.12	红利
515570.OF	山西证券中证红利潜力 ETF	红利潜力	2020/01/17	0.50	2.64	多因子
512260.OF	华安中证 500 行业中性低波动 ETF	500SNLV	2018/11/30	0.50	2.57	低波动
515510.OF	嘉实中证 500 成长估值 ETF	500 成长估值	2020/03/16	0.50	2.36	多因子
512390.OF	平安 MSCI 中国 A 股低波动 ETF	MSCI 中国 A 股国际低波（美元）	2018/06/07	0.50	2.27	低波动
515690.OF	鹏华中证高股息龙头 ETF	股息龙头全收益	2020/03/20	0.20	2.23	红利
512890.OF	华泰柏瑞红利低波动 ETF	红利低波	2018/12/19	0.50	2.16	多因子
510030.OF	华宝上证 180 价值 ETF	180 价值	2010/04/23	0.50	1.74	价值
159967.OF	华夏创业板动量成长 ETF	创成长	2019/06/21	0.50	1.49	多因子
159906.OF	大成深证成长 40 ETF	成长 40	2010/12/21	0.50	1.40	成长
510430.OF	银华上证 50 等权重 ETF	50 等权重	2012/08/23	0.50	0.92	等权重
159913.OF	交银深证 300 价值 ETF	深证价值	2011/09/22	0.50	0.75	价值
512270.OF	华安沪深 300 行业中性低波动 ETF	300SNLV	2019/03/07	0.50	0.65	低波
512590.OF	浦银安盛中证高股息 ETF	CS 高股息	2019/01/29	0.50	0.17	红利
512790.OF	华安中证民企成长 ETF	民企成长	2019/07/26	0.50	0.13	成长

①规模单位：亿元，数据为截至 2020 年一季度末。

2. 筛选流程

面对形形色色的 Smart Beta 基金，如何选择也需要一些技巧，通常可按照以下三个步骤进行。

(1) 明确投资目标。首先，要明确选择 Smart Beta 的动机是什么，即为什么要将 Smart Beta 纳入组合。对于长期投资，增强收益可能是第一要务；对于应对短期市场波动，降低风险可能是首要目标。

(2) 确定因子暴露。在明确了投资目标以后，需要找到相匹配的因子，这需要对不同类型 Smart Beta 的特性有大致了解。例如，如果以获取高收益为目的，那么应该选择进攻型的基金，如小市值和高成长的；如果想要降低组合波动，可以选择防御类型的因子，如低波动和高质量的。

(3) 加入已有组合。如果同一类 Smart Beta 有多个基金，则需要从因子暴露程度和管理费用两个角度进行综合考虑。暴露程度和风险溢价正相关，直接决定了投资目标的实现效果；管理费用则是要付出的成本，省下来的都是收益。因此，应选择暴露高且性价比高的基金。

3. 基金评价

中医讲究望闻问切，西医关注检验指标。和中医西医一样，在评价一支 Smart Beta 基金时，也需要一套指标体系。如果单纯看一下收益率和最大回撤，未免太过粗糙了。评价一支 Smart Beta 基金时，可以从两类数据入手：净值序列和持仓明细。前者主要从业绩表现角度，考察收益和风险情况，后者则基于详细的持仓数据，评估其组合持仓特征、可投资性、因子暴露和收益风险来源。

从净值序列的角度窥探一支基金，可以获得一些最基础的测量指标。

- 收益类指标（例如年化收益率）衡量历史获利能力，往往越高越好。
- 风险类指标（例如最大回撤）主要反映未来收益的不确定性或潜在的损失，通常越低越好。
- 风险调整后收益指标（例如夏普比率）同时考虑收益和风险，分子一般是收益类指标，分母一般是风险类指标。这类指标代表单位风险所获得的（超额）收益，因此越大越好。

  如果要深入剖析基金，则需要做得更多。利用具体的持仓明细，可以对基金进行更深入的剖析。

- 组合特征，主要对具体持仓股票有直观了解。例如质量类基金，往往具有持仓市值大、盈利高和波动率低的特点。
- 因子暴露程度，用来衡量组合相对基准的因子暴露，暴露程度决定了风险和收益来源。

在评价一支 Smart Beta 基金时，其在目标因子上的暴露越高越好。

- 可投资性则主要衡量持仓容量和分散能力，容量越小越容易造成拥挤，持仓越集中非系统性风险越大。以组合换手率为例，通常来说不要太大，否则会带来交易费用的损耗，在市场发生突变事件时也容易造成“踩踏”。
- 风格和风险归因分析（见 7.6 节和 7.7 节），将收益和风险来源进行分解，从源头上知悉每个行业或者因子的贡献程度。

基金评价是一项浩大工程，单一视角很容易盲人摸象，唯有从多个角度分析，方能“知人知面且知心”，详细指标见图 7.10。

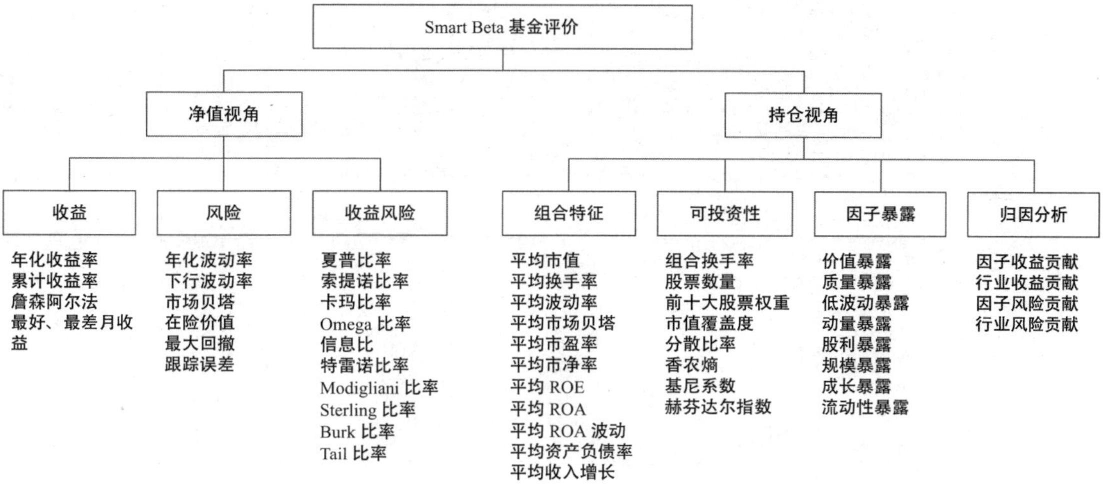

图 7.10 Smart Beta 基金评价指标

4. 拥挤度

在重大节假日期间，景区如果不限制人流量会导致过度拥挤带来安全隐患，因子投资也是一样。如果某类因子受到投资者的追捧，就会带来大量的资金流入，造成因子过度拥挤。其潜在的影响是，如果投资者偏好和情绪突然变化，资金就会疯狂地流出，导致发生“踩踏事故”，给因子的表现蒙上阴影。

如果能在“踩踏”发生之前提前预警，则有可能减少不必要的损失。海外很多机构已经意识到这个问题，基于资金流向、股票持仓和因子表现等数据，开发了各种各样的因子拥挤度计算模型，用来指导投资决策。本书 6.6.2 节从因子样本外失效的视角对 MSCI 开发的因子拥挤度模型进行过介绍，此处不再赘述。除此之外，一家名为 Factor Research 的研究机构也提出过关于因子拥挤度的模型。因子通常处于拥挤、正常和宽松三种状态之一。Factor Research 研究指出因子大约在 90% 的时间均处于正常状态，而处于拥挤和宽松的时间各占 5%，并不常见。

Factor Research 从估值、波动性、相关性、动量和因子离散度几个角度，等权重合成了综合拥挤度指标。图 7.11 展示了在美股市场中因子拥挤度和因子未来风险之间的关系。无论考虑未来 1 个月、3 个月、6 个月还是 12 个月，当因子拥挤度高时，因子未来的回撤和波动均更大，反之当拥挤度较低时，其未来回撤和波动均更小。从因子风险管理的角度来看，当一个因子处于拥挤状态时，需格外小心谨慎。

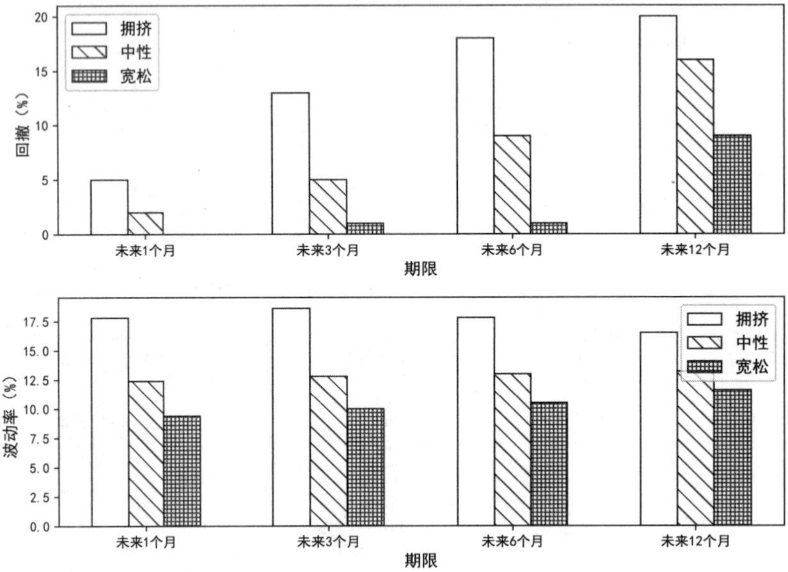

图 7.11 因子拥挤度与因子未来风险

7.4.4 应用实践

本节从实际投资问题出发，介绍 Smart Beta 的应用场景和案例。

1. 构造因子指数

Smart Beta 基金需要跟踪某一个因子指数，因子指数一般由专业的指数公司编制并发布，国外的典型代表有明晟、富时罗素、标普道琼斯和锐联，国内主要是具有官方性质的中证指数有限公司和深圳证券信息公司。一些证券公司以及第三方机构也有涉及。在接下来的 Smart Beta 应用实践中，为了让数据样本更多，也为了更加灵活地开展测试，本书采用三位作者自己设计的指数进行实证研究，所用到的指数包括 BetaPlus 1000 指数和系列因子指数。

BetaPlus 1000 指数对标罗素 1000。它包含 A 股中总市值最大的 1000 支股票，代表了全市场 90% 的股票市值，它是实证中的基准指数。在 BetaPlus 1000 指数的基础上，同时构造价值、质量、红利、动量、低波动和规模（小市值）共六大类因子指数。BetaPlus 1000 指数以及 6 个因子指数均是综合考虑可投资性和高因子暴露的纯多头组合，具体编制方案见本书配套网站[28]。表 7.15 汇总了上述 7 个指数在 2000-01-01 到 2019-12-31 之间的历史表现。其中，BetaPlus 1000 指数年化收益率为 7.24%，年化波动率为 27.63%，和 Wind 全 A 指数的表现非常接近。另外，6 个因子指数年化收益率和夏普比率均优于 BetaPlus 1000 指数，说明因子暴露获得了货真价实的溢价。其中表现最好的是质量和价值指数，说明依赖基本面信息的价值投资在 A 股长期表现更好。令人有些意外的是，规模（小市值）指数表现一般。这似乎有违常识，但它主要是由样本空间和加权方式导致的。在所有因子指数中表现最差的是动量指数，仅微弱地跑赢基准，这与 A 股市场中反转效应太强有关。

表 7.15　BetaPlus 指数风险收益特征

	BetaPlus 1000	BetaPlus 价值	BetaPlus 质量	BetaPlus 低波动	BetaPlus 动量	BetaPlus 红利	BetaPlus 规模
年化收益率（%）	7.24	13.14	13.70	10.86	7.65	10.66	9.50
年化波动率（%）	27.64	29.34	27.82	28.17	29.97	27.15	33.53
夏普比率（年化）	0.39	0.57	0.60	0.51	0.40	0.51	0.44
最大回撤（%）	−68.92	−67.11	−66.77	−66.25	−72.68	−64.47	−67.49

表 7.16 展示了不同因子指数相对基准 BetaPlus 1000 的月频超额收益率之间的相关系数[29]，可以发现几个有意思的现象。首先，价值和红利因子相关性较高。其原因是股息率计算方式为每股股利除以每股价格，本质上也可以将其看作一个价值指标。价值及红利与动量因子的相关性显著为负，这符合理论和常识，因为动量强的股票估值也会得到提升。质量和低波动因子的相关性为负，表明两者虽然同为防御类因子，但仍然展现出不同的收益特征。最后，规模和红利因子的相关性为 −0.51，原因是股息率和公司市值呈正相关，而小公司往往处于成长期，分红派息的比例往往较低。

前文曾提到，因子指数的高换手率不等于高回报，反而会由于交易费用的提升侵蚀收益，图 7.12 展示了 BetaPlus 1000 指数系列的月度换手率分布。可以看到宽基指数 BetaPlus 1000 月换手率最低，均值为 6.83%，市场容量也最大；质量和红利在所有因子指数中换手

28 需要说明的是，根据业界 Smart Beta 指数编制惯例，BetaPlus 系列指数中股票的加权方式为流通市值加权。这和本书第 3 到 5 章的研究实证中采用总市值加权不同。采用总市值加权是学术界研究因子和异象时的惯例。

29 由于 BetaPlus 因子指数均是纯多头组合，因此它们的收益率都和 BetaPlus 1000 基准指数有很高的相关性，如果直接计算因子指数绝对收益率的相关系数难以看出它们的差异，因此计算了它们超额收益的相关系数。因子指数的超额收益为其绝对收益和 BetaPlus 1000 指数收益的差值。

率最低，这和财报数据披露频率低有关；估值指标由会计数据和交易价格得到，月换手率为 18.8%；其次是低波动和小市值，月均值约为 20%；由于受行情变化影响最大，换手率最高的是动量因子，高达 32.9%。

表 7.16　BetaPlus 因子指数超额收益相关系数

	BetaPlus 价值	BetaPlus 质量	BetaPlus 低波动	BetaPlus 动量	BetaPlus 红利	BetaPlus 规模
BetaPlus 价值	1.00	−0.16	0.43	−0.30	0.36	−0.02
BetaPlus 质量		1.00	−0.22	0.44	−0.37	0.09
BetaPlus 低波动			1.00	−0.39	0.22	0.00
BetaPlus 动量				1.00	−0.50	0.05
BetaPlus 红利					1.00	−0.51
BetaPlus 规模						1.00

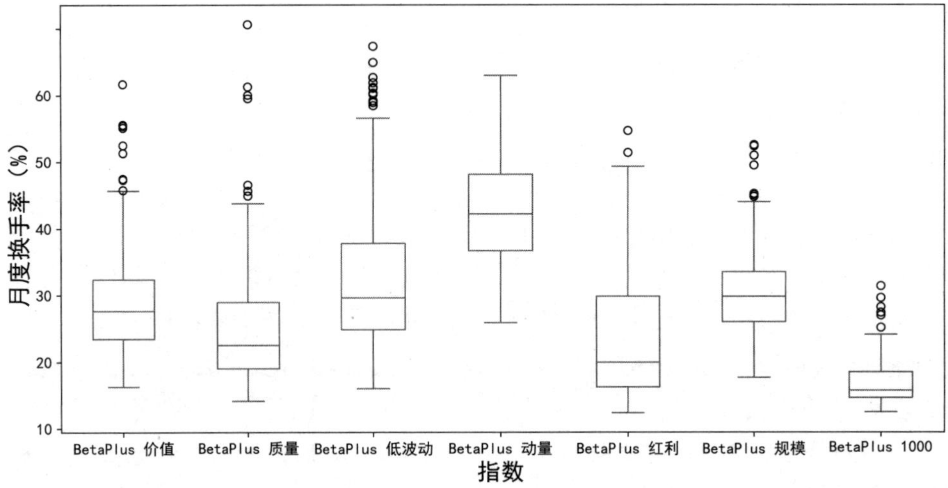

图 7.12　BetaPlus 因子指数月度换手率

接下来看一下 BetaPlus 指数的胜率[30]，这和目前流行的定投策略息息相关。最简单的定投策略指的是，按照固定的频率（如每月）投入固定金额的资金，购买某一支宽基指数基金。对于定投策略来讲，指数走势长期向上和投资者长期坚持持有是成功的前提，它淡化了择时和选股的作用。实证结果显示，BetaPlus 因子指数的月胜率均高于作为基准的 BetaPlus 1000 指数。此外，图 7.13 展示了持有因子指数 1 年、2 年、3 年、4 年、5 年、

30 胜率的定义为，当投资者买入某个指数并持有一段时间后，该指数累计收益大于 0 的概率。

7 年以及 10 年的胜率。可以看到，持有期越长，胜率越高，当持有期超过 7 年时胜率高达 90% 以上。这个结果表明，选择具有更高收益和胜率的因子指数进行定投比选择投资宽基指数更佳。

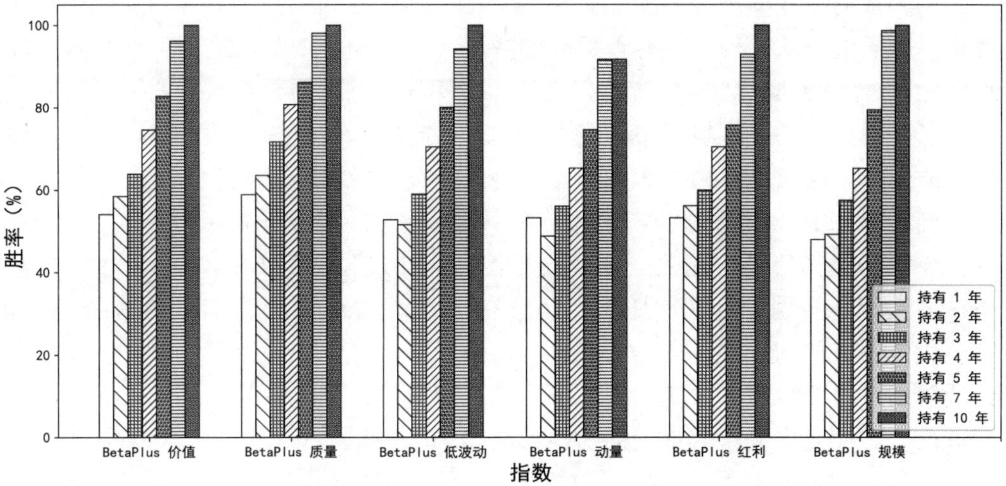

图 **7.13** BetaPlus 因子指数胜率

2. 混合还是整合

以上的实证结果是针对单一因子指数进行的。在 Smart Beta 投资中，不要把鸡蛋放在一个篮子里的理念同样适用。如果要想收益来源更加多样化，可以选择投资多个因子指数。将多个单一因子进行结合，有两种方法：混合法（mix）和整合法（integrate）。混合法把每个因子视为独立个体，每个因子独立选股互不影响，因而可以将每个因子理解为一个子基金或子账户，通过持有多个单因子 Smart Beta 即可达到分散的目的。整合法是在选股时，整体考虑股票在多个因子上的综合表现，按照综合表现高低选股。这样只需要选择一支多因子基金，就可以实现多样化配置。

两种方法各有特点。混合法简单直观，单个组合能最大限度地暴露在目标因子上，就像选择在某一学科有专长的学生一样，不用考虑其综合成绩。然而，由于因子之间较低的相关性，不同单因子组合持有的股票重合度低，导致总体持仓数量较多，从而使得最终的组合效率较低。此外，由于持有多个单一基金，如何确定每支基金的权重也是一个问题。整合法需要同时考虑股票在多个因子的综合暴露情况，就像升学考试一样，总体成绩好才会进入好的学校。同时，由于只需要投资一支基金，资金门槛较低，并且不需要考虑底层因子权重分配问题。然而，由于仅投资一支基金，投资者无法灵活地对因子暴露进行动态调整，这是整合法最大的缺点。关于两种方法孰优孰劣，业界尚未有统一的观点。Bender and

Wang (2016) 利用 1993 年至 2015 年间美股市场价值、质量、低波动和动量因子的数据，发现无论是年化收益、夏普比率还是信息比率，整合法的表现都显著优于混合法。而在另一项研究中，Chow et al. (2018) 指出 Smart Beta 产品却更多地使用混合法（混合法与整合法的比例大致为 5:3）。基于 1968 年至 2016 年间近 50 年的数据，他们发现虽然整合法的夏普比率高于混合法，但前者有着更高的持股集中度和换手率，这两点使得其可投资性大打折扣。Ghayur et al. (2018) 认为，为了比较两种方法，需要对二者的因子暴露进行匹配。当因子暴露和主动风险较低时，混合法占优；当因子暴露和主动风险较高时，整合法则是更好的选择。因此，哪种方法更好要取决于投资目标和应用场景。

以下利用 BetaPlus 因子数据进行混合法和整合法的对比。在每个月月末，等权重持有 6 个因子指数组合，得到混合法组合；整合法组合则在选股层面实施，即在每月月末，将每支股票在 6 个因子指数上的得分加总，选择得分最高的 200 支股票（即 1000 支的前 1/5），并按照自由流通市值加权。表 7.17 和图 7.14 展示了两种方法的效果。混合法和整合法均能稳定战胜基准组合。两种方法相比，整合法表现更优，年化收益率高 1.49%，年化夏普比率高 0.06，但不足之处是其最大回撤也要略微高一些。

表 7.17　整合法和混合法的风险收益特征

	混合法	整合法	BetaPlus 1000
年化收益率（%）	11.23	12.72	7.24
年化波动率（%）	28.36	27.36	27.64
夏普比率（年化）	0.52	0.58	0.39
最大回撤（%）	−67.01	−68.55	−68.92

3. 因子配置权重

前文在对比因子整合法和混合法时，混合法使用了等权重的方式，给予每个因子指数相同的权重。如同配置股票一样，配置因子也可以用多种加权方式，将逻辑各异的多个因子通过某种方式进行结合，以期得到一个收益风险比更优的多因子配置组合。常见的因子配置方法包括简单多样化（等权重）、波动率倒数、风险平价、最大分散度和因子动量加权。表 7.18 总结了它们的金融学假设、实现方法以及相应的数学公式。

除了简单多样化这种被动的静态配置方法以外，其他四种配置方法都需要输入更多的信息，包括波动率、因子之间的相关性或者过去的表现。表 7.19 给出了这五种配置方法的表现。结果显示，它们的差别并不是很大，简单多样化已经非常优秀，而更加复杂的方法也并没有带来明显的提升。

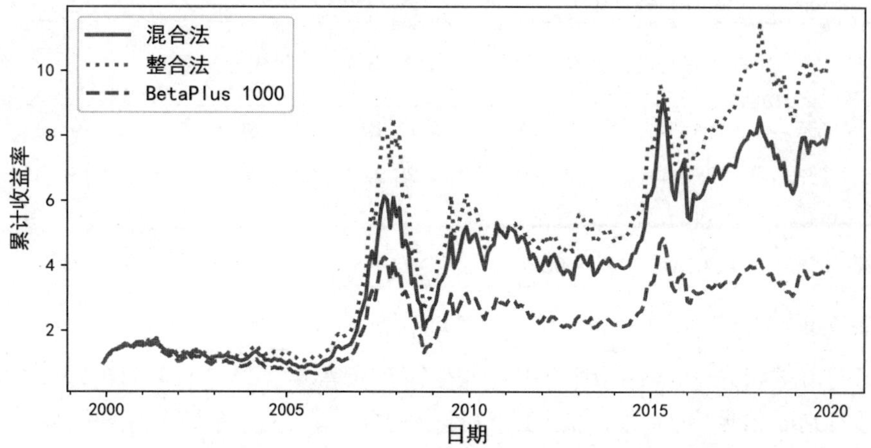

图 7.14 混合法与整合法的累计收益率曲线

表 7.18 因子配置方法

	金融学假设	实现方法	数学公式
简单多样化	不预测因子未来表现，等权重配置	所有因子的权重相同	$\omega_k = \dfrac{1}{K}$
波动率倒数	绝对收益率的波动率更低的因子能提升组合的风险收益特征	按因子绝对收益率的波动率的倒数赋权	$\omega_k \propto \dfrac{1}{\sigma_k}$
风险平价	平摊不同因子的风险贡献，从风险角度实现多样化配置	每个因子对投资组合的边际风险贡献相同	$\omega_i \dfrac{\partial \sigma_p}{\partial \omega_i} = \omega_j \dfrac{\partial \sigma_p}{\partial \omega_j}$
最大分散度	追求组合的分散性	选择因子权重使得组合的分散比率最大化	$\arg\max \dfrac{\boldsymbol{\omega}'\boldsymbol{\sigma}}{\sqrt{\boldsymbol{\omega}\boldsymbol{\Sigma}'\boldsymbol{\omega}}}$
因子动量加权	因子的历史表现在未来会持续	以因子过去一段时间相对基准的表现作为权重	$\omega_k \propto \dfrac{\tilde{\mu}_k}{\tilde{\sigma}_k}$

表中，σ_p 表示投资组合的波动率；$\boldsymbol{\sigma}$ 和 $\boldsymbol{\Sigma}$ 分别为因子组合收益率的标准差向量和协方差矩阵；$\tilde{\mu}_k$ 和 $\tilde{\sigma}_k$ 分别为因子 k 超过基准的平均收益和其波动率。

这个结果并不意外，一方面因为被配置的因子指数本身的风险收益差异并不大（表 7.15）；另一方面则因为复杂的方法需要更多的参数，而使用历史数据估计参数有很大的误差。由于这两方面的原因，复杂配置方法无法显著战胜简单多样化配置方法也就不难理解。上述结果和 DeMiguel et al. (2009) 针对美股的实证结果相吻合。因子指数的不同配置权重方案，本质上也属于因子择时或轮动，是否有效目前尚没有明确的答案。

表 7.19　不同因子配置方法的实证结果

	简单多样化	波动率倒数	风险平价	最大分散度	因子动量加权	BetaPlus 1000
年化收益率（%）	11.23	11.40	11.40	11.03	11.89	7.24
年化波动率（%）	28.36	28.25	28.24	28.07	28.43	27.64
夏普比率（年化）	0.52	0.52	0.53	0.51	0.54	0.39
最大回撤（%）	−67.01	−66.99	−66.98	−66.88	−66.93	−68.92

4. 通过择时选择因子

在不同的市场状态下，不同因子的表现往往存在差异（表 7.12）。图 7.15 中以双均线系统作为择时判断依据将 A 股市场状态进行了划分。其中，当 1 个月均线向上突破 6 个月均线时，标为上涨市；相反，当 1 个月均线向下跌破 6 个月均线时，标为下跌市。虽然均线系统存在滞后性，但总体来看符合预期。图 7.16 统计了 BetaPlus 质量和 BetaPlus 价值两个指数在上涨和下跌市场中表现的差异。在上涨行情中，价值指数的表现优于质量指数；而反观在下跌行情中，质量指数的表现无疑更加亮眼，展现出优秀的防御能力。

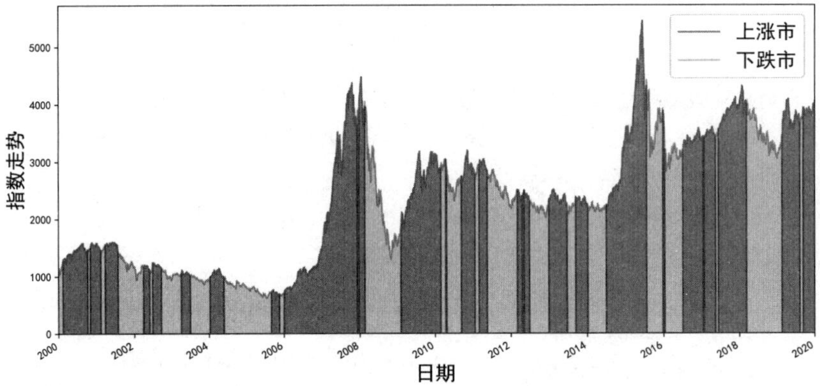

图 7.15　A 股不同市场状态划分

基于上面的统计结果，可根据市场状态来对 BetaPlus 质量和 BetaPlus 价值指数进行战术资产配置（tactical asset allocation，TAA），以求在上涨行情中拥有更多的进攻性，在下跌行情中拥有更好的防御性。具体来说，当 1 个月均线上穿 6 个月均线时，持有价值指数；当 1 个月均线下穿 6 个月均线时，持有质量指数。结果见图 7.17 和表 7.20。TAA 配置组合年化收益率为 13.98%，相比于 BetaPlus 价值和 BetaPlus 质量单一指数，它实现了更高的收益；另外，相比于 BetaPlus 1000 基准组合，其最大回撤则更低。7.5 节将进一步探讨因子择时。

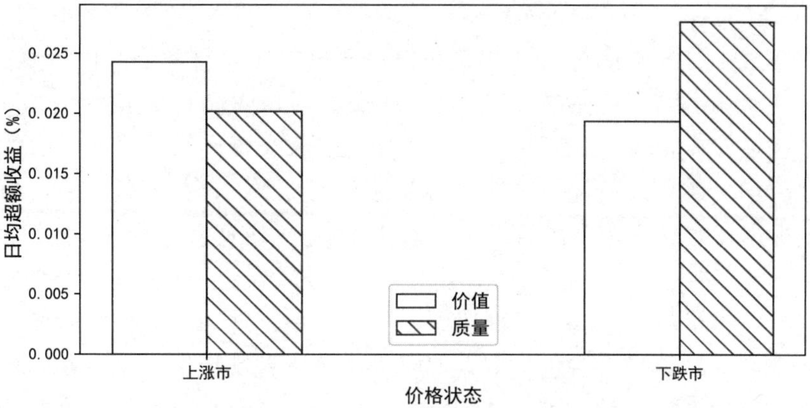

图 7.16 BetaPlus 质量与 BetaPlus 价值指数在不同市场状态下的表现

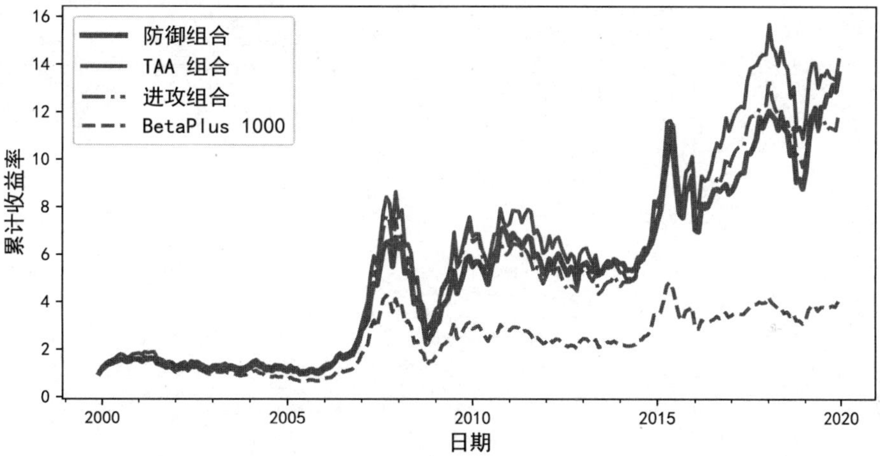

图 7.17 BetaPlus 质量与 BetaPlus 价值指数择时

表 7.20 BetaPlus 质量与 BetaPlus 价值指数择时的风险收益特征

	BetaPlus 价值	BetaPlus 质量	TAA 组合	BetaPlus 1000
年化收益率（%）	13.14	13.70	13.98	7.24
年化波动率（%）	29.34	27.82	29.43	27.64
夏普比率（年化）	0.57	0.60	0.59	0.39
最大回撤（%）	−67.11	−66.77	−68.61	−68.92

7.4.5　更多讨论

以上关于 Smart Beta 的讨论和实证结果主要集中在权益类资产内。事实上，Smart Beta 涉及的资产类型非常广泛。在定义 Smart Beta 时曾强调“在某类资产内”这个定语，这里资产可以包括权益、债券、商品和货币等任意一大类资产。

由于众多因子具有普适特征，因而在多个资产类型中均存在溢价，而这个特点也是如今海外业界从资产配置转向因子配置的基础。以 AQR 的因子体系为例，他们发现价值、动量、利差和防御因子广泛存在于各类资产中。表 7.21 总结了在不同资产类别下，用于构建每个因子的变量。以价值因子为例，在股票资产中，就是选择被低估的股票（高 BM）来持有。在其他资产中的定义方法也类似，即将资产价格和某个锚定点进行比较，越大说明越被高估，越低说明越被低估。其中，利率债的锚定就是预期通胀，而商品的锚定就是 5 年前的价格。

表 7.21　AQR 因子体系

	价值	动量	利差	防御
股票	BM	过去 12 个月收益率（剔除最近 1 个月）	预期股息率	市场 β 和质量
利率债	实际利率	过去 12 个月收益率（剔除最近 1 个月）	期限利差	相对 GDP 加权指数的 β
货币	实际汇率	过去 12 个月收益率（剔除最近 1 个月）	3 个月存款利率	
商品	过去 5 年总收益率	过去 12 个月收益率（剔除最近 1 个月）	展期收益率	

因子变量的具体定义和计算方式见 Asness et al. (2015)。

虽然 Smart Beta 优点很多，但其在实际落地时仍然面临不少挑战。一方面，Smart Beta 底层基于因子投资，因子被曝光后存在减弱甚至失效的风险；另一方面，随着因子投资理念的深入，越来越多的资金涌入 Smart Beta 领域，造成因子过于拥挤。关于因子效果减弱和过度拥挤，本书 6.6 节有过详细讨论，此处不再赘述。

如今，因子投资的理念深入人心。然而，如果因子收益率仅仅是学术界的数学游戏或者发论文的噱头而不具备可投资性，那么它们将对投资实践毫无价值。可喜的是，因子指数化和 Smart Beta 为科学践行因子投资提供了高效且低成本的手段。当然，想要在现实中赚取因子收益率，还需要要通过完善的市场风险对冲机制以及丰富的指数投资金融工具来配合。在这些方面，发达国家市场要比新兴市场更加成熟。随着 A 股市场变得更加开放和有效，传统意义上的主动超额收益 α 部分逐渐被蚕食。一旦 α 变得足够小而无法匹配，为了挖掘它而付出的成本更高时（对于投资者来说就是高昂的管理费），低成本的 Smart Beta 将会变得更加吸引人。

7.5 因子择时

无论是使用多因子模型作为数量化工具来预测收益率（阿尔法因子），还是通过因子指数化（Smart Beta）进行因子投资获得超额收益，因子择时（factor timing）[31]都是一个绕不开的话题。由于股票的收益率由因子的收益率驱动，而因子收益率在时序上有波动性，因此因子择时的美好愿景就是在因子收益率高的时候赋予它更高的权重，而在因子收益率低的时候赋予它更低的权重。由于金融领域数据信噪比极低，时序上可利用的相关性非常有限，所以这件事听上去就十分艰难。但学术界和业界都对因子择时十分着迷，只因择时成功的吸引力太强。

虽然理想很“丰满”，但现实很“骨感”，要成为先知显然不可能，因此只能通过各种科学方法对因子在时序上的表现进行合理预测，这也是因子择时研究的对象，而其目标就是战胜等权重配置因子获得的收益率。因子择时，既可以来自主观判断，也可以基于量化建模，而两者都需要寻找影响因子未来收益的因素，即因子的因子。综合学术界和业界的相关研究，影响因子未来收益率的因素大致可以分为五类，如表 7.22 所示。其中前三类因素和因子自身的表现有关，而后两个因素则来自外部环境。

表 7.22 用于因子择时的因素

因素	典型代理变量	含义
因子估值	价值价差（value spread）	衡量因子的估值水平
因子动量	过去 12 个月累计收益率	衡量因子过去一段时间的表现
因子波动	因子收益率的波动率	衡量因子的风险水平
市场状态	市场情绪：波动性、流动性和趋势性	衡量市场所处的某一个状态
宏观环境	经济增长、通货膨胀、利率水平等	因子的宏观驱动因素

7.5.1 按因子估值择时

一个资产当前估值是高还是低，取决于价格偏离真实价值的程度，这个真实价值即估值锚点。价格围绕价值波动，具有均值回复特征，如果价格高于这个锚点则被高估，预期收益为负；如果价格低于这个锚点则被低估，预期收益为正。一般来说，人们比较熟悉的是股

31 也称作因子轮动（factor rotation）。

票估值，例如学术文献常用 BM 作为代理指标。而在其他资产类型中，也可以定义相似的指标。Asness et al. (2013) 定义了国家指数、国债、商品期货和外汇等的估值因子，Israel et al. (2018) 定义了公司债的估值因子。那么，因子的投资组合同样身为一种资产，如何判断其估值高低呢？

Asness et al. (2000) 在研究价值因子时给出了答案，他们首先根据 Gordon (1962) 模型，把股票预期收益分解成每股收益（E/P）加上预期盈利增长（g）：

$$E[R] = E/P + g \tag{7.85}$$

由于因子投资组合仅是一揽子股票，因此对价值因子多头和空头代表的价值股和成长股组合也分别如法炮制，分解投资组合的收益率：

$$E[R_{\text{value}}] = E/P_{\text{value}} + g_{\text{value}} \tag{7.86}$$

$$E[R_{\text{growth}}] = E/P_{\text{growth}} + g_{\text{growth}} \tag{7.87}$$

利用上述分解，价值因子的收益率可以被拆解为：

$$E[R_{\text{value}}] - E[R_{\text{growth}}] = (E/P_{\text{value}} - E/P_{\text{growth}}) - (g_{\text{growth}} - g_{\text{value}}) \tag{7.88}$$

其中 $E/P_{\text{value}} - E/P_{\text{growth}}$ 被称为价值价差（value spread），$g_{\text{growth}} - g_{\text{value}}$ 被称为成长价差（growth spread），价值因子的收益率由这两项同时决定。从定义不难看出，价值价差反映了该因子中价值组（多头）相对于成长组（空头）的便宜程度。当价值价差很高时，说明因子的估值相对较低。学术界将上述研究拓展到其他因子，使用因子多空两头的价值价差来衡量其估值水平。除 E/P 外，在实际应用中也常常使用 BM 等指标描述多空两头的估值，且在计算价值价差时，除了进行减法，有时也会采用除法计算多空两头估值的比值[32]。

基于上述分析，在实际应用中可根据因子的估值高低来调整权重。令 VS_{kt} 代表因子 k 在 t 时刻的价值价差；$\text{VS}_{kt}^{\text{mean}}$、$\text{VS}_{kt}^{\max}$ 及 $\text{VS}_{kt}^{\min}$ 分别代表该因子在过去 36 个月内价值价差的均值、最大值和最小值。根据 Asness et al. (2017) 的算法，因子权重为：

$$\omega_{kt}^{\text{raw}} = 1 + \frac{\text{VS}_{kt} - \text{VS}_{kt}^{\text{mean}}}{\text{VS}_{kt}^{\max} - \text{VS}_{kt}^{\min}} \tag{7.89}$$

$$\omega_{kt} = \frac{\omega_{kt}^{\text{raw}}}{\sum_{j=1}^{K} \omega_{jt}^{\text{raw}}} \tag{7.90}$$

从以上定义不难看出，它反映的是因子当前的估值相对于过去 36 个月估值的位置，并据此可以调整因子权重。如果当前估值较高（价值价差小），则低配该因子；如果估值较低（价

32 Ilmanen et al. (2015) 比较了两种计算价值价差的方法，发现二者相关性较高，但在极端情况下会有差异，各有优缺点。

值价差大），则超配该因子。按因子的估值择时听上去合情合理，但 Asness et al. (2017) 的研究表明按因子估值择时的超额收益和价值因子本身在时序上的表现有很高的相关性。这意味着，一旦价值因子表现不好，那么按照估值择时也不会有好的表现。自 2008 年金融危机之后，美股市场的价值因子指数持续跑输市场本身，这无疑对按因子估值择时提出了巨大的挑战。

7.5.2 按因子动量择时

正如大量研究发现动量效应存在于不同国家和不同大类资产上一样，已有的研究也发现，无论在时序上还是在横截面上，因子的表现也存在动量效应。Arnott et al. (2019) 使用 1963 年到 2016 年的美国股市数据，计算了 51 个因子收益率序列，并构造了截面因子动量组合。每月月末，他们计算所有因子过去 T 个月的收益率，并做多最高的 8 个因子，做空最低的 8 个因子，并持有 H 个月。结果表明，因子动量能获得显著大于 0 的收益率。以 1 个月动量和 1 个月持有期为例，原始因子动量能获得 10.49% 的年化收益率。此外，因子动量并没有像动量因子那样发生崩溃（momentum crash），且在 2000 年以后表现依然很好。

Ehsani and Linnainmaa (2019) 的研究则更进了一步。该文使用公开可得的 22 个因子数据，除了研究因子横截面动量，还将因子时序动量考虑进来，得到的结论也更加合理。Gupta and Kelly (2019) 使用更大的样本数据（美国、欧洲和亚太市场）研究了 65 个因子的因子动量，得到了和前者相似的结论。此外，该文还发现按因子动量高低来配置不同因子的策略和截面动量因子本身有很强的相关性。因子动量的有效性对于因子择时的启发是给予动量较强的因子更高的权重，反之给予动量较弱的因子更低的权重，从而实现强者恒强、弱者恒弱。例如业界目前比较流行的按照 IC 高低计算因子权重，本质上就属于按因子动量择时。

7.5.3 按因子波动择时

如果说按因子动量择时是从收益率的角度确定权重，那么因子择时的另外一个角度就是因子的风险。在这种方法下，往往不对因子收益率做任何假设，而仅仅利用因子收益率的波动率和相关性。常见的因子波动加权方法包括最小方差、风险平价和波动率倒数加权。

最小方差的目标是使得整个因子组合风险最小，其在最小方差前沿上具有唯一性，处于前沿最左侧。风险平价最早由 Qian (2005) 提出，从风险的角度进行均衡配置，以追求所有证券对组合的风险贡献相同。世界著名的对冲基金桥水（Bridgewater）的全天候基金就采用了风险平价模型，因其常年的优异表现使得这种配置方法被发扬光大。波动率倒数加权是风险平价的特殊形式，是 AQR 在进行因子研究时常用的工具，例如 Asness et al. (2015) 在汇总多个风格因子时就用的该方法。波动率倒数加权比较简单，直接用因子波动率进行加权，给予低（高）波动因子更多（少）的权重，其表达式为：

$$\omega_k = \frac{1/\sigma_k}{\sum_{j=1}^{K} 1/\sigma_j} \tag{7.91}$$

式中 σ_k 为因子 k 的波动率。波动率倒数加权由于只需要考虑每个因子的风险，而不需要对它们之间的相关性进行估计，因此也被称为朴素风险平价。波动率倒数加权是风险平价的简化形式，当资产收益率之间的相关系数相等时，波动率倒数加权等同于风险平价。从波动的视角决定因子权重，主要出发点是降低风险和回撤。Rabener (2018) 对比了在风险平价和等权重两种方式下的因子表现，发现前者的最大回撤要明显小于后者的；但从收益的角度来看，并没有明确的结论。

7.5.4　按市场情绪择时

本书 6.4 节详细介绍了对市场情绪的衡量以及它和异象的关系。与使用因子本身相关的指标来择时不同，市场情绪从资本市场的不同特征观察因子表现。市场情绪也被称为投资者情绪，用来反映市场整体的乐观或悲观程度。通过刻画情绪状态，来反映投资者的风险偏好水平，从而预测市场和因子未来的表现。

Baker and Wurgler (2006) 详细讨论了市场情绪和因子表现之间的关系。一般来说，在市场情绪较为乐观时，投资者会偏爱具有进攻性质的股票，例如小盘股、新股和成长股；在市场情绪较为悲观时，投资者会偏爱具有防御性质的股票，例如低波动和基本面好的股票。正是因为在乐观时过度追逐进攻型股票，在悲观时过度追逐防御型股票，所以导致这些股票的价格被推至较高水平，过分高估会带来未来预期收益降低。因此在乐观时期之后，进攻型股票表现得不及防御型股票；相反，在悲观时期之后，防御型股票表现得不及进攻型股票。

再来看一个简单的例子。Ung and Luk (2016) 用波动率指数（VIX）来衡量投资者情绪，将市场划分为三种状态：乐观、中性和悲观。然后统计在不同状态下价值、质量、低波动、动量、股利、规模等因子的表现，见表 7.23。

可以看到，在市场乐观时，价值和动量因子表现较好，低波动因子超额收益率为负；在市场中性状态时，动量因子效果优秀；在市场悲观时，低波动、质量和股利等防御因子异常优秀，年超额收益率均超过 10%，而此时动量因子效果较差。如果能有效预测市场波动率水平，在高波动市场中高配价值和动量，在低波动市场中高配质量和低波动，大概率能获得更令人满意的结果。

表 7.23 不同市场情绪下因子指数相对标普 500 指数的表现

Panel A: 相对标普 500 年化超额收益（%）

	价值	质量	低波动	股利	动量	规模
乐观	4.85	2.40	−2.60	−1.20	3.80	1.94
中性	2.76	2.00	−2.50	2.10	5.27	1.50
悲观	1.42	10.30	15.20	13.40	−11.01	4.03

Panel B: 超额收益大于 0 的概率（%）

	价值	质量	低波动	股利	动量	规模
乐观	62.50	54.20	37.50	45.80	56.25	54.17
中性	56.25	60.40	47.90	52.10	54.17	52.08
悲观	43.75	66.70	68.80	62.50	43.75	43.75

7.5.5 按宏观因素择时

宏观因素是指影响企业生产经营的经济、政治、社会和自然环境等因素。经济因素，包括经济周期、利率水平、货币供给和流动水平等；政治因素，比较典型就是选举周期；社会因素，比如 2020 年新型冠状病毒的冲击；自然环境包括全球气候和自然灾害等。宏观因素数量巨多，传导关系错综复杂，和因子表现之间的关系也充满了神秘色彩。哪些宏观经济变量和股票因子表现有关呢？为此，Bender et al. (2018) 考虑将一系列经济变量作为预测因子，详见表 7.24。

表 7.24 影响因子表现的宏观经济变量

变量	定义
信用利差	高等级公司债到期收益率—低等级公司债到期收益率
TED 利差	3 个月同业拆借利率—3 个月国债利率
期限利差	20 年国债到期收益率—3 个月国债利率
货币增长	基础货币同比增长率（通胀调整）
M1 增长	M1 同比增长率（通胀调整）
M2 增长	M2 同比增长率（通胀调整）
GDP 增长	GDP 同比增长率
消费增长	个人消费同比增长率
固定投资增长	个人固定投资同比增长率
经常项目增长	经常项目同比增长率（通胀调整）

续表

单位产出增长	非农企业每小时产出同比增长率（通胀调整）
企业利润增长	企业利润同比增长率（通胀调整）
破产增长	申请破产数量同比增长率
产能增长	产能利用率同比增长率
国债发行	国债发行同比增长率（通胀调整）
消费信贷增长	消费信贷同比增长率（通胀调整）
储蓄率	个人储蓄占个人可支配收入的百分比
消费信心增长	消费者信心指数同比增长率
个人收入增长	个人收入增长同比增长率（通胀调整）
CPI	消费者价格指数
PPI	生产者物价指数
CPI 变化	CPI 同比变化
PPI 变化	PPI 同比变化
失业率	失业率
失业增长	首次申请失业救济人数的四周平均值同比增长率

通过对宏观经济变量和因子表现的研究，Bender et al. (2018) 发现比较明显的规律包括：（1）期限利差和盈利因子呈高度负相关，且持仓时间越长负相关性越高，这表明利率上升不利于企业盈利；（2）当持仓超过 6 个月时，TED 和期限利差两个因子对价值、盈利、投资有相当强的预测能力；（3）当持仓在 1 年以上时，单位产出增长率、个人储蓄率、CPI 和 PPI 四个指标与价值和投资因子具有较强的相关性。

此外，Ung and Luk (2016) 研究了因子在不同商业周期下的表现，其中商业周期划分标准来自美国国家经济研究局结果见表 7.25。可以看到，价值因子具有顺周期特征，其在经济扩张时具有正的超额收益，在经济收缩时表现较差；质量因子无论在哪种状态下均具有正的超额收益，由于盈利更强且更加稳定，在经济收缩时表现更好；动量因子也具有顺周期特征，在经济扩张时“谈笑风生”，故在经济收缩时“一蹶不振”；规模因子在两种状态下均表现不错，可能是因为小市值股票具有良好的灵活性；低波动因子具有典型的逆周期特征，在经济扩张时并不起眼，一旦经济变差就崭露头角，是对冲经济下行的利器。

表 7.25　不同商业周期下因子指数相对标普 500 指数的表现

Panel A: 相对标普 500 年化超额收益（%）						
	价值	质量	低波动	股利	动量	规模
扩张	3.41	3.50	0.00	3.90	2.21	1.77
收缩	−1.16	6.10	9.50	2.10	−2.29	4.75
Panel B: 超额收益大于 0 的概率（%）						
	价值	质量	低波动	股利	动量	规模
扩张	56.07	58.90	47.70	53.30	52.80	49.53
收缩	46.15	73.10	69.20	50.00	50.00	61.54

7.5.6　因子择时很难

虽然以上几节分门别类地介绍了用来进行因子择时的不同因素，但找到影响因素和成功择时却是两码事。和市场择时（market timing）一样，因子择时是否可行面临着巨大争议，目前尚无统一结论。Bender et al. (2018) 认为虽然因子择时理论上可行，但也指出了择时研究可能面临的陷阱和风险：（1）预测因素和因子收益之间的关系是动态变化的；（2）挑选的指标有数据窥探和幸存者偏差嫌疑；（3）由于部分数据存在事后修正，因此实证研究存在使用未来数据的风险。

投资公司 Newfound Research 在择时方面也有很多深入研究。他们认为，虽然因子估值和因子动量择时具有一定的效果，但是考虑成本以后，再和不择时相比就优势尽失；使用商业周期相关的数据进行因子择时，更像是过度拟合数据。如果等权重持有多个因子组合，其胜率则已经很高，尤其是在持有时间较长的情况下，要战胜等权重非常困难。类似地，Dichtl et al. (2020) 探讨了使用不同权重方法配置因子的效果，并发现虽然因子能够明显提升传统宽基指数的表现，但要在因子之间动态分配权重以获得更加优良的结果却很困难。和简单的等权重方法相比，无论基于风险相关的方法，还是基于收益相关的方法，均难以带来更高的附加值。对于因子择时，也许正如 DeMiguel et al. (2009) 指出的那样，各种优化方法都很难超越简单多样化（等权重配置）。

7.6　风格分析

顾名思义，风格分析旨在对一个投资组合的投资风格进行研判。风格分析与业绩归因有着密切的关系，二者都旨在更好地理解投资组合的收益来源，而多因子模型在风格分析方面大有可为。业绩归因与风格分析的起源，都与资产组合分析有着密切的关系。从业绩归因角度看，Brinson et al. (1991) 表明，资产配置决定着资产组合的大部分收益波动，而风格分析则为人们提供了理解投资组合收益来源的另一个视角。

7.6.1　经典风格分析

Sharpe (1992) 开启了风格分析研究的大门[33]。具体来说，Sharpe (1992) 考察的是基于收益的风格分析，即通过利用资产或资产组合的收益率序列对因子收益率进行回归来得到相应的风格暴露。与此相对应的是基于持仓的风格分析，即先获取持仓资产的风格暴露，再依据持仓权重加总得到资产组合的风格暴露（Daniel et al. 1997）。基于持仓的风格分析往往更加准确，但它依赖于完整的持仓数据。由于完整的持仓数据并不容易得到，因此基于收益的风格分析在实践中得到了更广泛的应用，而这也是本节的重点。接下来均用风格分析指代基于收益的风格分析。

Sharpe (1992) 提出的风格分析表达式和一般的多因子模型并无差异：

$$R_{it} = \beta_{i1}\lambda_{1t} + \beta_{i2}\lambda_{2t} + \cdots + \beta_{ik}\lambda_{kt} + \varepsilon_{it} \tag{7.92}$$

其中 R_{it} 为 t 期资产 i 的收益，λ_{kt} 为 t 期因子 k 的收益，β_{ik} 为资产 i 在因子 k 上的暴露，而随机扰动项 ε_{it} 为在 t 期资产 i 的收益率中无法被上述因子解释的部分。需要说明的是，由于所有收益率及因子暴露在事前均是未知的，因此风格分析和业绩归因一样，也属于事后分析方法。在上述模型中，由于 Sharpe (1992) 假设不同资产的残差收益互不相关，因此资产收益的相关性完全由因子的相关性和资产对因子的暴露所决定。此外，该模型允许 ε_{it} 的均值不为零。

虽然模型 (7.92) 看上去和多因子模型并无差异，但 Sharpe (1992) 在提出风格分析时，对其做了很多约束，而这些约束在如今看来太过严格。首先，纳入风格分析模型 (7.92) 的因子必须满足“不重不漏”（mutually exlusive and collectively exhaustive，MECE）原则。在这个限制下，所有股票按照不同的风格被划分到其所属的特定因子投资组合之内。换句话说，在该模型中，每支股票属于且仅属于某一个因子，而不能同时出现在多个因子的投资组合之中。其次，该模型规定任何资产对模型 (7.92) 中所有因子的暴露之和必须为 100%。最后，考虑到现实中卖空往往很困难，因此它还加入了禁止卖空约束。由于每个因子投资组合都是纯多头组合，卖空约束意味着资产对每个因子的暴露必须非负。

Sharpe (1992) 风格分析模型 (7.92) 不仅可以用于分析单一资产的表现，也可以用来分析投资组合的表现。关于对该模型的进一步理解，以下三点值得思考。第一，上述约束

33 William Sharpe 也因为这篇文章的重要贡献于 2015 年获得 Wharton-Jacobs Levy Prize。该奖项为表彰量化金融创新性研究而设立，由宾夕法尼亚大学沃顿商学院的 Jacobs Levy Center 每两年颁发一次。与其他奖项不同，它十分看重研究的实践应用价值。

对模型 (7.92) 的求解也带来了额外的困难。若没有禁止卖空约束，则可以通过线性回归求解风格暴露。然而，卖空约束的加入使得该模型的求解变成了非线性的二次规划问题，这增加了求解的复杂度。第二，风格分析旨在找到一个静态风格组合，使其能够最好地接近资产在样本期内的真实表现，帮助人们解释资产的表现。考虑到投资者可能在样本期内有较为频繁的交易活动，上述风格分析的性质就很重要。只要可以找到一个静态风格组合足够接近其投资组合的真实表现，便可以很好地解释它，而无须过度关注投资者的交易行为。第三，风格分析将一项资产的收益分解为风格暴露带来的系统性部分和与风格无关的扰动项，后者经常被称作相对前述静态风格组合的跟踪误差，但其均值则不一定为零。对 ε_{it} 进行统计检验，就可以得到关于投资者是否有良好投资能力的更多信息。

为了说明该模型的具体应用，Sharpe (1992) 通过一个 12 因子模型对先锋基金发行的一支开放式基金进行了风格分析。在这 12 个因子中有 4 个股票风格因子，即大盘价值股、大盘成长股、中盘股和小盘股，并使用相应的风格指数来代表这些不同的风格因子组合（这也是风格分析中的典型做法）。显然，上述划分是满足“不重不漏”原则的，且每支股票只属于单一因子。从分析结果来看，当没有卖空限制时，该基金对大盘价值股的暴露非常高，约为 110%，同时它对中盘股和国际债券有非常显著的负暴露。当添加卖空约束后，结果表明该基金在大盘价值股和小盘股上有较高暴露，二者可以很好地解释该基金的表现。

在实际使用 Sharpe (1992) 的模型进行风格分析时，如何选择作为因子的风格指数是必须解决的问题。由于不同指数提供商对于同一风格可能有不同的定义，因此来自不同指数商的风格指数很可能有很大差异。以价值因子为例，某个指数提供商可能选择有高账面市值比的股票来构建价值风格指数，而其他提供商则会用那些账面市值比、盈利市值比和股息率综合评分较高的股票来构建价值指数。这两种价值指数在某些时期的表现差异可能会较大，导致基于它们的风格分析得出不同的结论。基于这个原因，Buetow et al. (2000) 悲观地认为，虽然 Sharpe (1992) 风格分析的逻辑毫无问题，但它在实践中却难以有效地应用。另外，该风格分析的两个约束也加剧了这一问题。首先，该模型要求对不同风格的暴露之和总是等于 100%，这一约束可能会扭曲估计结果。其次，该模型要求作为解释变量的风格因子之间是互斥且完备的。这意味着一旦选择纳入价值风格，就必须相应地纳入成长风格。当人们希望考虑的风格越来越多时，模型需要纳入的风格因子将呈指数增长。例如，以常见的规模（大中小盘）和价值/平衡/成长风格为例，要满足“不重不漏”原则，则需要在模型中加入 9 个风格因子；一旦人们想要考虑更多的风格类型，这种方法注定会遇到不小的挑战。

7.6.2　基于多空因子的风格分析

鉴于 Sharpe (1992) 模型遇到的种种挑战，人们提出了另外一种风格分析，即基于多空因子的风格分析。这种风格分析的模型如下：

$$R_{it} - R_{Bt} = \beta_{i1}\lambda_{1t} + \beta_{i2}\lambda_{2t} + \cdots + \beta_{iK}\lambda_{Kt} + \varepsilon_{it} \tag{7.93}$$

其中 R_{Bt} 为基准指数的收益（通常选择市场指数作为基准指数）。这一转变有两个额外的好处：首先，由于考虑的是超额收益，因此不再需要风格暴露之和为 100% 的约束；其次，模型 (7.93) 允许使用多空因子组合而非纯多头风格指数作为因子，这可以规避经典风格分析遇到的问题。

进一步，将模型 (7.93) 等号左侧的基准指数（相对无风险利率）的超额收益移到模型右边作为解释变量，则模型 (7.93) 就变为人们熟悉的多因子模型形式：

$$R_{it}^e = \alpha_i + \beta_{i,m}R_{Mt}^e + \beta_{i1}\lambda_{1t} + \beta_{i2}\lambda_{2t} + \cdots + \beta_{iK}\lambda_{Kt} + \tilde{\varepsilon}_{it} \tag{7.94}$$

其中 R_{it}^e 和 R_{Mt}^e 分别为资产 i 和市场基准指数（相对于无风险利率）的超额收益，α_i 为在资产 i 的收益率中无法被因子解释的部分的均值，$\tilde{\varepsilon}_{it}$ 为均值为零的随机扰动。模型 (7.94) 正是实证资产定价和因子投资中最常见的定价模型。这也是为什么多因子模型可以被用来进行风格归因。本书第 4 章 4.1 节介绍的经典 Fama–French 三因子和五因子模型、Hou–Xue–Zhang 四因子模型等都是典型的代表。

在实践中，基于多因子定价模型的因子分析早有大量应用，一个典型例子是基金业绩分析。Carhart (1997) 指出动量对于解释公募基金的表现非常有帮助，并用 Fama–French 三因子和动量因子构建了 Carhart 四因子模型，发现该模型可以有效解释大部分股票型基金（不包括持续表现不佳的基金）的业绩。此外该文还发现，相比表现最差的基金，表现最好的基金在规模和动量因子上有着更高的暴露，而这两者在价值因子暴露上则没有显著差异。上述风格差异使优异基金比落后基金每月多产生 0.67% 的超额收益，该差异要远大于它们 α 的差异（仅为每月 0.29%）。毫无疑问，风格暴露对于资产或投资组合的总体表现有着显著影响。这意味着在分析资产或投资组合的收益时，除考察 α 以外，也需要对风格分析给予足够的关注。

此外，投资组合分析中很重要的一点是考察其风格的稳定性。在这方面，可以利用滚动回归估计投资组合的时变风格暴露，并通过分析因子暴露的时间序列进行风格稳定性分析。如果投资组合对某个（些）风格因子的暴露在短时间内发生剧烈变化，或其暴露较大的几类风格因子频繁发生变化，则可能预示着投资组合的风格并不稳定。最后，虽然模型

(7.94) 形式上与模型 (7.92) 的经典框架稍有不同，但风格分析的核心作用仍是一致的，即找到一组能够最好地解释投资组合表现的静态风格因子。

7.6.3 实例：巴菲特的投资风格

谈到风格分析实例，一个最佳的研究对象自然是股神巴菲特（Warren Buffett）。他在过去 50 年间实现了接近 20% 的年化收益。巴菲特师承价值投资的代表 Benjamin Graham（格雷厄姆），非常注重股票的购买价格（安全性）。与此同时，他也逐渐发展了自己的投资风格，特别是对质量的高度重视。巴菲特是否真的具有这样的投资风格？相关风格因子是否可以很好地解释巴菲特的优异业绩？这些都是非常引人关注的问题。

Frazzini et al. (2018) 针对上述问题进行了富有成效的工作。该文基于 1976 年至 2011 年间伯克希尔哈撒韦公司的股价及投资组合的数据对巴菲特的业绩进行了详细的风格分析，并有以下几点重要发现。首先，在此期间巴菲特获得了 19.0% 的年化收益和 0.76 的年化夏普比率，业绩优异且有持续性。与此同时，巴菲特的相对业绩也非常优异。巴菲特的业绩优于任何一支存续时间达到 30 年的股票或共同基金。而即便同 1976 年至 2011 年间存在过的任何股票或公募基金相比，巴菲特的业绩也是非常顶尖的。其次，常见的多因子模型并不能解释巴菲特的优异表现。例如，在使用 Carhart 四因子模型进行风格分析时，巴菲特的投资组合仍可获取高达 12.1% 的年化超额收益（t-值为 3.19，高度显著）。

之所以出现上述结果是因为在常见的多因子模型中并无针对上市公司的质量高低而构建的质量因子，导致已有因子无法很好地反映巴菲特的选股风格。为了更好地分析巴菲特的选股风格，Frazzini et al. (2018) 在 Carhart 四因子模型中加入了 Asness et al. (2019) 提出的质量（quality minus junk，QMJ）因子和 Frazzini and Pedersen (2014) 提出的代表低风险的低 β（betting against beta，BAB）因子。当使用这 6 个因子对巴菲特的收益率进行风格归因后，其组合的 α 消失了。在这个基础上，该文基于对巴菲特组合的风格分析，构建了一个仿巴菲特风格组合 —— 即有着与巴菲特的投资组合相同的风格暴露和波动率的假想组合。该仿巴菲特组合甚至有着比巴菲特更为优异的表现[34]。风格分析结果显示，质量因子和低 β 因子的加入能够更有效地体现巴菲特的投资风格，因此可以说传统意义上的买入便宜股的价值投资并非巴菲特的标签，而高质量投资才更能代表他的风格。需要强调的是，上述事后风格分析并不代表巴菲特不厉害。恰恰相反，他在数十年前便构建起了极为卓越的投资风格，并通过对杠杆的极致利用持续获得了优异的回报，是真正样本外的奇迹。

除了上述关于巴菲特的例子，Hou et al. (2019a) 一文使用 Hou–Xue–Zhang 四因子模

34 需要说明的是，仿巴菲特风格组合没有考虑交易费用。

型（也被称为 q-因子模型）和 Hou et al. (2020) 提出的增强版 q-因子模型（简称 q^5 模型[35]）对一些经典的价值投资策略（表 7.26）进行了风格分析。

表 7.26 Hou et al. (2019a) 进行风格分析的价值投资策略

策略	出处
内在价值策略	Frankel and Lee (1998)
F-Score	Piotroski (2000)
神奇公式	Greenblatt(2006, 2010)
质量因子	Asness et al. (2019)
无先验的基本面分析①	Bartram and Grinblatt (2018)
期望收益策略	Penman and Zhu (2014, 2019)

①该策略的英文原名为 agnostic fundamental analysis，简称 AFA，直译为“不可知论的基本面分析”。其中 agnostic 一词的中文意思为“不可知论的”，在此代表真实的基本面价值是不可知的。其意为不假设任何金融学知识，仅是从统计学的角度衡量公司的基本面价值。

其中，内在价值策略依据历史数据或分析师通过预测来估计公司的内在价值，并买入那些内在价值相对于股价较高（从而被低估）的公司。F-Score（见 5.1.2 节）是一个综合性因子，从盈利能力、资本结构和运营效率三个方面对公司质量进行综合性评估。神奇公式则主要由两个指标构成：净有形资产回报率（分子为息税前利润，分母为净流动资产与净固定资产之和）和盈利回报率（息税前利润与企业价值之比）。质量因子则由盈利能力、成长性和安全性三个维度复合而成。同 Frankel and Lee (1998) 类似，Bartram and Grinblatt (2018) 的 AFA 策略也着重于买入内在价值相对股价较高的公司。但有所不同的是，后者将企业的内在价值与财务数据相关联，通过公司市值对 16 个来自资产负债表的指标、11 个来自利润表的指标，以及 1 个来自现金流量表的指标的截面回归来估计公司的内在价值，然后计算内在价值相对价格的偏离幅度并据此选股。从上述描述可知，Bartram and Grinblatt (2018) 关注的是通过其他公司隐含的企业内在价值。最后，Penman and Zhu (2019) 指出股票的下期预期收益（1-period ahead expected return）与公司的预期盈利及预期盈利增长有关，并用 8 个指标[36]来估计预期盈利和预期盈利增长，然后构建选股策略。

Hou et al. (2019a) 使用多空对冲组合代表上述每一个策略，并检验该组合是否能够获得 q 和 q^5 模型无法解释的超额收益，以及该组合在模型所包含的风格因子上是否有显著

35 q^5 模型在 q-因子模型的基础上加入了预期投资增长因子。关于 q-因子模型和 q^5 模型的详细说明分别见 4.1.5 节和 6.2.2 节。

36 这 8 个指标包括盈利市值比（EP）、账面市值比（BM）、总资产收益率（ROA）、应计项目（Accruals）、投资、净营运资产变化（ΔNOA）、净外部融资和净股票发行。

的暴露。表 7.27 总结了检验结果[37]。对于绝大多数价值投资策略，q 和（或）q^5 模型中的因子均能较好地解释它们的收益率，说明这些策略的风格可以被这些因子解释。具体结果详见表 7.27，文中不再赘述。

表 7.27 价值投资策略风格分析结果

策略	风格分析
内在价值策略	内在价值策略在 q 和 q^5 模型下均没有显著的 α；其多空对冲组合在投资因子上有显著的正暴露。从金融学角度来说，这是符合逻辑的，因为股票内在价值同账面价值的增长有关，而账面价值的增长与投资因子密切相关
F-Score	F-Score 在 q 和 q^5 模型下均没有显著的 α；其多空对冲组合对盈利因子有显著正暴露，同时对市场组合和规模因子有较显著的负暴露。由于盈利能力是 F-Score 的一个重要维度，因此上述风格分析结果符合预期
神奇公式	神奇公式在 q 和 q^5 模型下均没有显著的 α；它对于盈利因子有高度显著的正暴露，而对于市场组合有显著的负暴露。由于神奇公式的两个维度都与盈利能力有关，因此它对盈利因子有显著的正暴露符合预期。除此之外，神奇公式对 q^5 模型中的预期投资增长因子也有显著的正暴露，因此 q^5 模型比 q-因子模型能够更好地解释神奇公式策略
质量因子	质量因子在 q-因子模型下能够获得显著的 α，但在 q^5 模型下能够很好地解释其收益率。从风格暴露来看，质量因子对 q^5 模型中的盈利和预期投资增长因子有显著的正暴露，对市场组合、规模和投资因子有显著的负暴露。考虑质量因子由盈利、成长、安全性等多个维度复合而成，上述风格暴露与其构造逻辑相一致 ①
无先验的基本面分析	无先验的基本面分析策略在 q 和 q^5 模型下均没有显著的 α。从风格暴露来看，投资因子和规模因子起着决定性作用，多空对冲组合对前者有显著的正暴露，对后者则有显著的负暴露。此外，当控制了市值后，该策略对盈利因子和期望投资增长因子分别有显著的负暴露和正暴露
期望收益策略	期望收益策略在 q-因子模型下能够获得显著的 α，但其超额收益在 q^5 模型下不再显著；它对盈利和预期投资增长因子有显著的正暴露，对规模和投资因子有显著的负暴露。上述风格特征与质量因子十分接近。由于该策略的基础指标覆盖盈利能力、投资和估值等多个维度，因此其风格暴露与质量因子相似是符合预期的

①Asness et al. (2019) 将质量因子定义为由盈利能力、成长性和安全性这三个维度构成的复合因子。而早期的 Asness et al. (2013) 还考虑了额外的股息率维度。Hou et al. (2019a) 也考察了上述质量因子的定义，并得到了基本一致的结论。

37 对于每个价值投资策略，Hou et al. (2019a) 分别使用单变量排序，以及和市值一起的双变量排序构建投资组合。表 7.27 介绍了双重排序的结果。

除此之外，Hou et al. (2019a) 也以 q 和 q^5 模型为基准对巴菲特的投资收益进行了分析，并将结果与 Frazzini et al. (2018) 的六因子模型归因结果进行了对比。在 1976 年至 2017 年之间（即 Frazzini et al. 2018 采用的实证区间），q-因子模型和六因子模型都能够较好地解释巴菲特在此期间的业绩，且伯克希尔哈撒韦股票对盈利和投资因子都有显著的正暴露。但当把实证区间拓宽到 1968 年至 2018 年时，使用不同模型的风格分析结果出现了差异，且所有模型均无法很好地解释巴菲特的表现。当采用 q、q^5 及六因子模型时，巴菲特的超额收益率分别为每月 0.64%（t-值为 2.44）、0.77%（t-值为 2.67）以及 0.61%（t-值为 2.08）。关于为何上述模型均无法很好地解释巴菲特的表现，其背后的原因可能有二。第一个原因可以归因于巴菲特的投资分析能力，例如对公司预期盈利和增长有更好的估计。第二个原因则可能与因子模型的不完善有关。像员工培训、研发、管理质量等与企业未来盈利和成长性密切相关的因素可能对解释巴菲特的选股结果至关重要，但它们均由于难以度量而未被这些模型考虑。

上面这个例子传递出来的另外一个信息是，人们总可以挑选不同的多因子模型对目标投资组合或资产进行风格分析。以上述 q^5 和六因子模型来说，无论均值–方差张成检验还是 GRS 检验都无法分出“胜负”，它们都能提供对方无法包含的信息，都是在风格分析实践中有用的多因子模型。风格分析可谓是从一个新的角度来看待和应用多因子定价模型，不仅关注资产或投资组合相对于定价模型的 α 显著性，还考察其对哪些风格因子有显著的暴露，以及风格暴露是否符合逻辑推论。科学的风格分析让人们不仅可以更好地理解资产和投资组合的表现，也能对其收益来源有更为透彻的理解，并对其未来表现形成更合理的预期。

7.7 风险归因

除了风格分析，多因子模型同样能在对投资组合进行风险归因（risk attribution）时发挥巨大的作用。从定义出发，既然每个因子都代表资产收益中的某种驱动力，那么投资组合的风险和它在不同因子上的暴露以及因子本身的波动就密切相关。从该思路出发，Menchero and Davis (2011) 提出了对投资组合风险归因的一个简洁、直观的式子：风险 = 暴露 × 波动率 × 相关性。这个公式被称为风险的“三要素”公式。

为介绍风险归因方法，假设投资组合的收益率 R 可以表示为 M 个收益源的线性组合：

$$R = \sum_{m=1}^{M} x_m r_m \tag{7.95}$$

式中 x_m 是投资组合在收益源 m 上的暴露，r_m 是收益源 m 的收益率。为简化表达，式 (7.95) 中省略了时间下标。在多因子模型中，不同的因子和个股的特质性收益率就是不同的收益源。接下来，暂时把因子或特质性收益这些收益源一视同仁，使用式 (7.95) 介绍风险归因的方法，以便读者理解。在介绍风险三要素公式之前，作为铺垫，首先来看另外两种常见的风险归因方法。

7.7.1　两种传统风险归因方法

第一种方法是独立考虑每个收益源对投资组合的风险贡献。对于收益源 m，由 (7.95) 可知，它对投资组合的收益率贡献为 $x_m r_m$，因此其风险贡献为 $\sigma(x_m r_m)$。这种方法先计算收益源的收益率 r_m 自身的风险，再把它按比例计算到投资组合收益率的风险中。这种做法虽然直观，但是它没有考虑收益源与投资组合之间的相关性 —— 收益源与投资组合的相关性越高，它对投资组合的风险贡献度越大。此外，收益源各自独立的风险加在一起并不等于投资组合的风险，即：

$$\sigma(R) \neq \sum_{m=1}^{M} \sigma(x_m r_m) \tag{7.96}$$

式中 $\sigma(R)$ 为投资组合的风险。因此，投资组合的风险无法被收益源的独立风险之和所解释。

第二种方法是考虑每种收益源 m 对投资组合风险的边际贡献（marginal contribution to risk，MCR），它由如下的偏导数定义：

$$\text{MCR}_m = \frac{\partial \sigma(R)}{\partial x_m} \tag{7.97}$$

在这种解释下，投资组合对收益源 m 的风险暴露每增加 Δx_m，投资组合的风险 $\sigma(R)$ 便增加 $\text{MCR}_m \Delta x_m$。比较第一种方法，这种方法的优点是投资组合的风险等于所有收益源的边际风险贡献之和[38]：

$$\sigma(R) = \sum_{m=1}^{M} x_m \text{MCR}_m \tag{7.98}$$

式 (7.98) 意味着投资组合的风险可以完全被边际风险所解释，这是此种方法最大的优点。然而，它的缺点是人们很难从业务层面理解偏导数 —— 每个收益源到底对投资组合的风险有多少贡献？风险和偏导数又有什么关系？诸如此类的问题很难直观地回答。

7.7.2　风险的三要素

由于上述两种传统方法在解释投资组合的风险 $\sigma(R)$ 时都不理想，Menchero and Davis (2011) 提出了投资组合的风险归因三要素公式。该公式可由如下推导得出：

38 在下文介绍三要素公式时将会给出这个式子的推导。

$$\begin{aligned}\sigma(R)\sigma(R) &= \text{cov}(R, R) \\ &= \sum_{m=1}^{M} \text{cov}(x_m r_m, R) \\ &= \sum_{m=1}^{M} x_m \text{cov}(r_m, R) \\ &= \sum_{m=1}^{M} x_m \sigma(R)\sigma(r_m)\rho(r_m, R)\end{aligned} \tag{7.99}$$

将式 (7.99) 两边同时除以 $\sigma(R)$ 就得到风险归因三要素公式：

$$\sigma(R) = \sum_{m=1}^{M} x_m \sigma(r_m)\rho(r_m, R) \tag{7.100}$$

由式 (7.100) 可知，投资组合的风险和暴露、波动性及相关性三要素有关：

- 暴露 x_m：它衡量投资组合对每个收益源的暴露大小。这完全由基金经理来决定，充分地反映了基金经理的投资偏好。值得说明的是，投资组合对于收益源的暴露值没有任何符号上的限制，即它既可以为正也可以为负。优秀的基金经理会通过对特定收益源采取负的暴露来对冲投资组合在其他收益源上的风险，从而降低投资组合整体的风险。
- 波动性 $\sigma(r_m)$：它代表的是收益源 m 的收益率 r_m 的波动。由于投资组合暴露在不同的收益源之中，那么某个收益源的收益率的波动越大，它对投资组合风险的贡献程度（可以是正向也可以是负向，取决于暴露的符号）也越大。
- 相关性 $\rho(r_m, R)$：它是收益源 m 和投资组合收益率之间的相关系数。二者的相关性越高，投资组合收益率受收益源 m 波动影响的确定性就越大。

由上述说明可知，风险归因三要素式 (7.100) 的含义是：如果投资组合在该收益源上的暴露越大，收益源的收益率自身的波动越大；收益源的收益率和投资组合收益率的相关性越高，则该收益源对投资组合的风险的贡献就越大。此外，投资组合的风险 $\sigma(R)$ 可以完全被所有收益源的风险 $\sigma(r_m)$ 按式 (7.100) 分解。

在解释投资组合的风险时，三要素公式较前述两种传统方法有明显的优势。第一种方法将收益源与投资组合隔绝开来，不考虑收益源与投资组合的相关性，也不考虑收益源之间的相关性，无法正确地解释收益源对 $\sigma(R)$ 的贡献。另外，对比第二种方法中 $\sigma(R)$ 的计

算式 (7.98) 及三要素式 (7.100) 易知 $\text{MCR}_m = \sigma(r_m)\rho(r_m, R)$ 。这可以由如下推导验证：

$$\text{var}(R) = \sum_{m=1}^{M} x_m \text{cov}(r_m, R) = \sum_{m=1}^{M} x_m \text{cov}\left(r_m, \sum_{n=1}^{M} x_n r_n\right) = \sum_{n=1}^{M}\sum_{m=1}^{M} x_n x_m \text{cov}(r_m, r_n) \tag{7.101}$$

式 (7.101) 两边同时对 x_m 求偏导数，并利用链式法则及协方差公式的定义有：

$$\begin{aligned}
2\sigma(R)\frac{\partial \sigma(R)}{\partial x_m} &= 2\sum_{n=1}^{M} x_n \text{cov}(r_m, r_n) \\
\Rightarrow \quad \sigma(R)\frac{\partial \sigma(R)}{\partial x_m} &= \text{cov}\left(r_m, \sum_{n=1}^{M} x_n r_n\right) \\
\Rightarrow \quad \sigma(R)\text{MCR}_m &= \text{cov}(r_m, R) \\
\Rightarrow \quad \sigma(R)\text{MCR}_m &= \sigma(R)\sigma(r_m)\rho(r_m, R) \\
\Rightarrow \quad \text{MCR}_m &= \sigma(r_m)\rho(r_m, R)
\end{aligned} \tag{7.102}$$

可见，收益源 m 的边际风险贡献 MCR_m 等于其自身的波动 $\sigma(r_m)$ 乘以它和投资组合收益率的相关系数 $\rho(r_m, R)$。比起偏导数的解释，$\sigma(r_m)$ 与 $\rho(r_m, R)$ 乘积的解释要更加清晰。此外，这种对 MCR_m 的分解可以为基金经理提供更好的判断方法。

举个例子，假设两个收益源的边际风险贡献都是 1%（且投资组合对这两个收益源的暴露相同），基于 MCR 的解释方法无法区分它们。进一步假设第一个收益源 1 自身的波动为 10%，它与投资组合的相关系数为 0.1（$10\% \times 0.1 = 1\%$）；第二个收益源 2 自身的波动为 2%，它与投资组合的相关系数为 0.5（$2\% \times 0.5 = 1\%$）。$\text{MCR}_m = \sigma(r_m)\rho(r_m, R)$ 说明，虽然 MCR_m 相同，但是收益源 1 自身有更大的波动。这虽然并不意味着收益源 1 更加危险（因为这两个收益源的边际风险贡献相同），但是也不要忘记，所有的这些参数都是根据历史数据估计得到的。由于收益率自身的波动比收益率之间的协方差更容易估计，因此收益源 1 对投资组合的风险的影响很有可能比收益源 2 更大。此外，如果基金经理想要排除投资组合对这两个收益源中某一个的暴露，仅仅依靠 MCR_m 是不够的，$\sigma(r_m)$ 与 $\rho(r_m, R)$ 为他提供了更多的依据。

7.7.3　从风险角度看收益相关性

风险三要素式 (7.100) 不仅为风险归因提供了依据，而且还为理解收益之间的相关性提供了全新的视角。三要素公式说明，收益源和投资组合的相关性 $\rho(r_m, R)$ 对风险贡献至关重要，而 $\rho(r_m, R)$ 又和不同收益源之间的相关性有着千丝万缕的联系。

在通常情况下，用来构建投资组合的收益源之间难以满足完全独立的条件，而是或多或少存在相关性（可以是正相关也可以是负相关）。例如在多因子模型中的大部分因子虽然相关性很低，但也不是相互独立的。收益源 m 和 n 的收益率之间的相关性可以由它们的相关系数 $\rho(r_m, r_n)$ 表示。风险三要素式 (7.100) 为解读 $\rho(r_m, R)$ 和 $\rho(r_m, r_n)$ 的关系提供了全新的思路。通过简单的数学推导可知：

$$
\begin{aligned}
\rho(r_m, R) &= \frac{\operatorname{cov}(r_m, R)}{\sigma(r_m)\sigma(R)} \\
&= \frac{\operatorname{cov}\left(r_m, \sum_{n=1}^{M} x_n r_n\right)}{\sigma(r_m)\sigma(R)} \\
&= \sum_{n=1}^{M} x_n \frac{\operatorname{cov}(r_m, r_n)}{\sigma(r_m)\sigma(R)} \\
&= \sum_{n=1}^{M} x_n \left[\frac{\sigma(r_n)}{\sigma(R)}\right] \rho(r_m, r_n)
\end{aligned}
\tag{7.103}
$$

式 (7.103) 说明任何一个收益源 m 和投资组合的相关性 $\rho(r_m, R)$ 都等于该收益源与收益源 n 的相关性 $\rho(r_m, r_n)$ 以权重 $x_n(\sigma(r_n)/\sigma(R))$ 相加之和。收益源 n 对 $\rho(r_m, R)$ 的贡献度取决于投资组合对收益源 n 的暴露程度 x_n、收益源 n 对投资组合的相对波动率 $\sigma(r_n)/\sigma(R)$，以及收益源 n 与 m 之间的相关性 $\rho(r_m, r_n)$。

只有当 x_n 足够大、r_n 的波动与 R 的波动有可比性、r_n 与 r_m 高度相关，三个条件同时满足时，收益源 n 才足以影响收益源 m 与投资组合的相关性。通过比较不同收益源的 $x_n(\sigma(r_n)/\sigma(R))\rho(r_m, r_n)$，就可以方便地判断哪个收益源 n 对 $\rho(r_m, R)$ 的贡献最大。这可以为基金经理控制投资组合的风险提供新的思路。

在理想情况下，如果投资组合的收益可以完全被若干个收益源解释，且这些收益源之间都是不相关的，即对于不同 m 和 n 都有 $\rho(r_m, r_n) = 0$，在这种情况下（并利用 $\rho(r_m, r_m) = 1$），式 (7.103) 简化为：

$$
\rho(r_m, R) = x_m \frac{\sigma(r_m)}{\sigma(R)} \Rightarrow \sigma(R) = \frac{x_m \sigma(r_m)}{\rho(r_m, R)},\ \forall m \tag{7.104}
$$

乍一看，这似乎与三要素式 (7.100) 矛盾，但在简单计算后不难验证式 (7.104) 与式 (7.100) 是一致的。将 (7.104) 两边同时乘以 $\rho(r_m, R)^2$ 得到：

$$
\sigma(R)\rho(r_m, R)^2 = x_m \sigma(r_m) \rho(r_m, R),\ \forall m \tag{7.105}
$$

由于式 (7.105) 对每个收益源 m 都成立，因此将所有收益源相加并经过简单的推导便可以得到风险三要素式 (7.100)：

$$
\begin{aligned}
\sum_{m=1}^{M}\sigma(R)\rho(r_m,R)^2 &= \sum_{m=1}^{M}x_m\sigma(r_m)\rho(r_m,R)\\
\Rightarrow\quad \left(\sum_{m=1}^{M}\rho(r_m,R)^2\right)\sigma(R) &= \sum_{m=1}^{M}x_m\sigma(r_m)\rho(r_m,R)\\
\Rightarrow\quad 1\times\sigma(R) &= \sum_{m=1}^{M}x_m\sigma(r_m)\rho(r_m,R)\\
\Rightarrow\quad \sigma(R) &= \sum_{m=1}^{M}x_m\sigma(r_m)\rho(r_m,R)
\end{aligned}
\tag{7.106}
$$

在上面的推导中，$\sum_{m=1}^{M}\rho(r_m,R)^2=1$ 利用了可决系数 R^2 的性质。由于假设所有的收益源都是不相关的，即 $\rho(r_m,r_n)=0$，在这种情况下 R^2 等于投资组合收益率与每一个风险源收益率的相关系数的平方和，即 $\sum_{m=1}^{M}\rho(r_m,R)^2=R^2$。此外，根据假设，投资组合的收益率完全由这些收益源解释，因此 $R^2=1$。结合上述两点，最终有 $\sum_{m=1}^{M}\rho(r_m,R)^2=1$。

7.7.4 将三要素公式应用于多因子模型

下面把收益源用多因子模型中的因子代替，利用风险三要素公式给出风险归因表达式。假设在风险归因的投资组合中包含 N 支股票。由给定的多因子模型可知，每支股票的（超额）收益率可以分解为因子和其特质性收益的线性组合（为了简化表达，省略时间下标）：

$$
R_i^e=\sum_{k=1}^{K}\beta_{ik}\lambda_k+\varepsilon_i \tag{7.107}
$$

进一步，假设在目标投资组合中，股票 i 的权重为 ω_i，则该投资组合的超额收益率是这些股票收益率的加权之和：

$$
R^e=\sum_{i=1}^{N}\omega_i\left(\sum_{k=1}^{K}\beta_{ik}\lambda_k+\varepsilon_i\right)=\sum_{k=1}^{K}\left(\sum_{i=1}^{N}\omega_i\beta_{ik}\right)\lambda_k+\sum_{i=1}^{N}\omega_i\varepsilon_i=\sum_{k=1}^{K}\beta_k\lambda_k+\sum_{i=1}^{N}\omega_i\varepsilon_i \tag{7.108}
$$

式中 $\beta_k=\sum_{i=1}^{N}\omega_i\beta_{ik}$ 表示投资组合在因子 k 上的暴露，它是包含个股在该因子上暴露的加权之和。对式 (7.108) 直接运用风险三要素公式便可方便地求出该投资组合的风险归因：

$$
\sigma(R^e)=\underbrace{\sum_{k=1}^{K}\beta_k\sigma(\lambda_k)\rho(\lambda_k,R^e)}_{\text{因子贡献的风险}}+\underbrace{\sum_{i=1}^{N}\omega_i\sigma(\varepsilon_i)\rho(\varepsilon_i,R^e)}_{\text{个股特质性贡献的风险}} \tag{7.109}
$$

可见，投资组合的风险由因子代表的系统性风险和个股特质性风险两部分组成。个股特质性风险源于个股的特质性收益率，它是因子无法解释的部分。在使用多因子模型进行风险归因时，需同时考虑以上两部分，才能正确地对投资组合进行风险归因。

7.8 因子投资展望

本节通过两方面展望因子投资未来的发展趋势。其中，7.8.1 节介绍另类数据在因子投资中的作用。如今随着那些早已家喻户晓的因子被越来越多的人使用，很多因子的预期收益逐年降低（比如价值因子）。面对这种局面，人们开始从尚未被过度使用的数据源中寻找构造因子的灵感，这些数据源就是另类数据。然而，另类数据是否像想象中一样好使呢？7.8.1 节将给出讨论和答案。接下来的 7.8.2 节将介绍如何使用因子进行大类资产配置。资产配置从来都是投资中的重要课题，而随着对因子和资产关系理解的加深，业界现在已广泛接受的观点是不同类的资产的收益率也都是被底层的有限个因子驱动的。在这个认知下，海外业界也已逐步从资产配置转型到因子配置。7.8.2 节将就这个话题展开讨论。

7.8.1 另类数据

美国时间 2018 年 10 月 25 日，困境中的 Tesla（特斯拉）股票取得 9.14% 的大涨，只因为在前一个交易日盘后发布的 2018 财年三季度财报大超华尔街预期。财报显示，Tesla 的爆款车型 Model 3 的产量在过去一个季度较之前几乎翻番，这无疑给投资人注入了一剂强心针，也引得市场一片狂欢。

面对 Model 3 产量的大增和股票大涨反映出的市场信心，最高兴的人当属 Tesla 的掌门人 Elon Musk。然而，除了 Musk，同样高兴的恐怕还有另外一群人，他们就是另类数据公司 Thasos 以及它的很多对冲基金客户。因为在 Tesla 发布三季度财报之前，这群人大概早就凭借着信息优势预判到了这一点并提前布局。Thasos 是怎么做到的？

他们在一张在线地图上环绕 Tesla 位于美国加利福尼亚州 Fremont 占地 370 英亩的工厂创建了一个数字围栏，以隔离从 Tesla 工厂范围内发出的智能手机的位置信号。Thasos 租赁了通过智能手机 APP 收集到的数万亿个地理坐标的数据库，并使用电脑程序密切监测从 Tesla 工厂中发出的手机信号。利用手机信号量，他们发现从 2018 年 6 月到 10 月，Tesla 工厂夜间轮班时间增加了 30%，因此推断 Tesla 的产能得到了极大的提高。Thasos 将这个数据分享给了它的一些对冲基金客户。毫无疑问，这一数据发挥了巨大的作用。它是将另类数据应用于二级市场投资的一个经典案例。

其实，另类数据并非什么新鲜概念。在几十年前，当人们仅通过量价数据进行交易的时候，财务报表数据就是另类数据；当财务数据被广泛使用后，分析师一致预期就是另类数据；当分析师一致预期家喻户晓之后，网络舆情数据就成了另类数据；当人们对网络舆情不再陌生之后，非结构化的文本数据就变成了另类数据……

随着通过已有数据源构建因子并进行交易变得越来越“拥挤”，获得的超额收益越来越少，人们自然而然地将视线和希望转向新的另类数据上，希望通过独门数据源挖出新的“阿尔法因子”。这种迫切的需求也让另类数据在近几年得到了飞速的发展。来自 AlternativeData.org 的数据显示，另类数据提供商的数量在最近五年出现了激增。每当人们接触到新的数据源的时候，通常的反应都是“两眼发光”。诚然，在市场变得更加有效的今天，新的数据源无疑是尚未被过度使用的“净土”，充满了潜在的机会。但是，另类数据真的像人们想象的那样前景一片光明吗？是否任意一个新的数据源都能拿过来加工出一个靠谱的因子？另类数据能否成为二级市场的“银色子弹”？面对这些问题，海外业界不乏争议之声，有多少人支持就有多少人反对。下面就来探讨关于另类数据的五点思考。

1. 技术和数据需匹配

关于另类数据的第一点思考是新的数据类型需要相应的分析技术。当仅有价格和交易量数据的时候，传统的技术分析就能发挥很大的作用。然而，这些技术分析对结构化的会计报表数据却难有作为。为此，相应的分析手段也应运而生，比如多因子模型，而寻找因子本身可以算是一种模式识别。如今，如果想要分析非结构化文本数据以及更一般的多媒体数据，则需要更高级的技术，如自然语言处理和广义人工智能。图 7.18 展示了不同数据类型和分析技术之间的对应关系。随着另类数据的发展，数据类型越来越复杂，这就要求使用者具备相应的分析技术，否则将无法发挥数据的优势。这对管理人和投资者都提出了更高的要求。

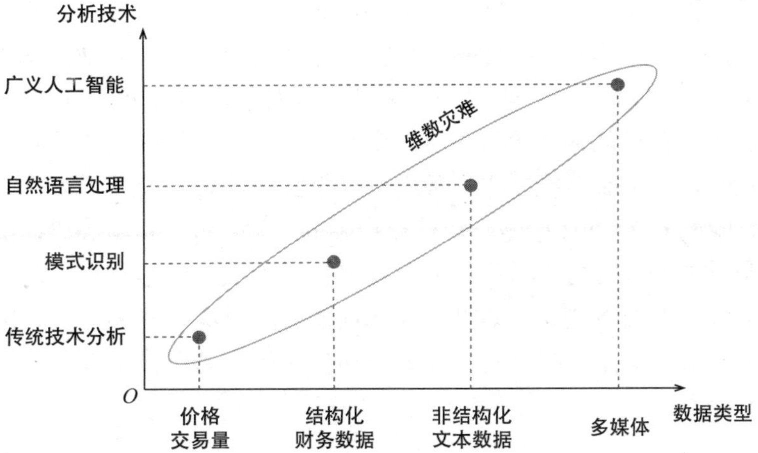

图 7.18　不同数据类型和分析技术之间的对应关系

随着另类数据量的爆发，另一个需要面对的问题则是维数灾难。以预测股票收益率为例，另类数据代表着不同的自变量。由于股票的样本数据就那么多，随着自变量的增加，股票样本数据在这些变量构成的空间内将会越来越稀疏。参数的激增使得预测模型存在更高的过拟合风险，且预测的偏差（bias）和方差（variance）都会变大。

此外，在使用不同另类数据构建因子时应注意避免 6.1.5 节介绍的多重假设检验问题。当使用大量不同另类数据集构建的因子分析同样的股票数据时，总会出现仅仅因为运气就十分显著的因子。这就要求人们从统计手段上要尽可能排除这种“幸运因子”，此外在金融业务上也需要真正理解另类数据和未来预期收益率之间的逻辑。这便引出了对另类数据的第二点思考 —— 使用另类数据需要很强的专业知识（domain knowledge）。

2. 需要专业知识

全新的数据是一把“双刃剑”。一方面，因为还没有人用过，所以它不存在“拥挤”的问题；另一方面，如果使用者不具备该数据分析所要求的专业知识，那很可能不知道从何处下手。在人们的想象中，另类数据也许是这样的：有令人兴奋的“故事”，而且是已经被数据供应商处理好的结构化数据，能够直接拿来当成因子去预测资产收益率。然而在现实中，另类数据更像是在一个没人去过的地方发现了一座山。而这座山里有没有矿、从哪里开始挖、到底能挖出什么，更多的要看使用者自己的本事。

在海外业界，实力充沛的大型资产管理公司具备足够的人才储备，往往自己进行数据分析（in house analysis）。此外，另类数据供应商也会推出一些听上去十分有希望的应用场景来推销数据。除了买方、卖方，市场上也涌现出了第三方研究机构，投资者会委托他们进行另类数据的研究。

对于另类数据的使用者来说，使用供应商或者第三方提供的加工后的数据无疑是最方便的。但这种做法存在的问题是，这些应用场景会被卖给很多不同的使用者。这会增加另类数据的拥挤度，降低其在未来获取收益的能力。因此，对于使用者来说，掌握专业知识 —— 包括另类数据的产生、背后的业务流程、金融学的含义等 —— 无疑至关重要。唯有此，才能掌握研究的主动权，并更有可能挖出“独门”的收益率预测变量。

在这方面，Lee et al. (2019) 是一篇值得借鉴的文章。该文针对美股，使用专利数据创造性地构建了科技关联度指标，获得了其他常见因子无法解释的超额收益。这个想法需要对专利数据背后代表的业务逻辑，以及公司之间的关联有深刻的认识。如果没有这种专业知识，只是把专利数据拿来简单地统计哪个公司专利多、哪个公司专利少，恐怕难以持续获得可观的超额收益。

3. 数据是否无偏

关于另类数据的第三点思考是，数据的生成（采集）过程是否无偏（unbiased），能否很好地代表总体。为了说明这一点，不妨来看一个例子。Green et al. (2019) 使用 Glassdoor.com 数据研究了员工评价与股票收益率之间的关系[39]。Glassdoor.com 提供了员工对公司的综合评价和五个标准化评价指标，包括职业机会、薪酬福利、工作/生活平衡度、高层管理、企业文化与价值，所有评价皆为 1 至 5 星。

为了研究员工评价和股票收益率的关系，Green et al. (2019) 依据员工评价变化高低将股票分为三组，并通过最高组和最低组之差构建了该因子。理论上，员工评价变高，意味着经济环境及公司前景很可能在变好，在其他条件相同的情况下，公司应有更好的表现，因此预期收益率更高。实证结果支持了他们的猜想。无论等权重还是市值加权，该因子都能够获得显著的超额收益。此外，高、低评价变化组合的主要特征基本一致，动量也非常接近，而员工评价变化平均相差超过 1 星，这意味着其他常见因子无法解释公司评价。这一点也进一步被 Fama–MacBeth 回归结果所验证：无论单变量回归，还是控制不同的公司特征，员工评价变化都有显著的超额收益。

虽然上述发现十分有趣，但 Glassdoor.com 的数据是否合理仍然存疑：员工评价数据是否无偏呢？是否是可信的？事实上，该网站的数据存在以下一些潜在问题。

(1) 没有员工认证系统。这意味着任何人可以在任何时间对任何公司进行评价，而没有机制来保证这个人确实是或曾是该公司的员工。
(2) 人们更容易在对雇主不满时发表（负面）评价。
(3) 人们往往过度夸大感受。Glassdoor.com 上有很多 1 星和 5 星的评价。
(4) 评分体系本身并无科学依据。Glassdoor.com 并没有明确说明每个星级到底代表什么。评分者可根据主观感受任意地选择 1 星到 5 星。工资不错？5 星！餐厅免费？5 星！免费健身房？5 星！……5 星可以代表任何事，但显然不是所有的 5 星和股票收益率的关系都是一致的。人们不知道每个 5 星背后到底意味着什么。
(5) 有些雇主有奖励机制，鼓励员工提交 5 星评价。曾经有一个公司大概有 1.5 星左右，后来管理层发话，如果员工仅发布经管理层审批后通过的留言，那么将得到 250 美元的奖励。这个公司后来的评分上升至 4.2 星。

这些问题说明，Glassdoor.com 的数据的无偏性令人担忧。除此之外，对该数据的另一个猜想是涉及公司的行业分布是否均匀？比如，互联网或者科技公司的员工更容易也更愿意参与网上评价，而传统制造业企业的员工则没那么热衷于此事。如果行业分布不均，那么相关研究结果将会由于没有控制行业影响而大打折扣。

39 公众号“因子动物园”的文章《乌合之众 or 群众的智慧：员工评价与股票收益》对该文进行了详细介绍。

4. 历史样本数据较短

对于大多数另类数据来说，一个不得不面对的问题是数据长度往往很短。通常来说，另类数据集的历史数据长度一般是 5 年以内（2 到 3 年很常见），5 年以上就是很长的了。历史数据太短会加剧多重检假设验问题造成的影响，造成拟合度提高。

Bailey and Lopez de Prado (2012) 的研究发现，数据长度越短则越容易出现过拟合。举个例子，假设数据无法预测收益率。该研究发现，如果数据的长度仅有 2 年，则仅需要通过 7 个检验就能发现一个夏普比率为 1.0 的策略；而如果将数据的长度增加到 5 年，达到同样的效果则需要 45 个检验。因此，数据长度越短，越容易出现过拟合。在这个时候，如果没有对另类数据背后逻辑的认知，则难以辨别找到的因子是否真的有效。

5. 检验增量贡献

关于另类数据的最后一点思考是检验其对预测收益率是否有增量贡献。例如 Liew and Budavari (2017) 使用 Tweet 情绪数据，在 Fama–French 五因子基础上加入了第六个因子，并指出该因子能在五因子之外解释个股收益率的时序波动[40]。

人们之所以使用另类数据，是希望它们能够提供传统数据源无法解释的超额收益。如果绕了一大圈后发现，另类数据背后的收益率驱动和已有因子相同，那么它就没有提供额外的价值。在投资中，多样化被认为是唯一的“免费的午餐”，同样的道理对数据也成立。只有当另类数据和现有数据尽可能不相关，它才有可能捕捉到其他收益源之外的收益，并提高投资组合的风险调整后收益。

以上就是对另类数据的五点思考。最后，简单总结一下另类数据的四大主流数据来源，包括网络抓取、情绪、卫星数据以及消费数据。

金融行业数据服务机构 Greenwich Associates 的研究表明，网络抓取的数据是目前使用最广泛的另类数据。网络抓取意为从目标网站收集数据，以获取有关品牌、公司和企业活动的信息。这其中，最热门的数据包括职位发布和公司评价，它们能够为公司的前景提供一定的线索。此外，有关产品排名和促销活动的数据也极具价值，人们可以从中找寻公司表现的蛛丝马迹。情绪数据则代表了另一大类的常见另类数据。像社交媒体、新闻流、公司公告这些自不必说了，已经有很多相关的研究。除此之外，海外也开始对上市公司的财报电话会议记录进行文本分析，捕捉高管在讨论财务结果时的用词和语言，以此推断公司的前景。在这方面，相较于中文，英文有较大的优势，可操作性要高不少。卫星数据听上去很玄幻，但在所有头部另类数据提供商的样例中几乎都能找到它的身影。比如，卫星图像数据会被用来跟踪船只、监测农作物、探测港口和油田的活动、推断大宗商品的库存等。

40 不过有意思的是，该文并没有研究该因子在解释个股预期收益率截面差异上的作用。

最后，信用卡和借记卡的交易数据中也存在巨大的价值。在海外，一些另类数据商网罗了很多消费者，他们同意分享其消费数据。这类数据可以被用来追踪零售行业的收入，通过更细的粒度及更高的频率来预测相关公司的基本面。通常，这类数据的可获得性比较低且非常昂贵。

在传统因子变得越来越拥挤的今天，另类数据的出现无疑为因子投资注入了新的活力。我们应该客观地认识另类数据的特点，使用科学的分析方法，并抱有正确的预期，或许另类数据在因子投资中或大有可为。据来自 AlternativeData.org 的统计数据显示，海外买方在购买另类数据上的支出在最近几年逐年增长，说明业界对另类数据越来越重视。我们也有理由对另类数据的未来充满希望。

7.8.2　用因子实现大类资产配置

随着因子投资的概念深入人心，因子的概念也已经从最初股票的风格因子演进到进行大类资产配置的有效手段。这其中的含义是，虽然金融市场中有各种各样的资产，比如股票、债券、外汇、大宗商品、房地产等，但这些看上去完全不同的大类资产的收益率其实也是被底层有限个因子来驱动的。举例来说，以前人们会把债券当作一类资产进行配置。如今，债券则被视作在利率（rates）、信用（credits）及通货膨胀（inflation）这些更本质的收益驱动力（即因子）上有不同程度的暴露。因此，配置最本质的因子比其配置大类资产能够更好地实现多样化，提高投资组合的风险调整后收益。近年来，海外的众多大机构在这方面做了很多积累。

需要特别说明的是，在确定底层因子时，并不需要刻意去为每一类资产找出一个或多个暴露的因子。事实上，有些资产类别本身也可以同时被视为底层因子。举例来说，海外很多机构普遍认可把股票、大宗商品等资产本身作为底层因子。在具体使用时，底层因子的选择因人而异。但一般来说，这些因子通常包括发达市场股票、新兴市场股票、大宗商品、实际利率、通货膨胀、信用、房地产、非流动性等。在使用上述因子进行大类资产配置时，有两个问题需要格外注意：（1）构建因子模拟组合；（2）抵御因子的尾部风险。

在上述因子中，利率、通胀、信用等并非具体某一类资产。为了配置它们，首先需要构建因子模拟投资组合。构建因子模拟组合的大致思路和本书第 2 章的说明并无太大区别。对于任意给定的因子，构建其模拟投资组合的核心思想就是找到最能受其影响的资产（即暴露最大），然后通过这些资产的收益率来衡量该因子的收益率。表 7.28 简要介绍了上述因子的因子模拟投资组合。需要强调的是，表 7.28 仅仅是为了起到示例作用，在实际应用时应根据具体情况精细地为每个因子构建因子模拟投资组合。

表 7.28　不同因子的因子模拟投资组合示例

因子	因子模拟投资组合
发达市场股票	做多：发达市场股票指数（例如 MSCI World Index） 做空：现金
新兴市场股票	做多：新兴市场股票指数（例如 MSCI World EM Index） 做空：发达市场股票指数
大宗商品	做多：全球商品指数（例如 Bloomberg Commodity Index） 做空：现金
实际利率	做多：一篮子主权通胀挂钩债券（sovereign inflation-linked bonds） 做空：现金
通货膨胀	做多：一篮子主权债券 做空：期限匹配的一篮子主权通胀挂钩债券
信用	做多：投资级企业债券 做空：政府债券
房地产	做多：房地产投资信托基金 做空：现金
非流动性	做多：流动性差的股票① 做空：流动性好的股票

①流动性可根据 Amihud (2002) 的方法计算。

有了因子模拟投资组合，就可以通过它们进行合理的资产配置，使得最终的投资组合以最优的权重暴露在这些底层因子上。从经济学含义上说，这些底层因子的相关性很低。从配置方法论来说，使用简单多样化配置往往就可以在实际中取得不错的效果。当然，这并不妨碍使用其他更复杂的配置方法。一般来说，由于因子的收益率难以预测，因此可以采用仅使用因子协方差矩阵为输入的配置方法，如风险平价等。前文 7.3.2 节已对不同的资产配置目标函数做过介绍。

任何资产都有周期性，在宏观经济周期的不同阶段而有不同的表现。而配置不同底层资产的本意是通过分散化投资，让投资组合适应不同的经济周期，“穿越牛熊”。然而，最近几年投资者都能从全球市场上明显感受到，无论不同的大类资产，还是更底层的一些因子，它们的相关性 —— 尤其是下行时的相关性 —— 变得越来越高。每当发生冲击全球经济的黑天鹅事件时，就很难有资产或因子能够“独善其身”，而普遍会出现大跌。由于大跌代表着收益率分布的左尾，因此同时大跌也被称为尾部相关性陡然上升。全球市场颇为艰难的 2020 年就是很好的例子。

面对这种情况，一个自然的想法就是如何抵御因子尾部相关性上升对投资组合的伤害，即如何抵御因子的尾部风险。针对这个问题，贝莱德（BlackRock）提出了防御性因子择时（defensive factor timing）的理念（Fergis et al. 2019）。防御性因子择时的目的是降低风险。与传统的为了预测收益率而进行的择时不同，防御性因子择时关注的是因子的协方差矩阵，即风险。它是一个低频事件，其唯一的目的就是规避巨大的市场风险，降低黑天鹅事件对投资组合的冲击。

一般来说，极端市场风险可能来自以下三个方面：（1）市场风险偏好的骤降；（2）不同因子之间的相关性激增，从而无法实现预期的分散化；（3）某些因子变得极度昂贵[41]。为此，需要通过一定的量化手段来监测并鉴别上述三种情况是否发生。一旦出现一种或多种情况，便通过降低仓位来有效地保护投资组合免受极端事件的冲击。由于前两种风险对于防御性因子择时的重要性远超过因子估值本身，以下对它们进行简要介绍。

首先来看看市场风险偏好骤降。通常来说，高风险意味着高收益。因此，可以使用因子收益率和波动率的秩相关系数来定量计算风险容忍指标（risk tolerance indicator，RTI）。使用秩相关系数背后的依据是市场风险偏好的高低可以由不同资产的收益率和它的风险水平的一致程度所反应。当风险偏好高时，高风险资产应该比低风险资产有更高的收益率；当风险偏好低时，高风险资产应比低风险资产有更大的跌幅。秩相关系数的优势是考察收益率和波动率的单调相关性，而不假设变量之间的线性或非线性关系。令 $q(R)$ 和 $q(\sigma)$ 分别代表不同因子收益率和波动率的排序序列，则 RTI 的定义为：

$$\mathrm{RTI} = \mathrm{corr}\left(q(R), q(\sigma)\right) \tag{7.110}$$

由式 (7.110) 可知 RTI 的取值范围是 -1 到 1 之间，其值越大说明风险偏好越高，越小说明风险偏好越低。对 RTI 指标的实证结果显示，其在 2008 年全球金融危机以及 2010 年和 2012 年欧洲主权债务危机时都给出了明确的警示信号。

接下来看看如何监测因子相关性激增风险。为此，可采用多样化比例（diversification ratio，DR）指标，它是各因子自身波动率按其权重的加权与投资组合波动率之比：

$$\mathrm{DR} = \frac{\sum w_i \sigma_i}{\sigma_p} \tag{7.111}$$

DR 的值越大说明因子之间的相关性越小，越能够分散风险；越小则意味着因子之间的相关性越大。

使用 DR、以 (7.110) 定义的 RTI，以及因子估值，防御性因子择时在最近十年的几次全球性金融危机中都保护了投资组合。举例来说，从 2012 年第二季度开始，由希腊和西班

41 即因子估值过高说明已有大量资金涌入。

牙引发的一系列问题使得全球市场的神经极度紧绷。RTI 指标从当年 4 月底的 20% 骤降至 6 月中旬的 −60%。在这种大环境下，防御性因子择时在 2012 年 5 月将投资组合的仓位降低 20%，直至同年 8 月 RTI 恢复到 0% 的水平才重新提高到之前的仓位。此外，2013 年夏天，时任美联储主席的伯南克宣布美联储将会逐渐削减购债规模。在听到这个消息后，投资者开始疯狂抛售债券，债市收益率大幅上行，而债券价格的下跌也传导至其他资产，导致不同类资产的下跌。这一事件被称为“减码恐慌（taper tantrum）”。在这期间，RTI 指标虽然没有什么表现，但 DR 指标发挥了作用。它的急跌显示出因子之间的相关性迅速提升，从而启动了防御性因子择时。自 2013 年 6 月，投资组合的仓位被降低 20% 以抵御风险，直至同年 9 月 DR 恢复到之前的水平，仓位才提高到基准水平。这两个例子有效地说明了从多维度度量风险的优势，即同时使用多个低相关的风控指标对于抵御风险至关重要。

如今，使用因子进行大类资产配置已经逐渐成为海外市场的主流做法。本节介绍的两个问题——构建因子模拟投资组合和抵御因子尾部风险——是在投资中成功践行上述做法的关键。除了这两个关键，传统因子投资中的各种要素，包括是否以及如何预测因子收益率、计算因子的风险、配置因子，也依然至关重要，需要使用科学的方法进行研究和实践。和传统的因子投资一样，用因子进行大类资产配置其成功的关键也在各种细节之中。

后　　记

感谢你看到这里！

本书共分为七章，围绕着第 1 章提出的“统一视角”探讨了因子投资的方方面面。而它们合在一起，其实是为了回答同一个问题：什么是因子投资？希望看过本书之后，你已找到了属于自己的答案。写到这里，已经无须再对因子投资这个话题进行总结，但不妨让我们借这个机会介绍一下创作本书背后的心路历程。

我们三位作者为公众号“川总写量化”“因子动物园”的创作者。我们在这两个公众号上均创作了大量关于因子投资的高质量的内容，得到了学术界和业界的肯定。而我们三个人也通过写作而结识、相互熟悉，并最终认可彼此的能力和研究态度。在我们平时的研究和实践因子投资中，会查阅大量海外顶级期刊上的论文及这方面的专著。在感慨外文文献科学且务实的同时，也对国内尚未有关于因子投资的综述性书籍而感到遗憾。为了弥补这个遗憾，我们一拍即合决定将和因子投资有关的内容系统地整合并辅以全新的实证分析，最终就有了这本《因子投资：方法与实践》。我们的愿景非常简单，即深度解读因子投资的方法论，并提供针对 A 股市场进行高质量、可复制且完全独立性的实证研究结果。希望这本书能够让正在因子投资这条道路上前行的小伙伴们少走些弯路。

在写作中，全书力争做到内容翔实、语言紧凑[1]。为了呈现因子投资领域过去几十年来的发展历程，也为了让本书读者在今后的研究和实践中有迹可循，书中引用了因子投资和实证资产定价领域在过去五十年内不同时期发表的 402 篇代表性期刊论文[2]，这些文章截至 2020 年 4 月 30 日谷歌学术（Google Scholar）的总引用量为 737065 次，平均每篇被引用 1833 次（被引用量的中位数为 489），足见它们的重要程度。图 后记.1 给出了这些论文发表的年限分布（按照 5 年窗口统计，例如 2020 代表 2016 至 2020 这 5 年内发表的论文），可以看出这些论文整个因子投资发展的贯穿历史，而这也是本书内容与时俱进的证明。

---

1 作为一本工具书，全书的文风是偏严肃的，使得三位作者“有趣的灵魂”无处安放。感兴趣的读者请移步相关的公众号。相比于本书，公众号中的文风要活泼得多。

2 这里只统计属于因子投资和实证资产定价领域的论文（不包含专著或专著中的章节）。除上述领域以外，书中同时涉及来自统计学（例如多重假设检验、Newey–West 和 White 估计量等）、心理学（如前景理论、心理账户理论等）等方面的重要论文，但在统计参考文献时并未将它们包括在内。此外，在统计中只考虑正式发表的论文，对于早期研究手稿或未能发表的论文不予考虑，以避免重复统计。

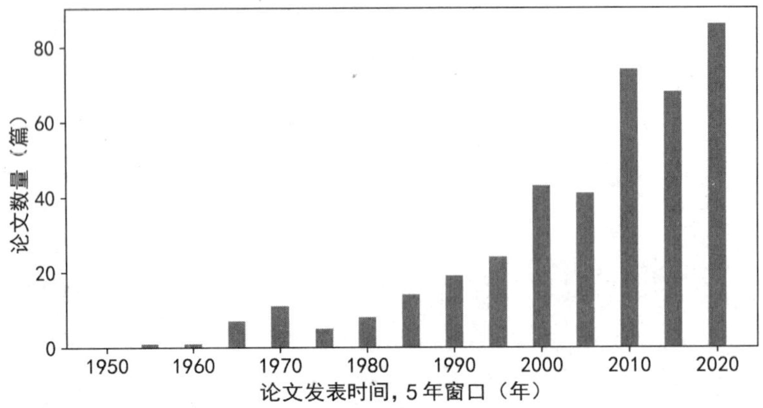

图 后记.1 书中引用的金融领域期刊论文分布

作为对你的感谢，本书在最后还放了两个“彩蛋”。第一个“彩蛋”是附录，它以理解资产价格为题，提纲挈领地介绍了过去 50 年学术界在资产定价方面的研究脉络。它的主要参考文献是诺贝尔奖学术委员会为介绍 2013 年诺贝尔经济学奖获得者 Eugene Fama、Lars Peter Hansen 及 Robert Shiller 三位教授的贡献而撰写的综述。这篇综述非常精彩，让人常读常新。带着本书介绍的实证资产定价和因子投资的方法论，相信你能够从中进一步感受到相关研究成果的精妙之处。

作为第二个“彩蛋”，我们想在此推荐三本和因子投资密切相关的经典书籍。

- 第一本是 Bali et al. (2016)，书名为 *Empirical Asset Pricing: The Cross Section of Stock Returns*。从题目就可以看出，它关注的是影响股票收益横截面差异的经典因子和研究方法，而这正是因子投资的研究主题。该书的作者是 Turan Bali、Robert Engle 及 Scott Murray。其中第一位是实证资产定价领域的著名学者。而第二位 Engle 更无须介绍，他是著名的计量经济学家，凭借对波动率建模的 ARCH 模型获得了 2003 年诺贝尔经济学奖。该书获得了 Eugene Fama、John Campbell、Kenneth French 等大咖的联袂推荐。

  全书共 18 章，包括两个截然不同的部分。第一部分用简练的语言清晰地交代了基本的描述性统计分析方法，以及因子投资中的两个核心工具：投资组合排序检验和 Fama–MacBeth 回归分析。随后第二部分便转向了美股实证研究，逐一对市场 β、规模、价值、特质性波动率等经典异象进行基于美股市场的实证分析。最后，该书以对投资者情绪、投资者注意力，以及作者自己所关注的彩票偏好等近年新兴的研究主题的综述进行收尾。这本书逻辑清晰、内容翔实，且写作语言朴实而流畅，阅读体验非常好，即便是对因子投资毫无基础的人也能很容易上手，是实证资产定价领域不可多得的佳作。

- 第二本是 Cochrane (2005)，书名为 *Asset Pricing*。它的作者 John Cochrane 是资产定价乃至金融领域的顶级学者，也曾是美国金融协会主席。这本书曾获得 *Paul A. Samuelson Award for Outstanding Scholarly Writing on Lifelong Financial Security*，足见其重要性。

  与 Bali et al. (2016) 不同，这本书偏重于资产定价理论。它涵盖了与资产定价相关的各种理论、模型和计量经济学方法，其中多因子模型及其检验仅仅是一小部分。最为精妙的是，全书的论述都围绕着资产定价中的一个最基本的公式——无套利定价公式——展开，行文逻辑清晰而严谨。在这本书中，Cochrane 教授将资产定价的宏大画卷以及不同理论之间的相互关联清晰地展现在读者面前。虽然书中有大量的数学推导，但 Cochrane 教授对数学公式的驾驭能力极大地降低了读者理解它们的难度。除此之外，这本书的配套教学视频也被芝加哥大学免费发布到互联网上。在课程中，Cochrane 教授的讲授十分生动、到位，学习该课程也非常有助于理解各种定价模型背后的数学公式。这本书值得任何对资产定价感兴趣的人认真读、仔细读、反复读。

- 第三本是 Lee and So (2015)，书名为 *Alphanomics: The Information Underpinnings of Market Efficiency*，作者是 Charles Lee 和 Eric So。其中 Lee 教授是学术界和业界的双料大咖——他曾任 Barclays Global Investors Equity Research 的全球负责人，如今在斯坦福大学商学院任教，是著名的会计学教授，并在行为金融学领域颇有建树。该书一经面世，便收到来自学术界和业界的赞誉无数。

  这本书的主标题是 Alphanomics 一词，中文翻译为“阿尔法经济学”。这个词的前半部分是 Alpha（阿尔法），代表着市场中的超额收益 α，而后半部分 Nomics 则指的是获取超额收益背后的经济学，它囊括了信息套利背后涉及的成本和动机。全书共分为 6 章，分别阐述了市场非有效性、噪声交易者、投资者情绪、基本面分析、套利成本以及异象研究方法几个方面，从信息套利的角度对市场的非有效性以及如何利用这种非有效性获取超额收益进行了深入的剖析和解读，涵盖了学术界关于市场有效性、行为金融学及基本面分析的大量研究。对于想要通过行为金融学挖掘并利用市场的非有效性、构建投资策略战胜市场的读者来说，这本书不容错过[3]。

以上三本书就是我们送给你的第二个“彩蛋”了。希望它们能够帮助你拓宽视野、提升专业技能，更好地在因子投资领域“畅游”。

3 Lee and So (2015) 的中文版《阿尔法经济学：赢取资本超额收益的法则》于 2019 年出版，译者为中国人民大学商学院张然教授，她是国内基本面量化投资的代表性学者之一。公众号“川总写量化”的文章《阿尔法经济学》对中文版做过精彩点评。

好了，是时候和你道别了。在最后我们想说，关于因子投资，《因子投资：方法与实践》不是终点，而是起点。希望在不远的将来，能够看到更多关于 A 股市场的客观、严谨且富有深度的研究成果。若本书能为实现上述目标做出些许贡献，那将是对我们最大的鼓舞和慰藉。

附录 A　理解资产价格

2013 年，诺贝尔经济学奖被授予 Eugene Fama、Lars Peter Hansen 及 Robert Shiller 三位教授，以表彰他们在实证资产定价领域的卓越贡献。暂且抛开 Lars Peter Hansen 在关于定价模型检验的计量经济学方法论方面的突出贡献不说，诺贝尔奖被同时授予 Fama 和 Shiller 实在是意料之外，但却又在情理之中。令人感到意外的是，Fama 和 Shiller 分别为有效市场假说之父和行为金融学的先驱，他们就市场是否有效持完全对立的态度。而又在情理之中的是，他们及 Hansen 的研究成果奠定了人们理解资产价格的基础——价格波动受到理性和人的行为的共同影响。在本书作者看来，诺贝尔奖委员会的这个决定是科学的胜利，是人类在探究市场真相道路上坚实的一步。

为了普及三位教授的研究成果，诺贝尔奖学术委员会特地编撰了一篇题为理解资产价格（*Understanding asset prices*）的科普性文章（Economic Sciences Prize Committee of the Royal Swedish Academy of Sciences 2013）。该文以他们三个人的研究成果为主线，系统而全面地梳理了学术界在过去 50 年里在理解资产价格和收益率方面发现的重要成果。由于多因子模型是资产定价的一个组成部分，因此强烈推荐对因子投资感兴趣的读者仔细阅读这篇综述。本书的最后简要梳理该文的重点，供各位参考。

1　无套利定价公式 $P = E[mx]$

这一切始于 $P = E[mx]$。

假设在 t 时刻，资产 i 的价格是 P_{it}；在 $t+1$ 时刻，资产处于某种资产状态 s，其发生的概率为 $\pi_{t+1}(s)$，且在该状态下，资产的支付额和对应的折现因子分别为 $x_{it+1}(s)$ 和 $m_{t+1}(s)$。由无套利约束（absence of arbitrage opportunities）可知，P_{it} 满足以下关系（无套利意味着左右两端必须相等）：

$$P_{it} = \sum_s \pi_{t+1}(s) m_{t+1}(s) x_{it+1}(s) \tag{A1}$$

利用数学中的期望符号 $E(.)$，可以把上式写成更加“喜闻乐见”的形式：

$$P_{it} = E_t[m_{t+1} x_{it+1}] \tag{A2}$$

其中的 m 被称作随机折现因子（stochastic discount factor）；E_t 意味着在 t 时刻对状态变量 s 的概率空间求期望。这个公式称作无套利定价公式（no-arbitrage pricing formula），它正是资产定价的基础。接下来的故事就从 $P = E[mx]$ 讲起。

2　短期不可预测性

首先来看短期的情况。

假设两个非常近的时点。在这之间，无风险收益率近似为零，且因为时间很短，因而可以假设折现因子 m 在不同状态下的变化不大。在这些假设下，m 近似等于 1。进一步而言，假设未来的支付等于出售该资产的价格，因此由 $P = E[mx]$ 可知：

$$P_t = E_t[P_{t+1}] \tag{A3}$$

上式意味着短期内价格的上升或下降是随机的，收益率难以预测。在检验短期内能否预测方面，Fama 做出了重大的贡献，主要包括以下两个方面。第一方面是对收益率序列的直接统计检验。虽然在 Fama 之前，有诸如 Samuelson (1965) 和 Mandelbrot (1966) 这样的开创性研究，但 Fama 无疑是系统性研究收益率统计特性的第一人 —— 他在其 1963 年的博士论文（后于 1965 年全文发表在 *Journal of Business* 上）中使用序列相关性检验、游程检验（runs test）及过滤准则检验（filter test，即使用特定的规则对收益率序列过滤，然后考察其是否能战胜买入持有）检验了短期收益率无法预测，这对后续的相关研究产生了巨大的影响。在收益率的不可预测下，有效市场这个概念也应运而生。

Fama 对市场有效性的最大贡献来自 Fama (1970) 提出的联合假说（joint hypothesis）问题。它指的是为了检验市场有效性，首先要有一个正确的资产定价模型。只有知道了在模型给出的均衡状态下资产的预期收益率，才有可能正确地检验市场是否有效。此外，Fama (1970) 还对有效市场假说的三种形式，即弱式（weak）效率、半强式（semi-strong）效率及强式（strong）效率进行了讨论。

Fama 的第二个贡献是和他的学生在 Fama et al. (1969) 一文中首次提出了事件研究（event study）的方法，该文是事件分析的开山鼻祖。事件分析的对象是和资产价格相关的新息（事件）发生前后的资产价格“行为”。Fama et al. (1969) 为此提出了开创新性方法论，主要包括三个方面。

(1) 将市场的收益率从个股的收益率中排除，将个股异常收益率（abnormal return）作为研究重点，从而剔除市场时序波动的影响。

(2) 在时间轴上，将事件发生的时刻记为时刻 0，事件发生之前则在时刻 0 的左侧，事件发生之后则在时刻 0 的右侧。考察股票异常收益率在事件发生前、发生时及发生后的变化。

(3) 任何事件在个股上是否发生及发生的时间都是不同的，而由于（2）中对时间轴的统一处理，就可以把所有个股的同类事件在截面上取平均并观察整体的效果。这可以消除个股对事件的特质性波动，从而考察事件对股票异常收益率的平均影响。这无疑也是最具创造力的一点。

通过上述方法，Fama et al. (1969) 研究了拆股（stock split）事件对股票收益率的影响，并发现股票的异常收益在事件发生后没有显著异常回报，事件所包含的信息已经很好地反映在价格之中，从而证明了市场的有效性。而以上方法论中的三点创新也迅速开辟了一个子领域 —— 事件分析。如今，事件分析在经济和金融领域都有广泛的应用。

根据以上关于有效市场假说和事件分析的研究结果，人们对资产价格和收益率在短期内的不可预测性达成了共识。这是 20 世纪 70 年代，人们对资产价格理解迈出的第一步。

3　过度波动导致长期可预测

下面来看看资产价格和收益率在更长的时间周期内能否被预测。这是 20 世纪 80 年代的主要研究课题之一。而在这一领域的代表性人物则是 Robert Shiller，他做出了大量开创性的贡献。

Shiller 的第一个贡献在于提出了方差比检验（variance ratio tests）。Shiller (1979, 1981) 分别以债券和股票作为资产，研究了它们短期波动和长期波动的方差差异。以股票为例，在 1980 年以前，学者们倾向于认为股票的长期波动取决于和未来现金流相关的基本面信息的波动，直到 Shiller (1981) 发表，这个观点也因检验结果而被颠覆。该文的题目 —— *Do stock prices move too much to be justified by subsequent changes in dividends?*（相对于未来股息的变化来说，股价的波动是否过高了？）—— 也和它的内容一样具有颠覆性。

我们仍然可以从 $P = E[mx]$ 出发理解 Shiller 的发现。以股票为例，该无套利定价方程意味着股票今天的价格等于其预期基本面价格的现值，即未来每期现金流（对于股票，可以认为是股息）的折现值之和。令 $P_{it}^{\star}$ 代表股票 i 的未知基本面价值的折现值，它的变化来自未来股息（x）和随机折现因子（m）的波动。由 $P = E[mx]$ 有：

$$P_{it} = E_t[P_{it}^{\star}] \tag{A4}$$

由上式可知，预测误差为 P_{it}–$P_{it}^{\star}$，该误差和所有历史信息（包括现在的价格 P_{it}）是不相关的。接下来，可以把 $P_{it}^{\star}$ 写成如下的形式（左右两侧完全是等价的）：

$$P_{it}^{\star} \equiv P_{it} + (P_{it}^{\star} - P_{it}) \tag{A5}$$

利用误差项 P_{it}-$P^{\star}_{it}$ 和所有历史信息（包括 P_{it}）相互独立这个性质，对上式两边直接求方差可得：

$$\mathrm{var}(P^{\star}_{it}) = \mathrm{var}(P_{it}) + \mathrm{var}(P^{\star}_{it} - P_{it}) \tag{A6}$$

由于方差一定是非负的，上式意味着基本面价值的波动应该大于价格本身的波动：

$$\mathrm{var}(P^{\star}_{it}) > \mathrm{var}(P_{it}) \tag{A7}$$

当资产为股票时，式 (A7) 意味着股票价格的波动应该小于未来股息现值之和的波动。但事实是否如此呢？Shiller (1981) 回答了这个问题，并发现了和模型完全相反的结论，即价格的方差比未来股息折现值之和的方差要大得多。Shiller 的研究表明，股票和债券的短期波动比其长期波动更加剧烈，说明长期的价格呈现均值回复的特征，因此长期来看这些资产的收益是可以被预测的 —— 高于平均收益之后往往伴随着低于平均水平的收益。这是在 20 世纪 70 年代 Fama 的重要发现后，人们对于资产价格理解迈出的又一步。

在 Shiller (1981) 之后，学术界关于资产的长期可预测性做了大量的研究。比如，Campbell and Shiller (1988) 发现实际盈利的长期均值能很好地预测未来的股息率，且该变量和当前价格的比值可以很好地预测未来的价格。Fama and French (1988) 发现随着时间尺度的增加，股息率对收益率的预测能力也逐渐提高（体现为更高的时序回归 R-squared），这也和“收益率在短期内难以预测，在长期内可以预测”的观点相一致。短期的高波动是资产价格在长时间尺度下可预测性的前提。

回到 $P = E[mx]$ 这个式子，Shiller 等人的研究表示，既然 P 的波动比 x 的波动更高，如果无套利定价公式成立，那么 P 的高波动只能是来自随机折现因子 m 的高波动。因此，接下来学者们必须回答的问题就是：是什么导致了 m 的高波动？来自经济学的理论模型是否支持 m 的高波动？

4 理性 CCAPM 模型

如果想从经济学理论出发来解释 m 的高波动，那么就需要把资产的价格和人们的储蓄与风险决策（投资风险资产）联系起来。在这方面，当仁不让的选择是基于消费的资产定价模型（consumption-based CAPM，CCAPM），它允许投资者的风险偏好（即随机折现因子）随时间变化，背后的原因可能是消费或者财富的冲击。在 CCAPM 中，消费者的决策目标是预期效用的最大化：

$$E\left[\sum_{j=0}^{\infty} \beta^j u(c_{t+j})\right] \tag{A8}$$

上式中 β 表示一个主观贴现系数、u 是效用函数、c_{t+j} 表示 $t+j$ 期的消费。CCAPM 假设投资人每一期购买一定量的风险资产（价格为 P），并通过最大化上述目标函数来确定最优的购买量。根据目标函数的一阶条件可以获得如下关系（Cochrane 2005）：

$$u'(c_t) = E\left[\beta \frac{u'(c_{t+1})x_{it+1}}{P_{it}}\right] \tag{A9}$$

上式中左侧是在 t 时刻消费一个单位能够获得的边际效用；右侧是将该单位进行投资（风险资产）并在 $t+1$ 时刻获得 x_{it+1}/P_{it} 的回报并将其折现之后的边际效用。根据一阶条件，二者应该相等，故得到上式。将其进行简单变化变得到 CCAPM 的定价方程：

$$P_{it} = E\left[\beta \frac{u'(c_{t+1})}{u'(c_t)} x_{it+1}\right] \tag{A10}$$

比较式 (A10) 和式 (A2) 可知，在 CCAPM 下随机折现因子满足：

$$m = \beta \frac{u'(c_{t+1})}{u'(c_t)} \tag{A11}$$

CCAPM 指出 m 和当期消费与下期消费的边际效用之比有关。从经济理论出发，这个表达式解释了为什么在经济衰退时，折现因子比较低：在经济不景气时，c_t 较低、边际效用 $u'(c_t)$ 较高，因此边际效用比 $u'(c_{t+1})/u'(c_t)$ 较低；反之，在经济繁荣时，折现因子 m 较高。

有了模型，接下来就应该用数据对其进行参数估计，从而检验 CCAPM 是否成立了。但是在当时，人们突然发现不会了！首先，在 CCAPM 中，模型是变量的非线性方程；其次，需要为消费确定一个完整的随机过程模型；最后，在这个动态系统中，误差项的时序相关性也让使用正式的统计方法难上加难。

面对这些难以逾越的困难，当时的两种妥协方法包括：(1) 使用校准和非正式统计；(2) 在模型之外强行加入一系列非常具体的假设（哪怕有些假设和被处理的问题毫不相关）从而把非线性的 CCAPM 线性化处理。在第一种方法的努力中，Grossman and Shiller (1981) 是定量检验 CCAPM 的“始作俑者”。在使用了美国消费数据后，他们发现只有消费的边际效用对消费变化极度敏感，即投资者在表现出极度的风险厌恶时，股票价格的波动才能符合该模型。换句话说，在合理的假设下，CCAPM 只能被拒绝。

另外，在使用具体假设后的线性化结果也没好到哪里去，CCAPM 依然被拒绝。而因为各种具体的假设也多少让问题变得更加复杂，即人们无法确定 CCAPM 被拒绝本身是因为理论存在固有的局限，还是因为线性化处理 CCAPM 而做的各种假设不够合理。在这进退两难之际，人们急需在计量经济学理论上的突破，让正式检验 CCAPM 成为可能。就在这个时候，Lars Peter Hansen 的广义矩估计（Hansen 1982）横空出世。

使用广义矩估计将 CCAPM 表达成一系列矩条件的形式，即 $E[f(x_t, b_0)] = 0$，这极大地方便了对模型的参数估计和检验。Hansen (1982) 对广义矩估计以及它的各种特性进行了详尽的描述；本书 2.7 节也对它背后的数学原理进行了解读。而该方法之所以如此强大是它对随机过程 x_t 的限制非常少（只需要满足弱平稳和各态历经性），此外它对函数 f 的限制也非常少（可以是非线性的）。这种强大的特征对于处理经济学的面板数据至关重要。在资产定价中，随机过程的残差是相互关联的，且主要关系也是非线性的。正因为如此“好使”，Hansen (1982) 成了计量经济学领域最具影响力的论文之一。

有了检验方法，学术界终于可以一展身手了。广义矩估计首次被应用于资产定价正是出自 Hansen and Singleton (1982)，而他们的结论是 CCAPM 再次被拒绝了。根据 CCAPM 理论，从数据估计出的时变折现因子 m 根本无法解释资产价格的高波动。如果在广义矩估计被推出之前，学术界对 CCAPM 还心存幻想，那么这次 CCAPM 可以说是彻底被打败了。让上述结果雪上加霜的是，Hansen and Jagannathan (1991) 为随机折现因子 m 的波动计算出了一个下界，它和资产的夏普比率有关。以美国股市的数据来计算，m 波动的下界应该在 0.5 左右。从消费的实际数据来看，消费的波动是很低的。因此如果 CCAPM 能够解释随机折现因子 m 的波动，那么需要投资者具有不切实际的风险厌恶水平，否则就难以支撑 m 高达 0.5 的波动。

尽管 CCAPM 遭到了拒绝，但学术界似乎不想轻易放弃它，而是努力地对理论进行“完善”，包括提出不同形式的效用函数以及考虑不同投资者偏好的差异等。归根到底，是学术界不想放弃理性行为这个假设。而就在这个时期，考虑投资者非理性的行为金融学也悄然萌芽。

5 行为金融学

如果要问谁是行为金融学的代表人物，得到的答案可能是 Daniel Kahneman 和 Amos Tversky。这两位的地位和贡献无须多言，但他们均是著名的心理学家，更多的还是从心理学的角度分析人如何做决策；另外可能的答案是 Richard Thaler，但 Thaler 更大的贡献是行为经济学[1]。

行为金融学的代表人物当属 Robert Shiller，而奠定其地位的正是 Shiller (1984) 这篇提出了噪声交易者模型的论文。这篇论文成为日后日益增加的行为金融学文献的起点。在 Shiller 的模型中，聪明的投资者依基本面价值进行投资，而噪声交易者的存在造成了价格和内在价值出现了偏离，价格的过度波动来源于人们非理性行为造成的对基本面信息的过度反应。对于聪明的交易者，虽然能对预期回报做出理性反应，但这种反应因受到自身财

1 Thaler 获得诺贝尔奖也主要是因为其在行为经济学方面的贡献而非行为金融学。

富的限制而并不充分。

自 Shiller (1984) 发表之后，大量相关的研究结果被提出，这其中有很多是从行为偏差的角度来修正 CCAPM 中理性偏好的假设，这无疑有着非凡的意义，它意味着基于理性和行为的模型正在结合。另外，更多的学者开始用心理学的发现来研究个人的行为和偏误，这些心理学发现包括前景理论、过度自信及心理账户理论等。本书 6.3 节对行为金融学的研究框架进行了系统的介绍。随着这门学科的发展，很多从行为金融学出发的新的定价模型被研究出来，它们对股票市场价格和交易量的高波动以及价格在不同尺度下表现出的异象给出了令人信服的解释。

Shiller (1984) 的另一个贡献是回应了长久以来传统经济学派对行为金融学的最大质疑——如果价格偏离了价值，即能被预测，为什么价值没有因为套利而消失？该文提出了套利限制（limits to arbitrage），排除了这个阻碍行为金融学发展的障碍。在行为金融学的进一步发展中，大量的研究表明资产的价格和投资人非理性的情绪有密切的关系（比如泡沫）。其中家喻户晓的例子包括金融市场的同质标的[2]不满足一价定理（Froot and Dabora 1999）和“封闭式基金折价之谜”（Lee et al. 1991）等。

6　预期收益率的截面差异

到目前为止，以上对资产价格的理解仍然停留在时间序列层面上。而一个自然而然的问题是：是什么决定了资产价格的截面差异？例如，为什么在同一时点，某支股票的价值比另一支高呢？根据 $P = E[mx]$，价值取决于未来的现金流和折现因子的变化。那么，哪些因素决定了资产不同的现金流以及投资者对不同资产的时间偏好和风险偏好呢？关于资产收益截面差异的研究，首先进入人们脑海中的名字恐怕仍然非 Eugene Fama 莫属。

早在 50 年前，关于资产截面收益差异的第一范式无疑是资本资产定价模型（CAPM）。在最初关于 CAPM 的检验中，最著名的两篇论文当属 Black et al. (1972) 及 Fama and MacBeth (1973)。后者开创性地在每个时间节点逐一进行截面回归，从而规避了残差收益率的截面相关性对回归结果的影响。这篇文章提出的“先回归、再均值”的方法，即 Fama–MacBeth 回归，在后来得到了非常广泛的应用。

虽然最初的检验结果大体上支持 CAPM，但是到了 20 世纪 70 年代，很多 CAPM 无法解释的异象被提出。这些单一异象虽然都挑战着 CAPM，但因为它们并没有形成合力，所以人们并未对 CAPM 产生太大的质疑，直到 Fama and French (1992) 整合了之前被提出的多种异象，从而给了 CAPM “致命一击”。为了摒弃一个旧模型，唯有提出一个更好的新模型，而这个更好的模型就是 Fama–French 三因子模型（Fama and French 1993）。该

2 例如同一个公司在不同市场上交易。

模型在市场因子之外加入了价值和规模两个因子。Fama and French (1996) 指出三因子模型是 Merton (1973) 的跨期资本资产定价模型的多因子版本，并认为价值和公司的财务困境风险有关。但是，关于二者代表何种状态变量（state variables）以及为什么它们能够捕捉市场因子无法解释的风险，依旧没有定论。

Fama and French (1993) 拉开了使用多因子进行实证资产定价研究的序幕。这个三因子模型也一度成为股票定价中最重要的基准，直到它的继任者 Fama–French 五因子模型（Fama and French 2015）诞生。在过去的三十年中，Fama and French (1993) 引领了多因子模型的发展（很多主流因子模型被提出）以及因子背后成因解释的研究（行为金融学的研究结果也在这方面做出了巨大的贡献），后者的意义则更加非凡。

7 结语

以上从 $P = E[mx]$ 讲起，指出价格由折现因子以及未来的支付额的现值决定。从这个式子出发引出资产价格在短期内难以预测。在更长的时间尺度上，方差比检验发现资产短期的波动大大高于长期的波动，价格的波动大大高于基本面的波动。过度波动意味着资产收益率在长期是可以预测的。

既然 P 的波动远远大于 x 的波动，依据 $P = E[mx]$，随机折现因子 m 就必须有很高的波动。在这方面，广义矩估计的提出让人们能够检验 CCAPM，然而它却被拒绝了。这也让人们从其他的角度试图理解 m 的高波动，而行为金融学在这方面提供了很好的视角。它从非理性偏差的角度解释价格的高波动，并认为价格可以偏离价值。噪声交易者模型及有限套利也为行为金融学的发展铺平了道路。如今，系统性风险和投资者行为偏差成为驱动资产价格变化的两大动力，它们也共同推动了人们关于资产预期收益率截面差异的理解。图 A.1 简要汇总了学术界关于资产价格的研究脉络。

2018 年，*Free Solo*（《徒手攀岩》）这部电影火遍了全球，它讲的是世界上最顶尖的徒手攀岩高手挑战自我、征服自然的故事。这部电影有一句令人印象深刻的台词，它说的是在人类的自我挑战中，总要时不时有一个重大突破（quantum leap）。Eugene Fama、Lars Peter Hansen 及 Robert Shiller 三位的卓越研究无疑是资产定价领域的重大突破。

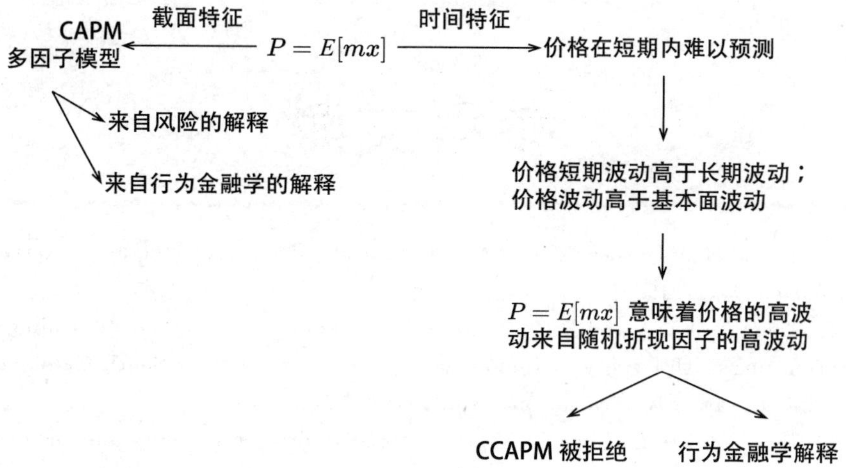

图 A.1　资产价格的研究脉络

参考文献

Abarbanell, J. S. and B. J. Bushee (1998). Abnormal returns to a fundamental analysis strategy. *The Accounting Review 73*(1), 19–45.

Akbas, F., E. Genc, C. Jiang, and P. D. Koch (2017). Disagreement, aggregate trading volume, and excess market returns. University of Illinois at Chicago, University of South Carolina, Iowa State University. Available at: https://ssrn.com/abstract=3074131.

Akbas, F., C. Jiang, and P. D. Koch (2017). The trend in firm profitability and the cross-section of stock returns. *The Accounting Review 92*(5), 1–32.

Ali, A., L.-S. Hwang, and M. A. Trombley (2003). Arbitrage risk and the book-to-market anomaly. *Journal of Financial Economics 69*(2), 355–373.

Alwathainani, A. M. (2009). Consistency of firms' past financial performance measures and future returns. *The British Accounting Review 41*(3), 184–196.

Amihud, Y. (2002). Illiquidity and stock returns: Cross-section and time-series effects. *Journal of Financial Markets 5*(1), 31–56.

An, L., H. Wang, J. Wang, and J. Yu (2020). Lottery-related anomalies: The role of reference-dependent preferences. *Management Science 66*(1), 473–501.

Anderson, C. W. and L. Garcia-Feijóo (2006). Empirical evidence on capital investment, growth options, and security returns. *Journal of Finance 61*(1), 171–194.

Anderson, R. M., S. W. Bianchi, and L. R. Goldberg (2012). A comment on "The cross-section of volatility and expected returns": the statistical significance of FVIX is driven by a single outlier. Coleman Fung Risk Management Research Center, University of California Berkeley.

Anderson, R. M., S. W. Bianchi, and L. R. Goldberg (2015). In search of statistically valid risk factors. *Quantitative Finance 15*(3), 385–393.

Ang, A. (2014). *Asset Management: A Systematic Approach to Factor Investing.* New York, NY: Oxford University Press.

Ang, A., R. J. Hodrick, Y. Xing, and X. Zhang (2006). The cross-section of volatility and expected returns. *Journal of Finance 61*(1), 259–299.

Ang, A., R. J. Hodrick, Y. Xing, and X. Zhang (2009). High idiosyncratic volatility and low returns: International and further U.S. evidence. *Journal of Financial Economics 91*(1), 1–23.

Antoniou, A., H. Y. T. Lam, and K. Paudyal (2007). Profitability of momentum strategies in international markets: The role of business cycle variables and behavioural biases. *Journal of Banking & Finance 31*(3), 955–972.

Antoniou, C., J. A. Doukas, and A. Subrahmanyam (2013). Cognitive dissonance, sentiment, and momentum. *Journal of Financial and Quantitative Analysis 48*(1), 245–275.

Aras, G. and M. K. Yilmaz (2008). Price-earnings ratio, dividend yield, and market-to-book ratio to predict return on stock market: Evidence from the emerging markets. *Journal of Global Business and Technology 4*(1), 18–30.

Arnott, R. D., M. Clements, V. Kalesnik, and J. T. Linnainmaa (2019). Factor momentum. Research Affiliates, LLC., Dartmouth College. Available at: https://ssrn.com/abstract=3116974.

Arnott, R. D., C. R. Harvey, V. Kalesnik, and J. Linnainmaa (2019). Alice's adventures in factorland: Three blunders that plague factor investing. *The Journal of Portfolio Management 45*(4), 18–36.

Arnott, R. D. and J. M. West (2006). Fundamental indexes™. *ETFs and Indexing 2006*(1), 111–121.

Asness, C. S. (2015). How can a strategy still work if everyone knows about it? AQR Capital Management, LLC.

Asness, C. S. (2018). Liquid alt ragnarök? AQR Capital Management, LLC.

Asness, C. S., S. Chandra, A. Ilmanen, and R. Israel (2017). Contrarian factor timing is deceptively difficult. *The Journal of Portfolio Management 43*(5), 72–87.

Asness, C. S. and A. Frazzini (2013). The devil in HML's details. *The Journal of Portfolio Management 39*(4), 49–68.

Asness, C. S., A. Frazzini, N. J. Gormsen, and L. H. Pedersen (2020). Betting against correlation: Testing theories of the low-risk effect. *Journal of Financial Economics 135*(3), 629–652.

Asness, C. S., A. Frazzini, R. Israel, T. J. Moskowitz, and L. H. Pedersen (2018). Size matters, if you control your junk. *Journal of Financial Economics 129*(3), 479–509.

Asness, C. S., A. Frazzini, and L. H. Pedersen (2013). Quality minus junk. AQR Capital Management, LLC.

Asness, C. S., A. Frazzini, and L. H. Pedersen (2019). Quality minus junk. *Review of Accounting Studies 24*(1), 34–112.

Asness, C. S., J. A. Friedman, R. J. Krail, and J. M. Liew (2000). Style timing: Value versus growth. *The Journal of Portfolio Management 26*(3), 50–60.

Asness, C. S., A. Ilmanen, R. Israel, and T. J. Moskowitz (2015). Investing with style. *Journal of Investment Management 13*(1), 27–63.

Asness, C. S., A. Ilmanen, and T. Maloney (2017). Market timing: Sin a little, resolving the valuation timing puzzle. *Journal of Investment Management 15*(3), 23–40.

Asness, C. S., T. J. Moskowitz, and L. H. Pedersen (2013). Value and momentum everywhere. *Journal of Finance 68*(3), 929–985.

Bai, J. (2003). Inferential theory for factor models of large dimensions. *Econometrica 71*(1), 135–171.

Bailey, D. H. and M. Lopez de Prado (2012). The sharpe ratio efficient frontier. *Journal of Risk 15*(2), 3–44.

Baker, M. and J. C. Stein (2004). Market liquidity as a sentiment indicator. *Journal of Financial*

Markets 7(3), 271–299.

Baker, M., J. C. Stein, and J. Wurgler (2003). When does the market matter? Stock prices and the investment of equity-dependent firms. *The Quarterly Journal of Economics 118*(3), 969–1005.

Baker, M. and J. Wurgler (2000). The equity share in new issues and aggregate stock returns. *Journal of Finance 55*(5), 2219–2257.

Baker, M. and J. Wurgler (2002). Market timing and capital structure. *Journal of Finance 57*(1), 1–32.

Baker, M. and J. Wurgler (2004). A catering theory of dividends. *Journal of Finance 59*(3), 1125–1165.

Baker, M. and J. Wurgler (2006). Investor sentiment and the cross-section of stock returns. *Journal of Finance 61*(4), 1645–1680.

Baker, M. and J. Wurgler (2007). Investor sentiment in the stock market. *Journal of Economic Perspectives 21*(2), 129–152.

Baker, M., J. Wurgler, and Y. Yuan (2012). Global, local, and contagious investor sentiment. *Journal of Financial Economics 104*(2), 272–287.

Bali, T. G. and N. Cakici (2008). Idiosyncratic volatility and the cross section of expected returns. *Journal of Financial and Quantitative Analysis 43*(1), 29–58.

Bali, T. G., N. Cakici, and R. F. Whitelaw (2014). Hybrid tail risk and expected stock returns: When does the tail wag the dog? *Review of Asset Pricing Studies 4*(2), 206–246.

Bali, T. G., R. F. Engle, and S. Murray (2016). *Empirical Asset Pricing: The Cross Section of Stock Returns*. Hoboken, New Jersey: John Wiley & Sons, Inc.

Ball, R. and P. Brown (1968). An empirical evaluation of accounting income numbers. *Journal of Accounting Research 6*(2), 159–178.

Ball, R. and P. Brown (2019). Ball and Brown (1968) after fifty years. *Pacific-Basin Finance Journal 53*, 410–431.

Ball, R., J. Gerakos, J. T. Linnainmaa, and V. Nikolaev (2015). Deflating profitability. *Journal of Financial Economics 117*(2), 225–248.

Ball, R., J. Gerakos, J. T. Linnainmaa, and V. Nikolaev (2016). Accruals, cash flows, and operating profitability in the cross section of stock returns. *Journal of Financial Economics 121*(1), 28–45.

Banz, R. W. (1981). The relationship between return and market value of common stocks. *Journal of Financial Economics 9*(1), 3–18.

Barbee, W. C., J. S. Mukherji, and G. A. Raines (1996). Do sales-price and debt-equity explain stock returns better than book-market and firm size? *Financial Analysts Journal 52*(2), 56–60.

Barber, B. M. and J. D. Lyon (1997). Firm size, book-to-market ratio, and security returns: A holdout sample of financial firms. *Journal of Finance 52*(2), 875–883.

Barber, B. M. and T. Odean (2008). All that glitters: The effect of attention and news on the buying behavior of individual and institutional investors. *Review of Financial Studies 21*(2), 785–818.

Barberis, N. (2018). Chapter 2 Psychology-based models of asset prices and trading volume. In B. D. Bernheim, S. DellaVigna, and D. Laibson (Eds.), *Handbook of Behavioral Economics - Foundations and Applications 1*, Volume 1 of *Handbook of Behavioral Economics: Applications and Foundations 1*, pp. 79 – 175. North-Holland.

Barberis, N., R. Greenwood, L. Jin, and A. Shleifer (2015). X-CAPM: An extrapolative capital asset pricing model. *Journal of Financial Economics 115*(1), 1–24.

Barberis, N. and M. Huang (2008). Stocks as lotteries: The implications of probability weighting for security prices. *American Economic Review 98*(5), 2066–2100.

Barberis, N., L. J. Jin, and B. Wang (2019). Prospect theory and stock market anomalies. 10th Miami Behavioral Finance Conference. Available at: https://ssrn.com/abstract=3477463.

Barberis, N., A. Mukherjee, and B. Wang (2016). Prospect theory and stock returns: An empirical test. *Review of Financial Studies 29*(11), 3068–3107.

Barberis, N. and A. Shleifer (2003). Style investing. *Journal of Financial Economics 68*(2), 161–199.

Barberis, N., A. Shleifer, and R. Vishny (1998). A model of investor sentiment. *Journal of Financial Economics 49*(3), 307–343.

Barberis, N., A. Shleifer, and J. Wurgler (2005). Comovement. *Journal of Financial Economics 75*(2), 283–317.

Barberis, N. and R. Thaler (2003). Chapter 18 A survey of behavioral finance. In *Financial Markets and Asset Pricing*, Volume 1 of *Handbook of the Economics of Finance*, pp. 1053 – 1128. Elsevier.

Barberis, N. and W. Xiong (2009). What drives the disposition effect? An analysis of a long-standing preference-based explanation. *Journal of Finance 64*(2), 751–784.

Barillas, F. and J. Shanken (2017). Which alpha? *Review of Financial Studies 30*(4), 1316–1338.

Barillas, F. and J. Shanken (2018). Comparing asset pricing models. *Journal of Finance 73*(2), 715–754.

Barinov, A. (2014). Turnover: Liquidity or uncertainty? *Management Science 60*(10), 2478–2495.

Barroso, P. and P. Santa-Clara (2015). Momentum has its moments. *Journal of Financial Economics 116*(1), 111–120.

Barth, M. E., J. A. Elliott, and M. W. Finn (1999). Market rewards associated with patterns of increasing earnings. *Journal of Accounting Research 37*(2), 387–413.

Bartov, E. and M. Kim (2004). Risk, mispricing, and value investing. *Review of Quantitative Finance and Accounting 23*(4), 353–376.

Bartram, S. M. and M. Grinblatt (2018). Agnostic fundamental analysis works. *Journal of Financial Economics 128*(1), 125–147.

Basu, S. (1977). Investment performance of common stocks in relation to their price-earnings ratios: a test of the effiŋcient market hypothesis. *Journal of Finance 32*(3), 663–682.

Basu, S. (1983). The relationship between earnings' yield, market value and return for NYSE common stocks: Further evidence. *Journal of Financial Economics 12*(1), 129–156.

Bayraktar, M. K., S. Doole, A. Kassam, and S. Radchenko (2015). Lost in the crowd? Identifying and measuring crowded strategies and trades. MSCI Inc.

Bender, J., P. B. Hammond, and W. Mok (2014). Can alpha be capŋtured by risk premia? *The Journal of Portfolio Management 40*(2), 18–29.

Bender, J., J.-H. Lee, and D. Stefek (2009). Refining portfolio construction when alphas and risk factors are misaligned. MSCI Inc.

Bender, J., X. Sun, R. Thomas, and V. Zdorovtsov (2018). The promises and pitfalls of factor timing. *The Journal of Portfolio Management 44*(4), 79–92.

Bender, J. and T. Wang (2016). Can the whole be more than the sum of the parts? Bottom-up versus top-down multifactor portfolio construction. *The Journal of Portfolio Management 42*(5), 39–50.

Beneish, M. D., C. M. C. Lee, and D. C. Nichols (2015). In short supply: Short-sellers and stock returns. *Journal of Accounting and Economics 60*(2-3), 33–57.

Benjamini, Y. and Y. Hochberg (1995). Controlling the false discovery rate: A practical and powerful approach to multiple testing. *Journal of the Royal Statistical Society, Series B 57*(1), 289–300.

Benjamini, Y. and D. Yekutieli (2001). The control of the false discovery rate in multiple testing under dependency. *The Annals of Statistics 29*(4), 1165–1188.

Berk, J. B. (1995). A critique of size-related anomalies. *Review of Financial Studies 8*(2), 275–286.

Berk, J. B., R. C. Green, and V. Naik (1999). Optimal investment, growth options, and security returns. *Journal of Finance 54*(5), 1553–1607.

Bernard, V. L. and J. K. Thomas (1989). Post-earnings-announcement drift: Delayed price response or risk premium? *Journal of Accounting Research 27*, 1–36.

Bernard, V. L. and J. K. Thomas (1990). Evidence that stock prices do not fully reflect the implications of current earnings for future earnings. *Journal of Accounting and Economics 13*(4), 305–340.

Bhandari, L. C. (1988). Debt/equity ratio and expected common stock returns: Empirical evidence. *Journal of Finance 43*(2), 507–528.

Bhootra, A. and J. Hur (2012). On the relationship between concentration of prospect theory/mental accounting investors, cointegration, and momentum. *Journal of Banking & Finance 36*(5), 1266–1275.

Black, F. (1972). Capital market equilibrium with restricted borrowing. *Journal of Business 45*(3), 444–455.

Black, F. (1986). Noise. *Journal of Finance 41*(3), 528–543.

Black, F., M. C. Jensen, and M. Scholes (1972). The capital asset pricing model: Some empirical tests. In M. C. Jensen (Ed.), *Studies in the Theory of Capital Markets*. New York, NY: Praeger.

Black, F. and R. Litterman (1992). Global portfolio optimization. *Financial Analysts Journal 48*(5), 28–43.

Blitz, D., M. X. Hanauer, and M. Vidojevic (2017). The idiosyncratic momentum anomaly. Robeco Asset Management. Available at: https://ssrn.com/abstract=2947044.

Blitz, D., J. Huij, and M. Martens (2011). Residual momentum. *Journal of Empirical Finance 18*(3),

506–521.

Blume, M. E. (1970). Portfolio theory: a step toward its practical application. *Journal of Business 43*(2), 152–173.

Blume, M. E. and I. Friend (1973). A new look at the capital asset pricing model. *Journal of Finance 28*(1), 19–34.

Bodie, Z., A. Kane, and A. J. Marcus (2017). *Investments* (11 ed.). New York, NY: McGraw-Hill Education.

Bonferroni, C. E. (1936). *Teoria Statistica Delle Classi e Calcolo Delle Probabilità*. Florence, Italy: Libreria Internazionale Seeber.

Bonne, G., L. Roisenberg, R. Kouzmenko, and P. Zangari (2018). MSCI integrated factor crowding model. MSCI Inc.

Bordalo, P., N. Gennaioli, R. La Porta, and A. Shleifer (2019). Diagnostic expectations and stock returns. *Journal of Finance 74*(6), 2839–2874.

Bowles, B., A. V. Reed, M. Ringgenberg, and J. R. Thornock (2019). Anomaly time. Texas A&M University, University of North Carolina, University of Utah, Brigham Young University. Available at: https://ssrn.com/abstract=3069026.

Boyer, B. H. (2011). Style-related comovement: Fundamentals of labels? *Journal of Finance 66*(1), 307–332.

Boyer, B. H., T. Mitton, and K. Vorkink (2010). Expected idiosyncratic skewness. *Review of Financial Studies 23*(1), 169–202.

Bradshaw, M. T., S. A. Richardson, and R. G. Sloan (2006). The relation between corporate financing activities, analysts' forecasts and stock returns. *Journal of Accounting and Economics 42*(1-2), 53–85.

Breeden, D. T. (1979). An intertemporal asset pricing model with stochastic consumption and investment opportunities. *Journal of Financial Economics 7*(3), 265–296.

Brinson, G. P., B. D. Singer, and G. L. Beebower (1991). Determinants of portfolio performance II: An update. *Financial Analysts Journal 47*(3), 40–48.

Buetow, G. W., R. R. Johnson, and D. E. Runkle (2000). The inconsistency of return-based style analysis. *The Journal of Portfolio Management 26*(3), 61–77.

Cakici, N. (2015). The five-factor Fama-French model: International evidence. Fordham University. Available at: https://ssrn.com/abstract=2601662.

Cakici, N., K. Chan, and K. Topyan (2017). Cross-sectional stock return predictability in China. *European Journal of Finance 23*(7-9), 581–605.

Cakici, N., F. J. Fabozzi, and S. Tan (2013). Size, value, and momentum in emerging market stock returns. *Emerging Markets Review 16*, 46–65.

Campbell, J. Y. and J. H. Cochrane (1999). By force of habit: A consumption-based explanation of aggregate stock market behavior. *Journal of Political Economy 107*(2), 205–251.

Campbell, J. Y., S. J. Grossman, and J. Wang (1993). Trading volume and serial correlation in stock returns. *The Quarterly Journal of Economics 108*(4), 905–939.

Campbell, J. Y., J. Hilscher, and J. Szilagyi (2008). In search of distress risk. *Journal of Finance 63*(6), 2899–2939.

Campbell, J. Y. and R. J. Shiller (1988). The dividend-price ratio and expectations of future dividends and discount factors. *Review of Financial Studies 1*(3), 195–228.

Campbell, J. Y. and S. B. Thompson (2008). Predicting excess stock returns out of sample: Can anything beat the historical average? *Review of Financial Studies 21*(4), 1509–1531.

Carhart, M. M. (1997). On persistence in mutual fund performance. *Journal of Finance 52*(1), 57–82.

Carlson, M., A. Fisher, and R. Giammarino (2004). Corporate investment and asset price dynamics: Implications for the cross-section of returns. *Journal of Finance 59*(6), 2577–2603.

Cerniglia, J. and F. J. Fabozzi (2018). Academic, practitioner, and investor perspectives on factor investing. *The Journal of Portfolio Management 44*(4), 10–16.

Chan, K. C. and N.-F. Chen (1991). Structural and return characteristics of small and large firms. *Journal of Finance 46*(4), 1467–1484.

Chan, L. K. C., Y. Hamao, and J. Lakonishok (1991). Fundamentals and stock returns in Japan. *Journal of Finance 46*(5), 1739–1764.

Chan, L. K. C., Y. Hamao, and J. Lakonishok (1993). Can fundamentals predict Japanese stock returns? *Financial Analysts Journal 49*(4), 63–69.

Chan, L. K. C., J. Lakonishok, and T. Sougiannis (2001). The stock market valuation of research and development expenditures. *Journal of Finance 56*(6), 2431–2456.

Chang, R. P., K.-C. Ko, S. Nakano, and S. G. Rhee (2018). Residual momentum in Japan. *Journal of Empirical Finance 45*, 283–299.

Chang, Y. Y., R. Faff, and C.-Y. Hwang (2010). Liquidity and stock returns in Japan: New evidence. *Pacific-Basin Finance Journal 18*(1), 90–115.

Charitou, A. and E. Constantinidi (2003). Size and book-to-market factors in earnings, cash flows and stock returns: empirical evidence for the uk. University of Cyprus. Available at: https://ssrn.com/abstract=498243.

Chaves, D. B. (2012). Eureka! A momentum strategy that also works in Japan. The Vanguard Group, Inc. Available at: https://ssrn.com/abstract=1982100.

Chen, A. Y. and M. Velikov (2019). Accounting for the anomaly zoo: A trading cost perspective. Finance Down Under, 2019, Building on the Best from the Cellars of Finance. Available at: https://ssrn.com/abstract=3073681.

Chen, J., H. Hong, and J. C. Stein (2001). Forecasting crashes: Trading volume, past returns, and conditional skewness in stock prices. *Journal of Financial Economics 61*(3), 345–381.

Chen, J., H. Hong, and J. C. Stein (2002). Breadth of ownership and stock returns. *Journal of Financial Economics 66*(2-3), 171–205.

Chen, J., G. Tang, J. Yao, and G. Zhou (2019). Investor attention and stock returns. Xiamen

University, Hunan University, Jinan University, Washington University in St. Louis. Available at: https://ssrn.com/abstract=3194387.

Chen, L., R. Novy-Marx, and L. Zhang (2010). An alternative three-factor model. Luohan Academy, University of Rochester, Ohio State University. Available at: https://ssrn.com/abstract=1418117.

Chen, L. H., G. J. Jiang, D. D. Xu, and T. Yao (2012). Dissecting the idiosyncratic volatility anomaly. University of Idaho, Washington State University, Gonzaga University, and University of Iowa. Available at: https://ssrn.com/abstract=2023883.

Chen, P., E. Lezmi, T. Roncalli, and J. Xu (2019). A note on portfolio optimization with quadratic transaction costs. Amundi Asset Management.

Chen, Y. and H. Zhao (2012). Informed trading, information uncertainty, and price momentum. *Journal of Banking & Finance 36*(7), 2095–2109.

Chib, S., X. Zeng, and L. Zhao (2020). On comparing asset pricing models. *Journal of Finance 75*(1), 551–577.

Chincarini, L. B. and D. Kim (2006). *Quantitative Equity Portfolio Management: An Active Approach to Portfolio Construction and Management.* New York, NY: McGraw-Hill Education.

Choi, J. J., D. Laibson, and B. C. Madrian (2009). Why does the law of one price fail? An experiment on index mutual funds. *Review of Financial Studies 23*(4), 1405–1432.

Choi, J. J. and T. M. Mertens (2019). Extrapolative expectations and the equity premium. Yale School of Management, Federal Reserve Bank of San Francisco. Available at: https://ssrn.com/abstract=3462056.

Choi, N. Y. and R. W. Sias (2012). Why does financial strength forecast stock returns? Evidence from subsequent demand by institutional investors. *Review of Financial Studies 25*(5), 1550–1587.

Chopra, N., J. Lakoniskok, and J. R. Ritter (1992). Measuring abnormal performance: Do stocks overreact? *Journal of Financial Economics 31*(2), 235–268.

Chordia, T., A. Goyal, and A. Saretto (2020). Anomalies and false rejections. *Review of Financial Studies 33*(5), 2134–2179.

Chordia, T. and L. Shivakumar (2002). Momentum, business cycle, and time-varying expected returns. *Journal of Finance 57*(2), 985–1019.

Chordia, T., A. Subrahmanyam, and V. R. Anshuman (2001). Trading activity and expected stock returns. *Journal of Financial Economics 59*(1), 3–32.

Chordia, T. and B. Swaminathan (2000). Trading volume and cross-autocorrelations in stock returns. *Journal of Finance 55*(2), 913–935.

Chou, P.-H., T.-Y. Huang, and H.-J. Yang (2013). Arbitrage risk and the turnover anomaly. *Journal of Banking & Finance 37*(11), 4172–4182.

Chow, T.-M., F. Li, and Y. Shim (2018). Smart beta multifactor construction methodology: Mixing versus integrating. *Journal of Index Investing 8*(4), 47–60.

Chui, A. C. W., S. Titman, and K. C. J. Wei (2010). Individualism and momentum around the world.

Journal of Finance 65(1), 361–392.

Claessens, S. and M. A. Kose (2018). Frontiers of macrofinancial linkages. Bank for International Settlement.

Clarke, R., H. de Silva, and S. Thorley (2013). Risk parity, maximum diversification, and minimum variance: An analytic perspective. *The Journal of Portfolio Management 39*(3), 39–53.

Clubb, C. and M. Naffi (2007). The usefulness of book-to-market and ROE expectations for explaining UK stock returns. *Journal of Business Finance & Accounting 34*(1-2), 1–32.

Cochrane, J. H. (1991). Production-based asset pricing and the link between stock returns and economic fluctuations. *Journal of Finance 46*(1), 209–237.

Cochrane, J. H. (2005). *Asset Pricing (Revised Edition).* Princeton, NJ: Princeton University Press.

Cochrane, J. H. (2011). Presidential address: Discount rates. *Journal of Finance 66*(4), 1047–1108.

Cochrane, J. H. (2017). Macro-Finance. *Review of Finance 21*(3), 945–985.

Cochrane, J. H. and T. J. Moskowitz (Eds.) (2017). *The Fama Portfolio, Selected Papers of Eugene F. Fama.* Chicago, IL: The University of Chicago Press.

Cohen, L. and A. Frazzini (2008). Economic links and predictable returns. *Journal of Finance 63*(4), 1977–2011.

Cooper, I. and R. Priestley (2011). Real investment and risk dynamics. *Journal of Financial Economics 101*(1), 182–205.

Cooper, M. J., H. Gulen, and M. J. Schill (2008). Asset growth and the cross-section of stock returns. *Journal of Finance 63*(4), 1609–1651.

Da, Z., Q. Liu, and E. Schaumburg (2014). A closer look at the short-term return reversal. *Management Science 60*(3), 658–674.

Damodaran, A. (2007). Return on capital (ROC), return on invested capital (ROIC) and return on equity (ROE): Measurement and implications. New York University. Available at: https://ssrn.com/abstract=1105499.

Daniel, K. D., M. Grinblatt, S. Titman, and R. Wermers (1997). Measuring mutual fund performance with characteristic-based benchmarks. *Journal of Finance 52*(3), 1035–1058.

Daniel, K. D., D. A. Hirshleifer, and A. Subrahmanyam (1998). Investor psychology and security market under- and overreactions. *Journal of Finance 53*(6), 1839–1885.

Daniel, K. D., D. A. Hirshleifer, and A. Subrahmanyam (2001). Overconfidence, arbitrage, and equilibrium asset pricing. *Journal of Finance 56*(3), 921–965.

Daniel, K. D., D. A. Hirshleifer, and L. Sun (2018). Short- and long-horizon behavioral factors. NBER Working Paper No. 24163.

Daniel, K. D., D. A. Hirshleifer, and L. Sun (2020). Short- and long-horizon behavioral factors. *Review of Financial Studies 33*(4), 1673–1736.

Daniel, K. D. and T. J. Moskowitz (2016). Momentum crashes. *Journal of Financial Economics 122*(2), 221–247.

Daniel, K. D. and S. Titman (1997). Evidence on the characteristics of cross sectional variation in stock returns. *Journal of Finance 52*(1), 1–33.

Daniel, K. D. and S. Titman (2006). Market reactions to tangible and intangible information. *Journal of Finance 61*(4), 1605–1643.

Daniel, K. D., S. Titman, and K. C. J. Wei (2001). Explaining the cross-section of stock returns in Japan: Factors or characteristics? *Journal of Finance 56*(2), 743–766.

Datar, V. T., N. Y. Naik, and R. Radcliffe (1998). Liquidity and stock returns: An alternative test. *Journal of Financial Markets 1*(2), 203–219.

Davis, J. L., E. F. Fama, and K. R. French (2000). Characteristics, covariances, and average returns: 1929 to 1997. *Journal of Finance 55*(1), 389–406.

De Bondt, W. F. M. and R. H. Thaler (1985). Does the stock market overreact? *Journal of Finance 40*(3), 793–805.

De Groot, W., J. Pang, and L. Swinkels (2012). The cross-section of stock returns in frontier emerging markets. *Journal of Empirical Finance 19*(5), 796–818.

De Long, J. B., A. Shleifer, L. H. Summers, and R. J. Waldmann (1990). Noise trader risk in financial markets. *Journal of Political Economy 98*(4), 703–738.

Dechow, P. M., R. G. Sloan, and A. P. Sweeney (1995). Detecting earnings management. *The Accounting Review 70*(2), 193–225.

DellaVigna, S. and J. M. Pollet (2007). Demographics and industry returns. *American Economic Review 70*(2), 193–225.

DellaVigna, S. and J. M. Pollet (2009). Investor inattention and Friday earnings announcements. *Journal of Finance 64*(2), 709–749.

DeMiguel, V., L. Garlappi, and R. Uppal (2009). Optimal versus naive diversification: How inefficient is the 1/N portfolio strategy? *Review of Financial Studies 22*(5), 1915–1953.

Dey, M. K. (2005). Turnover and return in global stock markets. *Emerging Markets Review 6*(1), 45–67.

Dichev, I. D. (1998). Is the risk of bankruptcy a systematic risk? *Journal of Finance 53*(3), 1131–1147.

Dichev, I. D. and V. W. Tang (2009). Earnings volatility and earnings predictability. *Journal of Accounting and Economics 47*(1-2), 160–181.

Dichtl, H., W. Drobetz, and V.-S. Wendt (2020). How to build a factor portfolio: Does the allocation strategy matter? *European Financial Management forthcoming.*

Diebold, F. X. and R. S. Mariano (2002). Comparing predictive accuracy. *Journal of Business & Economic Statistics 20*(1), 134–144.

Dittmar, A. K. and R. F. Dittmar (2008). The timing of financing decisions: An examination of the correlation in financing waves. *Journal of Financial Economics 90*(1), 59–83.

Dixon, M. F. and I. Halperin (2019). The four horsemen of machine learning in finance. Illinois Institute of Technology, New York University.

Dobrynskaya, V. (2017). Upside and downside risks in momentum returns. National Research University. Available at: https://ssrn.com/abstract=2399359.

Drake, M. S., N. M. Guest, and B. J. Twedt (2014). The media and mispricing: The role of the business press in the pricing of accounting information. *The Accounting Review 89*(5), 1673–1701.

Drygas, H. (2011). On the relationship between the method of least squares and Gram-Schmidt orthogonalization. *Acta et Commentationes Universitatis Tartuensis de Mathematica 15*(1), 3–13.

Duanmu, J., A. Malakhov, and W. R. McCumber (2018). Beta active hedge fund management. *Journal of Financial and Quantitative Analysis 53*(6), 2525–2558.

Economic Sciences Prize Committee of the Royal Swedish Academy of Sciences (2013). Understanding asset prices. https://www.nobelprize.org/uploads/2018/06/advanced-economicsciences2013.pdf. Accessed: 2020-04-17.

Ehsani, S. and J. T. Linnainmaa (2019). Factor momentum and the momentum factor. NBER Working Paper No. 25551.

Ellsberg, D. (1961). Risk, ambiguity, and the savage axioms. *The Quarterly Journal of Economics 75*(4), 643–669.

Engelberg, J., R. D. McLean, and J. Pontiff (2018). Anomalies and news. *Journal of Finance 73*(5), 1971–2001.

Eyster, E., M. Rabin, and D. Vayanos (2019). Financial markets where traders neglect the informational content of prices. *Journal of Finance 74*(1), 371–399.

Fama, E. F. (1968). Risk, return and equilibrium: Some clarifying comments. *Journal of Finance 23*(1), 29–40.

Fama, E. F. (1970). Efficient capital market: A review of theory and empirical work. *Journal of Finance 25*(2), 383–417.

Fama, E. F., L. Fisher, M. C. Jensen, and R. Roll (1969). The adjustment of stock prices to new information. *International Economic Review 10*(1), 1–21.

Fama, E. F. and K. R. French (1988). Dividend yields and expected stock returns. *Journal of Financial Economics 22*(1), 3–25.

Fama, E. F. and K. R. French (1992). The cross-section of expected stock returns. *Journal of Finance 47*(2), 427–465.

Fama, E. F. and K. R. French (1993). Common risk factors in the returns on stocks and bonds. *Journal of Financial Economics 33*(1), 3–56.

Fama, E. F. and K. R. French (1995). Size and book-to-market factors in earnings and returns. *Journal of Finance 50*(1), 131–155.

Fama, E. F. and K. R. French (1996). Multifactor explanations of asset pricing anomalies. *Journal of Finance 51*(1), 55–84.

Fama, E. F. and K. R. French (1998). Value versus growth: The international evidence. *Journal of Finance 53*(6), 1975–1999.

Fama, E. F. and K. R. French (2004). The capital asset pricing model: Theory and evidence. *Journal of Economic Perspectives 18*(3), 25–46.

Fama, E. F. and K. R. French (2006). Profitability, investment and average returns. *Journal of Financial Economics 82*(3), 491–518.

Fama, E. F. and K. R. French (2008). Dissecting anomalies. *Journal of Finance 63*(4), 1653–1678.

Fama, E. F. and K. R. French (2010). Luck versus skill in the cross-section of mutual fund returns. *Journal of Finance 65*(5), 1915–1947.

Fama, E. F. and K. R. French (2012). Size, value, and momentum in international stock returns. *Journal of Financial Economics 105*(3), 457–472.

Fama, E. F. and K. R. French (2015). A five-factor asset pricing model. *Journal of Financial Economics 116*(1), 1–22.

Fama, E. F. and K. R. French (2016). Dissecting anomalies with a five-factor model. *Review of Financial Studies 29*(1), 69–103.

Fama, E. F. and K. R. French (2017). International tests of a five-factor asset pricing model. *Journal of Financial Economics 123*(3), 441–463.

Fama, E. F. and K. R. French (2018). Choosing factors. *Journal of Financial Economics 128*(2), 234–252.

Fama, E. F. and K. R. French (2020). Comparing cross-section and time-series factor models. *Review of Financial Studies 33*(5), 1891–1926.

Fama, E. F. and J. D. MacBeth (1973). Risk, return, and equilibrium: Empirical tests. *Journal of Political Economy 81*(3), 607–636.

Fang, L. and J. Peress (2009). Media coverage and the cross-section of stock returns. *Journal of Finance 64*(5), 2023–2052.

Farcomeni, A. (2008). A review of modern multiple hypothesis testing, with particular attention to the false discovery proportion. *Statistical Methods in Medical Research 17*(4), 347–388.

Fergis, K., K. Gallagher, P. Hodges, and K. Hogan (2019). Defensive factor timing. *The Journal of Portfolio Management 45*(3), 50–68.

Fisher, R. A. (1925). *Statistical Methods for Research Workers.* Edinburgh: Oliver and Boyd Ltd.

Foster, F. D., T. Smith, and R. E. Whaley (1997). Assessing goodness-of-fit of asset pricing models: The distribution of the maximal R2. *Journal of Finance 52*(2), 591–607.

Foster, G. (1977). Quarterly accounting data: Time-series properties and predictive-ability results. *The Accounting Review 52*(1), 1–21.

Foster, G., C. Olsen, and T. Shevlin (1984). Earnings releases, anomalies, and the behavior of security returns. *The Accounting Review 59*(4), 574–604.

Frankel, R. and C. M. C. Lee (1998). Accounting valuation, market expectation, and cross-sectional stock returns. *Journal of Accounting and Economics 25*(3), 283–319.

Frankel, R. and L. Litov (2009). Earnings persistence. *Journal of Accounting and Economics 47*(1-2),

182–190.

Frazzini, A. (2006). The disposition effect and underreaction to news. *Journal of Finance 61*(4), 2017–2046.

Frazzini, A., D. G. Kabiller, and L. H. Pedersen (2018). Buffett's alpha. *Financial Analysts Journal 74*(4), 35–55.

Frazzini, A. and L. H. Pedersen (2014). Betting against beta. *Journal of Financial Economics 111*(1), 1–25.

Froot, K. A. and E. M. Dabora (1999). How are stock prices affected by the location of trade? *Journal of Financial Economics 53*(2), 189–216.

Fu, F. (2009). Idiosyncratic risk and the cross-section of expected stock returns. *Journal of Financial Economics 91*(1), 24–37.

Gan, C., B. Hu, Y. G. Liu, and Z. Li (2013). An empirical cross-section analysis of stock returns on the Chinese A-share stock market. *Investment Management and Financial Innovations 10*(1), 127–136.

Geczy, C. C. and M. Samonov (2016). Two centuries of price-return momentum. *Financial Analysts Journal 72*(5), 32–56.

Gervais, S., R. Kaniel, and D. H. Mingelgrin (2001). The high-volume return premium. *Journal of Finance 56*(3), 877–919.

Ghayur, K., R. Heaney, and S. Platt (2018). Constructing long-only multifactor strategies: Portfolio blending vs. signal blending. *Financial Analysts Journal 74*(3), 70–85.

Gibbons, M. R., S. Ross, and J. Shanken (1989). A test of the efficiency of a given portfolio. *Econometrica 57*(5), 1121–1152.

Giglio, S. and D. Xiu (2019). Asset pricing with omitted factors. Chicago Booth Research Paper, 16-21.

Glaser, M. and M. Weber (2007). Overconfidence and trading volume. *The Geneva Risk and Insurance Review 32*, 1–36.

Gleason, C. A. and C. M. C. Lee (2003). Analyst forecast revisions and market price discovery. *The Accounting Review 78*(1), 193–225.

Gompers, P. A. and A. Metrick (2001). Institutional investors and equity prices. *The Quarterly Journal of Economics 116*(1), 229–259.

Gordon, M. J. (1962). *The Investment, Financing, and Valuation of the Corporation.* Homewood, IL: Irwin Publishing.

Graham, B. and D. Dodd (1934). *Security Analysis.* New York, NY: McGraw-Hill.

Gray, W. R. and J. R. Vogel (2016). *Quantitative Momentum.* Hoboken, New Jersey: John Wiley & Sons, Inc.

Green, J., J. R. M. Hand, and F. Zhang (2017). The characteristics that provide independent information about average U.S. monthly stock returns. *Review of Financial Studies 30*(12), 4389–4436.

Green, T. C., R. Huang, Q. Wen, and D. Zhou (2019). Crowdsourced employer reviews and stock returns. *Journal of Financial Economics 134*(1), 236–251.

Green, T. C. and B.-H. Hwang (2012). Initial public offerings as lotteries: Skewness preference and first-day returns. *Management Science 58*(2), 432–444.

Greenblatt, J. (2006). *The Little Book That Beats the Market.* Hoboken, New Jersey: John Wiley & Sons, Inc.

Greenblatt, J. (2010). *The Little Book That Still Beats the Market.* Hoboken, New Jersey: John Wiley & Sons, Inc.

Griffin, J. M., X. Ji, and J. S. Martin (2003). Momentum investing and business cycle risk: Evidence from pole to pole. *Journal of Finance 58*(6), 2515–2547.

Griffin, J. M. and M. L. Lemmon (2002). Book-to-market equity, distress risk, and stock returns. *Journal of Finance 57*(5), 2317–2336.

Grinblatt, M. and B. Han (2005). Prospect theory, mental accounting, and momentum. *Journal of Financial Economics 78*(2), 311–339.

Grinblatt, M. and M. Keloharju (2009). Sensation seeking, overconfidence, and trading activity. *Journal of Finance 64*(2), 549–578.

Grinold, R. and R. N. Kahn (1999). *Active Portfolio Management: A Quantitative Approach for Producing Superior Returns and Controlling Risk* (2 ed.). New York, NY: McGraw-Hill Education.

Grinold, R. C. (1994). Alpha is volatility times IC times score. *The Journal of Portfolio Management 20*(4), 9–16.

Grossman, S. J. and M. H. Miller (1988). Liquidity and market structure. *Journal of Finance 43*(3), 617–633.

Grossman, S. J. and R. J. Shiller (1981). The determinants of the variability of stock market prices. *American Economic Review 71*(2), 222–227.

Gu, S., B. T. Kelly, and D. Xiu (2020). Empirical asset pricing via machine learning. *Review of Financial Studies 33*(5), 2223–2273.

Guo, B., W. Zhang, Y. Zhang, and H. Zhang (2017). The five-factor asset pricing model tests for the Chinese stock market. *Pacific-Basin Finance Journal 43*, 84–106.

Guo, H. and R. Savickas (2010). Relation between time-series and cross-sectional effects of idiosyncratic variance on stock returns. *Journal of Banking & Finance 34*(7), 1637–1649.

Gupta, T. and B. T. Kelly (2019). Factor momentum everywhere. *The Journal of Portfolio Management 45*(3), 13–36.

Hahn, J. and H. Lee (2006). Yield spreads as alternative risk factors for size and book-to-market. *Journal of Financial and Quantitative Analysis 41*(2), 245–269.

Han, Y., A. He, D. E. Rapach, and G. Zhou (2018). Firm characteristics and expected stock returns. University of North Carolina, Saint Louis University, Washington University in St. Louis. Available at: https://ssrn.com/abstract=3185335.

Han, Y., G. Zhou, and Y. Zhu (2016). A trend factor: Any economic gains from using information over investment horizons? *Journal of Financial Economics 122*(2), 352–375.

Hansen, L. P. (1982). Large sample properties of generalized method of moments estimators. *Econometrica 50*(4), 1029–1054.

Hansen, L. P. (1985). A method for calculating bounds on the asymptotic covariance matrices of generalized method of moments estimators. *Journal of Econometrics 30*(1-2), 203–238.

Hansen, L. P., J. Heaton, and A. Yaron (1996). Finite-sample properties of some alternative GMM estimators. *Journal of Business & Economics Statistics 14*(3), 262–280.

Hansen, L. P. and R. Jagannathan (1991). Implications of security market data for models of dynamic economies. *Journal of Political Economy 99*(2), 225–262.

Hansen, L. P. and R. Jagannathan (1997). Assessing specification errors in stochastic discount factor models. *Journal of Finance 52*(2), 557–590.

Hansen, L. P. and J. A. Scheinkman (1995). Back to the future: Generating moment implications for continuous-time Markov processes. *Econometrica 63*(4), 767–804.

Hansen, L. P. and K. J. Singleton (1982). Generalized instrumental variables estimation of nonlinear rational expectations models. *Econometrica 50*(5), 1269–1286.

Harvey, C. R. (2017). Presidential address: The scientific outlook in financial economics. *Journal of Finance 72*(4), 1399–1440.

Harvey, C. R. and Y. Liu (2015). Backtesting. *The Journal of Portfolio Management 42*(1), 13–28.

Harvey, C. R. and Y. Liu (2018). Lucky factors. Duke University, Purdue University. Available at: https://ssrn.com/abstract=2528780.

Harvey, C. R., Y. Liu, and H. Zhu (2016). ... and the cross-section of expected returns. *Review of Financial Studies 29*(1), 5–68.

Harvey, C. R. and A. Siddique (2000). Conditional skewness in asset pricing tests. *Journal of Finance 55*(3), 1263–1295.

Harvey, C. R. and G. Zhou (1990). Bayesian inference in asset pricing. *Journal of Financial Economics 26*(2), 221–254.

Hastie, T., R. Tibshirani, and J. Friedman (2016). *The Elements of Statistical Learning: Data Mining, Inference, and Prediction* (2 ed.). New York, NY: Springer.

Haugen, R. A. and N. L. Baker (1996). Commonality in the determinants of expected stock returns. *Journal of Financial Economics 41*(3), 401–439.

He, S. and G. G. Narayanamoorthy (2020). Earnings acceleration and stock returns. *Journal of Accounting and Economics forthcoming.*

Head, A., G. Smith, and J. Wilson (2009). Would a stock by any other ticker smell as sweet? *The Quarterly Review of Economics and Finance 49*(2), 551–561.

Hedayati, S., B. K. Hurst, and E. Stamelos (2018). Transactions costs: Practical application. AQR Capital Management, LLC.

Herskovic, B., B. T. Kelly, H. Lustig, and S. V. Nieuwerburgh (2016). The common factor in idiosyncratic volatility: Quantitative asset pricing implications. *Journal of Financial Economics 119*(2), 249–283.

Hirshleifer, D. (2001). Investor psychology and asset pricing. *Journal of Finance 56*(4), 1533–1597.

Hirshleifer, D. (2015). Behavioral finance. *Annual Review of Financial Economics 7*, 133–159.

Hirshleifer, D., K. Hou, and S. H. Teoh (2012). The accrual anomaly: Risk or mispricing? *Management Science 58*(2), 320–335.

Hirshleifer, D., K. Hou, S. H. Teoh, and Y. Zhang (2004). Do investors overvalue firms with bloated balance sheets? *Journal of Accounting and Economics 38*, 297–331.

Hirshleifer, D., P.-H. Hsu, and D. Li (2013). Innovative efficiency and stock returns. *Journal of Financial Economics 107*(3), 632–654.

Hirshleifer, D. and D. Jiang (2010). A financing-based misvaluation factor and the cross-section of expected returns. *Review of Financial Studies 23*(9), 3401–3436.

Hirshleifer, D., S. S. Lim, and S. H. Teoh (2009). Driven to distraction: Extraneous events and underreaction to earnings news. *Journal of Finance 64*(5), 2289–2325.

Hirshleifer, D. and S. H. Teoh (2003). Limited attention, information disclosure, and financial reporting. *Journal of Accounting and Economics 36*(1-3), 337–386.

Hirshleifer, D., S. H. Teoh, and J. J. Yu (2011). Short arbitrage, return asymmetry, and the accrual anomaly. *Review of Financial Studies 24*(7), 2429–2461.

Holm, S. (1979). A simple sequentially rejective multiple test procedure. *Scandinavian Journal of Statistics 6*(2), 65–70.

Hon, M. T. and I. Tonks (2003). Momentum in the UK stock market. *Journal of Multinational Financial Management 13*(1), 43–70.

Hong, H., T. Lim, and J. C. Stein (2000). Bad news travels slowly: Size, analyst coverage, and the profitability of momentum strategies. *Journal of Finance 55*(1), 265–295.

Hong, H. and J. C. Stein (1999). A unified theory of underreaction, momentum trading, and overreaction in asset markets. *Journal of Finance 54*(6), 2143–2184.

Hong, H. and J. C. Stein (2007). Disagreement and the stock market. *Journal of Economic Perspectives 21*(2), 109–128.

Hou, K. (2007). Industry information diffusion and the lead-lag effect in stock returns. *Review of Financial Studies 20*(4), 1113–1138.

Hou, K., H. Mo, C. Xue, and L. Zhang (2019a). Security analysis: An investment perspective. Fisher College of Business Working Paper No. 2019-03-016, Charles A. Dice Center Working Paper No. 2019-16. Available at: https://ssrn.com/abstract=3415546.

Hou, K., H. Mo, C. Xue, and L. Zhang (2019b). Which factors? *Review of Finance 21*(1), 1–35.

Hou, K., H. Mo, C. Xue, and L. Zhang (2020). An augmented q-factor model with expected growth. *Review of Finance forthcoming.*

Hou, K., C. Xue, and L. Zhang (2015). Digesting anomalies: An investment approach. *Review of Financial Studies 28*(3), 650–705.

Hou, K., C. Xue, and L. Zhang (2020). Replicating anomalies. *Review of Financial Studies 33*(5), 2019–2133.

Houweling, P. and J. Van Zundert (2017). Factor investing in the corporate bond market. *Financial Analysts Journal 73*(2), 100–115.

Hsu, J., V. Viswanathan, M. Wang, and P. Wool (2018). Anomalies in Chinese A-shares. *The Journal of Portfolio Management 44*(7), 108–123.

Hu, G. X., C. Chen, Y. Shao, and J. Wang (2019). Fama–French in China: Size and value factors in Chinese stock returns. *International Review of Finance 19*(1), 3–44.

Hu, S.-Y. (1997). Trading turnover and expected stock returns: The trading frequency hypothesis and evidence from the Tokyo stock exchange. National Taiwan University.

Huang, A. G. (2009). The cross section of cashflow volatility and expected stock returns. *Journal of Empirical Finance 16*(3), 409–429.

Huang, D., F. Jiang, J. Tu, and G. Zhou (2015). Investor sentiment aligned: A powerful predictor of stock returns. *Review of Financial Studies 28*(3), 791–837.

Huang, D., H. Lehkonen, K. Pukthuanthong, and G. Zhou (2018). Sentiment across asset markets. Singapore Management University, University of Jyväskylä, University of Missouri, Washington University in St. Louis. Available at: https://ssrn.com/abstract=3185140.

Huberman, G. and S. Kandel (1987). Mean-variance spanning. *Journal of Finance 42*(4), 873–888.

Huberman, G. and T. Regev (2001). Contagious speculation and a cure for cancer: A nonevent that made stock prices soar. *Journal of Finance 56*(1), 387–396.

Huij, J. and S. Lansdorp (2017). Residual momentum and reversal strategies revisited. Erasmus University, Robeco Asset Management. Available at: https://ssrn.com/abstract=2929306.

Hur, J. and V. Singh (2016). Reexamining momentum profits: Underreaction or overreaction to firm-specific information? *Review of Quantitative Finance and Accounting 46*(2), 261–289.

Ibbotson, R. G., J. L. Sindelar, and J. R. Ritter (1994). The market's problems with the pricing of initial public offerings. *Journal of Applied Corporate Finance 7*(1), 66–74.

Ilmanen, A., L. N. Nielsen, and S. Chandra (2015). Are defensive stocks expensive? A closer look at value spreads. AQR Capital Management, LLC.

Ingersoll, J. E. and L. J. Jin (2013). Realization utility with reference-dependent preferneces. *Review of Financial Studies 26*(3), 723–767.

Israel, R., D. Palhares, and S. Richardson (2018). Common factors in corporate bond returns. *Journal of Investment Management 16*(2), 17–46.

Jaffe, J., D. B. Keim, and R. Westerfield (1989). Earnings yields, market values, and stock returns. *Journal of Finance 44*(1), 135–148.

Jegadeesh, N. (1990). Evidence of predictable behavior of security returns. *Journal of Finance 45*(3),

881–898.

Jegadeesh, N., J. Noh, K. Pukthuanthong, R. Roll, and J. Wang (2019). Empirical tests of asset pricing models with individual assets: Resolving the errors-in-variables bias in risk premium estimation. *Journal of Financial Economics 133*(2), 273–298.

Jegadeesh, N. and S. Titman (1993). Returns to buying winners and selling losers: Implications for stock market efficiency. *Journal of Finance 48*(1), 65–91.

Jegadeesh, N. and S. Titman (1995). Short-horizon return reversals and the bid-ask spread. *Journal of Financial Intermediation 4*(2), 116–132.

Jegadeesh, N. and S. Titman (2001). Profitability of momentum strategies: An evaluation of alternative explanations. *Journal of Finance 56*(2), 699–720.

Jensen, M. C. (1968). The performance of mutual funds in the period 1945–1964. *Journal of Finance 23*(2), 389–416.

Ji, X., J. S. Martin, and Y. Yao (2017). Macroeconomic risk and seasonality in momentum profits. *Journal of Financial Markets 36*, 76–90.

Jiang, F., J. Lee, X. Martin, and G. Zhou (2019). Manager sentiment and stock returns. *Journal of Financial Economics 132*(1), 126–149.

Jiang, G. J., D. Xu, and T. Yao (2009). The information content of idiosyncratic volatility. *Journal of Financial and Quantitative Analysis 44*(1), 1–28.

Jiang, H. (2010). Institutional investors, intangible information, and the book-to-market effect. *Journal of Financial Economics 96*(1), 98–126.

Jiang, H., S. Z. Li, and H. Wang (2020). Pervasive underreaction: Evidence from high-frequency data. Michigan State University, The State University of New Jersey, Prime Quantitative Research. Available at: https://ssrn.com/abstract=2679614, SSRN No. 2679614.

Jiang, Y., Y. Qian, and T. Yao (2016). R&D spillover and predictable returns. *Review of Finance 20*(5), 1769–1797.

Jostova, G., S. Nikolova, A. Philipov, and C. W. Stahel (2013). Momentum in corporate bond returns. *Review of Financial Studies 26*(7), 1649–1693.

Kahneman, D. and A. Tversky (1979). Prospect Theory: An analysis of decision under risk. *Econometrica 47*(2), 263–292.

Kan, R. and G. Zhou (2012). Tests of mean-variance spanning. *Annals of Economics and Finance 13*(1), 145–193.

Kaniel, R., A. Ozoguz, and L. Starks (2012). The high volume return premium: Cross-country evidence. *Journal of Financial Economics 103*(2), 255–279.

Karels, R. and M. Sun (2013). Chapter 24 Active portfolio construction when risk and alpha factors are misaligned. In C. S. Wehn, C. Hoppe, and G. N. Gregoriou (Eds.), *Rethinking Valuation and Pricing Models*, pp. 399 – 410. Academic Press.

Keim, D. B. (1983). Size-related anomalies and stock return seasonality: Further empirical evidence.

Journal of Financial Economics 12(1), 13–32.

Kelly, B. T., S. Pruitt, and Y. Su (2017). Instrumented principal component analysis. Yale University, Arizona State University, Johns Hopkins University. Available at: https://ssrn.com/abstract=2983919.

Kelly, B. T., S. Pruitt, and Y. Su (2019). Characteristics are covariances: A unified model of risk and return. *Journal of Financial Economics 134*(3), 501–524.

Keynes, J. M. (1936). *The General Theory of Employment, Interest and Money.* London, UK: Macmillan Publishers Ltd.

Khandani, A. E. and A. W. Lo (2011). What happened to the quants in August 2007? Evidence from factors and the transactions data. *Journal of Financial Markets 14*(1), 1–46.

Kok, U.-W., J. Ribando, and R. G. Sloan (2017). Facts about formulaic value investing. *Financial Analysts Journal 73*(2), 81–99.

Kopman, L. and S. Liu (2011). Treatment of fixed transaction costs in Barra optimizer. MSCI Barra Research Paper No. 2011-10. Available at: https://ssrn.com/abstract=1915219.

Kozak, S., S. Nagel, and S. Santosh (2018). Interpreting factor models. *Journal of Finance 73*(3), 1183–1223.

Kraus, A. and R. H. Litzenberger (1976). Skewness preference and the valuation of risk assets. *Journal of Finance 31*(4), 1085–1100.

Kubota, K. and H. Takehara (2018). Does the Fama and French five-factor model work well in Japan? *International Review of Finance 18*(1), 137–146.

Kunz, B. and M. Mazzoleni (2018). When value goes global. Research Affiliates, LLC.

La Porta, R. (1996). Expectations and the cross-section of stock returns. *Journal of Finance 51*(5), 1715–1742.

Lakonishok, J., A. Shleifer, and R. W. Vishny (1994). Contrarian investment, extrapolation, and risk. *Journal of Finance 49*(5), 1541–1578.

Lam, F. Y. E. C. and K. C. J. Wei (2011). Limits-to-arbitrage, investment frictions, and the asset growth anomaly. *Journal of Financial Economics 102*(1), 127–149.

Lamoureux, C. G. and G. C. Sanger (1989). Firm size and turn-of-the-year effects in the OTC/NASDAQ market. *Journal of Finance 44*(5), 1219–1245.

Ledoit, O. and M. Wolf (2003). Improved estimation of the covariance matrix of stock returns with an application to portfolio selection. *Journal of Empirical Finance 10*(5), 603–621.

Lee, B., J. O'Brien, and K. Sivaramakrishnan (2008). An analysis of financial analysts' optimisim in long-term growth forecasts. *Journal of Behavioral Finance 9*(3), 171–184.

Lee, C. M. C., A. Shleifer, and R. H. Thaler (1991). Investor sentiment and the closed-end fund puzzle. *Journal of Finance 46*(1), 75–109.

Lee, C. M. C. and E. So (2015). *Alphanomics: The Information Underpinnings of Market Efficiency.* Now Publishers Inc.

Lee, C. M. C., S. T. Sun, R. Wang, and R. Zhang (2019). Technological links and predictable returns. *Journal of Financial Economics 132*(3), 76–96.

Lee, C. M. C. and B. Swaminathan (2000). Price momentum and trading volume. *Journal of Finance 55*(5), 2017–2069.

Lee, D. H., M. K. Kim, and T. S. Kim (2016). Abnormal trading volume and the cross-section of stock returns. KAIST College of Business Working Paper Series No. 2016-008. Available at: https://ssrn.com/abstract=2812010.

Lee, J.-H. and D. Stefek (2008). Do risk factors eat alphas? *The Journal of Portfolio Management 34*(4), 12–25.

Lefevre, E. and J. D. Markman (2012). *The Reminiscences of a Stock Operator Collection: The Classic Book, The Illustrated Edition.* Hoboken, New Jersey: John Wiley & Sons, Inc.

Lehmann, B. N. (1990a). Fads, martingales, and market efficiency. *The Quarterly Journal of Economics 105*(1), 1–28.

Lehmann, B. N. (1990b). Residual risk revisited. *Journal of Econometrics 45*(1-2), 71–97.

Leote de Carvalho, R., X. Lu, and P. Moulin (2012). Demystifying equity risk-based strategies: A simple alpha plus beta description. *The Journal of Portfolio Management 38*(3), 56–70.

Lettau, M. and M. Pelger (2020). Factors that fit the time series and cross-section of stock returns. *Review of Financial Studies 33*(5), 2274–2325.

Lewellen, J. (1999). The time-series relations among expected return, risk, and book-to-market. *Journal of Financial Economics 54*(1), 5–43.

Lewellen, J. (2002). Momentum and autocorrelation in stock returns. *Review of Financial Studies 15*(2), 533–564.

Li, B., J. Qiu, and Y. Wu (2010). Momentum and seasonality in Chinese stock markets. *Journal of Money, Investment and Banking 17*(5), 24–36.

Li, C.-A. and C.-C. Yeh (2011). Investor psychological and behavioral bias: Do high sentiment and momentum exist in the China stock market? *Review of Pacific Basin Financial Markets and Policies 14*(03), 429–448.

Li, D. and L. Zhang (2010). Does q-theory with investment frictions explain anomalies in the cross section of returns? *Journal of Financial Economics 98*(2), 297–314.

Li, J. and J. Yu (2012). Investor attention, psychological anchors, and stock return predictability. *Journal of Financial Economics 104*(2), 401–419.

Li, X., Y. Becker, and D. Rosenfeld (2012). Asset growth and future stock returns: International evidence. *Financial Analysts Journal 68*(3), 51–62.

Li, X., R. N. Sullivan, and L. Garcia-Feijóo (2014). The limits to arbitrage and the low-volatility anomaly. *Financial Analysts Journal 70*(1), 52–63.

Liang, C. Y. C. and Z. Tang (2018). Idiosyncratic return volatility, uncertainty, and asset pricing implications. University of Maine, Clark University. Available at: https://ssrn.com/abstract=3019379.

Liew, J. and T. Budavari (2017). The "six" factor–A social media factor derived directly from tweet sentiments. *The Journal of Portfolio Management 43*(3), 102–111.

Lin, Q. (2019). Residual momentum and the cross-section of stock returns: Chinese evidence. *Finance Research Letters 29*, 206–215.

Lin, Q. (2020). Idiosyncratic momentum and the cross-section of stock returns: Further evidence. *European Financial Management 26*(3), 579–627.

Linnainmaa, J. T. and M. R. Roberts (2018). The history of the cross-section of stock returns. *Review of Financial Studies 31*(7), 2606–2649.

Lintner, J. (1965a). The valuation of risk assets and the selection of risky investments in stock portfolios and capital budgets. *Review of Economics and Statistics 47*, 13–37.

Lintner, J. (1965b). Securities prices, risk, and maximal gains from diversification. *Journal of Finance 20*(4), 587–615.

Lipson, M. L., S. Mortal, and M. J. Schill (2011). On the scope and drivers of the asset growth effect. *Journal of Financial and Quantitative Analysis 46*(6), 1651–1682.

Liu, C. and Y. Lee (2001). Does the momentum strategy work universally? Evidence from the Japanese stock market. *Asia-Pacific Financial Markets 8*(4), 321–339.

Liu, J., R. F. Stambaugh, and Y. Yuan (2019). Size and value in China. *Journal of Financial Economics 134*(1), 48–69.

Liu, L. X., T. M. Whited, and L. Zhang (2009). Investment-based expected stock returns. *Journal of Political Economy 117*(6), 1105–1139.

Liu, L. X. and L. Zhang (2008). Momentum profits, factor pricing, and macroeconomic risk. *Review of Financial Studies 21*(6), 2417–2448.

Liu, R. (2019). Asset pricing anomalies and the low-risk puzzle. University of Nebraska at Lincoln. Available at: https://ssrn.com/abstract=3258015.

Liu, W. (2006). A liquidity-augmented capital asset pricing model. *Journal of Financial Economics 82*(3), 631–671.

Liu, W., N. Strong, and X. Xu (1999). The profitability of momentum investing. *Journal of Business Finance & Accounting 26*(9-10), 1043–1091.

Liu, Y., C. Shi, and X. Lian (2019). Refined book-to-market ratio and the cross-section of stock returns in China. Southwestern University of Finance and Economics, Beijing Liangxin Investment Management Co. Ltd., Shenzhen China-Europe Rabbit Fund Management Co. Ltd. Available at: https://ssrn.com/abstract=3466909.

Lo, A. W. and A. C. MacKinlay (1990). Data-snooping biases in tests of financial asset pricing models. *Review of Financial Studies 3*(3), 431–467.

Lobo, M. S., M. Fazel, and S. Boyd (2007). Portfolio optimization with linear and fixed transaction costs. *Annals of Operations Research 152*(1), 341–365.

Lockwood, L. and W. Prombutr (2010). Sustainable growth and stock returns. *Journal of Financial*

Research 33(4), 519–538.

Loh, R. K. and M. Warachka (2012). Streaks in earnings surprises and the cross-section of stock returns. *Management Science 58*(7), 1305–1321.

Lopez de Prado, M. (2018). *Advances in Financial Machine Learning.* Hoboken, New Jersey: John Wiley & Sons, Inc.

Loughran, T. and J. W. Wellman (2011). New evidence on the relation between the enterprise multiple and average stock returns. *Journal of Financial and Quantitative Analysis 46*(6), 1629–1650.

Lucas, R. E. (1978). Asset prices in an exchange economy. *Econometrica 46*(6), 1429–1445.

Lyandres, E., L. Sun, and L. Zhang (2008). The new issues puzzle: Testing the investment-based explanation. *Review of Financial Studies 21*(6), 2825–2855.

Maillard, S., T. Roncalli, and J. Teïletche (2010). The properties of equally weighted risk contribution portfolios. *The Journal of Portfolio Management 36*(4), 60–70.

Mandelbrot, B. (1966). Forecasts of future prices, unbiased markets, and "martingale" models. *Journal of Business 39*(1), 242–255.

Markowitz, H. (1952). Portfolio selection. *Journal of Finance 7*(1), 77–91.

McCulloch, R. and P. E. Rossi (1991). A Bayesian approach to testing the arbitrage pricing theory. *Journal of Econometrics 49*(1-2), 141–168.

McLean, R. D. and J. Pontiff (2016). Does academic research destroy stock return predictability? *Journal of Finance 71*(1), 5–32.

Mei, J., J. Scheinkman, and W. Xiong (2005). Speculative trading and stock prices: Evidence from Chinese A-B share premia. NBER Working Paper No. 11362.

Menchero, J. and B. Davis (2011). Risk contribution is exposure times volatility times correlation: Decomposing risk using the x-sigma-rho formula. *The Journal of Portfolio Management 37*(2), 97–106.

Menchero, J. and J.-H. Lee (2015). Efficiently combining multiple sources of alpha. *Journal of Investment Management 13*(4), 71–86.

Menchero, J., D. J. Orr, and J. Wang (2011). The Barra US equity model (USE4) methodology notes. MSCI Inc.

Menchero, J., J. Wang, and D. J. Orr (2011). Eigen-adjusted covariance matrices. MSCI Inc.

Menkhoff, L., L. Sarno, M. Schmeling, and A. Schrimpf (2012). Currency momentum strategies. *Journal of Financial Economics 106*(3), 660–684.

Merton, R. C. (1972). An analytic derivation of the efficient portfolio frontier. *Journal of Financial and Quantitative Analysis 7*(4), 1851–1872.

Merton, R. C. (1973). An intertemporal capital asset pricing model. *Econometrica 41*(5), 867–887.

Miller, M. H. and F. Modigliani (1961). Dividend policy, growth, and the valuation of shares. *Journal of Business 34*(4), 411–433.

Modigliani, F. and M. H. Miller (1958). The cost of capital, corporation finance and the theory of investment. *American Economic Review 48*(3), 261–297.

Mohanram, P. S. (2005). Separating winners from losers among low-book-to-market stocks using financial statement analysis. *Review of Accounting Studies 10*(2-3), 133–170.

Moskowitz, T. J. and M. Grinblatt (1999). Do industries explain momentum? *Journal of Finance 54*(4), 1249–1290.

Mossin, J. (1966). Equilibrium in a capital asset market. *Econometrica 34*(4), 768–783.

MSCI (2014). MSCI quality indexes methodology. MSCI Inc.

Narayan, P. K., H. A. Ahmed, and S. Narayan (2015). Do momentum-based trading strategies work in the commodity futures markets? *Journal of Futures Markets 35*(9), 868–891.

Newey, W. K. and K. D. West (1987). A simple, positive semi-definite, heteroskedasticity and autocorrelation consistent covariance matrix. *Econometrica 5*(3), 703–708.

Newey, W. K. and K. D. West (1994). Automatic lag selection in covariance matrix estimation. *Review of Economic Studies 61*(4), 631–653.

Nissim, D. and S. H. Penman (2001). Ratio analysis and equity valuation: From research to practice. *Review of Accounting Studies 6*(1), 109–154.

Novy-Marx, R. (2013). The other side of value: The gross profitability premium. *Journal of Financial Economics 108*(1), 1–28.

Novy-Marx, R. (2014). Understanding defensive equity. NBER Working Paper No. 20591.

Novy-Marx, R. (2015a). Backtesting strategies based on multiple signals. NBER Working Paper No. 21329.

Novy-Marx, R. (2015b). Fundamentally, momentum is fundamental momentum. NBER Working Paper No. 20984.

Novy-Marx, R. and M. Velikov (2016). A taxonomy of anomalies and their trading costs. *Review of Financial Studies 29*(1), 104–147.

Obreja, I. (2013). Book-to-market equity, financial leverage, and the cross-section of stock returns. *Review of Financial Studies 26*(5), 1146–1189.

Odean, T. (1998). Volume, volatility, price, and profit when all traders are above average. *Journal of Finance 53*(6), 1887–1934.

Ohlson, J. A. (1980). Financial ratios and the probabilistic prediction of bankruptcy. *Journal of Accounting Research 18*(1), 109–131.

Orlov, V. (2016). Currency momentum, carry trade, and market illiquidity. *Journal of Banking & Finance 67*, 1–11.

Pástor, L. and R. F. Stambaugh (2003). Liquidity risk and expected stock returns. *Journal of Political Economy 111*(3), 642–685.

Patton, A. J. and B. M. Weller (2020). What you see is not what you get: The costs of trading market anomalies. *Journal of Financial Economics forthcoming.*

Peng, L. and W. Xiong (2006). Investor attention, overconfidence and category learning. *Journal of*

Financial Economics 80(3), 563–602.

Penman, S. H. and F. Reggiani (2018). Fundamentals of value versus growth investing and an explanation for the value trap. *Financial Analysts Journal 74*(4), 103–119.

Penman, S. H. and J. Zhu (2019). An accounting-based asset pricing model and a fundamental factor. Columbia Business School, Fudan University. Available at: https://ssrn.com/abstract=3393068.

Penman, S. H. and J. L. Zhu (2014). Accounting anomalies, risk, and return. *The Accounting Review 89*(5), 1835–1866.

Peterkort, R. F. and J. F. Nielsen (2005). Is the book-to-market ratio a measure of risk? *Journal of Financial Research 28*(4), 487–502.

Petersen, M. A. (2009). Estimating standard errors in finance panel data sets: Comparing approaches. *Review of Financial Studies 22*(1), 435–480.

Piotroski, J. D. (2000). Value investing: The use of historical financial statement information to separate winners from losers. *Journal of Accounting Research 38*, 1–41.

Piotroski, J. D. and E. C. So (2012). Identifying expectation errors in value/glamour strategies: a fundamental analysis approach. *Review of Financial Studies 25*(9), 2841–2875.

Polk, C. and P. Sapienza (2008). The stock market and corporate investment: A test of catering theory. *Review of Financial Studies 22*(1), 187–217.

Pontiff, J. (2006). Costly arbitrage and the myth of idiosyncratic risk. *Journal of Accounting and Economics 42*(1-2), 35–52.

Pontiff, J. and L. D. Schall (1998). Book-to-market ratios as predictors of market returns. *Journal of Financial Economics 49*(2), 141–160.

Pontiff, J. and A. Woodgate (2008). Share issuance and cross-sectional returns. *Journal of Finance 63*(2), 921–945.

Pukthuanthong, K., R. Roll, and A. Subrahmanyam (2019). A protocol for factor identification. *Review of Financial Studies 32*(4), 1573–1607.

Qian, E. (2005). Risk parity portfolios: Efficient portfolios through true diversification. Panagora Asset Management, Inc.

Qiao, F. (2019). Replicating anomalies in China. Tsinghua University. Available at: https://ssrn.com/abstract=3263990.

Rabener, N. (2018). Factor allocation models: Improving factor portfolio efficiency. https://www.factorresearch.com/research-factor-allocation-models. Accessed: 2020-5-1.

Rao, A. and A. Gupta (2019). Value investing is down. But is it out? https://www.msci.com/www/blog-posts/value-investing-is-down-but-is/01619618276. Accessed: 2019-12-31.

Rapach, D. E., J. K. Strauss, and G. Zhou (2010). Out-of-sample equity premium prediction: Combination forecasts and links to the real economy. *Review of Financial Studies 23*(2), 821–862.

Rapach, D. E. and G. Zhou (2019). Sparse macro factors. Saint Louis University, Washington

University in St. Louis. Available at: https://ssrn.com/abstract=3259447.

Reinganum, M. R. (1981). Misspecification of capital asset pricing: Empirical anomalies based on earnings' yields and market values. *Journal of Financial Economics 9*(1), 19–46.

Romano, J. P., A. M. Shaikh, and M. Wolf (2008). Formalized data snooping based on generalized error rates. *Econometric Theory 24*(2), 404–447.

Romano, J. P. and M. Wolf (2005). Stepwise multiple testing as formalized data snooping. *Econometrica 73*(4), 1237–1282.

Romano, J. P. and M. Wolf (2007). Control of generalized error rates in multiple testing. *The Annals of Statistics 35*(4), 1378–1408.

Rosenberg, B., K. Reid, and R. Lanstein (1985). Persuasive evidence of market inefficiency. *The Journal of Portfolio Management 11*(3), 9–16.

Ross, S. A. (1976). The arbitrage theory of capital asset pricing. *Journal of Economic Theory 13*(3), 341–360.

Rouwenhorst, K. G. (1998). International momentum strategies. *Journal of Finance 53*(1), 267–284.

Rouwenhorst, K. G. (1999). Local return factors and turnover in emerging stock markets. *Journal of Finance 54*(4), 1439–1464.

Ruud, P. A. (2000). *An Introduction to Classical Econometric Theory.* New York, NY: Oxford University Press.

Samuelson, P. A. (1965). Proof that properly anticipated prices fluctuate randomly. *Industrial Management Review 6*(2), 41–49.

Savor, P. and M. Wilson (2013). How much do investors care about macroeconomics risk? Evidence from scheduled economic announcements. *Journal of Financial and Quantitative Analysis 48*(2), 343–375.

Savor, P. and M. Wilson (2014). Asset pricing: A tale of two days. *Journal of Financial Economics 113*(2), 171–201.

Schneider, P., C. Wagner, and J. Zechner (2020). Low risk anomalies? *Journal of Finance forthcoming.*

Schwert, G. W. (1983). Size and stock returns, and other empirical regularities. *Journal of Financial Economics 12*(1), 3–12.

Sewell, M. (2007). Behavioural finance. University of Cambridge.

Shanken, J. (1987). A Bayesian approach to testing portfolio efficiency. *Journal of Financial Economics 19*(2), 195–215.

Shanken, J. (1992). On the estimation of beta-pricing models. *Review of Financial Studies 5*(1), 1–33.

Sharpe, W. F. (1964). Capital asset prices: A theory of market equilibrium under conditions of risk. *Journal of Finance 19*(3), 425–442.

Sharpe, W. F. (1966a). Mutual fund performance. *Journal of Business 39*(1), 119–138.

Sharpe, W. F. (1966b). Security prices, risk, and maximal gains from diversification: Reply. *Journal of Finance 21*(4), 743–744.

Sharpe, W. F. (1992). Asset allocation: Management style and performance measurement. *The Journal of Portfolio Management 18*(2), 7–19.

Shefrin, H. and M. Statman (1985). The disposition to sell winners too early and ride losers too long: Theory and evidence. *Journal of Finance 40*(3), 777–790.

Shen, Q., A. C. Szakmary, and S. C. Sharma (2007). An examination of momentum strategies in commodity futures markets. *Journal of Futures Markets 27*(3), 227–256.

Shiller, R. J. (1979). The volatility of long term interest rates and expectations models of the term structure. *Journal of Political Economy 87*(6), 1190–1219.

Shiller, R. J. (1981). Do stock prices move too much to be justified by subsequent changes in dividends? *American Economic Review 71*(3), 421–436.

Shiller, R. J. (1984). Stock prices and social dynamics. *Brookings papers on economic activity 1984*(2), 457–510.

Shiller, R. J. (2009). *Irrational Exuberance* (2 ed.). Princeton, NJ: Princeton University Press.

Shleifer, A. and R. W. Vishny (1997). The limits of arbitrage. *Journal of Finance 52*(1), 35–55.

Sloan, R. G. (1996). Do stock prices fully reflect information in accruals and cash flows about future earnings? *The Accounting Review 71*(3), 289–315.

Sloan, R. G. (2019). Fundamental analysis redux. *The Accounting Review 94*(2), 363–377.

Soliman, M. T. (2008). The use of DuPont analysis by market participants. *The Accounting Review 83*(3), 823–853.

Spiess, D. K. and J. Affleck-Graves (1999). The long-run performance of stock returns following debt offerings. *Journal of Financial Economics 54*(1), 45–73.

Stambaugh, R. F., J. Yu, and Y. Yuan (2012). The short of it: Investor sentiment and anomalies. *Journal of Financial Economics 104*(2), 288–302.

Stambaugh, R. F., J. Yu, and Y. Yuan (2014). The long of it: Odds that investor sentiment spuriously predicts anomaly returns. *Journal of Financial Economics 114*(3), 613–619.

Stambaugh, R. F., J. Yu, and Y. Yuan (2015). Arbitrage asymmetry and the idiosyncratic volatility puzzle. *Journal of Finance 70*(5), 1903–1948.

Stambaugh, R. F. and Y. Yuan (2017). Mispricing factors. *Review of Financial Studies 30*(4), 1270–1315.

Statman, M. (2018). Behavioral efficient markets. *The Journal of Portfolio Management 44*(3), 76–87.

Statman, M., S. Thorley, and K. Vorkink (2006). Investor overconfidence and trading volume. *Review of Financial Studies 19*(4), 1531–1565.

Stattman, D. (1980). Book values and stock returns. *The Chicago MBA: A Journal of Selected Papers 4*(1), 25–45.

Stein, J. C. (2009). Presidential address: Sophisticated investors and market efficiency. *Journal of*

Finance 64(4), 1517–1548.

Subrahmanyam, A. (2005). On the stability of the cross-section of expected stock returns in the cross-section: Understanding the curious role of share turnover. *European Financial Management 11*(5), 661–678.

Sullivan, R., A. Timmermann, and H. White (1999). Data-snooping, technical trading rule performance, and the bootstrap. *Journal of Finance 54*(5), 1647–1691.

Thaler, R. H. (1985). Mental accounting and consumer choice. *Marketing Science 4*(3), 199–214.

Thaler, R. H. (1999). Mental accounting matters. *Journal of Behavioral Decision Making 12*(3), 183–206.

Thomas, J. K. and H. Zhang (2002). Inventory changes and future returns. *Review of Accounting Studies 7*(2), 163–187.

Tinic, S. M. and R. R. West (1986). Risk, return, and equilibrium: A revisit. *Journal of Political Economy 94*(1), 126–147.

Titman, S., K. C. J. Wei, and F. Xie (2004). Capital investments and stock returns. *Journal of Financial and Quantitative Analysis 39*(4), 677–700.

Titman, S., K. C. J. Wei, and F. Xie (2009). Capital investments and stock returns in Japan. *International Review of Finance 9*(1-2), 111–131.

Titman, S., K. C. J. Wei, and F. Xie (2010). Access to equity markets, corporate investments and stock returns: International evidence. AFA 2011 Denver Meetings Paper. Available at: https://ssrn.com/abstract=1571648.

Treynor, J. L. (1961). Market value, time, and risk. Unpublished manuscript.

Treynor, J. L. (1962). Toward of theory of market value of risky assets. Unpublished manuscript.

Treynor, J. L. and K. K. Mazuy (1966). Can mutual funds outguess the market? *Harvard Business Review 44*(July-August), 131–136.

Tversky, A. and D. Kahneman (1971). Belief in the law of small numbers. *Psychological Bulletin 76*(2), 105–110.

Tversky, A. and D. Kahneman (1973). Availability: A heuristic for judging frequency and probability. *Cognitive Psychology 5*(2), 207–232.

Tversky, A. and D. Kahneman (1974). Judgment under uncertainty: Heuristics and biases. *Science 185*(4157), 1124–1131.

Tversky, A. and D. Kahneman (1992). Advances in prospect theory: Cumulative representation of uncertainty. *Journal of Risk and Uncertainty 5*(4), 297–323.

Ung, D. and P. Luk (2016). What is in your smart beta portfolio? A fundamental and macroeconomic analysis. *The Journal of Index Investing 7*(1), 49–77.

Wang, H., J. Yan, and J. Yu (2017). Reference-dependent preferences and the risk-return trade-off. *Journal of Financial Economics 123*(2), 395–414.

Wang, Y. and A. Di Iorio (2007). The cross section of expected stock returns in the Chinese A-share market. *Global Finance Journal 17*(3), 335–349.

Wasserstein, R. L. and N. A. Lazar (2016). The ASA statement on p-values: Context, process, and purpose. *The American Statistician 70*(2), 129–133.

Watanabe, A., Y. Xu, T. Yao, and T. Yu (2013). The asset growth effect: Insights from international equity markets. *Journal of Financial Economics 108*(2), 529–563.

Welch, I. and A. Goyal (2008). A comprehensive look at the empirical performance of equity premium prediction. *Review of Financial Studies 21*(4), 1455–1508.

White, H. (1980). A heteroskedasticity-consistent covariance matrix estimator and a direct test for heteroskedasticity. *Econometrica 48*(4), 817–838.

White, H. (2000). A reality check for data snooping. *Econometrica 68*(5), 1097–1126.

Xing, Y. (2008). Interpreting the value effect through the q-theory: An empirical investigation. *Review of Financial Studies 21*(4), 1767–1795.

Xu, Y. and B. G. Malkiel (2004). Idiosyncratic risk and security returns. AFA 2001 New Orleans Meetings. Available at: https://ssrn.com/abstract=255303.

Yin, L. and Y. Wei (2020). Aggregate profit instability and time variations in momentum returns: Evidence from China. *Pacific-Basin Finance Journal 60*, 101276.

Yu, J. and Y. Yuan (2011). Investor sentiment and the mean-variance relation. *Journal of Financial Economics 100*(2), 367–381.

Zhang, H. (2004). Dynamic beta, time-varying risk premium, and momentum. Yale ICF Working Paper No. 04-26. Available at: https://ssrn.com/abstract=571006.

Zhang, L. (2005). The value premium. *Journal of Finance 60*(1), 67–103.

Zhang, L. (2016). Factors war. *Tsinghua Financial Review (in Chinese) 37*, 101–104.

Zhang, L. (2017). The investment CAPM. *European Financial Management 23*(4), 545–603.

Zhou, Z.-G. (2010). The high-volume return premium: Evidence from the Chinese stock market. *Review of Quantitative Finance and Accounting 35*(3), 295–313.

Zhu, Z., L. Sun, and M. Chen (2019). Fundamental strength and short-term return reversal. *Journal of Empirical Finance 52*, 22–39.